하느님의 모상
인간 다윗

Berit Olam: *2 Samuel*

by Craig E. Morrison, O.Carm.
© 2013 by Order of Saint Benedict, Saint John's Abbey.
Originally published in English by Liturgical Press, Saint John's Abbey,
Collegeville, Minnesota 56321, U.S.A.
All rights reserved.

Korean translation edition © 2023 by Living with Scripture Publishers, Seoul, Korea.

이 책의 한국어판 저작권은 Liturgical Press와 계약을 맺은 '성서와함께'에 있습니다.
저작권법의 보호를 받는 저작물이므로 무단 전재와 복제를 금합니다.

사무엘기 하권이 그려내는 인간 다윗
내러티브 접근으로 만나다

하느님의 모상
인간 다윗

크레이그 모리슨 지음
최안나 옮김

성서와함께

또 다른 다윗들을 위해

오랜만에 로마 성서대학 강의실에 앉아서 강의를 들었다. 그중 모리슨 신부님의 강의가 흥미로워 그가 집필한 사무엘기 하권 주석서를 읽다 보니, 성경 공부를 즐겨하는 한국의 신자분들에게 소개하고 싶어서 번역을 시작하였다.

사무엘기 하권이 그려내는 인간 다윗…, 모리슨 교수님이 성경의 내러티브를 통해 다윗에게서 본 '이마고 데이'(imago Dei, 하느님의 모상; 창세 1,27)는 어떤 모습일까? 성경은 창세기에서부터 묵시록까지 하느님 앞에서 걸어가는 사람들의 이야기를 들려준다. 성경이 묘사하는, 신과 닮게 만들어졌다는 인간 이야기. 강의를 듣는 학기 내내 강좌를 시작하기 전과 쉬는 시간이면 교수님이 재생해 놓는, K.D. 랭Lang이 부르는 노래 〈레너드 코헨Leonard Cohen의 할렐루야〉를 들어야 했다. 성경 본문과 주석서를 통해 다윗을 찬찬히 들여다보니, 그 노래가 모리슨 신부님이 풀어내는 다윗을 일부라도 묘사하고 있음과 다윗의 '할렐루야(주님을 찬양하라)'를 잘 표현했음을 느낄 수 있었다. 인생을 어느 정도 살아낸 사람이 부르는 할렐루야는 … 마냥 밝고 깨끗하고 희망차고 웅장할 수만은 없겠다는 인식과 함께 그런 할렐루야도 주님께서 기꺼이

들어주시리라는 메시지를 들을 수 있었다.

> "어딘가에 비밀스러운 화음이 있다고 들었지요.
> 그 옛날 다윗이 연주해서 신을 기쁘시게 했다는.
> …
> 당신이 오늘 밤 듣는 이것은 고발이 아닙니다.
> 그리고 물론, 어떤 빛을 보여주는 순례자 같은 것도 아니에요.
> 이건 그저 시리고 외로운, 그리고 부서진 할렐루야 같은 거예요.
> …
> 다윗이 연주해서 신을 기쁘시게 했다는…."

이 책은 성경을 학문적으로 접근하며 공부하는 이에게도, 성경 묵상을 하며 접근하는 이에게도 흥미롭게 읽힐 수 있을 것이다. 히브리어 원문과 히브리어 문장론의 묘미를 알고 내러티브 분석 기법을 적절히 활용하여 분석하며 주석을 하고자 하는 이에게도 부족함 없이 필요한 응답을 줄 것이고, 렉시오 디비나를 하면서 통찰과 깊은 묵상으로 말씀에 잠겨 삶을 관조하고자 하는 이에게도 적절한 응답을 줄 것이라고 믿는다. 두 접근 방식을 통해 저자가 의도하는 대로 다윗과 함께 다윗 옆에서 자신을 응시하는 은혜를 누리기를 바란다.

신명기계 역사서 안에서, 네 층이 발견되는 사무엘기 하권의 다윗 이야기는 네 번째 층인 편집자의 손을 거쳐 우리 앞에 펼쳐진다. 저자는 사무엘기 하권의 역사비평적 접근에는 큰 관심을 기울이지 않는다. 그 분석의 결과를 수용하면서, 최종 본문을 두고 내러티브 분석을 하고 있다. 최종 편집자를 화자라 부르면서, 그 화자가 사용하는 문학 기법에 주의를 기울이고, 그것을 통해 화자가 그려내는 다윗에게 집중한다.

이 책은 전체를 5장으로 구성하는데 4장의 분량이 가장 길다. 저자는 다윗에게 여러 명칭을 대담하게 적용하여 부르는데, 이 4장에서 그 명칭들의 내용이 집약되어 나타난다. 임금, 주님의 기름부음받은이, 성폭력범, 조작자, 폭군, 살인자, 잘 속기도 하며 동시에 남을 속이는 자, 자식을 잘못 편애한 아버지, 등등.

다윗, 그는 하느님이 불러내서 함께 걸어가 주신 사람이다. 그렇게 하느님을 알고 하느님을 부르면서 인생길을 걸어간 사람이다. 주님의 은혜를 엄청나게 입으면서, 그 자신이 지닌 장점뿐 아니라 결점까지도 온전히 다 드러내며 산 사람이다. 그는 끊임없이 주님의 구원을 체험하는데, 저자는 다윗을 그 자신의 말로 '우리의 영웅'이라고 부른다. 그는 치명적인 결점을 지니고 인생을 살아낸 상처가 많은 영웅이다. 그럼에도 불구하고 주님께 충실하려 했고, 충실로서 응답해 주시는 주님을 만났고, '의로운 이'라는 이미지를 유산으로 남겼다.

하느님과 함께 산다는 것은 결코, 이 세상에서 말하는 '흠도 티도 없이, 한 점 부끄러움이 없는 삶'을 의미하지 않는다. 인간 다윗에게서 하느님이 만드셨다는 사람의 모습이 보인다(창세 1,27). 하느님의 모상, 이마고 데이Imago Dei. 그는 '비밀스러운 화음 … 이건 그저 시리고 외로운, 그리고 부서진 할렐루야 같은 … 다윗이 연주해서 신을 기쁘시게 했다는…' 그런 찬미가를 부르며 오늘도 길을 가고 있는 사람이다. 그런 길이라면 합류할 수 있을 것 같기도 하고, '할렐루야' 합창대에 참여할 수 있을 것 같기도 하다. 이 책이 나에게 그러했듯, 또 다른 다윗들에게, 하느님 모상에게 유익한 이정표가 되기를 기도하는 마음이다.

번역하는 동안 기도와 지원을 아끼지 않은 로마 타란토 학생 분원 공동체를 감사로움으로 기억하며, 명확하고 섬세한 솜씨로 교정하여 이쁜 책을 만들어준 성서와함께 편집부에 감사한다. 무엇보다도 학위를 받고 26년간 맡겨진 소임을 한 후에 안식년 겸 해외 연수의 기회를 허락해주시어, 새롭게 성찰하고 말씀으로 가는 길을 보게 해주신 주님을 찬미하며, 수도회에 감사를 드린다.

2023년 천주의 성모 마리아 대축일
정릉 이세의집에서
최안나 수녀

| 차례 |

또 다른 다윗들을 위해   4
머리말   14
약어표   16

제1장   입문

1.1 다윗과 그의 통치 묘사   22
1.2 내러티브 접근과 원천 비평   24
1.3 다윗 내러티브의 주제 1사무 16장-1열왕 2장   28
1.4 성경 읽기에 대한 내러티브 접근   34
1.5 독자   54
1.6 마지막 말   57

제2장	2막: 다윗이 헤브론에서 통치하다 2사무 1,1-5,5	
	2.1 도입	60
	2.2 사무엘기 상권의 마지막 장면을 되돌아보며 1,1	62
	2.3 다윗이 사울의 왕관을 받다 1,2-16	64
	2.4 사울과 요나탄을 위한 다윗의 애가 1,17-27	70
	2.5 한 영토 두 임금 2,1-3,6	76
	2.6 아브네르가 사울 왕국을 다윗에게 넘기다 3,7-27	103
	2.7 다윗이 아브네르를 애도하다 3,28-39	123
	2.8 다윗이 이스 보셋의 살해자를 처형하다 4,1-12	130
	2.9 다윗이 사울의 왕관을 대관하다 5,1-5	138

| 제3장 | 3막: 다윗이 예루살렘에서 그의 왕국을 세우다

2사무 5,6-8,18

3.1 도입   146

3.2 다윗이 예루살렘을 수도로 확립하다 5,6-16   147

3.3 다윗이 필리스티아인의 공격을 방어하다 5,17-25   157

3.4 다윗이 하느님의 궤를 예루살렘으로 옮기다 6,1-23   163

3.5 하느님이 다윗에게 약속 7,1-29   183

3.6 다윗에게 한 약속, 열왕기 상권과 시편 89편에서 반복   207

3.7 다윗이 하느님의 도움으로
      이웃 나라를 공격하고 무찌름 8,1-14   211

3.8 다윗 예루살렘에 그의 정부를 수립하다 8,15-18   221

제4장	4막: 하느님이 현혹된 임금을 구원하시다	
	2사무 9-20장	

4.1 도입		228
4.2 다윗이 요나탄과 맺은 계약에 충실하다 9,1-13		229
4.3 다윗이 하느님의 도움으로 암몬인을 제압하다 10,1-19		240
4.4 다윗, 밧 세바, 우리야 이야기 11,1-12,31		255
4.5 타마르에 대한 성폭행과 형제의 복수 13,1-39		310
4.6 요압이 압살롬을 궁정으로 다시 부르다 14,1-33		341
4.7 압살롬이 반란을 유발하다 15,1-12		363
4.8 하느님께서 다윗을 압살롬의 반역에서 구하시다 15,13-20,3		376
4.9 세바의 반란과 요압의 세력 복귀 20,4-22		494
4.10 다윗 궁정: 두 번째 목록 20,23-26		506

제5장	5막: 다윗의 공적 삶이 끝나다 2사무 21-24장	
	5.1 도입	510
	5.2 다윗의 마지막에서 두 번째 공적 행위:	
	다윗과 사울 사이에 마지막 대조 21,1-14	513
	5.3 다윗의 쇠퇴와 공적 업무에서 은퇴 21,15-22	523
	5.4 마지막에서 두 번째 유언: 다윗이 노래를 부른다 22,1-51	530
	5.5 다윗의 마지막 유언 23,1-7	548
	5.6 다윗의 쇠퇴와 군사적 업무로부터 은퇴 23,8-39	554
	5.7 다윗의 마지막 공적 활동 24,1-25	564
	5.8 결론	577

에필로그	580
추천 도서	584

머리말

사무엘기 하권 주석을 시작하면서, 나는 내 임무가 독자들을 위해 다윗 임금의 생애를 해석하거나 '주석'하는 것이라고 가정했다. 그러나 내가 그를 해석하려고 하면 할수록 그는 더 이해하기 어렵고 복잡하고 멀어져 갔다. 임금, 아버지, 용사, 외교가, 살인자, 조작자, 폭군이고 자주 속아가며 동시에 속이는 기만자인 다윗은 애매모호한 만큼 당혹스러운 모습을 드러내며, 또한 자신을 만나는 사람들의 허구를 해석하고 폭로한다. 지난 몇 년간 나는 다윗에 대해 많은 사람과 이야기를 나누었는데 그들의 생각은 이 책의 구석구석에 담겨 있다. 예수회원으로 여기 교황청립 성서대학의 구약 교수인 Stephan Pisano 신부는 계속 변화하는 나의 숙고를 비평한 뒤 나의 최종 원고를 읽고 제안을 해주었다. 메릴랜드 실버스프링에 있는 성루카대학의 임상 심리학자인 Quinn Conners 신부(가르멜회)는 타마르의 성폭력 이야기인 2사무 13장에 대한 나의 해석에 통찰력을 제공했다. Sharmila Andrews, Rita Mary Cote, Adrienne Corti도 이 해설 부분에서 도움을 주었다. 신시내티 자비수녀회 Sisters of Charity of Cincinnati의 총장이자 The Catholic Biblical Quarterly의 구약 서평 편집자인 Joan E. Cook는 타마르에 관한 몇 가지 부적절한 발언으로부터 나를 구해주었다. Larry와 Rita Novakowski는 원고 전체를 읽고 비판적인 관찰을 했다. 여기 성서대학의 구약성서 교수인 Federico Giuntoli 신부와 대화를 나눈 결과 최종 원고의 내용이 향상되었다. 특히 캐나다 세인트캐서린St. Catharines에 있는 브록Brock대학교의 사서인 누이 Laurie Morrison에게 감사한다. 또한 Richard Demers와 Kerry Demers, 그리고 나의 가르멜회 형제들, 특히 로마, 워싱턴 DC의 가르멜회 공동체에도 감사드리고 캐나다 나이아가라폴스Niagara Falls에 있는 그들의 지원과 격려에 감사한다. 몇 년 전에 이 프로젝트를 맡도록 요청한 David Cotter 신부에게도 감사드린다. 이 주석에는 또한 내가 나의 아이디어를 처음으로 시험해본 이곳 성서대학 학생들의 의견이 반영되어 있다. 마지막으로 이 시리즈의 현재 편집자인 Jerome Walsh에게서 엄청난 지원을 받았다. 그의 책 *Style and Structure in Biblical Hebrew Narrative* (Collegeville, MN: Liturgical Press, 2001)에서 얻은 통찰력이 이 책 전체에 포함되어 있다. 그는 내가 간과했던 성경 본문의 세부 사항을 지적했고 정기적으로 내 산문을 보다 명확하게 해주었다. 나는 그가 이 책 출판에 도움을 주기 위해 은퇴를 연기한 것에 대해 감사한다.

애정을 담아 이 책을 Bella와 Henry Tovey에게 헌정한다. 약 25년 전 Bella의 식탁에서 그녀에게 히브리어를 배우기 시작했을 때, 나는 곧 그녀와 그녀의 남편이 히브리어 알파벳 외에도 나에게 가르쳐야 할 것이 많음을 깨달았다. 그들에게 가장 감사한다. 이 책이 드러내는 결점은 온전히 필자의 탓이며, 그것에 대해 독자 여러분과 문자로 묘사된 최초의 실존 인물인 다윗에게 양해를 구하는 바이다.

약어표

ABD	*The Anchor Bible Dictionary*
BASORB	*Bulletin of the American Schools of Oriental Research*
BHS	*Biblia Hebraica Stuttgartensia*
Bib	*Biblica*
CBQ	*The Catholic Biblical Quarterly*
JBL	*Journal of Biblical Literature*
JSOT	*Journal for the Study of the Old Testament*
JSOTsup	Journal for the Study of the Old Testament: Supplement Series
KHAT	Kurzer Handkommentar Zum Alten Testament
MT	Masoretic Text
NAB	New American Bible
NIV	New International Version
NJB	New Jerusalem Bible
NJPS	New Jewish Publication Society Version
NRSV	New Revised Standard Version
REB	Revised English Bible
TLOT	*Theological Lexicon of the Old Testament*. Edited by E. Jenni with assistance from C. Westermann. Translated by M. E. Biddle. 3 vols. Peabody, MA: Hendrickson, 1997.
ThWAT	*Theologisches Wörterbuch zum Alten Testament*. Edited by G. J. Botterweck and H.Ringgren. Stuttgart: W. Kohlhammer, 1970-.
VT	*Vetus Testamentum*

성경의 영어 본문은 달리 명시되지 않는 한 NRSV을 사용했다. 히브리어 단어를 인용할 때, 마소라 본문과 NRSV의 절 번호가 다른 경우에는 NRSV의 절 번호를 사용하고 괄호 안에 마소라 번호를 표시했다(역주: 한글 번역에는 마소라 본문과 절 표시가 같은 가톨릭 《성경》에 따라 표기했다). 다른 고대 본문의 경우 번역에 대한 출처가 제시되지 않으면 필자가 번역한 것이다. 윌리엄 셰익스피어의 작품들로부터의 인용한 글은 모두 *The Norton Shakespeare* (ed. Stephen Greenblatt; New York and London: Norton, 1997; 역주: 셰익스피어 작품 한글 번역은 국내에서 출판된 책들을 인용했고 출처를 표기하였다)에서 인용하였다. 사무엘기 하권에서 인용한 경우에는 가끔 성경 구절을 지목하지 않고 사용한 반면, 다른 성경의 본문을 인용할 때에는 항상 성경 이름과 구절을 표시했다.

제1장

입문

왕들의 옷차림을 장엄하게 장식하는 것도,
그들이 머무는 장소를 이리저리 옮겨가는 것도,
오랜 세월에 걸쳐 쌓이고 쌓인 사건들의 시간을 뛰어넘어
모래시계 한 시간 분량으로 바꾸는 것도
모두 여러분의 상상력에 달려 있습니다.
그 사이사이에 일어난 사건들은 이 해설자가 설명해 드리겠습니다.
부디 우리의 연극을 넓은 아량으로 귀 기울여 주시며
친절하게 평가해 주시기를 간절히 부탁드립니다.

헨리 5세, 막을 올리는 말 1에서

(셰익스피어, 《헨리 5세 외》, 신상웅 옮김, 동서문화사, 2019)

셰익스피어는 그의 희곡 〈헨리 5세〉를 기다리는 관객들을, 무대에서 전개될 사건 속에서 그들이 행할 역할을 일깨우는 합창으로 맞이했다. 그들은 영국과 프랑스의 왕을 그들의 생각으로 꾸미고, 왕의 통치를 모래시계로 압축하여 역사가 시간을 뛰어넘도록 해야 한다. 성경의 화자는 비슷한 서곡으로 그의 청중들에게 다윗 임금의 역사를 소개

할 수 있다. 무대 위가 아니라 인쇄된 종이 위에 나타나는 이 고대 이야기는 희곡 〈헨리 5세〉를 넘어서는 상상력을 요구한다. 우리는 우리의 영웅 다윗이 필리스티아 장수 골리앗에게 다가갈 때 무릿매 끈과 매끄러운 돌멩이 다섯 개를 든 모습을 그려야 한다. 그가 우리야의 아내를 가만히 바라보는 늦은 저녁에는 그와 함께 왕궁 옥상으로 올라가고, 죽은 아들을 위해 울부짖으며 성문 위 누각으로 올라갈 때는 천천히 그의 뒤를 따라가야 한다. 헨리 5세 왕의 통치 역시 시인 셰익스피어의 손에서 모래시계로 압축된 것처럼, 다윗 임금의 통치가 화자의 손에 있는 성경의 42개 장으로 압축되었다. 우리는 화자의 작품을 천천히 읽고 그의 이야기를 마음 써서 평가해야 한다.

    사무엘기 하권은 제목 그 자체로 속편임을 암시한다. 그런데 현대적인 속편과는 달리 사무엘기 하권은 문학적 이유로 사무엘기 상권과 분리된 것은 아니다. 다윗 이야기에서 그의 도유와 도피는 사무엘기 상권 16-31장에, 그의 공적 퇴위와 죽음은 열왕기 상권 1-2장에 나타나기 때문에 사무엘기 하권의 범위를 넘어 전개된다. 사무엘기 상권 마지막에 있는 사울의 죽음은 논리적인 단절처럼 보이지만, 이 사건조차도 사무엘기 상권과 하권이 어떻게 얽혀 있는지 예증하며 두 책에 걸쳐 있다. 이와 비슷하게 2사무 23,1이 다윗의 마지막 말을 고지告知할지라도, 그의 마지막 담화는 1열왕 2,1-10에 계속되어 사무엘기 하권을 마감하는 에피소드들을 열왕기 상권의 시작 장면과 연결한다. 사무엘기 하권에 대한 이 주석서는 문학적인 면에 초점을 맞추면서도 성경 책들에 있는 고대의 비문학적 구분들도 주시한다. 문학적 구분에 저항하는 것은 역사 서술의 본성이며, 셰익스피어가 그의 사극史劇에서 직면했던 문제이다. 〈헨리 5세〉도 사무엘기 하권도 '사건 중심으로' 시작하고 끝난다. 사무엘기 하권의 화자는 다윗 통치 이전의 사건[1]을 언급하고, 2열왕 25장 예루살렘의 최종 파괴를 포함하여 이어지는 사건들을 예시한다[2]. 이 재앙적 결말은 여호야킨이 감옥에서 바빌로니아 임금의 식탁으로 옮겨지는 내용으로 완화될지라도, 화자의 이야기는 이스라엘의 명운이 다윗 도성의 잔해에 있는 것으로 마무리된다.

1.1 다윗과 그의 통치 묘사

역사적 내러티브는 시간을 형성하고 조직하기 때문에, 실제 시간에서 발생한 사건들만 선택하여 제시한다. 다윗의 일생을 읽는 데 몇 시간도 채 걸리지 않으니 그것이 그의 40년 재위 기간의 위업 일부를 포착한 것이라고 가정할 수 있다. 그것은 다윗 왕조의 왕실 연대기가 아니라 무엇보다도 정교하게 작업한 이야기로, 다윗과 그의 통치에 대해 소설과 같은 묘사를 만들려고 함께 엮은 일련의 에피소드이다. 이 묘사에는 타마르 성폭행 사건처럼 언뜻 보기에 사소해 보이는 항목이 포함되어 있다. 우리는 그녀가 밀가루를 반죽하고 과자를 구워 자기 오빠 암논 앞에 차리고 있는 것을 본다(2사무 13,8-9). 후에 우리는 압살롬

---

[1] 나탄(2사무 7,6의 예언)과 다윗(7,23의 기도)이 이스라엘의 역사를 다시 언급할 때, 이집트의 탈출 이야기로 시작한다. 우리야의 전사 소식을 다윗에게 알릴 때 요압은 판관기에 나오는 아비멜렉의 죽음(판관 9,53)을 언급한다.
[2] 2사무 24장 참조.

의 왕실 귀환을 위한 토대를 놓는 가짜 과부와 속고 있는 임금 사이의 긴 대화를 듣는다(14,4-20). 왜 그런 세부 사항이 포함되어 있는가? 연대기 작가라면 표면상 중요하지 않은 특정 사항은 제거하고, 일필휘지로 타마르의 성폭행이나 압살롬의 복귀를 기록했을 것이다. 그러나 우리 화자는 연대기 작가의 광대한 필치로 글을 쓰지 않기 때문에 독자의 임무는 그들이 다윗의 묘사에 어떻게 기여했는지를 발견하는 것이다. 그는 세밀화를 그리듯이 자신의 에피소드를 이야기한다.

역사 문학의 고전은 단순한 연대기를 넘어선다. 셰익스피어의 〈헨리 4세〉 1부는 궁정의 정치적 논쟁들 사이에서 이스트칩에 있는 선술집의 속임수로 방향을 틀고, 지정학적 문제는 헨리 왕이 웨일즈 왕자와 단독으로 담화하기 위해 궁정을 출발하라고 명령했을 때 그림자 속으로 사라진다. 헨리는 이제 왕으로서보다 아버지로서 아들의 행동에 실망감을 표시하여["나는 여전히 너의 그런 무분별한 몸가짐만은 이해할 수가 없구나"(3막 2장, 29-30절), 헨리 4세, 신상웅 옮김], 그의 마음을 우리가 일별하게 한다. 다윗 임금은 아들의 반란을 진압하고 수도를 탈환해야 한다. 그러나 장군들에게 내리는 그의 최종 명령은 임금이 아니라 아버지로서 하는 말이고(18,5: '나를 보아서 젊은 이 압살롬을 너그럽게 다루어주시오'), 거기서 우리는 그의 마음을 흘끗 본다. 헨리 왕은 그의 삶이 끝나갈 때, 임종 자리에서 그가 '해리'와 마지막으로 대화할 수 있게 하라고 신하들에게 명령한다(〈헨리 4세〉, 제2부, 4막 5장). 아버지는 아들이 왕위를 찬탈한다고 비난하듯이 말하지만, 아들의 슬픔을 깨닫자 '마지막 권고'를 하기 위해 그를 머리맡으로 부른다(셰익스피어는 이 장면을 묘사할 때 성경의 다윗을 염두에 두었을까?). 다윗도 병상에서 왕위를 찬탈하려는 아들과 다투고(1열왕 1,5-53), 죽기 직전에 그 역시 후계자 솔로몬에게 '마지막 권고'를 준다. 〈헨리 4세〉 제1부, 제2부와 마찬가지로 사무엘기 하권에서도 이러한 '역사'들에 넘쳐나는 아버지-아들 관계가, 당대의 지정학적 사건을 연대기에 싣는 것보다 역사 문학의 놀라운 사건으로 더 큰 문제가 됨을 깨우쳐준다.

1.2 내러티브 접근과 원천 비평

성경 주석은 본문비평과 역사비평과 같은 접근들과 방법들의 조화를 포함한다. 이 주석은 다윗 내러티브(1사무 16장-1열왕 2장)를 이해하기 위해 그 각각을 적용하면서도, 내러티브 접근에 각별한 주의를 기울일 것이다. '내러티브 읽기'는 아브라함 대목, 혹은 여기의 경우 다윗 내러티브와 같이 특정한 성경 이야기를 어떻게 일관된 단일체로 읽을 수 있는지를 관찰한다. 원천비평과 편집비평은 특정한 성경 본문의 최종 형태 뒤에 있는 다양한 수준(예를 들면 신명기계 편집들과 같은)의 편집과 더불어 다양한 원천과 층들을 식별한다. 이러한 접근은 이야기 줄거리에서 반복과 모순을 관찰하여 내러티브의 이음매들(다양한 저자들과 편집자들의 작업들)을 보여준다. 언뜻 보기에 두 방법은 서로 모순된 것처럼 보이나 사실 내러티브 접근은 원천 비평가들의 성과를 보완한다. 예를 들어 원천비평의 관점에서 보면 다윗이 사울의 생명을 보존한 기록이 두 개 있는 것 같다(1사무 24장과 26장). 1사무 24장이 더 오래되었다고 하는 이들과 26장이 그렇다고 주장하는 이들로 학계의 의견이 나뉘기는 하지만, 아무튼 원천 비평가들은 더 오래된 기사와 후대 기사를 잘 구별한다. 그러나 대부분은 같은 사건이 두 번 이야기되었고, 두 기사의 비교는 성경 본문의 발전에 대한 통찰을 제공한다는 데 의견이 일치한다. 내러티브 접근은 이 두 기사가 잘 통합된 내러티브의 요소로서 어떻게 풍부하게 읽힐 수 있는지를 분석한다. 두 기사를 다 보존한 결과는 무엇인가? 아마도 반복된 두 번째 기사는 사울에 대한 다윗의 충성심을 우리에게 납득시키는 데 도움이 될 것이다. 다윗은 '두 번'의 기회가 있었어도 사울의 목숨을 살려주었기 때문에 왕위 찬탈자가 아니며, 나중에 2사무 16,5-13에서 게라의 아들 시므이가 떠든 말에도 불구하고 사울의 최종 죽음에 연루되었다는 비난을 받아서는 안 된다. 내러티브 분석은 화자의 기술이 어떻게 공통점이 없는 이야기의 요소들에 주제적 응집력을 주었는지를 관찰한다.

가끔 이야기의 한 부분에 주어진 정보가 이후의 기사와 양립하지 않는 경우가 있다. 2사무 7,1에서 우리는 하느님께서 다윗을 원수에게서 평온하게 해주셨다는 것을 알게 된다. 그러나 1열왕 5,17에서 솔로몬이 히람 임금에게 말할 때, 다윗은 하느님께서 아직 적들을 그의 발 아래 두시지 않으셨기 때문에 성전을 지을 수 없었다고 한다. 이 두 구절 사이의 명백한 모순은 다른 두 원천이 있음을 암시한다. 그러나 내러티브 시각에서 1열왕 5,17은, 다윗이 계약 궤를 예루살렘으로 옮긴 후(2사무 6,1-23)에 하느님께서 '그의 모든 원수에게서 평온하게' 해주신 것을 누렸을지라도(2사무 7,1) 바로 다음 장에서 전쟁터로 돌아가기(8,1) 때문에 그 '평온'은 일시적이었다고 인정한다. 그런 불일치가 성경에서만 보이는 특이한 일은 아니다. 《오만과 편견》(제인 오스틴, 1813)에서 화자는 펨벌리의 가사도우미인 레이놀즈 부인을 통해 다아시를 "세상에서 가장 다정하고 온화한 청년"으로 묘사한다. 그러나 소설이 끝나갈 무렵 다아시가 리지(엘리자베스의 애칭)에게 들려주는 어린 시절 회상은 레이놀즈 부인의 기억과 모순된다. "제 부모님들은… 저의 이기적이고 오만한 행동을 오히려 부추기시고 가르치신 셈입니다. 저는 우리 집안사람들 이외에는 누구에게도 관심이 없었고, 세상의 나머지는 모두 미천한 사람들로 여겼습니다." 독자는 이 양립할 수 없는 묘사에 대해 리지나 화자 편의 어떤 설명을 기대하지만, 둘 다 침묵한다. 지금으로부터 2천 년 후에 비평가들은 오스틴의 걸작 배후에 두 가지 출처가 있다고 생각할 것인가? 혹은 이러한 모순된 기억들이 화자의 목적에 부합하기 위한 것이라고 보일 수 있을 것인가?

원천 비평가들이 다윗 내러티브에서 확인하는 이음매들은 줄거리를 단순히 독립된 에피소드들의 모음으로 분해할 정도로까지 압도하지 않는다(아래 주제에 대한 토론 참조). 부차적인 줄거리까지도 내러티브를 유기적인 전체로 묶는 데 도움이 된다. 요나탄의 아들 므피보셋은 2사무 4,4에 언급되어 있다. 아브네르가 살해되었다는 소식이 전해지고 전개되는 이야기 사이에, 므피보셋의 유모가 달아나려고 그를 들어올리다가 떨구어 불구가 되었다는 이야기가 삽입되어 있다. 그는 다윗이 '요나탄을 위한' 신의를 표현하기 위해 사울의 후손이 있는지 알아볼 때 재등장한다(9,1-13). 다윗의 물음은 다윗 이야기의 시작점으로 거슬러 올라가는데, 곧 요나탄과 다윗 사이에서 다윗이 요나탄의 후손을 보호하리라는 맹세(1사무 20,15.42)로 발전하는 계약을 맺는 부분이다(1사무 18,3). 므피보셋은 압살롬의 반란 시기에 무대에 다시 등장하고 다윗에 대한 충성을 재확인한다(2사무 19,24-30). 그는 이야기의 끝부분, 곧 다윗이 그의 목숨을 살려주고 요나탄과 했던 다윗의 맹세를 화자가 우리에게 상기시켜 줄 때 마지막으로 언급된다(21,7). 삽입된 이 말은 다윗의 공적 생활 초기, 다윗과 요나탄 사이에 맺은 계약으로 거슬러 올라간다. 따라서 다윗 내러티브의 거의 전체 장에 흐르는 므피보셋의 부차적 줄거리는 이야기를 결합하는 데 도움이 된다.

틀림없이 어떤 이음매들은 이야기에서 화자가 독자들이 편집층을 건너기 어렵게 하기도 한다. 사울은 다윗을 궁정에 확실히 남아 있게 하려고 다윗의 아버지 이사이에게 연락했는데(1사무 16,22), 그런 사울이 다윗이 골리앗을 물리쳤을 때 군대 장수에게 다윗의 아버지가 누구냐고 묻는다(17,55). 사울이 어떻게 그 질문에 대한 답을 모를 수 있는가? 그리고 골리앗은 누가 죽였는가? 다윗인가(1사무 17,51) 혹은 엘하난(2사무 21,19)인가? 그러한 불일치가 다윗 내러티브 뒤에 다양한 원천이 있다고 증언하는 동안에, 내러티브 화자는 그것 때문에 다윗의 통치에 대한 그의 일관된 합리적 묘사에 흠이 생겨도 개의치 않는 것 같다.[3]

---

[3] 비평가들이 같은 원천에서 나왔다고 주장하는 장들 내에도 불일치가 있다. 소위 왕위 계승 내러티브에서 압살롬은 세 아들을 두었다는 정보를 전하지만(2사무 14,27), 그의 이름을 이어받을 아들 없이 죽었다(2사무 18,18)고 한다.

1.3 다윗 내러티브의 주제 1사무 16장-1열왕 2장

많은 학자가 다윗 내러티브는 '다윗의 입신立身 이야기'(1사무 16장-2사무 5장), '왕위 계승 내러티브'(2사무 9-20장과 1열왕 1-2장), '부록'(2사무 21-24장), 그리고 독립된 다른 단편들과 같은 다양한 원천으로 구성되었다고 주장한다. 그러면서도 가상 원천 각각의 명확한 범위 설정에 관하여는 의견들이 다르다. 어떻게 화자는 한때 분리되어 있던 자료들을 일관된 이야기에 함께 이르게 하였는가? 그 기술의 단서는 다윗 스스로 다윗 내러티브의 중심 주제를 두 차례에 걸쳐 소개하고 반복하는 데서 찾을 수 있다. 다윗의 첫 진술은 회의적인 사울 앞에서, 하느님께서 그를 골리앗에게서 구하실 것이라 주장할 때 나온다(1사무 17,34-37ㄱ). 그의 두 번째 진술은 공적 생활 끝 무렵에(2사무 22장) 하느님께서 항상 그를 구해 주셨다고 찬양하는 데에 나온다. 이 두 진술은 다윗의 공적 생활을 문학적으로 포괄하는 기능을 수행하며, 그 사이에 있는 에피소드들에 응집력을 제공한다.

1.3.1 다윗의 시작 진술 1사무 17,34-37ㄱ

1사무 16,1-13에서 다윗은 이스라엘 역사의 내러티브에서 소개되고 즉시 임금으로 도유된다. 하지만 이 장면에서 새 임금은 한 마디도 발언하지 않는다. 아버지의 양 떼와 있다가 사무엘 앞에 서기 위해 불려 왔을 때 다윗은 도유할 기름을 든 사무엘에게 어떻게 반응했을까? 화자는 해설을 제공하지 않으며 다윗이 말하게 하지 않는다. 사울 왕궁으로 이송되는 과정에서 일어난 뒤이은 모략들에서 우리 영웅은 여전히 말이 없다. 이 유예는 그가 사울 앞에서 자신을 소개할 때 있을 시작 진술에 대한 기대감을 조성한다.[4]

> 다윗이 사울에게 대답하였다. "임금님의 종은 아버지의 양 떼를 쳐 왔습니다. 사자나 곰이 나타나 양 무리에서 새끼 양 한 마리라도 물어 가면, 저는 그것을 뒤쫓아 가서 쳐 죽이고, 그 아가리에서 새끼 양을 빼내곤(nṣl) 하였습니다. 그것이 저에게 덤벼들면 턱수염을 휘어잡고 내리쳐 죽였습니다."
>
> 결론
> "임금님의 종인 저는 이렇게 사자도 죽이고 곰도 죽였습니다. 할례받지 않은 저 필리스티아 사람도 그런 짐승들 가운데 하나처럼 만들어 놓겠습니다. 그는 살아 계신 하느님의 전열을 모욕하였습니다."
>
> 두 번째 결론
> 다윗이 말을 계속하였다. "사자의 발톱과 곰의 발톱에서 저를 빼내주신(nṣl) 주님께서 저 필리스티아 사람의 손에서도 저를 빼내주실(nṣl) 것입니다."
>
> (1사무 17,34-37ㄱ)

---

[4] 다윗의 첫 발언은 필리스티아인을 해치울 때 받을 포상에 대한 질문(1사무 17,26)과 형의 비난에 대한 응답에 나타난다(1사무 17,29).

젊은 다윗은 전사로서 자신의 기량에 대해 사울 임금을 설득할 필요가 있다. 그가 설정한 전제는, 양을 물어 가려는 사자나 곰에게서 양을 구출했다는 것이다. 그래서 그는 골리앗을 패배시킬 수 있다는 것이고 이 주장은 충분해 보인다. 그런데 이어서 그는 이 전제에서 '빼내다(나찰ṇṣl 구해내다)' 동사의 의미를 발전시키는 두 번째 결론을 연결한다. 다윗이 사자나 곰에게서 양을 빼냈을(구했을) 때, *그것은 하느님께서 다윗을 빼내신(구해내신) 것이었다!* 이는 무대 위 다윗의 시작 대사이다. 햄릿은 첫 번째 줄["숙질 이상의 관계가 되고 말았지만, 그렇다고 부자父子 취급은 싫습니다": 1막 2장 65절- (김재남 역); "동족보단 좀 가깝고 동류라긴 좀 멀구나"(최종철 역)]에 뒤따르는 비극을 요약하는 복합적 애절함을 담았다. 다윗의 시작 진술, 특히 두 번째 결론이 같은 기능을 수행한다. 이어지는 이야기는 신적인 구출 이야기고 더 구체적으로는 하느님께서 다윗을 어떻게 구출하시는지에 대한 이야기이다.

1.3.2 다윗의 진술 2사무 22장

공적인 삶이 마무리되어 갈 때, 다윗은 이 구원의 주제를 되풀이하는 노래를 부른다. '구원하다'(나찰ṇṣl) 동사는 사울 앞에 선 다윗의 시작 진술에서 세 번 나오는데, 2사무 22장에서도 동일하게 세 번 나타난다. 2사무 22,1의 시작 또는 표제는 다윗 내러티브 맥락에서 이 노래를 다시 읽게 한다.

주님께서 다윗을 그의 모든 원수들과 사울의 손아귀에서 건져주신 (nṣl) 날, 다윗은 이 노래로 주님께 아뢰었다.

이 표제는 이어지는 노래의 해석을 좌우한다. 이 노래가 하느님이 다윗을 구하시는 일을 다루기에 우리는 자연스럽게 노래의 구원 모티브 (이 모티브의 상세한 분석은 2사무 22장 이하 참조)를 다윗의 삶의 사건에 적용하면서 사울 앞에서 발언한 그의 시작 진술을 생각해낸다. 다윗은 그의 공적 생활을 시작할 때 하느님이 그를 구원하셨다고 선언했다. 이제 공적 생활을 마감해야 할 때에 이른 다윗은 하느님이 바로 그 일을 하셨다고 노래한다.

이 두 진술에 있는 프로그램에 입각한 동사 '구원하다'(nṣl)는 다윗 내러티브에 여러 번 나타난다. 다윗은 사울의 창을 갖고 안전하게 도망가서 사울에게 말을 걸고, 하느님께서 자신을 보호해주시기를 기도한다(1사무 26,24). '주님께서 저를 온갖 재앙에서 건져주시기를(nṣl) 바랍니다.' 나탄은 가난한 사람이 가진 암양의 비유로 다윗을 속이고, 하느님께서 그를 위해 하신 일을 상기시킨다. "그러자 나탄이 다윗에게 말하였다. '임금님이 바로 그 사람입니다. 주 이스라엘의 하느님께서 이렇게 말씀하십니다. '나는 너에게 기름을 부어 이스라엘의 임금으로 세우고, 너를 사울의 손에서 구해주었다'"(2사무 12,7). 나탄의 신탁은 다윗의 인생에 하느님이 하신 역할의 두 측면 '하느님이 그를 도유하셨고 구원하셨다'에 주의를 집중하게 한다. 나탄은 다윗과 우리에게 사울 앞에서 한 그의 시작 진술이 점차 실현되고 있음을 상기시킨다. 마침내 다윗의 시작 대사들의 충만한 의미를 파악할 때는 내러티브에서 마지막으로 '구원하다'(nṣl)가 나타나는 다윗의 노래에 이르렀을 때이다.

그러나 동사 '구원하다'의 명시적인 사용만이 내러티브에서 이 주제의 중심 역할을 명확히 보여주는 것은 아니다. 독자는 다윗의 시작 진술과 2사무 22장의 노래 사이에서 다윗 내러티브를 특징짓는 연속적인 신적 구원을 관찰한다. 이야기 초반에 화자는 하느님께서 다윗의 승리를 보증하신다고 해설한다(1사무 18,14; 30,8). 하느님의 조언을 통해 다윗은 필리스티아인들을 패배시키고(1사무 23,1-5) 사울의 마수를 피한다(1사무 23,10-11). 그는 예루살렘을 점령한 후에 필리스티아인들과 일련의 전쟁을 치르는데, 거기서 하느님은 다윗 전쟁의 전략까지 세우신다(2사무 5,17-21.22-25). 다윗은 자신이 필리스티아인들을 물리친 곳(바알 프라침)을 '주님께서는 내 앞에서 원수를 무너뜨리셨다'(5,20)라고 설명하면서 바알 프라침이라 개명하였다. 만일 우리가 하느님의 역할을 잊으면 화자가 개입해 그것을 상기시킨다. '주님께서는 다윗이 어디를 가든지 도와주셨다'(8,6.14). 레캅과 바아나가 이스보셋의 위협에서 자신들이 다윗을 구했다고 생각했을 때(4,8), 임금은 그들에게 사형을 선고하면서 자신을 구원하신 분은 하느님이시라고 알려준다(4,9).

내러티브가 위기에 처한 순간에 신적인 구원이 다윗에게 온다. 그것이 없었으면 다윗은 목숨을 잃었을 것이다. 아들 압살롬을 피해 도망가는 동안 그는 조정의 핵심 인물인 아히토펠이 그를 배반했음을 알게 된다. 가장 어두운 이 시간에 그는 하느님께 도움을 간청한다. '주님, 제발 아히토펠의 계획이 어리석은 것이 되게 해주십시오'(15,31).

이어서 두 장 다음에 하느님은 밧 세바 사건 이래 처음으로 나타나셔서 다윗의 기도를 이루어주신다.

> 그러자 압살롬과 온 이스라엘 사람이 "아히토펠의 의견보다 에렉 사람 후사이의 의견이 더 좋다" 하고 말하였다. 이는 주님께서 압살롬에게 재앙을 끌어들이시려고, 아히토펠의 그 좋은 의견을 좌절시키셨기 때문이다(17,14).

화자는 아히토펠의 제안이 후사이의 것보다 더 낫다는 것을 목격한다. 그렇기에 압살롬이 그 제안을 따랐다면 승리를 거두고 그의 아버지 자리에 올라 통치했을 것이다. 그러나 하느님이 개입하시고 다윗은 압살롬의 음모에서 구원된다.

이 신적 구원의 주제를 보완하는 것은 다윗 자신의 그릇된 행보가 그의 통치에 위기를 초래했다는 사실이다. 다윗은 레너드 코헨이 노래하듯, "할렐루야를 작곡하는 좌절한 왕"이다.[5] "그는 성장하고, 그는 배우고, 그는 고생하고, 그는 승리하며, 측량할 수 없는 비극과 손실을 겪는다". "이런 그는 세계 문학 최초의 인간이다".[6] 다윗의 이런 특성에 필자는 영리하고 잘 속는다는 특성을 더하려 한다. 한편으로 다윗은 영리한 지도자이다. 그는 사울의 살해 음모를 날쌔게 피하고(1사무 20) 아키스의 심문을 모면한다(1사무 27,10-11). 다른 한편 그는 암논

---

5 Leonard Cohen, *Hallelujah*.
6 Baruch Halpern, *David's Secret Demons: Messiah, Murderer, Traitor, King* (Grand Rapids, MI: Eerdmans, 2001), 6.

이 타마르를 이용하도록 허용한(2사무 13,6-7) 다음에 그를 벌주지 않으며(13,21), 양털 깎기 가짜 잔치에 암논이 참석하도록 해달라고 청하는 압살롬의 말을 믿고(13,26), 과부로 가장한 트코아 여인에게 속는다(14,1-20) 그녀는 심지어 그가 맹세를 하게 하는 데까지 성공하는데, 이 장면은 익살스러운 기분전환 거리에 가깝다. 그런데 가장 지독하게 잘못된 판단은 압살롬이 희생 제사를 드리기 위해 헤브론으로 여행하게 해달라는 요청의 정당성을 용인했을 때 일어난다(15,9). 재난을 부르는 그 결정은 반역자 아들이 반란 병력을 소집할 수 있게 한다. 하느님의 구원, 곧 아히토펠의 의견에 대해 신적인 훼방이 없었더라면 다윗은 살아남지 못했을 것이다. 이와 같이 앞에 있는 이야기들을 예시한 것이 회의적인 사울 앞에서 다윗이 한 시작 진술이다. 하느님은 그를 골리앗과 그보다 더한 일들로부터 구원하실 것이고, 그가 공적 무대에서 물러나기 전에 그의 긴 생애 동안 하느님께서 어떻게 그를 구원해 주셨는지를 노래할 것이다. 이 신적 구원이라는 주제가 다윗 생애의 에피소드들을 일관된 이야기로 묶는다.

1.4 성경 읽기에 대한 내러티브 접근

1.4.1 히브리어 내러티브의 기술

히브리어 내러티브는 영어 내러티브와 같이, 표면에 있는 사건들을 배후의 사건들과 구별한다. 지금 여기에서 필자는 히브리어 서술문의 문법을 소개하기보다 히브리어가 어떻게 배후 정보를 알리는지만 간단히 다루고자 한다. 일반적으로 표면의 정보는 히브리어 동사 형태 와익톨*wayyiqtol*로 시작하는 절에 표시된다. 배후 사정 정보(과거 장면으로의 전환이나 표면의 행동과 동시에 발생하는 사건의 기록)는 이 일련의 와익톨 *wayyiqtol* 절을 중단하며 도입된 동사가 없는 절(워카텔*wĕqātēl* 혹은 워 익스 카텔*wĕ X qātēl*과 같은 절을 포함. X는 주어 표시)이거나, 워 익스 카탈*wĕ X qātal* 같은 한정된 동사절로 소개된다. 이러한 절 구조의 변화는 히브리어 독자에게 배후 사정에 대해 주의를 환기시킨다. 그러나 영어 독자의 경우 이러한 변화를 알아차리지 못할 수 있기에 표면에서 사건들을 해석하는 데 결정적인 배후 사정이 종종 간과된다. 예를 들면 2사무 3,26에서 표면 행동은 요압이 아브네르를 살해하는 쪽으로 이동하는 동안에, 26절 끝에 있는 히브리어 본문은 *wĕ X qātēl* 절로 일련의 와익톨*wayyiqtol* 절을 중단시킨다: '다윗은 이 사실(요압의 음모)을 알지 못하였다'(역주: 워다위드 로 야다*wədāwid lōʾ yādāʿ*). 화자는 표면의 행동 속에 이 사건에 대한 독자의 해석을 조언하는 배후 사정 설명을 밀어 넣는다. 다윗은 아브네르를 제거하려는 요압의 계략을 전혀 몰랐다는 것이다. 아브네르가 살해됨에 따라 다윗이 이익을 볼 수도 있지만(주석 참조), 이 배후 사정 절은 다윗이 그 일과 아무런 관련이 없음을 독자에게 알린다. 히브리어 내러티브의 이런 특징을 지닌 예문은 많이 있으며, 독자의 주의를 끌 것이다.

1.4.2 화자 narrator

성경을 읽을 때 우리는 '저자'가 자신의 작품을 통하여 직접 우리에게 말하고 있다고 상상할 수 있으나, 이야기를 말하는 이는 화자다. 성경의 화자는 "제2의 자아"로 외부 의식意識의 일종인데,[7] 저자에 의해 창조되었으며 초인적 능력을 부여받았다. 그러므로 다윗 홀로 옥상을 걸으며 아름다운 밧 세바를 염탐할 때, 화자는 그와 함께 있다(우리도 그렇다). 성경 화자는 누가 거짓말을 하고 있는지 우리에게 말할 수 있고(1열왕 13,18), 전투에서 반대 진영의 정보를 줄 수 있고(2사무 2,24-32), 하느님의 마음 상태도 말할 수 있다(2사무 11,27). 저자와 화자 사이의 간격은 에밀리 브론테의 《폭풍의 언덕》과 같은 작품에서 브론테가 화자 락우드를 만든 다음, 넬리 딘에게 화자 역할을 양도하는 작업에서 더 쉽게 관찰된다. 에밀리 브론테는 락우드도 아니고 넬리 딘도 아니다. 그들은 그녀의 창조물이다. 락우드는 성경의 화자와 비슷한데 거기서 그는 이야기를 시작하기 전에 전체 이야기를 알고 있다. 하지만 그는 이야기에서 극화되었기 때문에, 성경의 화자와 완전히 다르다. 그는 그렇게 통찰력이 있지 않아 그들의 첫 만남 이후 히스클리프를 "자본가"로 묘사하는데, 이런 이유로 문학 비평가들은 그를 '신뢰할 수 없는 화자'로 여긴다. 락우드와 달리, 성경의 화자는 그를 신뢰할 만하지 못하다고 생각할 이유를 주지 않는다.

그런데 "신뢰할 만한" 혹은 "모든 것을 아는"과 같은 꼬리표들은 성

---

7 Wayne C. Booth, *The Rhetoric of Fiction* (Chicago: the University of Chicago Press, 1983), 71.

경 화자가 사용하는 기술技術의 복잡성을 포착하지 못한다. 그는 모든 것을 알고 있으나 모두 말하지는 않으며, 우리 궁금증을 유지하기에 적절하다고 생각하는 순간에 정보를 조금씩 나누어 준다. 예를 들면 요압이 아브네르를 살해한 다음에 다윗은 아브네르가 흘린 피에 대하여 자신은 무죄하다고 선언한다(2사무 3,28-29). 우리는 그것을 알기 위해 임종 자리까지(1열왕 2,5) 기다려야만 하는데, 거기서 다윗의 판결에 의하면 요압의 죄는 전시戰時에 해야 할 피의 복수를 평화 시에 한 것과 관련이 있다. 그 정보는 2사무 3장을 이해하는 데 도움이 되었을 것이다. 더욱이 요압이 자기 동생 아사엘의 복수를 위해 아브네르를 살해했다고 두 번이나 선언함으로써(3,27.30), 화자는 요압이 다윗의 군대 사령관 지위를 유지하기 위해 아브네르(나중에는 아마사)도 죽기를 원했을지 모른다는 것을 인식하지도 못하는 둔감한 모습을 보인다.[8]

화자는 또한 독자를 당혹스럽게 하면서, 이야기의 결말에 결정적으로 보이는 질문들에 침묵하고 있을 수 있다. 이스보셋은 아브네르가 사울의 후궁 리츠파를 범한 일을 비난한다(2사무 3,7). 과연 아브네르가 그랬는가? 아브네르는 이스보셋의 아버지의 왕위 계승권을 찬탈할 계획이었는가? 등의 질문은 별로 중요하지 않다. 그리고 우리는 그 답을 결코 알아내지 못한다. 다윗이 예루살렘에서 피난 갈 때, 치바는 다윗에게 므피보셋이 그를 배신하였다고 말하는데(2사무 16,3), 다윗이 예루살렘으로 돌아왔을 때 므피보셋은 자신의 무죄를 선언한다(19,26-27).

---

[8] 다음 글에서 "둔한 화자" 논쟁을 보라: David M. Bevington, "The Obtuse Narrator in Chaucer's House of Fame", *Speculum* 36 (1961), 288-98. 베빙턴은 초서Chaucer의 시에서 화자가 어떻게 자신이 자세히 이야기하는 사건에 대해 빈약하거나 피상적인 이해력만 갖는지를 묘사한다.

그는 과연 배신자였는가? 확실히 알고 싶지만 화자는 그 질문에 대해 언급하지 않는다. 《폭풍의 언덕》을 읽는 내내 독자는 무엇이 힌들리 언쇼가 히스클리프를 그의 가족에게 소개하도록 했는지 묻지 못하지만 호기심을 가질 수는 있다. 필자가 보기에 락우드도 넬리 딘도 가장 당혹스러운 질문에 대한 답을 추론하지 않는다. 고대의 화자와 현대의 화자 둘 다 당황한 그들의 독자들을 그냥 두고 갈 수 있다.

다른 경우에 성경의 화자는 한 번도 제공되지 않았던 정보에 주목하게 한다. 사망한 나하스의 신의에 보답하고자 다윗은 그의 아들 하눈에게 그의 왕위 계승 시기와 부친상 때에 사절을 보낸다(2사무 10,2). 그러나 화자는 나하스와 다윗 사이에 체결된 정치적 계약에 대한 배경 정보를 제공하지 않는다. 비슷하게 아도니야가 자신을 다윗의 합법적인 후계자라고 선언할 때, 밧 세바는 다윗에게 와서 "저의 임금님, 임금님께서는 주 임금님의 하느님을 두고 이 여종에게, '너의 아들 솔로몬이 내 뒤를 이어 임금이 되고, 내 왕좌에 앉을 것이다.' 하고 맹세하셨습니다"(1열왕 1,17) 하며 하소연한다. 그런데 다윗이 언제 그런 약속을 하였는가? 이에 대해 다윗도 화자도 이의를 제기하지 않을 때, 독자는 (아마도 잘못 알고) 밧 세바의 말이 정확한가 보다 하고 추론한다. 에리히 아우어바흐가 언급하여 잘 알려진 대로, 성경의 내레이션은 "여전히 불가사의하고 '배후 사정으로 가득하다.'"[9]

내러티브 접근은 화자가 말하는 내용뿐만 아니라 그것을 어떻게 말하는지, 곧 말하기의 연출에도 주목한다. 그러려면 구조를 관찰하

---

9 Erich Auerbach, *Mimesis: The Representation of Reality in Western Literature*, trans. Willard R. Task (Princeton University Press, 1974), 12.

고 화자의 전략을 간파하기 위해 본문 자체를 예리하게 보는 시각이 필요하다.[10] 화자가 이야기를 말하는 속도(실제 시간 대 내러티브 시간)는 얼마인가? 그는 다윗의 전쟁들을 번개 같은 속도로 이야기할 수 있지만(2사무 8,1-8), 타마르의 경우 암논의 거미줄에 아주 천천히 걸려들게 한다(13,8-11). 화자는 우리의 관점도 통제한다. 우리가 예루살렘으로 계약 궤를 인도하는 다윗을 보고 있을 때, 갑자기 화자는 우리로 하여금 창밖으로 춤추는 남편을 응시하고 있는 미칼을 올려다보게 한다(6,16). 또한 화자는 사건에 대한 우리의 판단을 이끌 수 있다. 2열왕 17장에서 2개 절(5-6절)로 사마리아의 함락을 보고한 다음에, 화자는 다음 17개 절을 통해 이 패배에 대해 우리가 해석할 거리를 만든다(7-23절 "이는 ⋯ 때문에 일어났다").

마지막으로 독자는 화자의 지평을 벗어난 논점을 제기할 수 있다. 사울은 여자와 아이들을 포함하여 아말렉 사람들을 전멸시키라고 파견된다(1사무 15,3). 이 명령은 끔찍하여 현대 독자들은 이것과 성경에 있는 다른 폭력적인 행위들에 의문을 제기한다. 그런데 이 질문은 화자의 영역 안에 있지 않다. 화자는 하느님이 다윗과 밧 세바가 간음 후에 낳은 아들을 죽임으로써(2사무 12,14) 그들의 죄에 대한 형벌을 왜 다음 세대에 내리시는지 설명하지 않으며, 사울의 죄를 보상하기 위해 사울의 자손 일곱이 기둥에 매달렸을 때도 침묵을 지킨다(21,9). 압살롬이 다윗의 후궁들을 범했을 때도(16,22) 화자는 현대 독자가 성폭

---

10 나보코프Vladimir Vladimirovich Nabokov는 "문체와 구조가 책의 본질이다. 위대한 아이디어란 헛소리다"라는 말을 했다[John Updike, introduction to *Vladimir Nabokov: Lectures on Literature* (San Diego / New York / London: Harcourt, 1980), xxiii].

행이라고 말할 수 있는 부분에 대해 아무 말도 하지 않는다. 타마르에게 그녀가 성폭행당한 사실에 대해 입 다물고 있으라는 압살롬의 조언 (13,20)은 현대인의 귀에는 수치스러운 일이며 있을 수 없는 일이다. 어떤 사람은 다윗이 고대 이스라엘에서 민주주의의 성장을 촉진하기 위해 그의 전제 통치를 입헌군주 체제로 발전시킬 수는 없었는지 의아하게 여길 수도 있다. 이런 종류의 질문들은 우리가 다른 시대와 문화에서 온 문학 작품을 읽을 때 발생한다. 〈오디세이〉에서 음유시인은 페넬로페가 긴 세월 부재중인 남편에게 충실할 것으로 기대하는 반면에 오디세우스에게는 같은 기준이 적용되지 않는다는 사실을 문제 삼지 않는다. 마거릿 애트우드의 소설 《페넬로피아드》(*The Penelopiad*, Knopf, 2005)는 오늘날의 청중을 위해 그러한 불일치를 뛰어나게 파고든다. 고대의 화자가 우리의 질문을 무시할 때 우리는 우리 세계와 화자 세계 사이의 거리를 감지한다.

1.4.3 다윗 내러티브의 등장인물들

해럴드 블룸은 셰익스피어의 〈헨리 4세〉 1부의 등장인물들을 해설할 때, "폴스타프는 사람이고, 핼과 핫스퍼는 픽션fiction이다"라고 쓴다.[11] 이 도발적인 관측은 역사적 인물인 핼 왕자와 해리 퍼시 경을 허구로 만드는 반면, 일반적으로 음유시인의 창조물인 폴스타프를 실존 인물로 만든다. 그런데 창작된 폴스타프는 연극에서 핼, 핫스퍼, 심지어 헨

---

11 Harold Bloom, *Shakespeare: The Invention of the Human Mind* (New York: Riverhead Books, 1998), 282.

리 왕과 같은 연극의 역사적 인물이 살고 있는 허구를 드러내기 때문에 실재이다. 블룸의 의견은 역사적 인물이 〈헨리 4세〉 1부에 등장하든 다윗 내러티브에 등장하든 화자의 손(혹은 음유시인의 손)에 있음을 상기시킨다. 밧 세바는 실제 인물인가? 물론 그렇다. 그녀는 우리야를 사랑했을까? 다윗이 그를 죽였다는 것을 알았을까? 왕실과 접촉하는 이점을 원했을까? 화자가 그녀를 복잡한 성격으로 표현하는 데 관심이 없기 때문에 우리는 이런 집요한 질문들에 대한 답을 알지 못한다. 그 결과 밧 세바는 2사무 11-12장에서 대부분 밝혀지지 않은 상태로 남아 있다.

다윗

다윗 이야기에서 모든 등장인물이 실제 삶에서는 다면적인 사람들인데, 화자는 다윗에게서만 그 상태를 다윗은 복잡하고, 서서히 밝혀지고, 결정적이지 않은 인물로 나타나며 때로는 예기된 자신의 역할에서 벗어난 행보를 보이고, 예측할 수 없는 행동을 한다. 그는 화자의 유일한 수단인 문자文字의 한계와 좌절에도 불구하고 대담하게 탐구를 시도한 인간 존재. 화자는 사울 임금과 그의 아들 요나탄을 위해 국민장國民葬을 치르는 한가운데서, 다윗이 요나탄을 향한 사적인 정을 표현하느라 장례 주관자의 직무를 유기하는 모습을 우리가 관찰하게 둔다(2사무 1,26). 잠시 우리는 친구이자 동지인 요나탄을 잃은 다윗의 깊은 슬픔을 들여다보면서, 그의 내적 경험을 아는 특권을 부여받는다.

반역한 아들로 인해 상처 입은 아버지의 마음으로 울부짖을 때, 다윗은 임금의 역할에서 벗어난다(2사무 18,33: 역주《성경》19,1). 이 짧고도 내밀한 개인적 순간은 다윗의 장군인 요압에 의해 졸지에 중단되고, 그는 다윗에게 임금의 역할로 돌아가도록 종용한다. "그러니 이제 일어나 나가서서 임금님의 신하들에게 다정한 말씀을 건네주십시오"(19,7: 역주《성경》19,8). 아버지는 순명하고 임금으로 다시 돌아가지만, 너무 늦었다. 우리는 너무 많이 안다. 화자의 기술은 그의 분열된 마음과 내적 갈등을 볼 수 있게 묘사하였다. 반역자의 처형을 경축해야 하는 임금이 실은 죽은 아들을 애도하는 아버지다.

화자는 다윗의 특성에서 드러나는 각가지 모순과 질문을 통하여 인간 존재의 본성을 조사한다. 주목할 만한 다윗의 각 특성은 상반되는 증거를 즉시 불러낸다. 다윗은 하느님의 충실하심을 신뢰함에도(1사무 17,37) 불구하고 정부의 남편을 살해할 음모를 꾸민다(2사무 11,14-15). 사울의 장군인 아브네르(3,27)와 사울의 아들 이스보셋이 살해된(4,9-12) 후에 사울 행정부의 남은 자들과 계약을 확실하게 맺고 살아남은, 정치적 통찰력이 있는 지도자인 다윗이 트코아 과부에게는 쉽게 속고(14,1-17) 헤브론으로 가겠다고 하는 아들의 요청에는 기만당한다(15,7). 그는 요압의 세력을 알고 있고(3,39) 그를 제거하고 싶어 하나(19,14에서 그가 한 번 시도했으나 실패), 우리야를 제거하기 위해 그를 이용하기도 한다. 다윗이 므피보셋을 그의 궁으로 데려왔을 때(9,1-13) 그는 요나탄과의 계약에 충실한 것인가 아니면 왕위 주장이 가능한 이를 가택연금시키는 것인가, 혹은 둘 다인가? 다윗의 일관성 없는 행동,

모순, 속이 빤히 보이는 파렴치한 순간을 통해 현대 독자들은 우리 자신의 경험을 되찾을 수 있다. 우리는 다윗 내러티브와 어쩌면 히브리어 성경 전체에서 다른 그 어떤 인물보다도 다윗에게서 우리 자신의 반쪽짜리 진실, 이중성, 허구, 도덕적 모호함을 본다.

우리는 다윗의 복잡한 성격이 내포하는 의문을 해독하고 싶은 유혹을 받을 수 있지만, 화난 햄릿이 그의 거짓 친구인 로젠크랜츠와 길덴스턴에게 하는 조언은 우리에게 조심하라고 말한다.

> 그래, 이 보라고. 자네가 날 얼마나 형편없는 물건으로 생각하나. 자넨 날 연주하고 싶지. 내게서 소리 나는 구멍을 알고 싶어 하는 것 같아. 자넨 내 신비의 핵심을 뽑아내고 싶어 해. 나의 최저음에서 내 음역의 최고까지 올려보고 싶어. 그렇다면, 여기 이 조그만 악기 속엔 많은 음악이, 빼어난 음악이 들어 있어. 그런데도 자넨 그걸 노래 부르게는 못해. 빌어먹을, 자넨 날 피리보다 더 쉽게 연주할 수 있다고 생각해? 나를 무슨 악기로 불러도 좋아. 허나, 나를 만지작거릴 순 있어도 연주할 순 없어.
>
> 〈〈햄릿〉 3막 2장 335-41절; 최종철 역, 《햄릿》, 민음사, 119쪽〉

다윗은 햄릿과 같이 "연주되지" 않을 것이다. 그는 왜 타마르를 암논에게 보냈는가? 왜 그는 압살롬을 궁정으로 돌아오게 하였는가? 그리고 왜 그의 치세 동안에 요압을 제거하지 않았는가? 이 모든 질문에 대한 정확한 답을 요구하는 것은, 비록 우리가 왕의 마음을 슬쩍 엿본 것이 그렇게 하도록 유혹할지라도, 다윗의 신비를 강제로 떼어내고 그를 피리처럼 연주하려는 까닭이다.

요압

다윗의 군대 총사령관인 요압은 내러티브에서 다른 주요 인물이나 다윗의 복잡성이나 투명성 수준에 미치지 않는다. 그는 예상대로 잔혹하고 타산적이며 자신의 세력을 위협하는 것은 무엇이든 제거할 준비가 되어 있는데, 서서히 전개되지도 않고 신비롭지도 않다. 우리는 그가 임금의 직접적인 명령에도 불구하고(2사무 18,5) 무방비 상태의 압살롬을 살해했을 때도 놀라지 않는다. 이 도발 행위는 다윗 내러티브의 세계에서 임금과 장군 사이의 긴장된 힘의 균형을 드러낸다. 시민사회 지도자가 군대를 지휘하는 오늘날의 민주 정부는 다윗과 그의 장군 사이의 관계를 이해하는 데 도움을 주는 패러다임이 아니다.

사울의 사령관인 아브네르가 사울의 아들 이스보셋을 임금의 자리에 앉힌다(2사무 2,9). 사령관이 킹메이커다! 그래서 이스보셋이 아브네르의 배신을 비난할 때[12] 사령관은 그를 임금 자리에서 몰아낸다(3,9-10). 이런 아브네르처럼 요압은 다윗에게 지시할 수 있고 왕실의 결정을 각하시킬 수 있다. 요압은 임금의 뜻대로 우리야를 제거하기 위해 라빠 공격을 중단한 후에(11,17), 만일 임금이 순응하지 않으면 반역하리라 위협을 하면서(12,27-28) 임금에게 출전을 요구한다. 다윗이 아브

---

[12] 이스보셋은 아브네르가 사울의 후궁 리츠파를 범했던 것을 생각한다.

네르와 계약을 체결한 후에(3,13) 요압이 궁으로 들어와 임금에게 해명을 요구하는데(3,24) 우리가 장군에게서 보리라고 기대한 행동은 아니다. 나중에 요압이 아마사를 죽인 일은(20,10) 다윗에게 공공연히 반항한 것인데, 아마사는 다윗이 요압의 후임자로 임명한 사람이다(19,14). 반란군 장군인 아마사에게 왕실의 한자리를 주는 것으로써 다윗은 압살롬의 반군들에게 그들이 그의 정부에 포함될 것이라는 신호를 보냈고, 이는 영리한 정치적 책략이었다. 하지만 요압이 다윗의 전략을 무시하고 아주 위태로운 시기에 다윗의 통치를 한층 더 불안정하게 만든다. 요압이 다윗 궁으로 돌아왔을 때, 임금은 이 의도적인 반항 행위와 관련하여 장군과 대결할 수 없었다. 다윗 자신이 요압 앞에서 힘이 없다고 말한(3,39) 초기 주장은 일리가 있다. 요압은 아브네르처럼 왕을 세울 수 있는 사람은 아니지만 조정에서 세력이 상당하다.

요압의 냉혹함은 압살롬이 나무에 매달려 갇힌 것을 본 그의 병사 중 한 명과 주고받은 말에서 드러난다. 요압이 왜 압살롬을 죽이지 않았느냐고 물으니 그 병사는 '내가 압살롬을 죽였더라면, 당신은 나 혼자 몰락하게 내버려 두었을 것'이라고 반박한다(18,13 참조). 그는 대놓고 자기 상관의 이중성을 비난한다. 반역자 비크리의 아들 세바가 아벨 벳 마아카에 피신하였을 때, 요압은 성읍의 지혜로운 여인이 "어찌하여 주님의 상속 재산을 삼키려고 하십니까?"(20,19)라며 그의 폭력적인 행동에 이의를 제기할 때까지 성읍을 포위하였다. 다윗 임금이 아니라 그 지혜로운 여인이 다윗 내러티브에서 요압의 잔인함에 맞선 첫 번째 인물이다. 마지막으로 기회주의자인 요압이 생애의 끝 무렵에 아도니야와 그의 공범자들 무리에 가담했을 때(1열왕 1,7), 그는 아도니야가 다윗 왕위를 계승하는 전망이 최적이라고 판단했으리라 추정할 수 있다. 언젠가 한번 요압이, 우위의 입장을 취하고 인구 조사 명령을 재고해 달라고 경건하게 다윗에게 간청하면서 임금을 제지했을 때 우리는 깜짝 놀란다(2사무 24,3 "주 임금님의 하느님께서…"). 그러나 이 순간을 제외하면 다윗의 장군 요압은 일반적으로 예측할 수 있는 인물이다.

포일foil이라는 문학 용어는 "보석의 광채를 더 빛나게 하기 위해 보석 아래에 놓은 밝은 금속의 얇은 판"에서 유래한다.[13] 다윗의 판단에 실수가 있음에도 불구하고, 이 이야기에서 다른 주요 인물인 요압이 그의 포일로 드러날 때 다윗의 지도력은 보석처럼 빛난다. 다윗은 요압과 아비사이, 이타이에게 반역한 아들 압살롬을 너그럽게 대해 달라고 명령할 때처럼, 사적인 애정으로 그의 의사 결정을 흐리게 할 수 있는 지도자이다. 압살롬에 대한 그의 무분별한 희망은 요압이 신속하게 강탈자를 처형한(18,14) 것과 대조를 이룬다. 요압이 취한 처형 방식의 정의는 다윗의 실족을 덜 심각하게 보이게 한다. 우리는 거짓 연기를 하는 트코아 과부에게 주의를 기울이는 다윗을 비웃고 싶을 수도 있지만, 요압은 자신의 이익에 도움이 되지 않는 한 그 어떤 과부의 사정에도 귀 기울이지 않을 것이라는 느낌이 있다. 아브네르는 요압의 형제인 아사엘을 죽이는 것을 주저하며 그가 추격을 포기하고 돌아가도록 설득해 보는 반면에, 요압은 아브네르에게 말 한마디 건네지 않고 복수에 분발한다(2사무 3,27). 요압이 지휘하는 군대조차도 그들의 장

---

13 M. H. Abrams, *A Glossary of Literary Terms* (Boston, MA: Thomson, Wadsworth, 2005), 234.

군이 이기적이고, 공정하지 않고, 무자비하다는 것을 알고 있다(18,13). 잔인하고 비열한 그의 지도력 때문에 다윗에 대한 가혹한 판단이 희석될 수 있으며, 그 결함으로 요압은 거의 파멸에 이르게 됐다. 다윗이 "츠루야의 아들들"(요압은 츠루야의 아들이다)이 자신에게 너무 벅차다고 선언했을 때(3,39), 다윗 자신이 그와 요압 사이의 대립을 묘사한다. 우리는 요압이 임금의 절규를 듣고 '이 임금은 나에게 너무 순하구나'라고 생각했으리라 상상할 수 있다. 요압의 냉혹함과 폭력성은 다윗의 성격 뒤에 붙인 포일인데, 이는 우리가 그에게서 마주하는 무자비함보다 다윗의 리더십의 보석을 그의 모든 실패와 더불어 선호하도록 부추긴다.

다른 등장인물들

조연 등장인물에 부여된 구체적인 특성은 일반적으로 장면의 결과에 도움이 된다(직접적인 캐릭터 설명은 드물다). 아사엘은 영양羚羊만큼 빠르게 달리는데(2사무 2,18), 그 신속함이 그를 죽음으로 인도한다. 압살롬이 머리를 깎는 예정일(14,26)은 결과적으로 그가 요압의 창을 기다리며 하늘과 땅 사이에 매달려 있게 한다(18,9-15). 타마르에게 부여된 아름다움은 암논의 주의를 재빠르게 붙잡는다(13,1). 훌륭한 조언자로 묘사된 아히토펠은(16,23) 압살롬에게 지혜로운 의견을 제시한다(17,14). 화자가 므피보셋에게 부여한 유일한 특성은 그의 불리한 조건(4,4: 그는 절름발이다)인데, 그것은 므피보셋이 다윗에게 충성하며 있었다는 그의 주장을 (우리가 그를 신뢰한다면) 지지한다(16,1-4과 19,25-31). 압살롬의 반역하는 정신과 타마르의 강직함(그녀는 암논을 거절한다)과 같은 조연들의 다른 특성들은 줄거리가 전개될 때만 나타난다. 그러나 아히토펠의 자살과 같은 많은 다른 행동은 그들의 특성에 대한 부족한 전개 때문에 예상할 수가 없다.

다윗과 요압을 제외한 사무엘기 하권의 등장인물들은 일시적으로 등장하며, 그들에 대한 본질적인 질문은 답변되지 않은 채 끝난다. 아버지를 죽이는 것(16,11; 17,2)에 대한 압살롬의 생각은 무엇이었는가? 아히토펠은 왜 반역에 가담하였는가? 타마르는 압살롬의 집에서 어떻게 지냈는가?(화자는 그녀의 남은 생애를 한 줄로 요약한다. "타마르는 제 오빠 압살롬의 집에서 처량하게 지냈다." 13,20). 미칼은 팔티엘을 사랑했는가?(3,15-16). 밧 세바는 권력자 임금에게 성폭행당했다고 느꼈는가? 화자는 이 등장인물들에게 시간을 쓰지 않으며, 우리는 그들의 곤경에 대한 정보를 거의 가지고 있지 않기 때문에 그들을 이해하기 위해 분투한다. 우리가 그들을 평면적(flat) 인물이라고 부르든 행위자[14]라고 부르든 간에 확실한 한 가지는 이야기에서 그들의 존재가 다윗과 그의 통치를 묘사하는 데 기여한다는 것이다. 화자의 관심은 거기에 놓여 있다.

---

14 E. M. 포스터Forster는 《소설의 양상》(*Aspects of Novel*, New York: Penguin Books, 1990)에서 평면적 인물을 다음과 같이 묘사한다: "가장 순수한 형태로 그들은 단일한 개념이나 특질을 중심으로 구성된다. 그들에게 하나 이상의 요소가 있을 때는 우리가 입체(적 인물)로 향하는 곡선으로 접어들기 시작한다"(73쪽).

1.4.4 줄거리: 6막으로 된 이야기

사울의 통치 기간 중에 사무엘은 임금에게 (그리고 우리에게) 하느님께서 이미 그를 대신할 사람을 선택하셨는데, 그는 사울보다 낫고(1사무 15,28) 하느님의 마음에 드는 이라고 알렸다(13,14). 그래서 다윗 이야기의 1막이 시작하기 전에 우리는 이미 새 인물의 소개를 예상한다. 사울의 통치 이야기는 화자가 사울과 사무엘 사이의 관계가 돌이킬 수 없게 갈라졌다고 선언했을 때(1사무 15,35) 비극적인 결말로 간다. 그들은 생전에 결코 다시 만나지 않는다.[15] 다윗은 1사무 16장에서부터 시작하여 1열왕 2,10에서 죽기까지 성경의 잇닿은 42개 장의 주인공이 된다. 이 내러티브는 6막으로 나눌 수 있다.

1막: 다윗의 도유와 사울 임금으로부터의 도망(1사무 16-31장)

다윗의 공적 생활은 사울과의 마찰로 특징지어진다. 그는 도유된 후 즉시 사울의 궁정으로 옮겨지나 곧 임금의 창을 피하여 도망쳐야 한다. 1사무 16-31장의 대부분에서 다윗은 사울의 사력을 다한 추적을 간신히 피하며 하느님께서 다윗을 구원하신다는 다윗 내러티브의 주제를 강조한다. 필리스티아를 공격하고 크일라를 구하려는 다윗의 (그리고 하느님의) 계획을 부하들이 거부할 때, 하느님은 다윗에게 승리를 확신시켜 주신다(1사무 23,1-5). 사울의 아들 요나탄이 다윗과 제휴하고

---

15 1사무 28,15-19에서 사울은 죽은 사무엘과 이야기한다.

(1사무 18,1-4), 조약을 맺어 다윗이 요나탄과 그의 후손들에게 신의를 지키기로 맹세한다(1사무 20,14-17). 그 맹세의 효력은 요나탄 사후 오랜 시간 후인 다윗의 재위 후반(2사무 9,1과 21,7 참조)까지 지속된다. 다윗이 두 번이나 사울의 목숨을 보존하면서 그에 대한 자신의 충성을 증명하긴 하지만(1사무 24장과 26장), 그는 사울과 직면하는 위험을 다시는 감행하지 않는다. 그는 필리스티아 땅으로 도망가서 갓의 아키스 임금의 보호 아래 살며 치클락에 정착한다(1사무 27,6). 사울이 죽은 뒤에야 다윗의 도피 생활은 끝이 난다.

2막: 헤브론에서 다윗의 통치(2사무 1,1-5,5)

사울 임금과 그의 아들 요나탄의 죽음을 애도한 후에, 다윗은 유다로 돌아와 헤브론에서 통치를 공고히 한다. 그의 치세가 아주 안전하지는 않지만, 이제는 도망자가 임금이다(2,4). 사울의 영토에서 그의 권위를 주장하려는 시도는 거절당하고 사울 집안과 다윗 집안의 싸움은 계속된다(3,1). 사울의 사령관 아브네르가 사울의 아들 계승자인 이스보셋을 배신했을 때 장기간의 전쟁은 끝을 보게 된다. 사울의 영토를 다윗의 지배 아래로 흡수하기로 한 다윗과 아브네르의 협정은 아브네르와 이스보셋이 살해된 사건으로 불리해지지 않으며, 이 에피소드들은 사울의 사람들이 다윗을 그들의 임금이라고 환호할 때(5,1-3) 종료된다. 화자는 예루살렘에서 그의 통치를 예견하는 다윗의 재위 기간을 공지하는 정보로 휴지休止 신호를 보낸다.

3막: 다윗이 예루살렘에서 그의 왕국을 세움(5,6-8,18)

다윗이 수도를 예루살렘으로 재배치하며 다윗 통치의 새로운 시대가 시작된다. 다윗은 침략자 필리스티아에게서 도성을 방어하며, 도성의 안정을 위해 신속하게 움직인다(5,17-25). 계약 궤를 예루살렘에 안치하여 왕정을 더 결속시키고 예루살렘을 왕성으로 공고히 한다(6,1-23). 그는 수도를 보강하기 위해 성전 건립을 결정하지만, 하느님은 그의 계획을 받아들이지 않으신다(7,1-29). 그 후에 다윗은 다양한 적을 무찌르면서 영토를 확장하고(8,1-14), 주된 적국인 필리스티아는 다윗 치세의 아주 후기까지 다시 공격해 오지 않는다(21,15). 앞으로의 싸움은 다윗 집안 내부에서 일어날 것이다. 화자는 다윗 조정의 관리들을 소개하면서 이 막을 마무리한다(8,15-18). 다윗은 도성을 방비하면서 그의 정치 체제를 수립한다.

4막: 현혹된 임금을 위한 하느님의 구원(9,1-20,6)

이 막을 시작하는 에피소드들은 자신의 통치를 계속 강화하는 영리한 임금에 대해 이야기한다. 왕위에 잠재적으로 위협이 되는 므피보셋(요나탄의 아들)은 다윗의 세력권 안으로 옮겨진다(9,1-13). 그다음 암몬과 아람의 용병들과의 부채를 청산한다(10,1-19). 그러나 이 두 승리에 이어 다윗의 삶과 왕국을 위험에 빠트리는 일련의 분별없는 결정들이 뒤따른다. 밧 세바와 사통하고 뒤이은 우리야 살해는 나탄 예언자에 의해 단죄된다(11,1-12,31). 암논이 아픈 척하면서 다윗에게 타마르를 그에게 보내주기를 원할 때 다윗이 응한다(13,1-22). 이 두 과실이 그의 왕정의 안전을 직접적으로 위협하지는 않는다. 곧 하느님은 우리야를 죽인 다윗의 죄를 용서하시고, 우리는 다윗이 타마르를 성폭행하려는 암논의 계획을 알았으리라고 기대할 수 없다. 그러나 다음에 더 심각한 판단 착오가 발생한다. 다윗이 암논에게 성폭행의 책임을 지우지 않으니(13,21) 압살롬이 스스로 행동을 취한다. 다윗이 압살롬의 사기에 속았을 때 암논이 살해된다(13,23-39). 다윗 집안의 무질서가 증가한다. 그리고 임금은 가짜 과부에게 걸려들어서 미래의 반역자 압살롬을 궁정에 복위시키려는 요압의 계획을 용인한다(14,1-33). 이러한 오류들은 다윗이 압살롬이 그의 시야에서 벗어나는 것을 허락했을 때 그리고 압살롬의 반란을 피해 도망갈 때 정점에 다다른다(15,1-20,3). 다윗이 확실히 패배하는 것으로부터 그를 구원하기 위해 하느님이 개입하실 때 (다윗 내러티브의 주요 주제), 사무엘기 하권 9-20장은 절정에 이른다. 압살롬의 반란 이야기가 끝나갈 때, 다윗은 비크리의 아들 세바가 일으킨 또 다른 단기 반란에 직면한다(20,4-22). 한차례 반란이 진압되면 화자는 이전의 행위와 비슷한 결론으로 개입하며, 다윗 조정 관리들의 이름을 댄다(20,23-26).

5막: 끝을 향하는 다윗의 공적 생활(21,1-24,25)

사울과 그의 후손들을 적절하게 매장해 준 후에(21,10-14), 다윗은 전투에 지쳐가고 이제 다시는 전장에 나가지 말라는 다짐을 받는다 (21,15-22). 이를 기점으로 다윗은 공적 생활에서 물러나기 시작한다. 그는 자신의 생애를 요약하고 어떻게 기억되기를 원하는지를 송가로 노래한다(22,1-51). 그런 다음 화자는 다윗의 마지막 말이 시작되었다는 신호를 보내는데, 1열왕 2,9까지 계속되는 과정이다. 그리고 마지막으로 우리의 영웅은 공직을 떠나기 바로 전에 예루살렘에 첫 제단을 쌓는다(24,1-15).

6막: 왕국은 솔로몬에게 계승되고 다윗은 죽음(1열왕 1,1-2,12)

시간이 흘렀다. 다윗은 이제 몸의 온기를 유지할 수 없을 만큼 늙고 약해졌다. 육체적으로는 쇠퇴했으나 가족 내에서 일어난 다른 모반을 조정하고, 솔로몬을 왕좌에 앉히는 일은 할 수 있다. 그는 아들에게 마지막 유언을 전달한 후에 죽는다. 화자는 전통적인 임금의 재위년 요약(1열왕 2,11)으로 끝을 맺는다.

이 주석서는 사무엘기 하권으로 한정되기 때문에, 다윗 내러티브의 2막으로 시작하고 5막으로 끝난다. 각 막은 에피소드로 분할되고 각 에피소드는 장면으로 분할된다.

1.5 독자

우리는 엄청나게 흥미진진한 이야기 앞에 있다. 문학적 걸작인 다윗 내러티브는 쉽게 "시간을 뛰어넘으려고" 시도하는 해석가라면 누구든지 즉시 겸손하게 한다. 그것은 우리 세상과는 아주 다른 세상을 제시하기 때문에 천천히 주의 깊게 읽을 것을 요청한다. 정보화 시대에 다양한 텍스트를 빠르게 읽는 일은 생존하는 데 필수 불가결해졌고, 우리는 이메일과 문자 메시지 홍수 속에서 수영하고 있다. 다윗 내러티브가 이 말의 바다를 떠다니는 다른 글들처럼 소비될 수는 없다. 성경(인류의 역사와 문화에 미치는 영향의 관점에서는 다소 얇은 책)은 모든 단어가 주의 깊게 관찰되기를 바란다. 이 구절은 왜 전환했는가? 왜 이런 세부 사항이? 왜 이 에피소드는 여기에 있는가? 왜 이런 시각으로 보는가? 왜 이런 탈선을 하는가? 이런 인물들 이야기를 지금 하는 이유는? 도대체 왜 "사무엘기 하권"이라 하는가? 성경은 식탁에 기대어 앉으라고 초대하는데, 드라이브스루drive-through 식사가 아니라 수도승들이 렉시오 디비나lectio divina라고 부르는, 각 한 조각을 음미하는 신성한 독서를 위해서이다. 풍부한 세부 사항을 관찰하며 이 이야기에 귀를 기울이기는 우리가 살고 있는 세상과 우리 자신의 사고방식에 도전하는 것이다.

본 주석은 내러티브의 "분석"이라기보다 "석의(釋義, paraphrase)"인데, 이는 필자가 E. M. 포스터의 《소설의 양상*Aspect of the Novel*》에서 차용한 분류이다. 석의 곧 '패러프레이즈paraphrase'는 예술 애호가(미술 평론가가 아님)처럼 걸작을 묘사하는 것인데, 예술 애호가는 렘브란트의 〈다윗과 요나탄〉을 응시하면서 다윗의 강렬한 절망(1사무 20,41)에 감동받는다. 필자는 화자의 흥미로운 필치筆致를 가리키면서, 그 모든 생동감 넘치는 세부 사항에서 나오는 배경을 귀담아듣게 되기를 바란다. 그러나 다윗 내러티브에 대한 결정적인 이해는 이 주석서의 능력이 미치지 않는 곳에 있다. 필자는 《디아테사론Diatessaron》[16]으로 알려진 연합 복음서에 대하여 4세기에 주석을 쓴 시리아인 작가 에프렘Ephrem의 통찰력에 이끌렸다. 그가 즈카르야와 가브리엘 천사 사이의 만남(루카 1,8-20)에 대해 묵상한 대로, 성경 해석의 본질에 대해 묵상하기 위해 잠시 멈춘다.

> 당신의 말 한마디에서 발견되는 것이 어느 정도인지 누가 파악할 수 있겠는가? 우리는 목마른 사람들이 샘에서 물을 마시는 것처럼, 우리가 거기서 취하는 것보다 훨씬 더 많은 것을 거기에 남긴다. … 성서를 만나는 사람은 누구든지 자신이 발견한 풍요로움 중 하나가 실존하는 유일한 것이라고 가정해서는 안 된다. 오히려 그는 자신이 그 안에 존재하는 많은 풍요로움 중 하나를 발견할 수 있을 뿐임을 인식해야 한다. 성서가 그를 풍요롭게 하였기 때문에 독자가 성서를 가난하게 한 것도 아니다. 오히려 독자가 더 많은 것을 찾는 데 무력하다면, 그가 성서의 거대함을 인정하게 하라. 만족함을 얻었으니 기뻐하고, 남아 있는 것이 있다고 애석해하지 마라. 목마른 사람은 물을 마셨기

---

16 일반적으로 타티아누스와 관련이 있다고 보는데, 디아테사론은 서기 170년경에 시리아어로 저술되었을 것이다.

에 기뻐한다. 그는 샘이 말라버리도록 물을 다 마실 수 없음을 증명했다고 슬퍼하지 않는다. 샘이 당신의 목마름을 이기게 하라, 당신의 갈증이 샘을 이겨서는 안 된다! 당신의 목마름은 그쳤는데 동시에 샘물은 줄지 않았으니, 당신은 목마를 때마다 다시 마실 수 있다. 반면에 만일 당신이 당신을 채운 후에 샘이 한번 말라버리게 된다면, 그것에 대한 당신의 승리는 당신 자신에게 해가 될 것이다. 당신이 가져간 것에 대해 감사하고, 남겨둔 여분에 대해 불평하지 마라. 당신이 취한 것은 당신의 몫이고, 남겨진 것은 여전히 당신의 유산이 될 수 있다.[17]

성경 읽기는 목마른 자를 만족시키는 샘에서 물을 마시는 것과 마찬가지로 독자를 만족시킨다. 그런데 에프렘은 우리가 소모한 물보다 더 많은 물을 뒤에 남겨둔 것이라고 우리를 일깨운다. 그는 한정적인 해석으로 그 의미를 주제넘게 제한하여 성경을 가난하게 만들지 말라고 충고한다. 그러한 해석들은 성경의 샘이 정복되었고 그 물은 말라버렸음을 시사한다. 우리가 받은 것에 기뻐하고, 너무 많은 것을 뒤에 남겨두었음에 실망하지 마라. 의미의 유산이 우리를 기다리고 있다. 샘가의 목마른 사람의 이 이미지는 우리에게 다른 임무를 재촉한다. 곧 성경은 샘으로 많이 이동할 것(여행)을 요구한다. 처음 읽었을 때 놓친 많은 세부 사항을 확보하기 위해 다시 읽을 필요가 있다. 누가 디킨스의 《두 도시 이야기》를 처음 읽을 때 드파르주 부인의 뜨개질의 중요

---

17 *Commentary on the Diatessaron*, 1,18-19. 시리아어에서 영문으로 번역한 글은 Sebastian Brock의 글 인용: The Luminous Eye: *The Spiritual World Vision of Saint Ephrem the Syrian* (Kalamazoo, MI: Cistercian Publications, 1992), 50-51.

성을 명심할 수 있는가? 그 세부 사항은 두 번째 읽을 때 페이지에서 튀어나온다. 같은 방식으로 사울 앞에서 다윗이 하는 시작 진술(1사무 17,34-37ㄱ)의 의미는 오직 그가 생애 마지막에서 송가를 부를 때(2사무 22장) 완전히 이해된다. 다윗 내러티브는 다른 모든 고전과 같이 거듭 읽을 것을 요청한다. "당신이 목마를 때마다 언제든지 다시 마실 수 있다."

1.6 마지막 말

이 주석서를 내는 의도는 다윗과 그의 통치의 묘사에 대한 개인적 독서를 대체하는 데 있지 않다. 이 책의 어느 페이지에서도 그 유일무이한 체험을 대신하기를 원치 않는다. 이 주석서에서는 성경 본문을 소개하지 않기 때문에 당신은 성경을 손에 들 필요가 있다. 달리 표시되지 않는 한 영어본 NRSV를 인용한다. 시인 J. V. 커닝햄이 그의 시 〈독자에게〉[18]에서 인정하는 것처럼 우리가 읽게 될 저작(성경)은 주석가들을 작아 보이게 만들지만, 필자는 이 페이지들을 더럽히는 잉크가 성경 페이지를 더 설득력 있게 만들어 주기를 바란다.

---

18 Timothy Steele, ed., *The Poems of J. V. Cunningham* (Athens: Swallow Press / Ohio University Press, 1997), 38.

독자에게

시간이 완화시킬 것이다.
시간의 절들은 묻힌다.
여백과 페이지
주석서에서,
난외 주해에 대한 요구들
추가된 주註
바쁜 손이 되기까지
본문을 지우고,
그리고 모든 것의 일관성.
이 주해에서 찾기
고유한 본문은 없음:
본문은 유실되었고
이득은 난외 주해.

필자의 바쁜 손이 다윗의 이야기 안에 숨어 있는 미스터리와 수수께끼를 지워버릴 만큼 그 이야기를 너무 일관성 있게 만들지 않기를 기도한다. 그러한 이득은 단지 난외 주해에 불과할 것이다.

제2장

2막: 다윗이 헤브론에서 통치하다

2사무 1,1-5,5

2.1 도입

1사무 16장에서 비밀리에 도유된 임금, 다윗은 사울의 살인 계획을 벗어나는 것으로 초반을 보냈다(1막: 1.4.4를 보라). 다윗에 대한 하느님의 계획은 아주 일찍 16개 장章 정도 앞서 고지되었는데, 이제 사무엘기 상권의 마지막 페이지에 언급된 사울의 죽음과 함께 그 실현을 향해 나아간다. 사무엘기 하권이 시작할 때 다윗은 안전을 위해 도피했던 필리스티아인의 성읍 치클락에 아직 있다. 독자들은 이미 그가 도망자 신분을 벗어났음을 알고 있다. 그를 공격하던 자는 죽었다. 그러나 그 소식은 아직 다윗에게 도달하지 않았다. 사무엘기 하권은 다윗에게 죽은 임금의 왕관을 선물하며 아말렉인 사자使者가 전하는 사울의 죽음에 대한 보고로 시작된다(1,2-16). 적절한 애도 예절 후에(1,17-27), 다윗은 필리스티아 영토를 떠나 유다로 향하고(2,1-3) 공식적으로 임금으로 도유된다(2,4). 그는 즉시 사울의 신하들에게 전갈을 보내나(2,5), 그의 예비교섭은 명백히 거절되고(2,8-11) 다윗과 사울의 후계자 이스 보셋 사이에 전쟁이 발발한다(2,12-32). 이스 보셋의 군대 사령관 아브네르가 다윗 편으로 넘어왔을 때(3,9-10), 사울에게 한때 충성했던 이스라엘 지파들은 다윗의 통치를 받아들이고 그들 역시 다윗을 그들의 임금으로 도유한다(5,3). 정치적 사정에 밝은 다윗은 아브네르와 이스 보셋의 살인 사건(3,27; 4,5-7)으로 그의 대관식이 무산되지 않도록 그 일에 확실히 개입한다. 다윗 내러티브 2막의 막이 내려가면서 사울의 왕관이 다윗의 머리에 씌워진다.

◆ 구조

가. 사무엘기 상권의 마지막 장면을 되돌아보며(1,1)
　나. 다윗, 사울의 왕관을 받음(1,2-12)
　　다. 다윗, 사울의 살해자 처형(1,13-16)
　　　라. 다윗, 사울과 요나탄의 죽음 애도(1,17-27)
　　　　마. 한 영토에 두 임금(2,1-3,6)
　　　　마'. 한 영토에 한 임금: 아브네르가 편을 바꾸다(3,7-27)
　　　라'. 다윗, 아브네르의 죽음 애도(3,28-39)
　　다'. 다윗, 이스 보셋의 살해자 처형(4,1-12)
　나'. 다윗, 사울의 왕관을 쓰다(5,1-3)
가'. 예루살렘에서 다윗의 통치를 기대하며(5,4-5)

다윗 내러티브의 2막은 1막의 마지막 장면(사울의 죽음과 다윗의 치클락 도피)을 돌아보며 여는 절과 3막에서 예루살렘에서의 다윗 통치를 내다보며 닫는 절들로 틀이 짜인다(가/가'부분). 다윗이 사울의 왕관을 받을 때 행동이 시작되고 그가 그 왕관을 쓸 수 있게 되었을 때 끝난다(나/나'부분). 다윗은 사울의 자살에 협조했다고 말하는 아말렉인을 처형하고 이스 보셋을 살해한 자들을 처형한다(다/다'부분). 그는 애도의 시詩를 두 편 노래한다. 하나는 사울과 요나탄을 위한 것이고 좀 더 짧은 다른 하나는 아브네르를 위한 것이다(라/라'부분). 중앙에는 2막의 결과를 밝히는 두 개의 핵심 에피소드가 있다. 만일 다윗 내러티브 시작에서 밝힌 하느님의 계획(1사무 16,1-13)에 부응하여 다윗이 사울을 계승한다면 두 임금이 그 땅의 통치를 계속할 수는 없다. 그런데 요압 군대가 전장에서 사울의 영토를 정복하지 못한다(마 부분). 이스 보셋이 어리석게 아브네르의 충성심에 도전했을 때, 아브네르는 편을 바꾼다(마'부분). 2막의 한가운데서 예측하지 못한 사건이 결과적으로 사울의 지배력을 다윗의 통치 아래로 가져다준다.

2.2 사무엘기 상권의 마지막 장면을 되돌아보며 1,1

사무엘기 상권을 마무리하는 사건에 대한 간결한 요약으로 사무엘기 하권이 시작된다. 사울은 죽었고 다윗은 아말렉을 쳐부순다. 이 시점에서 다윗 내러티브를 장악하고 있던 사울이 다윗을 죽이려고 추적하는 심각한 문제는 이제 해결되었고, 다윗은 그의 추격자가 더 이상 위협이 되지 못함을 알게 된다. 같은 구절에서 아말렉에 대한 다윗의 승리가 사울의 죽음과 같이 언급되는 것이 지독하게 역설적이다. 아말렉을 상대한 전쟁(1사무 15장)은 사울에게 명확하게 불운이었다. 거기에서 그의 몰락이 시작되었고 그가 사무엘의 겉옷을 찢은 것처럼(1사무 15,27) 그의 손에서 왕국이 찢어졌다. 1사무 28장에서 우리는 엔 도르의 영매에 의해 방해를 받고 염증을 내는 사무엘의 말에서 사울의 통치가 무너진 이유를 상기한다. "주님께서는 나를 통하여 말씀하신 그대로 너에게 하시어[19] … 내일이면 너와 네 아들들이 나와 함께 있게 될 것이다"(1사무 28,17-19). 사울은 이 신탁을 벗어나려 분투했음에도 불구하고 그의 죽음은 그가 사무엘을 만나기 전에 동행하던 젊은이가 한 불운한 말을 성취한다. "그가 하시는 말씀마다 모두 들어맞는다고 합니다"(1사무 9,6). 실제로 사무엘이 한 말처럼 일들이 일어났다. 사울은 죽고 다윗은 그의 계승자로서 왕관을 받게 되었다. 이어지는 에피소드들에서 화자는 하느님에 대한 사울의 불순종과 다윗의 충성을 대조할 수 있는 모든 기회를 활용할 것이다. 화자는 다윗의 편이고, 그리고 1사무 16장에서 다윗의 도유로 시작한 하느님 계획은 앞으로 나아가고 있다. 사울은 그것을 멈추게 할 수 없다. 마지막으로 다윗의 치클락 거주에 대한 언급은 최근에 그가 한 전쟁을 상기시킨다. 그는 약탈한 아말렉족에게서 치클락의 전리품뿐 아니라 두 아내인 이즈르엘 여자 아히노암과 카르멜 여인 아비가일까지 자유롭게 하여 되찾아 왔다(1사무 30,18). 이제 한 사자가 무대에 등장한다.

---

19 칠십인역으로 읽기(역주: 한글 《성경》도 "너에게"이다. 히브리어 본문에는 "그에게").

2.3 다윗이 사울의 왕관을 받다 1,2-16

전쟁터의 한 병사가 사울 생애의 마지막 순간을 묘사하는데 화자가 1사무 31,1-7에 기술한 내용에서 현저하게 벗어난다. 자기 목숨을 노리던 자가 죽었다는 것을 알게 된 다윗, 우리는 그의 반응을 주시한다. 도망자 임금은 안도하고, 기뻐하는가, 괴로워하는가…?

◆ 구조

가. 사자가 다윗 앞에 와 엎드린다(1,2)
　　나. 다윗이 사자에게 질문한다(1,3-5)
　　　　다. 사자가 사울의 죽음을 묘사한다(1,6-10)
　　　　다'. 사울과 요나탄이 죽었다는 소식에 대한 다윗의 반응(1,11-12)
　　나'. 다윗이 사자에게 질문한다(1,13-14)
가'. 사자는 다윗 앞에서 쓰러지고 죽는다(1,15-16)

장면의 시작에서 '사울의 진영에서 온 사람'이 다윗 앞에 쓰러져 엎드렸을 때, 그는 (역설적이게도) 장면 마지막에 그의 쓰러짐을 예표한다. 장면의 중심에서 사울의 죽음 소식과 왕권의 상징들이 다윗에게 건네지고, 그는 애도를 시작한다. 그 왕관에 의해 통치 받던 백성이 다윗 왕권을 확증하는 일은 아직 미래의 일이다. 그러나 왕관은 도착했다.

◆◆ 주석

다윗의 치클락 체류 사흘째 날에, 전투에서 지친 사자가 사울의 진영에서 도착한다. 그의 애도하는 겉모습(찢어진 옷과 흙이 묻은 머리)은 이스라엘의 패배를 증언하고 그 소식에 대한 다윗의 반응을 예표한다. (그 역시 그의 옷을 찢는다 1,11). 그 순간 화자는 사자가 어느 부족 사람인지 밝히기를 보류하고 그저 '한 사람이 왔다'고 한다. 후에야 우리는 그가 아말렉 사람이라는 것과 하느님이 1사무 15장에서 전멸시키라고 명령하셨던 부족의 사람이라는 것을 알게 된다.[20] 더 최근에 아말렉족은 아키스 임금이 넘겨준 성읍(1사무 27,6)인 치클락에 사는 다윗에게 보복 공격을 주도했다(1사무 30,1-2). 이 공격 때문에 다윗의 사람들이 그를 돌로 치려고까지 했었다(1사무 30,6). 이집트인 종의 도움으로 다윗은 침략자 아말렉족의 위치를 알아냈고 그들을 패주시켰다. 젊은이 사백 명이 낙타를 타고 도망치기는 하였다(이 아말렉인 사자는 도망친 그들 중 하나일까…?). 2사무 1,2의 '사흘째 되는 날'이란 구는 성읍이 아말렉족에게 습격당한 후 다윗이 치클락으로 사흘 만에 돌아온 것(1사무 30,1)을 반향한다. 그 사흘째 날에 그는 아말렉족에게 당한 것을 알게 되었다. 이 사흘째 날에는 그들의 하나를 처형한다.

그 아말렉 사람은 (그가 도착했을 때 다윗에게 바로 '절을 했던 것처럼') 임금의 호의를 얻기 위해 사건을 꾸미고 있다. 그는 사울이 자신을 불렀을 때 가까이에 있었다고 보고한다. 히브리어 표현에서 절대 부정사로

---

[20] 아말렉족은 시나이를 통과하는 이스라엘을 공격하여 신적 복수를 초래했다(탈출 17,8-15).

수식된 한정동사(2사무 1,6 니크로 니크레티 *niqrō' niqrêti*, '나는 그냥 우연히 거기 있었다': 필자 번역)는 아말렉 사람 스스로 자신이 현장에 도착한 것을 순전히 우연한 일로 표현하고자 얼마나 원하는지를 강조한다. 어쩌면 그가 필리스티아의 전쟁 병거를 타고 사울을 추격했을 것이라고 우리가 예상할지라도, 그는 사울을 죽이려고 하지 않았었다. 그는 사울이 그 자신의 창에 기대어 죽어가고 있었고 포로가 될 위기에 놓여 있었다고 보고한다. 그래서 사울이 최후의 시간에 도움을 청했을 때 그에게 호의를 보였다. 이 이야기는 1사무 31장의 기술과 일치되지 않고 사울의 죽음에 대한 화자의 제시를 의심할 이유가 없기 때문에, 우리는 아말렉 사람이 보고를 지어내는 게 아닌가 생각하나 화자는 그를 거짓말쟁이라고 부르기를 거부하여 우리를 골린다. 우리만 사울의 죽음에 대한 화자의 이야기를 알고 있다. 다윗에게는 이 아말렉 사람 외에는 정보를 줄 다른 출처가 없기에 사울이 어떻게 죽었는지에 대한 진실은 결코 알지 못할 것이다.

아말렉 사람이 왕관과 팔찌를 가져온 것을 고려하면 어느 것이 실화일까? 화자의 사건 설명을 받아들인다면, 이 아말렉 사람은 전쟁 이튿날, 필리스티아인들이 사울의 시신에 도달하기 전에 죽은 임금을 우연히 마주쳐 국왕의 장식물을 수거한 것 같다(1사무 31,8). 필리스티아인들이 사울의 갑옷을 벗겼을 때 의심할 여지 없이 주의를 끌 수 있었던 왕권의 상징에 대해서는 언급되지 않았다(1사무 31,9). 아말렉 사람이 시신에 먼저 도달하였던 것이다. 이제 그는 사울의 왕관을 그에게 선물하여 그 지역의 새로운 강자에게 호의를 얻으려는 것 같다. 이 장면의 역설은 통렬하다. 사울이 왕국을 잃게 된 원인이 된 바로 그 백성의 하나인 아말렉 사람이 이제 죽은 임금의 왕관을 그 경쟁자에게 바친다. 만일에 사울이 아말렉족에 대한 하느님의 명령(1사무 15,3)을 완수했었더라면, 필리스티아가 공격해 왔을 때 하느님은 그의 탄원을 들어주셨을 것이고(1사무 28,5-6), 그는 여전히 살아 있어 아말렉 사람은 그의 왕관을 소유할 수 없었을 것이다.

다윗은 애도의 표시로 자신의 옷을 잡아 찢는다. 화자는 다윗이 드러내는 비통함에 초점을 맞추고(2사무 1,11), 다윗이 사울에 대한 충정을 지켰기에 (2사무 16,5-8에서 시므이가 무엇이라고 말하든지 간에) 그의 죽음에 가담하지 않았다는 다윗 내러티브의 중심 주제를 발전시킨다. 이 충정은 사울 사후에도 오래 지속된다. 다윗의 마지막 공개적 행동 중 하나는 사울의 유골이 적절하게 매장되게 한 것이다(2사무 21,12-14). 지금은 그들이 야베스에 있는 에셀 나무 아래에서 쉬고 있으며(1사무 31,13) 다윗의 통치 기간 동안 거기에 머무를 것이다. 그러나 다윗의 공적 생활 끝 무렵에, 다윗은 이 유골을 사울의 아버지 키스의 무덤으로 옮길 것이다(2사무 21,13-14). 그래서 오랜 추격자가 제거되어 다윗이 득을 보았을지라도 화자는 다윗이 그의 선임자의 죽음에 전혀 관여하지 않았다는 것을 우리가 알도록 보증한다. 그리고 그는 공개적인 애도와 다른 행위들과 앞으로 공표할 포고들로, 사울 왕실 계열의 남은 자들의 충의를 얻기 위해 최선을 다할 것이다. 다윗은 사울과 요나탄을 위하여 애도하는 한편 전쟁터에서 쓰러진 '이스라엘 집안' 사람들을 위하여도 애도하였다. 사울을 추도하는 다윗의 모습을 제시하는 것이 화자에게 매우 중요하기 때문에, 화자는 같은 날(아말렉 사람을 처형하기 이전에) 더 늦은 시간 장면으로 급히 건너뛰어서 다윗이 온종일 단식했다는 것을 알려준다. 그리하여 우리가 다윗의 비통함의 진정성을 충분히 인식하도록 한다. 그런 후에 화자는 우리가 아말렉 사람과의 대화로 돌아가게 한다.

    아말렉인 사자를 처형하라는 다윗의 명령은 현대 독자들에게 가혹해 보일 수 있다. 하지만 내러티브 안에 몇 가지 문제가 걸려 있다. 첫째 다윗은 아말렉 사람을 죽이는 것으로 사울이 1사무 15장에서 완수하는 데 실패한 하느님의 명령을 완료한다. 둘째 사울이 죽어가며 한 요청에 대한 아말렉 사람의 응답은 사울의 무기병이 한 응답(1사무 31,4)과 대조된다. 그 보병은 사울이 하느님의 기름부음받은이라는 것을 은연중에 인지하고 그의 죽음에 연루되는 것을 피하면서도, 아말렉 사람과는 대조적으로 주인의 운명에 함께한다. 세 번째, 여기까지 장면에서 사울의 이름은 직위 없이 언급되었다. 그러나 일단 아말렉 사람이 꾸며낸 말을 마쳤을 때, 다윗은 저의가 있는 질문을 한다. "네가 어쩌자고 겁도 없이 손을 뻗어 주님의 기름부음받은이를 살해하였느냐?" '무엇을 기름 부었다구요?' 하고 아말렉 사람이 반문했을 수도 있다. 그러나 독자를 위해, 다윗의 입술에서 나온 이 호칭은 사무엘기 상권에 있는 두 가지 이야기로 돌아가 귀 기울이게 한다. 거기서 다윗이 바로 그 호칭을 부르면서 사울의 목숨을 구하였다. 두 번째 이야기에서 아비사이가 사울을 죽이려고 할 때 사울을 보호하면서 다윗은 수사적 질문을 던진다. "누가 감히 주님의 기름부음받은이에게 손을 대고도 벌받지 않을 수 있겠느냐?"(1사무 26,9). 이 아말렉 사람은 확실히 아니다! 이리하여 예리한 독자는 이 사자에게 곧 부과될 형벌에 대해 충분히 마음의 준비를 갖춘다. 죽은 아말렉 사람에게 한 마지막 말 곧 "네 입이 너를 거슬러 '제가 주님의 기름부음받은이를 죽였습니다' 하고 증언하였기 때문이다"(2사무 1,16)라는 말은, 아말렉 사람이 자신의 행동을 그런 말로 표현한 적이 없음에도 불구하고 1사무 26,9을 반향한다.

마지막으로 다윗은 사자를 살해하며 발생한 '유혈죄'에 신경을 쓴다. 다윗의 행동은 단지 사울의 죽음에 대해 원수를 갚는 일이기 때문에, 아말렉 사람의 피를 흘린 죄(유혈죄에 대한 논의는 아래 2.7 참조)는 그의 머리로 돌아간다고 다윗은 선언한다. 다윗 앞에 경의를 표하며 엎드린 아말렉 사람은 이제 죽어서 그 앞에 넘어지고, 청중은 다윗이 사울을 살해한 사람과 결탁하지 않았다는 것을 납득해야 한다. 하지만 모두가 다 납득하지는 않는다. 사울 씨족의 일원인 시므이는 압살롬 때문에 피신하는 다윗의 처지를, 하느님이 '사울 집안의 피'를 다윗의 머리 위에 돌리신 표시로 해석한다(16,5-8). 그가 사울의 죽음에 대해 구체적으로 언급하지는 않지만, 다윗 내러티브에서 한참 뒤에 나오는 그의 비난은 다윗이 사울의 왕위를 계승한 것에 대해 의혹이 남아 있음을 드러낸다.

2.4 사울과 요나탄을 위한 다윗의 애가 1,17-27

사울의 왕관을 손에 든 다윗의 첫 공개적 행동은 서거한 임금과 그의 아들에 대한 추모追慕와 경의를 표하는 일이다. 이 공적 추모식으로 선왕의 죽음에 다윗이 관여했다는 그 어떤 추측이든 무마시켜야 한다. 요나탄에게 기울이는 그의 특별한 주의는 그들 사이의 계약과 요나탄이 다윗의 생명을 어떻게 구했는지를 상기시킨다.

◆ 구조

시詩 소개(1,17-18)
가. 후렴: "어쩌다 용사들이 쓰러졌는가?"(1,19)
    나. 필리스티아인들의 딸들이 기뻐하지 않게 하라(1,20)
        다. 산들에게 직접 말한다 – 그들이 애도해야 하는 이유(1,21)
            라. 요나탄과 사울을 위한 애가(1,22-23)
                ㄱ. 피와 굳기름(1,22ㄱ)
                ㄴ. 요나탄과 사울(1,22ㄴ)
                ㄴ′. 사울과 요나탄(1,23ㄱ)
                ㄱ′. 독수리와 사자(1,23ㄴ)
    나′. 이스라엘의 딸들이 애도하게 하라(1,24)
가′. 후렴: "어쩌다 용사들이 쓰러졌는가?"(1,25)
[방백傍白으로 요나탄에게 직접 하는 말(1,26)]

가". 후렴: "어쩌다 용사들이 쓰러졌는가?"(1,27)

이 시의 동심원적인 요소들은 후렴과 기뻐하는 필리스티아인의 딸들과 슬픔에 빠진 이스라엘 딸들의 대조, 그리고 중앙에 나오는 사울과 요나탄의 이름을 포함한다. 대응구가 없는 〈다〉 요소와 요나탄에 대한 다윗의 개인적인 방백 측면은 시의 균형을 무너뜨린다.

◆◆ 주석

화자는 이어지는 시를 사울과 그의 아들 요나탄을 위한 애가로 분류한다. 히브리어로 키나*qinâ*인 이 애가는 시편에서 읽게 되는 비탄의 시들과는 달리[21], 일반적으로 하느님께 드리는 말씀, 탄원, 신뢰의 표현, 하느님을 찬양한다는 서원을 포함한다. 다윗의 애가는 이 요소 중에서 오직 고통만을 호소하는 것으로 현대의 장례 애도 형태에 가깝다. 시편의 애가보다는 고인을 위한 비가悲歌에 속한다. 다윗은 이 노래를 사울과 요나탄을 기억하는 '활의 노래'라 이름 붙여 백성에게 가르치라고 포고한다. 이 애가는 야사르의 책(여호 10,13에도 언급되는 책이나 유실되었다)에 연대기로 실렸다.[22] 히브리어 독자는 '야사르'라는 중요한 호칭을 듣는다. 야사르*yāšār*는 '사람이 똑바로 선', '위를 향한'의 뜻이다. 사울과 요나탄의 이름을 일으켜 세우는 책에 기록하라는 것이다. 이

---

21 시편의 애가들은 키노트*qînôt*로 언급되지 않는다.
22 다른 왕실 연대기에 대한 언급은 후기 임금의 사망 기록에 자주 나타난다. 1열왕 14,19: "예로보암의 나머지 행적, …에 관해서는 이스라엘 임금들의 실록에 쓰여 있다."

제 다윗의 애도의 말에 귀 기울이도록 행동은 멈춘다(화자는 그 장면에 대한 간략한 요약만 선택할 수 있었다).

시는 이스라엘의 영광인 전사한 용사들의 시신이 언덕들에 놓여 있다며 필리스티아인들에게 당한 패배를 인정하는 말로 시작된다. 애가에서 더 나아가 다윗은 '이스라엘의 영광'을 요나탄에게 연결할 것이다. "요나탄이 네 산 위에서 살해되다니"(2사무 1,25). 이 시작 어구(19ㄱ절)는 히브리어 청중이 들었어야 하는 단어, 장례 추모를 나타내는 전통적인 히브리어 단어 에크 *ek*를 잠시 뒤로 미룬다(19ㄴ절). 예레미야 애가는 이 단어(에카 *eka*)로 시작한다. 이 원초적인 외침이 일시적으로 생략되었는데, 그런 순간에 아주 부적절한 일이다. 종종 "어떻게"로 번역되는 에크 *ek*는 ("이 일이 어떻게 일어날 수 있었는지"에서와 같이) 다윗의 애도를 유발한 사건, 곧 이스라엘의 패배와 사울과 요나탄 손실에 주의를 기울이도록 이끈다.

시의 첫째 줄에서 "언덕high place"을 언급하여, 이스라엘인들이 사울과 요나탄 곁에 죽어 누워 있는 길보아산(1사무 31,1.8)을 뒤돌아보게 한다. 그러나 1사무 31장에서 이 산을 가리키는 데 '언덕high place'이라는 단어가 사용되지는 않았다. 이 용어는 사울의 공적 생활의 시작 장면을 상기시키는데(1사무 9장), 거기서 사울은 아버지의 없어진 당나귀를 찾으러 보내진다. 그가 춥 땅에 도착했을 때 그와 함께 간 젊은이가 "하느님의 사람"(사무엘)에게 문의해보자고 제안한다. 성읍으로 들어가면서 그들은 '언덕high place'(NRSV에서 '산당shrine'으로 번역된 단어는 2사무 1,19에 쓰인 히브리어 단어와 같다. 《성경》도 동일하다: 역주)으로 가고 있는 사무엘을 만난다. 사무엘은 갑자기 사울에게 식사하게 될 곳인 '언덕'에서 만나자고 요구한다. 식사 후에 그들은 언덕에서 내려와 성읍으로 갔고 그다음 날 사무엘은 사울을 임금으로 기름을 붓는다. 언덕에서의 취임식으로 시작한 사울 왕정은 언덕에서 마무리된다.

이 애도 의식을 선언하며 다윗은 회중에게 향한다. 필리스티아인들의 딸들이 이스라엘의 멸망을 축하할 필리스티아 성읍에서는 이 승리에 대해 말하지 않아야 한다. 다윗은 승리한 전사들이 집으로 귀환하면 어떻게 환영받는지 알고 있다. 그가 골리앗을 죽이고 돌아왔을 때, 이스라엘의 딸들이 노래하고 춤추며 그를 (그리고 사울을) 맞이하러 나왔었다(1사무 18,7). 지금, 그는 슬픔 속에서 필리스티아인의 딸들이 갓과 아스클론에서 승리한 그들의 전사들에게 똑같이 행동하는 모습을 상상한다. 그는 이스라엘의 패배에 대한 신적인 진노를 표현하라고 하느님을 초대하며, 사울이 죽은 길보아의 산들에는(1사무 31,8) 비가 내리지 말라고 한다.[23] 산들도 애도를 표해야 한다.[24] 그는 다시는 기름이 칠해질 일 없이 땅에 버려진 사울의 방패를 우리 마음속에 떠오르게 한다(전사의 방패를 덮어씌운 가죽에는 기름을 발라 유연하도록 관리하였다[25]).

애도가의 중앙에 사울과 요나탄에 대한 찬사가 있다. 다윗은 전사로 보낸 그들의 삶을 기리며 그들의 군사적 성취(1사무 11-15장)를 회상한다. 사무엘에게 도유되고 바로 사울은 암몬인들의 공격에 대항하여

---

23 하느님은 비를 내리지 않으심으로 그 땅을 벌하실 수 있다(2사무 21,1 참조).
24 이사야 예언자는 이스라엘 땅을 비가 내리지 않는 가운데 애도하는 것으로 시각화한다. "땅은 슬퍼하며 생기를 잃어가고 레바논은 부끄러워하며 메말라간다. 사론은 사막처럼 되고 바산과 카르멜은 벌거숭이가 된다"(이사 33,9).
25 이사야 예언자는 유다에게 전쟁을 준비하라고 명령하면서 그들에게 "방패에 기름을 발라라" 하고 명령한다(이사 21,5).

야베스 길앗의 백성을 성공적으로 방어했다(1사무 11,11). 그가 하느님의 명령을 글자 그대로 따르는 것에 실패했다 할지라도 아말렉족 역시 패배시켰다(1사무 15,7). 다윗은 지금은 움직이지 않는 사울의 대단한 칼을 기념한다. 요나탄도 거의 단독으로 필리스티아인들을 물리쳤을 때 두려움 없는 용사임을 증명했다(1사무 14,1-23ㄱ). 그들의 동맹이 처음 시작되었을 때 그는 다윗에게 활을 주며 명민함을 보였다(1사무 18,4).

다윗은 이 두 용맹한 전사를, 가장 빠른 맹금류보다 더 빠르고 굶주린 사자보다 더 맹렬하다고 과장된 언어로 추모한다. 그들은 살아서도 죽어서도 갈라서지 않는다. 실제로 그들은 같은 산에서 전사했다. 그런데 그들은 삶에서 분리되지 않았는가? 사실 요나탄은 다윗과 동맹을 맺었고 사울은 그것을 알고 있었다. 다윗이 새로운 달(月) 잔치를 위한 사울의 식탁 자리에 나타나지 못했을 때, 요나탄은 즉시 그의 불참 이유를 설명하며 개입했다. 그러나 그의 아버지는 아들에게 다윗이 살아 있는 한 그의 왕위 계승이 위태롭다고 상기시키며 이 현장 부재에 대한 허위 증명을 거부했다. 요나탄이 계속 의문을 제기했을 때 그의 아버지는 그에게 창을 던졌다(1사무 20,30-34). 이제 둘은 같은 산 정상에 누워 있고 다윗은 이 이미지를 활용하여 그들이 죽었을 때처럼 살았을 때도 그렇게 분열되지 않고 살았다고 암시한다. 그러나 다윗은 (그리고 우리는) 그들이 분열하게 된 근원이 바로 자신임을 알고 있다. 애도가를 듣고 있는 청중(백성)은 요나탄과 다윗의 동맹을 알지 못하는데, 그러한 정보는 사울의 죽음에 대한 그의 역할에 의문을 제기할 수 있기 때문에 지금 그것을 밝히는 일은 다윗에게 거의 도움이 되지 않는다. 그는 이스라엘의 딸들에게 명령하기를, 승리한 사울을 맞이하기 위해 발랄하게 나갔듯이(1사무 18,7), 사울 통치의 번영을 기념하는 금장식의 진홍색 옷을 바라보면서 쓰러진 그들의 지도자를 위해 울라고 한다.[26] 애도의 노래는 "어쩌다 용사들이 쓰러졌는가?"를 반복하며 2사무 1,25에서 마무리되는 것으로 보인다.

그러나 애도는 끝나지 않았다. 다윗은 임금과 왕세자가 1인칭으로 말하도록 하는 공식 애도자로서의 역할에서 벗어난다. 이것이 요점인데, 현대 추도사에서 화자가 고인에 대해 말하는 것에서 벗어나 고인에게 직접 말하는 것으로 전환했을 때, 청중은 고요히 침묵 속에서 애도하는 사람과 사랑받고 떠나는 사람 사이의 마지막 말을 듣는다. 이제 다윗은 임금이기보다는 친구로서 요나탄의 죽음에 대한 그의 마음속 생각을 털어놓으며 우리의 주의를 사로잡는다. 그는 자신의 심적 고통을 고백하고 요나탄을 형이라고 부르며(사울은 언급되지 않는다) 자신이 그에게 얼마나 '사랑받았는지'(나암 *n'm* 이것은 1,23에서 사울과 관련해서도 사용되었다)에 몹시 슬퍼한다. 다윗은 요나탄의 사랑이 그에게 여인의 사랑보다 더 의미가 있었다고 선언한다.[27] 이 외침은, 다윗이 요나탄에 대한 자신의 사랑을 자기 생애에서 경험한(곧 셋이 될 두 명, 아내와 수많은 첩과 함께) 최고의 사랑과 비교하는 동안, 장례 애도의 과장된 언어(독수리, 사자, 분열되지 않는 등)를 계속한다. 셰익스피어는 그의 사랑하는 사

---

26 대사제 아론의 예복은 고운 아마포와 금색과 자홍색 실을 엮어 만들고(탈출 28,5), 다홍색 천으로 제사 빵을 놓은 제사상을 덮는다(민수 4,8). 지혜로운 여인의 집에 사는 사람들은 자홍색 옷과 아마포 옷을 입는다(잠언 31,22).
27 히브리어 시는 여기서 명확하지 않다. 이것은 다윗을 향한 요나탄의 사랑이나 요나탄에 대한 다윗의 사랑으로 해석될 수 있다.

람을 "한여름날"에 비유할 때(소네트 18, 1행), 그 역시 비교를 위해 최상의 아름다움의 이미지를 선택한 다음 그의 사랑하는 사람이 "더 멋진 존재"라고 주장한다. 만일에 다윗이 치통齒痛보다 요나탄을 더 사랑한다고 했거나 셰익스피어가 그의 사랑하는 사람을 평범한 날에 비유했다면 우리는 그 애정의 강도에 의문을 제기했을 것이다. 그러나 다윗의 과장된 비교는 이 애가의 과장된 언어와 일치하면서 그의 사랑의 높이와 그의 슬픔의 깊이를 드러낸다. 다윗이 요나탄에게 집중하는 것은 놀라운 일이 아니다. 다윗의 생명을 구하려고 요나탄이 개입하지 않았더라면 그는 죽었을 것이고, 오히려 요나탄이 그의 죽은 친구이자 동지를 위해 사적으로 애가를 노래하게 되었을 것이다. 이렇게 개인적 시간을 짧게 보낸 후에 다윗은 임금으로서 그리고 공적 장례 주관자로서 역할을 재개하고 다시 후렴을 노래한다. 시의 구조를 중단시킨 이 개인적 측면에서 우리는 다윗의 마음을 흘낏 엿볼 수 있다. 다윗이 죽은 아들 압살롬을 위해 울부짖을 때(2사무 18,33; 19,4) 또 한 번 그의 마음을 엿볼 수 있을 것이다. 이야기에서 다윗이란 인물이 다른 모든 사람보다 뛰어난 것은, 이런 생각지도 않은 자기 표출의 순간과 오염되지 않은 정직함 때문이다.

2.5 한 영토 두 임금 2,1-3,6

사울은 죽었고 다윗이 그의 왕관을 소유했는데, 사울의 영토는 이제 다윗의 왕권을 받아들일 것인가? 아니다. 다윗은 그의 고국으로 돌아갔으나 사울의 장군인 아브네르는 사울의 아들 이스 보셋이 그의 부친을 계승하도록 비호한다. 이 두 임금 사이에서 뒤이어 일어나는 전쟁은 교착 상태로 끝난다. 다윗은 전장에서 사울 계열 정권의 남은 이들을 물리칠 수 없다.

2.5.1 두 임금 2,1-11

2.5.1.1 다윗이 유다로 돌아가다 2,1-3

사울의 죽음으로 다윗은 아키스 임금이 그에게 준 필리스티아인 성읍(1사무 27,5-6) 치클락을 떠날 준비가 되어 유다로 돌아온다. 이 간결한 명령-수행 장면에서, 다윗은 문의하고, 하느님은 하명하시고, 다윗은 그 명령을 충실하게 실행한다.

♦ 구조

문의 / 응답(2사무 2,1ㄱ)
문의 / 응답(2,1ㄴ)
하느님 명령의 실행(2,2-3)

♦♦ 주석

화자는 히브리어 표현 와여히 아하레켄 *wayĕhî ’aḥărê-kēn*을 사용하여 이 야기의 중단을 알린다. NRSV에서는 "이후에"로 약하게 번역되지만(한 글 《성경》은 "그 뒤") NJPS에서는 "조금 나중에"로 더 잘 번역된다. 다윗 은 치클락에서 일 년 사 개월을 지냈고(1사무 27,7), 이 히브리어 표현은 그 시기와 이어 오는 시기 사이의 중단을 표시한다. 게다가 그의 도망 자 처지는 끝났고, 그는 이제 고국으로 돌아갈 수 있다. 그러나 이전移 轉하기 전에 그는 주님께 돌아가야 하는지에 대해서 그리고 가게 되면 어느 성읍으로 가야 하는지에 대해 문의를 한다. '올라가다'나 히필형 hiphil '올라가게 하다'라는 말을 하기 위해 히브리어 어근 알라*lh*를 5회 반복하여(어쩌면 현대 독자에게는 지루한 일이다), 화자의 관심을 드러내는 데, 곧 다윗은 하느님께 문의하고 글자 그대로 신적 명령에 순종한다 는 것이다. 이 간결한 장면은 순종하는 다윗과 불순종한 사울(1사무 15,13-14) 사이의 대조를 재연한다. 사울이 마지막으로 하느님께 문의 했을 때는 아무런 응답도 오지 않았다(1사무 28,6). 그런데 다윗이 하느 님께 문의할 때, 응답은 즉각적이다. 그리고 다윗은 충실하게 신적 명 령을 실행한다. 다윗은 지금 그가 소유한 왕관을 불순종 때문에 잃은 사울과는 다르다(1사무 15,26).

하느님은 헤브론에 다윗의 첫 정부政府 자리를 정하시는데, 헤브론 은 예루살렘 남쪽으로 30km가 조금 넘는 거리에 있다. 첫 번째 질문 에 대한 하느님의 긍정적인 응답이 두 번째 질문으로 이어지기 때문에 성읍의 실제 이름은 다소 늦게 거명된다(화자는 단순히 하느님께서 다윗에게 헤브론으로 가라고 말씀하셨다고 보고했을 수 있다). 하느님께서 다윗이 그의 임금 즉위식을 거행할 성읍의 이름을 거명하시기를 우리가 기다리는 만큼, 이러한 지체는 긴장을 고조시킨다. 또 다윗의 아내 중에 아히노암과 아비가일이 특별하게 언급된다. 불운한 나발의 아내였던 아비가일은 다윗이 무죄한 이의 피를 흘리지 않도록 지켰다(1사무 25장). 다윗은 그 전에 이즈르엘 여자 아히노암과 결혼한 상태였지만, 아비가일도 아내로 맞아들였다(1사무 25,42-43).[28] 다윗은 최근에 침략자 아말렉족의 수중에서 그들을 구출해서 치클락으로 안전하게 데려왔다(1사무 30,18). 이 목록에서 빠진 사람 가운데 주의를 끄는 이는 다윗의 첫 아내 미칼이다(다윗이 아비가일과 아히노암과 결혼했다는 발표 후에 바로 1사무 25,44에서 마지막으로 언급되었다). 현재 그녀는 라이스의 아들 팔티와 결혼한 상태이나 곧 다윗에게 돌아와야 할 것이다(2사무 3,14-16). 그렇게 다윗은 주님께 순종하여 그의 가족과 그의 용사들을 그의 고향인 베들레헴에서 남쪽으로 약 20km 거리에 있는 헤브론에 자리 잡게 한다. 그는 고국으로 귀환했다.

---

28 이즈르엘의 아히노암과 (아히마아츠의 딸로 알려진) 사울의 아내 아히노암(1사무 14,50)은 같은 인물인가? 나탄이 우리야의 죽음 후에 다윗을 대면했을 때, 그는 하느님께서 다윗에게 사울의 아내들을 넘겨주셨다는 것을 상기시킨다(2사무 12,8). 만일에 여기서 언급된 이즈르엘 여자 아히노암이 아히마아츠의 딸 아히노암이라면, 다윗은 사울 임금이 죽기 전에 사울의 아내들 중 하나를 취한 것이다. 레벤슨Levenson과 할펀Halpern의 주장이다. Jon D. Levenson, "1Samuel 25 as Literature and History", *CBQ* 40(1978), 11-28; Jon D. Levenson & Baruch Halpern, "The Political Import of David's Marriages," *JBL* 99(1980), 507-18.

2.5.1.2 두 임금이나 기름부음받은이는 하나 2,4-11

유다 백성에 의해 이제 막 기름부음 받은 임금 다윗은 야베스 길앗의 사람들이 사울을 장사 지냈다는 소식을 들었다. 그는 바로 사울의 백성에게 자신의 권위를 행사하는 시도를 하지만, 그러자마자 아브네르는 사울의 아들 이스 보셋을 그의 선친의 왕좌에 앉힌다. 이제 이 땅에는 임금이 두 명이다.

◆ 구조

1. 새로이 기름부음 받은 임금 다윗이 사울의 지배권 위로 그의 통치를 확장하려고 한다(2,4-7)
   가. 다윗이 유다 집안의 임금으로 기름부음 받음(2,4ㄱ)
      나. 사울이 죽고 장례를 치룸(2,4ㄴ)
         다. 야베스 길앗의 주민들이 사울에게 충성함(2,5)
            라. 하느님께서 그들에게 충실하시기를 기원(2,6ㄱ)
         다'. 다윗이 그들에게 선을 베풀기를 약속(2,6ㄴ)
      나'. 사울은 죽었다(2,7ㄱ)
   가'. 다윗이 유다의 집안 위에 기름부음 받은 임금이다(2,7ㄴ)

2. 배경 정보: 야베스 길앗의 주민들에게 이미 임금이 있다(2,8-9)

3. 재위 기간 요약(2,10-11)

가. 이스 보셋이 이스라엘을 두 해 통치(2,10ㄱㄴ)

    나. 그러나 유다 집안은 다윗을 따름(2,10ㄷ)

가'. 다윗이 유다를 일곱 해 여섯 달 통치(2,11)

이 에피소드는 세 부분으로 구분된다. 첫 부분에서 동심원적 구조는 야베스 길앗 백성들에 대한 다윗의 호의를 중심에 배치하고(라 요소), 포괄(가/가' 요소)은 다윗이 유다의 임금이라는 것을 반복한다. 두 번째 부분은 야베스 길앗 사람들이 다윗의 교섭에 응답하지 않은 이유를 설명하는 결정적인 배경 정보를 제공한다. 세 번째 부분은 다윗과 이스 보셋의 재위 기간을 기록한다.

◆◆ 주석

2.5.1.2.1 새로이 기름부음 받은 임금 다윗이 사울의 지배권 위로 그의 통치를 확장하려고 한다 2,4-7

다윗이 기름부음 받는 장면은 아주 신속하게 보고되어 그 의미심장함이 간과될 수 있다. 그 언어는 다윗의 첫 도유를 상기시키는데, 그 장면 이래 한 사람을 언급하는 데 동사 '기름을 바르다'는 사용되지 않았다.[29] 그때 다윗을 선택한 분은 하느님이셨고 기름을 부은 이는 사무

---

[29] 이 동사는 2사무 1,21에 나타나는데 거기서 그것은 사울의 방패에 '기름을 바르는' 것에 대한 언급이다.

엘이었다(1사무 16,12-13). 지금까지 다윗의 비공개 기름부음은 공적 환호를 받지 못하였는데, 유다 사람들이 헤브론으로 모여와서 그를 임금으로 기름 부었을 때 그 순간이 다가왔다. 1사무 16장에서 시작된 하느님의 계획은 그 실현을 향해 더 가까이 움직인다.

다윗이 임금으로서 한 첫 행동은 우리가 이미 알고 있는 것(1사무 31,11-13)으로 야베스 길앗 주민들이 사울에게 합당한 장례를 치러주었다는 정보를 제공하는 사자를 맞이하는 것이다. 필리스티아인들은 공개적 모욕 행위로 사울의 시신을 벳 산 성벽에 매달아 놓았었다. 그런데 야베스 길앗의 용감한 사람들이 모두 나서 그의 주검(과 그의 아들들의 주검)을 되찾기 위해 밤새도록 걸어갔었다. 그들의 뼈를 매장한 후에 그들은 서거한 그들의 임금에게 충심을 더 표현하는 행동으로 이레 동안 단식하였다. 사울은, 각 주민의 오른쪽 눈을 후벼내겠다고 위협했던 암몬의 나하스로부터 그들을 구원해주었었다(1사무 11장). 다윗은 그들의 슬픔의 정도는 알지 못할지라도, 사울 유해에 대한 그들의 경외심은 사울의 살아남은 아들 중에서 그들이 후계자를 찾을 수 있음을 의미한다는 것을 인식해야만 한다. 다윗은 자신이 생각하기에 지도자를 잃은 그들에게 통치를 확장하기를 희망하면서, 지체 없이 사울의 가신들에게 사절을 보낸다. 그러나 사울의 장군 아브네르는 자기 손으로 문제를 해결했다. 임금의 사절들은 야베스 길앗의 주민들에게 도달했을 때, 다윗이 야베스 길앗 사람들이 그들의 "주군"인 사울에게 보인 충성에 하느님께서 보상해주시기를 바란다는 축복을 빌었다고 선언한다(여러분의 '주군'이라는 뜻의 아도네켐'*ádōnêkem*을 사용하여 다윗은 사울에게 더 분명한 호칭인 임금을 적용하기를 삼가는가?[30]). 그런 다음 사절들은 이 좋은 희망에 기초하여 두 가지 결론을 제시한다. 첫째, 그들은 하느님이 야베스 길앗의 사람들에게 충실을(히브리어 헤세드*ḥesed*가 하느님의 헤세드를 가리킬 때 NRSV는 '확고한 사랑'으로 번역했다; 역주: 한글《성경》은 '성실'로 번역했다) 보여주시라고 간구한다. 두 번째는 그들의 지도자가 죽었더라도 그들이 용감한 전사이기를 기원한다. 두 결론의 후반부는 히브리어 표현 워감*wĕgam*으로 시작되는데, 이는 뒤에 이어오는 1인칭 대명사를 강조한다.

> 이제 주님께서 여러분에게 신실하시고 진실을 보여주실 것입니다. 그리고(워감*wĕgam*) 나 또한 여러분에게 선을 베풀 것이니, 여러분이 이런 일을 하였기 때문입니다.
> 주먹을 강하게 쥐고 용사들이 되십시오. 여러분의 주군 사울은 죽었습니다. 그러나(워감*wĕgam*) 나에게 유다 집안이 기름을 부어 그들의 임금으로 삼았습니다(2사무 2,6-7: 필자 번역).

히브리어 본문은 수신자인 야베스 길앗 사람들의 주의가 발신자 다윗에게 집중하게 한다. 새 임금은 사울에 대한 그들의 충성심을 이유로 그들에게 "선"을 베풀겠다고 약속하며 그들에게서 자신이 사울의 합법적인 후계자로서 적법하다고 인정받기를 원한다. 그러나 그들이 그 요점 포착에 실패할 경우를 대비하여 그는 은근한 위협을 포함시킨다.

---

30 이스라엘 사람들이 다윗을 그들의 임금으로 기름 부으러 왔을 때 그들은 사울을 그들의 이전 임금으로 말한다(2사무 5,2).

곧 그들에게는 지도자가 없으며 그 자신은 유다의 후원을 받고 있다는 것을 상기하라는 것이다. 그들은 그를 임금으로 받아들여야 한다. 잠시 동안 화자는 그들의 응답을 무시한다(그들은 이 사절들에게 어떤 반응을 보였을 것이다). 그들이 다윗과 협상할 준비가 되어 있었을까? 훗날에 아브네르가 원로들에게 다윗의 왕권을 받아들이도록 설득하려고 할 때, 그는 그들에게 "오래전부터" 그들이 다윗을 그들의 임금으로 원했다는 것을 상기시킨다(2사무 3,17). 그의 확인은 야베스 길앗의 주민들이 당시 다윗의 제안을 받아들였으리라고 시사한다. 그러나 아브네르가 이미 이스 보셋을 사울의 왕좌에 앉혔기(다음 장면) 때문에 그렇게 할 수 없었다.

2.5.1.2.2 배경 정보: 야베스 길앗의 주민들에게 이미 임금이 있다 2,8-9

우리는 다윗의 교섭에 대한 야베스 길앗 사람들의 응답을 기다리고 있다. 그런데 그 대신에 히브리어 내러티브의 문법에서 가장 강력한 장치 중 하나가 사용되어 장면이 갑자기 전환된다. 입문에서 소개한 대로(1.4.1 "히브리어 내러티브의 기술" 참조) 히브리어 본문 이야기에서 사건의 진행은 문장의 첫 자리에 있는 동사의 형태(와익톨 *wayyiqtol* 형식)로 표시를 하는데, 2사무 2,8과 같이 첫자리에 명사가 오면 사건 진행이 중단되었음을 표시한다(NRSV는 "But Abner son of Ner, commander of Saul's army, had taken", 한글 《성경》은 "사울 군대의 장수이며 네르의 아들인 아브네르가 사울의 아들 ~을 데리고"로 포착하여 번역). 이 멈춤을 통해, 화자가 결정적인 배경 정보를 제공하려고 개입한 것인데, 사울 아들의 즉위식이 다윗의 사절들이 도착하기 얼마 전에 있었다는 것이다. 사실 다윗의 '선한 희망'은 시간 낭비였다. 독자에게는, 이 전개가 응답으로서 충분한데(다윗은 아직 이스 보셋의 임금 즉위에 대해 알지 못함), 야베스 길앗 사람들에게 다윗이 공문서를 보낸 진정한 이유에 대한 답변이기 때문이다. 다윗의 의도는 그의 통치를 사울의 지배권 위로 확장하는 데 있었다. 당분간 그의 계획은 보류되어야 할 것이다.

이곳은 아브네르가 그의 임금 사울을 경호하는 데 실패하고 다윗을 대면한(1사무 26,13-16) 이후 처음 등장하는 대목이다. 화자는 그를 "사울 군대의 장수이며 네르의 아들"이라는 전체 이름으로 다시 소개한다. 1사무 14,50에서 처음으로 언급된 아브네르는 사울의 사촌이고, 축제 식탁에서는 임금 옆자리에 앉았고(1사무 20,25) 군사적 행동 시에는 임금 옆에서 잤다(1사무 26,5). 수면 상태의 취약성을 고려할 때 우리는 사울이 자신의 생명을 아브네르에게 맡겼음을 인지한다. 아브네르가 사울 궁정의 일원을 이끌고 있고 다윗의 왕권에 전혀 관심이 없는 것은 별로 놀랄 일이 아니다. 그는 사울의 아들 중 하나인 이스 보셋[31]을 데리고 가서 그를 임금으로 선언한다. 화자는 섬세하게 두 즉

---

31 이스바알의 이름은 히브리어 본문에는 이스 보셋으로 나타나는데, 이것은 이스바알이라는 이름에서 바알 신이 언급되는 것을 피하는 것을 선호하는 일부 히브리어 필사자들에 의한 것이다. 그리스어 필사본 중 하나(루치아누스 역본Lucianic)에 나타나는 이스바알이라는 이름이 원문이라 여기고[P. Kyle McCarter, II Samuel, Anchor Bible 9 (Garden City, NY: Doubleday, 1984), 82 참조] 많은 영어 번역에서 채택된다. 1역대 8,33에 에스바알이 사울의 아들 중 한 명으로 언급되어 있는데, 사무엘기 상·하권에는 이 시점까지 그런 이름으로 언급된 사울의 아들은 없다. (역주: 본서 처음부터 지금까지 이스 보셋이란 이름이 나타날 때마다 저자는 이스바알이란 이름을 사용하였다. 그러나 역자는 히브리어 마소라본과 무엇보다 한글 《성경》의 번역에 맞추어 이스 보셋을 사용하였다. 이 이름의 선택이 저자의 주석의 흐름과는 아무런 관련이 없는 것을 전제로 하였다).

위식을 대조시킨다. 아브네르는 이스 보셋을 데리고 가서 그를 임금으로 세운다(2사무 2,9). 이에 반하여 유다 백성은 다윗을 임금으로 세워 그에게 기름을 붓는다(2,4과 2,7). 다윗은 백성에 의해 임금으로 선언되고, 이스 보셋은 아브네르에 의해 선언된다. 이스 보셋 임금은 아브네르가 사울의 영토에서 자신의 권력을 보존하기 위해 취하여 사용하는 단순한 하수인에 불과하다. 임금 이스 보셋이 그의 권위를 행사하려 할 때, 장군은 자신이 그를 왕좌에 앉혔음을 상기시켜 줄 것이다(3,8-10). 다윗 역시 그의 치세 동안 그의 장군인 요압의 권력과 싸워야 할 것이다. 이 구절의 장소 이름들은 긴 지리 수업을 요구하지 않는다. 다윗의 영토인 유다는 예루살렘 남쪽 지역이고, 아브네르와 그의 임금 이스 보셋은 예루살렘의 북쪽 지역을 다스린다. 마하나임은 예루살렘 북동쪽 대략 70km 지점으로 요르단 건너편에 있다. 에프라임과 벤야민은 예루살렘의 북동쪽 영토이고 이즈르엘은 예루살렘 북쪽으로 대략 90km 지점이다. 화자는 이스 보셋이 "온 이스라엘"을 다스렸다는 소식과 함께 그의 영토 목록을 요약하는데, 사울이 통치했던 예루살렘 북쪽 지역에 대한 언급이다. 이 영토는 이스라엘의 원로들이 다윗에게 기름을 부어 그를 이스라엘의 임금으로 세울 때 마침내 다윗의 지배권으로 들어오게 될 것이다.

2.5.1.2.3 재위 기간 요약 2,10-11

다음 2년 동안 이 땅에는 서로 겨루는 임금들이 있을 것이다. 화자는 이스 보셋과 다윗, 양쪽 재위 기간의 공식적 요약을 소개한다. 열왕기 상·하권에서 그런 요약은 보통 임금의 통치 시작에 (여기처럼) 나타나고, 그들의 즉위 시 나이, 영토, 그리고 통치 기간을 포함한다(1열왕 14,21 또는 2열왕 15,1-2 참조). 임금의 어머니 이름과 같은, 다른 정보가 마찬가지로 기록될 수 있다. 이스 보셋의 통치 기간 요약 후에, 화자는 다윗에 대한 자신의 편애를 드러내는 자격 부여를 제시한다. "한편, 유다 집안은 다윗을 따랐다." 다윗 통치 기간의 요약은 화자가 예루살렘에서 다윗의 통치를 말없이 예상하기 때문에, 헤브론에서의 기간에 한정된다. 다윗이 온 이스라엘의 임금으로 기름부음 받은 후에(2사무 5,3), 그의 통치 기간의 두 번째 요약은 예루살렘에서의 통치를 포함한다(5,5). 다윗 통치의 공식적 요약은 그의 사후 1열왕 2,11에 나타난다. 이 문구들은 그의 통치 시대를 셋으로 나눈다: 1사무 16장-2사무 2,11 사무엘에게 기름부음을 받은 때부터 유다의 임금이 되기까지; 2사무 2,12-5,5 헤브론에서의 통치; 2사무 5,6-1열왕 2,11 예루살렘에서의 통치.

2.5.2 전쟁에서 겨루는 임금들 2,12-32

세 개의 전투 장면으로 구성되어 있는 이 에피소드는 요압과 아브네르의 군대 실력이 막상막하임을 드러낸다. 첫 번째와 두 번째 장면 사이에 몹시 열성적인 우리 화자가 아브네르의 부하들이 다윗의 부하들에게 패배했다고 보고하지만(2,17), 두 번째 장면에서 죽는 사람은 다윗의 군대 주요 장군 중 하나인 아사엘이다. 마지막 전투 후에, 아브네르 편의 사상자 수가 더 많음에도 불구하고(2,30-31), 어느 쪽도 결정적인 승리를 거두지 못했으며 이스 보셋은 아버지의 왕좌에 남아 있다. 다윗이 사울의 영토를 차지하려는 것이라면 그는 전쟁터에 있지 않을 것이다. 세 번의 전투는 24시간 동안 진행된다. 첫 전투는 전투원들이 마주쳤을 때, 그러니까 아브네르가 마하나임에서 출발하고(2,12) 요압은 헤브론에서 출발해서(2,13) 마주쳤을 때 시작된다. 세 번째 전투는 아브네르가 마하나임으로 돌아갔을 때(2,29) 그리고 요압이 다음 날 아침 새벽 헤브론에 이르렀을 때(2,32) 끝난다.

♦ 구조

가. 첫 교전: 결정적인 승리는 없다(2,12-16)
    나. 두 번째 교전: 아브네르가 아사엘을 죽이다(2,17-23)
가. 세 번째 교전: 결정적인 승리는 없다(2,24-32)

2.5.2.1 첫 교전 2,12-16

♦ 구조

가. 아브네르가 온다(2,12)
    나. 요압이 온다(2,13ㄱ)

        다. 양측 함께(2,13ㄴ)
가. 아브네르가 말한다(2,14ㄱ)
    나. 요압이 말한다(2,14ㄴ)
        다. 양측 함께(2,15ㄱ)
가˝. 벤야민(2,15ㄴ)
    나˝. 유다(2,15ㄷ)
        다˝. 양측 함께(2,16ㄱ)
에필로그(2,16ㄴ)

단락의 구조가 내용의 대조를 반영한다. 양측 군대가 완벽하게 힘의 균형을 이루고 있다.

♦♦ 주석

화자는 병력 이동의 동시성에 우리의 주의를 집중시킨다(*wayyiqtol* + *wĕ* X *qātal*). 두 세력이 동등함은 군사적 진을 친 형세로 보완된다. 기브온(예루살렘의 북서쪽으로 대략 8km 위치) 못을 가로질러 서로 마주 보고 있는데, 어느 쪽에도 전략적 이점은 없다. 아브네르와 요압은 정해진 수의 병사로 전투를 시작하기로 협상을 하는데, 이는 다윗이, 자신에게 대적할 병사를 내보내라고 이스라엘 군대에 도전한 최고 전사 골리앗과 교전한 방법과 유사하다(1사무 17,8-9). 다윗이 필리스티아의 빼어난 전사를 패주시켰을 때 필리스티아의 남은 군대는 도망쳤다. 그래서 요압이 아브네르의 도전을 받아들였을 때, 우리는 양측 지휘자들이 이 제한된 수의 시합이 결과를 결정하리라는 기대로 각기 최고의 전사로 열두 명을 선택했다고 추정할 수 있다. 그러나 경기가 끝났을 때 전장에는 시신 스물네 구가 놓여 있었다. 결과를 무승부로 묘사하는 것이 절제된 표현이다. 양측은 완벽하게 필적하며 첫 시합에서 명백한 승자가 없으니 전투는 계속된다.

이 장면으로 요압은 사무엘기 하권에서 처음 등장한다. 그는 1사무 26,6에서 지나가는 말로 언급되었는데, 아마도 다윗 내러티브에서 그의 미래 역할을 예고하기 위해서였을 것이다. 그는 츠루야의 아들이고, 1역대 2,16에 근거하면 츠루야는 다윗의 누이다. 요압은 그의 두 형제 아비사이와 아사엘과 함께 다윗 군대의 수뇌부를 구성한다. 화자가 그를 소개하지 않을지라도 그는 다윗 왕실에서 결정적인 역할을 수행한다(참조. 1.4.3 부분 요압의 특징).

화자는 이 장면의 끝에서 행동을 멈추는데, 이 전투 때문에 그 장소가 '옆구리 벌판'(헬카트 하추림)이라는 이름을 얻게 되었다는 말을 끼워 넣기 위해서이다. 이 공식 표기법은 성경의 어느 곳에나 나타난다. 때로는 등장인물이 이름을 제공한다. 아브라함은 그가 이사악을 묶어 올렸던 곳을 "주님께서 마련하신다"(히브리어로 야훼 이레 *YHWH yir'eh*: 창세 22,14), 야곱은 하느님과 씨름을 한 후에 그 장소를 프니엘이라 부르는데, 그 의미는 "하느님의 얼굴"이다(창세 32,31). 다른 사례에서는 화자가 이름을 소개한다. 유랑하던 이스라엘 사람들이 가나안을 정탐할 때, 그들은 두 막대에 포도 한 송이를 꿰어 돌아온다. 그때 화자는 그 장소의 이름은 에스콜 골짜기라는 말을 끼워 넣는데(민수 13,24), 그 뜻은 '포도송이의 골짜기'다. 그런 삽입은 사건의 역사성을 넌지시 비추어, 화자가 마치 독자가 포도송이를 첫 수확한 곳을 방문할 수 있음을 암시하는 것 같다. 에스콜 골짜기의 경우, 장소 이름의 의미는 화자가 막 이야기한 사건에 연관된다. 그러나 2사무 2,16에서 하추림*hazzurim*의 정확한 의미는 모호하다(첫 단어인 헬카트*Helkath*는 '들판의'로 뜻이 분명하다). 고대 문서들과 현대 학자들은 갖가지 해결책을 제시한다. 전투원의 손에 들린 뾰족한 부싯돌이 달린 무기를 나타낸다는 뜻으로 '부싯돌의 들판'; '원수의 들판'(하차림*haṣṣārîm*으로 읽기); 그리고 각 전투원이 칼로 상대방 옆구리를 찔러 죽였다고 '옆구리 들판' 등.[32] 이 세 해결책 모두 장소 이름을 전투 장면과 연결하려고 한다.[33]

2.5.2.2 전투 재개再改: 아브네르가 다윗의 군대에 지고 있다 2,17

화자는 전투가 끔찍하게 치열했다고 보고하는데, 두 군대 실력이 막상막하일 때 예상되는 일이다. 그런데 이제 다윗의 병사들이 우세해진다. NRSV 번역(한글《성경》도)은 전투가 끝났다는 인상을 남긴다. "아브네르와 이스라엘 사람들은 다윗의 부하들에게 패배하였다(나가프*ngp*)." 화

---

[32] 참조. Samuel R. Driver, *Notes on the Hebrew Text and the Topography of the Books of Samuel* (Oxford: Clarendon, 1913), 242-43; McCarter, II Samuel, 96; Hans W. Hertzberg, I and II Samuel, trans. J. S. Bowden (Philadelphia: Westminster Press, 1960), 251-52; and Henry P. Smith, *A Critical and Exegetical Commentary on the Books of Samuel*, The International Critical Commentary (Edinburgh: T & T Clark, 1899), 271.

[33] 참조. P. J. van Dyk, "The Function of So-Called Etiological Elements in Narrative", *ZAW* 102 (1990), 19-33.

자는 다윗의 승리를 기대할 정도로 그렇게 그에게 편파적인가? 아마도 아닐 것이다. 비록 아브네르의 군대가 더 많은 사상자를 내고 있기는 하지만 세 번째 장면(2,24-32)이 휴전으로 끝나기 때문이다. 아마도 동사 나가프*ngp*는 이 문맥에서 아브네르가 패배했다는 것을 의미하는 것이 아니라 전투가 진행되면서 아브네르와 그의 부하들이 지고 있는 상황이라는 것을 의미할 것이다. 이것이 다음 장면의 시작 부분에서 왜 아브네르가 바싹 추격하고 있는 아사엘과 함께 달리고 있는지를 설명해줄 수 있다. 그러나 그 장면 마지막에서, 아브네르가 그들의 최우수 전사 중 하나인 아사엘을 죽였을 때 다윗의 부하들은 우위를 상실했다.

2.5.2.3 두 번째 교전: 아사엘의 전사 2,18-23

♦ 구조

가. 도입: 아사엘은 빠르다(2,18)
    나. 아사엘이 아브네르를 추격하다(2,19)
        다. 아브네르와 아사엘 사이의 사적 대화
            ㄱ. 아브네르의 질문(2,20ㄱ)
                ㄴ. 아사엘의 대답(2,20ㄴ)
            ㄱ'. 아브네르가 경고하다(2,21ㄱ)
                ㄴ'. 아사엘이 무시하다(2,21ㄴ)

　　　　ㄱ". 아브네르가 다시 경고하다(2,22)
　　　　　ㄴ". 아사엘이 다시 무시하다(2,23ㄱ)
　　　나'. 아브네르가 아사엘을 죽이다(2,23ㄴ)
　가'. 결론: 모두 멈추어 섰다(2,23ㄷ)

화자가 아사엘은 신속하게 달릴 수 있는 주자라고 말하는 장면으로 시작한다. 장면이 끝날 때는 재빠른 아사엘이 정지한 채 누워 있을 뿐만 아니라 그의 시신과 마주한 모든 군대 역시 멈추어 선다. 이 단락의 중앙에 아브네르와 아사엘 사이에 개인적인 대화가 있는데, 거기서 우리는 아브네르가 아사엘을 죽이는 일을 피하려고 했던 것을 안다.

◆◆ 주석

츠루야의 세 아들은 전사로서 명명되어 있다. 우리는 요압은 이미 만났다(2,13 참조). 아비사이는 사울의 진영을 은밀히 방문하는 다윗과 함께 있었으며 다윗의 금지 명령이 아니었다면 사울을 죽였을 것이다(1사무 26,8-9). 셋째 아들 아사엘은 여기서 처음으로 소개되었는데, 화자는 줄거리를 제공하는 이 새로운 등장인물 아사엘을 영양만큼 빠르다는 특성에 초점을 맞춘다. 따라서 행동이 시작되면 우리는 아사엘이 아브네르를 곧 추월할 것이라고 확신한다. 아브네르를 추격하는 그의 끈질김은 그가 '오른쪽으로도 왼쪽으로도 몸을 돌리지 않고'라는 히브리어 표현으로 강조된다. 신명기에서 이 구는 하느님의 계명에 순종하리라는 결정을 표시한다(신명 5,32; 17,20; 28,14). 영양처럼 그렇게 날랜 아사엘은 아브네르를 잡으리라고 확고하게 결심했다.

대부분의 장면이 대화로 되어 있는데, 아브네르가 추격자의 신원을 물으며 대화를 시작한다. "네가 바로 아사엘이냐?"라는 질문은 그가 아사엘을 알고 있다고 추측하게 하는데, 이어지며 주고받는 대화에서 확인되는 사실이다. 그는 추격을 멈추라고 요청하는데 2사무 2,19에 나타났던 화자의 말을 빌려 '오른쪽이나 왼쪽으로 몸을 돌리라고' 한다. 아브네르는 아사엘의 결의와 영양처럼 빠른 속도가 백병전白兵戰을 피할 수 없다는 의미임을 파악한다. 그래도 마지막 대결을 피하기를 바라면서, 그는 아사엘에게 다른 사람과 싸우도록 권고한다('그를 털어 가라'). 두 번째 대화에서 아브네르는 그가 처음에 말한 명령 '몸을 돌려라'에 두 가지 이유를 대면서 보완한다. '왜 내가 너를 죽여야 하느냐?'와 '네 형 앞에서 어떻게 머리를 들 수 있겠느냐?'이다. 첫 번째 이유는 아브네르는 자신이 아사엘을 앞서서 달릴 수는 없다는 것을 알고 있으면서 동시에 전투에서는 승리할 것을 확신한다는 것을 암시한다. '쳐서 땅에 떨어뜨리다'(의미는 '죽이다'이다; 참조 18,11)라는 구는 아브네르가 아사엘에게 해야 하는 행동을 하고 싶어 하지 않음을 나타내는 것임에 의심의 여지가 없다. 그러나 아브네르의 위협은 효과가 없다. 첫 대화 마지막에 화자는 아사엘은 추격을 멈출 의사가 없음을 알린다. 그런데 두 번째 대화 마지막에 화자는 아사엘의 고집을 히브리어 동사 만m'n으로 강조한다('그는 거절했다').

화자는 이 장면을 아브네르의 손에 아사엘이 죽는 장면으로 제한

할 수 있었으므로, 이 장면 중심에 놓여 있는 이 긴 대화의 기능은 무엇인가 묻게 된다. 한 번이 아니라 두 번이나 아브네르는 아사엘이 추격을 멈추도록 설득하려고 노력한다. 그는 심지어 아사엘을 죽인 후에 요압(그의 적대자)을 볼 생각에 대한 걱정까지 토로한다. 그의 말들은 그에 대한 감정이입을 증가시킨다. 우리만 그가 최후의 수단으로 아사엘을 죽였다는 것을 안다. 그래서 요압이 아브네르를 살해했을 때 화자는 그가 그의 형제 아사엘의 죽음(3,27)에 대한 복수로 그렇게 했다고 상기시킨다. 우리는 아사엘의 죽음과 관련하여 정상참작이 되는 상황을 기억한다. 사실 그의 목숨을 앗아간 것은 아사엘의 완고함이었다(다윗과 요압은 이 세부 사항에 대해 모른다). 아사엘에게 한 아브네르의 마지막 질문은 "네 형 요압 앞에서 내가 어떻게 머리를 들겠느냐?"인데, 그 자신의 죽음을 예시한다. 아브네르가 헤브론 성문에서 요압의 얼굴을 보았을 때, 그때가 그의 마지막이다(3,27). 아사엘은 추격을 포기하기를 거절한다. 압살롬의 유명한 머리가 그의 패배(14,26; 18,9)의 도구가 된 것과 같이, 그렇게 아사엘의 신속함이 그의 몰락으로 이어진다. 그의 죽음의 묘사는 아브네르가 달리기를 막 멈추었고 집요한 아사엘이 아브네르의 창의 무딘 쪽 끝으로 돌진했다는 인상을 남긴다. 그는 창의 무딘 쪽 끝이 그의 등을 뚫고 나올 정도로 빠른 속도로 달리고 있었다는 것이다. (역주: 한글 《성경》에 나오는 '창끝'의 히브리어 본문은 '창의 뒤 끝'을 가리킴. NRSV '그의 창의 밑동으로'도 창의 뒤 끝을 가리킴). 이 세부 사항 또한 아브네르의 의도가 아사엘을 죽이지 않는 것이었음을 암시한다. 그렇지 않았다면 그는 창의 날카로운 쪽을 사용했을 것이다. 아브네르는 단지 기절시키고 싶었을 뿐이다. 그러나 창의 무딘 뒤 끝조차도 발이 빠른 아사엘에게는 치명적이었다. 아사엘이 아브네르의 조언에 귀를 기울였다면 그는 여전히 살아 있었을 것이다.

아사엘의 동료 전사들이 그의 시신 앞에 도달했을 때 그들은 멈추어 섰다. 그 세부 사항은 '날랜 영양'이 이제 정지해 있고 그의 시신을 보는 이들도 마찬가지라는 장면의 아이러니를 표면에 떠오르게 한다. 지휘자의 시신 앞에서 정지하는 몸짓은, 요압이 죽인 아마사의 시신을 군사들이 큰길에서 옮겨 덮을 때까지, 군사들이 그의 시신 앞에 멈추어 설 때 다시 등장할 것이다(20,12-13). 화자는 그의 청중이 이 관습의 중요성을 이해하고 있다고 가정하고 (죽은 지도자에 대한 존경, 그의 패배에 대한 충격, 또는 전투는 죽음이라는 두려움?) 아무 언급도 하지 않는다. 그러나 아사엘의 형제들인 요압과 아비사이는 우선은 그것을 주시하지 않는다. 나중에 돌아와서 그들의 형제를 매장할 것이나(2,32), 그것이 그렇게 간단하지 않을지라도 아브네르를 아사엘의 살해자라 여기고, 지금은 아브네르를 추격한다.

2.5.2.4 세 번째 교전 2,24-32

◆ 구조

가. 포괄(2,24ㄱ)

    ㄱ. 형제들이 추격을 계속한다(아사엘의 시신을 매장하지 않음)

    ㄴ. 해가 진다
   나. 군대가 전투를 위해 늘어선다(2,24ㄴ-25)
      다. 아브네르가 요압을 부르고 세 가지 질문을 한다(2,26)
      다′. 요압이 대답하고 나팔을 분다(2,27-28)
   나′. 전선戰線이 철수되고 전투 손실이 열거된다(2,29-31)
가′. 포괄(2,32)
      ㄱ. 요압이 아사엘의 유해 매장
      ㄴ. 해가 뜬다

요압과 아비사이가 아브네르를 계속 추격하고 있을 때 해가 졌고, 그들이 헤브론에 돌아올 때, '새벽이 그들에게 다가온다.' 이 포괄은 전체 장면을 야간 활동 안에 배치한다. 장면이 시작될 때 아사엘의 시신은 들판에 노출된 채 있고, 장면이 끝날 때 그 시신은 적절하게 매장된다. 대화는 중앙에 놓여 있는데(이전 장면과 마찬가지로), 이로 인해 싸움이 끝나고 휴전이 이루어진다.

♦♦ 주석

이 장면은 아사엘의 시신이 두 전쟁 당사자 사이의 마지막 대결이 끝날 때까지 매장되지 않은 채로 있기 때문에 앞 장면과 밀접하게 연결되어 있다. 자연에 버려진 채 있는 시신에 대한 생각은 고대이든 현대이든 청중의 마음에서 멀리 떨어져 있을 수 없다. 골리앗이 다윗에게 한 최종 협박은 그의 시신이 하늘의 새와 들판의 짐승들의 먹이로 남겨지리라는 것이다(1사무 17,44). 야베스 길앗의 사람들은 벳 산 성벽에서 사울과 그의 아들들의 매장되지 않은 주검을 가져오기 위해 먼 길을 간다(1사무 31,11-13). 윌리엄 포크너는 그의 소설 《내가 죽어 누워 있을 때》에서 동시대 사회가 인간의 유해에 기울이는 수고들을 포착하는데, 아사엘의 시신이 소설 속 애디 번드렌의 시신처럼 관심은 받지 못하지만, 자연에 버려진 채로 있을 수는 없다. 따라서 우리는 진로를 변경해 요압과 아비사이와 함께 아브네르를 추격하면서, 아사엘의 유해 처리에 대한 최종 결정을 기다린다.

우리 화자는 각 측의 병력 이동과 최종 사상자 수를 보고하기 위해 진영 사이를 옮겨 다닌다. 아브네르는 벤야민 자손들의 전폭적인 지지를 받는데, 벤야민 지파에 그가 속해 있고 사울도 그 지파에 속해 있었다. 기브온 광야는, 이스 보셋의 영토였어야 하는 예루살렘의 바로 북쪽 지역에 군사 작전이 있는 위치를 가리킨다. 성경에서 오직 여기서만 언급되는 암마와 기아의 위치는 알려지지 않았다. 아브네르와 그의 군대에게 중요한 것은 '언덕 꼭대기'(2사무 2,25)에 있다. 그는 도망치고 있지만 지금은 더 높은 곳을 차지하고 있다. 만일 요압과 아비사이가 추격을 계속한다면, 그들은 그 언덕을 올라와야 할 것이다. 아브네르는 다시 한번 외교의 기회를 포착한다.

아브네르가 크게 소리쳐 세 가지 질문을 요압에게 한다. 처음 두 가지는 수사적 질문(요압에게 호소하는 듯한 설득 스타일)인 반면에 세 번째는 대답을 원하는 진짜 질문이다. 아브네르는 첫 두 질문으로 세 번째 질문에 대한 요압의 응답에 조건을 달려는 것이다. 과장된 첫 질문 "우리가 언제까지 이렇게 칼부림을 해야 하겠느냐?(칼부림을 영원히 계속할 것인가?)"는 부정적인 대답을 요구한다(적어도 우리는 그렇기를 희망한다). 두 번째 수사적 질문 "이러다가 결국 비참한 일이 일어나게 될 줄을 모른단 말이냐?"는 긍정적인 대답을 기대하지만, 이 질문은 다소 모호한 측면이 있다. 누구의 끝이 비참할 것인가? 아브네르는 아마도 요압의 형제 아사엘에게 방금 일어난 일을 고려할 때 이 싸움의 결론이 그에게 비참할 것이라고 설득하고 있다. 이렇게 두 질문은 실제적 질문, "그대는 군사들에게 제 형제의 뒤를 그만 쫓고 돌아서라는 명령을 끝내 내리지 않을 셈인가?"의 서두가 된다. 이것이 아브네르의 질문이다. 요압은 이 질문에 대해 다소 복잡한 답변을 제공한다. 그는 "살아 계신 하느님을 두고 맹세하는데"라고 맹세 형식으로 시작한 뒤 이어서 과거와 반대되는 조건을 말한다. "그대가 그 말을 하지 않았으면, 내일 아침이 되어서야 군사들이 저마다 제 형제의 뒤를 쫓는 것을 그만두었을 것이다." 아브네르의 수사법은 성공했다(만일 그가 이전 장면에서 아사엘을 그렇게 쉽게 설득할 수 있었더라면…). 요압은 나팔을 불었고 추격은 멈추었다. 화자는 요압의 군대가 더 이상 추격하지도 않고 아브네르의 군대와 싸우지도 않았다고 덧붙임으로써(2,28), 다음 장의 사건에 대한 자신의 지식을 거슬러 말하고 있는 셈이다. 군사적 해결에 대해서는 이제 논의하지 않는다.

아브네르의 외교가 갈등을 해결했기 때문에 이 장면은 앞 장면과 같이 긍정적 측면에서 아브네르를 소개한다. 그런데 그의 수사학적 질문이 어떻게 요압이 전투를 중단하도록 확신하게 했을까? 휴전은 이스 보셋을 그의 아버지의 왕위에 남겨둔다. 이스 보셋의 영토에 대한 요압의 공격은 실패한 것이다. 아브네르의 설득력 있는 수사적 대화의 핵심은 그의 세 번째 질문, 곧 이를 글자 그대로 옮긴 '그대가 군대에게 그들의 친족 추격에서 돌아서라고 말하려면 얼마나 있어야 하는가?'의 (히브리어 문장에서) 마지막 단어 '그들의 친족'에 있다. 이들 단어는 요압의 대답에서도, 글자 그대로 '그대가 말하지 않았더라면 아침까지 군대가 그들의 친척들을 뒤쫓았을 것이다'의 히브리어 문장 마지막에 같은 자리에 위치한다. 전쟁 중인 분파들이 서로를 '친족'으로 인정한 것은 이번이 처음이다. 아브네르가 다윗 군대를 이 용어로 묘사하기 때문에 요압은 이 친족 사이의 전투가 중지되어야 한다고 확신하게 된다(아브네르가 아사엘의 죽음에 대한 유감을 예측할 때 요압과의 친족 관계를 인정했다). "그렇게 되면 네 형 요압 앞에서 내가 어떻게 머리를 들겠느냐?"(2,22) 머잖아 아브네르는 그의 친족을 다윗의 통치 아래 있는 요압과 합병할 것이다(3,10). 우리는 저마다의 수도로 돌아가는 상대편들의 움직임을 따른다. 아브네르 측은 밤새도록 걸어서 한때 이스 보셋을 임금으로 세웠던 곳인 마하나임으로 가고(2,8-8), 동시에 요압은 아사엘의 시신이 있는 곳으로 되돌아가 매장하기 위해 베들레헴으로 간다. 이 야간 행군 장면으로 막이 내리면서 요압과 그의 군대는 헤브론에 도착하여 아침 햇살을 맞이한다.

2.5.3 헤브론에서 낳은 다윗의 자손들 3,1-6

◆ 구조

가. 전쟁 정보: 다윗 집안은 더 강해지고 사울 집안은 더 약해진다(3,1)
    나. 다윗의 자손(3,2-5)
가'. 전쟁 정보: 아브네르는 점점 더 강해짐(이스 보셋이 약해지는 만큼)(3,6)

다윗 자손의 기록은 두 경쟁 왕국 사이의 전쟁에 대한 정보 두 개로 테두리가 둘러진다. 이전의 정보(2,17)는 아브네르가 패배했다고 기록했다. 그 정보에 따르면 전쟁은 휴전으로 끝났다. 우리가 이전 장면에서 두 군대가 현재 서로 교전하지 않는다는 것을 알고 있기 때문에(2,28), NRSV에서 '전쟁'이라는 용어는 사울 집안과 다윗 집안 사이에 지속된 팽팽한 교착 상태를 언급하는 것이어야 한다. 이 절의 정보에 의하면 다윗의 세력이 지금 사울의 집안보다 우위에 있기는 하나, 아직 요압에게 전장으로 돌아가라고 명령할 만큼 유리하지는 않다. 만일 그가 사울의 영토로 통치를 확장하려 한다면, 군사적 수단을 통해서는 아닐 것이다.

  다윗 통치 기간의 연대기는 보통 헤브론에서의 치세와 예루살렘에서의 치세로 구분하고(2사무 5,5; 1열왕 2,11 참조), 그의 자손 명단은 이 구분을 반영한다(예루살렘 태생 자손 명단은 2사무 5,14-16). 헤브론 명단은 모친의 이름을 포함하고 있기 때문에(예루살렘 명단에는 모친 언급 없음),

내러티브에서 일종의 경첩으로서 기능한다. 그것은 다윗이 나발의 과부 아비가일(1사무 25장), 그리고 아히노암과 결혼한 것을 뒤돌아보고, 화자가 이제 무대에 나타날 주요 인물들을 지명하는 것처럼 앞을 내다보게 한다. 성폭행범 암논, 반역자 압살롬, 그리고 자신이 부친을 계승할 권한이 있다고 선언한 아도니야. 아이가 태어날 때 예기적으로 한마디 덧붙일 수 있는 화자[34]는 결정적으로 중요한 이 세 등장인물의 이름을 말하면서 침묵한다. 우리는 압살롬이 그의 형제 암논을 살해한 뒤에 왜 그수르의 임금 탈마이에게로 도망쳤는지 알고 있다(2사무 13,37). 탈마이는 그의 외할아버지다. 다른 아들들, 킬압, 스파트야과 이트르암은 다윗 내러티브에서 다시 언급되지 않는다.

교착 상태가 지속되는 가운데 새로운 세부 사항이 전개된다. 아브네르는 사울계 궁정에서 세력이 점점 더 커지고 있고, 3,1의 병행절이 암시하듯 이스 보셋의 세력은 약화되고 있다. 그러나 이 정보는 거의 희극적으로 말하기를 삼가고 있다. 아브네르가 이스 보셋을 그의 아버지의 왕좌에 앉혔다(2,8-9)! 그는 이스 보셋 궁정에서 얼마나 더 많은 세력을 축적할 수 있었는가? 아브네르는 그 권력을 행사하려고 하고 있다.

---

[34] 솔로몬이 태어났을 때, 화자는 우리에게 "주님께서 그 아이를 사랑하셨다"(2사무 12,24)라고 이야기해준다.

2.6 아브네르가 사울 왕국을 다윗에게 넘기다 3,7-27

아브네르는 이미 분쟁 해결의 중개자로 인식되었는데(2,26), 이제 다윗 왕국에 특사로 역할을 하기 시작한다. 그는 사울의 후궁을 범한 것에 대하여 이스 보셋의 비난을 받자 분노하여 사울의 신하들이 다윗의 통치를 받아들이도록 설득한다. 다윗은 기대하던 동의를 전하러 온 아브네르와 사절단을 위한 국빈 만찬을 주최한다. 그러나 다윗이 사울 영토의 임금으로 대관되기 전에 요압이 다윗의 새로운 동맹자를 살해하고 잠재적으로 제안된 협정을 파기함으로써, 동시에 경쟁 왕국 사이의 전쟁이 다시 일어날 것이라고 걱정하게 만든다.

◆ 구조

가. 사령관 아브네르, 임금 이스 보셋에게 맞선다(3,7-11)
    나. 아브네르가 사절을 다윗에게 보낸다. 아브네르는 다윗과 협정을 맺으려 한다(3,12-16)
        다. 온 이스라엘이 다윗의 통치 아래로 올 것이다(3,17-21)
가'. 사령관 요압, 임금 다윗에게 맞선다(3,22-26ㄱ)
    나'. 요압은 사자를 아브네르에게 보낸다. 요압은 협정이 결렬되게 한다(3,26ㄴ-27)

이 장면의 중심은 사건의 극적인 반전을 알린다. 사울의 통치를 받던 백성들은 다윗을 그들의 임금으로 받아들이기를 원했다. 이 중심은 병행되는 장면에 끼워져 있다. 〈가/가'〉 장면에서 사령관들은 임금들에게 맞서고 상황을 장악한다. 두 사령관은 사자들을 보낸다(나/나'): 아브네르는 사울의 영토에 다윗 통치 과정을 추진하기 위해 사절들을 다윗에게 보내고, 요압은 그 과정을 방해하면서 아브네르를 죽이기 위해 사자들을 그에게 보낸다. 〈다〉 부분과 평행을 이룰 절은 이스라엘 원로들이 다윗을 임금으로 기름 부으러 오는 2사무 5,3까지 지연된다(아래 2.9.1 참조). 지금 우리는 다윗의 미래 왕국에 결정적으로 중요한 이 새로운 협정이 어떻게 될 것인지 알게 되기를 기다리고 있다.

2.6.1 사령관 아브네르, 임금 이스 보셋에게 맞선다 3,7-11

이 장면에 불이 밝혀지자 이스 보셋은 아브네르의 임금이 되려고 시도한다. 그러나 무대가 어두워지자 아브네르는 임금을 옥좌에서 밀어낸다.

◆ 구조

가. 이스 보셋이 아브네르에게 해명을 요구하다(3,7)
　　나. 아브네르가 사울 집안을 위해 한 일(3,8)
　　　　유다
　　　　　　사울 집안
　　　　　　　　다윗

나'. 아브네르가 다윗을 위해 하려고 하는 일(3,9-10)
          다윗
        사울 집안
      유다와 이스라엘
가'. 이스 보셋이 아브네르에게 대답할 힘이 없다(3,11)

장면의 중심에서 아브네르는 그가 한때 사울 집안을 위하여 했던 충성스러운 봉사를 이제 다윗에게 옮기려 한다고 알린다. 그는 요압이 전장에서 할 수 없었던 일, 사울 왕국을 다윗 통치 아래 가져오는 일을 성취할 것이다.

♦♦ 주석

이스 보셋이 아브네르에게 자신의 권한을 행사해보려는 서투른 시도(그는 누가 자신을 왕위에 올렸는지를 잊었는가?)는 재난이었음을 드러낸다. 화자는 우리에게 아브네르가 사울의 궁정에서 권력을 증가시키고 있다고 이야기했었다(3,6). 만일 아브네르에 대한 이스 보셋의 비난(사울의 후궁을 범한 일)이 사실이라면 이제 우리는 아브네르가 그의 세력을 확장시키는 방식을 안다. 리츠파는 처음으로 거론되었는데(21,10 그녀의 역할 참조), 사울 대목(1사무 19-31장)에서 어느 후궁도 언급된 적이 없다.

 화자는 이스 보셋이 그의 비난을 터뜨리자마자 우리를 내실로 데려왔다. 아브네르는 그의 아버지의 후궁인 리츠파를 범했다. 그 혐의는 반역이다. 다윗의 아들이고 솔로몬의 형인 아도니야가 임금의 모후 밧세바에게 선왕의 후궁 아비삭(1열왕 1,1-4)을 그의 아내로 취할 수 있도록 솔로몬 임금의 허락을 받아달라고 청했을 때 솔로몬은 반역을 간파하고("그를 위해 나라를 청하시지요!"), 아도니야를 처형하라고 명령한다(1열왕 2,22-24).[35] 이스 보셋은 아브네르가 리츠파와 한 행동에서 비슷한 조짐을 감지했다. 아브네르는 이스라엘 왕좌에 이스 보셋의 후손 대신 자신의 후손이 오를 수 있도록 사울의 후궁을 통해 후계자를 얻으려 했다. 반역이다!

아브네르의 대답은 그 자신과 죽은 선왕의 후궁 사이에 정확하게 무슨 일이 일어났는지를 우리가 모르는 채로 둔다. 그는 혐의를 완전히 부인하지 않는다. 대신에 아브네르는 수사적 질문(2사무 2,24-32 참조)으로 노련하게 대답한다. "내가 유다의 개 대가리란 말이오?" '개 대가리'라는 구는 여기 외에 성경 어디에도 나타나지 않는다. '개' 은유는 보통 자기 비하에 사용되었다. 골리앗이 어린 다윗을 면밀히 살펴볼 때 그가 말한다. "막대기를 들고 나에게 오다니, 내가 개란 말이냐?"(1사무 17,43). 엘리사가 하자엘에게 아람의 미래 임금이 이스라엘에 가져올 비통에 대하여 말했을 때, 하자엘은 그것을 부인한다. "개와 같은 이 종이 어찌 그렇게 엄청난 일을 저지를 수 있겠습니까?"(2열왕 8,13). 이 양쪽 경우에서 자기를 비하하는 개 은유 이미지가 나타나고 여기의 장면 아브네르의 질문에도 나타난다.[36] 따라서 아브네르의 질

---

35 압살롬이 그의 부친의 왕위를 찬탈하려 할 때, 공개적으로 부친의 후궁들에게 들었다(2사무 16,21-22).
36 다윗이 시므이를 만났을 때 그가 사울의 왕좌를 찬탈했다고 다윗을 비난하자, 다윗의 군대 장수 중 하나인 아비사이가 시므이를 "죽은 개"(2사무 16,9)로 취급한다.

문을 자유롭게 번역하면 '그대는 내가 유다와 협잡해온 일종의 망나니라고 생각합니까?'이다. 이 수사적 질문에 이스 보셋은 아무 대답도 발설하지 못한다. 그러나 아브네르의 교묘한 반박은 그 혐의에는 답하지 않은 것이다.

이스 보셋은 아마도 그를 반역죄로 기소하는 것을 통해 자신을 왕좌에 앉힌 자를 제거하여, 아브네르의 세력에서 벗어나 자신의 혈통을 굳건하게 하려고 했을 것이다. 그러나 아브네르는 이스 보셋에게 아브네르 자신이 항상 책임을 맡고 있었고 언제든지 그를 저버릴 수 있음을 상기시켜서 그 기대를 신속하게 제압한다. 그는 이스 보셋이 감히 어떻게 그런 고발을 하느냐고 물음으로써 반역 혐의를 비껴가며, 동시에 사울 집안에 대한 그의 충성을 확언한다. 이것 역시 임금의 고발에 대한 대답이 아니다. 아브네르는 사울의 후궁을 통하여 이스 보셋의 왕좌 후계자를 낳으려 했을까? 우리는 아브네르가 이스 보셋을 사울의 왕좌에 세운 후에 바로 그의 아들을 이스 보셋의 후계자(또는 찬탈자)로 임명하는 데 관심이 있었으리라고 추정할 수 있다. 그리고 화자는 자신의 말 한마디로 이 의문을 해결할 수 있지만 침묵한다.

아브네르가 갑자기 편을 바꾸었을 때 이스 보셋이 반역 혐의로 아브네르를 제거하려던 전략은 역효과를 낸다. 이스 보셋의 비난으로 치명적인 위협을 인식한 아브네르는 다윗에게로 충성심의 방향을 바꾼다. 그리고 새로 찾은 충성심을 비준하기 위해 그는 자신을 저주하기에 이른다(2사무 3,9). 이 고대 형식의 일부 영어 번역에서, 아브네르의 자기 저주는 명확하지 않다. NRSV의 문자적인 번역 '하느님께서 아브네르에게 그렇게 하시고 또 거기에 더하시기를'은 현대인의 귀에 저주처럼 들리지 않는다. NJB의 의역이 더 적절해 보인다. '하느님께서 아브네르에게 형언할 수 없는 고난을, 그보다 더한 고난을 내리시기를.' 이것이 저주다! 이스 보셋은 아브네르가 하느님 앞에서 그 자신을 저주하는 말을 들었을 때, 자신의 사령관이 다윗을 위해 목숨을 걸기로 결정했다는 것을 깨달았다.

아브네르는 그의 짧은 발언에서 하느님께서 다윗에게 맹세하신 것을 언급한다(3,9). "이 나라를 사울 집안에서 거두어, 다윗의 왕좌를 단에서 브에르 세바에 이르기까지 이스라엘과 유다 위에 세우는 것이오"(3,10).[37] 그는 1사무 16장에서 시작된 주제를 발전시키고 있다. 하느님은 다윗을 왕으로 선택하셨고(1사무 16,12) 나중에는 사울조차도 이 신적 결정을 인정했다. "이제야 나는 너야말로 반드시 임금이 될 사람이라는 것을 알게 되었다. 이스라엘 왕국은 너의 손에서 일어설 것이다"(1사무 24,21). 카르멜의 아비가일은 다윗에게 하느님의 약속을 상기시켜 줌으로써 다윗이 남편 나발을 해치는 것을 막았다. "이제 주님께서 나리께 약속하신 복을 그대로 이루어주시어 나리를 이스라엘의 영도자로 세우실 터인데"(1사무 25,30). 아브네르는 지금 하느님께서 다윗에게 그를 유다와 이스라엘 위에 세우시겠다고 맹세하신 것을 공표하고 있다. 그는 '단에서 브에르 세바까지'라는 다윗의 미래 왕국의 국경선까지도 그린다. 후에 한때 이스 보셋과 아브네르에게 충성을 하던 이

---

37 하느님께서 다윗에게 맹세하셨다는 것이 다윗 내러티브에서는 명시적으로 여기서 나오고 시편 89,50과 132,11에서도 언급된다. 그런데 시편 132,11에 있는 하느님 맹세의 내용은 아브네르가 알고 있는 맹세와 다르다.

스라엘 사람들도 또한 다윗에게 하신 이 신적 약속을 인정할 것이다 (2사무 5,2).

아브네르의 발언은 이스 보셋에게 사울의 후궁 리츠파를 범한 일에 관한 암시를 넘어 반역의 증거를 제공한다. 우리는 임금이 반역자의 즉각적인 처형을 명령하리라고 기대할 수 있었다. 그러나 가련한 이스 보셋은 그렇게 하는 대신 두려움으로 마비되어 침묵한다. 그는 아브네르 없이는 권위가 없을 뿐만 아니라 목숨도 위태로울 수 있다. 한 영토에 두 임금이 있을 수 있는가? 그 질문은 2사무 4장에서 해결이 된다. 꼭두각시 임금은 아브네르를 압도하는 힘을 확장하려고 이 장면에 걸어 들어왔는데, 나가면서 그의 왕관을 잃게 된다.

2.6.2 아브네르가 다윗에게 사자를 보낸다. 아브네르는 다윗과 협정을 맺으려 한다 3,12-16

◆ 구조

가. 아브네르가 다윗에게 협정을 요청하기 위해 사자를 보낸다(3,12)
    나. 다윗이 응답하며 미칼을 요구한다(3,13)
가'. 다윗이 이스 보셋에게 사자를 보내고 미칼을 요구한다(3,14)
    나'. 이스 보셋은 명령을 보내지만, 아브네르는 그것을 실행한다(3,15-16)

◆◆ 주석

아브네르는 이제 이스 보셋과 관계없이 독립적으로 행동한다. (이스 보셋이 사울 궁정에서 직권을 가진 적이 있었는가?) 아브네르는 그의 사자들에게 다윗의 궁정으로 가도록 명령한다. 예상대로 그들은 아브네르의 말과 관련된 수사적 질문 "이 땅이 누구 것입니까?"로 이야기를 시작하는데 표현되지 않은 대답은 '다윗에게'이다. 그 문제가 해결되자, "저와 계약을 맺어주십시오" 하는 아브네르의 호소는 그가 다윗의 가신이 되는 동맹의 조건을 찾고 있음을 가리킨다. 그의 편에서는 '온 이스라엘'이 다윗에게로 오리라는 것을 보증한다.

다윗은 즉시 제안을 받아들이면서 '좋다'고 선언하고, 제한 조건을 추가한다. 그는 첫 아내 미칼을 돌려받기를 원한다. 우리는 그녀에 관하여 잊었으나 다윗은 아니다. 사울은 그의 딸들을 다윗을 제거하기 위해 사용했었다. 그는 필리스티아인들과 싸운 대가로 맏딸인 메랍을 다윗과 약혼시켰지만 이후 취소하였고, 므홀라 사람 아드리엘과 결혼시켰다(1사무 18,17-19). 그의 어린 딸 미칼은 다윗을 사랑하고 있었다(1사무 18,20). 사울이 그것을 알게 되었을 때 그는 다시 필리스티아인들과의 싸움을 통하여 다윗을 없애려고 시도했다. 그런데 다윗이 승리하여 귀환했고 미칼은 그의 아내가 되었다. 후에 그녀는 아버지의 살인 계획에서 벗어나 도망가도록 다윗을 도왔고, 그것 때문에 아버지에게 배신자라는 비난을 받았다(1사무 19,11-17). 그 장면은 그녀의 신속한 두뇌 회전의 속임수로 갑자기 끝났다. "그가 저에게 '나를 가게 해주시오. 왜 내가 당신을 죽여야 하겠소?' 하였습니다." 다윗이 아비가일과 결혼한 후 지나가는 말로 화자가 우리에게 미칼은 팔티(1사무 25,44: 미칼의 남편 이름이 2사무 3,15에는 팔티엘로 나온다)에게 아내로 주어졌다고 알려줄 때까지, 그녀는 다시 언급되지 않았다. 그렇게 사울은 두 번째로 다윗과의 결혼 계약을 어겼다. 그때는 도망자 다윗이 아내를 요구하기가 어려웠다. 그러나 지금 그는 그 오래된 계산을 청산할 힘을 가지고 있고, 아브네르가 조약 조건을 찾고 있으니 그는 그렇게 한다.

다윗은 미칼에 대한 애정을 표현하지 않는다. 그녀는 NRSV가 적절하게 표현한 것처럼, 다윗이 '상당한 대가를 치르고' 얻은 아내이며, 사울이 어긴 거래의 부분으로서 정당하게 그의 것이다. 후에 다윗이 주님의 궤를 예루살렘으로 옮길 때, '사울의 딸' 미칼은 남편 다윗이 춤추는 것을 염탐하고서는(2사무 6,16) 그를 비웃는다(그 시점에 그에 대한 그녀의 애정은 줄어 있었다). 그녀는 아마도 이 장면에서 그녀가 다윗에게 상환된 것이 새 임금에 의해 그녀의 아버지 사울의 정치적 실추를 표현한다는 것과 이어서 다윗 도성으로 주님의 궤 이전을 공고히 한다는 것을 깨닫는다. 궁정으로 그녀의 귀환은 또한 사울의 후계자로서 다윗의 정통성을 강화한다. 따라서 화자가 오랫동안 별리를 겪은 남편과 아내의 달콤한 재회 장면을 소개하리라고 기대해서는 안 된다. 다윗이 미칼의 신속한 귀환을 요구한 것은 그녀에 대한 애정에 이끌린 것이 아니라 그가 그녀의 아버지 집을 대신했다는 신호를 궁정에 보내려는 욕구에 의한 것이다. 이제 그녀는 그것을 안다.

그때 장면은 갑자기 다윗의 사자들이 있는 이스 보셋의 궁정으로 바뀐다(2사무 3,14). 다윗은 이스 보셋에게 사울과 맺은 약속을 상기시킨다. 그는 필리스티아인들의 포피 백 개로 미칼을 얻었다. 이스 보셋은 다윗의 요구를 실행하는 것 외에는 달리 아무것도 할 힘이 없다. 그는 미칼을 현재의 남편에게서 데려오라고 명령한다. 이스 보셋은 미칼을 보냄으로써 아브네르가 다윗을 알현하는 데 도움을 주고 있다는 것을 알고 있을까? 만일 그렇다면, 그는 자신의 왕권이 끝났다는 것을 인식해야 한다.

미칼의 현 남편 팔티엘이 울면서 그의 아내 뒤를 따라오고 있다. 미칼에 대한 그의 애정은 자신의 자산을 상환해달라는 다윗의 냉정한 요구와 대조를 이룬다. 팔티엘은 진심으로 그녀를 사랑했던 것 같다. 우리는 미칼이 팔티엘의 애정에 응답했는지에 대해서는 추측만 할 수 있다(그녀가 울었다는 언급은 없다). 장면은 아브네르의 갑작스러운 등장으로 끝난다. 이스 보셋이 미칼을 데려오라고 아브네르를 보냈는지 아닌지에 대해서 본문에 명확하게 나타나지 않는다(3,15). 그러나 아브네르는 다윗 왕실에 들어가는 표를 확보하기 위해 간 것이 분명하다. 그들이 바후림에 도착했을 때 아브네르는 울고 있는 팔티엘에게 돌아가라고 명령한다. 바후림은 올리브산 북쪽의 벤야민 지파의 고을이고 (19,16), 예루살렘에서 가깝기 때문에 아브네르가 마지막으로 해야 하는 일은 다윗의 영토로 건너갈 때 흐느끼는 남편을 돌려보내는 일이다. 미칼을 손에 넣은 아브네르는 새 주군과 협상할 준비가 되었다.

2.6.3 모든 이스라엘이 다윗 통치하에 있게 될 것이다 3,17-21

◆ 구조

가. 아브네르는 이스라엘과 벤야민 사람들이 다윗을 그들의 임금으로 받아
 들이도록 설득한다(3,17)
   나. 다윗과의 계약: 하느님은 다윗을 통하여 이스라엘을 구원하실 것이다
    (3,18)
      다. 아브네르는 헤브론의 다윗에게 모든(kol) 이스라엘과 모든(kol) 벤
       야민 사람이 그와 함께라는 것을 다윗에게 알린다(3,19)
      다'. 아브네르가 헤브론 다윗에게 오고, 다윗은 연회를 열어 그들의
       협약을 비준한다(3,20)
   나'. 아브네르는 그의 백성을 소집하여 다윗과 계약을 맺도록 할 것이다
    (3,21ㄱ)
가'. 아브네르는 다윗에게 모든(kol) 이스라엘이 다윗을 임금으로 받아들이리
 라고 이야기한다(3,21ㄴ)

◆◆ 주석

다윗을 알현하기 위한 준비로, 아브네르는 한때 사울이 통치하던 지역(예루살렘 북쪽 영역) 지도자들의 지지를 확보하기 위해 움직인다. 이스 보셋 임금은 전적으로 배제되었다. 아브네르는 이스라엘의 원로들

에게 그들의 열망을 상기시키면서 연설을 한다. "여러분은 오래전부터 다윗을 여러분 위에 임금으로 모시려 하고 있습니다." 사울 집안의 남은 자들은 언제 다윗을 그들의 임금으로 세우고픈 열망을 표현하였을까? 아브네르의 약속이 시사하는 바는, 사울의 죽음 후 곧 야베스 길앗의 백성들이 다윗의 사절에게 호의적으로 응답하고 다윗을 그들의 임금으로 받아들이겠다고 했으리라는 것이다(2,5-7). 그러나 아브네르가 이스 보셋을 사울의 왕좌에 앉혔을 때 그들의 응답은 배제되었다(2,8).

아브네르는 하느님을 인용하면서, 다윗은 하느님의 종이라는 다윗 신학의 중요한 신조를 소개하고 다윗에 대한 하느님의 계획을 요약한다.[38] 하느님은 다윗을 통하여 필리스티아인들과 그들의 모든 적으로부터 이스라엘 백성을 구원하시리라고 약속하셨다. (화자는 아브네르가 이 다윗 신학을 어디서 얻었는지 밝히지 않는다). 독자들은 이미 다윗이 필리스티아인들에게 승리를 거둔 사실을 알고 있다. 그는 사적으로 임금으로 기름부음 받은 후에, 골리앗을 죽였고 필리스티아인들을 패주시켰다(1사무 17장). 그가 헤브론 북서쪽 대략 13km 거리의 유다 성읍인 크일라를 재탈환하는 일에 대해 하느님께 문의할 때(1사무 23,2) 이렇게 여쭙는다. "제가 가서 저 필리스티아인들을 칠까요?" 하느님께서 대답하셨다. "가라 그리고 필리스티아인들을 공격하고 크일라를 구해주어라." 그렇게 하느님의 도움으로 다윗은 크일라에 사는 유다의 백성들을 필리스티아인으로부터 구했다(1사무 23,2와 2사무 3,18에 같은 히브리어 동사, 야사)[39]가 나타난다). 지금 아브네르는 이스라엘의 원로들이 다윗을

---

[38] 다윗에 대한 이 호칭은 사무엘기 하권과 열왕기 상·하권에 주기적으로 나타난다(2사무 7,5.8; 1열왕 11,32.34.36.38; 2열왕 19,34; 20,6 참조; 시편 89,4.21도 참조).

그들의 임금으로 받아들이도록 격려하고 있다. 그것은 하느님이 그를 통하여 그들의 적들, 특히 필리스티아인들로부터 그들을 구원하시기 위한 계획이기 때문이다.

사울의 지파인 벤야민 사람들은(1사무 9,1-2) 아마도 사울계 혈통이 지속되는 것을 보는 데 가장 관심이 있었을 것이다. 그래서 벤야민 지파이고 사울의 사촌인 아브네르 자신이(1사무 14,50-51), 그들과 단독으로 협의를 하는 것이다. 그들은 이스 보셋을 계속 지원하는가? 아브네르는 요압과 아비사이와 전쟁할 때 그들의 지원에 의존했다(2사무 2,25). 화자는 벤야민 사람들이 아브네르에게 한 대답을 생략하면서, 그들이 (이스라엘의 원로들처럼) 토론 없이 다윗을 수용했다는 인상을 남긴다. 하지만 실제로는 그렇게 되지 않은 것 같다. 후에 압살롬은 이스라엘 지파들 사이에서 그의 반란의 지지자를 얻을 것이고(15,1-12) 벤야민 사람 시므이는 다윗이 사울 일가 사람을 살해했다고 비난할 것이다(16,5-13). 게다가 이스라엘과 유다 사이의 일치는 길게 가지 못하고, 솔로몬 사후에는 무너지며(1열왕 12,16), 적대감의 흔적은 다윗의 통치 내내 지속될 것이다(2.9 이스라엘과 유다의 통합 단원 참조). 그러나 이 순간 유력자인 아브네르는 이스라엘을 다윗의 진영으로 데려올 수 있다.

장면이 다윗의 궁정으로 바뀐다. 아브네르는 이십 명의 대표단과 함께 헤브론에 도착하고 다윗은 새로운 협약을 비준하기 위해 연회를 베푼다. 식사가 끝나자 아브네르는 다윗에게 자신 편의 거래가 준비되었다고 알린다. (미칼의 상환은 무대 밖에서 이뤄진다.) 임금 다윗은 이제 아브네르의 군주이다. 그는 새로운 신하를 평화롭게 보내며, 모든 적대

행위가 중단되었다는 신호를 조정에 보낸다. 다윗이 사울 영토를 다스리도록 모든 일이 진행되었다. 다음 장면은 이스라엘의 원로들과 벤야민 사람들에 의해 다윗의 대관식을 소개하리라 기대하게 된다. 그러나 그 축제들은 막 지연되려 한다. 요압이 들어오고 있다.

2.6.4 사령관 요압, 임금 다윗에게 맞선다 3,22-26ㄱ

◆ 구조

가. 요압이 도착하다(3,22ㄱ)
    나. 아브네르가 평화로이 떠나다(3,22ㄴ)
        다. 요압이 아브네르가 평화로이 떠났다는 소식을 듣다(3,23)
    나′. 요압이 다윗에게 왜 아브네르를 떠나게 했는지 문의하다(3,24-25)
가′. 요압이 떠나다(3,26ㄱ)

요압의 도착과 출발로 테두리가 잡힌 이 장면의 중앙에 다윗이 아브네르를 평화로이 보내주었다는 정보가 있다. 이 정보에 접한 요압은 아브네르를 살해하기 위해 움직인다.

◆◆ 주석

히브리어 표현 워힌네*wĕhinnēh*(3,22)를 통해 화자는 아브네르가 나가자

바로 요압을 무대로 데려오는데, NRSV는 "바로 그때"라고 적절하게 번역하였다(KJV는 전통적인 구 "그리고 보라"를 사용; 한글 《성경》은 "마침"으로 NRSV와 동일: 역주). 두 사람이 다윗이 있는 곳에서 만났다면 임금이 개입하여 요압의 칼에서 새 동지를 구했을 것으로 보인다. 필자는 로렌스 수사의 서신이 도착하기 전에 줄리엣이 죽었다는 소식을 로미오에게 전한 발타사르의 서두름을 기억한다. "아, 얼마나 불친절한 시간인가 이 한탄스러운 기회의 죄스러움이여"(5막 3장, 145-46절). 그렇게 로미오와 줄리엣은 죽었다. 같은 방식으로 워힌네*wĕhinnēh*, "바로 그때"(혹은 "마침")는 아브네르가 막 놓친 요압의 도착 시간, 이 불친절한 시간을 강조한다. 그리고 아브네르는 죽었다.

    요압은 성공적인 약탈로 획득한 풍부한 노획물을 가지고 들어가는데, 그는 탁월한 재능을 지닌 전사다. 아브네르가 다윗을 방문했고 평화로이 보내졌다는 정보를 접하고 그는 임금과 사울의 사령관 사이에 계약이 체결되었다는 것을 깨닫는다. 요압이 아브네르를 마지막으로 만난 곳이 전장이었기 때문에, 그는 이 전개에 놀랐음에 틀림없다. 그의 임금과 그의 적이 협약을 맺었는데 그 협약에 그는 아무 영향력도 없다. 다윗 조정의 이 새로운 구성에서 그의 순위는 어떻게 될까? 그가 아브네르의 명령을 받게 될까? 그는 다윗을 대면했을 때, 아브네르의 떠남에 대해 다른 견해를 제시한다(문자 그대로 번역하면):

    화   자: 다윗은 아브네르를 떠나보내고 그는 평화로이 갔다(3,22)
    사자들: 임금이 아브네르를 떠나보내고 그는 평화로이 갔다(3,23)

요   압: 왜 당신(다윗)은 그를 물러가게 하여 그가 가버리게
         하셨습니까?(3,24)

사자들의 보고는 화자의 그것과 일치한다. 아브네르는 평화로이 보내졌다. 그러나 요압은 아브네르의 출발을 정의로부터 도망치는 것으로 본다(NRSV 번역으로 "그래서 도망치게 했습니까?"). 요압에 의하면 아브네르 원정단의 진짜 목적은 스파이 행위라는 것이다. 임금이 속았다! 그리고 요압은 다윗을 속이기가 얼마나 쉬운지 알고 있다. 후에 그는 임금을 성공적으로 속일 가짜 과부를 고용할 것이다(14,2). 그러나 우리는 아브네르의 마음, 그의 동기가 신실함을 알고 있다. 그런데 왜 다윗은 요압에게 아브네르와 맺은 협약의 유익함에 대해 설명하지 않았을까? 요압이 대답을 기다리지도 않았고 다윗은 그에게 머물러서 들으라고 명령할 힘이 없었을 것으로 보인다.

다윗과 그의 사령관 요압의 관계는 이스 보셋이 아브네르와 맺고 있는 관계와 유사하다. 요압이 임금에게 설명을 요구했을 때 "도대체 당신은 무슨 일을 그렇게 하셨습니까?"(3,24)에서 우리는 그들이 전통적인 가신-주군 관계에 있지 않다는 것을 확신할 수 있다. 요압은 세력의 기반을 가지고 있으며(아마도 그와 동행하는 군대: 3,23), 그리고 곧 보게 되겠지만 그는 임금의 직접적인 명령을 좌절시킬 수 있다(18,5.14 참조). 다윗은 이 에피소드의 끝에서(3,39), 자신은 요압 앞에 힘이 없다고 인정한다(어쩌면 그가 아브네르의 죽음에 대한 자신의 무죄를 증명하려고 요압의 능력을 과장하고 있을지라도). 다윗은 죽기 전에 솔로몬에게 요압이 가하

는 위협에 대해 경고하고(1열왕 2,5-6), 아들이 그를 제거하도록 격려한다. 왜 다윗은 임종 직전에 자신이 직접 이 일을 하지 않고 그것을 아들에게 넘겨주는가? 이 에피소드의 사건들은 만일 다윗이 권력을 가졌었더라면 그가 했을 수도 있음을 시사한다. 그 자신의 최선의 이익에 관심이 있는 요압은 아마도 다윗의 손이 미치지 않는 곳에 있을 것이다. 우리는 요압의 다음 행보를 걱정해야 할 것 같다.

2.6.5 요압이 사자를 아브네르에게 보낸다. 요압은 협상을 결렬시킨다
3,26ㄴ-27

◆ 구조

가. 요압은 아브네르를 추격하여 사자를 보낸다(3,26ㄴ)
    나. 아브네르는 '데려와졌다'(슈브 šwb)(3,26ㄷ)
        다. 다윗은 이 일에 대해 알지 못한다(3,26ㄹ)
    나'. 아브네르가 돌아오다(슈브 šwb)(3,27ㄱ)
가'. 요압은 아브네르에게 메시지를 전하는 척한다(3,27ㄴ.ㄷ)
화자의 방백(3,27ㄹ): 아브네르는 요압의 동생 아사엘의 피를 흘린 탓으로
                죽었다.

장면은 요압이 임금의 면전에서 나와 이브네르를 거슬러 행동할 준비를 마친 때로 시작되어, 그가 계획을 완수했을 때 끝난다. 이 장면의

중앙에서 화자는 결정적인 배경 정보를 제공한다. 다윗은 요압의 계획을 몰랐다는 것이다. 중앙은 히브리어 어근 슈브 šwb의 반복으로 테두리가 지어진다(첫 번은 히필형으로 '데리고 오다'이고, 두 번째는 칼형으로 '돌아오다'이다).

◆◆ 주석

아브네르가 그의 추격자 아사엘에게 그만두라고 간청할 때, 그는 수사학적인 질문을 했었다. "네 형 요압 앞에서 내가 어떻게 머리를 들겠느냐?"(2,22). 아브네르가 아사엘의 형에게 그의 얼굴을 보여야 하는 순간이 다가왔다. 아사엘에게 추격을 그만두라고 요청했던 아브네르는 요압의 복수의 희생물이 되었다. 그들 사이에 간단한 대화라도 있었다면 (아브네르와 아사엘 사이에 있었던 것처럼), 요압은 아브네르의 손에 의한 그의 형제의 죽음이 (어쩔 수 없는) 최후의 수단이었을 뿐임을 알았을 것이다. 아브네르에 대한 요압의 신속한 공격은 아사엘을 죽이는 데 주저했던 아브네르와 대조된다. 우리는 아브네르를 동정한다.

요압은 아브네르를 데려오기 위해 사자를 보내고, 아브네르는 다윗이 그의 장군에게 그들의 새로운 동맹을 알렸다고 추측하고 자발적으로 돌아온다(요압은 그를 잡아 올 필요가 없었다). 요압은 비밀 공문서를 전달하는 척하면서, 아브네르를 교묘하게 동행자들의 경호에서 거리를 두고 도망칠 가능성이 거의 없는 성문의 막힌 경계 쪽으로 들어가게 한다.³⁹ 그는 아브네르의 창 뒤 끝이 아사엘을 찔렀던(2,23) 배의 같은 곳을 찔렀다. 화자는 요압의 살해 동기에 대한 메모로 마무리한다. 그의 의도는 동생 피에 대한 복수였다는 것이다(민수 35,19). 그런데 이것이 요압이 아브네르가 죽기를 바랐던 유일한 이유일 수 있을까?⁴⁰

다른 상황에서는 빨리 전개되는 이 장면의 중심에서, 화자는 다윗이 요압의 살인 의도를 모르고 있었다는 것을 우리가 파악해야 한다고 주장하기 위해 행동을 멈춘다.⁴¹ 다윗이 아브네르의 살인에서 얻는 것은 아무것도 없다. 아브네르는 이스라엘을 다윗 왕국으로 불러 모으러 가는 길에 있었다. 요압의 방해는 이 깨지기 쉬운 동맹을 틀어지게 하고 사울 집안의 남은 자들과 교전이 재개되게 할 수 있었다. 아브네르의 제거로 이득을 보는 이는 다윗이 아니라 요압인데, 아브네르가 다윗의 조정에서 자신의 지위를 위축시키기 때문이다. 다윗 내러티브에서 한참 후에 다윗이 압살롬을 (요압의 도움으로) 물리친 후에, 압살롬의 장군인 아마사로 요압을 교체한다(19,14). 반란군 장수를 자기의 사령관으로 임명한 것은 반군을 다윗의 지배에 복속시키기 위해 명민하게 계획된 정치적 조치다. 그러나 요압은 재빠르게 그의 후임자를 살

---

39 고대 성문에 대한 설명(그러나 요압이 아브네르를 죽인 장소인 문보다는 덜 오래된 문) 참조. James Fleming, "The Undiscoverd Gate Beneath Jerusalem's Golden Gate", *BAR* 9, no.1 (January/february 1983): 24-37; William G. Dever, "Monumental Architecture in Ancient Israel in the Period of the United Monarchy", in *Studies in the Period of David and Solomon and Other Essays*, ed. T. Ishida, 269-306 (Winona Lake, IN: Eisenbrauns, 1982).
40 참조. 1.4.2 "둔감한 화자"에 대한 토론.
41 솔로몬이 요압의 사형 선고를 언도할 때 그는 다윗이 아브네르(그리고 아마사)에 대한 요압의 계획들을 전혀 몰랐다고 되풀이해서 말한다. "주님께서는 요압이 흘린 피에 대한 책임을 그의 머리 위로 돌리실 것이오. 사실 요압은 나의 아버지 다윗께서 모르시는 사이에, 자기보다 의롭고 나은 두 사람, 이스라엘 군대의 장수 네르의 아들 아브네르와 유다 군대의 장수 예테르의 아들 아마사를 칼로 내려쳐 죽였소"(1열왕 2,32).

해하고(20,10) 다윗 조정의 사령관 자리로 되돌아간다(20,23). 그는 처벌받지 않고 임금에게 반항한다. 요압의 자리에 아브네르를 임명하는 것은, (초기 다윗 왕국이 사울의 영토에서 다윗의 권위를 굳게 하는) 유사한 정치적 이점을 가지고 있었을 것인데, 요압은 헤브론 성문에서 다윗에게 이러한 이득을 부인한다. 따라서 다윗이 요압의 음모를 직감했었을지라도 이 특별한 순간에 아브네르를 빼낼 구실도 없었거니와 이 에피소드 말미에 고백하는 대로(3,39) 요압을 막을 수도 없었다. 이것은 요압이 아마사를 죽이는 것(20,10)에서 그를 저지시킬 힘이 없었던 것과 같다.[42]

솔로몬에게 하는 마지막 담화에서, 다윗은 아브네르와 아마사의 살인을 요압의 단독 혐의로 축소한다.

> 더구나 너는 츠루야의 아들 요압이 나에게 한 짓, 곧 이스라엘 군대의 두 장수, 네르의 아들 아브네르와 예테르의 아들 아마사에게 한 짓을 알고 있다. 요압은 그들을 죽여 전쟁 때에 흘린 피를 평화로운 때에 갚음으로써, 그 피를 자기 허리띠와 신발에 묻혔다(1열왕 2,5).

그는 요압이 전쟁터에서 흘린 피의 복수를 평화 시에 했다고 비난하고 있는데, 사실은 심각한 불안정 시기에 다윗의 통치권을 안정시키기 위한 정치적 책략을 요압이 방해한 것이다. 요압은 유혈죄 법으로 보호되지 않으며 나아가 그를 처형해야 한다고 아들 솔로몬을 확신시킨다

---

[42] 참조. 다윗의 역할에 대한 다른 해석. James C. VanderKam, "Davidic Complicity in the Deaths of Abner and Eshbaal: A Historical and Redactional Study," *JBL* 99(1980): 521-39.

(1열왕 2,31-33).

반역죄로 아브네르를 제거하려 했던 이스 보셋은 다윗의 장군에 의한 아브네르의 살인을 자신에게 유리하게 작용하도록 할 것인가? 그는 이스라엘 원로들과 다른 장군을 임명하여 다윗 왕국과 다시 전쟁을 일으킬 것인가에 대해 의논할까? 다윗 통치의 미래가 불안정한 국면에 처해 있다.

2.7 다윗이 아브네르를 애도하다 3,28-39

다윗은 새로운 동지들에게 자신이 아브네르의 살인과 무관함을 확신시킬 필요가 있으며, 이 장면의 모든 요소는 그 역할을 한다.

◆ 구조

가. 다윗은 자신의 무죄를 선언하고 요압을 저주한다(3,28-30)
   나. 다윗은 자신이 애도하듯이 공적 애도를 명령한다(3,31-32)
      다. 다윗의 애가(3,33-34)다'. 임금이 식사를 거부하다(3,35)
   나'. 모든 백성이 다윗 애도의 신빙성을 인정하다(3,36-37)
가'. 다윗은 자신의 무죄를 다시 단언하고 요압에 대한 저주를 반복한다
   (3,38-39)

장면은 다윗이 자신의 무죄를 단언하고 하느님께서 요압을 벌하시기를 바라는 것으로 열리고 닫힌다. 그는 백성에게 조의를 명령하며, '이스라엘'을 포함한 모두가 그의 몸짓에 설득된다(나/나'부분). 장면의 핵심은 다윗의 공개 애도 표시, 곧 그의 애가와 음식 들기 거부에 초점이 맞춰져 있다.

◆◆ 주석

우리는 아브네르가 죽어 누워 있는 헤브론의 성문에서, 다윗과 그의 왕국은 아브네르의 피에 대해 결백하다고 공개 선언되는 자리로 옮겨 간다. 나중에서야 우리는 다윗이 요압과 이스라엘을 포함한(3,37) '모든 백성에게'(3,31) 연설했다는 것을 알게 된다. 임금은 이 살해에서 일어난 유혈죄에 (개인적 집단적 양쪽 다) 초점을 맞춘다. 아브네르의 죽음에 누가 책임이 있는지 그리고 더 중요한 것은 누가 그 죽음에 대해 정당한 복수를 하는지이다. 요압의 관점에서 아브네르는 그의 형제 아사엘의 피의 복수로 살해되었다. 다윗은 엄숙하게 선언하여 그와 그의 나라는 아브네르의 피에 결백하다고 선포하고, 그 죄를 분명하게 요압과 그의 집안에 던진다.[43] 그는 피의 복수자가 자신과 백성에 대해 가질 수 있는 모든 주장이 무효이기를 원하는데, 이는 후에 신명기에 성문화된 전통이다.

---

43 유혈죄에 대한 책임 소재는 고대의 청중에게 중요한 질문이었다. 그래서 아말렉 사람을 처형한 후에 다윗은 그 피에 대해 무죄하다고 선언했다. "네 피가 네 머리 위로 돌아가는 것이다"(1,16). 그리고 솔로몬은 그 자신이 요압의 피에 대해 결백하다고 선언하고, 요압이 아브네르를 죽인 것이 유혈죄에 의해 보호받을 수 있는 어떤 이유든 거부한다(1열왕 2,33).

그러나 어떤 사람이 이웃을 미워하여, 숨어서 기다리다가 그를 덮쳐 때려 죽게 한 다음, 이 성읍들 가운데 한 곳으로 피신할 경우에는, 그가 살던 성읍의 원로들이 사람을 보내어 그곳에서 그를 잡아다가, 피의 보복자의 손에 넘겨 죽게 해야 한다. 너희는 그를 동정해서는 안 된다. 이렇게 이스라엘에서 무죄한 피를 흘리는 일을 없애버려야 너희가 잘될 것이다(신명 19,11-13).

그러나 피의 복수자에 대한 그 법이 요압에게 적용되는가? 그는 적의를 가지고 아브네르를 기다리고 있었다. 그런데 아브네르는 도망가지 않는데 왜냐하면 그의 생각에는 잘못한 것이 없기 때문이다. 다윗은 유혈죄에 따른 형벌을 받도록 요압을 이스라엘의 원로들에게 넘겨야 했는가? 오직 이 장면 끝에서야 우리는 그 질문에 대한 답을 알게 될 것이다.[44]

이 순간에 다윗의 우선적인 관심은, 이스라엘의 원로들이 그들의 사령관이 다윗의 장군에게 살해되었다는 것을 알게 되었을 때도 아브네르와 그가 맺은 협약이 계속 유지될 수 있도록 지키는 데에 있다. 그는 요압의 죄를 선포할 뿐만 아니라 요압의 집안에 다섯 저주를 덧붙인다: 요압의 집안에는, 다음 사항에 해당하지 않는 사람은 없다.

1. 고름을 흘리는 병에 걸린 자
2. 혹은 나병에 걸린 자

---

[44] 만일 유혈죄가 해결되지 않으면, 2사무 21,1에서 사울이 흘린 기브온 사람들의 피 때문에 하느님께서 다윗의 왕국에 가뭄을 가져오신 것처럼, 하느님께서 복수하시기 위해 개입하실 것이다.

3. 혹은 물레질하는 자

4. 혹은 칼에 맞아 쓰러지는 자

5. 혹은 양식이 없는 자

이 다섯 겹의 저주는 새로운 동맹자들에게 그가 요압과 결탁하지 않았다는 사실을 확신시켜야 할 것이다. 도입 양식을 문자적으로 보면 '~에서 끊어지지 않기를'인데, 히위족에게 한 여호수아의 저주에 나타난다. "이제 그대들은 저주를 받아, 그대들 가운데 일부는 영원히 종이 되어 내 하느님의 집에서 쓸 나무를 패거나 물을 긷게 될 것이오"(여호 9,23). 여호수아는 히위족이 노예로서 천한 일을 하도록 판결 내린다. 다윗의 저주는 훨씬 더 가혹하다. 요압 집안의 사람들이 고름을 흘리거나 나병에 걸릴 수 있는 첫 두 요소는, 사람이 쇠약한 채로 있거나 전례적으로 부정한 상태로 지파의 복지나 전쟁에 기여할 수 없는 질병 상태를 가리킨다. '물레질을 하는 자'라는 세 번째 요소는 요압의 후손들은 칼을 잡는 병사가 아니라 물렛가락을 잡는 직공이기를 기원하는 것이다. 물렛가락으로 무장한 서민은 왕관에 위협이 되지 않는다.[45] 네 번째 저주는 그가 전장에서 패하기를 기원하고, 다섯 번째는 그의 집안의 굶주림을 예보한다. 다윗의 저주가 덮치면 요압 집안의 남은 이는 많지 않을 것이다. 과대한 이 저주가 이스라엘의 원로들을 다윗의 진영에 계속 머물게 할 것인가?

화자는 다시 요압과 아비사이(그는 살해 현장에서 언급되지 않았다)가 아

---

45 Steven W. Holloways, "Distaff, Crutch, or Chain Gang: The Curse of the House of Joab in 2Sam iii 29", *VT* 37(1987): 370-75.

브네르를 죽인 것은 기브온 전장에서 그들의 형제 아사엘을 그가 죽였기 때문이라고 자신이 아는 바를 다시 끼워 넣는다(30절). 이러한 죽음들을 특징짓는 다양한 히브리어 동사가 NRSV 번역에 반영되어 있다. 요압은 아브네르를 살해한(하라그hrg) 반면에 아브네르는 아사엘을 죽였다(무트mwt, 히필형). '살해하다' 동사 하라그hrg는 카인이 아벨을 살해했을 때 사용된 동사로(창세 4,8) 항상 부당한 살인을 언급하는 것은 아니지만, 여기서 화자는 아브네르를 살해한 데에 정당한 이유가 없었다고 설득하려 한다. 다윗은 요압을 저주함으로써 또한 복수에 대한 요압의 권리를 기각한다. 그러나 이 순간 다윗은 요압의 복수 권리에 대해 논쟁할 필요가 없다. 그는 사울의 영토에 대한 그의 취약한 통치를 보전하기 위해 이 살인으로부터 자신을 멀리해야만 한다. 아브네르가 다윗을 지지하도록 설득했던(2사무 3,17-19) 이스라엘과 벤야민의 원로들은 어떻게 반응할 것인가?

다윗이 모든 백성에게, 그리고 특히 요압에게 아브네르의 죽음을 애도하라고 명령하는데 (피의 복수자가 해야만 하는 어려운 일), 이는 다윗이 아브네르의 살인에 대해 피의 복수라는 정당화를 거부한다는 추가 표시이다. 옷을 찢고 자루 옷을 두르는 것은 애도일 뿐만 아니라 참회임을 시사하는데, 임금 다윗이 관을 따라가고 무덤에서 우는 것으로서 애도와 참회의 주관자가 된다.[46] 다윗은 아브네르의 유해를 사울의 영토에 속한 그의 고향 땅으로 돌려보내지 않고 수도인 헤브론에 매장했다. 임금은 이스라엘의 원로들이 그들 계약의 중요 부분을 유지하기

---

46 아합이 나봇의 포도원을 강탈한 것에 대한 하느님의 심판을 알게 되었을 때, 그는 제 옷을 찢고 자루옷을 입고 단식함으로써 회개를 표현한다(1열왕 21,27).

를 바라면서, 아브네르를 예우하고 그와 맺은 계약에 경의를 표한다.

임금이 아브네르를 위하여 '애도했다'고 NRSV가 적절히 보고하지만(3,33; 와여코넨 *wayqōnēn*), 다윗이 읊은 노래는 성경의 애가보다 비가悲歌에 가깝고 분량이 적을지라도 그가 사울과 요나탄을 위해 노래했던 것과 비슷하다(2.4 부분에서 1,17-18 참조). 그는 수사적 질문으로 시작한다. (문자 그대로 번역하면) '어리석은 이의 죽음처럼 아브네르가 죽어야 했는가?' 이 의문은 어떻게 아브네르가 죽었는지를 상기시킨다. 그는 헤브론으로 돌아왔고 강압 없이 요압과 성문의 제한된 공간으로 갔다(3,34: 그의 손들과 발이 묶이거나 쇠고랑을 차지 않았다). 그런 자리에서 요압을 믿은 그가 바보인가? 다윗은 아니라고, 강력히 주장한다. 그의 가해자가 사악했고, 그 이상의 유죄였다. 다윗은 사울과 요나탄의 사망 소식을 들었을 때 단식했던 것처럼(1,2) 해가 질 때까지 단식한다. '모든 백성'이 다윗이 단식을 그만두기를 촉구했을 때(그들은 그가 사울과 요나탄을 위하여 단식했을 때는 개입하지 않았다), 임금은 거절하고 맹세한 것이다. 이 장면의 시작 부분에서 아브네르는 다윗이 '단에서 브에르 세바에 이르기까지 모든 유다와 모든 이스라엘을' 통치하리라고 맹세했었다(3,10). 다윗은 아브네르의 맹세가 실현되기 직전에 고인이 된 아브네르에게 경의를 표하며, 해가 질 때까지 먹지 않겠다고 맹세한다.

백성은 임금의 찢긴 옷, 그의 자루옷, 그의 애도, 그의 단식, 그의 아브네르 상여 뒤따름, 그리고 그의 맹세로, 임금이 아브네르의 살인에 연루되지 않았다는 데 동의하였다. 화자는 다윗이 한 모든 일이 '모든 백성의 생각에 좋았다'라고 표현하며 열성적으로 다윗을 지원한다.

게다가 모든 이스라엘 즉 아브네르가 다윗 통치로 들어가도록 설득한 이스라엘 원로들이 다윗의 결백을 인정한다. 다윗은 아브네르와 맺은 협약을 구했다!

장면은 다윗이 하는 또 다른 수사적 질문으로 아브네르의 명성을 찬양하며 끝난다. "그대들은 오늘 이스라엘에서 위대한 장수 하나가 쓰러진 것을 모르오?" 그는 다음 장면에서는 이스 보셋의 살인 앞에 이스 보셋의 기억을 비슷하게 기릴 것이다(4,11). 다음에 다윗은 요압과의 관계에 주목한다. 장면이 열렸을 때 다윗이 요압에게 애도하라고 명령했는데, 장면이 닫힐 때 다윗은 요압과 그의 형제 아비사이로부터 거리를 두면서, 그들의 포악함 앞에 자신은 무력하다고 고백한다. 이것이 아브네르의 죽음 앞에서 그의 결백에 대한 추가 증거로 이스라엘 원로들에게 제공된 최종의 과장법인가? 이것은 그럴 가망성이 별로 없는데, 그들이 이미 그를 무죄라고 선고했기 때문이다(3,37). 그보다는 오히려 다윗의 마지막 진술은 그가 요압을 아브네르의 피의 복수를 할 수 있는 이들의 손에 넘기지 못하는 이유를 청중에게 설명하는 것이다. 다윗은 할 수가 없기 때문에 요압을 넘겨주지 않는 것이다. 그는 아말렉인 사자에게 사울의 죽음에 대한 복수를 했고(1,15-16) 이스 보셋의 죽음에도 복수할 것이다(4,12). 그러나 요압에게 아브네르의 피의 복수를 할 힘이 그에게는 없다. 요압은 아브네르를 애도하라는 임금의 명령에 복종했겠지만, 거기까지만이다. 다윗은 요압이 이 범죄에 대한 대가를 치르기 전에 죽을 것이다(1열왕 2,28-35).

2.8 다윗이 이스 보셋의 살해자를 처형하다 4,1-12

화자는 다윗 궁정과 아브네르의 장례식장에서 이스 보셋의 궁정으로 옮겨가면서 네 부분으로 나뉘는 에피소드를 소개한다.

1. 설정(4,1)
2. 사울의 아들들에 대한 배경 정보(4,2-4)
3. 이스 보셋의 살해(4,5-7)
4. 이스 보셋의 죽음에 대한 유혈죄(4,8-12)

2.8.1 설정 4,1

우리는 아브네르 살해에 대한 이스라엘의 반응을 알고 있기에, 이제 이스 보셋이 추가로 적대감을 야기하리라는 우려는 하지 않는다. 마지막 장면이 끝날 때, '모든 이스라엘'은 다윗이 표현한 아브네르에 대한 애도에 기뻐했다. 이제 '모든 이스라엘'은 아브네르의 죽음에 비추어 이스 보셋 왕실의 미래를 고려함에 따라, NRSV에 따르면 '경악하고' 있다. 이 히브리어 동사 바할*bhl*은 사울이 엔도르에서 사무엘의 신령과 대화한 후에 압도된 두려움을 묘사하는 데 사용되었다. 그는 엎드려서 먹기를 거절한다(1사무 28,21). 이스 보셋 왕실의 이스라엘인들은 사실 '당황했다' 혹은 '혼란에 빠졌다'라는 말로 전달되는 정도보다 더 겁에 질렸을 수 있다. 히브리어 본문은 이스 보셋의 손이 축 늘어졌다고 보고한다(NRSV는 더 관용적으로 '그는 용기를 잃었다'를 사용). 한때 아브네르를 지배해보려고 했던 임금에게 이제 그의 용맹한 전사는 없다. '축 늘어진 손'은 이 음흉한 살인에 대해 예상되는 왕실의 반응은 아니다. 임금의 손은 전쟁을 위해 위로 들려야 한다! 암몬의 하눈이 다윗의 사절들을 욕보였을 때, 다윗은 군대를 보낸다(2사무 10장). 그러나 가련한 이스 보셋은 무력하다. 그는 곧 아브네르의 운명을 공유하게 될 것이라는 사실을 인식하고 있는가?

2.8.2 사울의 아들들에 대한 배경 정보 4,2-4

화자는 다음 에피소드에 필요한 배경 정보를 제공하기 위해 사건 진행을 멈춘다. 이스 보셋의 살인자인 바아나와 레캅은 요압처럼(3,22) 약탈부대를 이끄는 이스 보셋 왕실의 일원으로 소개된다. 그들은 벤야민 사람으로서 사울과 이스 보셋과 같은 지파 출신이다. 화자는 직접적으로 독자들에게 브에롯 사람들의 현 상태에 관해 말한다.[47] 브에롯의 정확한 위치에 대한 논쟁은 이 에피소드에 대한 우리의 이해를 방해하지 않는다. 화자는 브에롯이 벤야민의 통치 아래 있었다고 알려주는데, 비록 그 당시는 화자가 이러한 사건들을 이야기하고 있지만, 브에롯 사람들은 기타임으로 도망갔다. 이 정보는 이스 보셋이 살해된 결과의 하나를 예측한다. 곧 브에롯 사람인 바아나와 레캅이 이스 보셋을 죽이고 다윗에 의해 처형된 후, 아마도 그 영향을 두려워한 브에롯

---

[47] 브에롯이 속해 있는 히위족(여호 9,17)이 전멸을 피하기 위해 그 지역의 거주자(여호 9,3-21)가 아니라고 생각하도록 여호수아를 속인 일이 있은 후에 여호수아가 그들의 성읍을 정복했다.

의 남은 이들은 사울 영역을 떠나 지금은 다윗에게 속한 기타임 영역으로 갈 것이다. 기타임의 위치가 논란이 되고 있지만, 우리는 그들이 다윗의 영향력 바깥, 아마도 갓 근처에 살고 있었으리라 짐작한다.[48] '오늘날까지' 표현은 여기에 처음 나타나(6,8; 18,18 참조) 이야기에 생생함을 더해준다. 이 구절에서 언급된 역사적 사건들은 당대 청중의 시대까지 지속된 자취(유적)가 있어 화자가 말한 사건의 진실성을 입증한다.

화자는 또한 므피보셋을 소개한다. 그런데 우리는 그 이름을 듣기 전에 그가 요나탄의 아들이며 장애가 있다는 사실을 알게 된다. 사울 왕실의 일원으로 그는 할아버지의 왕위 계승권을 요구할 수 있다. 므피보셋이 다섯 살이었을 때 그의 할아버지와 아버지가 죽던 날 그의 유모가 어린 후계자의 생명이 위험하다는 것을 알아채고 그를 구했다. 하지만 도망칠 때 아이는 떨어져서 영구적인 불구가 되었다. 므피보셋의 결함은 다윗 내러티브(9,3.13; 19,26)에서 계속 후렴처럼 그를 따르며, 다윗이 반역자 압살롬에게서 도망칠 때(19,26) 그가 다윗을 따라나서지 않은 이유를 설명할 때도 그것에 호소할 것이다. 므피보셋 이야기는 다윗이 요나탄의 후손을 보호하겠다는 공약(1사무 20,13ㄷ-15; 참조 4,2)을 충실히 지킨다는 주제를 도입한다. 다윗은 서약을 이행하며 요나탄의 아들을 자기 궁정의 부양가족으로 만든다. 므피보셋이 배신의 혐의를 받을 때도(16,3), 다윗은 즉각적인 처형 대신에 그의 현장 부재 증명을 수용한다(19,29). 그리고 기브온 사람들이 사울 후손 중 일곱 명의

---

48 기타임 위치 논쟁에 관한 정보는 참조. Benjamin Maisler, "Gath and Gittaim," *Israel Exploration Journal* 4, no. 3-4 (1954): 227-35; Hanna E. Kassis, "Gath and the Structure of the 'Philistine' Society," *JBL* 84 (1965): 259-71; Israel Finkelstein, "The Philistines in the Bible: A Late-Monarchic Perspective," *JSOT* 27 (2002): 131-67.

생명을 요구할 때, 다윗은 요나탄에게 한 약속 때문에 므피보셋에게는 위해를 가하지 않는다(21,7). 다윗 내러티브에서 부차적 줄거리인 므피보셋 이야기는 요나탄과의 계약에 충실한 다윗을 부각시킨다. 그러나 이 순간 다윗은 요나탄의 이 후손의 존재를 모르고 있다.

2.8.3 이스 보셋 살해 4,5-7

◆ 구조

가. 레캅과 바아나는 한낮에 길을 떠나 임금의 궁으로 간다(4,5)
    나. 이스 보셋이 살해당하는 기사(4,6-7ㄱㄴ)
가. 레캅과 바아나는 임금의 궁정을 출발하여 밤새도록 걸어간다(4,7ㄷ)

◆◆ 주석

배경 설명이 끝나고, 행동이 재개된다. 레캅과 바아나는 한낮에 출발하는데, 길을 떠나기엔 확실히 불쾌한 시간이나 임금을 살해해야 하는 과업에는 적절한 순간이다. 이스 보셋의 살해에 관한 두 가지 기사는(4,6-7) 두 가지 다른 의문을 취급한다. 첫 기사는 조금 혼란스럽긴 하지만 어떻게 레캅과 바아나가 잠자는 임금에게 아무런 제재 없이 접근할 수 있었는지 설명하려 한다. 화자는 이 기사의 신빙성에 몰두했을 수 있다. 아무나 임금의 침전에 들어갈 수 있는가? 한 세기 전에 사무엘 드라이버는 레캅과 바아나가 밀을 가지러 온 체하며 궁 안으로 들어갔다(NJPS, NRSV)는 히브리어 본문에 대한 해석을 거부했다.⁴⁹ 많은 번역본(NAB, REB, NJB)이, 여성인 침전 문지기가 잠들었기 때문에 궁전에 접근할 수 있었다고 기술하는 칠십인역으로 읽는다. (나는 우리가 어떻게 임금이 안전을 위해 여성 침전지기만 남겨둘 수 있는지 묻고자 하는 것이 아니라고 생각한다.) 잠자고 있는 임금은 손쉬운 목표물이다. 임금 햄릿의 혼령은 그가 자고 있을 때 그의 형제 클라디우스가 그를 죽였다고 한탄한다. "정원에서 자고 있을 때, 오후에는 그게 항상 습관이었으니까, 내가 방심하고 있을 시간에"[햄릿, 1막 5장, 59-60줄(최종철 역, 민음사, 45)]. 바아나와 레캅은 임금의 약탈 부대 장수들이었기 때문에, 무방비 상태의 이스 보셋에게 별 제재 없이 접근한다는 것이 불가능한 상상은 아니다. 요압이 그의 약탈 임무에서 돌아왔을 때, 비록 다윗이 그의 침전에서 잠을 자고 있는 것은 아니었지만, 그는 임금 다윗에게 곧바로 접근하는 특권을 누린다(3,22-24). 두 번째 기사는 이스 보셋의 머리가 다음 장면의 주요 소도구이기 때문에 이스 보셋의 참수에 중점을 둔다. 살해 후에 그들은 곧바로 (한밤중에) 손에 이스 보셋의 머리를 들고 다윗 궁을 향해 출발한다. 다윗이 사울 왕국에 다시 임금이 없음을 알게 되면 기뻐할 것이라고 여기며 레캅과 바아나는 벌써 받을 보상을 계산하고 있다.

---

49 Driver, *Notes*, 196.

2.8.4 이스 보셋의 죽음에 대한 유혈죄 4,8-12

♦ 구조

가. 다윗이 헤브론에서 레캅과 바아나에게서 이스 보셋의 머리를 받다(4,8ㄱ)
  나. 레캅과 바아나: 이스 보셋이 다윗의 목숨을 노렸다(바카쉬 *bqš*)(4,8ㄴ)
    다. 다윗의 맹세, 부분 1: 하느님께서 다윗을 위해 하셨던 일(4,9)
      라. 사자는 그가 좋은 소식(버소라 *bśr*)을 가져왔다고 생각한다 (4,10ㄱ)
      마. 다윗이 그들을 죽인다(4,10ㄴ)
      라'. 좋은 소식(*bśr*)을 위한 보상(4,10ㄷ)
    다'. 다윗의 맹세, 부분 2: 다윗이 할 일(4,11ㄱ)
  나'. 다윗이 레캅과 바아나의 목숨을 노린다(*bqš*)(4,11ㄴ)
가'. 다윗이 레캅과 바아나를 처형하고 이스 보셋의 머리를 헤브론에 매장한다(4,12)

장면이 시작하자, 레캅과 바아나가 이스 보셋의 머리를 다윗에게 준다. 그 마지막에 치욕을 당한 머리는 장엄하게 매장되고 레캅과 바아나의 시신은 공개적인 치욕을 받았다(가/가' 부분). 그들이 다윗의 목숨을 노리던(바카쉬 *bqš*) 이스 보셋을 처형했다고 알린다. 그러자 다윗은 그들 자신의 말을 빌려 자신이 그들의 목숨을 노린다고(*bqš*) 알린다. 장면의 한가운데 근처에서 다윗이 맹세한다. 첫 부분에서 그는 하느님께서 그를 구원하신 것을 선언하고(다 부분), 두 번째 부분에서 그는 이스보셋이 의롭고 살인자들이 악하다고 선언한다(다' 부분). 장면의 전환점 ⟨라⟩와 ⟨마⟩는 사울의 죽음이라는 좋은 소식을 다윗에게 가져왔다고 생각했던 아말렉인 사자(1,15)에게 무슨 일이 일어났는지 다윗이 이야기한 대로, 레캅과 바아나는 아말렉인의 운명을 공유하게 되리라는 것을 알게 된다.

♦♦ 주석

레캅과 바아나는 죽은 임금의 머리를 들고 나타나, 주님께서 다윗의 목숨을 찾던(비케쉬 *biqqēš*) 이를 거슬러 복수를 해주셨다고 알린다. 역설적으로 다윗이 레캅과 바아나에게 사형선고를 내릴 때 그는 같은 단어를 사용한다. '내가 어찌 그 피에 대한 책임을 너희 손에서 찾지 않겠는가'(4,11 할로 아바케쉬 *hălô' ăbāqqēš*). 얼마나 놀라운 반전인가? 이스보셋의 사형 집행인은 다윗이 그들의 행동을 칭찬할 것이라고 가정했다. 그렇기는커녕 임금은 그 행위를 거부하고 그들의 논리를 반박한다. 그는 결코 사울의 집안에 복수하고자 하지 않았다는 것이다. 오히려 정반대로 그는 사울에게 그리고 요나탄의 후손들의 생명을 보호하겠다는 그의 맹세에 충실했고 앞으로도 충실할 것이다.

다윗이 맹세를 시작하면서 자신의 말을 이행하지 않으면 자신에게 죄가 되리라고 하니, 레캅과 바아나는 걱정해야 한다. '살아 계신 주님을 두고'라는 도입 관용어 후에 그는 주님을 모든 고난에서 그의 생명을 구원해주신 분으로 묘사한다. 이것 옆에 다윗은 사울 앞에서 한 시작 담화(1사무 17,37)에서 소개한 다윗 내러티브의 주제(1.3 단원 참조)를 반복한다. "사자의 발톱과 곰의 발톱에서 저를 빼내주신 주님께서 저 필리스티아 사람의 손에서도 저를 빼내주실 것입니다." 그 담화 이후 우리에게 19개의 장이 있고(앞으로 21개 장이 있다), 이 반복은 독자를 염두에 두고 다윗을 구해내시는 분은 레캅도, 바아나도, 그 누구도 아니고 주님이시라는 내러티브의 주제를 유지한다. 그는 이스 보셋이 죽는 것을 원하지 않았고 특히 그 살인에서 비롯된 유혈죄를 원하지 않았다. 다윗은 레캅과 바아나에게 사울의 죽음을 도왔다고 주장하는 아말렉 사람의 이야기를 들려주기 위해 맹세를 중단한다. 사울의 죽음에 대한 유혈죄는 다윗의 머리 위에 떨어지지 않았고, 이스 보셋의 살인에 대한 유혈죄 역시 그럴 것이다. 그리고 다윗은 맹세를 마무리하는데, 그 요지는 '내가 사울을 죽인 살인자를 잡아 처형한 것같이 너희도 처형할 것이다'이다.

다윗은 이스 보셋을, 곧 레캅과 바아나가 다윗의 "원수"(2사무 4,8)라고 지칭한 이를 "의로운 사람"이라고 한다(4,11). 잠자고 있다가 죽은 이스 보셋은 무죄하고 무방비였다. (추정하건대 다윗은 살인 사건의 사생활적 상황을 알아서 화자가 유혈죄와 사울 집안에 대한 다윗의 충절이라는 관심사에 집중할 수 있도록 한다.) 다윗은 이스 보셋이 흘린 피가 레캅과 바아나에게 떨어지고 그와 그의 백성에게는 아니라는 것을 확실하게 보장하기를 원한다. 앞 장에서와 같이 다윗은 또한 이스라엘 원로들과의 계약에 대해서도 염려해야 한다. 아브네르가 살해된 후에도 그 협약이 보존되도록 하는 정치적인 술수가 다시 필요하다.

레캅과 바아나는 굴욕을 당하고 있는 이스 보셋의 머리를 손에 들고 임금의 감사와 보상을 받으리라는 희망으로 다윗의 궁정에 도착했다. 그러나 오히려 그들의 시신이 헤브론의 못가에 수치스럽게 매달린다. 필리스티아인들이 사울의 시신을 벳 산 성벽에 매달아 욕보였을 때(1사무 31,10-12), 사울의 충신들은 합당한 매장과 애도로 임금의 유골을 예우하기 위해 왔다. 레캅과 바아나의 시신에 유사하게 모욕이 가해지고 아무도 시신을 수습하지 않은 데 비하여 이스 보셋의 머리는 명예롭게 매장되었다. 이스 보셋의 유골을 존중하는 다윗의 모습은 이스 보셋의 충신들에게 다윗이 그들의 임금 살해에 연루되지 않았다는 표식이 되고, 이스라엘의 원로들이 다윗과의 협약을 비준하는 과정도 방해 없이 진행될 것이다.

2.9 다윗이 사울의 왕관을 대관하다 5,1-5

2.9.1 이스라엘이 다윗을 그들의 임금으로 기름 붓다 5,1-3

◆ 구조

가. 이스라엘 지파들이 헤브론으로 다윗에게 오다(5,1ㄱ)
   나. 이스라엘 지파들이 다윗과의 계약을 추구한다(5,1ㄴ)

다. 다윗은 그들의 목자가 되고 영도자가 될 것이다(5,2)
가'. 이스라엘의 원로들이 헤브론으로 임금에게 오다(5,3ㄱ)
  나'. 임금은 이스라엘의 원로들과 계약을 맺는다(5,3ㄴ)
    다'. 그들은 다윗을 그들의 임금으로 기름 붓는다(5,3ㄷ)

제롬 월시가[50] '전방 대칭'으로 묘사한 여기의 패턴은 두 장면에서 다윗의 기름부음 이야기를 소개한다. 첫 장면에서 이스라엘의 '모든 지파'가 다윗에게 오고, 두 번째 장면에서 '이스라엘의 원로들'이 임금에게 온다. 첫 장면에서 이스라엘의 지파들이 그들의 목자로서 다윗을 모실 것을 제안하고, 두 번째 장면에서 이스라엘의 원로들이 다윗을 그들의 임금으로 기름 부으면서 그 계획을 실현한다. 〈다'〉 부분은 3,17-21을 회상한다(3,7-27 부분 참조). 그때는 사울의 지배권을 자신의 통치권 아래로 가져오려는 다윗의 계획이, 요압이 아브네르를 살해한 일로 중단되었었다. 이제 그의 노력이 실현되었다.

◆◆ 주석

장면은 아브네르의 묘소에서 이스라엘의 모든 지파(그들은 한때 사울에게 충성했음)가 헤브론에 도착하는 장면으로 바뀐다. 그들은 다윗과 친족 관계임을 그에게 상기시키는 것으로 다윗 통치에 대한 만장일치 지

---

50 Jerome T. Walsh, *Style and Structure in Biblical Hebrew Narrative*(Collegeville, MN: Liturgical Press, 2001), 35-37.

지를 선언한다. '우리는 당신의 뼈이고 살이다.'⁵¹ 그들의 말은 이스 보셋 군대와 다윗 군대 사이의 대립을 중지시키려고 아브네르가 요압에게 했던 호소의 반향이다. "그대는 군사들에게 제 형제의 뒤를 그만 쫓고 돌아서라는 명령을 끝내 내리지 않을 셈인가?"(2,26). 이스라엘의 지파들은 다윗의 무용武勇이 사울의 세력에 어떻게 기여했는지 기억한다. '전쟁에서 이스라엘을 이끌던 이는 그대였다'(NJPS). 그리고 다윗에게 한 하느님 말씀을 인용한다. '그대(다윗)가 내 백성 이스라엘의 목자가 될 것이다.' 다윗 이야기의 초창기부터 독자는 이것이 다윗의 운명임을 알고 있다.

> 주님께서 사무엘에게 말씀하셨다. "너는 언제까지 이렇게 슬퍼하고만 있을 셈이냐? 나는 이미 사울을 이스라엘의 임금 자리에서 밀어냈다. 그러니 기름을 뿔에 채워 가지고 떠나라. 내가 너를 베들레헴 사람 이사이에게 보낸다. 내가 친히 그의 아들 가운데에서 임금이 될 사람을 하나 보아 두었다"(1사무 16,1).

그가 기름부음을 받은 이래, 이야기에서 여러 인물이 다윗의 신적 위임 통치를 인식한다. 다윗이 사울을 암살할 수 있었던 기회의 증거로 사울의 옷자락 귀퉁이를 잘랐을 때, 사울이 대답한다. "이제야 나는

---

51 이 관용어구는 충성 서약의 서문 역할을 한다. 라반은 야곱이 인사를 할 때 그 어구('정녕 너는 내 뼈이고 살이다': 창세 29,14)를 사용하고, 그 의미는 다음 구절(15절)에서 '네가 내 친척이기는 하나'(아히*aḥi* 문자 그대로는 '내 형제')라고 구체화된다. 아히멜렉이 임금이 되려고 시도하며 스켐의 유지들에게 지지를 구할 때 같은 용어를 사용하여(판관 9,1-6), 그들은 그가 그들의 뼈이고 살이기때문에 그를 임금으로 추대할 수 있다고 하고(판관 9,2), 유지들은 '그는 우리의 형제다'라는 말로 그것에 동의한다(판관 9,3).

너야말로 반드시 임금이 될 사람이라는 것을 알게 되었다. 이스라엘 왕국은 너의 손에서 일어설 것이다"(1사무 24,21). 아비가일이 자기 남편 나발에 대한 다윗의 복수를 저지할 때 다윗의 신적 위임 통치를 암시한다. "이제 주님께서 나리께 약속하신 복을 그대로 이루어주시어 나리를 이스라엘의 영도자로 세우실 터인데"(1사무 25,30). 아브네르는 이스 보셋의 반역죄 기소에 직면했을 때 그가 다윗의 신적 위임 통치에 참여하리라 결정한다. "주님께서 다윗에게 약속하신 일이 있는데 내가 그것을 하겠소"(2사무 3,9). 마지막으로 이 장면에서 이스라엘 백성이 다윗이 자신들의 임금이라는 것을 알아챈다. 하느님 계획은 결실을 맺고 있다.

이스라엘 지파들이 다윗을 기린 '목자'라는 호칭은 그의 미미한 시작을 소환한다. 예언자 사무엘이 이사이가 소개한 아들들 사이에서 하느님이 선택하신 임금을 발견하지 못했을 때, 다른 아들은 없느냐고 묻는다. 이사이는 막내가 "지금 양을 치고 있습니다"(1사무 16,11)라고 대답한다. 사울 임금이 처음으로 그를 섬기도록 불러냈을 때, 그는 이사이에게 명령한다. "양을 치는 너의 아들 다윗을 나에게 보내라"(1사무 16,19). 다윗이 그가 골리앗을 물리친 그 전장으로 갔을 때, 그는 양들을 뒤에 놓고 갔는데(1사무 17,20), 맏형 엘리압에게서 오직 양들의 소재에 대해서만 추궁을 받았다(1사무 17,28). 다윗이 골리앗과 대적하기 위해 앞으로 발걸음을 옮길 때 다윗 스스로 이전 자기의 일에 대해 언급한다. "당신의 종은 양 떼를 쳐왔습니다"(1사무 17,34). 그렇게 다윗 내러티브의 시작에서 다윗이 목자로 일했음이 거듭거듭 우리에게 상기되었다. 그런 다음 그의 이전 직업은 이스라엘의 지도자에 대한 은유로 다시 나타나는 이 순간까지 잊혔다.[52]

이스라엘 지파들은 다윗이 또한 "이스라엘의 영도자(나기드 *nāgid*)가 될 것"이라고 선포한다. 사무엘이 사울에게 기름 부었을 때, 이스라엘의 첫 임금인 그를 '나기드'라 불렀다.[53] 그 명칭이 이제 다윗에게 옮겨졌다. 마지막에 이스라엘 원로들이 무대에 나온다. 아브네르는 그들이 오랫동안 다윗을 그들의 임금으로 세우기를 갈망했다는 것을 상기시키면서 그들을 만났고, 그들과 다윗 사이에 협약을 맺게 했었다(2사무 3,17). 아브네르와 이스 보셋이 살해되며 지연되고 탈선했던 그 조약의 비준이 이제 완수되었다. 아브네르가 예고한 대로 다윗은 이스라엘 위에 임금으로 기름부음을 받았다. 젊은 시절 골리앗을 패주시키기 위해 양 떼를 떠났던 다윗이 이제 이스라엘 백성이라는 새로운 양 떼를 획득했다.

2.9.2 이스라엘과 유다의 통합

다윗이 임금 사울을 위해 공개적으로 애도를 표시하고(2사무 1,11-12.17-27) 야베스 길앗 사람들에게 계약 교섭서를 보낼 때부터(2사무 2,5-7), 유다와 이스라엘을 그의 통치하에 통합하려고 했다. 이제 그는 그것을 이루었고(5,3), 수도를 북쪽으로 사울 영토의 남쪽 가장자리인

---

52 '목자' 단어는 에제 37,24에서 임금을 위한 은유로 나타난다. "나의 종 다윗이 그들을 다스리는 임금으로서, 그들 모두를 위한 유일한 목자가 될 것이다."
53 '사무엘은 이런 말과 함께 사울에게 기름을 부었다. "주님께서 당신에게 기름을 부으시어, 그분의 소유인 이스라엘의 영도자 *nāgid*로 세우셨소"(1사무 10,1).

예루살렘으로 옮길 것이다. 하지만 이 통일된 왕국 내에, 오랜 분리는 지속될 것이다. 다윗의 아내이며 '사울의 딸'인 미칼은 그가 예루살렘으로 주님의 궤를 이동해 오면서 보이는 다윗의 행동을 비웃을 것이다(6,20-23). 그녀의 조소는, 주님의 궤가 다윗의 수도로 들어가는 것으로 상징된 다윗 왕조의 통치를 이제 받아들여야만 하는 사울 정권의 남은 자들 사이에 불만스러운 기류가 흐르고 있음을 가리킨다. 다윗이 예루살렘에서 피신하고 있을 때, 므피보셋의 종 치바가 므피보셋(사울의 손자)은 '이스라엘 집안'이 그에게 그의 아버지의 왕국을 돌려줄지도 모른다는 희망으로 예루살렘에 남아 있다고 보고한다(16,3). 치바의 주장은 (설사 그것이 거짓일지라도) 유다와 이스라엘이 다윗 치하에 결코 완전히 통합될 수 없다는 추가 증거를 제공한다. 사울 친척의 하나인 시므이(16,5-8)가 다윗을 '피의 사람'(이쉬 하다밈'*îš haddāmîm*)이라 부르고, 다윗이 예루살렘에서 도피하는 것을 '사울 집안의 피'에 대한 복수로 해석한다. 시므이가 나중에는 그의 비난을 철회할지라도(19,16-23), 그가 제기했던 혐의는 다윗 왕국의 균열을 드러낸다. 마지막에 통일 왕국은 (언제 통일된 적이 있는가?) 솔로몬 사후에 붕괴할 것이다. 르하브암(다윗 계열 자손) 임금이 유다를 통치하는 반면에 '모든 이스라엘'은 예로보암 임금이 통치할 것이다(1열왕 12,20). 이스라엘과 유다의 통합은 짧은 기간만 유지되었다.

2.9.3 다윗의 재위 기간 5,4-5

이 절들은 다윗 내러티브 2막의 마무리로 헤브론에서 보낸 다윗 통치 기간(1,1-5,5)의 끝을 표시한다. 제2막에서 막이 올라갔을 때, 다윗은 아말렉인 사자로부터 사울의 왕관을 받았다. 막이 내려올 때 그 왕관이 다윗의 머리에 씌워졌다. 화자는 5절에서 헤브론에서의 다윗의 재위 기간과 예루살렘에서의 재위 기간을 결합시키는데, 이런 언급은 그의 통치가 끝날 때(사실상 다시 나타나는 곳, 1열왕 2,11)가 더 적절했을 수도 있다. 다윗의 긴 치세를 미리 알리는 소식은 그의 성공적 결말을 암시한다(화자가 결말을 공개해서 이야기를 망치고 있는가?). 다윗의 예루살렘 통치에 대한 언급은 3막으로 연결하는 역할을 한다. 임금은 이미 궁정을 이전할 준비가 되어 있다.

제3장

3막:
다윗이
예루살렘에서
그의 왕국을 세우다

2사무 5,6-8,18

3.1 도입

3막은 다윗이 어떻게 그의 수도를 확보하고 세계 강국으로 부상했는지 이야기한다. 그는 예루살렘을 정복한 후에 즉시 필리스티아인들을 공격한다. 다윗은 하느님의 도우심으로 그들을 두 번 완패시키고 그의 수도를 방어한다(5,17-25). 그리고 하느님의 궤를 도성으로 옮기고(6,1-23), 백성에게, 특히 사울의 딸이고 아내인 미칼에게 자신이 하느님과 특별한 관계를 누리고 있다는 신호를 보낸다. 그 관계의 특별함은 2사무 7장에서 하느님께서 다윗 왕조를 영원히 세워주시겠다고 약속하셨을 때 밝혀진다. 그리고 다윗은 자신의 영토와 국경을 접하고 있는 민족들을 무찌르면서 영토를 확장하기 시작하고(8,1-14), 마침내 그의 수도에 정부를 구성한다(8,15-18). 3막의 막이 내려갈 때 다윗의 통치는 안정된다.

♦ 구조

가. 다윗이 예루살렘을 수도로 확립하다(5,6-16)
    나. 다윗이 하느님의 도움으로 필리스티아인의 공격을 막다(5,17-25)
        다. 다윗이 궤를 예루살렘으로 옮기다(6,1-23)
        다′. 하느님이 다윗에게 약속하시다(7,1-29)
    나′. 다윗이 하느님의 도움으로 이웃 나라를 공격하고 무찌르다(8,1-14)
가′. 다윗이 예루살렘에 정부를 수립하다(8,15-18)

다윗이 그의 새로운 도성 예루살렘을 탈환하는 것으로 열린 3막은, 그 도성에 정부를 수립하는 것으로 마무리된다(가/가′). 다윗의 초기 왕국을 공격한 필리스티아는 하느님의 도움으로 격퇴되고(나), 후에 다윗은 하느님의 도움으로 다른 나라들과 함께 그들을 공격하고 패주시킨다(나′). 막의 한가운데서는 다윗의 운명과 그가 하느님과 맺고 있는 관계에 대해 결정적으로 중요한 정보를 드러낸다. 곧 다윗은 주님의 궤를 왕국의 수도로 옮기고, 주님은 그의 왕국을 영원히 세워주시리라는 약속을 하신다(다′).

3.2 다윗이 예루살렘을 수도로 확립하다 5,6-16

우리가 지닌 성경의 심상에서 예루살렘의 위치를 감안할 때, 우리는 이스라엘 역사의 중추적인 이 사건에 대해 좀 더 광대한 서술을 기대했을 수 있다. 하지만 다윗은 군사 작전보다 '눈먼 이와 다리 저는 사람에 더 초점이 맞춰져 있는 세 개의 성서 구절에서 그의 미래의 수도를 파악한다. 그는 왜 예루살렘을 목표로 삼았을까? 그는 헤브론을 점령하기 전에 그랬던 것처럼(2,1) 하느님께 문의하였는가? 그는 공격하기 전에 여부스인들과 협상을 하였는가? 그는 어떻게 도성 점령 전략을 세웠는가? 화자는 우리의 질문을 무시한다. 그의 눈은 미래의 성전이 세워질 땅에 초점이 맞춰져 있다. 그 신성한 지형이 이제 다윗의 소유가 된다.

예루살렘의 점령에 관한 기술은 세 부분으로 나눌 수 있으며, 그 뒤로 휴지休止가 이어진다.

   1. 다윗이 예루살렘을 점령하다(5,6-8)
   2. 다윗이 수도를 안전하게 하다(5,9-10)
   3. 다윗이 궁전을 건축하다(5,11-12)
   휴지休止: 다윗 아들들의 명단(5,13-16)

3.2.1 다윗이 예루살렘을 점령하다 5,6-8

◆ 구조

가. 눈먼 이와 다리 저는 이(5,6)

나. 시온 / 다윗 도성(5,7)
가. 다리 저는 이와 눈먼 이 / 눈먼 이와 다리 저는 이(5,8)

눈먼 이와 다리 저는 이에 대한 언급은 이 장면을 해석하는 핵심, 곧 시온과 다윗 도성이라는 예루살렘의 두 가지 이름을 도입하는 배경을 이룬다. 다윗이 점령한 시온은 하느님이 당신의 거처를 세우실 장소이다. '다윗 도성'이란 명칭은 다윗이 정복한 도성에 자신의 이름을 붙이는 다음 장면을 예고한다.

◆◆ 주석

2막 마지막 구절에서 예언한 예루살렘에서의 다윗 통치 33년이 이제 시작된다. 장면이 열렸을 때 예루살렘은 여부스족에게 속해 있었는데(여호 15,8.63; 판관 1,21 참조), 그들을 화자는 '그 땅의 주민들'이라고 부른다. 그 표시는 하느님께서 모세에게 넘겨주겠다고 약속하신 땅에 거주하는 비이스라엘 민족의 범주를 상기시킨다.

> 그리고 너희 땅의 경계를 갈대 바다에서 필리스티아 바다까지, 광야에서 유프라테스강까지로 정하겠다. 나는 *그 땅의 주민들*을 너희 손에 넘겨주겠다. 그러면 너희는 그들을 너희 앞에서 몰아낼 수 있을 것이다(탈출 23,31).[54]

---
54 NRSV(사체로 강세를 덧붙임). 민수 33,51-53 참조.

하느님께서 불타는 덤불에서 처음 모세에게 말씀하셨을 때, 그분은 그 땅을 이스라엘 사람들에게 양도할 민족들 가운데에 여부스족을 열거하였다.

> 그래서 내가 그들을 이집트인들의 손에서 구하여, 그 땅에서 저 좋고 넓은 땅, 젖과 꿀이 흐르는 땅, 곧 가나안족과 히타이트족과 아모리족과 프리즈족과 히위족과 여부스족이 사는 곳으로 데리고 올라가려고 내려왔다(탈출 3,8).[55]

여호수아는 약속된 땅에 들어가려고 준비하면서, 예리코를 탐색하기 위해 정탐꾼을 파견했고 그들은 라합의 집에 도착했다. 라합은 정탐꾼들에게 "이 땅의 주민들이 모두 당신들 때문에 불안에 떨고 있습니다"(여호 2,9)라고 고백하면서 모세에게 들려주신 하느님의 말씀을 실현하였다. 2사무 5,6에서 화자는 여부스인들을 "그 땅의 주민들"(역주: 한글 《성경》에는 빠져 있음)이라고 표현하여 이 신적 계획을 상기시키고, 다윗이 여부스족으로부터 예루살렘을 쟁탈한 것이 불타는 덤불에서 선포된 이 프로그램을 실현하는 데에 참여한 것임을 암시한다. 어쨌거나 모세가 '그 땅의 주민들을 쫓아낼 것'이라는 하느님의 약속에도 불구하고 여부스 주민들은 다윗의 통치 기간에 예루살렘에 계속 거주하며 재산을 소유했다.[56] 사실 그들의 존재는 다윗 내러티브에서 예루

---

[55] 여부스족은 그 땅에서 쫓겨날 사람들의 목록에 정규적으로 포함된다. 예를 들면 탈출 3,17; 13,5; 23,23; 33,2; 34,11 그리고 신명 7,1 참조.
[56] 솔로몬은 강제 노동에 그들을 징집할 것이다(1열왕 9,20-21).

살렘에서 다윗 임금이 취하는 공적 행보의 테두리를 형성한다. 그의 첫 행동은 여부스족의 도성을 장악하는 것이었고, 그의 마지막 행동은 여부스 사람 아라우나의 땅을 구매해서 예루살렘에 첫 제단을 쌓은 것이다(2사무 24,21-24). 그 후 연로한 임금은 침상으로 물러난다(1열왕 1장).

이 장면을 포괄하는 것은 '눈먼 사람과 다리 저는 사람'에 대한 이상한 세부 사항이다. 액면 그대로 읽으면, 시각 장애인과 다리 저는 사람에 대한 다윗의 처우는 현대인의 기준에는 마땅히 비난받을 일이다. 사실, 이 장면에서 그들의 역할은 표면상 거의 의미가 없다. 여부스인들이 이렇게 과장하여 한 말은 ─ "눈먼 이들과 다리 저는 이들도 너쯤은 물리칠 수 있다"(2사무 5,6) ─ 그들의 침략자를 조롱하기 위한 것이다. 나아가 다윗이 그 도성에 들어올 수 없을 것이라고 주장하는 이들은 눈먼 사람이나 다리저는 사람이 아니라 여부스 주민들이다. 그런데 왜 다윗은 승리 후에 '눈먼 사람과 다리 저는 사람'에게 공격을 집중하는가?(5,8). 그의 명령은 논리적으로 5,6과 이어지지 않는데, 거기에서 '눈먼 사람과 다리저는 사람'은 여부스 사람들과의 전투를 꾸며서 과장하는 은유로 사용되었다. 게다가 5,8 전반부의 정확한 의미를 두고 수세기 동안 번역가와 주석가들은 곤혹스러워했다.[57] 히브리어 본문은 불분명하고, 칠십인역, 페쉬타, 타르굼 번역들은 다른 해석을 제시한다.

---

57 NRSV에 따르면 다윗은 그날 "누구든지 여부스 사람들을 치고자 하는 자는 수로로 올라가서 다윗이 미워하는 다리 저는 이와 눈먼 이를 치게 하라"고 말했다. 그런가 하면 NAB는 "여부스 사람을 치고자 하는 자는 다 수로로 쳐들어가야만 한다. 다리 저는 이와 눈먼 이는 다윗의 원수가 되리라" 한다.

절의 후반부는 분명하다. 눈먼 사람과 다리 저는 사람은 '그 집'에 허락되지 않는다. 눈먼 사람과 다리 저는 사람에게 주의를 환기시키면서 이 구절에 대한 호기심을 더하기 위해 화자는 거룩한 도성 예루살렘이 어떻게 정복되었는지 세부 사항은 거의 제공하지 않는다. 주님의 궤가 예루살렘으로 옮겨지리라는 화자의 선견지명이 이 짧은 장면에서 언뜻 보기에 섬세하지 않은 세부 사항을 설명한다. '눈먼 사람과 다리저는 사람'은 종교적 직무를 수행하는 사람들을 규정하는 문맥 가운데 레위 21,18에서 쌍을 이룬다. 눈먼 사람과 다리 저는 사람을 포함하여 어떤 형태의 불구자도 제단에서 거행되는 종교의식儀式에 참여할 수 없었다. 예루살렘이 이스라엘의 손에 들어가고 있을 때 이 두 장애를 꼭 집어 언급한 표현은, 주님의 궤의 현존으로 곧 거룩하게 될 이 땅에서 행해질 사제 의식을 예시한다. '여기에서 다리 저는 이와 눈먼 이는 그 집에(하빠이트 *habbāyit*) 들어가지 못한다'는 말이 생겨났다고 하는 화자의 결말은 그의 진정한 관심을 드러낸다. '그 집'(하빠이트 *habbāyit*)은 미래의 성전이고(1열왕 8장에서 새로 건축된 성전은 항상 '집'으로 언급된다). 화자의 방백은 '눈먼 사람과 다리 저는 사람'에 대한 제한 규정이 앞으로 성전이 건축될 도성인 예루살렘을 함락한 바로 그 순간에서 비롯되었음을 시사한다(레위 21,18은 눈먼 사람과 다리 저는 사람이 성전에 들어가는 것 자체를 금지하지 않음에도 말이다). 화자는 자신이 속한 후대의 종교 행위를 참조 사항으로 제시함으로써, 그의 고대 청중이 이 장면에서 다른 성읍의 함락 정도보다 더 많은 것을 파악할 수 있도록 해 준다.

이 장면 중앙에서 예루살렘의 이름, 시온[58]과 다윗 도성이 다윗 내러티브에서는 처음으로 소개된다. 이 두 이름이 등장하는 다음 차례는 솔로몬이 예루살렘에 새로 건축한 성전을 봉헌하려고 준비할 때이다. 솔로몬의 첫 행동은 (그가 곧 궤를 옮길 곳인) 성전으로 행진하기 위해 시온, 다윗 도성에서 계약 궤를 회수한 것이다.

> 그러고 나서 솔로몬은 주님의 계약 궤를 시온, 곧 다윗 성에서 모시고 올라오려고, 이스라엘의 원로들과 이스라엘 자손들의 각 가문 대표인 지파의 우두머리들을 모두 예루살렘으로 자기 앞에 소집하였다(1열왕 8,1).

다윗이 그 도성을 정복할 때 이 두 이름을 언급하는 것은 눈먼 사람과 다리 저는 사람은 들어갈 수 없는 '집'이 봉헌될 날을 예시한다.

3.2.2 다윗이 수도를 안전하게 하다 5,9-10

미래의 성전이 세워질 도성이 이제 이스라엘 손에 들어오니 다윗은 그가 정복한 영토에 자신의 이름을 넣는다. 그곳은 이제 그에게 속한다.[59] 그는 '밀로 안쪽'에서부터 새 수도를 요새화하기 위한 토목 공사 활동을 시작한다. 화자는 밀로가 무엇인지 우리가 알고 있다고 추정

---

58 '시온' 명칭은 자주 하느님의 지상 거주지를 가리킨다. 참조. 시편 9,12; 20,3; 50,2; 65,2.
59 정복자는 자신의 이름을 따서 도시의 이름을 지을 수 있다. 요압이 도성 라빠에 대한 공격을 마쳤을 때, 그는 다윗에게 그와 나란히 싸우라고 요구한다. 그렇지 않으면 그가 홀로 그 도시를 함락하게 될 것이기 때문에 자신의 이름을 따서 도시 이름을 부를 것이라고 한다(2사무 12,28).

하는데(아마도 방어용 성벽인 듯[60]), 분명한 것은 다윗이 시간을 지체하지 않고 새 수도를 안전하게 방비하였다는 것이다. 장면은 주님께서 다윗과 함께 계시다는 화자의 관찰로 마무리된다. 그 논평은 사울이 악령으로 인해 고통받을 때, 비파 (또는 전통적으로 지적해 온 하프나 수금) 소리로 그의 불안을 진정시킬 사람을 찾으라고 종들에게 지시할 때 처음 나타났었다. 사울의 신하 중 하나가 다윗이 쓸 만하다고 제안했다.

> 제가 베들레헴 사람 이사이에게 그런 아들이 있는 것을 보았습니다. 그는 비파를 잘 탈 뿐만 아니라 힘센 장사이며 전사로서, 말도 잘하고 풍채도 좋은 데다 주님께서 그와 함께 계십니다(1사무 16,18).

다윗의 재능 목록은 그에 대한 하느님 신실하심의 표시로 보완되었다. 다윗은 하느님의 뜻에 따라 이미 사무엘에게 기름부음을 받았기 때문에 그 고지가 독자에게는 새로운 소식이 아니다. 그러나 지금은 거절당한 기름부음받은이인 사울은 그 전조를 알아챌 수 없었다. 화자는 다윗이 궁정에 도착했을 때 그 구를 반복하고, 그 시점에 사울은 그것의 진실성을 깨닫고(1사무 18,12: "사울은 주님께서 다윗과 함께 계시며 자기에게서 돌아서셨기 때문에 다윗을 두려워하였다") 자신의 잠재적 경쟁자를 제거하려고 했다. 그 논평은 다윗이 점점 더 군사적 성공을 누릴 때 다시 삽입되었다(1사무 18,14). 하지만 사울의 죽음 이후부터는 하느님은 배

---

60 참조. Richard C. Steiner, "New Light on the Biblical Millo from Hatran Inscriptions," *BASOR* 276 (1989): 15-23. 그는 밀로가 "인공 경사면 단지 또는 흙 언덕인데, 특별히 도시 성벽 내부에 인접하여 지어진 것"이라고 제안한다(19쪽). 밀로는 다시 1열왕 9,15; 11,27에 나타난다.

경으로 머무르시고, 단지 다윗이 올라가야 하는 도시에 관해서 문의할 때만 나타나신다(2사무 2,1). 이제 예루살렘 정복 후, 화자는 사울의 궁정에서 처음 언급되었던 이 논평을 반복하는데, 우리에게 다윗과 하느님의 특별한 관계를 상기시키기 위해서이다.

3.2.3 다윗이 궁전을 건축하다 5,11-12

티로[61] 임금 히람이 처음 소개되는데, 그는 다윗 궁을 짓도록 향백나무와 기술자들을 보낸다.[62] 그들의 도착은 다윗이 더 깊이 숙고하게 하고, 화자는 우리에게 그의 내면의 생각을 엿보는 특권을 허락한다. 1사무 16장에서 그가 기름부음을 받은 이후부터 우리는 다윗이 임금이 되는 운명을 가졌다는 것을 알고 있었는데, 이제 다윗이 이스라엘을 위한 하느님의 계획에서 자신의 역할을 처음 인식한다. 이야기에서 다른 인물들이 그의 운명을 예고할 때, 그는 반응하지 않았었다. 요나탄이 마지막 만남에서 다윗의 왕위를 예고하나(1사무 23,17), 다윗은 답하지 않았다. 그는 요나탄의 예고에 무슨 생각을 했을까? 사울이 다윗은 틀림없이 임금이 되리라고 고백했을 때(1사무 24,21)도 다윗은 침묵했다. 나발의 아내인 아비가일이 다윗이 "이스라엘의 영도자"가 될 것이라고 예견했다(1사무 25,30). 그러나 다윗은 아무 말도 하지 않았다. 다윗은 그의 질문에 하느님께서 응답하고 계시다는 것을 알게 되었는

---

61 티로의 고대 도시는 지중해 해안을 따라 예루살렘에서 북쪽으로 165km 가까이에 위치한다.
62 시편 작가는 레바논의 향백나무의 아름다움을 노래한다(시편 29,5; 37,35; 92,13; 104,16). 아가의 사랑하는 이는 자기 연인의 키를 레바논의 향백나무에 비유한다(아가 5,15).

데도(1사무 23,4; 2사무 2,1), 요나탄이나 사울, 아비가일의 말이 실현되고 있다는 것을 인식한 것은 이것이 처음이다. 5,12의 NAB 번역 '알았다 knew'는 이 순간의 의미를 고려할 때 약간 약해 보인다(NRSV는 '인식했다perceived'로 옮긴다). 아마도 더 적절한 번역은 "그래서 다윗은 주님께서 그를 이스라엘의 임금으로 세우셨다는 것을 완전히 깨달았다"이다.

3.2.4 휴지: 다윗 아들들의 명단 5,13-16

예루살렘에서의 다윗 치세의 역사로 가기 이전에 화자가 소개하는 마지막 세부 사항은, 앞의 목록과 달리(3,2-5) 익명으로 나오는 그의 아내들과 후궁들이 낳아준 아이들 명단이다. 오직 아들들만 목록에 드러날지라도 화자는 아들들과 딸들이 모두 다윗에게서 태어났다고 보고한다(13절). 이는 압살롬의 반란으로 이어지는 일련의 사건이 다윗의 딸 타마르(13,1)의 성폭력 사건으로 촉발된 것임에도 그 딸에 대한 언급이 없었기 때문이다. 화자는 아들들의 이름에 특정 순서가 있는지 가리키지 않으며, 헤브론에서 했던 목록대로 한다. 다윗의 계승자 솔로몬이 예루살렘에서 네 번째 아들이라고 (헤브론에서 태어난 여섯 아들에 이어) 가정해야 하는가? 여기 언급된 아들들은 솔로몬을 제외하면 다윗 내러티브에서 아무 역할도 없고 다시 언급되지도 않는다. 이 목록은 예루살렘 정복과 새 수도에서 이제 막 시작하려는 다윗 치세 이야기 사이에서 하나의 휴지休止로서 기능한다.

3.3 다윗이 필리스티아인의 공격을 방어하다 5,17-25

예루살렘에서 다윗이 임금으로서 한 첫 행동은 그의 도성을 필리스티아인들의 선제공격에서 방어한 일이다. 그의 생애의 첫 전쟁은 필리스티아인 장수 골리앗을 대항한 것이었다(1사무 17장). 그의 왕권에 대한 첫 공격은 필리스티아인들의 진영으로부터 다시 오고, 결과는 같을 것이다. 하느님께서 다윗 편에 계시다!

◆ 구조

가. 필리스티아인들이 전쟁하러 올라오다(5,17ㄱㄴ)
  나. 전투 포진(5,17ㄷ-18)
    다. 다윗의 문의(5,19ㄱ)
    다'. 하느님의 응답(5,19ㄴ)
  나'. 전쟁(5,20)
가'. 필리스티아인들이 그들의 우상을 버리고 가고, 다윗이 그것들을 치운다 (5,21)

가. 필리스티아인들이 전쟁하러 올라오다(5,22ㄱ)
  나. 필리스티아인들의 전투 포진(5,22ㄴ)
    다. 다윗의 문의(5,23ㄱ)
    다'. 하느님의 응답(5,23ㄴ-24)

나'. 다윗은 하느님의 명령대로 하다(5,25ㄱ)
　가'. 필리스티아인들이 패하다(5,25ㄴ)

병행하는 이 두 장면의 중앙에서 우리는 전투 기록을 기대할 수 있는데, 화자는 다윗과 하느님의 대화를 보고한다. 그의 관심사는 거기에 있다. 하느님이 두 전투를 지휘하시고, 심지어 두 번째 전투에서는 군사 전략을 지휘하신다. 화자는 첫 장면에서 전쟁 자체를 간략히 기술하는(5,20) 반면, 두 번째 장면의 전투 보고는 다윗이 하느님의 명령을 충실히 준수했다는 기록으로 한정한다.

◆◆ 주석

다윗이 이스라엘의 임금으로 기름부음 받았다는 소식이 필리스티아인들에게 전해졌다(우리는 어떻게 그렇게 되었는지는 모른다). 히람 임금은 다윗의 선출 소식을 들었을 때, 다윗의 궁을 짓도록 사절단과 기술자들을 보냈다(5,11). 필리스티아인의 반응은 덜 친절하다. 다윗이 도망자 신세였을 때, 갓의 필리스티아인 영도자 아키스에게서 피신처를 찾았고, 필리스티아인 성읍인 치클락에 거주하였었다(1사무 27,1-7). 사울의 죽음으로 그는 더 이상 아키스의 보호가 필요하지 않게 되었고 이스라엘로 돌아왔다. 우리는 아키스가 다윗의 배신에 어떻게 반응했는지 전혀 알지 못한다.
　이 장면은 다윗이 예루살렘을 정복한 후에 이스라엘의 주된 원수인 필리스티아와 벌인 첫 전쟁을 보고한다. 필리스티아와 이스라엘은 오랜 교전 상태에 있으면서 사울 통치 이전과(1사무 4장; 7,7-11) 통치 기간 내내(1사무 13,1-14,23) 종종 큰 전투를 벌였고, 사울은 필리스티아인들의 손에 전사했다(1사무 31장). 이 장면에서 필리스티아인의 공격은, 다윗이 잠재적인 전략적 위협 지역인 예루살렘을 요새화했기 때문이 아니라 다윗이 이스라엘의 임금으로 기름 부음을 받았기에 유발된 것이다. 그들의 공격은 다윗을 위한 하느님의 계획을 거스르는 것이기 때문에, 성공할 가능성은 거의 없다.

필리스티아인들이 공격하기 위해 '올라온다'(2사무 5,17)는 표현은 그들의 도시가 지중해 해안을 따라 해안 평야에 위치해 있다는 것을 상기시키고, 다윗이 '산성'(요새, 성채)으로 내려간다는 것에서는 방금 점령한 '시온 산성'이 떠오른다. 그러나 학자들은 보통으로 사람이 예루살렘으로 올라간다고 하는 것을 알아차리면서(반면에 다윗은 이 산성으로 내려간다) 여기에서 언급된 산성은 다윗이 사울을 피하려고 도망쳤던 아둘람 동굴(1사무 22,1)이라고 제안한다. 이 동굴은 예루살렘 남서쪽 약 27km 지점에 있는 곳으로 1사무 22,4에서 '산성'이라고 부른다.[63] 그런데 다윗 진영이 포진한 곳의 정확한 지리적 묘사는 화자의 주요 관심사가 아니다. 필리스티아인들은 예루살렘을 향하여 행군하면서, 여호 15,8에서 유다의 서쪽 경계 부분(힌놈 골짜기 근처 예루살렘의 남서쪽)으로 언급된 골짜기인 르파임 골짜기에 그들의 공격전선을 구축한다.

우리는 전투가 즉시 벌어지기를 기대하지만, 그보다는 화자가 행동

---

63 2사무 5,17에 나오는 '산성'으로 추정할 수 있는 지점에 대한 토론. Christian E. Hauer, "Jerusalem, the Stronghold and Rephaim," *CBQ* 32 (1970): 571-78 참조.

을 잠시 멈추어서 우리는 다윗이 하느님과 나누는 대화에 주의를 기울일 수 있다. 그는 먼저 주님께 문의하지 않고는 전투에 개입하지 않는다. 필리스티아인들이 크일라 성읍을 공격했을 때, 그는 하느님의 재가 없이는 주민을 구출하려고 시도하지 않았다(1사무 23,1-5). 이 장면에서 그때처럼 하느님의 응답이 속히 오는데, 필리스티아인들이 이스라엘을 공격했던 마지막에 사울의 청원 앞에 하느님이 침묵하셨던 것(1사무 28,6)과는 반대이다. 하느님께서는 당신이 내친 사울 임금에게는 대답하기를 거절하셨다. 그런데 선택된 사람 다윗이 필리스티아인들의 위협에 대항하여 신적 도움을 구하니, 응답은 즉각적이다. 그는 두 가지 질문을 한다. "올라가도 되겠습니까?" 그리고 "그들을 제 손에 넘겨주시겠습니까?" 하느님은 둘 다에 대답하신다. "올라가거라." 그리고 "내가 반드시 필리스티아인들을 네 손에 넘겨주겠다." 다윗의 문의는 성서신학에서 중요한 주제를 예증한다. 승리를 보증하시는 분은 하느님이시다. 이는 훗날 교훈이된, 개처럼 근처 시내의 물을 핥아 마신 삼백 명의 군대로 미디안인들을 패배시킨 기드온 이야기를 통해(판관 7장) 오래전에 배웠다. 하느님은 미디안족을 그 거친 무리로 패주시키심으로써 승리는 오직 하느님께만 속한다는 것을 이스라엘에게 가르치셨다(판관 7,2). 이 전쟁 신학을 다윗이 알고 또한 우리가 알고 있기에 우리가 듣고 있는 동안 그는 하느님께 문의한다.

전투는 묘사 없이 넘어간다. 일단 하느님이 누가 이길지를 선언했다면, 최종 점수를 알고 있는 스포츠 경기의 다시 보기를 보는 것처럼 전투의 실제 세부 사항은 거의 중요하지 않다. 전투 후 요약에서 화자는 그 전쟁터가 '바알 프라침'('파쇄破碎의 주인'이라 번역)이라고 재명명되었다고 보고한다. 다윗이 이 새 이름의 의미를 '주님께서는 내 앞에서 내 원수를 무너뜨리셨다'라고 설명하며 그의 모든 적을 포함하도록 승리를 일반화한다. 그의 감탄사는, 사울 앞에서 한 그의 연설에서 처음 발표된 '하느님은 다윗을 구원하신다'는 다윗 내러티브의 중심 주제를 소환한다(1사무 17,34-37ㄱ). 그것은 요나탄(1사무 20,14-15)과 아비가일(1사무 25,29)의 예고를 반향하고, 생애의 끝 무렵에 자신을 향한 하느님의 구원을 노래한 다윗의 연설을 예시한다(2사무 22장; 1.3 참조).

장면이 닫힐 때, 화자는 필리스티아인들이 우상들을 버렸던 전쟁터로 우리를 돌려보낸다. 결말을 짓는 이 세부 사항은 필리스티아인들이 주님의 권능을 인식하고는 한때 공경하던 종교적 성물인 '우상'을 버렸다는 인상을 남긴다. 다윗이 그것들을 치운다. 그런데 그것으로 그는 무엇을 했을까? 필리스티아인들은 이스라엘로부터 계약 궤를 빼앗았을 때, 다곤이 주님을 이긴 것으로 추정되는 승리를 기리기 위해 그것을 다곤 신전에 놓았다(1사무 5,2). 사울의 패전과 죽음 후에 필리스티아인들은 죽은 임금의 갑옷을 아스타롯 신전으로 옮겼다(1사무 31,10). 다윗은 주님의 승리를 기리기 위해 이 우상들을 가져다 놓을 성전이 아직 없다. 후기 유다인 청중을 위해 다윗이 한 행동의 정통성에 관심을 가지고 있는 역대기의 작가는 다윗이 그것들을 불태우라고 명령했다고 기술하는데(1역대 14,12), 우리 화자는 그 문제에 무관심한 듯하다.

두 번째 전투 장면은 몇 가지 중요한 변화로 첫 번째 것을 보완한다. 필리스티아인들은 르파임 골짜기와 같은 전략적 위치를 차지한다.

다윗의 위치는 보도되지 않는데, 이것은 화자는 독자가 각 진영의 전투 위치를 정확히 지리적으로 시각화하는 데 초점을 맞추지 않는다는 추가 증거를 제공한다.[64] 다윗은 다시 문의하고, 이번에는 하느님이 전투 신호에 대해 그와 함께 전략을 세우신다. 화자는 다윗의 승리를 막 발표하기 전에, "다윗은 주님께서 명령하신 대로 하여"(25ㄱ절)라는 해설을 하여, 다윗 내러티브에서 순종하는 다윗과 불순종하는 사울이라는 핵심 주제를 반복한다. 그의 논평은 사울 치세 중에 다윗 왕위에 대한 아주 초기의 암시를 회고한다. 예언자 사무엘은 사울에게 기름을 부은 후에, 새 임금에게 길갈로 가서 그가 올 때까지 칠 일을 기다리라고 지시했다. 그는 희생제물을 가져와야 했고 와서 사울에게 무엇을 해야 하는지 보여주어야 했다(1사무 10,8). 하지만 사무엘은 나타나지 않고 사울은 자신의 군대 장악력이 느슨해지는 것을 보았을 때, 자신이 희생제사를 바쳤다(1사무 13,8-9). 드디어 사무엘이 도착했을 때, 그는 사울의 불순종을 단죄했다.

> 그대는 주님이신 그대의 하느님께서 내리신 명령을 지키지 않으셨습니다(1사무 13,13).

정확하게 이 순간, 사무엘은 하느님이 그의 교체를 결정하셨다고 사울에게 알렸다.

---

64 반대로 아브네르와 요압은 전투를 위해 병사들을 정렬시켰을 때, 화자는 청중이 어느 쪽도 전략적 이점이 없다는 것을 시각화할 수 있도록 그들의 위치를 아주 상세하게(2사무 2,12-13) 설명했다.

이제는 그대의 왕국이 더 이상 서 있지 못할 것입니다. 주님께서 명령하신 것을 그대가 지키지 않으셨으므로, 주님께서는 당신 마음에 드는 사람을 찾으시어, 당신 백성을 다스릴 영도자로 임명하셨습니다 (1사무 13,14).

다윗은 하느님의 마음에 드는 사람이고 화자는 이 전투 장면을 활용하여 그 주제를 소환한다. 퇴임당한 전임자와는 다르게 '다윗은 주님께서 명령하신 대로 하였다'(2사무 5,25). 그래서 게라의 아들 시므이 (16,5-8)가 다르게 생각할지라도, 충실한 다윗은 사울의 왕위를 찬탈한 혐의를 받을 수 없다(2사무 1,2-16; 4,8-12 참조). 사울이 처음으로 불순종했던 바로 그때에 다윗에게 왕위를 물려주도록 결정하신 분은 하느님이셨다. 이 두 승리로 다윗은 예루살렘 서쪽으로 약 30km 해안 평야 동쪽 가장자리에 위치하는 게제르 성읍까지 영토를 확장할 수 있었다. 이것은 다윗이 예루살렘 성벽 너머로 그의 영향력을 더욱 확장할 때, 그가 미래에 취할 군사행동의 전조가 된다(2사무 8장에 기록).

3.4 다윗이 하느님의 궤를 예루살렘으로 옮기다 6,1-23

조셉 콘래드는 그의 소설 중 한 서문에서 자신의 예술의 주요 목적에 대해 심사숙고했다. "내가 성취하려고 하는 나의 과제는, 쓰인 말의 힘으로 당신이 듣게 하고, 느끼게 하는 것, 무엇보다 당신을 보게 하는 것입니다. 그 이상, 그리고 그것이 전부입니다."[65] 다윗은 그의 도성을 필리스티아인의 공격으로부터 방어해 낸 후, 이제 하느님의 궤를 그의 새 수도로 옮길 준비를 하고, 우리는 행렬 경로를 따라 자리를 잡고서 구경거리를 관찰하고 오케스트라와 합창을 즐긴다(2-5절). 이 에피소드에서 화자의 기술은 우리가 다윗의 승리를 보고, 듣고, 느끼게 한다.

두 사건이 축제를 망친다. 우짜의 죽음 및 다윗과 아내 미칼의 직면이다. 임금과 선왕의 딸이 벌이는 언쟁에서 이 에피소드의 의미가 밝혀진다. 하느님께서 미칼의 아버지인 사울보다 다윗을 선호하셨기 때문에 다윗은 하느님의 궤를 그의 새 도성에 옮기는 특권을 누렸다.

◆ 구조

가. 다윗이 만군의 주님의 이름으로 불리는 궤를 메도록 백성을 소집한다. 축하 의식을 시작하다(6,1-5)
  나. 방해: 우짜의 죽음. 축하 의식이 중단되다(6,6-11)
    다. 궤는 기쁨 중에 그리고 희생제사가 올려지는 가운데 다윗의 성으로 옮겨진다(6,12-15)
  나'. 방해: 미칼은 자신의 남편 임금을 경멸한다(6,16)
가'. 궤 영접 예식: 다윗이 만군의 주님의 이름으로 백성을 축복하고 백성은 귀가한다(6,20-23)
에필로그. 미칼과 다윗이 대결하다(6,20-23)

---

65 콘래드의 서문. Joseph Conrad, *The Nigger of the Narcissus*(1897).

이 동심원 구조의 중앙은 궤가 어떻게 다윗 도성에 들어왔는지에, 곧 적절한 종교적 장엄 예식을 동반하였다는 것에 초점을 맞추고 있다. 에피소드의 마무리 〈가〉는, 다윗이 축하 의식을 시작하며 소개했던 (6,2) 신적인 명칭(6,18 "만군의 주님의 이름")을 부르면서 백성을 축복하는 것이다. 백성이 해산했을 때 다윗 도성에 궤를 모시는 의식은 마무리 되었다. 〈가-다-가〉 장면에는 방해와 에필로그에 없는 축제의 언어로 가득 차 있다.

3.4.1 축하 의식 시작 6,1-5

◆ 구조

가. 다윗, 이스라엘에서 선택된 이들을 소집하다(6,1)
    나. 다윗과 백성이 하느님의 궤를 메기 위해 출발하다(6,2)
        다. 하느님의 궤 수송을 위한 준비가 되다(6,3ㄱ)
    나'. 우짜와 아흐요가 하느님의 궤를 인도하다(6,3ㄴ-4)
가'. 다윗과 이스라엘이 환호하다(6,5)

막이 올라가자 다윗과 이스라엘의 백성이 모였다(가). 궤가 내려가자 그들은 노래하고 춤추기 시작하였다(가'). 장면 한가운데서 주요한 행동이 진행된다. 궤가 아비나답의 집에서 출발한다.

✦✦ 주석

다윗은 이스라엘의 모든 '선택된 이들'을 다시 소집한다. 아마도 우리는 예루살렘을 향한 행군(5,6) 혹은 필리스티아인들과의 전투(5,17-25)라고 여길 것이다. 이전에 다윗이 군대를 소집했던 경우처럼 말이다. 그 궤가 예루살렘으로 여행을 떠나면서 3만 명의 군중은 화려한 장면을 연출할 것인데, 예루살렘은 이 에피소드에서 세 번이나 '다윗 도성'이라고 언급되었다(6,10.12.16). 임금이 주님의 궤를 그의 도성으로 옮기고 있다.

그 궤의 건설은 계약 비준 이후(탈출 20,22-24,18) 주님이 곧바로 내린 명령이었고(탈출 25,10), 그것이 완성되자 모세는 "증언판을 가져다 궤 안에 놓았다"(탈출 40,20). 궤의 덮개는 그 위로 하느님이 구름 속에서 나타나는 '자비의 자리mercy seat'라고 부른다(레위 16,2).[66] 궤 자체는 이스라엘에 대한 하느님의 신실하심을 상징하고(여호 3,7-8), 하느님께 문의를 드려야 할 때는 그 궤를 모셔올 수 있다(판관 20,27; 1사무 14,18-19). 궤는 또한 군사 작전에서 중요한 역할을 한다. 이스라엘인들이 이집트를 탈출한 후에 광야를 통과하는 여정 중에 그 궤가 길을 인도했다.

궤가 떠날 때면 모세가 이렇게 말하였다. "주님, 일어나소서. 당신의

---

66 "이스라엘인들의 생각에서, 상상하는 야훼는 … 성전에(1열왕 6,23-28; 이사 6,1-8) 있는 어마어마한 케루빔 어좌에 좌정하시고(설사 보이지 않는다 할지라도), 그분의 발판으로 쓰이는 계약 궤 위에 발을 놓고 계시다(시편 99,5; 132,7; 1역대 28,2)." [F. W. Dobbs-Allsopp, "R(az/ais)ing Zion in Lamentations 2," in *David and Zion: Biblical Studies in Honor of J. J. M. Roberts*, ed. B. F. Batto and K. L. Roberts (Winona Lake, IN: Eisenbrauns, 2004), 25.]

원수들은 흩어지고 당신을 미워하는 자들은 당신 앞에서 도망치게
하소서"(민수 10,35).

이스라엘이 약속된 땅으로 들어가기 위해 요르단강을 건너는 것은 홍해를 건넌 것을 반영한다. 단, 이때 홍해에서 모세가 물이 갈라지도록 지팡이를 쳐들고 팔을 뻗친(탈출 14,16.21) 점은 제외한다(궤는 아직 제작되기 전이었다). 요르단의 건널목에서 강물의 흐름을 막은 것은 주님의 궤였다.

궤를 멘 사제들이 요르단강 물가에 발을 담그자, 위에서 내려오던 물이 멈추어 섰다. 아주 멀리 차르탄 곁에 있는 성읍 아담에 둑이 생겨, 아라바 바다, 곧 '소금 바다'로 내려가던 물이 완전히 끊어진 것이다(여호 3,15ㄴ-16ㄱ).

예리코를 공격할 때, 이스라엘인들은 궤와 함께 도시 성벽 둘레(곧 내려앉을)를 행군했다(여호 6장). 궤는 필리스티아인들과 싸우러 그들과 함께 전장에 나갔었는데(1사무 4,3), 그것을 포획한 이들은 그것을 정당한 소유주에게 반환하는 것이 최선이라는 것을 빠르게 알았다(1사무 5,1-6,12). 궤는 이스라엘로 다시 돌아와 아비나답의 집에 안치되었고, 그곳에 머물렀다.[67]

---

[67] 하느님의 궤가 1사무 14,18에 언급되지만, 많은 학자들은 궤가 아비나답의 집을 결코 떠나지 않도록 이 구절을 칠십인역("그가 에폿을 옮기기 위해 '에폿을 가져오시오'")으로 읽는다.

그러자 키르얏 여아림 사람들이 와서 주님의 궤를 모시고 올라갔다. 그들은 주님의 궤를 언덕에 있는 아비나답의 집에 옮기고, 그의 아들 엘아자르를 성별하여 그 궤를 돌보게 하였다. 궤가 키르얏 여아림에 자리 잡은 날부터 이십 년이라는 긴 세월이 지났다. 이스라엘 온 집안은 주님을 향하여 탄식하고 있었다(1사무 7,1-2).

이제 다윗이 이 지극히 성스러운 이스라엘 종교의 상징을 가져와서 그의 새 도성 예루살렘에 안치하기 위해 아비나답의 집으로 떠난다.[68]

2사무 6장에 나오는 궤의 여정을 지도로 작성하려는 시도는 좌절감을 맛볼 것이다. 에피소드의 시작 부분에서 궤는 '언덕 위에 있는' 아비나답의 집에 있다고 이야기된다. 1사무 17장을 바탕으로 우리는 아비나답의 집이 키르앗 여아림(예루살렘 서쪽 14km) 근처에 있음을 안다. 우짜가 죽은(2사무 6,7) 나콘의 타작마당의 위치는 알려진 바가 없다. 우짜가 죽은 후에 궤는 갓 사람 오벳 에돔의 집에 옮겼다. 만일 이 갓 사람이 갓 근처에 살았다고 가정한다면(증거는 없다), 궤는 예루살렘 서쪽으로 약 40km 지점에 있으니 에피소드가 시작되었을 때보다 더 멀리 있는 셈이다. 그러나 오벳 에돔이 나콘의 타작마당 근처에 외국인으로서 살고 있었다고 추정하는 것이 더 합리적이다. 지리적인 이 모호함의 그 어느 것도 어떤 방식으로든 다윗 도성으로 궤를 옮기려는 이 에피소드의 주요 목적을 감소시키지 않는다.

궤가 운반되는 '새 수레'(2사무 6,3)는 필리스티아인들이 궤를 이스라

---

68 1사무 4,1-7,2과 2사무 6장은 때때로 '궤 내러티브'라고 언급된다. 궤에 대한 더 긴 명칭[커룹들(케루빔) 위에 좌정하신 분, 만군의 주님의 계약 궤은 단지 이 구절들에만 나타난다.

엘에 반환하려고 마련했던 새 수레를 연상시키는데(1사무 6,7), 그것은 이스라엘인과 비이스라엘인 모두에게 궤의 운반에는 아주 특별한 경의가 요구된다는 것을 시사한다. 일반적인 수레는 허용되지 않는다. 아비나답의 아들들이 소개된다. 아흐요는 궤 앞에 있고, 우짜는 궤 뒤편 운명적인 위치에 있었다고 추정한다. 막이 닫힐 때 의식이 시작된다. 3만 명의 백성이 춤을 추고 악기를 연주하고 찬미가를 부른다.

3.4.2 방해: 우짜의 죽음. 축하 의식이 일시 중단된다 6,6-11

◆ 구조

가. 우짜와 궤: 궤가 나콘에 도착한다(6,6)
　나. 주님과 우짜: 우짜의 죽음(6,7)
　　다. 다윗, 주님, 그리고 우짜: 나콘의 타작마당 재명명(6,8)
　나'. 주님과 다윗: 다윗의 두려움(6,9)
가'. 다윗과 궤: 궤는 오벳 에돔의 집에 머무른다(6,10-11)

장면은 궤가 다윗 도성을 향하여 길을 가는 것으로 시작한다. 장면의 전반부는 우짜에 초점을 맞춘다. 중심에서 다윗과 우짜는 함께 언급되고 우짜가 죽은 장소는 지명이 바뀐다. 장면이 닫히며, 그 순간 궤는 수도에 재배치되지 않는다고 결정하는 다윗에게 초점이 맞춰진다. 궤가 오벳 에돔의 집에 안치될 때 수금과 비파와 손북은 조용해졌다.

✦✦ 주석

3만 명의 축제 행진은 신의 분노의 폭발로 냉랭하게 중단되었다. 우짜의 아버지 아비나답은 궤를 지켰고, 아들인 우짜는 신의 분노로 죽었는데, 우리의 충격을 완화시켜 주기 위해 화자가 하는 일은 거의 없다. 궤는 다윗 도성을 향한 길 중에 있는, 알려지지 않은 장소인 나콘의 타작마당에 다다랐다. 소들이 수레를 갑자기 당긴 것 같은데, 히브리어 동사 샴투 *šāmĕṭû*는 NRSV가 '흔들렸다'로 NJPS가 '비틀거렸다'로 다르게 번역하듯이 쉽게 해석되지 않는다. 무슨 일이 일어났든지, 수레 뒤에 자리하고 있던 불운한 우짜는 궤를 급히 움켜잡았다. 우짜의 즉흥적인 몸짓에 대한 주님의 반응은 설명 없이 신속했다. 하느님은 하쌀 *haššal* 때문에 (히브리어 본문에 의하면) 우짜를 죽이셨다. 내러티브에서 중요한 이 시점에 히브리어 본문은 성경에서 단지 여기에만 나타나는 이해할 수 없는 용어를 보존한다. 이런 이유로 NRSV는 히브리어 단어 하쌀 *haššal*을 1역대 13,10에 있는 설명으로 대체한다. "그가 손을 뻗어 궤를 잡았기 때문이다." 후대를 위해 이 불가해한 사건을 최초로 해석한 사람인 역대기 상권 저자가 2사무 6,7을 다시 쓴 것은, 히브리어 하쌀 *haššal*이 오늘날 우리에게 그런 것처럼 그에게도 설명될 수 없었음을 나타낸다.

　우짜는 왜 죽어야 했는가? 궤 뒤편에 자리 잡은 것은 단순히 우연의 일치다. 그의 형제 아흐요에게도 똑같이 쉽게 일어날 수 있는 일이었다. 어쩌면 고대 독자에게는 본문이 덜 당혹스러웠을지도 모른다.

그러나 우리에게는 화자가 너무 냉정하고 너무 폐쇄적이다. 우리는 그에게 답변을 원한다. 우리는 하느님께 답을 듣기를 원한다. 우리는 불안이 완화되기를 바라며 계속 읽으면서 수 세기 동안 우짜의 처형을 설명하려고 노력해 온 성서 주석가들과 함께한다. 《민수기 라빠*Numbers Rabbah*》(5세기)는 우짜의 죽음에 대한 라삐 요나탄과 라삐 엘아자르의 설명이 다르다고 기록한다. 하나는 '그분은 그의 실수 때문에 그를 쳤다'라고 말하고, 다른 하나는 '그분은 그가 궤의 현존 앞에서 그 자신의 필요를 충족시켰기 때문에 그를 쳤다'라고 말한다.[69] 고대 라삐들은 우짜를 '내세'로 신속히 보내며[70] 우짜가 궤 옆에서 죽어가는 행운을 가졌다고 한다. 만사형통이다. 3세기 페르시아 작가이며 성서학자인 아프라하트의 생각에, 우짜는 민수 7,9에서 제시한 대로 궤를 나르는 규정을 따르는 데 실패했기 때문에 죽임을 당했다. 궤는 후에 2사무 6,13에서 보듯 어깨에 메고 운반했어야 했다.[71] 하지만 이 설명은 아흐요가 죽임을 당하지 않은 이유를 설명하지 않는다. 나지안조의 그레고리오는 하느님은 '궤와 관련된 거룩한 신비를 보존하기 위해' 우짜를 죽이셨다고 주장한다.[72] 이 라삐들과 초기 그리스도인 저자들은 우짜의 죄를 구체적으로 설명함으로써 하느님의 반응을 변호하려고 애썼다. 그들의 설명이 현대 주석들에 다시 나타나긴 하지만 현대 독자들

---

69 *Num.* Rab. 14,4; 번역. Slotki (London: Soncino, 1983).
70 *Num.* Rab. 14,4.
71 Aphrahat, Demonstration Fourteen, §20, in I. Parisot, ed. *Aphraatis Demonstrationes*, Patrologia Syriaca 1 (Paris: Firmin-Didot, 1894). 참조. Craig E. Morrison, "Scenes from First and Second Samuel retold in Aphrahat's Fourteenth Demonstration, 'Exhortatoria'," *Parole de l'Orient* 36 (2011), 169-89.
72 Gregory of Nazianzus, Oration 20, "On Theology, and the Appointment of Bishops," in *Gregory of Nazianzus* ed. Brian E. Daley (London: Routledge, 2006), 110.

에게는 그다지 만족스럽지 않다. 우짜의 죽음은 수수께끼로 남아 있고 해석하는 기술의 한계를 드러낸다.

다윗의 반응 -분노와 두려움- 은 우리의 경각심을 반영한다. NRSV는 하느님의 분노를 다윗의 분노와 구별하는 히브리어 구문을 포착한다.

2사무 6,7: 주님의 분노는 우짜를 향하여 타올랐다.[73]
2사무 6,8: 다윗은 화가 났다.

인간이 하느님께 화를 낸다는 표현은 이스라엘에 대한 하느님 진노의 표현처럼 결코 일반적이지 않다. 그럼에도 하느님을 향한 인간의 분노는 하느님이 자신의 제물에 무관심했다고(또 다른 도발적인 본문) 분노한 카인에게서 시작한다(창세 4,5). 요나는, 그가 니네베 사람들에게 단죄를 설교하는 모든 노력을 한 후에, 하느님이 마음이 풀려서 그들을 벌하지 않으셨을 때 화를 낸다(요나 3,10-4,3). 그런데 요나 이야기에서 독자는 지금의 이 장면과 아주 다른 입장에 있다. 우리는 요나의 화에 근거가 없고 하느님이 그에게 교훈을 가르치실 필요가 있다고 인식한다. 그러나 다윗이 우짜의 시신을 응시할 때 우리는 그의 편이다. 이 참혹한 죽음을 통해 얻는 교훈은 무엇인가? 아마도 이 장면의 의미를 밝히는 단서는 우짜의 뜬금없는 죽음의 장소가 이름 지어질 때 절정에 다다를 것이다.

페레츠 우짜, 또는 '우짜를 내리침'이라는 우짜가 죽은 장소는 하느

---

[73] 히브리어 표현 '하라 아프'(*hrh* + *ʾap*)는 하느님께만 국한되지 않는다. 인간도 '불같이 화를 낼 수 있다(민수 24,10 참조).

님의 반응을 기념한다. 8절에서 '치다(파라츠*prs*)' 단어가 삼중으로 사용된 것은 최근에 하느님께서 또한 '쳐버리신'(문자 그대로 번역) 필리스티아 사람들의 패배를 상기시킨다.

> 그래서 다윗은 바알 프라침으로 들어가 그곳에서 그들을 쳐부순 다음, 이렇게 말하였다. "큰물로 무너뜨리듯, 주님께서는 내 앞에서 원수를 무너뜨리셨다." 그리하여 그곳의 이름을 바알 프라침이라 하였다(5,20).

> 다윗은 주님께서 우짜를 그렇게 내리치신 일 때문에 화가 났다. 그래서 그는 그곳을 페레츠 우짜라고 하였는데, 그곳이 오늘날까지 그렇게 불린다(6,8).

이 양쪽 장면에서 하느님은 등장인물을 '치시기 위해' 개입하시고, 그 장소들의 이름은 하느님 진노의 폭발을 기념하기 위해 변경된다. 첫 장면에서는, 다윗의 원수들을 내리치셨고 그래서 다윗은 승리한다. 두 번째 장면에서는 우짜를 내리치셨고, 그래서 다윗은 화를 내고 두려워한다. 우짜의 위반은 불분명할지라도(반면에 필리스티아인의 죄는 분명하다), 양쪽 장면에서 하느님의 '내리치심'은 계획의 변경으로 이어진다. 필리스티아인은 그들의 공격을 포기하고 다윗은 궤에 대한 그의 계획을 포기한다.

화자는 즉시 다윗의 속마음으로 이동한다. "이래서야 어떻게 주님의 궤를 내가 있는 곳으로 옮겨 갈 수 있겠는가?" 다윗은 우짜를 치신 것이 궤를 옮기는 그의 계획에 대해 신적 불쾌감을 표시한다고 인식한다. 필리스티아인들이 주님의 궤를 가지고 도주했을 때 심한 종기로 치셨고, 그들의 신인 다곤의 신상은 산산조각이 났다(1사무 5장). 지금 우짜는 궤에 대한 모호한 위반으로 죽어 누워 있다. 다윗도 실수했는가? 궤를 옮기기 전에 그가 주님께 여쭈어보았어야 했는가? 우리도 그렇지만 다윗도 그의 과실을 확인할 수 있는 정보가 충분하지 않다. 그러나 다윗은 두려워한다. 주님이 다음에 누구를 치실 것인가? 그래서 축하 예식은 보류되고 궤는 갓 사람 오벳 에돔의 집에 안치된다. 장면은 오벳 에돔의 집안이 궤의 현존으로 복을 받고 있다는 소식으로 마무리된다. 그 정보는 이제 점점 다윗에게 가까이 가고 있다.

3.4.3 궤가 다윗 도성으로 운반되다 6,12-15

◆ 구조

기쁜 소식이 다윗에게 다다른다(6,12ㄱ)
가. 다윗이 환호하며 궤를 옮긴다(6,12ㄴ)
　나. 의식(6,13-14)
가'. 다윗과 이스라엘이 함성을 지르고 나팔을 불며 궤를 옮긴다(6,15)

구절 6,12ㄱ은 다윗이 궤를 이동하는 의식을 재개하기로 결정한 이유를 설명하기 위해 이전 장면을 상기한다. 장면의 중앙에 있는 전례 행위들은(제물을 바치고, 춤추고, 에폿을 입는) 기뻐하며 궤를 '옮기는' 일로 구성되어 있다.

◆◆ 주석

갓 사람 오벳 에돔의 집안이 신의 축복을 누리자, 사자는 그 소식을 다윗에게 전하면서, 오벳 에돔에게 행운이 온 이유는 그의 집에 있던 궤의 존재라고 말한다. 다윗은 이것을 주님의 진노가 완화되어서 그의 계획을 재개할 수 있는 신호로 받아들인다. 궤를 이동하는 두 번째 시도에서, 화자는 다윗에게만 초점을 맞춘다. 에피소드를 시작할 때(6,1) 있었던, 궤를 아비나답의 집에서 들어 내오기 위해 길을 나섰던 3만 명에 대한 언급은 없다. 이번에는 희생제사가 궤의 여정을 돋보이게 한다. 벳 세메스의 백성들이 필리스티아인들로부터 궤를 받았을 때, 그들 역시 희생제사를 드렸다(1사무 6,15). 솔로몬이 궤를 다윗 도성에서부터 자신이 새로 건설한 성전으로 옮길 때 셀 수도 없이 많은 동물을 제물로 바쳤다(1열왕 8,5). 이 장면에서는 다윗이 여섯 걸음마다 황소와 살진 송아지를 제물로 바친다. 화자는 그렇게 많은 제물을 실제로 바칠 수 있는지를 염려하지 않으며 우리도 그러하다. 중요한 점은 예루살렘에 궤가 도착하는 과정에 잊지 못할 의식이 수반되었다는 것이다. 처음에 다윗이 궤를 옮기려고 했을 때 제물을 바쳤어야 했는가? 제물을 바치지 않은 것이 하느님께서 우짜에게 사형을 집행하고 그래서 궤의 이동을 중지하도록 도발했는가? 화자는 아무 단서도 내보이지 않는다.

다윗은 보통 사제들만 입도록 제한된 아마포 에폿을(1사무 2,28; 14,3; 22,18) 입고 사제의 역할을 수행한다. 에폿(탈출 28,6-14 참조)은 '이스라엘 공동체의 인간 대표자가 보이지 않는 하느님과 접촉하도록 상징적 기능을 했다.[74] 1사무 23,9에서 다윗은 주님께 문의할 때 사제 에브야타르에게 에폿을 가져오도록 명령한다(다윗은 보통 그것 없이 주님의 의견을 찾긴 하지만). 사무엘 예언자가 실로 성소에서 봉사할 때, 그가 입은 아마포 에폿은(1사무 2,18) 그에게 희생제사 주관을 허용하는 사제의 역할을 의미한다(1사무 9,13-14). 이 예복은(다윗은 아마포 에폿을 입은 유일한 임금이다) 사제-임금으로서 다윗의 직무를 알리는 신호인데, 그는 희생제사를 드리고, 제물의 몫을 분배하고, 백성을 축복한다(2사무 6,17-19). 예루살렘에서 보낸 다윗 치세 시기를 테두리 짓는 것은 그의 희생제사 의식이다. 즉 궤의 이동 의식을 하기 위해 다윗은 황소와 살진 송아지를 봉헌하고, 공적 생활을 마무리할 때 그는 예루살렘에 제단을 쌓고 번제물과 친교제물을 바친다(24,25).[75]

장면을 마무리하기 위하여 화자는 이 사건의 의미를 강조하는 함성과 나팔 소리(6,15)라는 세부 사항 두 가지를 첨가한다. 쇼파르라고 부르는 나팔은 숫양의 뿔로 만들며, 군사적 영역과 종교적 영역에서 다

---

74 Carol Meyers, "Ephod," in *The Anchor Bible Dictionary*, ed. David N. Freedman (6 vols.; New York: Doubleday, 1992), 2:550.
75 다윗의 이 봉헌은 임금과 그의 불행한 선왕 사이의 또 다른 대조를 시사한다. 궤가 예루살렘에 들어왔을 때 다윗은 희생제사를 봉헌할 수 있었고, 우리는 하느님 마음에 들었으리라 확신한다. 그런데 사울이 예언자 사무엘의 명령에 불순종하여(1사무 10,8) 희생제사를 바쳤을 때(1사무 13,9), 그는 왕국을 다윗에게 잃는다(1사무 13,14).

사용된다. 그것은 하느님이 시나이산에 내려오실 때 처음 울렸다(탈출 19,16). 예리코 성벽이 무너져 내리는 데 동반한 나팔 소리와 함성(전투의 외침)으로 이스라엘을 위한 하느님의 승리를 축하했다(여호 6,5). 이제 만군의 주님의 계약 궤가 시온, 다윗 도성으로 들어오는 것을 동일한 의식으로 환영한다. 배경에 시편 작가의 말이 울린다.

> 하느님께서 환호 소리와 함께 오르신다. 주님께서 나팔 소리와 함께 오르신다(시편 47,6).

3.4.4 방해: 미칼이 임금인 남편을 경멸한다 6,16

에폿을 입은 다윗이 인도하는 주님의 궤가 막 도성으로 들어가는[76] 그때, 화자가 카메라를 창문 쪽으로 돌리니, 우리는 거기서 불만을 품고 밖을 내다보고 있는 미칼을 본다. 손에는 손북이 없으며, 그녀는 환희에 찬 임금을 경멸한다. 히브리어 내러티브는, 궤의 영광스러운 입성과 미칼의 경멸의 눈초리라는 사건이 동시에 일어난 일임을 강조한다. 얼마나 대조적인가! 여기가 이 에피소드에서 다윗이 "임금 다윗"으로 언급되는 두 번째 순간이다(그는 지금까지 직함 없이 13번 언급되었다). 그의 직함 소개는 미칼의 경멸을 해독解讀하는 단서를 제공하고(더 자세한 설명은 에필로그에 있다), 다른 단서는 화자가 그녀를 '사울의 딸'로 언급하는 데서 온다. 다른 기회에는 미칼이 '다윗의 아내'로 언급되었다(1사무

---

[76] 참조. 1.4.1 히브리어 내러티브.

19,11; 25,44).⁷⁷ 그런데 여기와 에필로그에서 화자는 그녀의 혈통 관계에 초점을 맞춘다. 다윗에 대한 미칼의 애정이 그렇게 급격하게 변한 이유는 무엇인가? 그녀는 한때 그를 사랑했고(1사무 18,20), 그녀의 아버지가 그를 죽이려고 했을 때 그의 피신이 용이하도록 도왔다(1사무 19,11-17). 화자는 축제가 끝날 때까지 우리를 긴장 상태에 두고 이야기를 계속해 나간다.

3.4.5 궤 영접 예식 6,17-19

◆ 구조

가. 백성이 궤를 가져오다(6,17ㄱ)
   나. 다윗이 희생제사를 드리고, 축복을 하고, 나누어준다(6,17ㄴ-19ㄱㄴ)
가'. 백성이 떠나다(6,19ㄷ)

◆◆ 주석

미칼의 짧은 등장 후, 화자는 카메라를 주된 움직임에로 돌려놓는다. 세 가지 전례적 행동이 궤의 도착을 기린다. (1) 희생제사, (2) 축복, (3) 음식 나눔. 궤는 천막에 안치되고('만남의 천막'에 관한 언급. 민수 7,89 참조),

---

77 2사무 3,13-14에서 다윗이 미칼을 '사울의 딸'이라 언급하는데 그 장면은 사울 임금이 젊은 다윗과 맺은 계약에 초점을 맞추고 있기 때문이다.

그다음에 탈출 29,42 규정에 따라 다윗은 희생제사를 바친다.[78]

> 이것은 내가 너에게 말하려고 너희와 만나는 만남의 천막 어귀 곧 주님 앞에서, 너희가 대대로 바쳐야 하는 일일 번제물이다.

이 의식들은 새로 성별된 아론이 백성에게 축복하고, 번제물과 친교제물을 드리고, 천막에 들어갔다 나와서 백성에게 축복할 때 만남의 천막 앞에서 드린 첫 번째 희생제사를 반향한다(레위 9,22-23). 다윗의 의식 묘사는 덜 상세하지만, 사제-임금은 지금 궤가 머물고 있는 천막 입구에서 번제물과 친교제물을 드리고 만군의 주님의 이름으로 백성에게 축복한다. 이 호칭은 에피소드의 시작 부분에서 소개되었다(6,2). 궤의 예루살렘 입성 이야기는, 온 백성이 빵, 고기(역주: NRSV는 "고기", 한글 《성경》에는 "대추야자"), 심지어 아가에서 사랑에 빠진 젊은이가 사랑하는 사람에게 간청하는 진미인(아가 2,5) 건포도까지 포함한 임금의 만찬을 즐기는 축제로 끝난다.[79] 이 풍미 있는 음식을 손에 들고 모두 집으로 향한다. 궤는 다윗 도성에 도착했고, 모든 사람은 기쁨으로 충만하다. 한 명만 빼고 다.

---

78 다윗은 어떤 종류의 제단에서 이 제사를 드렸는가? 이 질문은 다윗의 공적 생활이 끝날 때까지(2사무 24,25) 예루살렘에 첫 제단을 쌓았다는 이야기가 유보되도록 무시되었다.
79 솔로몬은 "듣는 마음"을 구하는 그의 청을 채워주신 하느님을 만난 후, 예루살렘으로 돌아와 번제물과 친교제물을 드리고 신하들을 위해 잔치를 베푼다(1열왕 3,15).

3.4.6 에필로그: 미칼과 다윗의 대면 6,20-23

◆ 구조

가. 사울의 딸(6,20ㄱ)
   나. 비난(6,20ㄴ)
      다. 하느님은 미칼의 아버지 대신 다윗을 뽑았다(6,21)
   나'. 다윗이 미칼의 비난을 거부한다(6,22)
가'. 사울의 딸(6,23)

장면은 사울의 딸을 위한 의도된 축복으로 시작하고 그녀가 자식 없이 남게 되었다는 알림으로 끝난다. 중앙은 미칼의 냉소적인 비난과 그와 똑같은 다윗의 냉소적인 응대로 구성되어 있고, 다윗이 임금으로 선출된 이야기를 반복한다.

◆◆ 주석

다윗이 자기 집으로 향하니, 미칼이 그를 만나러 나온다. 그들의 대결은 모두가 볼 수 있게 길에서 일어난 것으로 보인다. 다윗은 이스라엘 백성에게 했듯이 그의 아내와 그의 온 가족을 축복하려 했지만, 사울의 딸은 그의 축복을 받을 분위기가 아니다. 미칼을 가리키는 ('다윗의 아내'가 아니라) '사울의 딸'이라는 이 호칭이, 장면의 중앙에서 주님은 그녀의 아버지 대신 자신을 선택하셨다는 다윗의 선언을 테두리 지으며 포괄한다. 다윗이 단순히 이스라엘에서 자신의 지위를 강조하려고 했다면, 자신이 선택받았음을 언급하는 것으로 충분했을 것이다. 하지만 그는 미칼에게 그녀의 아버지에 대한 하느님의 결정을 상기시킨다. 다윗은 단지 최근에서야 자신에 대한 하느님의 선택을 인식하게 되었고(2사무 5,12), 이 선택은 이제 궤를 그의 도성으로 옮기는 것으로 공적인 비준을 받았다. 그런데 '사울의 딸'은 아무것도 얻지 못할 것이다.

창가 전망이 좋은 지점에서, 그녀는 임금의 승리 대신에 NJPS가 표현한 대로 '하층민'(NRSV는 '잡배'로 번역)처럼 행동하면서 자신을 노출시키는 임금을 보았을 뿐이다.[80] 화자는 다윗의 복장이 부족하거나 부적절한 것으로 묘사하지 않는다. 도대체 다윗은 어떻게 자신을 드러내고 있었는가? 우리는 확실하게 알 수 없다. 그런데 미칼은 화를 낸다. 사울의 딸이 그녀의 남편에게 '이스라엘의 임금'이라고 말할 때, 한때 그 칭호를 지녔던 아버지에 대한 기억을 암시하고 있다. 그에 대한 그녀의 메시지는 분명하게 '너는 임금이 아니다'이며, '내 아버지는 당신보다 나은 임금이었다'는 신호이다. 주님의 궤가 그녀의 아버지가 아니고 다윗에 의해 예루살렘으로 인도된 것에 격분한 그녀는, 다윗이 이스라엘에 대한 그의 권위를 확고히 했음을 인식한다. 이제 사울 혈통의 후계자가 왕위를 되찾을 가능성은 거의 없다.

그녀의 비난을 계기로 다윗에게 궤 이동의 의미를 해설할 수 있는 짧은 진술의 기회가 만들어진다. 그는 하느님에게 자신이 선택받았음

---

80 영어 'riffraff'로 옮겨진 히브리어 단어 하레킴*hārēqîm*은 아비멜렉이 자기 친족을 살해하기 위해 고용한 쓸모없는 무리를 묘사하는 데 사용되었다(판관 9,4). 미칼은 신랄한 비난을 가했다.

과 그것으로 그가 사울을 대신한다는 사실에 주목하게 한다. 그가 자신의 리더십을 묘사하기 위해 사용한 단어 나기드(nāgîd: '임금melek'이 아니라 '영도자')는, 하느님이 사무엘에게 이스라엘의 영도자로 사울을 선택하려는 의도를 전달하실 때 처음 말씀하신 것이다.

> 내일 이맘때에 벤야민 땅에서 온 사람을 너에게 보낼 터이니, 그에게 기름을 부어 내 백성 이스라엘의 영도자(나기드 nāgîd)로 세워라(1사무 9,16).

다윗은 하느님이 미칼의 아버지에게 수여했던 호칭(2사무 6,21, NRSV는 'prince'로 번역)을 그대로 사용했는데, 이것이 그녀의 아버지를 퇴위시킨 하느님 당신의 선택임을 그녀에게 상기시키기 때문이다.[81] 그는 그녀 앞이 아니라(!) '주님 앞에서 춤을 추었음'(6,21)을 그녀가 알기를 바란다.

이제 우리는 축하 의식 동안에 창문에서 보낸 미칼의 경멸의 눈초리를 이해할 수 있다. 임금의 유쾌함이 사울의 딸에게는 너무 벅찬 것이었다. 그녀는 한때 다윗을 사랑했고(1사무 18,20), 그의 목숨을 구했고, 임금으로서 선택받음을 지원했다(1사무 19,11-17). 그러나 그 사랑은 이제 가고 없다. 그녀는 아브네르가 다윗과 동맹을 맺으려고 왔을 때, 다윗이 사울 왕실에 요구했던 유일한 조건(2사무 3,13)이 그녀였다는 것을 알아야만 한다. 그녀의 형제이며 아버지의 꼭두각시 후계자인 이스 보셋이, 다윗에게 되돌려주기 위해 그녀의 뒤를 따라오며 우는 남편

---

81 호칭 나기드 nāgîd는 하느님께서 다윗에게 그를 나기드로 선택하신 것에 대해 말씀하시는 다음 장면(7,8)을 내다본다.

팔티엘에게서(3,16) 그녀를 탈취하도록 명령했다. 팔티엘의 눈물은 미칼이 그와 비슷한 감정을 지니고 있었을 가능성을 열어준다. 다윗은 그녀를, 그녀의 아버지 사울이 그를 도주하게 만들었을 때 그가 얻었다가 잃은 트로피 정도로 대했다. 그런데 그에게 첫 기회가 오자 그는 그 트로피 미칼을 돌려달라고 요구했다. 이제 그녀는 궤 앞에서 춤을 추는 임금을 경멸하는데, 이것이 그녀에게는 아버지의 무덤 앞에서 춤추는 것처럼 보인다.

　미칼에게 거의 공감하지 못하는 화자는 그녀가 자식 없이 죽었다라고 마지막 말을 한다. 화자는 그 세부 사항을 소개하는 것으로 인과관계를 암시하는데, 즉, 하느님의 선택을 받은 사람 앞에 보인 비웃는 시선과 건방진 발언에 대한 신적 응보라는 것이다. 나아가 그녀의 무자식이 의미하는 바는, 다윗의 후계자가 사울 혈통의 후손일 수는 없다는 것, 그리고 사무엘이 사울에게 하느님이 그에게서 왕국을 **빼앗아** 그보다 나은 이에게 주시리라고 들려준 선언(1사무 15,28)이 절대적임을 보증하는 것이다. 이 끝맺음 발언으로 화자는 미칼을 다윗 내러티브에서 퇴장시키고 우리는 그녀에 대해 다시는 듣지 못한다.

3.5 하느님이 다윗에게 약속 7,1-29

일반적으로 빠르게 진행되는 내러티브의 흐름이, 하느님이 다윗에게 허락하신 사적 접견 자리에 우리가 참석할 수 있도록 잠시 중단된다.

에피소드라는 문학 장르(하나의 신탁과 하나의 기도)는, 나름의 독특한 주제와 언어를 수반하여 다윗 내러티브에서 그 특수한 기능을 알린다. 처음으로 우리의 시선은 다윗 생애의 특정한 사건 위를 맴돈다. 사울로부터의 도피, 다윗의 전쟁들, 혹은 미칼과의 언쟁 같은 사건들과 함께 우리 앞에 그 장면이 펼쳐지는 것을 보았다. 여기에서 우리는 이스라엘 역사에 대한, 특히 다윗 왕위가 이제 영원에 이르게 된 그 역사에 어떻게 엮여 완성해 가는지에 대한 하느님의 계획을 조감도鳥瞰圖로 본다. 지금까지 다윗과 하느님의 대화는 사울이 크일라를 공격할 것인지 아닌지(1사무 23,10-12), 혹은 그가 아말렉의 약탈자들을 추격해야 하는지 아닌지(1사무 30,8)와 같은 구체적인 질문에 대한 간결한 응답이었다. 이제 하느님은 다윗 내러티브에서 가장 긴 발언을 하신다. 우리는 사무엘이 사울에게, 하느님은 사울을 대체할 사람으로 그보다 나은(1사무 15,28) '당신의 마음에 드는' 사람(1사무 13,14)을 발견하셨다고 경고한 때부터 하느님과 다윗 사이의 특별한 관계에 대하여 알고 있다. 우리는 하느님의 명으로 다윗이 기름부음을 받는 장면과(1사무 16,1-13), 최근 다윗이 자신의 운명을 인식하는 것을 지켜보았다(2사무 5,12). 하지만 이 순간까지 하느님과 다윗이 그 주제에 관해 대화한 적은 없다.

다윗 내러티브에서, 이스라엘 역사의 핵심 사건들이 재조명된 유일한 때가 지금이다. 그렇게 다시 살핌으로써 그 역사에서 다윗 가문과 영원한 왕좌의 설립이라는 다음 회분을 예고한다. 하느님이 이끄신 이 역사를 마지막으로 다시 돌아본 이가 임종 직전의 여호수아다. 그는 가나안을 향한 아브라함의 이주부터 약속된 땅에 이스라엘이 도착하기까지의 사건들을 열거했다(여호 24,2-13). 이제 하느님은 이 역사를 다윗의 왕좌와 그의 왕조까지로 확장하신다. 간결한 시작 장면에서(2사무 7,1-3), 다윗은 자신의 향백나무 집과 하느님의 집인 천막 사이의 격차에 주목한다. 그는 그 상황을 개선하려고 한다. 하느님과 다윗 사이의 대화가 진행되면서, '집'(15회 나타남)이라는 언어유희가 등장한다. 다윗이 하느님을 위하여 지으려는 집인 성전이, 하느님이 다윗을 위하여 세우시려는 집인 왕조王朝가 된다. 하느님은 언어유희를 즐기시는 것 같다. 우리도 그래야 한다.

♦ 구조

이 에피소드는 세 장면으로 나뉜다.

1. 다윗과 나탄: 다윗이 하느님의 궤를 위한 '집'을 제안한다(7,1-3)
2. 나탄과 하느님: 신탁

   가. 하느님, 이스라엘을 구원하신 분께서 그의 집을 결정하신다(7,4-7)

   나. (웨아타 *wĕʻattâ*) 하느님은 다윗을 위한 집을 지으실 것이다(7,8-17)
3. 다윗과 하느님: 다윗의 응답

   가. 다윗이 하느님의 구원 행위를 찬양한다(7,18-24)

   나. (웨아타 *wĕʻattâ*) 다윗의 기도(7,25-29)

두 번째와 세 번째 장면은 병행이다. 각 장면의 첫 부분은 이집트에서의 해방에 대한 언급으로 하느님의 구원 행위를 소환하고, 두 번째 부분은 영원히 지속되는 다윗의 집을 세우시겠다는 하느님의 약속을 소개한다. 각 장면에서 두 번째 부분은 웨아타(*wĕ'attâ*; NRSV는 이를 7,8에서는 '이제 그래서'로, 7,25에서는 '그리고 이제'로 번역함)로 시작하여, 첫 부분에 제시된 약속에 기반한 결과를 알리는 신호가 된다.

3.5.1 다윗과 나탄: 다윗이 하느님의 궤를 위한 '집'을 제안한다 7,1-3

다윗이 예루살렘을 점령했을 때, 그의 독자들과 함께 성전이 건축된 이후 시대를 살았던 화자는, 예루살렘을 차지하려는 전쟁보다 미래의 성전 부지 점령이라는 데에 더 초점을 맞추었다. 화자는 새롭게 점령한 예루살렘을 '시온'이라 불렀는데(5,7 참조), 이는 하느님의 거주 장소에 대한 언급이다. 그는 이 장면을 눈먼 이들과 다리 저는 이들은 '집' 곧 성전에 들어가지 못한다는 관습을 기억하는 것으로 닫는다(5,8). 다윗은 이제 그가 바로 그의 수도로 가져온 하느님의 궤를 위한 '집'을 짓겠다고 제안한다. 현재 다윗은 그의 집에 살고 있고 주님은 그에게 안식을 주셨다. 시작 절에서 두 개의 구句가 '그리고'로 연결되었는데 인과관계를 암시한다. 다윗은 왕국의 평화와 궁전의 안락함을 누리고 있는데 왜냐하면 주님께서 그의 원수들로부터 그에게 안식을 주셨기 때문이다. 사실 필리스티아인들의 패배에 결정적인 것은 하느님의 군사적 전략이었고(5,19.23), 이 에피소드에 이어지는 장면에서 다윗이 하느님의 도움으로 다시 승리한다(8,6.14). 그런데 다윗 왕좌의 보장에 대한 화자의 평가는 아주 밝지만은 않다. 더 많은 전투가 기다리고 있다. 그러나 다윗이 방어해야 했던 이전의 전쟁(5,17과 5,22)과는 달리 미래 전투에서는 그가 공격자. 필리스티아인들을 공격하고 패배시킨 후에(8,1), 그는 모압인, 에돔인과 다른 민족들을 상대로 일련의 승리를 거둘 것이다(8,2-14). 그의 아들 솔로몬은 다윗의 치세 동안 왜 성전 건축이 연기되어야 했는지를 설명하기 위해 이 전투들에 호소할 것이다.

> 그대도 아시다시피, 내 아버지 다윗은 그분의 하느님이신 주님의 이름을 위한 집을 짓지 못하셨습니다. 주님께서 사방에서 그를 둘러싼 자들을 그의 발바닥 밑에 두시기까지, 그들과 전쟁을 하셔야 했기 때문입니다. 그러나 이제 주 나의 하느님께서 나를 사방으로부터 평온하게 해주시어, 적대자도 없고 불상사도 없습니다(1열왕 5,17-18).

솔로몬 치세 동안 지정학적 상황이 개선될 것이다. 하느님은 솔로몬에게 다윗에게 주셨던 것과 같은 '안식'을 주실 뿐만 아니라, 거기에는 성전 건축을 방해할 '적대자도 불상사도 없게 해주실 것이다. 다윗은 솔로몬이 설명했듯이 그의 적들로부터 이런 정도의 '평온'까지는 결코 누리지 못했기에 그는 성전을 건축할 수 없었다.

다윗이 그의 적들에게서 벗어나 안식을 누린다는 소식은, 하느님께서 이스라엘을 그의 원수들에게서 벗어나 안식을 누리게 해주신다고, 즉 이스라엘의 전쟁을 싸워주시고(신명 3,22) 그들에게 약속된 땅을 주시겠다고 약속하셨던 계약을 상기시킨다(신명 12,10과 25,19).

> 주님께서 너희와 마찬가지로 너희의 형제들에게도 안식을 베푸시고, 그들 또한 주 너희 하느님께서 요르단 건너편에서 그들에게 주시는 땅을 차지하게 되면, 그때에야 너희는 저마다 내가 너희에게 준 땅으로 돌아올 수 있다(신명 3,20).

이 신적 약속이 여호수아의 삶을 구성한다. 여호수아는 그의 시작 연설에서 모세의 말을 상기한다.

> 주님의 종 모세께서 "주 너희 하느님께서 너희에게 안식을 베푸시고 이 땅을 주셨다" 하고 너희에게 이르신 말씀을 기억하여라. … 그러나 너희 가운데 힘센 용사들은 모두 무장을 하고, 너희 형제들 앞에 서서 강을 건너가, 그 형제들을 도와주어야 한다. 주님께서 너희와 마찬가지로 너희 형제들에게도 안식을 베푸시고 그들도 주 너희 하느님께서 주시는 땅을 차지할 때까지, 너희는 그렇게 해야 한다(여호 1,13-15ㄱ).

여호수아는 생애 말쯤에 르우벤인들과 가드인들, 그리고 므나쎄 반쪽 지파를 불러놓고 성취되어야 하는 계약의 약속을 선언한다.

> 너희는 주님의 종 모세께서 너희에게 명령하신 것을 모두 지켰다. 그

리고 내가 너희에게 명령한 대로 내 말도 잘 들었다. … 주 너희 하느
님의 계명을 성심껏 지켰다. 이제 주 너희 하느님께서는 친히 이르신
대로 너희 형제들을 평온하게 해주셨다(여호 22,2-4ㄱ).

여호수아가 고별인사를 하기 직전에 화자는 우리에게 모세에게 하셨던 약속이 성취되었음을 다시 한번 상기시킨다.

주님께서 원수들을 모두 물리치시고 사방으로부터 이스라엘을 평온
하게 해주신 뒤, 오랜 시일이 지났다. 여호수아는 늙고 나이가 많이
들었다… (여호 23,1).

여호수아 연설의 배경은 이 에피소드의 배경과 비슷하다. 상황절(여호수아는 늙었고; 다윗은 그의 궁에 거주하고)이 하느님께서 이스라엘에게 적들에게서 벗어나는 안식을 주셨다는 소식과 결합되어 있다. 다윗 내러티브의 이 지점에서 계약 언어가 다시 나타나 청중에게 이스라엘과의 하느님 계약이 논의 중이라는 신호를 준다.

이 개막 장면의 중앙에서 다윗은 그의 향백나무 궁전(히람 임금의 선물 2사무 5,11)과 하느님의 천막 사이의 격차를 알아차리고, 나탄에게 문의한다. 나탄은 여기 처음으로 등장하는데 그에 관하여 주어진 정보는 단지 '예언자'로 불린다는 것이다. 이 역할로 그는 엘리야(1열왕 18,17)나 이사야(2열왕 20,1)처럼 임금에게 바로 접근할 수 있는 위치를 차지한다. 이다음으로 나탄은 다윗과 그의 후계자 솔로몬에 대한 하

느님의 계획이 무너질 위기의 순간에 등장한다. 임금이 우리야의 아내 밧 세바를 취한 다음에 우리야의 살해를 교묘하게 획책하여 사형이 임박했을 때, 나탄이 임금에게 관용을 베풂으로서(2사무 12,13), 여기 이 장章에서 선언된 하느님의 계획은 지속된다. 솔로몬이 태어났을 때 나탄은 다윗의 아들 이름을 '주님께서 사랑하시는 아이'라는 의미의 여디드야라고 바꾼다(12,25). 다윗이 병상에 누워 있을 때, 나탄은 아도니야가 왕좌에 대한 권리를 선언했다고 임금에게 알리고(1열왕 1,11-27), 그런 다음 솔로몬의 계승을 확실하게 하는 일을 추진할 것이다(1열왕 1장).

'천막'이라 번역되는 히브리어 단어 여리아(yĕrî'â: 2사무 7,2)는 시나이 광야에 세워진 주님의 성막을 위한 용어이다(탈출 25-31장).[82] 성막의 건립을 주도한 이는 모세가 아니라 하느님이다. 궤가 여리아yĕrî'â 곧 '천막'에 머무르고 있다는 다윗의 언급은 그 천막의 건립을 상기시키며 다윗에 대한 하느님의 반응을 예시한다. 탈출기에서처럼 지금도 하느님 홀로 궤의 거처에 대한 계획과 언제 그것을 건축할 것인지를 결정하신다. 따라서 다윗의 성전 건축 제안은 거절될 것이다. 그러나 잠시 동안 우리는 주님을 위하여 합당한 성전을 제의하도록 촉구한 다윗의 신심에 감명받는다. 다윗이 나탄에게 하는 첫 마디 '보시오'는, 예언자의(그리고 우리의) 주의가 왕궁과 궤의 천막 사이의 부조화에 초점이 맞춰지고, 그래서 나탄이 다윗의 계획을 결론짓게 한다. 그 계획을 추천할 권위를 지닌 것으로 보이는 예언자가, 하느님이 그와 함께 계심을

---

82 탈출 26,1-13에서 용어 여리아yĕrî'â는 성막을 위해 짠 막을 묘사한다.

상기시키면서 동의한다(2사무 5,10). 그 말은 다윗이 예루살렘을 정복한 후에 화자가 했던 말과 같다.

이 개막 장면에서 다윗은 세 번이나 '임금'으로 언급되는데, 앞 장에서 화자가 그를 스무 번은 '다윗'으로 두 번은 '임금 다윗'(6,12.16)으로 지칭하고, 결코 '임금'이라는 단독 호칭으로는 지칭하지 않던 것과 대조된다. 다윗의 직함에 대한 언급들은 머지않아 발표할 신탁의 주제를 예고한다. 하느님은 이스라엘과의 계약을 확장하여 임금과 그의 '집안'을 포함시키려 한다.

3.5.2 나탄과 하느님: 신탁 7,4-17

다윗 내러티브에서 가장 긴 하느님의 말씀은 7,4-7과 7,8-17 두 부분으로 나누어진다. 첫 부분은 문제로 시작하여 다윗의 왕좌에 관하여 막 하려는 발표의 전제를 말씀하신다. 웨아타 $wĕ'attâ$로 시작하는 두 번째 부분(7,8 이제 그러므로)에서는 결론을 내신다.

3.5.2.1 하느님이 그의 집을 결정하신다 7,4-7

◆ 구조

배경(7,4)
가. 하느님을 위한 집('내가 살 집을 네가 짓겠다는 말이냐?')(7,5)

나. 이스라엘 백성(7,6ㄱㄴ)
　　　　다. 옮겨 다니는 하느님(7,6ㄷ)
　　　　　　라. 천막과 성막(7,6ㄹ)
　　　　다'. 옮겨 다니는 하느님(7,7ㄱ)
　　나'. 이스라엘 백성(7,7ㄴ)
가'. 하느님을 위한 집('너희는 나에게 집을 지어주지 않았다')(7,7ㄷㄹ)

하느님의 말씀에서 포괄 〈가/가〉는 성전을 지으려는 다윗의 지향에 초점을 맞춘다. 〈나/나〉와 〈다/다〉 부분은 하느님이, 이스라엘 백성이 약속된 땅에 들어가기 전에 광야를 통과하며 유랑할 때, 그들과 어떻게 다니셨는지를 회상한다. 중앙에는 신의 응답을 촉구하는 쟁점, 곧 다윗이 성전으로 대치하자고 제안하는 천막이 자리한다.

◆◆ 주석

이전 장면의 끝에서 나탄은 다윗의 계획에 동의했었다. '가서서 하십시오.' 지금 하느님이 나탄에게 '가라'고 명령하시는데 그 의미는 '돌아가라'이다. 다윗의 계획을 뒤집기 위해 나탄의 경로를 돌리시는 것이다. 궤와 하느님을 위한 집을 건축하기는 임금의 결정에 달린 일이 아니라는 것을 그에게 알리는 데 얼마 걸리지 않는다. 하느님은 왜 최근 전투에서 필리스티아인 격퇴 전략을 짤 때처럼(5,23-24) 다윗에게 직접 말씀하시지 않는가? 이 장면에는 단일한 전투 결과보다 훨씬 더 많은 것이 걸려 있다. 하느님은 이제 곧 이스라엘 역사의 방향을 정하시고 다윗의 운명을 드러내실 것이다. 사무엘기에서 오직 예언자들에게만 맡겨진 '주님의 말씀'이 지금 다윗에게 전달되도록 예언자 나탄에게 온다.

전달자 공식 '주님이 이렇게 말씀하신다'(7,5)는 예언문학에서 신적 말씀을 시작하는 공통 양식인데, 다윗 내러티브에 등장하는 다섯 번 중에서 처음으로 나타난다. 그 중 네 번을 말하는 이는 나탄이다(두 번은 여기 7,5.8, 두 번은 다윗과 밧 세바의 사건 이후 12,7.11에, 그리고 한 번은 다윗이 인구조사 죄를 범한 후에 24,12 가드 예언자가 말한다). 그 양식은 뒤따르는 말들이 발신자에게 속한 반면 여기 경우에는 하느님께 속하며, 예언자는 말이 지나가는 한낱 관管에 불과함을 독자에게 표시하는 것이다.[83] 신탁은 수사적 질문으로 시작한다. "네가 내가 살 집을 짓겠다는 말이냐?" 하느님은 다윗에게서 정보를 듣고자 하는 것이 아니다. 임금이 그의 권한을 넘어섰고 그래서 수사적 질문은 다윗이 다음과 같이 부정적인 대답을 하도록 몰아붙인다. '아닙니다. 사실 저는 하느님을 위한 집을 지을 사람이 아닙니다.' 히브리어는 강하게 인칭대명사 "아타attâ"(너)에 강세를 두고, 다윗의 역할과 하느님의 역할 사이의 대조를 강조한다. 내가 (너 다윗이 아니라 하느님이!) 이스라엘 백성을 이집트에서 이끌어냈고, 내가 그들 사이를 돌아다녔고, 내가 이스라엘을 돌볼 사람을 임명했다. 이 말씀은 다음 부분(7,8-17)의 논쟁을 위한 전제(다윗이 아니라 하느님이 이스라엘의 역사를 인도하신다)를 제시한다.

이 담화를 해석하는 핵심은 중앙에 있다. '천막과 성막'은 이 운반

---

[83] 전달자 양식은 신적인 말씀에만 국한되어 사용되지 않는다. 창세 32,5에 야곱이 에사우에게 사자를 보낼 때도 사용한다. "나리의 종인 야곱이 이렇게 아룁니다."

가능한 구조물을 궤의 거처로 설립한 것을 상기시킨다. 그것의 건립을 결정하고 그 비품들을 지정하신 분은 하느님이셨다(탈출 25,9). "내가 너에게 보여주는 성막의 모형과 온갖 기물의 모형에 따라 모든 것을 만들어라." 다윗은 지난 몇 세기 동안 궤를 들여놓았던 이 구조물의 설계에 하느님이 직접 관여한 것을 잊었는가? 하느님은 이스라엘의 어떤 지도자에게도 문제를 제기하지 않은 것처럼 다윗에게 문제를 제기하지 않았다. 따라서 궤를 위한 새 거처 문제는 해결되었고, 그래서 신탁은 여기서 끝날 수 있다. 그런데 하느님은 말씀하실 것이 더 있으시다.

3.5.2.2 하느님이 다윗을 위한 집을 지으실 것이다 7,8-17

♦ 구조

가. 그러므로 너(나탄)는 말하여라(7,8ㄱ)
　　나. 하느님이 다윗을 위하여 무엇을 하셨고 무엇을 하실 것인가(7,8ㄴ-9)
　　　　다. 하느님은 그의 백성을 위해 무엇을 하실 것인가(7,10-11ㄱ)
　　　　　　라. 나는 너에게 평온을 준다(7,11ㄴ)
　　　　　　　　마. 주님은 너에게 한 집안을 일으켜 주실 것이다(7,11ㄷ)
　　　　　　라'. 네가 너의 조상들과 잠들게 될 때(7,12ㄱ)
　　　　다'. 하느님은 다윗 왕국을 위해 무엇을 하실 것인가(7,12ㄴㄷ-13)
　　나'. 하느님은 다윗의 후계자를 위해 무엇을 하실 것인가(7,14-16)
가'. 이렇게 나탄이 말한다(7,17)

이 부분의 중앙에서 하느님이 다윗을 위한 한 '집안'을 세우신다고 약속하실 때, 담화는 일시적으로 3인칭으로 바뀌고 주님의 이름YHWH이 두 번 나타난다. 이 절정 후에 단어 올람(*ôlām*, 영원히)이 일곱 번 나타나며 다윗을 위한 하느님의 계획이 영원하리라고 되풀이한다. 중앙 둘레 구조(다/다'와 라/라' 부분)에서, 하느님은 이스라엘과 다윗 왕국에 구체적인 약속을 하신다. 〈나/나〉 부분은 하느님[인칭대명사 아니(*ănî*, 나, 7,8ㄴ.14)의 사용으로 강조했다]이 다윗을 위해 하셨던 일과 하실 일을 병행한다. 신탁은 전달자 양식과 나탄이 하느님의 메시지에 충실했다는 화자의 해설로 테두리 지어졌다(가/가').

♦♦ 주석

하느님은 당신의 전제를 제시하신 후에, 이제 결론을 내리신다('이제 그러므로'로 시작했다. 7,8). 전달자 양식('그러니 이렇게 말하여라')은 다윗을 그분의 '종'으로 언급하는 하느님의 말씀으로 이어진다. 다윗이 임금일지 모르나 하느님께 그는 종이며, 다윗은 하느님 앞에서 바치는 그의 기도에서 아홉 번이나 자기 자신에게 그 명칭을 적용한다(7,18-29). 자신을 '종'으로 지칭하는 것은 지위가 낮은 아랫사람이 윗사람에게 말할 때 공손함을 드러내는 일반적인 표현이다.[84] 7,8에서 하느님에 대한 좀 더 긴 호칭 '만군의 주님'은 다윗 내러티브에서 드물게 사용된다. 다윗이 골리앗을 대면했을 때(1사무 17,45) 이 칭호로 하느님을 불렀고, 2사

---

84 다윗의 아들, 압살롬이 자기 아버지인 임금에게 말할 때 자신을 '종'으로 지칭한다(13,24).

무 6장 궤의 호칭과 백성에 대한 다윗의 축복에서(6,18) 이것이 나타났다. 예언서들(이사야서에는 육십 번 나타남)에서는 이 호칭이 아주 빈번하게 사용된다. 전달자 양식과 함께 나타난 이 신적 호칭은 이 담화의 엄숙함을 강조한다. 전에는 하느님이 다윗에게 이런 방식으로 말씀하신 적이 전혀 없었다.

하느님의 말씀은, 히브리어 동사가 그들의 주어를 이미 가리키기 때문에 요구되지 않는 인칭대명사 '나'를 사용하여 시작한다. 히브리어 구는, 1인칭 인칭대명사의 사용으로 표시가 된 하느님과 다윗 사이의 대조를 표현하는 '너를 데려간 이는 나였다'로 표현할 수 있다.[85] 다윗을 그의 백성의 나기드(nāgîd, 영도자)로 만든 이는 다윗이 아니라 하느님이었다. 성서에서 나기드 nāgîd 칭호가 처음 등장하는 곳은 1사무 9,16인데, 하느님이 사무엘에게 당신이 이스라엘의 영도자(nāgîd)로 소개하는 이에게 기름을 부으라고 말씀하실 때이다. 사무엘이 1사무 10,1에서 사울에게 기름을 붓자 그 호칭이 그에게 주어졌다. 이 신탁에서 그 칭호를 사용하는 것은 다윗이 그의 아내 미칼에게 상기시켰던 것처럼(2사무 6,21), 하느님께서 사울의 호칭을 다윗에게 넘겨주셨다는 것을 독자에게 상기시킨다. 하느님은 다윗의 여정 동안 그와 함께 하시며 그의 원수들의 세력을 끊었다고 알려준다. 우리는 1사무 18-31장에서 하느님이 사울의 책략으로부터 다윗을 보호하셨을 때와 더 최근에 다윗이 그의 주된 원수 필리스티아인들을 패주시켰을 때 신적 보호를 목격했다. 이제 다윗은, 우리는 그가 사무엘에게 기름부음

---

[85] 이 구조에 대한 논쟁은 참조. Bruce K. Walke and M. O'Connor, *An Introduction to Biblical Hebrew Syntax* (Winona Lake, IN: Eisenbrauns, 1990), 16.3.2d.

을 받았던 날부터 알고 있었던 것을, 하느님의 입을 통하여 알게 된다. 네 개의 1인칭 단수 동사는 다윗의 삶과 이스라엘 역사의 유일한 행위자인 하느님께 초점을 맞추어 우리의 주의가 그쪽을 향하도록 이끈다. 내(하느님)가 데려왔고 … 내가 함께 있었고 … 내가 물리쳤고 … 내가 만들어서 … 하느님의 계획이 없었더라면 다윗은 여전히 그의 양 떼와 함께 있었을 것이다.

신탁이 중심으로 다가가고 다윗 왕조에 대한 약속에 가까워지면서, 초점은 하느님이 하셨던 일에서부터 하느님이 다윗과 이스라엘 백성을 위해 하실 일로 이동한다. 하느님은 다윗의 이름을 위대하게 하실 것인데(2사무 7,9ㄴ), 창세 12,2에서 아브라함에게 하신 계약 약속의 언어를 반향하고 계시다.[86] 약속된 땅인 그들의 땅에 백성을 '심는다'는 약속은, 탈출 15장에서 하느님은 백성들을 데려다 당신 소유의 산에 '심으셨다'(탈출 15,16-17)는 고대 승리의 찬미가를 상기시킨다.[87] 2사무 7,10-11의 미래 시제는 이스라엘 백성을 위한 하느님의 계획은 하느님이 다윗을 이스라엘 백성의 영도자(나기드)로 만드시는 이 순간까지 아직 완전히 실현되지 않았음을 시사한다. 그런데 아직 더 있다.

이 구절들의 중심(7,11ㄷ)에서 신탁은 1인칭에서 3인칭 담화로 전환하는데, 다윗에 대한 하느님 서약의 형식을 알리고(이 포고령 이후에 신탁은 다시 1인칭으로 전환) 독자의 완전한 주목을 요구한다. 다윗은 하느님을 위한 향백나무 집을 상상했다. 하느님은 다윗을 위한 집, 다윗 왕

---

[86] 창세 12,2 "나는 너를 큰 민족이 되게 하고, 너에게 복을 내리며, 너의 이름을 떨치게 하겠다. 그리하여 너는 복이 될 것이다."
[87] 예언자 예레미야 역시 하느님께서 이스라엘 백성에게 그 땅을 어떻게 수여하셨는지를 묘사하는데 "'심다"(예레 11,17)의 은유를 사용한다.

조를 상상한다. 그때 신탁은 '왕국', '왕좌', '설립', '영원'의 새로운 용어들을 소개한다. 하느님은 다윗 왕조의 왕좌를 세울 것이고 그 왕국은 영원히 안정되게 머무를 것이다. 초점은 명명되지 않은 다윗의 후계자가 아니라 영원한 왕통王統의 약속에 있다.[88] 독자는 '그는 나의 이름을 위하여 집을 짓고'(7,13)라는 문장의 밝혀지지 않은 주체가 누구인지 1열왕 1장에서 알게 되기까지 기다린다.[89] 신탁을 유발시킨 문제, 곧 다윗이 성전을 짓겠다는 결정은 이제 마무리되었다. 이 에피소드에서 '집'이란 단어가 여덟 번 이상 사용되었는데 항상 다윗 혈통을 언급할 때다.

7,14에서 인칭대명사 아니(ănî, 나)는 다윗을 계승할 임금과 하느님의 개인적 관계를 다시 강조한다. '그에게 아버지가 될 사람은 나다'(필자 번역). 다윗의 아들이 왕좌에 앉을 것인데, 다윗이 아니라 하느님이 그의 아버지가 될 것이다.[90] 그런 다음 신탁은 다윗 왕국을 에워쌀 위기를 암시한다. 하느님은, 북 왕국 이스라엘의 첫 임금 예로보암을 포함하

---

88 이 에피소드에서는 하느님도 화자도 (화자가 분명히 알고 있는) 솔로몬의 이름을 밝히지 않는다. 설사 솔로몬의 삶이 예언자 나탄과 밀접하게 관련되어 있다 할지라도 말이다. 나탄은 솔로몬의 출생 이후 즉시 나타나서 그에게 '하느님께 사랑받는 아이'라는 의미의 여디드야라는 이름을 준다(12,25). 그리고 후에 아도니야가 다윗 왕좌를 계승받지 못하게를 좌절시키고 솔로몬이 임금으로 기름부음을 받도록 공작한다(1열왕 1장). 아도니야는 나탄의 개입이 아니었다면 그의 아버지를 계승할 수도 있었다. 현재로서는, 하느님은 다윗의 아들들(2사무 3,2-5와 5,14-16에 이름이 열거됨) 중 누가 그의 후계자가 될 것인지에 대해 우리를 궁금한 상태로 두셨다.

89 솔로몬이 성전을 건축하기로 결정했을 때, 그는 하느님이 다윗에게 한 약속에서 그의 역할을 주장한다. "주님께서 내 아버지 다윗에게, '내가 너 대신 네 왕좌에 앉힐 너의 아들이 내 이름을 위한 집을 지을 것이다' 하고 말씀하신 그대로입니다"(1열왕 5,19).

90 임금의 '신적 양자' 주제는, 레빈손이 (시편 89,27-28을 인용하면서) 지적하는 대로 고대 근동 문학에서 나타난다. "비슷하게 야훼께서는 다윗 후손 군주를, 법적으로 입양함은 물론 그를 신적 회의의 수장으로서 지상의 관계자로 임명하심을 확언하셨다"[Bernard M. Levinson, "The Reconceptualization of Kingship in Deuteronomy and the Deuteronomistic History's Transformation of Torah," *VT* 51(2001): 513].

여 다윗 자손들을 대적하는 원수들을 일으켜, 그들의 죄악을 호되게 책망하실 것이다. 그래서 신탁은 다윗 왕국의 분열을 암시하는 한편 (1열왕 11,11), 하느님께서는 당신의 확고부동한 사랑(헤세드 *hesed*)을 다윗의 후손들에게는 사울에게서 거두신 것처럼 하지 않으리라고 다윗에게 확신을 준다. 하느님 말씀은 다윗 왕국이 영원히 지속하리라는 약속을 재확인하면서 마무리된다.

현대 독자는 다윗 왕국이 영원하지 않음을 안다. 바빌로니아인들은 다윗의 아들이 건설한 성전을 파괴할 것이고, 다윗의 왕좌에 앉은 마지막 임금 치드키야는 여호야킨 임금과 함께 바빌론으로 유배될 것이다(2열왕 24-25장). 그러나 신탁은 이 사건들을 언급하지 않는다(아래 3.6: '열왕기 상권과 시편 89편에 반복되는 다윗에게 한 약속' 참조). 화자는 나탄이 하느님의 메시지를 전하는 데 충실했다고 표현하며 신탁이 끝났다는 신호를 보낸다(7,17).

3.5.3 다윗과 하느님: 다윗의 응답 7,18-29

하느님의 이 약속에 대한 다윗의 응답은 두 부분으로 나뉜다. (1) 7,18-24 다윗이 하느님을 찬미한다 (2) 7,25-29 다윗의 기도

3.5.3.1 다윗이 하느님의 구원 행위를 찬미한다 7,18-24

♦ 구조

배경(7,18ㄱㄴ)
첫 번째 수사적 질문: '제가 누구이옵니까?'(7,18ㄷ)
두 번째 수사적 질문: '제 집안이 무엇이옵니까?'(7,18ㄷ)
        하느님이 다윗을 위하여 하신 일(7,18ㄹ-19)
세 번째 수사적 질문: '다윗이 무슨 말씀을 더 드릴 수 있겠습니까?'(7,20ㄱ)
        하느님은 그가 당신의 계획을 알게 하심(7,20ㄴ-21)
다윗이 하느님을 찬미한다(7,22)
네 번째 수사적 질문: '누가 당신 백성 이스라엘과 같겠습니까?'(7,23ㄱ)
        하느님이 이스라엘 백성을 위하여 하신(7,23ㄴ-24)

이 단락을 구성하는 수사적 질문 네 개는 다윗이 그 자신의 생애와 이스라엘 역사에 개입하신 하느님에 대해 더 깊이 묵상하도록 촉구한다. 첫 세 질문은 다윗과 하느님 사이의 관계를 강조한다. 네 번째 질문은 이스라엘 백성에게 초점을 맞춘다.

♦♦ 주석

간결한 무대장치는 주님 앞에 '앉은'(야샤브 *yšb*) 다윗을 묘사하는데, 추측컨대 그는 막 그의 도성으로 이전한 궤가 들어 있는 천막에 있을 것이다. 에피소드의 시작에서 다윗이 그의 향백나무 궁에 '거처하고(*yšb*)' 있었던 동안 궤는 천막 안에 '안치되어(*yšb*)' 있었다(7,2). 하느님의 말씀을 촉발시킨 질문은 이제 해결되었고(다윗의 상속자가 성전을 건축할 것이다), 다윗은 그가 성전으로 대치하려고 의도했던 천막에 '앉기(*yšb*)' 위해 궁전을 나섰다.

임금은 독자가 적절한 답변을 숙고하도록 초대하는 네 가지 수사적 질문을 던진다. '제가 누구이옵니까?', '제 집안이 무엇이옵니까?' 첫 두 질문으로 다윗은 하느님의 위엄 앞에 그 자신의 하찮음을 인식하고, 하느님이 이 목자-임금의 삶에서 주역이시라는 나탄의 신탁 주제를 확인한다(7,4-17).[91] 다윗이 지금 인식하는 대로 하느님은 다윗을 이 지점까지 - 왕관과 수도- 데려오셨다(7,18). 이에 더하여 하느님은 이스라엘 역사에서 다윗으로부터 이어질 영원한 왕조를 통하여 그의 '집안'이 이스라엘 역사에서 행할 역할을 볼 수 있도록, 다윗에게 먼 미래를 흘끗 보게 하셨다. 그런 다음 하느님을 찬미하면서, 그는 이 유산이 하느님의 위대함과 유일무이함에 비하면 아주 하찮음을 인정한다. '당신 같으신 분은 없습니다'(7,22). 7,19의 후반부의 의미를 NRSV가 '주 하느님! 이것이 백성을 위한 가르침이 되기를 바랍니다'라고 정확하게 표현하였지만, 그 의미는 불분명하다.[92] 아마도 다윗은 하느님께서 그와 맺으신 계약이 미래 세대들을 위한 '가르침'이 되리라 생각했을 것이다.

---

91 하느님께 응답하기 위해서 모세는 같은 관용구로 파라오에 견주어본 자신의 비천한 사회적 위치를 표현한다. "제가 무엇이라고 감히 파라오에게 가서, 이스라엘 자손들을 이집트에서 이끌어낼 수 있겠습니까?"(탈출 3,11). 다윗도 자신의 딸과 결혼하라는 사울에게 비슷하게 대답한다. "제가 누구이며…"(1사무 18,18). (비록 우리가 다윗이 임금으로 하느님의 선택을 받았음을 알고 있지만) 사울 임금의 우월한 지위를 정중하게 인정하는 것이다.

92 NRSV와 NJPS는 히브리어의 의미가 '확실하지 않다'고 지적한다. REB는 구문을 생략하고 NAB는 본문을 수정한다. "이것도 사람에게 보이셨나이다, 주 하느님!"

그 제안에 대해 더 이상 말하지 않는다. 세 번째 질문 '다윗이 당신께 무슨 말씀을 더 드릴 수 있겠습니까?'는 이스라엘 역사를 위한 하느님의 거대한 계획 앞에 임금의 무의미함을 다시 인정하는 것이다. 그는 하느님이 그를 끝까지 아시기 때문에 아무것도 더할 수 없다. 기도드리는 그의 자세는 무엇보다도 시편 94,11 '주님께서는 알고 계시다, 우리 생각을'과 139,1 '주님, 당신께서는 저를 살펴보시고 아십니다'를 반영한다. 하느님은 다윗에게 당신의 마음을 알게 하셨으며, 이는 시편 작가의 찬사도 불러일으키는 경험이다.

> 주님의 결의는 영원히,
> 그분 마음의 계획들은 대대로 이어진다(시편 33,11).[93]

나탄은 다윗에게 말했었다. '가시오, 그대의 마음에 있는(빌바베카 bilbābēka) 모든 것을 하시오'(7,3 필자의 번역). 이제 하느님께서 오래전에 '그분의 마음에 따라'(1사무 13,14) 선택하신 다윗이 '그의 마음'에 따라 그에게 이 약속을 해주신 하느님을 찬양한다. 하느님의 '마음'이 성전을 건축하려는 다윗의 '마음'을 능가했다. 수사적 질문의 운율은 송영(7,22)으로 중단되는데, 거기서 시편집의 전설상 작가인 다윗은 그 누구와도 동등하지 않은 하느님을 찬양하기 위해 시적 언어에 호소한다.[94]

---

93 이 시편 구절이 시사하듯이 히브리어 렙leb은 일반적으로 '마음heart'으로 번역되지만, 일반적으로 'heart'와 연결된 영어의 의미보다는 생각의 장소인 영어 단어 'mind'에 더 가까우며 그 의미가 훨씬 더 풍부하다.
94 다윗의 송영에 쓰이는 언어는 시편 71,19에 나타난다. "하느님, 당신의 의로움은 하늘까지 닿습니

'누가 당신 백성 이스라엘과 같겠습니까?' 하는 네 번째 질문은 기도를 하느님은 다윗을 위해 무엇을 하셨는가에서 하느님은 이스라엘 백성을 위해 무엇을 하셨는가로 이동하는데, 다윗이 하느님의 신탁에 언급되었던(7,6) 이집트에서 이스라엘을 구출하신 일을 반복하기 때문이다. 이 회고는 이제 구원 역사에 포함될 새로운 요소, 즉 다윗 왕좌가 영원히 굳게 서는 것을 준비한다. 한 세대 후에 솔로몬이 성전 봉헌식에서 하느님의 약속을 상기할 때, 다윗의 왕위는 이스라엘의 국가 이야기에서 불멸하게 될 것이다.

> 나는 내 백성 이스라엘을 이집트에서 이끌어낸 날부터, 이스라엘의 어느 지파에서도 내 이름이 머무를 집을 지을 성읍을 선택한 적이 없다. 다만 다윗을 선택하여 내 백성 이스라엘을 다스리게 하였다(1열왕 8,16).

"주님, 당신 친히 그들의 하느님이 되셨습니다"라는 다윗의 선언은, 2사무 7장에서 '계약'(버리트 bĕrît)이란 단어가 한 번도 나타나지 않을지라도, 계약의 언어를 반향한다.[95] 생애 마지막에서 다윗은 하느님과 그의 만남(2사무 7장)을 회상하고, 하느님의 약속을 그에게 '영원한 계약'으로 정의한다.

> 나의 집안이 하느님 앞에서 그와 같지 않은가!
> 그분께서는 나와 영원한 계약(버리트 올람 bĕrît 'ôlām)을 맺으시어(23,5)

다. 위대한 일들을 하신 당신, 하느님, 누가 당신과 같겠습니까?"; 예레 10,6; 이사 45,5.21 참조.
95 하느님은 아브라함과의 계약에서 선언하신다. "나는 그들의 하느님이 될 것이다"(창세 17,8).

3.5.3.2 다윗의 기도 7,25-29

◆ 구조

가. 이중 명령법('확립하다'와 '행하다') + 요구법('그것이 위대하게 하다') + '영원히'(7,25-26ㄱ)
   나. 주님이 이스라엘의 하느님이시다(7,26ㄴ)
      다. 하느님이 다윗을 위해 하신 일('귀를 열어주시어')(7,27ㄱㄴ)
         라. 하느님이 다윗에게 한 집안을 세워주시다(7,27ㄷ)
      다'. 하느님께 다윗이 응답하다('이런 기도를 기도한다')(7,27ㄹㅁ)
   나'. '당신이 하느님이시다'(7,28)
가'. 이중 명령법('기꺼이 ~하다'와 '축복하다') + 요구법('복을 받게 하다') + 영원히 (7,29)

다윗 기도의 이 부분은 동심원적 구조이다. 다윗은 그의 기도를 두 개의 명령문과 하나의 요구법jussive으로 시작하고 마무리한다. 히브리어 어근 다바르(dbr, '단어' 또는 '말하다')가 7,25에 세 번 나타나고 다시 7,28-29에 세 번 나타난다. 이 부분 중앙에서 하느님의 약속이 되풀이된다: 하느님이 다윗에게 한 집안을 세워주신다. 마무리 절(7,29)은 이 장의 중심 계시를 되풀이하는데 아래에 그 구조가 나타날 수 있도록 글자 그대로 번역했다.

♦ 구조

가. 이제 그럼, 기꺼이 있게 하시고 복을 내리시어
　　나. 당신 종의 집안을
　　　　다. 당신 앞에서 영원하게 하시고
　　　　　　라. 주 하느님 당신께서 말씀하셨으니
가'. 당신의 축복으로 복을 받고
　　나'. 당신 종의 집안이
　　　　다'. 영원히

이 마지막 절의 〈라〉 부분에서 다윗의 삶을 명예롭게 했고 명예롭게 할 축복들은 오직 하느님께서 '말씀하셨기' 때문에 그에게 온 것임을 강조한다.

♦♦ 주석

나탄의 신탁에서처럼 논점의 이동은 '이제 그래서'(웨아타 wĕ'attâ)로 표시 되었다. 이집트에서의 이스라엘 구출과 이스라엘 백성의 영원한 확립 (7,18-24)을 기억하고, 이제 다윗은 구원 역사의 새로운 발전을 기념하면서, 다윗 왕국을 영원히 세워서 당신의 말씀을 확증하시라고 하느님께 간청한다. 그는 이 계획을 그에게 계시하셨음에 대해, 히브리어 관용구로는 '그의 귀를 열어주셨음'에 대해(7,27) 하느님을 찬양한다. 히브리어 어근 다바르[dbr; 동사 '말하다'(디뻬르 dibbēr)와 명사 '단어'(다바르 dābār)의 어근]는 다윗의 기도에 여섯 번 나타나는데 (7,25과 7,28-29에 각 세 번씩), 모든 경우에 말하는 이가 하느님이시거나 말씀이 그분의 것이다. 그러한 언어는 나탄의 신탁에서 나온 주제 하나를 거듭 밝힌다. 곧, 하느님은 이스라엘 역사와 다윗의 삶에서 유일한 행위자라는 사실이다. 이 신탁과 기도를 촉발했던 최초의 제안, 즉 성전 건축 제안은 오래전에 잊혔다.

다윗의 기도는 '주님 말씀'의 효험을 기념하는데, 이 주제는 열왕기 상·하권에서 발전될 것이다. '하느님의 사람'이 하느님의 말씀을 예로보암에게 전할 때, 그는 예로보암의 식탁에서 먹고 마시기를 거부하는데 이는 '주님의 말씀'으로 그렇게 명령받았기 때문이었다(1열왕 13장). 후에 그는 베텔의 늙은 예언자에게 속아 먹게 되었다. 그리고 곧이어 그는 사자를 만나 죽임을 당했다. 장면은 충격적이지만, 이 이야기와 열왕기의 비슷한 다른 이야기들은 다윗 기도의 주제를 확증해준다. 주님 말씀은 실현되지 않은 채 남아 있지 않는다. 시편의 시인들(시편 33,4; 56,10; 119,89)과 예언자들(이사 55,11; 66,5)은 하느님 말씀에 대한 다윗의 찬양에 합류한다.

> 당신 명령을 세상에 보내시니
> 그 말씀 날래게 달려간다.
> 당신의 말씀을 야곱에게 알리시고
> 당신의 규칙과 계명을 이스라엘에게 알리신다(시편 147,15.19).

시인과 예언자들과 함께 다윗은 하느님께 당신의 말씀을 실현하시라고 말씀드리고 영원히 지속될 것으로 약속하신 왕조를 그에게 베푸시라고 말한다.

3.6 다윗에게 한 약속, 열왕기 상권과 시편 89편에서 반복

한 가지 질문이 독자를 괴롭힌다. 다윗의 왕좌는 사실, 영원하지 않다. 화자는 다윗 왕좌를 제거해버릴, 다가오는 바빌로니아의 침략(2열왕 25,8-21)을 암시하지 않는다. 또한 미래에 이루어질 다윗 왕국의 파멸과 하느님의 무조건적이고 영원한 약속 사이의 부조화에 대해 논평하지 않는다. 다윗의 후계자들의 죄가(7,14ㄴ) 하느님의 진노를 자극할지라도, 그 약속은 지속될 것이다. '그러나 나는 그에게서는 내 확고부동한 사랑을 거두지 않겠다'(7,15). 그렇게 될 것인가? 이에 대한 다윗 자신의 회상을 포함하여 이 약속의 연속선상에서 나온 참조 사항에는 조건이 추가된다.

> 또한 주님께서 나에게 '네 자손들이 제 길을 지켜 내 앞에서 마음과 정성을 다하여 성실히 걸으면, 네 자손 가운데에서 이스라엘의 왕좌에 오를 사람이 끊어지지 않을 것이다' 하신 당신 약속을 그대로 이루어주실 것이다(1열왕 2,4).

요구 사항 "내 앞에서 성실히 걸으면"은 2사무 7장에서는 언급되지 않았다. 이 조건은 다시 1열왕 8장에서 솔로몬이 성전 앞에서 기도할 때 나타난다.

> 그러니 이제 주 이스라엘의 하느님, 당신의 종 제 아버지 다윗에게, '네가 내 앞에서 걸은 것처럼 네 자손들도 내 앞에서 걸으며 제 길을 지켜 나가기만 하면, 네 자손들 가운데 이스라엘의 왕좌에 앉을 사람이 내 앞에서 끊어지지 않을 것이다' 하고 말씀하신 것을 지켜주십시오(1열왕 8,25).

솔로몬에게 하신 하느님의 응답도 조건으로 다윗에게 하신 약속을 다시 쓴다.

> 네가 네 아버지 다윗이 걸은 것처럼, 내 앞에서 온전한 마음으로 바르게 걸으며, 내가 명령한 모든 것을 실천하고 내 규정과 법규를 따르면, 나는 너의 왕좌를 이스라엘 위에 영원히 세워주겠다. 이는 내가 네 아버지 다윗에게 '네 자손 가운데에서 이스라엘의 왕좌에 오를 사람이 끊어지지 않을 것이다' 하고 말한 대로이다(1열왕 9,4-5).

2사무 7장에서 조건 없이 주어진 약속과 후에 조건이 있는 그 약속의 반복 사이에 확연히 드러난 모호함은 시편 89편의 시로 해명된다.[96] 바

---

96 2사무 7,4-17과 시편 89,19-37 중 어느 본문에 신탁의 원래 형태가 보존되어 있는지에 대하여 약간의 논의가 있었다. Nahum M. Sarna는 시편 89편의 신탁이 "고대 신탁을 새로운 상황에 적응

빌로니아에 의한 예루살렘 파괴와 다윗 왕조 마지막 임금의 유배를 아는 시인은, 2사무 7장에서 다윗에게 해주신 영원한 약속을 1열왕 2,4; 8,25; 9,4-5에 언급된 조건으로 재정리한다.

> 영원토록 내가 그에게 내 확고부동한 사랑을 보존하여
> 그와 맺은 내 계약이 변함없으리라.
> 내가 그의 후손들을 길이길이,
> 그리고 그의 왕좌를 하늘의 날수만큼 이어지게 하리라.
> 만일 그의 자손들이 내 가르침을 저버리거나
> 내 법규를 따라 걷지 않는다면
> 만일 그들이 내 규범을 더럽히고
> 내 계명을 지키지 않는다면,
> 그때 나는 채찍으로 그들의 죄악을,
> 매로 그들의 잘못을 벌하리라.
> 그러나 나는 그에 대한 내 확고부동한 사랑을 거두지 않고
> 내 성실도 저버리지 않으리라.
> 나는 내 계약을 더럽히지 않고
> 내 입술에서 나간 바를 바꾸지 않으리라(시편 89,29-35).

시편 작가가 2사무 7,14-15에 나오는 하느님 징벌의 주제('그가 죄를 지으

시킨 시편 작가의 신중하고도 독창적인 주석"이라고 주장했다[Nahum M. Sarna, "Ps 89: A Study in Inner Biblical Exegesis," in *Biblical and Other Studies*, ed. A. Altmann, Brandeis Texts and Studies 1(Cambridge, MA: Harvard University Press, 1963): 29-46].

면, 나는 그를 징벌하겠다')를 반향하는 동안, 다윗과의 계약은 다윗 후손들이 그 조건을 충족하지 못함에도 불구하고 지속된다.

시편 작가는 화자와 같이 다윗 왕조가 예루살렘에서 끝나리라는 것을 안다. 그러면 그 약속은 무효가 되는가? 시인은 이 질문에 정면으로 대면한다.

> 그러나 이제 당신께서는 그를 버리고 물리치셨습니다.
> 당신의 기름부음받은이에게 진노하셨습니다.
> 당신은 당신 종과 맺으신 계약을 파기하시고
> 당신은 그의 왕관을 땅바닥에 내던져 더럽히셨습니다(시편 89,39-40).

파괴와 유배의 이 시간에 시편 작가는 하느님께 당신이 다윗에게 약속하신 '확고부동한 사랑'(헤세드)을 기억하시라는 기도로 마무리한다.

> 주님, 그 옛날 당신의 성실하심으로 다윗에게 맹세하신
> 당신의 확고부동한 사랑은 어디 있습니까?(시편 89,50).

다윗 왕정의 복고에 대한 시편 작가의 희망이, 왜 화자가 2사무 7장에서 다윗 도성과 그의 왕조가 장차 파괴되리라고 암시하지 않는지를 설명해줄 것이다. 시인과 화자 모두 바빌론 유배를 일시적인 징벌로 믿고 있는 한, 하느님이 다윗에게 하신 약속은 영원하다. 시인이 다윗 왕정의 복원을 호소하는 동안 우리의 화자는 논평 없이 다윗에게 하신

무조건적인 약속을 상술하고 있다. 그의 내러티브 기술이 시편 작가와 같은 탄원을 허용하지 않지만, 그 약속과 그가 결국 서술하고 말 다가오는 예루살렘 파괴 사이에 있는 불일치에 대해 침묵하는 것은 그가 언젠가 다윗 왕국이 회복되리라고 희망하고 있음을 증언한다.

3.7 다윗이 하느님의 도움으로 이웃 나라를 공격하고 무찌름 8,1-14

이 장에서 화자의 기술(유일한 행위자로서 다윗이 거두는 빠른 승리의 연속)을 통하여 우리는 양치기-임금이 세계 무대에 오르는 것을 지켜볼 수 있다. 필리스티아인, 모압인, 에돔인 그리고 아람인들에 대한 승리는, 후렴으로 표현된 화자의 목적을 보여주기 위한 하나의 에피소드로 짜여 있다. '주님은 다윗이 어디를 가든지 다윗에게 (그리고 다윗에게만) 승리를 주셨다.' 다윗에게 큰 이름을 주겠다고 약속하신(7,9) 하느님은 이미 그 말씀을 성취하고 계시다.

◆ 구조

1. 다윗의 승리들 8,1-6

    다윗이 필리스티아인들을 치다(나카*nkh*)(8,1)

    다윗이 모압인들을 치다(나카*nkh*)(8,2ㄱㄴ)

        후렴 1: 모압인들은 다윗의 종이 되고, 조공을 바친다(8,2ㄷ)

다윗이 하닷에제르를 치다(나카 *nkh*)(8,3-4)

       다윗이 아람인들을 치다(나카 *nkh*)(8,5)

              후렴 2: 다윗이 외국 땅에 수비대를 두다(8,6ㄱ)

              후렴 1: 아람인들은 다윗의 종이 되고, 조공을 바친다(8,6ㄴ)

              후렴 3: 하느님은 다윗이 어디를 가든지 그에게 승리를 주신다(8,6ㄷ)

2. 다윗과 전리품 8,7-14

       다윗이 하닷에제르의 종들에게서 금을, 하닷에제르의 성읍에서 청동을 가져온다(8,7-8)

       다윗이 토이 임금으로부터 조공을 받는다(8,9-10)

       다윗이 주님께 전리품 모두를 봉헌한다(8,11-12)

       다윗이 에돔인들을 패주시킨다(8,13)

              후렴 2: 다윗이 외국 땅에 수비대를 두다(8,14ㄱ)

              후렴 3: 하느님은 다윗이 어디를 가든지 그에게 승리를 주신다(8,14ㄴ)

이 에피소드는 다윗의 승리들과 그의 전리품 처리, 두 부분으로 나뉜다. 첫 절은 우리의 읽기를 인도하는 두 가지 동사를 소개하는 서곡 역할을 한다. 다윗은 그의 원수들을 '치고'(나카 *nkh*) 그다음에 전리품을 '취한다'(라카흐 *lqh*). 2사무 8,2-6은 세 번 이상의 승리를 기록하는데, 매번 동사 '치다'(나카 *nkh*)를 사용한다(NRSV는 네 번의 나카 *nkh* 동사를 네 개의 다른 동사로 번역했다). 8,7-14는 '취하다'(또는 '거두다', 라카흐 *lqh*) 동사로 시작하여(이 부분에서 두 번 사용), 다윗이 취한 전리품으로 한 일에 대하여 기록한다. 세 개의 서로 맞물린 후렴 쌍이 전체 구성을 통합한다.

◆◆ 주석

이 에피소드로의 전환은 와예히 아하레켄*wayĕhî 'aḥārêkēn*이라는 표현으로(NRSV: '얼마 후에') 표시된다. 이는 앞선 에피소드에서 하느님이 다윗에게 약속하신 이후로 정해지지 않은 시간이 흘렀음을 가리킨다.[97] 화자는 전쟁 연대기라기보다 업적의 목록처럼 읽히는 일련의 전투를 소개한다. 언제 어디서 이 전쟁들이 일어났는가? 다윗의 승리 전술은 무엇이었는가? 그는 어떤 손실을 입었는가? 이전의 필리스티아인들과의 전쟁 기록들(5,17-21,22-25)은 위치와 전투 전략과 같은 몇 가지 세부 사항을 포함했다. 하지만 이 장에서는 우리의 주의가 유일한 행위자인 다윗에게 집중되도록 심지어 이런 세부 사항조차 공표되지 않았다.

고대 근동에서 임금들은 우기가 끝났을 때인 봄철에 전쟁에 나갔다.[98] (비 오는 추운 겨울에는 진흙 바닥을 통과하며 행군하기가 어렵다) 다윗이 필리스티아인들, 모압인들, 임금 하닷에제르, 아람인들 그리고 에돔인들을 한 시기에 패주시켰을까? 그런 것 같지 않다. 속전속결의 승리 목록은 다윗이 동시에 사방에서 싸우고 있었다는 인상을 주지만 이 전투들은 여러 해에 걸쳐 일어난 것이 틀림없다. 이것은 '주님께서는 다윗이 어디를 가든지 도와주셨다'라는 화자의 반복된 감탄이 확인하는 기적적인 군사적 위업이다. 때때로 화자는 다윗에 대한 감탄에 압도된 것처럼 보인다.

---

97 참조. Charles Conroy, *Absalom Asalom! Narrative and Language in 2Sam 13-20*. Anaclecta Biblica 81 (Rome: Biblical Institute Press, 1978), 41-42.

98 다윗은 요압을 보내서 라빠를 포위하게 하는데(11,1), NRSV에 의하면 '그해 봄에', REB, NAB, NJB는 봄을 일컫는 '해가 바뀔 때'라고 문자 그대로 번역한다.

시작 장면, 곧 필리스티아인들을 굴복시킨 다윗의 승리를 재빨리 보고하는 데서는 임금이 단독으로 이스라엘의 주된 원수를 궤멸시켰다는 인상을 받는다(1사무 17장에서 그가 골리앗을 죽였을 때처럼). 예루살렘을 정복한 직후에 다윗은 여전히 그의 도성을 강화하고자 노력하고 있는데, 필리스티아인들의 공격을 두 번 받았다(5,17-21.22-25). 그때는 하느님의 조언에 따라 방어적 작전으로 승리를 거두었다. 이제 다윗은 그 의미를 알 수 없는 '메텍 암마'를 제 것으로 삼으며 공세를 펼친다(2사무 8,1ㄴ). 2사무 8,1ㄴ의 첫 해설자인 역대기는 필리스티아의 주요 도시가 다윗의 통치 아래 있음을 시사하면서 그것을 '갓과 거기에 딸린 마을들'이라고 표현했다(1역대 18,1). 페쉬타 역시 '라맛-가마' 혹은 '가마의 언덕'이라고 이름이 다소 다를지라도, 그것을 장소 이름으로 해석한다. 불가타는 '조공의 굴레frenum tributi'라고 해석하여 메텍 암마의 의미를 패배한 다른 민족들에게서 다윗이 받은 조공과 연관시킨다. 이렇게 불명료함에도 불구하고 이 장면의 의미는 명쾌하다. 다윗은 필리스티아인들을 패주시켰고 그것이 무엇이든 간에 그들에게서 메텍 암마를 취했다. 그는 필리스티아인들이 주님의 궤를 이스라엘에게 돌려준 후에 예언자 사무엘이 했던 것처럼 그들을 '제압'한다(1사무 7,13).

다음 다윗은 서쪽의 필리스티아인들에게 했던 것처럼 그의 권세를 동쪽으로 확장하면서 모압인들(요르단강 건너편 고원지대에 사는 민족)을 패주시킨다. [사울을 피해 도망 다니는 동안 다윗이 그의 부모를 당시 동맹이었던 모압 임금에게 맡겼다는 사실은(1사무 22,3-4) 잊힌 것 같다] 장면은 다윗이 모압인들 포로들에게 행한 처우에 초점이 맞춰져 있고, 전투에 대해서는 아무 기록이 없다. 전쟁 포로들의 운명을 결정하기 위해 밧줄로 그들을 측정했다는 다윗 행동의 의미는 불확실하다. 밧줄을 매는 것은 속죄의 표시가 될 수 있지만(1열왕 20,31에서 벤 하닷이 아합에게 그의 목숨을 살려달라고 빌 때 그의 머리에 줄을 둘렀다), 포로를 판결하기 위해 밧줄을 사용하는 것은 성경에서 여기에만 나타난다. 이 행동이 고대에 무엇을 의미하든, 다윗이 모압인들, 곧 정복자로부터 생사의 선고를 기다리며 그 앞에 엎드려 있는 이들을 즉석에서 판결했다는 것은 분명하다. 이 간결한 장면은 모압인들이 그에게 조공을 바치며 다윗의 신하가 되었다는 화자의 기록으로 마무리된다. 이것이 그가 적에게 결정적인 승리를 거둔 생애 첫 사건이다.

다음 전투에서 화자는 다윗이 적에게 가하는 벌칙에 대해 자세히 말한다. 다윗은 초바의 하닷에제르를 치는데,[99] 그때 하닷에제르는 유프라테스강 가에 자신의 세력을 일으키러 가고 있었다. 그곳은 그가 상당한 권력을 행사해야만 하는 지역이었다(나중에 하닷에제르는 유프라테스강 너머에 사는 아람인들을 모아 다윗과 싸운다. 2사무 10,16).[100] 다시 말하지만, 전투 장면, 위치, 전략이나 다윗 군대의 사상자에 대한 정보는 제공되지 않는다. 초점은 보병 이만 명과 기병 천칠백 명을 포로로 잡았고 병거병은 거의 완전히 궤멸시켰다는 다윗 승리의 규모에 있다. 그래도 여전히 하닷에제르의 백성은 모압처럼 조공을 바치는 신하로 낮

---

99 초바는 아마도 레바논의 비카Biqa 계곡에 있었을 것이다(참조. Wayne T. Pitard, "Zobah," in *ABD*, 6:1108).

100 다윗의 신속한 하닷에제르 처결은, 그가 하닷에제르의 동맹국과 아람인 용병을 패주시킨 전투가 나중에 2사무 10,15-19에 묘사되었지만, 이미 일어났음을 시사한다. 그러나 이 에피소드에서 화자의 초점은 이러한 연대기적 불일치보다 다윗의 다승多勝과 그가 풍부한 전리품을 봉헌한 것에 맞춰 있다.

취지지는 않았으며, 하닷에제르와 그의 동맹들이 다윗과 다시 전쟁을 할 때 여전히 위협적일 것이다(10,15-19). 그럼에도 불구하고 다윗은 주요 군사 강국을 격파했다.

우리의 관심은 하닷에제르와 동맹을 맺고 싸우러 나온 다마스쿠스의 아람인들에게로 이동한다. 다윗은 아람인 이만 이천 명을 쳐 죽이면서 그들 역시 패주시키고, 그의 지배권을 하닷에제르의 동맹들에게 확장하면서 다마스쿠스 주변에 수비대를 세운다. 아람인들은 모압인들처럼 다윗의 신하가 되어 조공을 바친다. 이 네 차례 승리 후에 화자는 우리가 숙고하도록 해석을 삽입한다. "주님께서는 다윗이 어디를 가든지 그에게 승리를 주셨다"(8,6). 우리가 진심으로 동의할 때 화자의 솜씨가 성공적으로 펼쳐진 것이다! 오직 주님의 도움이 있어야만 다윗은 이렇게 신속히 전개된 일련의 전투에서 결정적인 승리들을 손쉽게 쟁취할 수 있었다. 화자는 다시 전투의 세부 사항은 무시하면서 다윗이 하닷에제르와 그의 성읍들 베타와 베로타이(그들의 정확한 위치는 모른다)에서 쟁취한 금과 은에 초점을 맞춘다. 전리품은 이 에피소드의 나머지 부분에서 중요한 무대 소품이 된다.

이 지점에 이르기까지(8,8), 다윗은 그의 원수들을 패주시켰고 조세를 부과했다. 이제는 전쟁하지 않고도 조공이 그에게 도달한다. 하맛 임금 토이는 다윗이 토이의 적대자 하닷에제르를 패주시켰기 때문에, 임금 다윗에게 문안하며 금과 청동과 은과 함께 자기 아들 요람(공식적인 궁정 사절이 아닌)을 보낸다. 하맛 토이의 수도는 예루살렘 북쪽으로 450km쯤에 있다. "다윗은 이름을 떨쳤다"(8,13: 필자 번역)는 화자의 주석은 다윗의 이름을 위대하게 해주리라(7,9)는 하느님의 약속을 상기시킨다. 화자가 다윗 스스로 자신의 힘으로 위대해지고 있음을 시사하는 것처럼 보일지라도, 다윗이 전리품을 처리하는 것을 보면(아래 참조), 그는 하느님께서 그를 위해 승리하고 계심을 인정하고 있다. 다윗의 이름은 다마스쿠스에서부터 유프라테스강까지 지배하고 있는 하닷에제르의 이름에 필적한다. 다윗의 영향력은 하맛의 북쪽, 유프라테스의 동쪽, 에돔의 남동쪽 그리고 필리스티아의 성읍들의 서쪽으로 확장된다. 그는 곧 모압 남쪽에 있는 에돔을 정복할 것이다. 우리는 이 새로운 세계 강국의 자리인 예루살렘에서 다윗의 승리 기념식에 대한 보고를 기대할 수 있다. 하지만 화자는 다윗이 최근에 거둔 군사적 성공에 비해 겉보기에 하찮은 것 같은 전리품으로 한 일을 우리가 알기를 바란다. 하닷에제르에게서 거둔 금과 청동은 임금 토이의 조공물과 함께 주님께 봉헌되었다. 히브리어 단어 카다쉬(*qdš* '봉헌하다')는 다윗이 모든 나라로부터 취한 전리품을 주님께 봉헌하는 8,11에 두 번 나타난다. 무슨 일이 일어나고 있는 것인가?

신심 깊은 다윗의 전리품 처리는 사울 치세의 그 결정적인 순간을 상기시키는데, 불운한 임금이 아말렉으로부터 점유한 전리품을 제대로 처리하지 못하여 그의 왕좌를 다윗에게 잃게 된 때이다(1사무 15장). 하느님은 사울에게 모든 전리품을 파괴하라는 명시적인 명령을 내리면서 아말렉에 대한 승리를 약속했었다(1사무 15,3). 그러나 불순종한 사울과 그의 군대는 그들 자신을 위해 전리품의 일부를 계속 보유하고 있었다(1사무 15,19). 그것이 사울의 마지막 불순종 행위였다. 그 이

후 즉시 예언자 사무엘은 사울 대신으로 다윗에게 기름을 부으라는 명령을 받았다. 전리품을 처리하는 다윗의 행동은 오직 하느님의 도움으로 승리가 왔다는 것을 그가 안다는 신호이다. 그래서 그의 수도를 통과하며 승리의 행진을 주도하는 대신, 충실한 다윗은 아말렉으로부터 취한 전리품을 포함한 전리품들을 주님께 봉헌한다(8,12). 그런데 다윗은 아말렉과 전투를 하지 않았다! 아말렉의 전리품을 주님께 드리는 독실한 봉헌을 통해 우리는 다윗의 행동을 사울이 은혜로부터 추락한 것과 확실히 연관시킬 수 있다. 마치 다윗이 1사무 15장의 사울의 폐위 이야기로 돌아가서, 사울이 제대로 처리하지 못한 아말렉인들의 전리품을 모아서 마침내 그것마저도 주님께 바쳤음을 확인하는 것과 같다. 사울이 아니라, 그가 이스라엘의 정당한 임금이다.[101]

다윗의 마지막 전투인 에돔인들과의 전투는,[102] 또 다른 막대한 사상자 수로 이어진다. 막대한 사상자 수는 성경의 역사적 내러티브에서 드문 일이 아니다. 현대 독자들은 학자들이 솔로몬 시대의 예루살렘 인구를 4000~6400명으로 추정할 때 (심지어 기원전 700년경 예루살렘 인구도 15,500~24,800명에 불과했음)[103] 그들을 어떻게 생각해야 하는지 당연히 의아해한다. 다윗 내러티브에서 그런 숫자가 처음 나타나는 것은 골리앗과 경합한 후에 다윗을 마중 나온 여인들이 다윗은 '수만을 치셨다

---

[101] 다윗 현재 그와 동맹 관계인 암몬인들에게서도 조공을 받는다(10,1-2 참조). 화자는 그가 장차 암몬인을 패주시킴(10,6-19)을 예견하는 다윗의 승전들을 요약해 제시한다. .
[102] 2사무 8,13에서 히브리어 본문은 '아람Aram'으로 읽는데, 형태가 비슷한 히브리어 철자 달렛ㄱ(d)과 레쉬(r)를 혼동한 것이다(1역대 18,12은 '에돔Edom'으로 읽는다). 에돔은 사해의 남동쪽에 있는데, 예루살렘의 남쪽으로 100km 이상의 거리. 일부 학자들은 그 지역에서 소금 골짜기를 찾으려 했다.
[103] David Tarler and Jane M. Cahill, "David, City of", in *ABD*, 2:67.

네' 하고 노래할 때다(1사무 18,7). 2사무 8,5에서 다윗은 이만 이천 명의 아람인을 죽이고, 후에 그는 그들의 다른 이들을 사만 명을 죽이는데 (2사무 10,18), 한 세기 전에 헨리 스미스가 '의심스러운'이라는 라벨을 붙인 숫자이다.[104] 그의 생애 마지막 무렵에, 다윗은 그의 왕국에 백 삼십만 명의 병사들이 있다는 것을 알게 된다(거기에는 여인들, 어린이들, 그리고 병역 나이가 아닌 이들이 포함되었을 것이다). 이스라엘 아브라함즈는 유다 대백과사전에서 "성서의 숫자가 항상 액면 그대로 받아들여지도록 의도된 것은 아니다. 그것들은 종종 제한 없이 (대략 어림셈으로) 사용되거나 수사적 강조를 위해서 과장된 의미로 사용된다"는 학술적으로 일치된 의견을 표명한다.[105] 앙리 마티스는 들라크루아를 인용하여, 그의 1947년 에세이에 "정확함이 진리가 아니다"라고 제목을 붙였다.[106] 마티스의 주장에 따르면 형식의 표현은 "예술가 자신이 선택한 대상, 그의 관심이 집중된 대상, 그리고 그가 관통한 정신에" 달려 있다고 주장했다.[107] 인상주의 예술가처럼 우리의 화자는 사상자의 수나 다윗의 군대 규모를 정확하게 나타내려고 하지 않는다. 그의 '느낌들'은 "그가 선택한 대상에", 즉 다윗과 그의 종 다윗을 위한 하느님의 편애에 초점이 맞춰져 있다. 사상자의 숫자는 이 두 '대상'에 대한 화자의 경외심을 입증하는데, 그는 두 대상의 진실을 그의 기술記述을 통하여 이해하려

---

104 Henry P. Smith, *A Critical and Exegetical Commentary on the Book of Samuel*, The International Critical Commentary (Edinburgh: T & T Clark, 1899), 316.

105 Israel Abrahams, "Typical and Important Numbers," in *Encyclopaedia Judaica* (Jerusalem: Keter, 2007), 15:334.

106 에세이는 마티스 전시회를 선보인 필라델피아 미술관의 1948년 카탈로그에 영어로 재쇄되었다. 참조. Jack Flam, ed., *Matisse on Art* (Berkeley/ Los Angeles: University of California Press, 1995), 179.

107 Ibid.

고 모색한다.

다윗은 죽은 에돔인 18,000명을 본 이 전투에서 몇 명의 사상자를 냈는가?(역주: 2사무 8,13; 1역대 18,12 참조). 화자는 주님께서는 그가 어디를 가든지 다윗과 함께 계셨다는 증언을 더하면서, 그는 아무 사상자도 안 냈다는 인상을 남긴다. 소금 골짜기라는 전투 장소의 위치도 확실하게 알려지지 않았고, 그 사안은 화자의 목적과 아무 관련이 없다. 다윗은 그의 도성 주변 땅들의 최고 통치자가 되고, 남쪽으로 멀리 에돔까지 군사 전초기지(수비대)를 세우고 그 백성을 신하로 만든다. 1열왕 11장에서 이 전투에 대한 회상 장면을 화자는 다윗 옆에서 싸운 요압이 당시 일부 사상자들에 대한 책임이 있다는 것을 알고 있다고 밝힌다.[108] 그러나 화자는 지금은 우리가 다윗에게만 집중하도록 그 정보를 보류한다. 하느님은 이 여러 승리를 요압이 아니라 다윗에게 수여하셨다. 화자는 그의 작품에 동기를 부여하는 요인을 다시 드러내는 후렴구, '하느님은 다윗에게 승리를 주셨다'로 끝을 맺는다. 오래전 그가 골리앗을 대면했던 그날, 다윗은 사울 앞에서 자신이 하느님의 호의를 누리고 있다고 고백했다. "사자의 발톱과 곰의 발톱에서 저를 빼내주신 주님께서 저 필리스티아 사람의 손에서도 저를 빼내주실 것입니다"(1사무 17,37). 골리앗을 꺾은 그의 승리는 이제 양치기-임금을 세계 무대로 나아가게 하는 하느님의 일련의 개입 중에서 바로 첫 번째 일이었다.

---

108 1열왕 11,15-17ㄱ: "전에 다윗이 에돔에 있을 때, 군대의 장수 요압이 살해당한 이들을 묻으러 올라갔다가, 에돔 남자들을 모두 쳐 죽인 일이 있었다. (요압과 온 이스라엘은 에돔 남자들을 모두 전멸시킬 때까지 여섯 달 동안 거기에 머물렀다.) 그러나 하닷은 자기 아버지의 신하인 몇몇 에돔 사람들과 더불어 이집트로 달아났다."

3.8 다윗 예루살렘에 그의 정부를 수립하다 8,15-18

다윗의 통치는 이제 임금이 정부를 세울 수 있을 만큼 충분히 안정적이어서, 화자는 그 신하들을 열거하기 위해 행동을 일시 중지한다. 오늘날에도 새로 선출된 국가원수의 첫 행동은 정부 구성이다. 스바의 여왕이 솔로몬의 궁정에 도착했을 때, 그녀는 그의 권위에 경탄한다.

> 스바 여왕은 솔로몬의 모든 지혜, 그가 지은 집, 그의 궁정 조신들의 좌석, 대기 중인 시종들을 알아보았다(1열왕 10,4-5ㄱ: 필자 번역).

그녀는 다윗의 최고 관리들의 '좌석 배치 순서', 즉 솔로몬 정부의 구조를 주목함으로써 솔로몬의 통치가 안정적임을 인식한다. 대조적으로 반역자 압살롬은 아마사를 군대 사령관으로 임명하는 것으로 정부 수립을 시작하지만(2사무 17,25), 이 일은 그가 아버지의 왕위를 확보하려고 시도할 때 위기를 초래하는 임명이 될 것이다. 그는 정부 요원을 임명할 수 있기 전에 죽는다. 다윗은 압살롬과 세바의 반란을 진압하자마자 그의 정부를 복구하고, 화자는 비슷한 두 번째 고위 관리 목록을 제공하여(2사무 20,23-26) 그의 왕좌가 다시 한번 안전함을 보증해준다.

따라서 언뜻 보기에 다소 하찮게 보이는 궁정 조신들 목록이 사실 다윗의 공적 생활에서 중대한 이정표이다. 그가 기름부음 받을 때(1사무 16) 정부의 구성은 문제 밖의 것이었다. 그가 임금의 딸과 결혼하여(1사무 18,27) 사울의 측근들 사이에서 잘 나가는 조신이 되었을지라도,

사울이 그에게서 위협을 느끼자 그는 도망가야 했다. 임금을 위한 하느님의 선택에 정부는 없었고, 그의 신하들은 '곤경에 빠진 이들, 빚진 이들, 그 밖에 불만에 찬 사람들 모두'를 포함하였다(1사무 22,2). 점차적으로, 다윗은 그의 군대 장군들이 될 츠루야의 아들들(1사무 26,6), 요압, 아비사이, 아사엘의 충성을 확보하면서 명령을 행사하게 되었다. 그는 또한 그의 사제로서 에브야타르를 두었다(1사무 22,20-23; 30,7). 그러나 이것만으로 안정적인 정부가 구성된 것은 아니었다. 사울이 죽으면서, 다윗 정부의 수립을 앞당기는 사건들이 촉진되었다. 도피자 임금은 헤브론으로 돌아왔고 유다 백성에게 기름부음을 받았다(2사무 2,3-4). 사울의 사령관인 아브네르는 다윗 편에 합류했고, 사울의 아들이며 계승자인 이스 보셋은 살해되었다. 다윗은 수도를 예루살렘으로 천도하고 필리스티아인들의 공격을 방어한 뒤에, 주님의 궤를 그의 도성으로 옮겼다. 마지막으로 하느님이 영원한 왕좌를 기약해 주시는 약속을 받으면서, 그의 통치를 도성의 성벽 너머로 확장하고 하느님이 그에게 약속하신 위대한 이름을 성취한다. 이제 한때 양치기였던 임금은 건실한 정부를 구성할 준비가 되었다.

화자는 다윗 통치의 본질에 대한 논평으로 시작한다. '다윗은 모든 백성에게 정의(justice, 미쉬파트 *mišpāṭ*)와 공정(equity, 처다카 *ṣĕdāqâ*)을 실천하였다'(8,15). 미쉬파트와 처다카는 자주 하느님의 정의를 묘사하기 때문에(예를 들면, 이사 33,5; 예레 9,23; 시편 99,4 참조) 이 논평은 극찬極讚이다. 따라서 다윗의 통치는 하느님의 정의를 지상에서 드러내는 것으로 숙고되어야 한다. 화자의 논평은 다음 에피소드에서 일어날 일에 대해 우리를 준비시킨다. 미쉬파트와 처다카로 통치하는 임금은, 1사무 20,14-15에서 요나탄과 한 약속에 따라 사울 집안의 살아남은 이들에게 신의(헤세드)를 지킨다. 그의 생애 마지막 무렵 다윗은 그가 정의로 통치한 임금으로 기억되기를 바라는 노래를 한다.

> 이스라엘의 하느님께서 말씀하셨으며
> 이스라엘의 반석께서 나에게 이르셨다:
> 사람을 공정하게(차딕ṣaddiq) 다스리고
> 하느님을 경외하며 다스리는 이는
> 떠오르는 그 아침의 햇살 같다(2사무 23,3-4ㄱ).

8,16-18의 이 목록과 20,23-26의 후반부 목록에 요압이 첫 번째로 제시된다. 군대의 수장으로서 의심의 여지 없이 그는 조정에서 가장 강력한 권세가이고, 아마도 임금보다 더 강했다(위의 1.4.3. 요압의 인물됨 토론 참조). 그는 왕실의 명령을 무시할 수 있었고(18,14에서 압살롬 살해) 임금에게 전투에 나오라고 요구할 수 있었다(12,27-28).[109] 처음으로 언급된 여호사팟은 다윗의 통치 기간 내내 다윗의 기록관으로 기억될 것이고(20,24 참조), 솔로몬의 조정에 합류할 것이다(1열왕 4,3). 서기관 스라야 또한 두 번째 목록에도 언급되고(20,25: '스와'라고 쓰임[110]), 서기관과

---

109 임금 이스 보셋의 사령관 아브네르는 이스 보셋 임금에게 그가 임금을 그의 자리에 앉혔음을 상기시킨다(3,8).
110 스라야, 스와(20,25), 사우사(1역대 18,16)는 같은 사람이라고 생각된다. 참조. J. Maxwell Miller and John H. Hayes, *A History of Ancient Israel and Judah* (Louisville, KY / London: Westminster John Knox Press, 1986), 187 참조.

기록관 사이에 일의 구분은 우리 상상에 맡겨져 있다. 다윗의 사제들은 이 첫 목록에 의하면 차독과 아히멜렉인데, 두 번째 목록에서는 차독과 에브야타르이다(20,25). 처음으로 언급된 차독은 압살롬의 반란 동안(15,24-29)과 아도니야가 자기 아버지의 왕좌를 주장하는 시도를 하는 동안(1열왕 1,8)에 다윗에게 충성을 유지할 것이다. 에브야타르의 아들 아히멜렉(2사무 8,17)은 달리 알려진 바가 없다. 에브야타르의 아버지 아히멜렉은 다윗과 공모했다는 이유로 사울에게 처형당했으나(1사무 22,18), 그의 아들 에브야타르는 다윗에게로 도망쳤었다(1사무 22,20). 그리고 차독처럼 압살롬의 반란 동안 다윗에게 충신으로 남아 있었으나(15,24-29), 그는 후에 아도니야와 동맹을 맺었다(1열왕 1,7). 많은 학자가 제안하기를 2사무 8,17에서 히브리어 본문에서 읽는 '에브야타르 아들, 아히멜렉'(NRSV)은 훼손된 것이라 하고, '차독과 에브야타르'(REB, NJB)를 선호하며, 그렇게 이 목록을 나중 목록 20,23-26과 조화시킨다. 그러나 이 혼란스러운 본문은, 다윗의 통치가 이제 정부를 수립하기에 충분히 안정적이라고 선언하는 것에 초점을 맞추는 것이니만큼 그렇게 정확한 목록의 이름에 초점을 많이 맞추지 않는 구절에 조용히 자리 잡고 있다.

여호야다의 아들 브나야, 가장 신뢰받는 신하 중 하나이며 사나운 전사는 두 번째 목록에도 같게 나타난다(20,23). 요압과 에브야타르가 아도니야 파벌에 합류했을 때, 브나야는 다윗에게 충성하며 남아 있었고(1열왕 1,8) 다윗의 후계자로 솔로몬에게 기름을 부을 때 나탄과 차독을 동반한다(1열왕 1,38-39). 솔로몬에 대한 브나야의 충성심은 1열왕

2장에서 예증되는데, 세 개의 다른 장면에서 솔로몬의 명령을 이행하여 아도니야(1열왕 2,25), 요압(1열왕 2,34), 그리고 시므이(1열왕 2,46)를 처형할 때이다. 그는 군대 사령관으로서 요압을 대체한다(1열왕 2,35). 브나야는 크렛족과 펠렛족 '위에'[111] 있었고("크렛족과 펠렛족을 지휘하였다"), 위기의 순간들에 행동을 개시하는 다윗의 가장 충성스러운 경호원이다. 크렛족과 펠렛족은 압살롬의 반란이 다윗이 예루살렘을 떠나가야만 하게 했을 때 임금과 함께 행진했고, 비크리의 반역적인 아들 시바의 추격을 보조하고, 차독이 다윗의 후계자로 솔로몬에게 기름을 부을 때 그곳에 있었다. 화자는 우리가 그들을 인식한다고 추정하고 우리에게 그들의 역할을 설명함으로써 이야기를 복잡하게 끌고 가지 않는 쪽을 선택한다. 마지막으로 다윗의 아들들은 사제들이었고, 계약궤가 예루살렘으로 옮겨졌을 때 아마포 에폿을 입고 희생제사를 드렸고 백성을 축복하며 제사장으로 일했던(6,13-14.17-19) 아버지의 역할을 이어받았다.

제3막은 다윗의 예루살렘 정복으로 열렸고, 이제 예루살렘의 모든 방면에 그의 통치가 자리한 다윗의 정부 수립으로 닫힌다. 다윗 도성인 시온으로 주님의 궤 이전은, 다윗을 사울보다 선호하고 그에게 영원한 왕조를 약속한 하느님과 다윗의 특별한 관계를 기념하고 기리는 의식이었다. 다윗 집안은 이제 이스라엘 백성과 맺은 하느님의 계약

---

[111] 영어 번역본의 대부분이 브나야는 크렛족과 펠렛족 위에(over) 있었다고 기록한다. 2사무 8,18에는 '위'(*wo*, '그리고')로 되어 있는데, 이 읽기는 1역대 18,17에 나와 있는 '알'(*al*, '위에')을 빌려와 번역한 것이다. 히브리어 본문 글자 그대로 2사무 8,18은 '여호야다의 아들 브나야, 그리고 크렛족, 그리고 펠렛족, 그리고 다윗의 아들들은 사제들이었다'; 1역대 18,17은 '여호야다의 아들 브나야는 크렛족과 펠렛족 위에(*al*) 있었다. 다윗의 아들들은 임금을 모시는 고관들이었다.'

안에 신성하게 간직되었다. 다윗 임금은 권력의 정점에 서 있다.

제4장

4막:
하느님이
현혹된 임금을
구원하시다

2사무 9-20장

4.1 도입

3막은 다윗이 이웃 국가들에 승리한 후 정부를 수립하는 것으로 막을 내렸고, 4막은 그 정부를 재수립하는 것으로 닫힐 것이다. 하지만 그 사이에 다윗 임금은 여러 번 현혹되고 왕위를 거의 잃을 뻔한다. 이 막은 다윗이 므피보셋에게 왕궁에 영구 거처를 마련해주는 것처럼 사울 집안의 남은 이들에게 권위를 행사하는 것으로 시작한다. 다윗은 요나탄에게 한 맹세와 부합하는 행동을 한다. 그 후 즉시 그는 암몬인들을 제압한다(2사무 10장). 그런데 필리스티아인들이나 암몬인들보다 그의 궁정 내부로부터 오는 요인이 그의 왕좌를 훨씬 더 위협한다는 것이 증명될 것이다. 나탄이 암양 비유로 그를 속인 후에, 그는 밧세바와의 불륜과 뒤이은 우리야의 살인에 대해 용서받는다(12,13). 암논이 타마르를 성폭행할 때도 다윗의 실수는 계속되어 다윗은 암논을 처벌하지 않는다. 압살롬은 양털 깎기 축제에 관한 거짓말로 다윗을 속여 암논을 포함한 그의 아들들을 보내게 하고, 그리고는 신속하게 암논을 죽이고 도망친다. 가짜 과부에게 속아서 다윗은 압살롬이 예루살렘으로 돌아오는 것에 동의한다. 마지막으로 다윗은 헤브론으로 가겠다고 하는 압살롬의 계략에 속는데, 그것은 다윗의 목숨을 앗아갈 수도 있는 결정이었다. 그러나 그렇게 되지 않는데, 그것은 오직 이 막의 절정에서 하느님이 개입하시어 압살롬을 파멸시키고 현혹된 임금을 구원하셨기 때문이다. 두 번째 반란이 진압된 후, 다윗은 예루살렘에서 그의 두 번째 정부를 재수립하고 4막은 닫힌다.

4.2 다윗이 요나탄과 맺은 계약에 충실하다 9,1-13

3막은 다윗이 정의와 공정으로 통치했다는 소식으로 끝났다. 4막의 시작 에피소드는 왜 그 임금이 그렇게 높은 찬사를 받는지 이유를 잘 드러낸다. 다윗은 살아남은 사울의 자손에게 '하느님의 호의'(9,3)를 보인다. 이어지는 이야기에서, 다윗 내러티브의 주요 부차적 줄거리인 다윗과 요나탄 사이의 계약 이야기가 무대로 돌아온다. 요나탄은 죽었고 다윗은 그들의 계약에서 자신의 몫을 이행하려고 하고 있다.

♦ 구조

가. 다윗의 의도(9,1)
    나. 임금이 치바에게 말한다(9,2-5)
        다. 므피보셋이 절을 하다(9,6)

라. 다윗이 요나탄과 맺은 계약을 이행하다(9,7)
　　　다'. 므피보셋이 절을 하다(9,8)
　　나'. 임금이 치바에게 말하다(9,9-11)
　가'. 다윗의 의도가 완수되다(9,12-13)

중앙 〈라〉 부분은 므피보셋의 복종 표현 〈다/다〉로 테두리 지어지고, 이 에피소드를 다윗 내러티브에 포함하는 화자의 이유를 드러내는데, 다윗이 오래전에 사울의 아들 요나탄에게 한 약속을 이행한다는 것이다. 치바와의 첫 대화 〈나〉에서 다윗은 요나탄의 아들에게 '하느님의 호의'를 보일 수 있도록 그의 소재를 발견하고, 두 번째 대화에서, 다윗은 '호의' 행위의 구체적인 윤곽을 그린다(나'). 전체 에피소드는 요나탄의 아들에게 충실하고자 하는 다윗의 의도 〈가〉와 그가 그렇게 했다는 화자의 결론적인 언급 〈가'〉로 테두리 지어진다. 이 에피소드의 시작부터 중심을 포함한 지점까지에 다윗의 진술 '나는 그에게 호의를 보이고자 한다'가 세 번 반복된다. 에피소드의 중심부터 끝까지에 므피보셋이 임금의 식탁에서 식사할 것이라는 천명이 네 번 반복된다. 중심 〈라〉에서 두 가지 사안이 수렴되는데, 다윗이 보이는 호의는 므피보셋이 임금의 식탁에서 식사하게 될 것을 의미한다. 화자는 다윗의 국왕 호칭을 적절하게 사용하는 데 주의를 기울인다. 그는 9,1-2ㄱ에서 다윗을 이름으로 언급하나, 치바가 도착했을 때는 '임금' 호칭을 택한다(9,2ㄴ-4). 이어 다윗과 므피보셋의 만남에서는, 므피보셋이 정중하게 ('당신의 종'으로) 다윗에게 인사할지라도 다윗 이름으로 전환한다. 치바가 무대로 돌아왔을 때는 '임금' 칭호를 사용한다(9,9-11).

◆◆ 주석

이 에피소드는 사울의 후손과 관련한 정보를 요청하는 다윗의 말로 시작한다. 배경은 제공되어 있지 않다. 이는 마치 우리에게 임금이 방금 8,16-18에서 열거한 궁정 조신들에게 연설하고 있다고 상상해보라는 것 같다. 그들 중 누가 그 조사를 실행하고 치바를 데리러 갔는지 궁금해하면서 말이다. 이런 세부 사항이 부족해서 우리는 화자의 목표에 주의를 집중하게 되는데, 그것은 요나탄과의 약속을 충실히 지키려 하는 다윗의 태도를 표현하는 데 있다. 다윗의 첫 질문에는 의외의 한마디가 있다. 왜 임금은 사울의 집안에 혹시 *남은* 이가 있느냐고 묻는가? 다윗이 *아직 남은* 이들에게 초점을 맞추는 모습을 보고 일부 편집비평가들은 이 에피소드가 한때 사울의 후손 일곱 명의 처형 이야기(지금은 21,1-14에 묘사되어 있다)에 이어져 있었다고 주장한다. 다윗이 이렇게 질문하는 데에는 그들의 죽음을 전제로 하는 것 같다. 이 증거에 더하여, 사울 후손 므피보셋이 드디어 나타났을 때 다윗은 그에게 아무것도 두려워하지 말라고 장담한다(9,7). 므피보셋은 21,1-14에 기록된 사울 후손들의 죽음을 알고 있었고 사촌들과 운명을 공유할지도 모른다고 생각했기에 두려워할 수 있었다. 게다가 이 에피소드가 사울의 후손 일곱 명이 처형된 이후의 일이었다면, 다윗 임금이 남아 있는 왕위 계승권자인 므피보셋을 궁정의 감시 아래 격리함으로써 자신의 왕좌를 어떻게 보호했는지를 설명할 수 있을 것이다. 이 증거가 비록 결정적이지는 않지만,[112] 사울 후손들의 죽음과 다윗의 조정 수립에 이어오는 것과는 별개로, 현재 위치에서 므피보셋 이야기가 어떤 기능을 수행하는지에 관한 의문을 불러일으킨다. 화자는 다윗이 긴 치세를 누린 것과 그의 아들이 그를 계승하는 것을 보라는 것을 알고 있고, 그래서 또한 왕좌를 요구할 수 있는 므피보셋의 권리가 다윗에게 절대로 위협이 되지 않는다는 것도 알고 있다. 다윗이 솔로몬과 마지막 담화를 나누면서, 아들의 왕좌를 위협하는 잠재적 요소를 확인할 때, 다윗은 므피보셋이 아니라 요압과 시므이의 이름을 든다 (1열왕 2,5-9). 화자의 관점에서 므피보셋 에피소드가 만일 다윗의 왕위를 요구할 가능성이 있는 이를 한때 가택 연금 상태로 두었던 것이라면, 더는 그 목적에 필요하지 않다. 이는 다윗이 정부를 수립한 후 내린 첫 업무 지시였는데, 다윗을 요나탄과의 계약에 충실하게 머무르는 임금으로 묘사하는 데 사용될 수 있다.

다윗과 요나탄 사이의 계약 이야기는 둘이 처음으로 만났을 때인 1사무 18,1-5로 되돌아가 시작되었다. 요나탄의 영혼은 다윗의 것과 '묶여 있다'(18,1)고 언급되었고, 요나탄이 다윗을 동경한 이유는 공개되지 않았지만, 화자의 설명 없이도 요나탄도 우리처럼 최근 필리스티아 거인 골리앗에 대한 다윗의 승리(1사무 17장)에 많이 놀랐으리라고 상상할 수 있다. 그들의 첫 만남에서, 1사무 18,4에 나타난 요나탄의 몸짓 표현들이(다윗에게 겉옷과 칼과 활과 허리띠를 준) 그가 다윗의 가신이 되

---

[112] 21,1-14에서 다윗은 므피보셋의 존재를 아는데(21,7) 비하여, 9,1에서 그의 질문은 이 사울 후손에 대하여 모른다는 것을 가정한다.

고 심지어 그의 승계권까지 다윗에게 양여하는 것을 시사했다 할지라도, 그들 계약의 상세한 사항들은 공개되지 않았다. 다윗이 사울의 잔인한 음모를 피해 도망갈 수밖에 없었을 때, 그는 요나탄을 만나고, 그들의 대화(1사무 20,12-17)에서 요나탄이 계약 용어인 헤세드*ḥesed*(2사무 9,1에서 NRSV는 '호의'로 번역; 한글 《성경》은 '자애'로 번역)를 사용하는데, 우리는 그들의 협정에 대해 좀 더 알아보려 한다.

> 주님께서 나의 아버지와 함께 계셨듯이 자네와도 함께 계시기를 바라네. 만일 내가 아직 살아 있다면, 나에게 주님의 충실한 사랑을 보여 주게. 만일 내가 죽는다면, 주님께서 자네 다윗의 원수들을 땅 위에서 없애버리실 때, 내 집안에서 충실한 사랑(헤세드*ḥesed*)을 영원히 끊지 말아 주게(1사무 20,13ㄷ-15).

요나탄은, 하느님이 더 이상 그의 아버지와 함께 계시지 않음을 인정하는 동시에 다윗과 함께 계시기를 기도하면서, 다윗에게 그의 자손들에게 의리를 지켜주기를 호소한다. 다윗은 요나탄에게 다음 날 새 달(新月) 축제에서 자신을 향한 사울의 의도를 알아봐달라고 말하고(1사무 20,5-7), 다음번 만남에서 요나탄이 다윗에게 신호해주기로 계획을 세운다. 사울은 축제 식탁에 다윗의 부재에 화를 냈고, 그의 창을 요나탄에게 던지고(1사무 20,33), 다음에 요나탄은 다윗을 만나러 출발한다(램브란트의 1642년 그림 〈다윗과 요나탄〉에 가장 감동적으로 포착된 순간). 둘은 그들의 계약을 재확인한다.

그리고 나서 요나탄이 다윗에게 말하였다. "평안히 가게. 우리 둘은 '주님께서 나와 자네 사이에, 내 후손과 자네 후손 사이에 언제까지나 증인이 되실 것이네' 하면서, 주님의 이름으로 맹세하지 않았는가!" 다윗은 일어나 떠나가고 요나탄은 성읍 안으로 들어갔다(1사무 20,42; 21,1).

다윗이 사울을 피해 지프 광야에 숨어 있는 동안 그들은 마지막으로 만났는데(1사무 23,15), 그 자리에서 (그가 아니라) 다윗이 사울의 후계자가 될 것이라고 선언하는 요나탄의 말에서(1사무 23,17), 그들이 처음 만난 날(1사무 18,4)에 그가 다윗에게 왜 자신의 무기들을 주었는지에 대한 우리의 직감이 마침내 확인된다. 그들은 세 번째로 그들의 계약을 확인하고(1사무 23,18) 요나탄은 떠나가 다시는 다윗을 보지 못한다. 요나탄의 아들 므피보셋의 존재 소식은 아브네르의 살해 직후에 삽입되었고(2사무 4,4), 그 아들에게 주님의 '충실한 사랑'(헤세드/*hesed*)를 보이기로 한 다윗의 약속(1사무 20,14)을 상기시킨다. 이 에피소드의 시작 질문에서 다윗이 헤세드/*hesed*[113] 단어를 끄집어낼 때, 그가 요나탄과 맺은 계약이 마음에 떠오른다.

화자가 므피보셋의 출현을 늦추면서 우리에게 치바의 존재를 알리기 위해 움직이지 않음으로써, 우리는 처음 질문을 반복하는 다윗과 치바의 대화에 참여한다. 한때 사울 궁정의 신뢰할 만한 일원이었던

---

[113] 안타깝게도 NRSV는 헤세드/*hesed*의 번역에서 일관성이 없다. 2사무 9,1에는 'kindness'(호의)로 번역하고 1사무 20,14에는 'faithful love'(충실한 사랑)으로 번역한다(여주: 한글 《성경》은 2사무 9,1에서는 '자애'로, 1사무 20,14에서는 '의리'로 번역한다).

치바는 다윗의 소환에 '당신의 종'(문자 그대로)이라며(9,2의 NRSV "At your service"; 역주: 한글《성경》"그렇습니다") 응답한다. 사울의 종이 이제는 다윗에게 충성한다는 것뿐만 아니라, 다윗 내러티브에서 다윗이 그렇게 정중한 경칭의 인사를 받는 것은 이번이 처음이다. 1사무 17,32에서 다윗이 처음으로 사울 임금에게 인사하며 그 자신을 언급할 때 이 정중한 표현을 사용하였다. "다윗은 사울에게, '아무도 저자 때문에 상심해서는 안 됩니다. 임금님의 종인 제가 나가서 저 필리스티아 사람과 싸우겠습니다' 하고 말하였다." 그는 나발에게 사자를 보낼 때 그 자신(과 그의 사람들)에게 그것을 적용하였고(1사무 25,8), 갓의 아키스 임금에게 인사할 때(1사무 27,5; 28,2; 29,8), 그리고 하느님께 말씀드릴 때(1사무 23,11; 2사무 7,20-29) 그렇게 표현한다(역주: '그렇게'는 인용된 히브리어 성구들에서 '당신의 종', 혹은 '종'이다). 이제, 한때 사울 궁정의 일원이었던 이가 다윗에게 복속되어 그에게 이 정중한 인사를 한다. 이 세부 사항은 4막의 시작 에피소드와 3막의 마지막 에피소드를 연결한다. 오래전에 사울 임금 앞에서 '당신의 종'이라고 자신을 언급했던 양치기는 예루살렘에서 나라의 수장이 되었고(8,15-18) 그래서 임금에게 걸맞은 경의를 받을 만하다.

다윗은 치바에게 말하면서 시작 질문을 확장한다. 요나탄의 후손에게 '그의 호의'(9,1 헤세드)를 표현하려던 원의는 '하느님의 호의'(헤세드)가 된다(9,3). 이러한 변경으로 다윗의 말이 '주님의 충실한 사랑(헤세드)을 내게 보여주게'라는 요나탄의 호소(1사무 20,14)에 더 밀접하게 일치된다. 치바가 다윗에게 아들의 존재를 말하면서 결코 그의 이름을 말하지 않고 대신 그 아들의 상해에 초점을 맞추는데, 이는 화자가 그 장면의 끝에(9,13) 우리의 주의가 쏠리도록 다시 이끌기 위해서다.[114] 다윗이 므피보셋을 해칠 수 있다는 치바의 우려는, 다윗이 요나탄의 아들에게 그의 충실함을 표현하려고 한다는 다윗의 첫 선언으로 진정된다.[115] 요나탄의 아들은 암미엘의 아들 마키르에게서 피난처를 찾았는데, 우리는 그가 사울 궁정에서 소중한 일원이었다고 추정한다. 그는 다윗 왕실에서도 똑같이 소중한 구성원이 될 것이다.[116] 로 드바르라는 마키르의 성읍의 위치는 확실하게 알려지지 않았으나, 17,27을 근거로 살펴보면 그곳은 아브네르가 이스 보셋을 이스라엘의 임금으로 왕관을 씌운(2,8) 마하나임 근처에 있었던 것 같다. 사울이 한때 통치했던 영토 내에 위치하기에 마하나임은 다윗의 왕좌를 요구할 수 있는 사울 후손이 숨기에 타당한 장소일 것이다.

므피보셋의 유모는 그를 데리고 도망쳤는데(4,4), 그때 그는 5세 소년이었고 사울(그의 조부)과 요나탄(그의 부친)이 필리스티아인들과의 전투에서 전사했다는 것을 알고 나서의 일이다(1사무 31,1-7). 우리는 그녀가 왕위 계승자인 아이의 생명이 위태로울 수 있음을 알아차렸다고 추측할 수 있다. 그 짧은 이야기는 또한 므피보셋이 어떻게 장애를 갖게 되었는지를 설명하고(도망칠 때 떨어져서 불구가 되었다), 또한 그가 사

---

114 그의 상해를 표현하는 히브리어, 네케 라글라임(*někēh raglāyim*, NRSV: '그는 두 다리를 절었다')은 4,4와 9,3에만 나타난다.
115 치바는 임금이 압살롬의 반란을 피해 도피하면서 예루살렘을 떠날 때 다시 다윗을 만날 것이다. 그는 임금에게 므피보셋이 그의 아버지의 왕좌를 받을지도 모른다는 희망으로 예루살렘에 남아 있다고 알린다. 그러나 치바의 이야기는 터무니없어 보이며 그의 이중성을 시사하는 증거에서는(16,1-4과 19,24-30 참조) 치바가 임금에게 환심을 사려는 기회주의자라는 인상을 받는다.
116 마키르와 다른 이들은 다윗이 압살롬을 피해 도주할 때 양식을 대주어 식량 공급으로 다윗을 지원할 것이다(17,27).

울의 직계손이라 할지라도 상해를 입어 왕위에 오르기를 바라는 그의 희망이 위태롭게 되었음을 암시한다. 다윗의 예루살렘 정복을 종결짓는 절이 배경에서 울려 퍼진다. "그날 다윗이 이렇게 말하였다. … '다리 저는 이와 눈먼 이는 궁 안에 들어가지 못한다'"(2사무 5,8). 므피보셋은 언젠가는 왕위에 오를 수 있는가? 다윗이 압살롬의 반란을 피해서 예루살렘에서 도망갈 때, 치바는 다윗에게 므피보셋이 압살롬이 그의 부친의 왕좌를 자신에게 돌려줄지도 모른다는 희망으로 예루살렘에 남아 있다고 알린다(16,3). 다윗이 므피보셋의 적격성에 의문을 제기하지 않으므로 다윗의 세계관에서는 므피보셋의 허약함이 그의 왕위 계승을 방해하지 않는 것으로 나타난다.

다윗은 사자를 보내어 므피보셋을 데려온다. 왕실 경호에 대한 므피보셋의 반응이 밝혀지지 않았는데, 19,29에서 다윗에게 한 그의 말("제 아버지의 온 집안은 저의 주군이신 임금님께 죽어 마땅한 사람들이었는데")은 그가 어쩌면 곧 처형될지 모른다는 두려움에 싸여 있었음을 시사한다. 궁정에 도착하자 소개된 그의 전체 이름 '사울의 아들 요나탄의 아들'(9,6)은 그의 할아버지의 왕위 계승권을 강조한다. 그러나 이 잠재적인 계승자는 임금 다윗 앞에 부복하고 치바와 똑같이 경의를 표하는 호칭인 '당신의 종'으로 자신을 언급한다. 므피보셋의 두려움은 다윗의 말로 확인된다. "두려워하지 마라"(9,7). 요나탄의 아들은 그때 우리가 이미 알고 있는 것을 알아차린다. 즉, 다윗이 므피보셋의 아버지 요나탄과 한 약속을 이행하려고 한다는 것이 므피보셋에게는 전적으로 새로운 정보이다.

다윗은 므피보셋에게 그의 할아버지 사울에게 속했던 땅 전부를 돌려주려 한다. 므피보셋은 그 영토를 다스리게 될 것인가? 아니다. 손자는 항상 다윗의 식탁에서 먹어야 한다는 것은 하나의 관용적 표현으로 므피보셋은 궁전의 특권을 누리면서 다윗의 궁정에 남게 될 것이라는 신호이다.[117] 다윗은 치바를 무대로 다시 소환하여 그에게 이 계약을 알린다. "내가 사울에게 속한 모든 것과 그의 집안에 속한 모든 것을 네 상전의 아들에게 주었으니"에서 '모든'이란 단어는 사울의 가장 소중한 소유물인 왕관을 떠오르게 한다. 그것은 요나탄이 예고한 대로(1사무 23,17) 다윗의 손에 남아 있게 될 것이다. 므피보셋은 할아버지의 땅에서 나오는 수확에 대한 권리를 부여받지만 다윗이 그 땅의 임금으로 남을 것이다. 치바는 장애인 므피보셋에게 수입원이 되는 땅을 경작하라는 명령을 받았고(그에게는 아들 미카가 있음) 므피보셋 자신은 임금의 선물을 누린다. 다윗은 므피보셋이 왕실 식탁에서 '항상' 먹을 것이라고 세 번 강조하여 말한다(9,7.10.13). 바빌로니아 임금이 여호야킨 임금을 감옥에서 풀어주었을 때, 유다 임금 역시 바빌로니아 임금과 함께 "늘 음식을 먹게"(2열왕 25,29) 허용되었으나, 므피보셋과 비슷하게 그도 유다로 돌아가 통치할 수 있는 허락은 받지 못했다. 임금의 식탁에서 먹는 특권은 가택 연금과 같이 생각된다.

요나탄의 아들은 임금의 칙령에 또 다른 복종의 행위로 응답하고 처음에 경의를 표한 표현('당신의 종')에 덧붙여 자신을 "죽은 개"로 언급한다. 이스 보셋이 사울의 후궁을 범한 일로 아브네르를 비난했을

---

117 다윗은 솔로몬과 마지막 대화를 나눌 때 그에게 바르질라이의 아들들을 "네 식탁에서 함께 먹게 하여라"라고 명령한다(1열왕 2,7).

때, 아브네르가 비꼬듯이 자신을 개 대가리에 비유한 적이 있었다(2사무 3,8). 이 은유는 가장 자기비하적인 표현 중 하나다. 그것이 당시 서양 문화에서는 그렇게까지 모욕적이지 않기에 영어로 어려움 없이 번역될 수 있는 반면에, 3세기에 히브리어 성경을 아람어로 옮겨 성경 번역본 〈타르굼 요나탄〉을 펴낸 유다인 작가는 아람어권 세계에서 '개'라는 말이 너무 저속하여 문자 그대로 번역할 수 없었다. 그래서 그는 이 구절을 '당신의 종이 무엇이라고 당신께서 저같이 평범한 사람을 보살펴주십니까?'('개'라는 욕은 일부 중동 문화에서 오늘날에도 모욕적인 공격으로 취급된다)라고 번역했다. 우리는 므피보셋이 이 모든 것이 그의 것일 수 있다고 생각하면서 다윗 궁전을 둘러보았다고 상상할 수 있겠다. 그러나 설사 그가 어떤 야망을 가졌을지라도, 이 장면에서는 그것을 실현할 힘이 없는 사람으로 소개되고 있다.

임금은 치바에게 므피보셋과 관련한 포고를 반복하며, 치바의 의무가 그의 명령을 실행하는 것임을 덧붙인다. 치바 집안의 아들들과 하인들 수에 대한 배경 정보는 그가 임무를 감당할 수 있고 임금의 명령을 충족시킬 준비가 되어 있음을 시사한다. 사울에게서 다윗에게로 그의 충성의 변화는 히브리어 본문에서 포착된다. 다윗이 치바에게 말하기를 '너의 주군의(아도네카 *ădōnêkā*, 즉 사울의) 손자가 먹을 수 있도록 너는 그를 위해 땅을 경작해야 하고…'(9,10: 필자 번역). 치바가 대답하기를 '나의 주군(아도니 *ădōnî*, 즉 다윗) 임금께서 당신의 종에게 명령하신 대로 모든 것을 행하겠습니다'(9,11: 필자 번역). 다윗은 사울을 치바의 주인으로 언급하는데 치바는 다윗을 그의 새로운 주인으로 인정한다.

므피보셋이 임금의 식탁에서 '임금의 아들의 하나처럼' 먹는 것은 다윗 자신의 아들과 같이 궁중에서 높은 지위에 오르는 것인 한편, 승계권은 없다. 화자는 우리에게 므피보셋에게는 미카라는 어린 아들이 있다고 말한다. 만일에 므피보셋이 사울의 왕좌를 되찾을 수 있다면 그 아들이 그를 승계할 것이다. 그러나 미카의 소식은 그 뒤 전혀 들리지 않는다. 화자는 므피보셋 이야기를 마치면서, 우리가 므피보셋의 허약함을 응시하게 한다. "그는 두 다리를 절었다." 나중에 그 조건은 므피보셋이 압살롬의 반란에 가담했는지 아니면 다윗에게 충성하며 있었는지 여부를 결정하는 데 관건이 된다. 이 장면에서 우리가 다윗을 관찰하고 나서, 임금의 첫 행보가 요나탄과 맺은 계약을 실행한 것이었다고 감탄하면, 화자는 목적을 달성한 것이다.

4.3 다윗이 하느님의 도움으로 암몬인을 제압하다 10,1-19

8,1-14에서 시작했던 다윗 권력의 확장이 이 에피소드에서 계속된다. 암몬의 새 임금 하눈이 국제 무대에 나오고, 그의 어리석음으로 다윗에게 지배받는 세계 리더들 사이에서 다시 한번 힘의 새로운 균형이 이루어진다. 다윗의 초기 승리들은 '그가 어디를 가든지' 하느님이 그를 위해 승리하셨음을 보여주었다(8,6.14). 이 에피소드의 중앙에서 다윗의 사령관 요압은 그 같은 신적 지원을 받기 위해 "주님께서는 당신 보시기에 좋은 일을 이루실 것이다"(10,12)라고 기도하고 그의 기도

는 수락된다. 도처에 모습을 나타내는 우리의 화자는 왕실과 적군 사이를 빠르게 이동하면서, 하느님은 다윗 편이시라는 이 기록의 목적에 집중하도록 우리가 유용하다고 할 수 있는 정보는 생략한다. 두 동사 '보다', '보내다'가 이 에피소드를 주도한다. 첫 번째와 두 번째 장면은 사절들과 그 다음에 군대를 '보내는' 것으로 주도된다. 두 번째와 세 번째 장면은 전투의 전략들과 그 결과들을 '보는' 것으로 주도된다. 에피소드는 히브리어 언어유희로 마무리된다(10,19). 하닷에제르의 임금들이 자신들이 패배한 것을 '보고'(와이루 *wayyir'û*), 그리고 아람인들은 암몬인들을 다시 돕는 것을 '두려워하였다'(와이러우 *wayyirĕ'û*).

에피소드는 세 장면으로 구성된다.

장면 1: 다윗의 외교적인 곤혹(10,1-5)
장면 2: 암몬인들에 대한 요압의 승리(10,6-14)
장면 3: 하닷에제르와 아람인들에 대한 다윗의 승리(10,15-19)

장면 1은 다윗의 사절들이 암몬 임금 하눈의 궁정에서 받은 모욕을 보고한다. 두 번째와 세 번째 장면은 요압과 다윗이 암몬인과 동맹국들을 패배시킴을 보고한다. 장면 2와 장면 3은 서로 병행한다. 장면 2는 암몬인들이 '보낸' 용병으로 시작하고, 장면 3은 하닷에제르가 '보낸' 유프라테스강 너머에 사는 아람인들로 시작한다. 요압이 암몬인들에게 고용된 아람인들을 격퇴한 것처럼 다윗도 하닷에제르에 의해 소집된 아람인들을 격퇴한다. 두 번째와 세 번째 장면의 주된 차이는 요압의 말이 다윗에게서 반복되지 않는 것이다. 그러나 하느님은 다윗이 어디를 가든지 도와주신다(8,6.14)는 그 신학은 전제된다.

4.3.1 다윗의 외교적 곤혹 10,1-5

◆ 구조

배경 (10,1)
가. 다윗이 사절들을 보낸다(10,2)
    나. 하눈이 사절들에 대한 비난을 듣다(10,3ㄱ)
        다. 고발(10,3ㄴ)
    나'. 하눈은 고발을 믿고 사절들을 모욕한다(10,4)
가'. 다윗이 사절들에게 말을 전한다(10,5)

본문은 하눈의 가신들이 다윗의 사절들을 고발하는 구절을 중심으로 구성되어 있고, 그로 인해 이어지는 두 장면에 기록된 적개심이 생겨난다. 이 장면은 다윗 궁정에서 시작하고 끝나는데, 하눈의 궁정에서 일어난 사건들이 중심에 자리한다. 히브리어 어근 샬라흐(*slḥ*, '보내다')는 다섯 번 나타난다. 네 번이 칼*qal*형 동사로 주어가 다윗이다(10,2.5 그리고 10,3에 두 번). 한 번은 하눈이 주어이고(10,4) 동사는 피엘*piel*형인데, NRSV에서 작위적作爲的 의미로 포착하여 '쫓아 보내다'로 표현한다(역주: 한글 《성경》은 '돌려보내다'로 번역). 다윗이 보낸 사절들은 하눈에게 쫓겨난다.

◆◆ 주석

하눈이 우리가 알기로 선의로 보내진 다윗의 사절들에게 굴욕감을 주었을 때, 다윗은 외교적 모욕을 당한다. 에피소드는, 다윗이 므피보셋을 그의 궁정으로 들인(9,1-13) 이래 불확실한 어느 정도의 기간이 지났음을 가리키는 관용 표현인 와여히 아하레 켄(wayĕhî 'aḥărê kēn, 그 후에)으로 시작한다. 그다음에 화자는 암몬의 임금 나하스는 죽었고 그의 아들 하눈이 그를 계승했다는 필수적인 배경 정보를 제공한다. 다윗은 그의 부친의 부음에 조의를 표하고자 하눈에게 사절들을 보낼 것이다. 암몬 왕국이 정권 이양을 하는 동안, 이웃 국가는 경험이 부족한 임금을 공격할 수 있다. 필리스티아인들은 다윗이 이스라엘의 임금으로 기름 부어졌다는 소식을 들었을 때 즉시 공격해왔고(5,17), 아합이 죽었을 때 모압인들은 아합의 아들 아하즈야를 거슬러 반란을 일으켰다(2열왕 1,1과 3,5). 그래서 다윗은 두 왕국 간의 좋은 관계가 지속될 것이라고 죽은 임금의 후계자에게 보장할 것이다.

다윗은 하눈에게 그의 '의리'를 표현하려는 원의를 품고 이전 에피소드에서 히브리어 단어 헤세드ḥesed를 다시 불러오는데(2사무 9,1에서 '호의'로 번역되었다), 거기서 다윗이 므피보셋을 향해 사용한 헤세드 표현을 설명했었다. 다윗이 요나탄과의 개인적인 약속을 충실히 지켰던 것처럼, 그는 최근 영면한 그의 동맹자에게 조의를 표하는 공개적 조문 사절들을 보내 국제 협정도 충실히 지킬 것이다. 성경에서 그러한 공감의 몸짓은 사적/개인적 또는 공적/외교적 일이 될 수 있다. 다윗은 그들의 아들이 죽은 후에 밧 세바를 위로한다(12,24). 야곱은 자신이 편애한 요셉이 죽었다고 믿으면서 애도하고 그의 자식들은 그를 위로하러 나선다(창세 37,34-35). 이 장면에서 다윗은 오늘날 우리가 국가 장례식에서 보는 것과 비슷하게 공식 수행원들과 함께 죽은 임금을 기린다. 불행하게도 암몬 왕국과의 동맹을 강화하려는 다윗의 계획은 하눈의 미숙한 지도력에 의해 불필요한 적대감을 초래하며 침몰된다.

나하스 임금은 그의 의리(헤세드*hesed*)를 다윗 임금에게 어떻게 표현했었을까? 나하스는 야베스 길앗 사람들을 위협한 후에 사울에게 패배했었다. 야베스 길앗 사람들은 사울이 죽은 후에도 그들의 해방자인 사울에게 충성을 유지하고 비밀리에 벳 산 성벽에서 그의 시신을 내려 돌아왔다(1사무 31,11-12).[118] 나하스는 지금까지 다윗 내러티브에서 언급되지 않았기 때문에, 우리는 다윗 자신과 나하스 사이의 동맹을 전제하는 다윗의 시작 발언에 의존한다. 화자로부터의 정보가 조금 더 많았더라면 도움이 되었을 텐데, 화자가 무언無言이라는 사실은 동맹의 역사가 이 장면을 이해하는 데 필수 조건이 아님을 가리킨다. 화자는 항상 자신의 목적과 직접 관련되지 않는 세부 사항으로 이야기를 어지럽히려 하지 않았고, 나하스가 사울의 적이었기 때문에 다윗의 동맹자가 되었을 것이라고 우리가 추정하도록 내버려둔다.

---

118 NRSV는 4QSama에서 취한 긴 추가문을 1사무 10,27과 11,1 사이에 삽입하여 나하스가 사울 영토에 야기한 위협을 설명한다.

우리는 조문 행렬이 암몬 영토에 다다를 때까지 그들과 함께 길을 간다. 공식적인 인사를 나누기 전에 장면은 하눈의 궁정으로 바뀌고, 거기서는 다윗 사절들의 접근에 대해 논의 중이다. 새 임금은 궁정 조신들에게 요청하지 않은 조언을 듣는데, 그들은 다윗의 밀사들이 새로 대관된 임금의 통치에 대한 위협이라고 주장한다. 그들이 선택한 '살피다'와 '염탐하다'라는 단어들은 다윗이 군사적 습격을 준비하고 있다는 것을 넌지시 비추고 있고,[119] 다윗이 보낸 사절에 대해 '당신은 참으로 …라고 생각하십니까?'(10,3ㄱ)라고 묻는 그들의 수사적 질문에는 '임금님은 …라고 생각할 정도로 그렇게 순진하냐?'라는 의미까지 담겨 있어 경험이 없는 임금을 수세로 내몬다. 그들은 그의 운신 폭을 거의 남기지 않고, 그가 다윗의 진짜 의도를 파악한다는 것을 보이도록 강요한다. 르하브암이 솔로몬의 왕좌를 받았을 때(1열왕 12,1-19), 반군 예로보암은 르하브암의 아버지가 백성에게 부과한 무거운 노역의 감축을 새 임금에게 간청했다. 르하브암의 나이 든 궁정 조신들은 예로보암의 요구를 경청하라고 권장하나, 젊은 궁정 조신들은 반대로 충고하니 젊은 임금은 어리석게도 후자의 권고를 따라서 그의 왕국을 분리하는 반란의 결과를 초래한다. 하눈 역시 고압적인 신하들의 나쁜 조언을 받아들이는데, 그는 그것을 평가할 능력이 부족하다. 그는 전체 장면 내내 결코 말하지 않는다! 아버지의 궁정을 통치하는데 그는 터무니없이 미숙하다. 그러는 동안 내내 우리는 다윗의 의향에 숨기는 부분이 전혀 없고, 위협을 나타내지 않는다는 것을 알고 있다.

---

119 판관 18,2에서 단 지파는 그들의 영토를 확보하기 위한 공격의 준비로 이스라엘 땅을 '염탐하고' '살피기' 위해 정찰대를 파견했다.

하눈의 어리석음이 동맹을 적으로 만든다!

다윗의 공식 조문단은 새 임금에게 그들의 조의의 표현을 전달하기 위한 왕실 접견을 하지 못했고, 그래서 독자는 하눈이 직접 수염을 절반으로 자르고 옷가지를 엉덩이 부분까지 자를 때 대경실색한다. 드라이버는 여기에서 말하는 '절반'이 '길이의 절반'이 아니라 너비의 절반'이라고 상상하여 그들을 완전히 우스꽝스럽게 만드는데, 성경의 세계에서 수염을 기르는 것은 당연하게 여겼기 때문이다.[120] 히브리어 쉐트*šēt*(10,4 NRSV는 'hips'로 번역)는 엉덩이buttocks를 가리킬 수 있다. 아시리아 임금에게 사로잡힌 죄수들은 '알몸과 맨발로, 엉덩이*šēt*를 드러내고' 끌려갈 것이다(이사 20,4). 반쯤 깎인 수염과 맨 엉덩이의 사절들은 이제 다윗 궁정으로 돌아가야 한다. 다윗 맛 좀 봐라! 이래도 덤빌 테냐!

이 무도한 행위를 알게 된 후, 다윗은 그의 사절들에게 품위 있게 될 때까지 예리코에 머무르라고 명령하고, 그렇게 해서 그들의 궁정 도착으로 인한 백성의 당혹감을 피할 수 있었다. 하눈이 어리석게 군 대가로 이제 불필요한 전쟁이 일어날 것이다.

4.3.2 암몬인들에 대한 요압의 승리 10,6-14

◆ 구조

무대 설정: 암몬 궁정의 결정(10,6)

---

[120] 요압이 아마사를 살해하기 위해 그의 수염을 잡았을 때, 화자는 아마사가 수염을 기르고 있었다고 설명하기 위해 멈추지 않는다(2사무 20,9). 이사 7,18-25에서 아시리아 임금이 하느님의 적대자들의 '수염'을 깎는 '하느님의 면도날'이 된다(7,20). 신적 징벌의 표현이다.

가. 다윗이 예루살렘에서 요압을 보내다(10,7)

    나. 전투 대열(10,8-10)

        ㄱ. 암몬인들의 전투 대열(10,8ㄱ)

           ㄴ. 아람인들의 전투 대열(10,8ㄴ)

           ㄴ'. 아람에 맞선 요압의 전투 대열(10,9)

        ㄱ'. 암몬인에 맞선 요압의 전투 대열(10,10)

    다. 요압의 연설(10,11-12)

    나'. 전투 결과(10,13-14ㄱ)

           ㄴ''. 요압이 아람인들을 격퇴하다(10,13)

        ㄱ''. 요압이 암몬인들을 격퇴하다(10,14ㄱ)

가'. 요압이 예루살렘으로 귀환하다(10,14ㄴ)

장면은 적군들의 군사적 움직임의 병행으로 시작한다. 암몬인들이 '보내고'(10,6), 다윗이 '보내고'(10,7), 암몬인들이 그들의 군대 진용을 정렬하고(10,8), 요압이 그의 군대 진용을 정렬한다(10,9). 장면의 시작에서 암몬인들은 그들이 다윗에게 미움을 산 것을 '보고'(10,6), 장면의 끝에 같은 암몬인들이 그들의 동맹인 아람인들이 도망가는 것을 '보고', 그들도 똑같이 도망간다(10,14). 요압 역시 패배의 궁지에 몰리고 있음을 '본다'(10,9), 그러나 그의 기도는 (장면의 중심) 승리를 약속한다. 장면의 약간 기울어진 구조(나 부분 길이는 나'의 두 배)는 효과적인 내러티브 장치이다. 전투를 위한 준비와 불균등한 병력이 상세하게 소개되었으나 요압이 하느님을 부르자, 장면은 신속하게 승리의 결론에 도달한다.

◆◆ 주석

화자는 우리를 하눈의 궁정으로 돌려보내는데, 그곳에서 암몬인들은 다윗의 사절들에게 행한 그들의 학대가 공격 행위로 받아들여졌다는 것을 인식한다. NRSV에서 '그들은 역겨워졌다'로 번역된 히브리어 단어는[121] 충돌이 임박했다는 신호를 보낸다.[122] 암몬인들은 그들의 동맹을 소집하고 아람인 용병을 고용하는데, 그들은 요압 군대가 다가가면 제일 먼저 도망가게 될 것이다(10,13). 아람인들과 마아카 임금은 예루살렘 북쪽의 트랜스 요르단 지역으로부터 온다.[123] 톱은 갈릴래아 바다 북동쪽으로 대략 19km쯤에 있다.[124] 그러나 화자는 우리에게 지형적인 정보를 주지 않는다. 동맹들과 그들의 숫자가 열거됨으로써, 우리는 숫자가 주어지지 않은(그러나 우리는 그들이 상당히 적었을 것이라고 상상한다) 다윗의 군대가 이제 싸워야만 할 압도적인 힘을 파악한다. 다윗은 바로 얼마 전에 그 목록에 거론되었던(8,16) 그의 사령관 요압을 급파하여,[125] 암몬인들과 붙을 두 차례 전쟁 중 첫 전투를 치르게 한다.[126]

암몬인 군대는 그들 도성 성문에 배치되어 있고(추정하건대 12,26-29에 거론되는 라빠), 반면에 화자가 다시 나열하는 그의 동맹들은 들판에 남

---

121 그 단어는 모든 물고기가 죽었을 때(첫 재앙) 악취를 풍기는 나일강을 묘사하는 데 사용되었다(탈출 7,21).
122 사울(실제로는 요나탄)이 필리스티아인 수비대를 타파했을 때, 이스라엘은 그 일이 필리스티아인들을 '역겹게' 하였다는 것을 인식한다(1사무 13,4). 그 결과로 전쟁이 일어난다.
123 판관 18,28에 의하면 벳 르홉은 이스라엘 북쪽 단의 영토 근처에 있다. 초바는 아마도 비카 계곡 북쪽(레바논)에 있고, 마아카는 이스라엘의 북쪽 경계를 따라 있다.
124 P. Kyle McCarter, *II Samuel*, Anchor Bible 9(Garden City, NY: Doubleday, 1984), 271.
125 참조. 1.4.3. 부분.
126 두 번째 전쟁은 다음 에피소드에서 시작한다(2사무 11,1).

아 있다. 초기 전투의 움직임에 대한 화자의 짧으나 함축성 있는 묘사는 (그는 실제로 요압의 기도에 흥미가 있다) 요압이 들판의 아람인 용병들에게 급습당했을 때 성문을 방어하는 암몬 군대 쪽으로 밀려간 인상을 남긴다. 포위되고(10,9) 수적으로도 열세라, 요압은 함정에 빠진 것 같다. 긴장이 최고조에 달하고 우리는 요압의 군대가 학살되리라 예상하는데, 화자는 우리가 요압과 그의 장수들의 전략 회의에 참석할 수 있도록 작업을 일시 중지한다. 군대는 두 전선에서 싸워야 한다. 요압은 그의 최고 병력을 아람인 용병과 싸우게 하는 한편 나머지 군대는 그의 형제 아비사이의 지휘하(2,18-32 참조)에 암몬인과 싸우게 할 것이다.

이 장면과 에피소드의 중앙에 있는 요압의 연설이 화자가 우선하는 관심사다. 적에 대항하여 진격하는 데 성공한 전선이 지고 있는 전선을 '도우러help'(야사yš, 이 장면에서 NRSV는 그렇게 번역) 올 것이다.[127] 동사 야사yš는 군사적 문맥에 흔한데(여호 10,6 또는 2열왕 16,7 참조), 곧 일어날 하느님 구조의 전조가 된다. 그 동사는 2사무 8,6에 마지막으로 나타났는데 거기서 주어는 하느님이었다. "'주님은 다윗이 어디를 가든지 그에게 승리(야사yš)를 주셨다"(NRSV; 역주: 대부분의 번역본이 승리라고 표현하나 한글《성경》은 '도와주셨다'라고 표현). 요압이 인간의 도움을 언급하고 있을지라도, 하느님께서 승리를 의미하는 도움을 주실 것이기 때문에 그러한 도움은 필요하지 않을 것이다. 그래서 도움이 올 것인데, 요압의 전투 전술에 따라서가 아니라 하느님의 뜻에 따라서 올 것이다.

요압은 '강해라'라는 직접적인 명령과 '용기를 내자'라는 의지 명령(화

---

127 그러나 만일 양쪽 전선이 모두 지고 있다면 어떻게 되겠는가? 그런 문제 있는 질문은 무시된다.

자가 자신을 명령에 포함하는)으로 그의 군대를 승리로 북돋운다. 그들이 처한 위험한 상태에도 불구하고, 그는 그들이 그들의 백성과 하느님의 도성을 위해 싸우고 있음을 상기시킨다. 마지막으로 가장 중요한 것은 요압이 하느님께서 보시기에 최선인 것을 하시라 빌며 기도한다.[128] 다윗처럼(5,17-25 참조) 요압은 승리가 하느님에 의해 이스라엘에게 주어지리라는 것을 알고 있다. 아모리족 임금 다섯 명이 여호수아의 동맹인 기브온 사람들을 포위했을 때(여호 10,3-4), 이스라엘이 칼로 아모리족에게 피해를 입힌 것보다 하느님이 우박으로 더 큰 피해를 주셨었다(여호 10,11). 요압은 지금 하느님께 그를 위해 같은 것을 해달라고 청하고 있다. 장면의 결론은 빨리 온다. 요압의 군대가 진용을 갖추니 아람인들이 도망친다(그들은 결국 용병들이다). 전투가 없으니 사상자도 없다. 하느님은 요압의 기도를 받아주셨고 적들은 도망쳤다. 암몬인들은 그들이 고용한 아람인들이 도망치는 것을 보고 그들의 선례를 따라 도성으로 달려 돌아갔다. 그 도성의 정복은 다른 날에 이뤄질 것이다(2사무 12,29). 현재로서는 요압이 예루살렘으로 돌아온다. 갑작스러운 결말은 화자의 목적에 맞는다. 군대 이동에 대한 세부 사항과 요압의 전술이 긴장을 유발하면서 장면의 절정인 요압의 기도를 지연시킨다. 그런데 요압이 수적으로 열세인 두 전선에서 싸워야 했을지라도, 하느님을 부르자마자 요압은 하느님의 도움을 받았다. 하느님은 무대 밖이든 무대 위든 불문하고 이스라엘의 전투에서 승리하신다.

---

[128] 실로의 사제 엘리는 어린 소년 사무엘이 밤 동안 자신이 본 환시를 그에게 밝혔을 때 같은 기도를 드린다(1사무 3,18; 참조. 판관 10,15; 시편 119,65).

4.3.3 하닷에제르와 아람인들에 대한 다윗의 승리 10,15-19

◆ 구조

가. 아람인들이 그들의 패배를 보고 재편성하다(10,15)
   나. 하닷에제르가 증원군을 부르러 보내다(10,16ㄱㄴ)
      다. 소박이 싸우러 오다(10,16ㄷ)
         라. 다윗 군대의 전투 준비(10,17ㄱㄴ)
            마. 아람인들이 진열하다(10,17ㄷ)
               바. 전투(10,17ㄹ)
            마'. 아람인들이 도망치다(10,18ㄱ)
         라'. 다윗의 승리(10,18ㄴㄷ)
      다'. 소박이 죽다(10,18ㄹㅁ)
   나'. 하닷에제르의 동맹이 그들의 패배를 보고 화평을 청하다(10,19ㄱㄴ)
가'. 아람인들이 암몬인을 위하여 싸우기를 두려워하다(10,19ㄷ)

장면은 하닷에제르의 동맹인 아람인들이 자기들이 패한 것을 '보고'(라아ra'h) 전투를 위해 재편성하는 것으로 시작한다(가). 그 일은 아람인들이 '두려워서' 더 이상 암몬인들이 주도하는 군사 작전을 지원하지 않는 것으로 끝난다(가'). 하닷에제르를 도울 채비를 갖춘 그의 동맹들이(나) 다시는 그렇게 하지 않기로 한다(나'). 〈라/라'〉 부분은 군사 작전을 위한 다윗의 준비와 뒤이은 승리를 보고한다. 아람인과의 짧지만 결정적인 전투는 이 장면 중앙에 자리하고(바), '선열을 갖추다'와 '도망치다' 동사로 테가 둘러졌다(마/마). 다른 전투 장면에서처럼, 군대의 움직임은 병행한다. 아람인 군대가 소집되고(아사프ʾsp), 그들이 유프라테스강을 건너고(아바르ʿbr), 그들이 헬람에 온다(보bwʾ: 10,15-16). 다윗이 모든 이스라엘을 소집하고(아사프ʾsp), 그들이 요르단강을 건너고(아바르ʿbr), 그들이 헬람에 온다(보bwʾ: 10,17).

♦♦ 주석

우리는 예루살렘의 요압 승전 기념식에 참여하는 대신에 패전한 아람인들을 관찰한다. 그들은 다시 싸우려고 재편성할 것이다. 8,3-8에서 다윗에게 패배한 하닷에제르(8,3의 초바로부터)가 무대에 다시 돌아온다(화자는 그의 갑작스러운 복귀 이야기를 하지 않는다). 몇 학자의 주장에 따르면, 다윗이 이 장면에서 하닷에제르의 동맹군을 격퇴시킨 일은 논리적으로 다윗이 그를 마지막으로 쓰러뜨리기 전에 발생했던 것으로, 이전에 보고되었던 적이 있다(8,3-6 참조). 화자는 이 명백한 연대기적 혼란에 방해받지 않는다. 이 사건들을 더 논리적인 순서로 재배열하는 것은 하느님에게 구원되어 승리한 다윗을 상세히 묘사하려는 화자의 우선적인 목적을 저해할 것이다.

하닷에제르가 유프라테스강 건너로부터 아람인들을 불러 헬람에서 자기 휘하의 장수 소박의 지휘 아래로 모으는데, 그는 단지 이 장면에만 나타난다. 헬람은 알려지지 않은 장소인데 다윗이 아람인들과 교전하기 위해 요르단강을 건너는 것(10,17)을 고려하면 트랜스 요르단 지역에 위치해야만 한다. 하닷에제르는 그가 군대를 소집하는 유프라테스 지방(8,3의 그의 도착지)에서 상당한 권위를 누렸으리라 추정된다. 다윗은 아람 군대의 이동을 알게 되고 헬람에서 하닷에제르와 교전하기 위해 군대를 소집한다. 전투는 거의 희극적이다. 아람인들은 이전 장면에서 했던 그대로, 진을 치고 싸우고 도망친다(10,13). 2사무 8장에서처럼 초점은 전투의 세부 사항보다는 다윗의 승리에 있다. 다윗이 하느님께 문의하지도 않고 (요압이 했던 대로) 하느님 이름을 부르지도 않아 하느님이 언급되지 않을지라도, 2사무 8장으로부터 후렴 '주님은 다윗이 어디를 가든지 그에게 승리를 주셨다'가 배경에서 울려 퍼진다. 엄청난 수의 아람인 사상자가 증명하듯이. 불리든 안 불리든 하느님은 의심 없이 다윗의 편에 계시다. 다윗이 하닷에제르의 장수 소박을 죽였을 때, 하닷에제르의 동맹들은 패배를 인정하고 화평을 청한다. 그리고 다윗의 위성국이 된다. 그들은 다윗을 섬기는 다른 정복된 민족들[모압인(8,2)과 다마스쿠스의 아람인(8,6)]에 합류한다.

   에피소드는 히브리어 동사들의 언어유희로 끝나는데, 그것들은 이 구절의 핵심 동사인 라아$r'h$ '보다'와 이르yr' '두려워하다'이다. 이 구절의 히브리어 본문에서 두 동사는 형태가 같고 발음도 거의 같다.[129] 하닷에제르의 동맹들은 그들이 패배한 것을 보았고(와이러우-$wayyir\bar{e}'\hat{u}$) 아람

---

129 히브리어 '그들이 두려워하였다'는 두 가지 방식으로 철자가 쓰일 수 있다. 와이러우-$wayyir\bar{e}'\hat{u}$(창세 20,8)과 여기 10,19 처럼 와이러우-$wayyir\bar{e}'\hat{u}$이다. 이 구절에 나오는 '결정적인' 철자는 두 동사 '그들은 보았다$wayyir\bar{e}'\hat{u}$'와 '그들은 두려워하였다$wayyir\bar{e}'\hat{u}$'의 형태가 동일하다는 것을 확실하게 입증한다.

인들은 암몬인들을 다시 돕기를 두려워하었다(와이러우 *wayyīrĕ'û*). 장면의 시작에서 아람인들이 그들의 패배를 '보는' 대신에(10,15), 패배를 '두려워했더라면', 그들은 40,700명의 사상자를 내지 않았을 것이다. 마찬가지로 암몬인들이 10,6에서 '보는'(역주: 한글 《성경》에서 "알았다"로 옮긴 히브리어는 라아 *r'h* '보다'이다) 것 대신에 그만큼 '다윗의 미움을 사는 것을' '두려워했더라면' 그들 역시 엄청난 손실로부터 자신들을 구할 수 있었을 것이다.

아람인들이 암몬인을 다시는 돕지(*yšʿ*) 않는다는 화자의 마지막 발언은 두 번째 장면의 중앙에 있었던 요압의 연설로부터 온 히브리어 단어 '돕다'를 재연한다. 요압은 지는 전선(10,11)을 돕기(*yšʿ*) 위해 이기는 전선에 대한 계획을 세웠다. 사실 요압의 기도를 들으신 하느님(자주 '돕다' 야사 *yšʿ*의 주어)께서 이스라엘 군대가 승리하도록 도우셨다. 따라서 아람인들은 하느님께서 다윗을 도우시는(*yšʿ*) 것을 고려하여(8,6 참조. 거기서 야사 *yšʿ*는 NRSV에서 '승리를 주셨다'로 번역되었다; 앞에 나온 1.3 단원 참조), 암몬인과의 동맹에 대해 신중한 결정을 내린다. 세계 무대에서 세력균형이 새롭게 조정되었다. 임금 하눈은 다윗의 사절들을 학대했고 그 자신을 방어하기 위해 아람인 용병들을 소집했다. 그러나 그는 다시는 그렇게 할 수 없다. 고립되었고 현저하게 약해졌다. 그의 수도는 다음 에피소드에서 다윗에게 정복된다(12,26-31). 아람인들은 결정적으로 패배한 뒤, 다시는 다윗 군대에 맞서지 않았다.

풋내기 어리석은 임금이 야기한 (파리스의 헬레네 납치로 촉발된 트로이 전쟁조차도 더 설득력 있는 도발이었다) 이 전투들은 수천 명의 불행한 사상자를 낳고 이제 끝났다. 그리고 우리는 그들의 막대한 희생과 그에 대한 하느님의 역할에 마음이 산란할 수 있다. 이 전투들을 주의 깊게 읽으면 전투의 세부 사항이 거의 전달되지 않는다는[130] 점에서, 우리의 화자가 섬뜩한 유혈 사태에 초점을 맞추지 않았다는 것을 분명히 알 수 있다. 그러나 아직도, 특히 20세기의 끔찍한 전쟁에 비추어 볼 때, 변명하는 설명이 쉽게 만족시키지 못하는 불편함이 남아 있다. 시인 로버스 프러스트는 "시詩는 기쁨으로 시작하여 … 삶의 해명으로 끝난다-그렇다고 반드시 대단한 해명이 아니고 … 하지만 혼란에 맞서는 일시적 멈춤이다"[131]라고 한다. 수천 명의 아람인들이 전쟁터에서 죽은 날 이후로 거의 3천 년에 걸친 인간 전쟁은 다윗 전쟁의 참혹한 희생이 아직 프로스트가 염원했던 '혼란에 맞서는 일시적 멈춤'을 가져오지 않았다는 사실을 증언한다.

4.4 다윗, 밧 세바, 우리야 이야기 11,1-12,31

당신의 믿음은 강했지만 검증될 필요가 있었지요.
당신은 목욕하는 그 여인의 모습을 지붕 위 옥상에서 보았지요.
그녀의 아름다움과 달빛은 당신을 온통 뒤덮었지요.

레너드 코헨 〈할렐루야〉에서

---

130 후에 18,6-8에서 압살롬의 반란이 패했을 때, 화자는 전투 자체를 묘사하지는 않는다.
131 Robert Frost, "The Figure a Poem Makes," in *American Poetry and Poetics*, ed. by Daniel G. Hoffman(Garden City, NY: Doubleday, 1962), 443.

갈망, 욕망, 사랑, 결혼, 음모, 살인, 은폐, 절망, 애도가 이 비극적인 에피소드 안에 혼합되어 있고 그 안에서 두 사람이 죽고 우리 영웅의 허약함이 처음으로 노출된다. 1599년 조지 필George Peele이 그의 극본 〈다윗 임금과 아름다운 밧 세바의 사랑The love of King David and Fair Bethsabe〉에서 성경의 화자가 우리 자신의 상상에 맡긴, 관능적인 밧 세바에 대한 다윗의 열정을 표명하였다. 램브란트(《목욕하는 밧 세바》, 1654)와 젠틸레스키(《다윗과 밧 세바》, 1640)는 이 에피소드에서 가장 에로틱한 장면을 그들의 화폭에 드러냈다. 토머스 하디는 《미친 군중으로부터 멀리》에서 열망하는 밧세바 에버딘으로 우리야의 아내를 소설화했다(1874). 1950년대 초에 다윗(그레고리 펙 분)과 밧 세바(수잔 헤이워드 분)가 영화에 나타났고(《다윗과 밧 세바》, 1951). 다윗과 밧 세바는 오늘날 취리히에 있는 프라우뮌스터 성당에 설치된, 새 예루살렘의 하강을 묘사한 샤갈의 스테인드글라스 창에서 관광객들을 내려다보고 있다. 음악, 예술, 문학, 영화는 이 고전적인 성경 이야기에 생기를 불어넣은 미디어의 일부일 뿐이다.

이 이야기의 세부 사항은 마지못해 소개되었다. 하느님의 반대는 아마도 다윗이 우리야의 아내 밧 세바를 처음 '취한' 직후(11,4) 시작되었을 것이다. 그러나 우리는 그것에 대해 단지 우리야가 죽고 밧 세바가 궁전으로 들어온 후에 알게 된다. 우리야가 집에 가기를 거부한 것은 다윗이 그의 아내와 동침했음을 의심했기 때문이었을까? 요압은 임금이 자신의 군대 장교 중 한 명을 죽이기를 원하는 이유를, 그리고 그것이 전투 중 사상자인 것처럼 보여야 하는 이유를 추측했었을까? 밧 세바는 다윗이 자기 남편의 제거를 명령한 사실을 짐작했을까? 만일에 우리야가 집의 아내에게로 갔더라면, 다윗은 그녀를 잊었을까? 우리는 답을 듣기를 기대하며 읽으나, 이야기는 극도로 단순화된 해석을 거부하며 그 음모 사건을 드러내지 않은 채 끝난다. 다윗의 추종자들에게 그의 범죄는 당혹스럽다. 후에 주님께 충실했던 다윗에 대한 기억을 기념하는 화자도 한 번은 이 전체 에피소드의 불명예를 고백해야만 한다. "다윗은 히타이트 사람 우리야 사건 말고는, 주님의 눈에 드는 옳은 일만 하였으며, 살아 있는 동안 내내 주님께서 명령하신 것을 하나도 어기지 않았다"(1열왕 15,5). 역대기 사가는 이 이야기를 접했을 때, 간단히 건너뛰었다(1역대 20,1-2 참조). 그에게 그것은 잊는 게 최선인 이야기였다. 하지만 그는 틀렸다. 이 두 장은 인간의 열정, 권력, 음모, 타락, 자기기만을 깊이 파헤치는데 여기에 반영된 그 또는 그녀 자신의 도덕적 모호성을 누가 읽어낼 수 없겠는가?

◆ 구조

이 에피소드는 11개의 장면이 동심원적으로 구성되었다.

가. 다윗은 요압과 군대를 라빠 공격에 보낸다(11,1)
　나. 다윗이 우리야의 아내 밧 세바와 동침하다(11,2-5)
　　다. 다윗과 우리야: 다윗이 우리야의 죽음을 준비한다(11,6-13)
　　　라. 다윗이 요압에게: 우리야는 죽어야만 한다(11,14-17)

마. 요압이 다윗에게: 요압의 소식이 다윗에게 오다(11,18-25)
바. 다윗이 우리야의 아내를 그의 집으로 들이다.
주님이 불쾌해하시다(11,26-27)
마'. 나탄이 다윗에게: 하느님의 소식이 다윗에게 오다
(12,1-7ㄱ)
라'. 나탄이 다윗에게: 아이는 죽을 것이다(12,7ㄴ-15ㄱ)
다'. 다윗과 아이: 하느님이 아이의 죽음을 확실히 하다(12,15ㄴ-23)
나'. 다윗이 자신의 아내 밧 세바와 동침하다(12,24-25)
가'. 요압과 다윗이 라빠를 정복하다(12,26-31)

다윗, 밧 세바 그리고 우리야의 이야기는 암몬 도성 라빠를 공격하는 전투로 테가 둘러진다. 에피소드가 시작되며 다윗은 요압과 군대를 도성을 포위하라고 파견한다. 에페소드가 끝나며 암몬의 수도는 다윗에게 성城을 내준다. 다윗이 밧 세바와 동침한다는 〈나/나'〉 에피소드는 두 번 묘사되는데, 그녀는 매번 임신한다. 에피소드 〈다〉와 〈라〉는 우리야를 죽이는 데 성공한 음모를 이야기하는 반면 〈다'〉와 〈라'〉는 다윗의 범죄에 대한 하느님의 응답, 곧 아이는 죽을 것이라고 이야기한다. 〈마/마'〉 부분은 우리야의 죽음에 대한 다윗의 반응을 새끼 암양의 도살이라는 나탄의 비유에 대한 반응과 대비對比한다. 에피소드에서 전환점 〈바〉는 이 사건들에 대한 하느님의 반응을 우리가 알게 될 때 온다. 하느님은 다윗의 '그 뒤로 내내 행복하게'를 속죄 의식으로 바꾸실 것이다.

4.4.1 다윗은 요압과 군대를 라빠 공격에 보낸다 11,1

에피소드는 다윗의 치세 연도나 이전 장에서 암몬인을 항복시킨 이래 얼마나 많은 시간이 흘렀는지에 대해 언급하지 않고 시작한다. 시간 절이 배경을 알린다. 때는 봄으로 이스라엘의 건기가 시작되고 임금들이 전쟁을 나가는 시기다.[132] 그 어떤 장수도 군대를 끌고 춥고 비 오는 이스라엘 겨울의 진창을 헤치고 가기를 선택하지 않는다. 우리가 여기서 추정할 수 있는 것은, 다윗의 사절들이 암몬인들에게 모욕받은 사건이(10,4) 겨울철에 일어났고, 다윗은 이런 외교적 모욕에 대해 날씨에도 불구하고 철이 되지 않았는데도 신속하게 대응하여 즉시 요압을 파견했다는 것이다. 요압은 암몬인들을 공격하여 그들의 도성인 라빠로 후퇴하게 했었다(10,7-14). 이제 봄이 되었고 다윗은 암몬의 수도 라빠를 공략하는 좀 더 조직적인 전쟁을 시작할 수 있다.

화자는 날카로운 풍자로 시작한다. 즉, 그때는 임금들이 전쟁에 나가는 시기라는 것이다. 그런데 우리 임금은 요압과 모든 이스라엘을 전투에 내보내고 집에 머물러 있다.[133] 훗날 압살롬의 반란으로 벌어진 전투에서, 다윗이 전장에 있는 그의 군대에 합류하려고 계획하지만 오히려 그의 군사들이 다윗은 안전하게 도성에 머물러 있어야 한다고 주장하면서 반대할 것이다(18,3). 그러나 이 장면에서는 요압도 군

---

[132] 2사무 11,1의 히브리어 표현 터수밧 하싸나 *tešûbat haššānâ*, "해가 바뀌어"(NRSV는 "그해의 봄"이라 번역)는 1열왕 20,22에 익명의 예언자가 이스라엘 임금에게 "해가 바뀌면" *tešûbat haššānâ* 그가 아람의 임금으로부터 공격을 받게 될 것이라고 경고할 때 나타난다.

[133] 대부분의 영어 번역본들이 이 문맥에서 히브리어 동사 '나가다'(야차 *yṣ*)의 의미가 '전투를 위해 나가다'를 뜻한다고 동의하지만, '전투를 위해'라는 단어는 히브리어 본문에 나오지 않는다.

대도 임금은 예루살렘에 머물러 있어야 한다고 제안하지 않고, 그래서 화자의 첫마디에 휘둘린 우리는 다윗이 군대를 이끌고 전투에 나갔어야 했다고 생각한다. 우리의 의심은 다윗과 밧 세바 에피소드 마지막에서 이제 집에 머무는 임금에게 질려버린 요압이 다윗에게 전장으로 들어오라고 요구할 때 확인된다(12,28). 고대 필경사 하나가 2사무 11,1의 히브리어 본문을 전달하면서(쓰면서) 화자의 첫마디에서 다윗에 대한 암묵적인 비난을 알아차렸다. 그래서 다윗을 보호하기 위한 노력으로 '임금'을 뜻하는 히브리어 단어에 자음 알렙(')을 삽입해서(*hmlkym*을 *hml'kym*으로 본문의 자음을 변경하여) '사자들'로 읽히도록 하여, 결과적으로 본문이 '해가 바뀌어 사자들이 나가는 때가 되자, 다윗은 요압을 보내어…'로 된다. 알렙(')을 삽입한 것이 대단히 의미 있는 결과는 내지 못했지만(요압은 다윗의 사자일 수가 없다), 다윗의 행동을 덜 무책임하게 보이게는 한다. 마소라 본문에 적힌 후대의 필사 표기에는 알렙(')을 읽지 않게 해야 한다고 표시하여 본문에 본래 의미 '임금'을 복원시킨다. 그러므로 내용은 '요압이 온 이스라엘을 이끌고 라빠를 응징하기 위해 행진하는 동안 임금은 예루살렘 집에 머문다'이다.

장면에서 첫 번째 동사 '보내다'(살라흐 *šlḥ*)가 이 에피소드의 핵심을 이루는 시도동기(示導動機, leitmotiv)를 끌어들인다. 모든 경우에 다윗만이 사자를 보내거나 받는다.[134] 다윗이 직접 사자를 보내거나 받는 일

---

[134] 파견할 수 있는 왕실의 권한을 지녔기에 그는 다양하고 변화하는 그의 목표를 달성할 수 있다. 그는 요압을 암몬인에게 그들의 도성 라빠를 공격하라고 보낸다(11,1). 그는 '여인'에 대해 알아보라고 사자를 보내고(11,3) 그다음에는 밀회하기 위하여 밧 세바를 그에게 데려오라고 보낸다(11,4). 우리야를 부르러 보내고(11,6), 그 자신의 사형집행 영장을 손에 들려 그를 돌려보낸다(11,14). 우리야가 살해된 후에 밧 세바를 다시 부르러 보낸다(11,27). 다른 이들은 다윗에게 말(소식)을 보낸다: 밧 세바는 그녀의 임신 소식을 다윗에게 보낸다(11,5); 요압은 다윗에게 우리야

에 관여하지 않는 유일한 경우는 하느님께서 나탄을 보내실 때(12,1)이며, 그 결정적인 '보냄'이 다윗이 밧 세바와 한 경솔한 결합의 예상치 못한 종국을 결정한다. 사자를 보내기도 하고 받기도 하면서, 다윗은 불만을 품은 요압이 출전하도록 그를 강요할 때까지(12,28) 사건을 지휘하면서 궁전에 남아 있을 수 있다. 하늘에서 하느님은 다윗의 경솔한 결합에 대한 판결을 내리고 당신의 사자 나탄을 보내셔서 신적 권위를 행사하신다. '보내기'라는 시도동기가 행동 장소로 네 곳을 설정하는데, 무대 위 두 곳(궁전과 전장)과 무대 밖 두 곳(우리야의 집과 하늘)이다.

4.4.2 다윗이 우리야의 아내 밧 세바와 동침하다 11,2-5

◆ 구조

가. (11,2)

    1. 다윗이 침대에서 일어난다

    2. 그가 여인을 본다

    3. 그녀는 목욕 중이다

    4. 여인은 아름답다

나. 다윗이 사람을 보내서 알아본다(11,3ㄱ)

    다. 우리야의 아내(11,3ㄴ)

나'. 다윗이 사람을 데려온다(11,4ㄱ)

의 죽음 소식을 보낸다(11,18); 마지막으로, 요압은 전선에서 다윗에게 와서 라빠를 포위하라고 명령하는 말을 보낸다(12,27).

가. (11,4ㄴㄷㄹ-5)

    1. 그녀가 그에게 온다

    2. 그는 그녀를 그의 침대로 데려간다

    3. 그녀가 목욕한 이유

    4. 여인은 임신한다

장면의 중앙에서 다윗은 자신이 염탐한 여인의 이름뿐만 아니라 현재 결혼 상태와 왕위와의 특별한 관계도 알게 된다. 임금은 결혼한 여인을 원했을 뿐만 아니라 그녀의 남편은 전쟁터에 막 내보낸 그의 가장 중요한 장교 중 하나이다. 이 장면에서 그가 취한 행동들의 결과가 이 에피소드의 나머지 부분에서 후속 사건들을 야기할 것이다. 밧 세바의 신분(다)을 알리는 소식은 '보내는' 다윗의 행동으로 테두리 지어진다. 즉, 그는 보내고 문의하고(나), 또 보내고 취한다(나'). 〈가〉 부분에서 우리는 목욕하는 밧 세바를 관찰하는데, 그녀가 목욕한 이유를 알려면 〈가'〉 부분까지 기다려야 한다. 장면이 열리자 다윗은 그가 곧 우리야의 아내와 동침할(와이샤캅 *wayyiškab*)(가') 그의 침대에서 일어난다(미쉬카보 *miškābô*)(가).

♦♦ 주석

우리는 그때가 다윗이 군대를 라빠에 파견했던 날 저녁이라고 추정한다. 막이 올라가고 다윗은 무대의 주요 소품인 침대에 홀로 누워 있다.

화자는 11,1에서 취한 시간(에트ʿet) 단어를 반복하는 것으로 다윗에 대한 미묘한 비판을 계속한다. 11,1의 임금들이 전쟁하러 나가는 때인 '해(年)의 시간'(하샤나 러에트 haššānâ lěʿēt)은 이제 임금이 휴식하고 있는 '저녁 시간'이다(NRSV '어느 늦은 오후'). 다윗은 옥상 테라스를 거닐기 위해 일어나고 거기에서 아래 목욕하는 여인을 염탐한다. 화자가 '그 여인이 매우 아름다웠다'는 것을 알아차리기 위해 행동을 멈추었을 때, 우리는 다윗 옆에 서서 그와 함께 그녀를 응시하고 있다. 화자는 그녀가 목욕하는 이유를 알고 있지만 그 순간은 우리가 그것을 모르게 둔다. 이 장면에 흐르는 관능성은 희미하게만 인정된다. 목욕하는 여인은 그녀의 군주이자 남편의 상관에게 그녀가 관찰되고 있다는 것을 알아채지 못한다. 〈다윗 임금과 아름다운 밧 세바의 사랑〉(1599)에서 조지 필은 다윗이 그의 정열의 여인에게 열정을 쏟으며 읊조린 시를 상상한다.

> 어떤 선율들, 어떤 단어들, 어떤 용모들, 어떤 경이로움들이 꿰뚫는지
> 내 혼이, 갑자기 붙은 불로 타올랐네
> 어떤 나무, 어떤 그늘, 어떤 샘, 어떤 낙원이,
> 즐기는가 그와 같이 아름다운 부인의 미를?[135]

이 장면에 시도동기 두 개가 도입되었다. 히브리어 어근 샤카브(škb '눕다': 11,4)가 2사무 11-12장에 8회 나타난다. 이 시작 장면에서 다윗은 밧 세바와 눕는다. 대조적으로 다음 장면에서 우리야가 궁궐의 성문

---
135 George Peele, *The Love of King David and Fair Bethsabe* (London: The Malone Society Reprints, 1912), 53-56줄.

옆에 눕고 그의 아내 밧 세바와 *눕지 않는다*. 머지않아 다윗은 바닥에 *눕고*(12,16), 그리고 마지막으로 에피소드가 끝나갈 무렵 다윗은 밧 세바와 *눕는데*(12,24), 그녀는 이제 화자(와 하느님)에 의해 받아들여진 다윗의 합법적 아내다. 두 번째 시도동기 라카흐(*lqḥ* '취取하다')도 소개되었다. 다윗은 밧 세바를 침대로 데려간다(11,4). 그러나 우리야 살해 후에 그는 (사자를) 보내서 그녀를 그의 집으로 받아들인다(11,27: 라카흐*lqḥ* '취하는' 것이 아니라 아사프*'sp*, '*gather*'이다; NRSV는 '그녀를 데려갔다'라고 번역).[136] 이 덜 공격적인 언어가 다윗의 몸짓에, 임금이 전쟁터에서 잃은 그의 장수 중 하나의 미망인과 결혼했다는 정당성과 아량을 빌려준다(그러나 우리는 우리야가 다윗에게 살해되었음을 알고 있다). 그러나 하느님은 다윗이 밧 세바를 아내로 삼은 일에 대해 언급하실 때(12,7ㄴ-12에서 나탄의 말), 동사 '모으다/받아들이다'가 아니라 '취하다'를 반복하신다(12,9와 12,10). 이 장면에서 '다윗이 그녀를 취했다'(11,4)는 화자의 단어 선택은 다윗의 범죄에 언도될 하느님 판결을 예표한다. 다윗이 다른 남자의 아내를 *취했던* 것처럼 그렇게 하느님은 다윗의 아내들을 *취해서* 다른 이에게 그들을 줄 것이다(12,11).[137]

그 여인에 관한 다윗의 문의에 대한 답은 수사적 질문으로 온다. '그 여자는 밧 세바로 우리야의 아내가 아닙니까?' 이것은 그 사자가 다윗은 그의 군대 장교 중 한 사람의 아내를 알아보았어야 한다는 것을 암시하는 것인가? 다윗이 마음이 끌린 밧 세바를 단지 모르는 척하는 것인가? 화자는 말이 없다. 밧 세바는 익명의 병사와 결혼한 것

---

136 1사무 25,42에서 아비가일이 다윗의 아내가 되었을 때 동사로 라카흐*lqḥ*가 사용되지 않았다.
137 후에, 압살롬은 다윗의 후궁들을 범할 것이다(16,22).

이 아니다. 그의 이름은 뚜렷하게 히브리어로 우리야이지만, '히타이트 사람'으로[138] 알려진 그는 '삼십 인 부대'라는 다윗 정예부대의 일원이다(23,39). 임금은 자신의 수하 장교의 아내를 원하고 있다. 이것이 다윗이 밧 세바의 남편을 포함한 어떤 병사도 없이 궁전을 비워서 좋았던 또 다른 이유일까? 다시 화자는 침묵한다. 다윗은 벌을 받지 않고 자기 병사의 아내를 취할 수 있는가? 두 번에 걸쳐 아브라함은 자신보다 더 강한 통치자들이 그의 매력적인 아내 사라를 빼앗기 위해 그를 처형할 것을 두려워한다(창세 12,10-16에서 파라오, 그리고 창세 20,2에서 아비멜렉 임금).[139] 다윗은 이 에피소드에서 그 권세가들의 하나처럼 행동한다. 그는 부하 하나의 아름다운 아내를 빼앗고 다음에 남편을 처형했다. 그의 위반 행위가 신명 5,21에 성문화되어 있다. "이웃의 아내를 탐내서는 안 된다." 또 신명 22,22에도 "어떤 남자가 남편이 있는 여자와 동침하다가 들켰을 경우, 동침한 그 남자와 여자 두 사람 다 죽어야 한다"고 명시되어 있다. 신명기가 다윗 왕국 이후에 편집되었다 할지라도, 나탄이 다윗이 우리야의 아내를 취한 것을 고발하고 다윗이 그의 죄를 고백했을 때, 예언자와 임금 둘 다 사형이 예상되는 형벌임을 받아들이고, 그래서 나탄은 임금에게 관용을 베푼다(2사무 12,13). '그대는 죽지 않을 것입니다.'

다윗과 밧 세바의 밀회에 대한 화자의 간결하지만 주의 깊은 묘사는 다윗의 책임을 강조한다. 그는 그녀를 점찍었고, *그녀는 왔고*, 그는

---

[138] Hans W. Hertzberg [*I and II Samuel*, trans. J. S. Bowden(Philadelphia: Westminster Press, 1960), 310]에 의하면 히타이트 사람이란 명칭은 그의 가족의 본래을 가리킨다.
[139] 두 경우에 다 하느님이 이 부정한 관계를 막기 위해 개입하신다.

그녀와 잤고, 그녀는 집에 갔다. 여인이 동사 샤카브(ṧkb, '누구와 함께 자다')의 주어가 될 수 있을지라도,[140] 다윗이 이 결정적인 순간에 주요 행위자로 소개된다. 그리고 신명 22,22이 그들 둘 다 죽어 마땅하다고 선언할지라도, 화자는 다윗에게 계속 초점을 맞추면서 밧 세바의 책임 부분은 넘어간다. 곧, *그가* 우리야의 아내 밧 세바를 데려왔고 *그가* 그녀와 잤지, 그 반대는 아니다.

그들이 함께 밤을 보낸 후에야 화자는 밧 세바가 목욕하고 있었던 이유를 밝힌다. 그녀는 월경 주기(레위 15,19-24에 의하면 이는 7일간이다[141]) 가 끝난 후 정결 의식을 수행하고 있었다. 왜 이 정보를 화자는 장면 시작부터 알고 있었으면서 지금까지 보류했을까? 이삭 벤 유다 아브라바넬(1437-1508)은 밧 세바가 완전 가임기였던 때라고 설명한다.[142] 이것을 헨리 스미스 같은 현대 주석들이 따르면서 그는 화자의 해석이 '왜 임신이 뒤따랐는가'를 보여준다고 쓴다.[143] 몇 현대 학자들은 탈무드 소책자 니다(Niddah 31ㄴ)를 인용하여, 정화 후에 수태가 가장 잘된다고 언급한다.[144] 그러나 탈무드 평론도 현대 의학도 여성이 임신할 가능성이 가장 높은 시기가 언제인지에 관하여 고대 화자의 마음에 통찰력을 제공하지 않는다. 지금까지 지연되었던 이 소식들은 누가 밧 세바

---

140 창세 19,30-38에서는 술 취한 부친과 잠자리를 함께하는 데에 책임 있는 롯의 딸들이 샤카브 동사의 주어이다.

141 David P. Wright and Richard N. Jones, "Discharge," in *ABD*, 2:205.

142 Uriel Simon, "The Poor Man's Ewe-Lamb: An Example of a Juridical Parable," *Bib* 48 (1967), 213.

143 Henry P. Smith, *A Critical and Exegetical Commentary on the Books of Samuel*, The International Critical Commentary(Edinburgh: T & T Clark, 1899), 317.

144 참조. 예를 들면, McCarter, *II Samuel*, 286.

의 아이의 아버지인지를 우리에게 확실히 알려준다. 밧 세바도 이를 알고 그래서 임신했다는 말을 그녀의 남편 우리야가 아니라 다윗에게 전한다. 이 장면에서 그녀가 목욕하는 것(11,2: 라하츠רחץ)은 그녀가 다윗에게 낳아준 아들이 죽은 후에 다윗이 목욕하는 것(12,20: 라하츠רחץ)의 전조가 된다. 밧 세바는 7일간의 부정 기간 후 목욕했다. 다윗은 7일간의 단식 후 목욕할 것이다.

우리는 먼저 화자를 통해 다음에는 밧 세바를 통해 임신을 알게 된다. 이것이 다윗-밧 세바 전체 이야기에서 그녀가 한 유일한 말이다. 그녀는 등장인물로서 단순한 행위자이다('줄거리에 필요한 행동의 수행자'[145]) 우리는 그녀 남편의 죽음이나 아이의 죽음같이, 트라우마가 생길 만한 사건들이 일어난 것에 대한 그녀의 반응에 대해 아는 바가 없다. 2사무 11-12장은 밧 세바에 관한 이야기가 아니다.[146] 다윗에 관한 이야기다. 장면이 닫히며 그는 위기에 처한다. 만일 그녀가 임신하지 않았더라면!

4.4.3 다윗과 우리야: 다윗이 우리야의 죽음을 준비한다 11,6-13

◆ 구조

무대 설정(11,6-7)

---

145 Adele Berlin, *Poetics and Interpretation of Biblical Narrative*(Winora Lake, IN: Eisenbrauns, 1988), 27.
146 그리고 우리는 밧 세바의 마지막에 대해 듣지 못했다. 1열왕 1장 아도니야의 반란 동안, 그녀는 자신의 아들 솔로몬을 다윗의 왕좌에 앉히기 위해 중요한 역할을 할 것이다.

가. 다윗이 우리야를 그의 아내와 동침하게 하려는 첫 시도, 그러나 우리야는 '그의 집에 내려가지 않았다'(11,8-9)

   나. 우리야가 맹세를 하다(11,10-11)

가. 다윗이 우리야를 그의 아내와 동침하게 하려는 두 번째 시도, 그러나 우리야는 '그의 집에 내려가지 않았다'(11,12-13)

◆◆ 주석

다윗은 자신의 궁궐에서 요압(그때 우리야는 언급되지 않았다)을 전쟁터로 보냈었는데(11,1), 그의 곤란함을 해결하기 위해 신속하게 움직여 우리야를 예루살렘으로 불러들인다. 화자는 해설하지 않고 옆으로 비켜서서 전개되는 사건들을 우리가 지켜보게 한다. 우리야를 예루살렘으로 돌아오게 하기 위해, 다윗은 그의 사령관인 요압에게 연락을 해야만 했고, 요압은 의문 없이 왕실의 명령을 수행했다(무슨 일이 일어나는지 요압은 궁금했을까?). 우리야가 궁정에 도착했을 때 임금은 '요압은 어떤지, 군대는 어떤지, 전쟁은 어떤지' 라빠 포위 공격에 흥미가 있는 척하며 한담을 한다. 공허한 이 대화 후에(화자는 우리야의 대답은 건너뛴다), 임금은 본론으로 들어간다. 집으로 가서 너의 아내와 동침하라! 우리야는 무슨 생각을 했을까? '임금은 전쟁에 대해 알기 위해서 전장에서 왜 *나*를 불렀을까?' '왜 임금은 요압에게 직접 묻지 않을까?' 후에 우리야는 임금의 행동에 당황했다는 이야기를 다윗에게 할 것이다. 지금은 임금이 병사에게 분부하기를, '발을 씻어라' 한다. 이 말은 완곡어법으로 다음 날 우리야가 그 말의 의미를 밝힌다. '어찌 제 아내와 함께 잘 수 있겠습니까?'(11,11). 임금은 우리야가 단 한 번이라도 그의 아내와 동침을 한다면, 비록 그 아이가 예상한 때보다 몇 주 먼저 나오고 또 다윗처럼 안색이 불그레 할지라도 우리야는 밧 세바의 미래 아이를 자신의 아이로 받아들일 것이라고 기대한다.

우리야가 궁정에서 나오고 그의 뒤를 임금의 선물이 따른다. 다윗은 왜 우리야가 출발하기 전에 왕실 선물을 수여하지 않았는가? 현재 그 선물을 나르는 궁정 스파이가 우리야 뒤를 밟은 다음 임금에게 보고할 것이다. 실제 사안이 무엇인지를 인식한 선물 운반자는 우리야가 집에 가지 않았다는 것을 임금에게 보고한다(11,10). 다윗은 선물이 어떻게 되었는지 묻는 것으로 성가시게 하지 않는다. 화자는 우리야가 밤을 궁궐 성문 곁에서 지냈다고 (다윗이 아니라) 우리에게 전하면서, 우리야를 다윗을 부각시키는 포일(箔, foil)[147]로 발전시키기 시작한다. 충직한 우리야는 그의 주군의 수비대들 곁 성문 초소에서 잠을 잔 데 비하여, 기만적인 다윗은 우리야가 지금 수비하는 바로 그 궁전에서 우리야의 아내와 잤다. 다윗이 부도덕에서 악행으로 내려갈 때, 우리야는 우리의 감탄을 받은 다음 연민까지 얻는다.

다윗이 우리야에게 말할 때(11,10) 우리는 바로 다음 날로 넘어간다. 다윗은 우리야에 대한 연극을 계속하면서, 우리야가 집으로 가기를

---

147 이 용어는 〈햄릿〉(5막, 장면 2, 193-95 행)에서 유래한다. "레어티즈, 내 자네를 빛내주지. 내가 미숙하니, 자네의 재주는 칠흑 같은 밤 진짜 별처럼 타오를거야"(〈햄릿〉, 최종철 역에서). 포일은 보석 뒤에 붙여서 그 빛을 반사하는 데 쓰이는 반사용 금속을 말한다[M. H. Abrams, *A Glossary of Literary Terms* (Boston, MA: Thomson, Wadsworth, 2005), 234 참조]. 우리야의 충직한 절제는, 우리야의 아내를 취한 다윗의 범죄가 독자의 눈에 더욱 수치스럽게 드러나도록 만드는 반사용 포일이다.

거절한 점에 대해 놀라는 척한다. '그대는 막 여행에서 돌아오지 않았나?'[148] 다윗은 라빠와의 전쟁에 관하여 잊고 있을 만큼 밧 세바의 임신이라는 위기(와 이웃의 아내를 취한 결과로 생긴 부담)에 그렇게나 몰두해 있는가? 우리야는 임금이 자신을 소환한 '여행'의 본질에 대해 임금에게 상기시킨다. '계약 궤와 이스라엘과 유다가 초막에 머무르고, 제 상관 요압 장군님과 저의 주군의 신하들이 땅바닥에서 야영하고 있습니다.' 다윗의 입장은, 충실한 병사로서 전체적인 상황이 매우 특이하다는 것을 느낀다고 그의 포일이 시사하는 대답에 의해 정정된다.[149] 임금이 어떻게 그에게 아내와 함께 자라고 명할 수 있겠는가? 그는 계약궤가 전쟁터에 있는 동안 왕실 명령을 거절한다. 우리는 다윗이 우리야의 아내와 잤을 때 궤가 전장에 있다는 사실이 도외시되었음을 안다. 다윗의 선택지는 점점 줄어들고 있다. 그는 병사가 의심하는 일 없이, 아내와 같이 자라는 직접 명령에 대한 우리야의 불복종을 비난할 수 없다.[150]

만일에 단순하게 우리야가 그의 아내와 잠자리를 같이하라는 임금의 명령을 따랐더라면! 그 대신 그는 다윗의 목숨을 걸고, 임금의 명령을 따르지 않겠노라고 맹세한다. 얼마나 씁쓸한 아이러니인가? 우리야는, 그의 아내와 함께 자라는 유혹자의 명령을 따르지 않을 것이라고, 그의 아내의 유혹자의 목숨을 걸고 맹세한다. 이것이 그가 무대에

---

148 히브리어 단어 '여행'(데렉derek)은 군사 원정을 묘사하는 데 거의 사용되지 않았다. ThWAT (2:301)은 이런 의미를 가진 것처럼 보이는 다른 두 개 경우를 나열한다(1사무 15,20; 18,14).

149 1사무 21,5-6은 행군 중에 군인들이 성관계를 삼가야 한다는 관행을 암시한다.

150 우리야는 이미 다윗와 밧 세바 사이의 밀회를 의심하고 있을까? 화자는 결정하기에 충분한 정보를 제공하지 않음으로써 우리를 괴롭힌다.

서 하는 마지막 말이다! 이제 다윗은 우리야가 아내와 의도적으로 성 관계를 가질 가능성이 거의 없다고 본다. 그래서 이제 몇 달 후면 우리야는 왜 그가 전장에서 임금에게 소환되고 아내와 잠자리를 같이 하라는 말을 들었는지 알아챌 것이다. 그리고 다윗은 다른 남자의 아내를 취했다고 고발당할 것이고 사형선고를 받을 것이다.[151] 임금은 그런 일이 일어나도록 놔둘 수 없다. 자신의 계획이 무산되었음을 인식하면서, 다윗은 충실한 병사가 원하는 대로 그를 전선으로 돌려보내기로 결정한다. 하지만 먼저 우리야는 예루살렘에서 다른 날을 지내야 한다. 화자는 다윗의 계획에 대해 다시 침묵하고 있고 우리는 내일이 어떻게 펼쳐질지 우리야와 함께 지켜본다. 만일 우리야가 술에 취하면 어떻게 될까? 롯의 두 딸은 그들의 아버지가 자신들과 성관계를 갖도록 그를 그렇게나 취하게 했다(창세 19,30-38). 그래서 다윗은 술 취한 병사가 자신의 맹세(와 전쟁)를 잊어버리고 자기 집의 아내에게로 달려가기를 희망하면서 우리야를 취하게 만들었다. 이 작전 역시 실패했을 때, 그 구절 '우리야는 자기 집으로는 내려가지 않았다'가 후렴처럼 울려 퍼진다. 화자는 다윗과 그의 운명적 포일을 마지막으로 대조시킨 가운데 우리를 남겨둔다. 우리야는 *저녁에*(11,13) 나가서 *그의 침대에* 든다. 술 취한 병사는 자신의 맹세에 충실하게 머무를 뿐 성관계를 맺으려고 자기 아내를 찾지 않는다. 최근에 정신이 멀쩡한 임금이 *저녁에 그의 침대에서* 일어나서 목욕하는 우리야의 아내를 보고 성관계를

---

151 이 혐의의 중대함은 창세 12,10-16과 20,1-7에 의해 실례로 설명되었다. 각 경우 주요 통치자가 다른 남자의 아내를 취할 때 하느님에게 처형당할 위험이 있다. 이 이야기들에서 통치자 둘 다, 사라가 아브라함의 아내라는 사실을 몰랐기에 죄가 없다.

맺으려고 그녀를 찾았다. 우리는 우리야가 이전 장면에서 다윗이 함께 누웠던(샤카브 임*škb 'im*) 그의 아내와 함께 있지 않고 주군의 종들과 함께 누워 있는(샤카브 임*škb 'im*) 상태로 둔다. 우리야의 충실함은 다윗의 범죄를 뚜렷하게 두드러지게 한다.

4.4.4 다윗이 요압에게: 우리야는 죽어야만 한다 11,14-17

♦ 구조

가. 다윗은 무엇을 하는가(11,14)
    나. 다윗의 계획(11,15)
가'. 요압은 무엇을 하는가(11,16)
    나'. 다윗의 계획이 실행되다(11,17)

이 장면은 병행되는 두 사건으로 구성되었는데, 그 각각은 무대장치 구문인 와예히*wayĕhi*로 시작한다. 첫 사건에서 우리야의 죽음으로 끝나야만 하는 행동 계획이 세워진다. 그다음에 그 계획은 실행되고 우리야는 죽는다.

♦♦ 주석

다음 날이다. 다윗은 우리가 이미 알고 있는 것을 비공식으로 알게 된다. 술 취한 우리야는 그의 맹세를 지켰고 그의 아내 밧 세바와 잠자리를 갖는 것에 유혹되지 않았다. 그래서 다윗은 요압에게 편지 한 통을 쓰는데, 그 내용은 편지가 이미 우리야의 손에 들어갈 때까지 우리에게는 숨겨진다. 다윗이 요압에게 편지를 보내기 위해 궁정 사자를 이용할 수는 없었을까? 이렇게 뻔뻔하게 우리야를 써먹는 짓이 정말로 필요했는가? 군대에 다시 합류하기 위해 즐거이 되돌아가는 충실한 우리야의 이미지가 우리 마음에 남아 있다. 다윗이 흉악한 만큼 그는 충실하다. 이 장면은 로젠크랜츠와 길덴스턴이 '햄릿의 죽음을 선물하라'는 요구라고 생각되는 서신을 영국 왕에게 제시하는, 영국 문학의 잊을 수 없는 순간을 떠올려준다(햄릿, 4막 3장, 66줄). 그 사건이 무대 밖에서 진행되기에, 청중은 그들에 대한 처형 명령이 낭독되는 동안 그들의 얼굴을 상상할 수밖에 없다. 우리는 피리를 연주하듯 햄릿을 연주하려고 했던(햄릿 3막, 3장, 335-41줄) 클러디어스 왕의 이 두 앞잡이를 불쌍히 여기지 않는다. 하지만 우리는 우리야에게 깊은 연민을 느낀다. 어떻게 보면 순진하지만, 아내와 어울리지 않고 동지들과 함께 있기를 원했기 때문에, 그는 무고한 희생자로서 이제 그의 죽음 전략을 지시하는 왕실 서신을 나른다.

    화자는 다윗의 정확한 지시를 소개하는 대신에, 다윗이 요압에게 책임지고 우리야를 곧 죽게 하라는 편지를 보냈다고 단순하게 우리에게 전할 수도 있었다. 아브네르를 속이고 죽였으며 나중에 아마사도 죽일 요압이 그런 세부 지시 없이는 임금의 문제를 어떻게 처리해야 하는 줄 몰랐을까? 그렇게 보일 것이다. 그러나 편지의 세부 사항은 우리야의 처형에 대한 전적인 책임이 다윗에게 있음을 우리가 확실히 인정하게 한다. 요압은 그 죽음을 전투 사상자처럼 보이게 해야 하며 실수가 없어야 하고, 우리야의 생존 가능성이 없어야 한다. 우리야를 향한 우리의 공감은 다윗에 대한 혐오와 함께 증가한다. 그의 전우들이 그를 더 이상 지원하지 않는 것을 보느라 몸을 돌릴 때의 우리야의 얼굴을 상상해보라. 우리야는 죽기 직전에 다윗의 계획을 알아챌까?

사건은 빠르게 진행된다. 우리는 우리야가 왕실 편지를 넘겨주는 것을 결코 볼 수 없고 전투는 요약적으로 이야기된다. 암몬인들이 도성 밖으로 나오고 싸운다. 다윗의 부하 중 일부가 우리야와 함께 전사한다. 우리는 다음 장에서 전략이 완전히 어리석었다는 것을 알게 되지만, 그것이 우리야를 확실하게 제거하기 위해서는 필요했다. 다윗의 사람 중 몇도 잃었다. 사소해 보이는 이 세부 사항은 화자가 포함시키려고 선택한 것인데, 요압이 임금의 지시를 수행하기 위해서는 다른 사람들도 희생시켜야만 했으며, 이 모든 것은 지금 임신한 밧 세바와 임금의 밀회를 덮기 위한 것임을 밝힌다. 우리의 사랑받는 영웅은 무자비한 폭군이 되었다.

4.4.5 요압이 다윗에게: 요압의 소식이 다윗에게 오다 11,18-25

◆ 구조

가. 요압이 임금에게 보낼 사자를 준비하다(11,18-19)

나. 조건: 다윗이 격한 반응을 보일 가능성(11,20-21)
가'. 사자가 다윗에게 보고하다(11,22-24)
　　　나'. 다윗의 실제 조용한 반응(11,25)

다섯 가지 질문을 포함한 상태의 조건절에서 요압이 가정한 임금의 격한 반응:
가. 조건: '만일 임금님의 분노가 타올라 이렇게 말씀하시면'(11,20ㄱ)
　　나. 질문 1(11,20ㄴ)
　　　　다. 질문 2(수사적)(11,20ㄷ)
　　나'. 질문 3(11,21ㄱ)
　　　　다'. 질문 4(수사적)(11,21ㄴ)
　　나". 질문 5(11,21ㄷ)
가'. 귀결: '그러면 너는 이렇게 아뢸 것이다'(11,21ㄹ)

첫 번과 다섯 번째 질문은, 동의어인 히브리어 의문 부사(둘 다 NRSV는 '왜'로 번역)로 도입되었고 동일한 히브리어 동사 나가쉬*ngš*가 이어지는데, NRSV는 '그렇게 가까이 가다'로 번역하였다. 다섯 번째는 첫 번째 것을 반복한다. 두 번째와 네 번째 질문은 둘 다 할로*hălō*'로 소개된 수사적 질문이다. 〈나〉 질문 '누가 여루빠알의 아들 아비멜렉을 죽였느냐?'는 다윗에게 하는 요압의 실제 질문을 암시한다. '누가 우리야를 죽였는가?'

◆◆ 주석

장면이 열리자, 다윗의 교활하고 영리한 사령관인 요압은 암몬인들에게 패한 것을 보고하기 위해 사자를 준비하고 있다. 우리야의 죽음에 대한 세부 사항을 아주 빨리 넘긴 화자는 우리가 요압이 사자에게 내리는 지시의 세부 사항에 주의를 기울이기를 바란다. 사자는 요압의 패주 소식에 대한 임금의 격노에 대비가 되어 있어야 한다. 그러나 우리는 사실 다윗이 화내지 않으리라는 것을 알고 있고 요압도 그것을 알고 있다. 그러면 무슨 일이 일어나고 있는 중인가? 이 순간, 라빠와의 전투에 대한 다윗의 관심은 오로지 우리야의 사망을 아는 데 있다. 요압은 사자에게 먼저 패배를 알리고 우리야의 죽음 소식을 늦추도록 지시함으로써, 다윗이 진정한 관심사를 신하들에게 드러내도록 그를 속일 수 있기를 바라는가? 패주 소식에 대한 다윗의 격노가 우리야의 죽음 소식에 급격하게 그리고 눈에 띄게 가라앉을 때 신하들은 무엇을 생각할 것인가? 그들은 우리야의 죽음 소식이 어떻게 그렇게 신속하게 임금의 분노를 가라앉혔는지 이상하게 여길 것인가? 최소한 궁정은 이 패배에 임금의 연루를 의심할 수 있기에 요압의 책임이 적어진다. 그것이 바로 요압이 염두에 둔 것일 수 있다.

요압은 조건 문장을 사용하는데(만일…, 그때에는…), 그것은 다섯 개의 질문을 포함한 긴 조건절('만약에' 절)과 간결한 귀결절('그때는' 절)로 구성되어 있다. 첫 번째, 세 번째, 다섯 번째 질문은 언뜻 보기에 정보를 찾는 것으로 보인다. 하지만 첫 번째와 세 번째 질문은 사실 두 번째와 네 번째의 수사적 질문에 대한 응답이다. 그래서 '왜 너희는 도성에 바싹 다가가 싸웠느냐?'라는 첫 번째 질문은 정보를 찾는 질문으로 간주될 수 있다. 그런데 그것에 '너희는 성벽 위에서 그들이 공격하리라는 것을 몰랐단 말이냐?'라는 수사적 질문이 이어진다. 이 수사적 질문(긍정적 대답을 요구하는)은 첫 질문이 정말로 의미하는 것은 '너희는 전투에서 도성에 가까이 접근하지 말았어야 했다'임을 이제 깨닫는 듣는 이를 궁지로 몬다. 세 번째 질문(누가 여루빠알의 아들 아비멜렉을 죽였느냐?)에는 네 번째(수사적) 질문이 이어지는데 그 실제 의미는 '너희는 아비멜렉이 어떻게 패했는지를 기억했어야만 한다'이다. 마지막 질문 '왜 너희는 성벽에 바싹 다가갔느냐'라는 첫 번째 질문을 반복하고, 그 답은 이제 명확하다. 듣는 이는 교묘히 빠져나가거나 변명하거나 할 여지가 거의 없으며, 이 군사 전략은 실패할 수밖에 없음을 인정하지 않을 수 없다. 궁정에 있는 사람들은 이 전략의 진짜 이유를 알지 못하기 때문에 요압이 무능해 보일 수 있다.

요압은 아비멜렉 이야기의 요소들을 우리가 판관 9,50-54에서 읽는 것과 다른 요점으로 이야기한다. 거기에는 '성벽'이나 '궁수'에 대한 언급이 없다. 탑 꼭대기에서 기략이 있는 여인이 맷돌을 그의 머리에 던졌을 때 그것은 아비멜렉이 불태워버리려고 했던 테베츠의 탑이다. 판관기의 화자는 아비멜렉의 전략의 어리석음에 대해 말하지 않으며, 죽어가는 아비멜렉이 (그의 무기병에게) 마지막 말을 할 수 있게 한다. '네 칼을 뽑아 나를 죽여라. 한 여자가 그를 죽였다고 역사가 기록하지 않도록.' 그는 '영리한 여자가 아비멜렉을 이겼다'는 것이 자신의 끔찍한 비문碑文으로 남지 않기를 개인적으로 바랐지만 아이러니하게도 그것이 사실상 그에 대한 공공의 기억이 된다. 요압은 그의 라빠 공격에서 아비멜렉의 어리석음을 닮았다고 비난받을 수 있음을 가정하고 이 이야기를 고쳐 말한다. 그래서 요압의 세 번째 질문 '누가 아비멜렉을 죽였는가?'는 요압이 다윗에게 하는 실제 질문 '누가 우리야를 죽였는가?'를 암시한다.

사자가 당연히 기대하는 대로 임금이 화를 내면, '그때는' 사자는 그에게 우리야가 죽었다고 말하면서 '당신의 종'이라는 명칭까지 덧붙여야 한다. 그 명칭은 이제 폭군인 다윗이 자신의 사람을 살해했다는 것을 강조한다. 사자(와 요압의 지시를 듣고 있는 그 군사들)는 우리야의 죽음 소식이 어떻게 임금의 분노를 누그러뜨릴 수 있는지 의아스러워 할 것이다. 요압은 사자에게 곧바로 우리야의 죽음을 말하고 다음에 전쟁의 전체 이야기를 진행하라고 지시할 수 있었으나 대신에 그는 사자에게 먼저 전쟁의 세부 사항을 이야기하라고 했다. 만일 임금이 요압의 전투 전략에 대해 이의를 주장하면 그때 사자는 그에게 우리야의 죽음을 말해야 한다. 만일 사건이 요압의 계획대로 간다면, 사자는 다윗의 궁정과 함께 임금의 즉각적인 태도 변화를 관찰하고 우리야의 죽음 소식이 어떻게 패배를 수습하는지 궁금해 할 것이다. 공개적으로 임금을 걸려 넘어지게 하여 요압은 군사령관으로서 그 자신의 명성을 보호할 수 있다.

사자는 도착해서 그가 명령받은 대로 보고했다. 전투 보고에 즉시 우리야를 포함한 다윗의 사람들 일부가 죽었다는 보고가 뒤따른다.

사자는 궁정(과 우리가) 패배에 대한 임금의 초기 반응을 관찰하고 다윗이 요압의 어리석은 전략에 대해 격노했는지 안 했는지를 알아보려고 멈추지 않는다. 사자는 전투에 대한 더 많은 정보를 제공한다. 그것은 암몬군이 다윗의 사람들을 들판에서부터 도성 문 쪽으로 끌어들여, 성벽을 따라 있는 궁수들에게 죽임을 당하게 한 것 같다. 다윗의 명령으로 명백하게 부적절한 전략이 시행될 수밖에 없었고, 사자가 그의 공문서에 있는 세부 사항의 의미를 모르는 듯 보여도, 독자는 임금의 명령이 우리야를 살해하기 위해 다른 군사들의 희생도 요구했다는 것을 다시 듣는다.

패배에 대한 다윗의 반응은 당연히 무언이고, 예상했던 왕실 반응과 그의 실제 반응 사이의 격차를 뚜렷하게 완화시킨다. 그는 요압이 가정한 다섯 질문 중 어느 것도 제기하지 않는다. 그가 무심코 한 말, 케 세라 세라('뭐가 되든지 될 것이다') '칼이란 이쪽도 저쪽도 삼켜버릴 수 있으니'는 그의 군대의 손실을 감안할 때 전혀 적절한 말이 아니다. 그것이 그에게 우리야의 죽음이 얼마나 중요한지를 드러내는 동안, 사자와 신하들은 무슨 일이 일어나고 있는지 기이하게 여길 것이 틀림없다. 임금의 침착한 반응은 머잖아 나단에게서 올 비유에서 부자가 가난한 사람이 애지중지하는 양을 취한 일에 대한 그의 격분(2사무 12,5-6)과 대조를 이룬다. 그 순간 다윗은 셰익스피어의 극 중 주인공인 맥베스처럼, 무정한 악마로 변했다. 그 둘이 저지른 해악은 계속 증가한다. 임금 던컨을 살해한 데 이어 뱅코를 살해하고, 마침내 맥더프의 아내와 아이들까지 무자비하게 학살한다. 다른 남자의 아내에 대한 다윗의 욕망은 우리야를 살해하는 데 그치지 않고 다윗에게 충성스러운 다른 군사들까지 살해한다. 이 모든 것에 대하여 임금이 케 세라 세라로 대응한다.

다윗은 사령관에게 그가 실패로 지나치게 낙담하지 않도록 통보하기 위해 관용적인 히브리어 표현을 사용한다. '그 일이 당신의 눈에 나쁜 일이 되지 않게 하시오'(필자 번역: 알예라 버에네카 에트-하다바르 *al-yēra' bĕ'ênêkā 'et-haddābār*).[152] 요압은 왜 패배가 필요했는지를 알고 있고 임금의 위로의 말이 필요 없기 때문에 다윗의 가식적인 상투어는 단지 사자를 위한 것이다. 화자는 다윗과 밧 세바 에피소드의 절정에서, 그가 이 사건에 대한 하느님의 불쾌하심을 보고할 때(11,27) 다윗의 말을 다시 할 것이다. '다윗이 한 일이 주님의 눈에 악한 일이었다'(필자 번역: 와예라 하다바르 … 버에네 아도나이 *wayyēra' haddābār … bĕ'ênê YHWH*). 다윗의 말을 즉각적으로 재구성한 이 문구는 그의 반응과 하느님의 반응을 대조한다. 다윗은, 요압에게 인명 손실과 우리야의 죽음으로 너무 마음 상하지 않아도 된다고 전하라고 사자에게 말한다. 그러나 하느님은 그 사건 전체로 마음이 상하셨다![153]

---

152 예를 들면 1사무 8,6에서 임금을 요구하는 백성에 대한 사무엘의 반응을 묘사하는 데 관용구가 쓰인다. '그 일은 사무엘을 불쾌하게 했다'(창세 21,11; 1사무 18,8 참조).
153 불행히도, 대부분의 영어 번역본들(NIV, NJPS, NRSV, REB, NAB, NJB)에서 두 개의 구문이 다르게 표현되기 때문에, 이 관용구의 작용을 놓쳤다.

4.4.6 다윗이 우리야의 아내를 그의 집으로 들이다. 주님이 불쾌해하시다
11,26-27

장면은 즉시 밧 세바에게로 이동하는데, 그녀는 남편의 죽음을 알게 된다. 화자는 새 과부를 우리야의 아내라고 계속 언급하여, 우리에게 그녀가 다른 남자와 결혼했음을 상기시킨다. 임금의 아이를 임신한 밧 세바는 우리야가 적시에 죽은 배경에 대해 궁금했을까? 그녀의 남편은 정말로 전쟁의 또 다른 우연한 희생자였을까? 그녀의 성향에 대한 실마리는 화자가 묘사하는 그녀의 짧고 형식적인 애도에 있을지 모른다. 사라가 죽었을 때(창세 23,2) 아브라함은 사라를 애도하며 *그녀를 위해 슬피 울기까지* 했다. 야곱이 죽었을 때 가나안인들조차도 이스라엘인들의 깊은 슬픔에 대해 말했다(창세 50,10-11). 다윗이 사울과 요나탄의 죽음을 알게 되었을 때 그는 자기 옷을 찢고(2사무 1,11), 애도하며, 울고, 저녁때까지 단식하였다. 그는 아브네르의 관을 따라가고, 그의 무덤에서 울고 애가를 불렀다(3,31-35). 다윗이 죽은 아들 압살롬 때문에 낸 큰 울음소리는 승리한 군대에게도 들렸다(19,1.3-4). 그 모든 일에 비하면 밧 세바는 우리야의 죽음을 소홀히 대한 것으로 보인다. 울음도 없고, 애도가도 없고, 옷을 찢지도 않고, 굵은 베옷도 없고, 단식도 없고, 그의 매장에 대한 묘사도 없다. 그녀의 냉정한 애도는 즉시 마무리되고 애도 복을 입는 것보다 애도의 옷을 벗는 것(11,27)에 더 집중한다. 애도 의식은 그녀가 궁전으로 이동하기 전에 필요한 공개적 의식에 불과한 것으로 소개되었다.

다윗은 두 번째로 밧 세바를 부르러 보내면서, 지난번에 그가 보내서 밧 세바를 취했던(lqh 참조. 11,4 논의) 일에서 언급된 시도동기 '보내다'(샬라흐שלח)를 반복한다. 이번에 그는 보내고 그리고 그의 집으로 받아들인다(아사프אסף, 역주: 한글 《성경》에는 "다윗은 사람을 보내어 그 여인을 불러들였다"). 그들의 불의한 밀통은 비밀에 부쳐지고 그래서 다윗은 전사한 그의 병사의 미망인을 공식적으로 그의 궁으로 받아들일 수 있었다. 밧 세바는 그의 아내가 되고, (요압이 아이의 친부에 대해 의심할 수 있다 할지라도) 모두가 우리야의 아이라고 생각하는 아들을 낳고 이야기는 끝난다. 다윗의 간통과 살인죄는 발각되지 않은 채로 남는다. 아름다운 밧 세바와 결혼한 후에 다윗은 이 이야기의 결론을 썼을 수 있다. '그리고 그들 모두는 오래오래 행복하게 살았더래요.' 그러나 지금 아직 무대 밖에 계신 하느님은 행복하지 않으시다. 하느님의 불쾌함, 아마도 다윗이 밧 세바를 데리고 가자마자 시작되었고 우리야의 살해로 커지기만 했을 그것이 무대에서 폭발한다. "그러나 다윗이 한 짓이 주님의 눈에 거슬렸다." 하느님은 무엇을 하실 것인가?

4.4.7 나탄이 다윗에게: 하느님의 소식이 다윗에게 오다 12,1-7ㄱ

◆ 구조

1. 주님이 보낸다: 나탄이 와서 말한다(12,1ㄱ)
    가. 부자와 가난한 사람(12,1ㄴ-3ㄱ)

나. 암양에 대한 대우(12,3ㄴ)
　　가'. 부자와 가난한 사람(12,4)
2. 다윗이 반응하다(12,5-6)
3. 나탄이 판결을 공포하다(12,7ㄱ)

이 장면과 이어 나오는 장면(12,7ㄴ-15ㄱ)은 '나탄이 말하고, 다윗이 반응하고, 그다음에 나탄이 대답한다'는 같은 구조를 공유한다. 이 장면에서 나탄은 이야기를 엮고, 다음 장면에서는 하느님의 신탁을 발표한다. 이 장면에서 다윗은 부인하고, 다음 장면에서는 고백한다. 이 장면에서 나탄은 고발하고, 다음 장면에서는 관대하게 말한다. 나탄의 '비유' 중 중앙은 암양이 누리는 특별한 보살핌에 초점을 맞춘다. 그 양은 동사 다섯 개의 주어다.

◆◆ 주석

나탄은 화자로부터 어떠한 소개도 다시 받지 않고 두 번째로 등장하고(7,1-3 참조), 그 또한 장면의 배경을 설명을 보류한다. 하느님께서 그의 시간에 개입하셨을 때 나탄 예언자가 무엇을 하고 있었는지에 대한 세부 사항들은 급히 열린 이 장면을 단지 혼란스럽게 할 뿐이고 하느님의 고발은 그런 지연을 용납하지 않는다. 나탄에게 주신 하느님의 메시지는 지금 우리에게 밝혀지지 않았고,[154] 그래서 우리는 다윗이 알

---

154 어떤 경우에 하느님의 담화 주제는 수취인에게 전달되기 전에 예언자에게(그리고 우리에게) 계시된다. 1열왕 21,19에서 우리는 엘리야와 함께 (개들이 아합의 피를 먹으리라는) 하느님의 메시

게 될 때 동시에 그 내용을 알게 되길 기다린다. 하느님의 진노를 알기 때문에 우리는 그것이 좋은 소식이 아니라는 것을 감지하고는 있다. 다윗과 밧 세바 에피소드에서 다윗이 직접적으로 연루되지 않은 유일한 사례인, 하느님이 '보내는' 이 행동이 이 에피소드의 결말, 다윗이 예상하지 않은 결말을 결정한다.

나탄은 하느님의 신탁을 12,7ㄴ에서 그 자신이 꾸며낸 이야기로 시작한다.[155] 그의 이야기는 흔히 '비유'라는 꼬리표를 다는데, 그럴지라도 그것이 나타난 문맥을 고려해보면 의미의 범위가 한정되어 있고, 리차드 이스트만은 그것을 '닫힌 비유'라고 부른다. '열린 비유'는 "계획된 불안정"을 지니고, "어떤 한 가설의 최종 검증을 차단하는 불명료하고, 바꿀 수 없는 세부 사항"으로 구성되어 있다. "독자는 어떤 한 인물이나 주제를 지지하는 데 방해를 받는다."[156] 만일 나탄의 비유가 이 내러티브 문맥에 있지 않았더라면 그것은 비유로서 덜 '닫혀' 있었을 것이다. 하지만 다윗과 밧 세바 이야기 안에 있어서, 독자는 비유의 등장인물들과 사건들하고 2사무 11장의 등장인물들과 사건들을 구체적으로 맞추어보는 데로 이끌린다. 다윗은 나탄의 이야기를 비유로서가 아니라 임금의 판결이 요구되는 법정 사건으로 듣는다. 우리는 하느님의 불쾌함과 하느님이 나탄을 보내셨다는 것을 들어서 알고 있기 때문에, 그 법정 사건은 꾸며낸 것임을 알고 있다. 그래서 시작부터 나탄의

지가 아합에게 전달되기 전에 듣는다.
155 나탄이 지어낸 이야기는 '주님께서 이렇게 말씀하신다'라는 전달자 양식으로 시작하지 않는다. 그 문구는 12,7에서 하느님의 말씀을 도입하는데, 이것은 그 자신의 창작이다.
156 Richard M. Eastman, "The Open Parable: Demonstration and Definition," *College English* 22, no.1 (October 1960): 17.

말들을 밧 세바와 다윗의 밀회와 우리야의 살해에 비추어서 해석해가는 반면, 현혹된 다윗은 최종 중재자라는 공적 역할을 수행하고 있다.

비유는 두 사람으로 시작하는데, 하나는 부자이고 다른 하나는 가난하다. 부유한 사람의 재산은 양 떼와 소 떼였다. 가난한 사람은 구매한 암양 한 마리밖에 없었다. 비유의 중앙은 그 암양이 받는 대우에 초점을 맞춘다. 나탄은 즉시 여행객의 도착과 가난한 사람의 양이 도살되는 데로 이동할 수 있었는데, 그러는 대신 그는 가난한 사람이 암양에게 지닌 애정을 상세하게 전한다. 우리는 그 가난한 사람이 양을 어떻게 길렀는지 관찰하는데, 그 양이 이어져 나오는 동사들의 주어이다(동사가 모두 여성형[157]이기 때문에, 히브리어 독자들은 그것을 밧 세바와 연관해 보도록 권장된다). 양은 자라났는데, 그녀는 그 주인의 음식에서 먹었고 그의 잔에서 마셨고 그의 무릎에서 잤으며 그에게는 딸과 같았다. 화자인 나탄은 그 행동을 천천히 소개하여 우리에게 가난한 사람이 양에게 쏟은 과장된 보살핌을 시각화하게 한다.[158] 이 과장된 묘사는 가난한 사람을 우리야와, 암양을 밧 세바와 연결한다. 마지막 구절, '그녀는 그에게 딸과 같았다'(와터히 로 커바트*wattĕhî lô kĕbat*; 12,3)는 히브리어 독자는 여기서 히브리 말 '바트'(혹은 밧*bat*, 딸)를 듣는데 그것은 밧 세바 이름의 첫 음절이다('밧 세바'는 '세바의 딸'을 의미한다). 독자들은 '그 양이 그에게는 바트(세바)와 같았다'라고 마음으로 말을 완성한다. 양의 양육에 오랜 시간 집중한 후에, 비유는 신속하게 결론에 도달한다. 한 여

---

157 히브리어에서 동사들 또한 성별로 분류된다.
158 유사한 장치가 착한 사마리아인의 비유(루카 10,30-35)에 나타난다. 사제와 레위인은 상처 입은 사람 곁을 아주 빨리 지나간다(각각은 동사 세 개씩을 받는다). 그러나 사마리아인이 도착했을 때, 화자는 행동을 느리게 하고 부상당한 사람을 위한 그의 보살핌을 상세히 묘사해 제시한다.

행자가 도착했고, 부자는 그 많은 가축에도 불구하고 여행자를 위해 자신의 가축 하나를 잡기를 원치 않았고, 가난한 사람의 양을 잡았다.

비유에는 종결이 빠져 있다. 부자가 와서 그의 애지중지하는 양을 도살하기 위해 붙잡았을 때 가난한 사람은 어떻게 반응했을까? 그의 암양 때문에 우는 가난한 사람을 묘사하면 그에 대한 우리의 울적한 연민의 감정을 쏟아내게 할 수 있었을 것이다. 우리에게 카타르시스를 주지 않음으로써 나탄은, 부자에게 자신의 암양을 살려달라고 탄원하고, 그에게 딸과도 같았던 그의 가장 소중한 소유물이 낯선 사람의 저녁 식사로 구워지기 위해 붙잡힌 것을 슬퍼하는 가난한 사람의 이미지를 우리 마음에 각인시킨다. 부자를 향한 우리의 분노가 급속히 다윗에게로 이동한다. 나탄이 비유로 선택한 동물의 종류가 암양인 것은 우연이 아니다. 암양은 죄의 속죄 제물로 바쳐질 수 있다.

> 속죄 제물로 양을 바치려면, 흠 없는 암컷을 끌고 와서, 그 속죄 제물의 머리에 손을 얹은 다음, 번제물을 잡는 곳에서 그것을 잡아 속죄 제물로 삼는다(레위 4,32-33).

레위 13-14장은 정결례를 위한 규정을 포함하여(14장) 피부병으로 일어난 부정의 문제를 다룬다. 일단 사람이 깨끗하다고 선언되면, 그는 진영으로 돌아갈 수 있다. 칠 일 후에 그는 목욕하고 그의 옷을 빤다. 여덟째 날에, 깨끗해진 사람은 사제에게 숫양 두 마리와 암양 한 마리를 가져간다(레위 14,10). 사제는 숫양 중 한 마리를 속죄 제물로 도살하고, 그 양의 피의 일부를 깨끗해진 사람에게 바른다.

암양의 이 속죄 기능은 이어지는 장면에서 다윗이 자신의 죄를 나탄에게 고백한 후에 한 행동의 의미를 분명히 드러낸다(2사무 12,15ㄴ-23). 죽으리란 단죄를 받은 다윗의 아들이 병에 걸렸을 때 임금 곁에 서있을 그의 신하들은 아이가 죽은 후에 임금이 애도 의식을 치르리라 예상할 것이다(그들은 그가 무엇을 할지 전혀 모른다). 그러나 다윗은 레위 14장에 묘사된 속죄 예절의 몇몇 규정을 수행할 것이다. 그는 칠일간 바닥에 누울 것인데, 일단 아이가 죽자 그는 옷을 갈아입고, 목욕하고, 그 자신이 기름을 바른다(레위 14,14-20에서 다시 깨끗해진 사람이 사제에게 기름부음 받음을 상기시키는 행위). 그렇게, 나탄의 비유에서 '암양'은 속죄의 희생 제물로서, 우리야를 해친 다윗의 범죄에 대한 그의 궁극적인 속죄를 예시한다.

비유의 다른 요소들은 이 에피소드에서 시도동기를(2사무 11,2-5 참조) 재연한다. 양은 가난한 사람의 무릎에 누웠다(샤카브 škb)고 말해진다. 다윗과의 밀회 전에 우리야와 눕곤 했던 밧 세바의 이미지가 갑자기 떠오른다. 부자는 다윗이 밧 세바를 *데려가듯*(11,4) 가난한 사람의 암양을 *데려간다*(라카흐 lqh 12,4에 두 번 나타난다). 그의 암양을 데려갔을 때, 가난한 사람이 그 문제에 대해 달리 취할 방도는 없다. 그와 같이 밧 세바를 데려갔을 때도 우리야에게는 선택의 여지가 없었다. 비유의 다른 측면은 비록 그것들이 2사무 11장의 사건들과 직접 병행되는 면은 없을지라도, 다윗의 범죄에 대한 우리의 반응을 형성한다. 가난한 사람이 암양을 돌보는 모습에 대한 묘사를 통해 우리는 우리야가 밧 세바를 향해 가졌을 엄청나게 부드러운 사랑을 짐작할 수 있다. 우리야가 다윗과 주님께 충직함을 알기 때문에, 우리는 그가 똑같이 그의 아내에게도 헌신했으리라고 쉽게 짐작할 수 있다. 비유에서 가난한 사람은 그는 사랑하는 암양이 잡혀서 저녁 식사용으로 요리되는 것을 지켜보는 반면에, 우리야는 자신의 암양 밧 세바가 다윗에게 잡혔을 때 모르고 있었다. 암양의 도살은 우리야의 살해를 떠올려준다. 무죄한 암양처럼, 그는 궁궐의 성문 옆에서 잤고 그의 동료 병사들이(다윗의 군대) 전투에 배치되어 있기 때문에 그의 아내와 동침하는 것을 거절했다. 다윗의 명령으로 그는 도살되었다.

임금 다윗이 본 대로, 나탄은 임금 앞에 법정 사건을 가져왔고, 임금은 사취당한 가난한 사람의 권리를 보호해야만 한다. 후에 가짜 과부는 임금 앞에서 유일하게 살아남은 그녀의 아들의 목숨을 구하려고 청원할 것이다(14,4-11). 두 경우에서 다 임금은 그들의 사건에 대해 선고를 내리고 심지어 맹세도 서약할 정도로 거짓 청원자들을 믿는다. 부자에 대한 그의 분노는 라빠와의 전투에서 입은 손실과 우리야의 죽음에 대한 밋밋한 반응(11,25)과 대조를 이룬다. 암양의 도살은 잔인한 임금을 격앙시키는데, 그는 자신의 범죄들을 칸막이해 차단한 듯 보이며 그것들의 중대성을 알아차리지 못한다. 우리는 나탄이 덫을 놓을 때까지 기다린다.

다윗이 그 부자는 자기 목숨으로 지불해야만 한다고 단언할 때, 우리는 맹세를 하고 심지어 다윗의 권주로 술에 취했을 때도 자신의 말을 지켰던 불운한 우리야를 기억한다. 가난한 사람에 대한 범죄에 내려진 선고치고는 과장임이 명백한 사형선고는, 이웃의 아내를 데려가고 그녀와 자고 그녀의 남편을 살해한 다윗의 머리에 떨어져야 마땅한 것임을 암시한다. 그런 다음 임금은 탈출 22,1(역주: 한글 《성경》에는 21,37)에 부합하는 형벌을 선고한다. 자기 것이 아닌 양을 데려가고 그것을 도살한 부자는 가난한 사람에게 양 네 마리를 돌려주어야 한다. 그때 나탄은 임금이 방금 단죄한 사람을 밝힌다. '당신이 바로 그 사람입니다.' 우리는 나탄이 그 통지를 큰 소리로 부르짖는 것을 들으면서, 다윗이 나탄의 법정 사건이 가짜이고 예언자(와 하느님)가 자신이 밧 세바를 데려왔고 우리야를 살해했다는 것을 알고 있음을 파악했을 때, 그의 반응을 상상한다. 다윗은 그가 부자에게 선언한 선고를 그 자신에게 수행할 것인가?

4.4.8 나탄이 다윗에게: 아이는 죽을 것이다 12,7ㄴ-15ㄱ

◆ 구조

1. 나탄의 (하느님의) 연설
가. 전달자 공식 + 하느님은 다윗을 위해 무엇을 하셨는가(특히 아내들을 주면서)(12,7ㄴㄷ-8)
　나. 고발: '당신은 경멸했다'(12,9ㄱ)
　　다. 당신은 칼로 우리야를 죽였다(12,9ㄴ)
　　　라. 당신은 그의 아내를 데려갔다(12,9ㄷ)

다'. 당신은 우리야를 칼로 죽였다(12,9ㄹ)

나'. 하느님을 경멸한 벌(12,10)

가'. 전달자 공식 + 하느님은 이제 무엇을 하실 것인가 (다윗의 아내들을 데려 가실 것이다)(12,11-12)

2. 다윗의 반응(12,13ㄱ)

3. 나탄이 선언을 공표하다(12,13ㄴ-14)

4. 나탄이 떠나다(12,15ㄱ)

이 장면의 구조는 앞장과 병행한다. 나탄이 말하고 다윗이 반응하면 그때 나탄이 대답한다. 신탁의 본문 중앙에는 다윗이 우리야의 아내를 데려갔다는 고발이 있다. 그것은 우리야 살해에 대한 이중의 언급으로 테가 둘러진다. 〈나/나'〉 부분은 다윗이 하느님의 눈에 악한 짓을 함으로써 하느님을 경멸했다고 고발하는데(나'), 그것은 다음에 히타이트 사람 우리야의 아내를 자기 아내로 데려갔다는 〈나〉 부분에서 명시된다. 〈가〉 부분은 하느님이 다윗을 위해 하신 일 특히 사울의 아내들을 넘겨주신 전부를 재검토한다. 〈가'〉 부분에서 하느님은 상응하는 징벌을 선언하신다. 곧, 그분은 다윗의 아내들을 *데려다가* 그의 이웃에게 주실 것이다. 다윗이 이 신탁에 반응하고 나탄은 마지막 말을 던진 후에 떠난다.

♦♦ 주석

나탄은, 비유에서 그 부자가 다윗이라고 그에게 통보한 후에 신탁을 시작한다('주님께서 이렇게 말씀하신다'라는 공식은 이어지는 말들이 더 이상 그의 것이 아니라는 표시다). 화자는 나탄의 계시에 대한 다윗의 즉각적인 반응을 밝히지 않는다. 비록 우리는 다윗이 방금 판결한 법정 사건이 실제로 그의 삶을 해석한 비유라는 사실을 깨닫고 그의 부정의 가면은 무너진다고 추측할지라도 말이다. '너를 기름부은 이는 바로 나이고' 하며 강세가 들어간 1인칭 대명사로 시작하는 신탁은 7,5-16에 나왔던 하느님의 신탁을 소환하는데, 거기서도 하느님은 다윗에게 말씀하실 때(7,8.14) 1인칭 대명사를 사용하셨다. 2사무 7장에서 신탁은 하느님을 이스라엘 역사에서 첫째가는 주역으로 강조했다. 지금 신탁은 하느님을 다윗의 생애에서 첫째가는 주역으로 강조한다. 7,5에서처럼 엄숙한 전달자 공식 '주님께서 이렇게 말씀하신다'로 하느님의 연설을 도입하는데, 다만 이 신탁은 '이스라엘의 하느님이신 주님께서 말씀하신다'라며 하느님에 대한 좀 더 긴 명칭을 포함한다. 2사무 7장에서 신탁은 하느님의 인도 하에 진행된 이스라엘 역사의 핵심 사건들을 재음미했다. 이 신탁은 하느님의 인도하에 진행된 다윗 인생의 핵심 사건들을 재음미한다. 그것들은 그의 기름부음 받음(1사무 16장), 그를 사울에게서 구출하심(1사무 18-31장), 사울 왕국을 그에게 양도하심(2사무 3,6-5,5)이다. 사울을 폐위하신 다음에 사무엘에게 그의 뿔을 기름으로 채워서 이사이의 아들 중 하나에게 기름 부으라고 명령하신 분은 하느님이셨다(1사무 16,1). 하느님이 사울에게서 다윗을 구원하셨다(나찰נצל)는 진술은 독자에게 다윗 내러티브의 주요 주제를 상기시킨다(1.3단원 참조). 다윗은 그가 직면했던 분쟁에서 하느님의 지속적인 구출이 없었다면 임금이 되거나 왕좌에 앉을 수 없었을 것이다. 다윗의 삶을 회고할 때에는 언제나 아무리 짧더라도 그 주제를 포함해야만 한다.

하느님은 다윗에게 사울의 아내들을 포함하여 그의 왕국을 넘겨주셨음을 상기시키신다. 이것은 다윗과 아히노암의 결혼(1사무 25,43)에 대한 언급일 것인데, 레빈슨의 주장에 따르면 그녀는 아히마아츠의 딸 아히노암(1사무 14,50)으로서 사울의 아내와 같은 사람이다.[159] 화자는 다윗에게 그녀가 양도되었는데 폐위되거나 패배한 임금의 아내들은 승자에게 양도되는 전리품의 일부이기 때문이라고 추정한다. 아람의 벤 하닷 임금이 아합 임금을 위협할 때, 그는 아합에게 사자를 보내서 그에게 말하게 하였다. "그대의 은과 금은 나의 것이다. 그대의 아름다운 아내들과 아들들도 나의 것이다"(1열왕 20,3). 반란자 압살롬은 그가 자기 아버지의 왕좌를 찬탈했다는 것을 모든 이스라엘에게 보이기 위해서 다윗의 후궁들을 범했다(2사무 16,20-23). 밧 세바가 솔로몬의 형 아도니야를 위해 다윗의 후궁 아비삭을 청하기 위해 솔로몬에게 다가갔을 때, 임금은 "그에게 나라를 주라고 청하시지요!"라고 호소한다 (1열왕 2,22). 솔로몬은 아도니야가 선왕의 후궁을 소유하는 것이 솔로몬의 왕좌 계승을 위협한다는 것을 인식하고, 그래서 바로 그 청 때문

---

[159] Jon D. Levenson, "1 Samuel 25 as Literature and as History," *CBQ* 41 (1978): 11-28; 참조 Jon D. Levenson and Baruch Halpern, "The Political Import of David's Marriages," *JBL* 99 (1980): 507-18.

에 아도니야의 처형을 명령한다(1열왕 2,24).[160] 그래서 사울의 아내들의 양도가 다윗의 왕위 계승 이야기에 명시적으로 기록되지 않았을지라도, 우리가 그만큼 짐작하게 되어 있기 때문에, 하느님은 이제 그것을 다시 언급하신다. 하느님은 사울의 아내들을 다윗의 무릎(헤크 *ḥêq*)에 주었다고 하신다. 헤크(무릎)는 나탄의 비유에 귀를 기울이게 하는 용어인데, 가난한 사람의 암양은 그의 무릎(헤크 *ḥêq*)에서 잤다(2사무 12,3; NRSV는 '품'으로 읽는다; 역주: 한글 《성경》에도 '품'이다). 만일 이것이 부족했다면, 하느님은 당신 종 다윗이 바라는 그 이상의 어떤 요청이라도 들어주셨을 것이다. 하지만 다윗은 비밀리에 그의 이웃의 아내를 빼앗는 것을 선호했다.

하느님은 공소장을 요약하신다. 다윗은 하느님의 눈에 악한 짓을 함으로써 하느님을 경멸했다(12,9). 신탁은 2사무 11장의 마지막 줄을 여기서 재연한다. 거기서 다윗은 밧 세바와 그의 이야기가 행복하게 결론지어지는 것으로 믿었으나 화자는 우리에게 전체 일은 '하느님의 눈에 악했다'고 우리에게 알렸다(11,27). 이제 다윗은 하느님이 우리야를 살해하는 음모에 속지 않으셨다는 것을 알게 되었다. 암몬인은 순전히 다윗의 음모를 달성하기 위한 도구였을 뿐이다. '너는 히타이트 사람 우리야를 칼로 쳤다'와 '너는 그를 죽였다'는 우리야 살해의 이중 책임은 '너는 그의 아내를 네 아내로 삼았다'는 신탁의 중심을 둘러싼다. 하느님은 결코 밧 세바를 이름으로 언급하지 않으시며, 그녀는 우리야의 아내로 남는다. 하느님은 또한 다윗이 그녀와의 결혼 준비로

---

160 이 이유 때문에 이스 보셋은 아브네르가 사울의 후궁 리츠파를 범한 것을 비난함으로써 아브네르에게 찬탈의 혐의를 지게 한 것이다(2사무 3,6-11).

밧 세바를 궁궐의 집안에 포함시킨 것을 묘사할 때 11,27에 나타났던 '받아들이다'(아사프'sp) 용어를 거절하시고 그 대신에 '데려가다'(라카흐 lqḥ) 동사를 선호하신다. 바로 다윗이 밧 세바를 그의 침대로 '데려갔던' 것처럼(11,4) 그리고 부자가 가난한 사람의 암양을 '데려갔던' 것처럼(12,4), 그렇게 하느님은 다윗이 우리야의 아내를 '데려갔다'고 비난하신다.

하느님은 이제 형벌에 착수하신다.[161] 2사무 7장 신탁에서 하느님은 '집안'이라는 용어로 언어유희를 하셨다. 지금 하느님은 '칼'이라는 단어를 기용하신다. 다윗이 바로 '칼로' 우리야를 죽였던 것처럼, 이제 칼은 그의 집안에서 떠나지 않을 것이다. 하느님은 그것을 다윗에 대항하여 영원히 휘두르실 것이다. 영원히(아드 올람 'ad 'ôlām)는 2사무 7장에 일곱 번 등장했던 표현으로 다윗에게 하신 약속을 반향한다. 하느님은 다윗의 집안이 '확실히 영원히' 서 있으리라고 약속하셨다. 그러나 이제 우리야에 대한 이 범죄 때문에, 다윗의 집안은 영원히 재난에 시달릴 것이다. 압살롬의 반란(2사무 15-19장)과 비크리의 아들 세바의 반란(2사무 20장)이 마음속에 떠오르나, 신탁은 또한 먼 장래에 다윗 가계를 기다리고 있는 위기들과 궁극적인 멸망을 예시한다. 12,11에서 다른 전달자 공식('주님이 이렇게 말씀하신다')은 처벌에 합당한 신적인 판결의 상세한 특성들을 소개한다. 다윗이 우리야의 아내를 데려갔던 것처럼, 하느님은 다윗의 아내들을 데려갈 것이고 모든 이스라엘 앞에서 그들과 함께 누울(시도동기 샤카브 škb, '눕다'가 다시 나타난다) 다른 사람에게 줄 것이다. 다윗은 밧 세바를 빼앗는 것을 비밀리에 하였지만, 하

---

161 12,10에서 히브리어 부사 워아타 wĕ'attâ는 앞의 전제를 바탕으로(7,8 참조) 결론을 도입한다.

느님은 '모든 이스라엘 앞에서', 그리고 '태양 아래서' 다윗의 아내들을 빼앗을 것이다. 압살롬은 궁궐 옥상 천막에서 다윗의 후궁들과 잠자리를 같이 할 것인데(16,20-22), 거기는 하느님이 지금 예고하시는 대로 '태양이 지켜보는 가운데'이고, '모든 이스라엘 앞'인 공간이다.

마침내 다윗이 자기 죄를 고백하며 말한다. 그의 운명은 어떻게 될까? 사울이 자신의 죄를 명백히 고백하고(1사무 15,30) 용서를 청했을 때, 예언자 사무엘은 그것을 인정하려고 하지 않았다. 하느님이 그를 거부하셨다. 다윗은 지금 같은 운명을 겪을 것인가? 하느님은 사울을 임금으로 선택하신 것을 유감스러워하셨던 것처럼 다윗의 왕좌를 세우신 것을 후회하실 것인가? 다윗과의 약속, 살인과 이웃의 아내를 취한 것에 대해 유죄 판결을 받은 이와의 약속은 무효가 될 것인가? 다윗의 범죄와 고백은 사울의 것(1사무 15,10-31)과 병행한다. 예언자 나탄은, 예언자 사무엘이 사울이 '하느님의 말씀'을 거부했다고 비난한 것처럼(1사무 15,26), 다윗이 '하느님의 말씀'을 무시했다고 고발한다(2사무 12,9). 다윗과 사울 둘 다 그들의 죄를 고백한다(사울은 두 번 고백했다: 1사무 15,24과 15,30) 그리고 둘 다에게서 하느님은 다른 사람에게 줄 무엇인가를 취하신다. 다윗의 경우는 그것이 그의 아내들이다. 사울의 경우에 그것은 왕국이었다.

> 사무엘이 사울에게 말하였다. "주님께서는 오늘 이스라엘 왕국을 임금님에게서 찢어내시어, 임금님보다 훌륭한 이웃에게 주셨습니다"(1사무 15,28).

> 네가 지켜보는 가운데 내가 너의 아내들을 데려다 이웃에게 넘겨주리니, 저 태양이 지켜보는 가운데 그가 너의 아내들과 잠자리를 같이할 것이다(2사무 12,11).

나탄의 신탁은 2사무 7장의 다윗에 대한 하느님의 약속을 위협하지 않는다. 비록 임금의 아내들을 다른 이에게 양도하는 것이 그만큼을 암시할 수 있을지라도 말이다. 압살롬은 이 신적 처벌의 대리인일 수 있다. 그는 다윗의 후궁들과 잠자리를 같이하나 하느님은 왕국을 그에게 넘기지 않으신다. 다윗은 폐위되지 않을 것이다. 하느님의 약속은, 뉘우치는 다윗에게 나탄이 다윗과 청중이 예상하는 사형을 사면하면서 관용의 말을 전할 때 지속된다. (사울이 그러한 관용을 사무엘에게 청했으나 절대 받아들여지지 않았다.) 다윗은 죽지 않을 것이나 그와 밧 세바에게 태어난 아기는 살지 못할 것이다. 2사무 7장 하느님의 신탁에서 나탄은 다윗에게 그의 후계자가 성전을 건설하리라고 선언했다(7,13). 이 아기는 그 약속을 이행하거나 다윗의 왕좌에 대한 권리를 주장할 기회를 갖지 못한다.[162] 그 후 즉시 나탄은 집으로 간다.

4.4.9 다윗과 아이: 하느님이 아이의 죽음을 확실히 하다 12,15ㄴ-23

다윗의 아이는 죽을 병에 걸려 누워 있다. 무뚝뚝한 화자는 밧 세바의 비통은 묵살하고, 다윗의 행동과 그를 염려하는 신하들에게 초점

---

[162] 마소라 본문은 이렇게 읽는다. "네가 주님의 원수들을 업신여겼기 때문이다." 히브리 필사 전통은 '너는 주님을 업신여겼다'라는 문구를 피하기 위해 '원수들'을 추가했다.

을 맞춘다. 불필요해 보이는 세부 사항인 다윗에 대한 그들의 반응이 이 장면의 의미를 해석하는 열쇠다.

♦ 구조

가. 주님이 행동하신다(12,15ㄴ)
    나. 다윗이 아이의 병에 반응한다: 그는 바닥에 눕는다(12,16)
        라. 신하들은 다윗의 행동을 이해하지 못한다(12,18)
            마. 다윗이 질문한다(12,19ㄱㄴ)
가'. 주님이 행동하셨다(12,19ㄷ)
    나'. 다윗이 아이의 죽음에 반응한다: 그는 바닥에서 일어난다(12,20ㄱㄴ)
        라'. 신하들이 다윗에게 질문한다(12,21)
            마'. 다윗이 그의 행동을 설명하고 질문한다(12,22-23)

이 장면은 병행인 두 부분으로 나뉜다. 아이에 대한 하느님의 판결이 실행되자 곧 임금은 그의 일상 습관을 뒤집는다. 〈가/가〉 부분에서 주님이 행동하시어, 처음에 아이를 치고 다음에 그를 죽인다. 〈나〉 부분에서 다윗은 그의 일상을 중단하고, 바닥에 누워 단식한다. 〈나'〉 부분에서 그는 바닥에서 일어나 씻고, 평소 일상을 시작한다. 〈다〉 부분에서 원로들은 다윗에게 일어나서 식사하라고 말하나 그는 거절한다. 〈다'〉 부분에서 그들은 음식을 가져오고 그는 먹는다. 〈라/라'〉 부분에서 다윗의 신하들은 그의 행동을 관찰하고 그가 무엇을 하는지 이해하지 못해서 질문을 하는데, 처음에는 자신들에게, 다음에는 다윗에게 질문한다. 〈마〉 부분에서 다윗은 신하들에게 아이에 관하여 묻는다(그는 하느님이 행동하셨는지 아닌지를 알고 싶어 한다). 〈마´〉 부분에서 다윗은 신하들에게 지금 그가 죽은 아이를 위해 할 수 있는 일이 있겠는지를 묻는다(오직 다윗만이 왜 아이가 죽었는지를 안다).

♦♦ 주석

약속한 대로 주님은 아이를 병으로 치셨고, 아이와 아이 어머니가 무대 밖에서 고통을 겪는 동안, 우리는 다윗을 주시한다. 히브리어 동사 나가프(*ngp*, '치다')는 종종 개인의 죽음(1사무 26,10)이나 군대의 패배(판관 20,35; 1사무 4,3)로 이끄는 하느님의 징계와 관련되었다. 그것은 이집트에 대한 하느님의 재앙을 묘사한다(탈출 8,2과 12,13; 역주: 한글 《성경》은 7,27과 12,13). 아비가일이 다윗이 그의 남편을 죽이는 일에서 다윗을 막은 후에, 주님은 나발을 치시고(*ngp*) 그는 죽는다(1사무 25,38). 이 두 경우에서 하느님이 다른 사람(파라오와 나발)의 뜻을 꺾으며 개입하시고 그의 원수를 '치시는데', 그렇게 하여 당면한 상황을 장악하는 하느님의 권위를 나타내신다. 여기서도 비슷하게 하느님은 다윗을 벌주는 데 개입해서, 다윗이 밧 세바와 다른 남자의 아내를 사취해서 태어난 아이와 함께 내내 영원히 행복하게 살리라는 계획을 파괴하신다. 화자는 하느님의 판결을 반영하면서 밧 세바를 언급할 때 계속 우리야의 아내라고 한다. 결혼을 인정하는 순간은 아직 오지 않았다.

왜 다윗은 단식하며 맨바닥에 누웠는가? 나탄은 얼버무리지 않고 아이에 대한 하느님의 벌을 선언했다. 할 수 있는 일이 없다. 다른 사람들에게는 아이의 생명을 위한 다윗의 간청으로 보이는 것이 사실은 그의 속죄 행위다. 어쩌면 하느님이 그의 통회를 받아들이실 것이고 그의 죄에 대한 벌을 갓난아이에게 강요하지 않으실 것이다. 아합 임금이 이제벨의 도움으로 나봇의 포도원을 빼앗았을 때, 예언자 엘리야가 아합 임금을 단죄하고 그의 왕국의 멸망을 장담한다. '나는 너를 쓸어버릴 것이다'(1열왕 21,21: 필자 번역). 그러나 아합이 뉘우치고 자루옷을 두르고 단식하자, 하느님은 판결을 대체하신다. "그가 내 앞에서 자신을 낮추었으니, 그가 살아 있는 동안에는 내가 재앙을 내리지 않겠다"(1열왕 21,29). 비슷하게 히즈키야가 병으로 쓰러졌을 때, 그는 죽음이 임박했음을 예언자 이사야를 통해 통보받는다(2열왕 20,1-5). 그러나 그가 (다윗의 경우 지금 당장은 할 수 없는 말이지만) "아, 주님, 제가 당신 앞에서 성실하고 온전한 마음으로 걸어왔고, 당신 보시기에 좋은 일을 해온 것을 기억해주십시오" 하고 기도했을 때, 하느님은 히즈키야의 기도를 들으시고, 이사야의 원래 선언을 철회하셨고, 임금은 회복되었다.[163] 그래서 다윗은 나탄이 선언한 형벌, 그에게 내려져야 할 형벌을 집행하지 마시라고 하느님께 간청한다.

다윗 조정의 신하들은 임금이 하는 일을 이해할 수 없어 당황한다. 신하들은 종종 임금의 애도 의식을 따라 한다. 사울의 전사 소식이 왔을 때, 다윗은 그의 옷을 찢었고 모두 그와 같이 옷을 찢었다(2사

---

[163] 다윗은 이방의 종교 의식을 박멸하면서 올바른 예배를 다시 세웠던 반듯한 히즈키야와 같은 위치에 있지 않다.

무 1,11). 다윗의 아들들이 몰살했을지 모른다는 소식이 궁정에 도달했을 때, 다시 임금은 그의 옷을 찢었고 그의 신하들도 그를 따라 했다(13,31). 그러나 이 장면에서 신하들은 다윗의 단식에 합류할 수가 없었다. 그들은 임금이 왜 *우리야의 아들인* 밧 세바의 아들의 일에 이렇듯 과하게 행동하는지 틀림없이 이상하게 여겼을 것이다. 만일 신하들의 누군가가, 즉 목욕하던 밧 세바를 데려오려고 보내졌던 사자 같은 이가 아이의 혈통에 대해 더 많이 알고 있다면, 화자는 우리에게 말하지 않을 것이다. 신하들은 회개하는 임금을 둘러싸고 손을 뻗어 그를 바닥에서 끌어 올리려 한다. 그러나 그는 일어나기를 거절하고 먹기를 거부한다. 화자가 그들을 소개하는 대로, 그들은 임금의 죄에 대해 아무것도 모르고 그래서 그의 행동의 의미를 파악할 수가 없다. 그러나 우리는 다윗이 단순히 아픈 아이를 위해 하느님께 간청하는 것이 아니라는 것을 안다.

이 장면의 초기 주석(4QSam[a]와 많은 그리스어 필사본)은 12,16에 다윗이 '자루 옷을 입고' 누웠다는 것을 첨가하여 다윗의 행동을 명확히 하려고 했다. 그러나 그것이 첨가되면 다윗의 행동들은 명시적인 참회가 되고[164] 신하들은 당연히 의심하게 될 것이다. 왜 임금은 우리야의 아들을 살려달라고 기도하는 데에 자루 옷을 걸치는가? 그 대신에 히브리어 본문은 신하들이 그의 몸짓을 아이의 생명을 위해 하느님께 간청하는 의식으로 해석하도록 의도적으로 모호하게 했다. 그들은 우리야의 아들이 죽었다는 소식을 듣고 다윗이 보일 반응에 관해 걱정

---
164 패배한 벤 하닷은 아합 임금에게 그의 후회를 표현하고 임금으로부터 관용을 구하기 위해 자루 옷을 두르고 자신을 소개한다(1열왕 20,31-32).

하는데(화자는 우리가 그들의 논의를 엿듣게 했다), 이는 그들을 당혹하게 하는 다윗의 절망이 얼마나 심한지를 증언한다. 그러나 그들은 아이가 임금의 아이라거나 혹은 임금이 이웃의 아내를 빼앗고 그녀의 남편을 살해한 죄에 대해 속죄하는 중이라는 것을 눈치 채지 못한다. 그러나 우리는 다윗의 몸짓들-단식과 마룻바닥에 눕는 것이 참회와 속죄의 행위임을 안다.

임금은 바닥에 홀로 '누운'(샤카브 *škb*) 자신을 발견하는데, 이 에피소드에서 히브리어 동사 샤카브 *škb*의 마지막에서 두 번째 사용이다. 그것은 다윗과 밧 세바의 밀회에서 처음 나타났다(11,4). 우리야는 그의 아내와 누으라는(11,11의 샤카브 *škb*: 거기서 그는 왕명을 받는다) 다윗의 명령에도 불구하고 그의 군사 동료들과 눕는다(11,9: 샤카브 *škb*). 지금 다윗은 그의 안락한 침대(와 밧 세바)에서 내려와 바닥에 눕는다. 샤카브 *škb*의 마지막 등장은 다음 장면에서 다윗이 밧 세바와 그의 침대로 돌아갈 수 있을 때이다(12,24).

일곱 째 되는 날 아이가 죽었다. 날을 가리키는 그 숫자는 참회와 속죄가 다윗의 행동들에 대한 적절한 해석이라는 다른 표시이다. 레위기가 지시한 대로[165] 다윗이 정화 기간 칠 일을 마치도록, 주님이 아이가 살아 있는 것을 보증해주신 칠 일이다. 신하들은 이 어느 것도 알지 못하면서 아이가 죽었을 때 다윗이 낙담하게 되어 자기 자신을 해칠지도 모른다고 염려한다. 그들의 두려움은 우리가 아는 것(다윗의 범

---

[165] 피부병을 가진 사람은 칠 일간 격리되어 지낸다. 칠 일 후에 다시 병을 확인받고, 만일에 상처가 번지지 않았으면, 그때 그 사람은 다시 칠 일을 격리한 후 풀려난다(레위 13,2-8). 비슷하게 사람이 주검과 접촉하여 부정하게 되면 칠 일간 부정한 상태로 머무른다(민수 19,11).

죄)과 그들이 아는 것(밧 세바의 아들은 우리야의 아들) 사이에 있는 격차를 강조한다. 그는 신하들이 아마도 당혹스러운 기색으로 그를 흘끗거리며 서로 속삭이는 것을 보고, 아이가 죽었음을 안다. 그의 참회는 받아들여지지 않았고, 하느님의 벌은 집행되었다. 그에게 그 소식은 놀랄 일이 아니었는데 반면에 조신들은 여전히 당황하고 있다.

그래서 임금은 일어선다. 그는 씻고, 몸에 기름을 바르고, 의복을 갈아입고(짐작하건대 칠 일간 갈아입지 않았을 것이다), 예배드리러 주님의 집에 들어가고,[166] 그다음에 먹는다. 다시 한번 우리는 다윗이 아이가 죽었다는 소식이 오자마자 그가 음식을 먹는 것에 놀라지 않는데, 그의 속죄는 끝났기 때문이다. 그러나 그의 신하들은 기가 막혔다. 단식은 애도의 한 부분이기에 그렇다(다윗은 아브네르를 애도하면서 저녁때까지 먹지 않으리라는 맹세를 했다. 3,35). 그들 생각에 다윗은 애도 의식을 거꾸로 하는 것 같다. '도대체 당신은 무엇을 하고 있습니까? 아이가 살아 있을 때는 단식을 하더니, 아이가 죽으니 일어나서 먹는군요.' 하지만 우리는 다윗이 자기 죄를 속죄하면서 아이에게 형벌을 집행하시지 말라고 하느님께 청하고 있었음을 안다. 그의 기도는 들어지지 않았다. 아이는 죽었고, 그래서 그는 먹기 위해 일어난다. 다윗이 자신을 '씻는 것'은 속죄 후의 정화를 가리킨다. 밧 세바가 그녀의 정화 기간 칠 일 후에 씻은 것과 똑같이 다윗도 자신을 씻은 것이다. 기름 바르기는 레위 14,17-18에서 깨끗해진 나병 환자에게의 기름을 바르는 예식을 암

---

166 '주님의 집'은 보통 성전을 일컬으나, 그것은 아직 건립되지 않았다(2사무 7장 참조). 우리는 현재 주님의 궤가 안치되어 있는 천막에 들어갔으리라고 추정한다. 화자는 이런 외관상의 모순에 방해받지 않는데, 아마도 이 장면에서 당면한 쟁점은 참회한 후에 드리는 다윗의 기도이지 성전의 문제가 아니기 때문이다.

시한다(4.4.7 단원 참조).

조신들의 문의에 대한 답변에서 다윗은 모호한 말을 쓴다. 다윗은, 밧 세바의 아이는 그의 아이였고 그는 간통과 그의 충직한 병사를 살해한 죄를 속죄했다는 사실을 그들에게 공개하기 어려울 것이다. 대신에 그는 자신의 행동을 죽도록 아픈 아이를 대신해서 하느님의 개입을 간청한 것으로 설명한다. 그는 마치 결과에 대해 완전히 모르는 것처럼 "누가 알겠는가?"라는 물음으로 말문을 연다. '주님께서 내게 은혜를 베푸실지도 모른다'고 생각했다는 그의 진술은 신하들에게 결백한 이의 기도처럼 들린다. 그러나 다윗은 그 아이가 운을 다했다는 것과 그의 기도가 윤허될 가능성이 거의 없다는 것을 시종 알고 있었다.[167] 임금은 그의 답변으로, 하느님은 그의 청을 들어주지 않으셨고 아이는 예상대로 죽었다는 것을 스스로 인정한다. 하지만 아이가 죽기 전에도 다윗을 위로할 수 없는 상태였고, 이제는 아이가 죽었으니 그가 무척 슬퍼할 것이라 예상했던 조신들은 다윗의 행동을 해석할 수 없었고, 화자는 우리가 그들의 당혹스러움에 귀 기울이기를 바란다. 그들은 이 장면 처음부터 그를 이해할 수 없었다. 그러나 우리는 이해한다. 화자는 그들의 혼란에 초점을 맞춤으로써, 우리가 이 장면의 의미를 다윗이 자신의 죄를 속죄했다는 것으로만 파악하게끔 한다.

---

167 신하들은 아이의 친자 관계가 의심스러워 다윗에게 질문하는가? 화자는 침묵한다.

4.4.10 다윗이 밧 세바, 자신의 아내와 동침하다 12,24-25

다윗은 참회를 끝내고 밧 세바를 위로하러 간다. 그녀에 대해 화자는 처음으로 다윗의 아내라고 말하는데(12,24), 하느님이 임금의 속죄를 받아들였다는 신호이다. 사울에게 하신 것처럼 하느님이 그를 폐위하실지도 모른다는 우려가 사라지지 않았는데, 이제는 내려놓을 준비가 되었다. 밧 세바의 재등장은 우리에게 그녀 이야기의 대부분이 무대 밖에서 일어났음을 상기시킨다. 임금과의 밀회, 그녀 남편의 죽음, 그리고 이제 그녀 아들의 칠 일간의 고통과 죽음 등에 대한 그녀의 반응은 전혀 묘사되지 않았다. 화자는 다윗에게 주력하고, 그는 이제 두 번째로 밧 세바와 함께 자는데, 동사 '눕다'(*škb*)가 이 에피소드에서 마지막으로 나타난다. 왕실 침대에서 그들이 처음 만난(*škb*의 첫 등장) 일로 다윗은 참회하여 바닥에 누웠다(*škb*). 그는 침대로, 이제는 적법화된 그의 아내에게로 돌아가고, 그녀는 두 번째로 수태를 한다. 그들의 첫 아들은 이름이 전혀 불리지 않았으나, 이 아들은 이름을 다윗과[168] 하느님 양쪽에서 받아서 두 개나 가진다. 첫아들은 하느님의 판결에 따라 죽었으나 이 아들은 하느님께 사랑받는다. 나탄이 지난번에 다윗에게 왔을 때는 하느님이 노여워하셨었다(11,27). 지금은 그가 하느님이 기뻐하신다는 기쁜 소식을 가지고 온다. 다윗에게 한 '집'을 세워주시겠다는 하느님의 약속은 변하지 않을 뿐만 아니라 그 약속의 성취가 진행 중이다. 다윗의 후계자, 다윗이 마음에 그리고(7,1-3) 하느님이 원

---

168 '마소라 본문에서 케레*qere*(역주: 난외에 표기된 대안적 읽기)는 밧 세바가 자기 아들의 이름을 짓는다.

하시는(7,13) 성전을 건립할 이가 태어난 것이다. 솔로몬은 왕좌를 차지하는 그의 시간(1열왕 1장)이 올 때까지 무대 밖에 남아 있을 것이다. 이것은 다윗의 이야기다.

다윗 내러티브에서 나탄은 네 번 등장하는데 모두 다윗의 후계자 문제와 연관되어 있다. 그가 처음 나타났을 때, 그는 성전을 건립할 직계 후계자를 특별히 주목하면서 다윗 왕조를 약속했다.

> 너의 날수가 다 차서 조상들과 함께 잠들게 될 때, 네 몸에서 나와 네 뒤를 이을 후손을 내가 일으켜 세우고, 그의 나라를 튼튼하게 하겠다. 그는 나의 이름을 위하여 집을 짓고, 나는 그 나라의 왕좌를 영원히 튼튼하게 할 것이다(7,12-13).

두 번째로 등장했을 때 그는 다윗과 '우리야의 아내'에게서 태어날 아이는 7,12-13에서 말했던 그 후계자가 될 수 없다고 확실히 밝혔다. 그 아이는 죽을 것이다(12,14). 이 장면에서 그의 세 번째 등장은 이 아이가 그 후계자가 될지도 모른다는 것을 시사한다. 화자는 다윗의 자녀들 중 누군가가 태어날 때 나탄의 방문을 받았다고 언급하지 않았다. 사실 다윗 후손의 목록 두 군데(3,2-5과 5,14-16)를 제외하고는 다윗 자녀들의 개별적인 출생을 말하는 데는 없다. 그래서 솔로몬이 태어난 뒤 나탄이 방문한 일과 하느님이 그 아이에게 여디드야('주님의 사랑받는 아이')라는 이름을 주셨다는 선언은 이 아들에게 좋은 징조이다. 그의 운명에 대해 우리가 알아챈 낌새들은 나탄이 다윗 내러티브에서 마지막으로 나타나 솔로몬이 그의 아버지의 왕좌에 오르리라는 것을 보장할 때(1열왕 1,11-40) 확인된다. 다윗과 밧 세바 에피소드 이후에 다윗의 후계자 문제가 무대 중앙에 대두한다. 2사무 15장에서 압살롬이 무력 정변을 시도하고, 1열왕 1장에서는 아도니야가, 다윗 조정의 가장 강력한 일원인 요압을 포함하여 조정의 조신들로부터 왕위 계승에 대한 지지를 얻으면서, 자신이 다윗의 합당한 후계자라고 선언할 것이다(1열왕 1,5). 하지만 나탄이 솔로몬의 승계를 설계할 것이다. 그는 곧장 다윗에게 가지 않는데, 아름다운 아비삭이 침대에서 몸을 따뜻하게 해주어야 할 정도로 다윗이 너무 연로하기 때문이다. 그 대신 밧 세바에게 가서 아도니야가 임금이 되면 그녀와 그녀의 아들이 위험해질 것이라고 경고한다. 그 둘은 임금 다윗에게 아도니야의 왕위 계승에 대해 보고할 것이고, 다윗은 사제 차독과 예언자 나탄에게 솔로몬을 임금으로 기름을 붓고 "솔로몬 임금 만세!"(1열왕 1,34)를 외치라고 명령하면서 솔로몬을 그의 합법적 후계자로 선언할 것이다. 마지막에 아도니야가 모후 밧 세바에게 솔로몬의 통치는 "주님에게서" 받았음을 고백할 것이다(1열왕 2,15).

4.4.11 요압과 다윗이 라빠를 정복하다 12,26-31

궁전에서 벌어지는 흥미진진한 사건들은 라빠의 포위 공격을 염두에 두지 않는다. 다윗과 밧 세바 에피소드가 결론에 다다르면서 전투가 무대 중앙으로 돌아온다.

◆ 구조

가. 요압이 라빠를 공격하다(12,26)
　　나. 요압이 다윗에게 주문하다(12,27-28)
가'. 다윗이 라빠를 점령하다(12,29)
　　나'. 다윗이 요압의 주문에 순응하다(12,20-31ㄱㄴ)
결론: 다윗과 군대가 예루살렘으로 돌아오다(12,31ㄷ)

두 사건이 이 장을 구성한다. 요압은 다윗에게 라빠 전투를 마치라고 주문하고 다윗은 명령한 그대로 한다. 다윗-밧 세바 에피소드의 전체는 다윗이 예루살렘으로 돌아올 때 마무리된다.

◆◆ 주석

에피소드는 라빠 도성에 대한 마지막 공격으로 시작한다. 요압은 임금의 허위 패배 요구로 더 이상 방해받지 않고 쉽게 도성을 점령한다. 장면은 빨리 다윗에게로 가는 그의 전언으로 이동하는데, 내용은 전투의 현 상태 보고, 다윗에게 하는 주문, 그리고 위협 등 세 부분이다. 그는 "물의 성"을 점령했다고 하는데, 이 말은 필시 도성의 급수원을 가리키는 언급이다.[169] 물이 차단되어, 라빠는 곧 항복할 것이다. 그는 다윗에게 그 도성을 결정적으로 공격하기 위해 그 자신의 군대를 소집

---

169 참조. McCarter, *II Samuel*, 312.

하라고 요구한다. 군대 장교 수장이 임금에게 그런 주문을 할 수 있는가? 다윗이 사울의 장군 아브네르와 우호 협정을 맺었을 때, 요압은 아브네르를 살해하여 사울의 왕국을 자신의 통치하에 정연하게 동화하려는 다윗의 희망을 좌절시켰다(3,12-39). 그때 다윗은 요압에게 복수할 길이 없음을 시인했다.

> 내가 비록 기름부음 받은 임금이지만 오늘은 이렇게 약하구려. 츠루야의 아들들인 이 사람들이 나에게는 너무 벅차오(3,39).

다윗이 그 살인에 대한 보복을 처리하기 위해서는 그가 임종할 즈음까지 기다려야만 한다(1열왕 2,5-6). 이 장면에서 요압은 임금을 능가하는 힘을 두 번째로 행사하고 있다. 그는 궁정의 최근 사건들을 알고 있을까? 화자는 우리 질문에 답할 수 있는데 침묵하며, 호기심 많은 독자인 우리에게도 너무 말이 없다. 만일 요압이 한때는 우리야의 아내였던 밧 세바가 지금은 다윗의 아내라는 것을 알았다면, 그렇다면 그는 왜 우리야의 죽음을 전사자처럼 보이게 해야 했는지를 알 것이다. 그는 또한 다윗이 병사의 아내를 취하는 데 유용하게 자신을 이용했다는 것도 안다. 그가 아비멜렉같이 보이게 만드는 전투 전략을 채택하도록 요구하는 임금의 명령을 수행했는데, 아비멜렉은 자신의 어리석음으로 수완 좋은 여성의 손에 죽임을 당했다(2사무 11,21; 판관 9,50-54 참조). 게다가 요압은 임금을 만족시키기 위해 우리야와 함께 다른 병사들도 잃었다. 이제 이 장면이 시작하자, 요압은 왕실의 어떠한 간

섭 없이 성경 한 구절로 끝날 만큼 신속하게 도성을 정복했다. 그는 만일 임금이 전투에 나와서 그에게 합류하지 않으면, 그가 라빠를 취하고 그 도성에 자신의 이름을 붙이겠다고 위협한다. 다윗이 예루살렘을 취했을 때, 그는 즉시 그것을 '다윗 도성'으로 개명했다(2사무 5,7). 그렇게 요압은 라빠가 '요압의 도성'이 될 것이라고 다윗에게 통보한다.

요압의 위협이 우리 귀에 반역처럼 들리지만, 다윗은 복종한다. 임금이 무슨 선택을 할 수 있었겠는가? 만일 요압이 다윗의 우리야 살해 음모를 밝힌다면, 다윗이 그의 군대에 무슨 충성 명령을 내릴 수 있겠는가? 임금을 거슬러 그의 장수들이 음모를 꾸미는 일은 고대 이스라엘에도 알려져 있었다. 사마리아에 있는 이스라엘 궁정의 군대 장수였던 페카가 프카흐야 임금에 모반하여 그를 죽이고 이십 년간 이스라엘을 다스렸다(2열왕 15,23-27). 그래서 다윗은 군대 장수들의 수장의 주문에 따른다. 그는 예루살렘에 남아 있던 군대를 모아서 라빠로 이끈다. 그는 도성을 정복한 후, 밀콤[170]의 머리에서 왕관을 몰수했는데, 화자는 우리가 다윗 승리의 의미를 파악하도록 묘사하기를 멈춘다. [다윗의 적대감을 도발했던 암몬 임금 하눈(2사무 10,1-5)은 언급되지 않았다.] 그는 또한 암몬 왕국에서 상당히 많은 전리품을 확보한다(8,12에 예고되었다). 마지막으로 2사무 8장에서 정복된 사람들처럼 암몬인들은 다윗의 신하들이 된다. 그러나 이번에는 화자가 노예 노동자의 임무를 설명한다. 그들의 도구는 더 이상 칼, 활, 화살이 아니라 톱, 도끼, 가마(요窯)

---

170 마소라 본문은 '그들의 임금*malkām*'이라고 읽는다. 드라이버Samuel R. Driver는 여러 그리스어 필사본에 나타나는 '밀콤*Milcom*'을 제안한다[*Notes on the Hebrew Text and the Topography of the Books of Samuel* (Oxford: Clarendon, 1913), 226].

이다. 다윗은 그의 사절들에게 어리석게 굴욕을 준 암몬인들에게(10,4) 복수를 했다.

다윗의 신속한 승리는 하느님께서 그가 어디를 가든지 승리를 주시면서(8,6.14 참조) 그와 함께 돌아오신다는 것을 우리에게 알려준다. 다윗이 자신의 죄를 속죄하고 아이의 목숨을 위해 청했을 때, 하느님은 그의 기도를 듣지 않으셨다. 사울이 죄를 지은 후에(1사무 15장), 그의 말에 귀 기울이지 않으시는 하느님께 간청했다(1사무 28,6). 얼마 지나지 않아, 사울은 전투에서 죽었다(1사무 31,1-6). 주님께서 사울에게 하셨던 것처럼 다윗을 버리셨더라면, 그렇다면 다윗은 틀림없이 암몬인들과의 전투에서 사라졌을 것이다. 바로 사울이 필리스티아인들과의 전투에서 사라졌던 것처럼. 그래서 다윗 승리의 장면은, 하느님이 과거에 하셨던 바로 그대로, 다윗은 그에게 다시 승리를 주시는 하느님과 관계를 정상화했다는 것을 독자에게 확신시키면서, 밧 세바와의 앞 장면을 보완한다. 그렇게 이 역사적 내러티브의 걸작이 막을 내릴 때 다윗과 그의 군대는 예루살렘으로 돌아온다.

4.5 타마르에 대한 성폭행과 형제의 복수 13,1-39

워싱턴 국립미술관에 조반니 프란체스코 바르비에리('궤르치노'로 알려진)의 그림이 〈암논과 타마르〉(1649-50년 작)라는 해롭지 않은 제목을 달고 걸려 있다. 그 그림은 그의 다른 작품들 〈요셉과 포티파르의 아내〉(1649-50년 작) 곁에 둘로 접는 서판형의 두 걸작과 함께 배치되어 있다. 〈암논과 타마르〉에서 궤르치노는 우리를 성폭행 직후의 암논의 침실로 데려간다. 그들은 흐트러진 침상에서 일어났고 암논은 타마르를 그의 방에서 밀어내고 있다. 타마르의 결연한 눈빛과 그를 향해 뻗은 손가락은 암논에게 결정을 재고하라고 촉구하지만 암논은 주먹을 꽉 쥐고 왼팔을 들어 올려 타마르를 캔버스 밖으로, 그의 삶 밖으로 밀어낼 준비를 한다. 이 혐오스러운 장면을 옆 그림에서 포티파르 아내가 요셉을 공격하는(창세 39,11-12) 순간과 비교하여 보았을 때, 이 그림은 타마르의 고뇌를 강조한다. 요셉은 포티파르의 아내의 손아귀에서 도망쳤으나 타마르는 성폭행을 당했다.

성경의 이 에피소드는 두 부분으로, 성폭행 사건 자체(2사무 13,1-22) 및 압살롬의 복수와 도피(13,23-39)로 나뉜다. 두 부분의 양상은 서로 병행된다. 각 장면에서 계획이 꾸며지고, 임금 다윗이 상담해주고, 다음엔 폭력이 터져 나온다. 다윗은 암논이 타마르에게 접근할 수 있도록 해줌으로써 핵심적인 역할을 하고, 후에 암몬의 범죄를 통보받았을 때 그는 타마르를 위해 정의를 세우는 데 실패한다. 그 실패로 인해 타마르의 오라비 압살롬은 스스로 문제를 해결하도록 자극받으며, 2사무 15장에서 그가 찬탈을 도모할 때 '재판관' 역할을 차용할 것임이 예고된다. 다윗이 암논의 폭력적 범죄에 대해 암논을 벌하는 권위를 행사했더라면 그는 왕국을 거의 파괴하는 반란을 피할 수 있었을 것이다. 나탄은 최근에 하느님께서 그의 집안에 재난을 일으키시리라고 경고한 바 있었다(12,11). 그 재난이 막 시작되고 있다.

조반니 프란체스코 바르비에리(일명 구에르치노)의 그림 <암논과 타마르>,
1649-50년 작, 캔버스 유화, 워싱턴 DC 국립미술관 소장

4.5.1 타마르에 대한 성폭행 13,1-22

타마르에 대한 성폭행은 읽기가 너무나 힘들다. 화자는 우리에게 암논의 계략에 대해 너무도 많은 사전 정보를 제공하기 때문에, 우리는 어린애 같은 타마르가 그녀의 포식자에게 다가가 자신이 갓 구운 진미를 손으로 먹이려고 준비하는 것을 염려하며 지켜본다. 오늘날 성폭행의 폭력성을 더 깊이 이해하게 되면서 이 에피소드를 읽는 우리의 관점이 한층 더 명확해지고 있다. 어떤 사회에서는 성폭력을 더 공개적으로 다루며, 그 문제를 대중의 눈에 띄지 않게 하려는 사람들 자체를 수상쩍게 여기며 감추어진 그들의 이해관계에 의문을 제기한다. 처녀 타마르는 그녀의 이복 오빠이고 임금의 맏아들이며 왕위 계승자인, 그녀의 공격자의 교묘한 속임수에 대비할 태세를 갖추고 있지 않았다.

◆ 구조

가. 등장인물들과 그들의 관계(13,1-3)
　　나. 성폭행 계획(13,4-7)
　　　　ㄱ. 여호나답이 암논에게 조언(13,4-5)
　　　　ㄴ. 다윗이 타마르에게 암논의 접근 허락(13,6-7)
　　다. 타마르의 행동(13,8-9)
　　　　라. 타마르가 내실에 들어옴(13,10)
　　　　　　마. 성폭행 전 대화(13,11-14ㄱ)
　　　　　　　　ㄷ. 암논이 타마르에게 명령하다(13,11)
　　　　　　　　ㄹ. 타마르가 저항하다(11,12-13)
　　　　　　　　ㅁ. 암논이 타마르 말을 들으려 하지 않는다(13,14ㄱ)
　　　　　　바. 성폭행(13,14ㄴ)
　　　　　　마'. 성폭행 후 대화(13,15-16)
　　　　　　　　ㄷ'. 암논이 타마르에게 명령하다(13,15)
　　　　　　　　ㄹ'. 타마르가 저항하다(13,16ㄱㄴ)
　　　　　　　　ㅁ'. 암논이 타마르 말을 들으려 하지 않는다(13,16ㄷ)
　　　　라'. 타마르가 쫓겨나다(버려지다)(13,17-18)
　　다'. 타마르의 행동(13,19)
　　나'. 성폭행의 여파(13,20-21)
　　　　ㄱ'. 압살롬이 타마르에게 조언하다(13,20)
　　　　ㄴ'. 다윗의 반응(13,21)
가'. 등장인물들 사이의 새로운 관계(13,22)

세심하게 구성된 이 장면은 성폭행을 중앙에 배치한다. 장면은 등장인물들 사이의 관계 묘사로 시작한다(가). 장면이 닫히며 이 관계 중 일부는 영구적으로 단절된다(가'). 〈나〉 부분에서 다윗은 암논이 타마르에게 접근하는 것을 보장해주고 후에는 그 폭력으로 격분한다(나'). 〈다/다'〉 부분은 타마르의 행동에 초점을 맞춘다. 성폭행 전에는 오라비를 위해 베푸는 그녀의 보살핌이, 성폭행 후에는 슬퍼하는 그녀의 몸짓이 그러하다. 〈라〉 부분에서 타마르는 암논의 침실에 들어오고, 〈라'〉 부분에서 그녀는 쫓겨난다. 중앙 〈바〉는 암논과 타마르 사이에 오간 말의 충돌(마/마' 부분)로 둘러싸인다.

4.5.1.1 등장인물들과 그들의 관계 13,1-3

◆ 구조

가. 타마르와 암논(13,1)
      ㄱ. 타마르는 압살롬의 누이(13,1ㄱ)
      ㄴ. 암논이 그녀를 열망하다(13,1ㄴ)
나. 암논이 그녀 때문에 앓는다(정형定形 동사 + 부정사)(13,2ㄱ)
      다. 타마르는 처녀이다(13,2ㄴ)
나'. 암논은 그녀를 건드릴 수 없다(정형定形 동사 + 부정사)(13,2ㄷ)
가'. 암논과 여호나답(13,3)
      ㄱ'. 여호나답은 암논의 친구(13,3ㄱ)

ㄴ′. 여호나답은 매우 교활하다(13,3ㄴ)

이 장면을 앞뒤에서 포괄하는 요소는 히브리어 '러*lĕ* + 개인 이름'으로 표시된다(13,1: 러압살롬 *lĕ'abšālôm*, '압살롬에게 속한다'; 그리고 13,3: 러암논 *lĕ'amnôn*, '암논에게 속한다'). 압살롬은 누이 하나가 있고, 암논은 친구 하나가 있다. 구절의 중심은 암논이 자신의 욕망을 충족시키려면 극복해야만 하는 까다로운 상태를 밝힌다. 타마르가 처녀라는 사실이다. 중심은 두 개의 히브리어 비인칭 동사 '괴로웠다'(와예체르 *wayyēṣer*)와 '불가능했다'(와이빨레 *wayyippālē'*)로 구성되어 있는데, 암논의 감정과 그의 곤경을 묘사하는 부정사 보어가 이어 나온다.

◆◆ 주석

다윗 내러티브에서 지금까지 싸운 전투들은 국제 무대에서 일어났다. 이제 전투는 궁정 내부로 옮긴다. 타마르의 성폭행과 압살롬의 반란(15,1에서 시작)은 가족 사정이다. 화자는 다윗과 밧 세바 이야기 이후 얼마간의 시간이 지나갔다는 신호를 하고(와여히 아하레 켄 *wayĕhî 'aḥărê kēn*, 앞의 3.7 단원에 나온 히브리어 구성에 대한 토론 참조) 새로운 등장인물들을 소개했다. 압살롬은 이 이야기 후까지 등장하지 않지만, 첫 번째로 언급되는데, 다음 7개 장에서 그가 주인공이기 때문이다. 다음에 암논과 타마르 다윗 내러티브에서 덜 중요한 등장인물들이 무대에 오른다. 마지막으로 화자는 '교활한' 여호나답을 언급하는데, 이 장에서 두 번 등장한다(여기, 그리고 13,32-33). 암논은 다윗의 장남이고, 압살롬은 다윗의 세 번째 아들이다(3,2-3). 다윗의 둘째 아들 길압은 단지 탄생 소식만 있고, 다시는 등장하지 않는다. 만일 그가 죽었다고 추정되거나, 혹은 왕좌에 오를 수 없는 처지라면, 그때는 이 이야기의 주요 등장인물인 두 연장자 아들들이 왕위 계승 서열에 있다.[171] [여기에는 그들이 솔로몬과 하느님의 특별한 관계(12,25)를 인식하고 있다는 언급이 없다.] 타마르는 마아카가 낳은 다윗의 딸이고 여호나답은 다윗의 조카이다. 혈통적 언어인, '형제'(아히 *ʼāḥî*)는 이 에피소드에 12번 나타나고, '누이'(아호트 *ʼāḥôt*)는 9번 나타나, 이 분쟁의 가족적인 성격을 강조한다. 암논이 타마르를 성폭행하려 할지라도(13,11), 그는 그녀를 누이라고 부르며, 타마르는 거절할 때 그를 '오라버니'라고 언급한다. 현대 독자는 화자가 근친상간 문제를 제기하기를 기다리나, 그는 결코 제기하지 않는다. 입문에서 논의한 대로(1.4.2 단원 참조), 본문은 화자의 이해 범위를 넘는 당대의 문제들을 제기할 수 있다. 타마르가 임금이 암논과 그녀의 결혼을 허락하리라고 단언할 때(3,13), 우리는 화자가 근친상간을 암논 범죄의 일부로 여기지 않는다고 추정할 수 있다.[172]

---

[171] 1열왕 1장에 의하면 아도니야가 살아남은 다윗의 아들들 중 연장자이다. 아비삭과의 결혼을 모색하며 그는 모후인 밧 세바에게 말한다(1열왕 2,15). "모후께서도 아시다시피 이 나라는 제 것이었습니다. 그리고 온 이스라엘도 제가 임금이 될 것으로 기대하고 있었습니다. 그런데 이제 나라가 뒤집어져 아우의 것이 되었습니다. 그가 주님에게서 그것을 받았기 때문입니다." 그는 장자로서 자신이 왕위에 올랐어야 한다고 추정한다. 밧 세바가 그의 주장에 이의를 제기하지 않기 때문에, 이야기의 이 시점에서 암논이 왕위 계승 서열 1위이고 그 뒤가 압살롬이라고 가정하는 것이 안전하다.

[172] 이 문제의 더 깊은 탐구는 Calum M. Carmichael, *Sex and Religion in the Bible* (New Haven / London: Yale University Press, 2010), 135-57 참조. 신명 27,22은 남자가 자기 누이와 자는 것을 금한다. 그러나 Carmichael이 썼듯이 입법자들은 자기 나라의 일부 전통에서 발견한 내용을 못마땅해하였는데, 그 이야기들이 입법자가 근친상간이라고 판단한 관계를 묵인했기 때문이다"(140쪽).

타마르의 소개는 에피소드에 필수적인 세부 사항만으로 제한된다. 그녀는 아름답고, 더 중요한 점은 처녀라는 사실이다. (화자는 암논을 거절하게 될 타마르가 또한 아주 결연한 여성이라는 것을 우리가 발견하도록 한다). 히브리어 단어 버툴라*bětûlâ*는 동정童貞이거나 결혼하지 않은 여성을 가리키는 말이다. 이 에피소드에서 지향하는 쪽은 앞의 의미인데 성폭행당한 타마르가 결혼하지 않고 머무를지라도, 왕실 '처녀' 딸의 지위를 잃게 되기 때문이다(13,18-19에서 그녀는 한때 그녀의 사회적 신분을 표시하던 '긴 겉옷'을 찢는다). 화자는, 임금의 처녀 딸들은 그들의 형제들이나 이복형제들을 포함하여 원치 않는 남자들의 접근으로부터 보호되어 있었다는 것을, 우리가 이해하리라 가정한다. 후에 우리가 타마르의 저항으로부터 알게 되는 것처럼, 암논은 임금에게 그녀와의 결혼 허락을 구할 수 있었다(13,13). 그가 이를 선택하겠다고 결코 밝힌 적이 없기 때문에, 처음부터 그의 의도는 부정한 성관계였고 타마르가 거부하자 성폭행이 된 것으로 보인다. 이런 이유로 동사 아하브*'hb*의 일반적인 번역 '사랑하다'는 13,1에서(NRSV는 '암논은 그녀와 사랑에 빠졌다'로 번역; 역주: 한글《성경》역시 '암논이 그녀를 사랑하였다'로 번역)와 이 이야기 다른 곳에서도 어울리지 않는다. 암논은 타마르를 '사랑하지' 않았다. 그녀는 아름다운 여성이고, 그는 그녀를 원한다. 더 분명하게 말하면 그는 그녀에게 집착하고, 그녀에게 반하고(열광하고), 그녀에게 욕정을 느낀다. 하지만 그는 그녀에게 접근할 방법이 필요하다. 암논의 사촌인 교활한 여호나답이 들어간다.

4.5.1.2 성폭행 계획 13,4-7

이 장면에서 여호나답이 암논에게 질문할 때 행동이 시작되는데, 암논의 낙담한 표정이 그의 주의를 끌었다. 암논에 대한 호칭은 '임금의 아들'이라는 암논의 신분과 '여윈' 또는 '무기력한'(히브리어 달*dal*; NRSV는 '수척해진'으로 번역) 현재 상태 사이의 대조를 부각시키고, 그는 왕위 계승자가 왜 그렇게 나날이 낙담해 보이는지 알고자 한다. 암논은 그의 난감한 처지를 여호나답에게 밝힌다. 그의 형제 압살롬의 누이 타마르에게 그는 완전히 빠졌다(다시, NRSV가 13,4에서 히브리어 단어 아하브'*hb*를 '사랑하다'로 번역하는 것은 부적절하다). 여호나답에게 대답하는 암논의 말을 구성하는 히브리어 단어의 순서는 타마르에 대한 그의 집착을 부각시킨다. (문자적으로 번역하면) '타마르를, 누이를, 내 형제 압살롬의, 나는 바란다.' 타마르에 대한 언급에는 암논 자신 다음의 왕위 계승 서열인 압살롬과 그녀의 관계가 들어 있다. '그래서 그녀와의 결혼'이 가장 확실한 답으로 보이는데(근친상간은 문제가 아니다. 위 참조), 무엇보다도 후에 타마르가 그 요청을 다윗이 수락할 것이라고 인정하는 데서 우리는 알게 된다(13,13). 그러나 여호나답은 암논에게 결혼할 생각이 없음을 간파했다. 그는 성관계를 원하며, 임금의 보호을 받는 처녀 딸이며 이복동생인 타마르에게 접근할 계책이 필요하다. 여호나답은 그에게 아픈 체하여 임금의 주의를 끈 다음 타마르가 그를 도우러 오도록 요청하라고 제안한다. (이 같은 만남에서 암논은 오히려 다윗에게 타마르와의 결혼 허락을 요청할 수 있었다.) 피해자와 포식자가 밀접하게 접촉하는 경우 만일에 그의 성관계 제의가 거절되면 더 폭력적인 선택이 가능해질 수 있다.

여호나답의 계략의 첫 부분은 그의 예상대로 전개된다. 임금이 암논을 방문하는데, 한때는 타마르에 대한 집착 때문에 '병이 났었는데'(13,2: 할라흐*hlh*), 지금 암논은 이복동생인 임금의 처녀 딸을 손에 넣기 위해 아픈(13,6: 할라흐*hlh*) 시늉을 한다. 암논의 음모에 속은 다윗은 자신의 처녀 딸을 자기 아들의 손아귀로 보낸다(13,7). 여호나답의 계략은 즉각적으로 성공했고, 우리는 나머지 계략이 계획대로 진행될까 두렵다. 아름다운 타마르는 성관계에 동의하거나 만일 그렇지 않으면 성폭행을 당할 것이다. 이 고대 이야기는 현대 연구의 통찰을 앞지르고 있다. 포식자는 자주 가족 구성원이거나 지인이다. 대부분의 성폭행 피해자들처럼 타마르는 그녀의 공격자와 아는 사이다. "여성은 집에서 가장 안전하지 않으며, 친구 지인 및 가족과 함께 있을 때 가장 안전하지 않다."[173]

다윗 임금이 도착했을 때, 암논은 여호나답의 충고를 확장한다. 여호나답은 암논에게 임금에게, 그녀는 그 앞에서 음식을 만들고 그가 그녀의 손에서 받아먹게 하라는, 명시적인 지시와 함께(13,5) 타마르를 그에게 보내달라고 요청해야 한다고 조언했다. 침대에 누워 타마르의 손에서 음식을 받아먹는 암논의 모습은 충분히 관능적이다. 그런데 다윗이 아들의 병상에 왔을 때 암논은 그녀가 그에게 만들어 주기

---

[173] Anna C. Salter, *Predators: Pedophiles, Rapists and Other Sex Offenders: Who They Are, How They Operate, and How We Can Protect Ourselves and Our Children* (New York: Basic Books, 2003), 81. 미국에서 성폭행 피해자의 62%가 그들의 공격자와 아는 사이였다.

를 원하는 음식을 지정한다. '제 여동생 타마르가 와서 케이크 두 개를 만들게 해주십시오'(우틀라뻽*ûtĕlabbēb* … 러비보트*lĕbibôt*). 암논이 바란 음식은 많은 논란을 일으켰다. 카일 맥카터는 만두라 추정하고, 라삐 문헌에 기초하여 조리법을 제공한다. 그는 암논이 청한 것은 "아마도 환자들을 위한 전통 음식으로, 기분을 좋게 하는 만두라고 추측한다.[174] 한스 빌헬름 헤르츠베르크는 암논이 원한 것은 그가 '선호하는 음식', 예를 들면 그의 마음이 바라는 것(러비보트*lĕbibôt* '과자들'과 '마음' 레브*lēb*의 히브리어 어근이 동일하다)이라고 제안한다.[175] 타마르가 암논을 위해 준비한 별미가 정확하게 무엇인지는 애매하게 남아 있다. 더 중요한 것은 이 음식의 히브리어 이름에서 이뤄지는 언어유희다.[176] 아가 4,9의 사랑 시에서, 연인은 그의 사랑받는 신부의 마음에 들기 위해 같은 히브리어 어근을 사용한다. '그대는 나의 성적 능력을 일깨운다'(리빠브티니 *libbabtinî*).[177] 이 대안적 의미는 암논의 요청에 담긴 이중성을 포착하고 히브리어 독자는 음식의 이름에서 암논의 성적 흥분과 그의 진정한 의도에 대한 암시를 인지한다. 그러나 다윗은 오직 암논이 아픈 동안 특별한 별미를 원하는 것으로만 듣는다. 다윗이 이러한 성적인 울림들까지 감지했어야 하는지(그는 암몬이 침대에 누운 채로 타마르에게서 음식을

---

174 McCarter P. Kyle, *II Samuel*, 322.
175 Herzberg Hans Wilhelm, *I and II Samuel*, 323.
176 McCarter P. Kyle, *II Samuel*, 322에 나오는 토론 참조.
177 Richard Hess는 아가 4,9 히브리어 단어의 의미를 화제로 삼는다. "그 의미의 문제는 그것이 '그대는 나를 성적으로 자극했다, 그대는 나에게 정력을 주었다'(거기서 마음heart은 감정을 불러일으키는 생각을 전달한다)와 같은 긍정적인 의미를 바탕으로 하는 것인지 혹은 '그대는 내 마음을 훔쳤다'와 같은 부정의 의미인지 아닌지와 관련이 있다"; 참조. Richard S. Hess, *Song of Songs*, Baker Commentary on the Old Testament Wisdom and Psalms (Grand Rapids, MI: Baker Academic, 2005), 113, note m.

받아먹기를 원한다는 것을 알고 있다)는 독자의 결정에 맡겨져 있다. 다윗은 암논의 요청에 응하고 타마르는 암논에게 보내진다.

4.5.1.3 암논이 그의 의도를 실현하다 13,8-19

타마르가 무대에 올랐을 때 암논은 이미 그의 침대에서 자세를 취하고 있다. 우리 마음이 가라앉는다. 화자는 우리가 임금이 명령한 대로 음식을 만드는 순진한 타마르를 관찰하도록 성폭행의 순간을 지연시키고 있다. 그녀는 6개 동사의 주어다(13,6-9). 그녀는 밀가루 덩어리를 가지고, 그것을 치대고, 과자 모양을 만들고, 굽고, 조리용 팬을 들고, 그것을 그 안에 붓는다. 그녀가 아픈 형제를 돌보는 동안 그녀에 대한 우리의 연민은 커가고, 우리는 그가 발톱을 드러내기를 기다리고 있다. 그녀는 암논을 신뢰한다. 그녀가 그러지 않을 이유는 없다 – "잘못된 신뢰가 포식자의 가장 강력한 자원이다."[178] 가짜 환자가 먹기를 거부하면서 모든 사람에게 나가라고 명령했을 때, 우리는 무슨 일이 일어나려 하는지 알고 있다. 그러나 그의 희생자는 전혀 알지 못하고 있다. 그는 그녀에게 음식을 가지고 손으로 그에게 음식을 먹일 수 있도록 내실로 들어오라고 명령한다. 이 내실은 히브리어로 헤데르*ḥeder*인데, 그것에 자주 미시캅(*miškāb*, '침대') 단어가 이어지기 때문에 침실과 관련된다(탈출 7,28; 2사무 4,7 등). 타마르는 순종하고, 우리는 그녀가 그녀의 포식자를 위해 준비한 음식을 운반할 때 그녀와 함께 들어간다.

---

178 Gavin de Becker's "Foreword" in Salter, *Predators*, xi.

암논의 계획은 효과가 있었다. 그는 이제 오랫동안 기다려왔던, 임금의 사랑스러운 처녀 딸에게 사적으로 접근할 수 있다. 타마르가 암논의 입으로 러비보트 lĕbibôt를 가져가자, 포식자는 그의 병약한 변장을 벗어던지고 그의 진짜 의도를 드러낸다. 순식간에 타마르는 암논이 병자가 아니라는 것을 인지한다. 오히려 그는 강하다.

암논은 그녀를 성폭행하려고 즉시 움직이지 않았다. 시시한 소리를 지껄이며 '그의 누이'를 침대로 초대하고, 그녀가 자신의 제안에 동의할 것이라고 완전히 기대하고 있다. 대화 없이 디나를 잡아가서 강제로 성폭행했던(창세 34,2) 스켐과는 다르게, 암논은 무대를 준비했다. 하인들은 밖에 있고, 그와 타마르는 내실에 있고, 그의 병은 그들끼리만 함께 있을 핑계를 제공한다. 이제 타마르는 밀회에 동의하고 집으로 돌아갈 수 있다. 누가 그것을 알겠는가? 초기에 타마르의 성격에 대한 화자의 간결한 설명은 그녀의 가장 고귀한 특성을 간과했다. 그녀는 결단력이 있고, 암논의 유혹을 네 차례나 거절하며 받아들이지 않을 만큼 완전히 준비된 여인이다. '아닙니다. 나의 오라버니', '나를 강간하지 마세요', '그런 일은 이스라엘에 없는 일입니다', 그리고 '그렇게 비열한 짓은 하지 마세요'(13,12). 타협하지 않고 그녀는 자신의 저항을 변호한다. 그녀는 자신의 치욕을 감당해야 하고 오라버니는 불량배로 간주될 것이라고 말이다. 그런 다음 그의 침대에 그녀가 올 수 있는 해결책을 제시한다. 그녀는 암논이 동의할 것이라고 확신하며, 그가 임금에게 그녀와의 결혼을 요청해야 한다고 말한다. (현대 독자는 왜 타마르가 암논이 먼저 붙잡은 후에 그와 침대를 같이 쓰는 것에 동의하는지를 합리적으로 궁금할 수 있다). 그러나 타마르의 간청은, 암논(그리고 음모를 꾸민 여호나답)에게는 그저 하나의 선택 사항이었고, 비록 강간 후에 그녀와 결혼하는 것이 의무로 남아 있다 할지라도 그는 결코 결혼을 의도하지 않았다는 것을 우리는 안다(아래서 논의). 암논이 타마르와의 공적 관계를 원했더라면, 그녀에게 접근하기 위해 가짜 요청을 하는 대신에, 그는 다윗에게 그녀와의 결혼 허락을 요청할 수 있었을 것이다. 그는 그녀가 이 비밀스러운 일에 동의하기를 원했고, 그녀가 만일 거부한다면 그녀를 다룰 준비가 되어 있었다. 타마르는 강간이라는 언어를 처음 사용한 사람이다. 그녀가 '나를 강간하지 마세요'라고 청할 때, 그녀는 디나에 대한 스켐의 성폭행을 묘사한 같은 히브리어 동사(아나 'nh)를 사용한다(창세 34,2).

타마르가 암논에게 '이스라엘에서 이런 짓을 해서는 안 됩니다'라고 경고할 때, 그녀는 임금의 처녀 딸이 결혼하려면 임금의 허락이 필요하다고 설명하며, 관습에 호소한다. 그래서 그녀를 성폭행하면 그는 히브리어로 나발nābāl인 '무뢰한'이 될 것이라고 말한다. 그 히브리어 단어는 아비가일의 불운한 남편 나발을 상기시키는데(1사무 25,14), 그 이름의 의미를 아비가일이 화가 난 다윗에게 설명한다. "그는 나발nābāl이라는 이름 그대로 어리석은(nābāl) 사람입니다"(1사무 25,25). 그 호칭으로 암논을 위협함으로써, 타마르는 무의식적으로 암논이 나발의 운명을 공유하리라 예고한다(1사무 25,37 참조). 그 역시 죽을 것이다. 그러나 암논은 우리가 이 호칭에서 듣는 예감을 잘 이해하지 못하며, 타마르가 동의하지 않기 때문에 그녀를 성폭행한다. 화자는, 우리가 타마르를 무죄한 희생자로 보는 것을 명확히 했고, 그녀가 계속 저항했음을 나타내면서 그녀를 힘으로 압도하는 암논을(NRSV 13,14: "그는 타마르보다 힘이 세서") 묘사한다. 현행의 연구는 어떻게 성폭행범과 일반 대중 양쪽이 책임의 일부 또는 전부를 피해자에게 전가함으로써 성폭행을 정당화할 수 있는지를 설명한다.[179] 화자는 마치 그 구실을 예상했던 것처럼, 우리가 타마르를 완전히 무고한 희생자로 평가하도록 보장한다.

성폭행 후 즉시, 암논은 타마르에 대한 깊은 혐오감으로 가득 찬다. 한편, 현대 연구들이 지적하기를 성폭행 후 성폭행범들의 반응은 다양하고,[180] 성폭행범이 일단 지배력을 행사하면(암논의 경우처럼) 피해자는 아무 소용이 없다고 한다.[181] 그는 그녀를 원했으나 그녀는 그를 결코 원치 않았다는 타마르의 초기 거부로 암논의 욕망은 더 한층 격화된다. 그래서 이제 암논은 타마르를 잔인하게 대한다. 그의 혐오는 원래의 욕망을 능가하기에 그녀에게 그와 함께 '와라, 눕자'(두 개의 명령형) 하고 명령했던 바로 그대로, 이제는 그녀에게 '일어나라, 나가라'(두 개의 명령형) 하고 명령한다. 그는 "폭력과 잔혹함을 사용하여 다른 사람으로부터 복수와 처벌"을 구하는 가학적인 성폭행범이다.[182] 그러나 다시 한번 그의 폭력은 타마르를 침묵시키지 못한다. 그녀를 내보냄은 훨씬 더 큰 잘못이 될 것이라고 그녀는 주장한다. 왜냐하면 그는 그녀를 범

---

179 Linda B. Bourque, *Defining Rape* (Durham, NC/London: Duke University, 1989), 68-74.
180 John M. MacDonald, *Rape: Offenders and Their Victims* (Springfield, IL: Charles C. Thomas, 1971), 70.
181 Anna C. Salter, *Predators*, 83.
182 Ronald M. Holmes, *Sex Crimes* (Newbury Park /London/New Delhi: Sage Publication, 1991), 79.

했기 때문에 그녀와 결혼하여 그의 집으로 데리고 가야 할 의무를 가지며, 이것이 이스라엘을 포함한 고대 근동의 관습법을 지키는 것이다.[183]

> 어떤 남자가 약혼하지 않은 젊은 처녀를 만나, 그 여자를 붙들어 동침하였다가 들켰을 경우, 그 여자와 동침한 남자는 그 젊은 여자의 아버지에게 은 쉰 세켈을 주어야 한다. 그가 그 여자를 욕보였으므로, 그 여자는 그의 아내가 되고, 그는 평생 그 여자를 내보낼 수 없다(신명 22,28-29).

그러나 암논은 이 가운데 어느 것도 하려 하지 않으며, 그녀가 떠나기를 거절하자 그녀를 내쫓으라고 명령하고 문을 걸어 잠근다. 우리가 이 이야기에서 만난 타마르를 고려해볼 때, 그녀는 문에 빗장을 걸지 않는 한 그녀의 권리를 주장하는 곳으로 바로 돌아올 것이다. 무고한 처녀가 병든 오라비를 침대 옆에서 돌볼 준비를 하고 침실로 들어갔다. 지금 그녀는 그녀의 의지에 반하여 침실에서 쫓겨났다.

이 지점에서 화자는 임금의 처녀 딸들이 입는 특별한 의복에 대한 정보를 주느라 잠시 멈춘다. (이 소품이 무대에서 곧 사용될 것이기에 그런 배경 정보는 필요하다.) 사회에서 '임금의 처녀 딸'의 특별 지위는 '커토넷 파씸'(*kĕtōnet passim*, NRSV는 '소매 달린 긴 겉옷'으로 번역)이라 불리는 특별 복장으로 표시되었다. 같은 의복이 요셉에게 입혀졌고(창세 37,3), 형제들 사

---

183 Samuel Greengus, "Law", in *ABD*, 4:247.

이에서 그의 특별한 위치를 표시했었다. 화자는 다음에 타마르의 행동에 초점을 맞춘다. 그녀는 능동태 동사 5개의 주어이다(13,19). 그녀는 재를 뿌리고, 그녀의 옷을 찢고, 두 손을 머리에 얹고, 걸어가며, 소리 지른다. 한때 밀가루 반죽을 '잡았던'(라카흐 lqḥ) 손들이 지금은 재를 '쥐었다'(라카흐 lqḥ). 이렇게 흔히 애도와 관련된 몸짓을[184] 함으로써 그녀는 자신이 겪은 폭력을 공개적으로 선언한다. 타마르의 공개적 저항은 아마도 암논에게 문을 열어 그녀를 아내로 맞이하여 법을 지키라고 강요하는 것이다. 만일 그렇지 않다면 그녀의 공개적인 격렬한 항의는 임금 다윗이 암논에 대한 그녀의 주장에 대해 판결을 내리라고 밀어붙이는 것이다.

4.5.1.4 성폭행의 여파 13,20-22

압살롬이 이제 처음으로 무대에 나온다. 우리는 그가 어디에서 오는지 어디서 타마르를 만났는지 알지 못한다. (그녀는 아직까지 암논의 집의 닫힌 문 앞에 앉아 있을까?) 아무도 그녀의 울부짖음에 귀를 기울이기 위해 나타나지 않았다. '타마르, 너에게 무슨 일이 일어났니?' 하는 명백한 질문 대신에, '너의 오라비 암논이 너와 함께 있었느냐?'라는 압살롬의 조사는 암논이 그녀를 위협한다는 것을 그가 줄곧 알고 있었음을 시사한다. 그런데 지금 여인은, 암논의 공격을 격렬하게 거절했던 그녀는

---

184 다윗은 사울과 요나탄의 죽음을 알게 되자 그의 옷을 찢었고(2사무 1,11 참조), 애도하는 이들은 스스로 먼지를 뒤집어쓰고(이사 61,3; 예레 6,26; 욥 2,8 참조) 크게 통곡한다(에제 27,30 참조).

말을 할 수 없었다. 그녀의 울부짖음이 무대에서 낸 그녀의 마지막 소리였다. 압살롬은 무슨 일이 일어났는지 추측하고, 그녀에게 그 사건을 혼자 간직하고 마음에 두지 말라고 조언한다. 그녀는 암논이 그의 오라비(그리고 다윗 왕위 계승 서열 첫째)라는 것을 기억해야만 한다. 타마르에게 하는 압살롬의 조언은 우리에게 끔찍스럽다. 특히 우리가 성폭행의 실마리가 된 음모를 알고 있기에(타마르와 압살롬은 아니다) 그러하다.[185] 성적 학대에 대한 현대의 연구는 "비밀이 성적 공격의 활력소"라고 밝힌다. 모든 성폭행에서 약 10퍼센트 정도만이 보고된다.[186]

압살롬의 말은 현대 독자들에게 온당치 않게 들리겠으나, 로렌스 신부가 우는 줄리엣에게 한 말처럼 섬뜩하다.

> 이것을 가져라. 그리고, 집으로 가라, 밝은 얼굴로 패리스 백작과 결혼하겠다고 말해라(로미오와 줄리엣, 4막, 1장).

줄리엣이 어떻게 집에 가서 죽음의 고통으로 추방된 로미오와 함께 기뻐할 수 있을까? 어떻게 타마르가 고통받은 폭력의 영향을 느끼지 않고 조용해질 수 있을까? 로렌스 신부나 압살롬 둘 다에게 각각의 위기를 해결할 계획이 있기 때문이다. 그리고 타마르의 경우, 여호나답이 이야기 끝에(13,32) 밝히는 것처럼, 압살롬은 암논이 그녀의 누이를 성폭행한 날부터 암논을 죽이기로 결심했었다. (우리는 여호나답이 이것을 어떻게 아는지 알지 못한다.) 그래서 한편으로는 타마르에게 한 압살롬의 말

---

185 Salter, *Predators*, 4.
186 Holmes, *Sex Crimes*, 75.

이 시시하지만, 다른 한편으로는 그런 폭력에 직면하여 보이는 압살롬의 침착함으로 그가 이 행위를 어떻게 복수할 것인지 대책을 세웠다는 신호이다. 암논은 그의 목숨으로 갚아야 할 것이다. 지금은 압살롬이 때를 기다린다. 우리는 여기서 타마르에게 작별을 고해야 한다. 그녀는 압살롬의 집에서 '쓸쓸한 여인'으로, 히브리어 소메마 *šōmēmâ*로 살아간다. 같은 단어가 애가 1,13에서 파괴된 예루살렘 도성을 가리키는 데 사용되어 도성을 황폐한 여인으로 의인화한다.

장면은 이제 다윗에게로 옮기는데, 그는 성폭행 소식을 알고는 '몹시 화를 냈다'(하라 *ḥrh*). 그는 타마르에게 그녀의 포식자의 집으로 들어가도록 명령했던 사실을 잊었을지 모르나, 우리는 그렇지 않다. 바로 최근에 그는 가난한 사람의 암양을 가지고 숨어버린 부자에게 화를 냈었다(하라 *ḥrh*). 실제로 존재하지 않는 그 희생자를 위해 다윗은 화를 내며 정의를 요구했다. 그 부자는 죽어 마땅한 데, 네 배로 보상해야 한다는 것이었다(2사무 12,5-6). 지금 같은 히브리어 동사로 그의 처녀 딸이 그의 장자에게 성폭행을 당했다는 소식을 들은 다윗의 분노를 전하고 있다. 그런데 이번에는 실제 희생자에게 아무 배상도 이뤄지지 않았다. 어떤 행동도 하지 않으려는 임금의 모습은, 다음 에피소드에서 애도를 위장한 트코아의 가짜 과부를 위해 신속하게 정의를 베풀려는 모습과 대조된다(14,8). 임금은 실제 정의보다 비실제의 정의에서 더 나은 것으로 보인다. 타마르 사건의 경우에는 다윗이 정의를 세웠다는 말이 들리지 않는데, NRSV에 따르면 다윗은 암논이 장남이어서 사랑했기 때문이라는 것이다(13,21).[187] 우리는 포식자를 보호하는 다윗의 편애에 경악한 압살롬의 편에 선다. 임금은 암논에게 그의 희생자와 결혼하고 그녀를 그의 집으로 들이라고 명령했어야만 했으나, 행동을 취하지 않는다. 바로 그 자신의 명령이 자신의 딸에게 폭력이 가해지도록 이끌었음에도 불구하고 말이다.

    이 장면을 종결짓는 줄들은 다윗 내러티브의 다른 시도동기를 소개한다. 곧 임금의 자기 아들에 대한 편애는 그의 왕실 심판을 혼란시킨다. 암논이 죽자 다윗은 그의 애정을 압살롬에게로 옮긴다(13,39). 요압은 압살롬의 궁정 복귀를 조정하기 위해 이를 활용할 것이다. 아버지와 아들이 다시 만났을 때, 아들에게 입 맞춘 이는 아버지이지, 용서하는 아버지에게 사의를 표하며 입 맞추는 아들이 아니다(14,33). 아버지로서 다윗은 그의 아들이 집으로 돌아오는 것을 기뻐할 터이나, 임금으로서 그는 자신이 미래의 반역자를 복직시켰음을 인식하지 못한다. 심지어 반란 중에도 압살롬에 대한 다윗의 애정은 변함없이 남아 있을 것이다.[188] 임금과 찬탈자 사이의 분쟁이, 다윗의 마음에는 아버지와 자기 아들 사이의 싸움인 것이다. 화자는 압살롬이 살해된 후에 다윗의 절망이 얼마나 깊은지를(18,33) 우리에게 엿보여주었는데, 압살롬(혹은 암논)이 아버지의 애정에 보답하였는지에 대해서는 결코 알 수 없다. 화자는 그들의 관계를 다윗의 관점에서 소개한다. 이 장면에서 암논에 대한 다윗의 애정은 압살롬의 반란을 초래한 비극적

---

187 이 설명은 많은 영어 성경에 나타나는데, 칠십인역에서 취한 것이다. NRSV 13,21 "but he would not punish his son Amnon, because he loved him, for he was his firstborn."
188 반란자 압살롬이 이제 패하게 되었을 때, 임금은 휘하의 장수들에게 "나를 보아서 저 어린 압살롬을 너그럽게 다루어주시오" 하고 명령한다(18,5).

결함이다. 그의 왕국을 포위 공격하게 될 미래의 분쟁은 아버지가 그의 아들 암논에게 타마르에게 행한 범죄를 책임지도록 명할 수 있었더라면, 그의 왕국을 포위 공격하게 될 미래의 분쟁은 피할 수 있었다.

압살롬은 임금이 타마르의 주장을 듣지 않을 것을 인지하고, 왕의 역할을 찬탈하며, 또 왕관을 찬탈하기 위해 예루살렘 성문 곁에서 (15,2-6) 자신을 재판관으로 세우는 순간을 예시하면서 그의 누이를 위한 재판관 역할을 맡으려 할 것이다. 화자는, 암논의 범죄를 판결하지 않은 다윗의 잘못이 아버지의 왕위를 차지하도록 압살롬을 어느 정도 자극했는지는 설명하지 않는다. 우리 스스로 그 질문에 답해야 한다. 에피소드는 압살롬과 암논의 관계가 영원히 결렬되었다는 화자의 설명으로 마무리된다. 그들 사이에는 더 이상 의사소통이 이루어지지 않았다. 그것은 화자가 우리에게 상기시켜 주는 대로, 압살롬은 암논이 그의 누이를 성폭행했다는 사실에 주목하고 있기 때문이다. 그는 암논을 미워하였다. 이것이 압살롬의 행동이다.

4.5.2 압살롬의 복수 13,23-39

압살롬이 암논에게 복수하는 이야기는 타마르의 성폭행 사건과 주제를 다른 기조로 재생한다. 타마르와 암논 둘 다 무심코 공격자의 집에 들어가고, 그들에 대한 폭력은 음식을 둘러싸고 일어난다. 두 희생자 모두 다윗 임금으로 인해 그들의 가해자에게 이용될 수 있게 되었다. 이전 장면은 성폭행을 중심으로 진행되었다. 이 장면의 중심에서는 여호나답이 그 성폭행 때문에 암논이 살해되었다고 다윗에게 알린다. 히브리어 본문은 압살롬의 복수 이야기의 시작 부분에 나타난 이 두 장면 사이의 병행에 독자들의 주의를 환기시킨다. 이전 장면은 압살롬에게 누이가 하나 있다는 배경 정보로 시작한다(13,1: *hyh* + *l* + 압살롬). 이 장면은 같은 구성으로 (13,23: *hyh* + *l* + 압살롬) 압살롬에게 털을 깎을 양이 있다는 보고로 시작한다. 그러나 한 측면에서 이 두 장면은 뚜렷한 대조를 이룬다. 화자는 타마르가 성폭행당하기 전에 포식자를 돌본 것에 대해서는 길게 설명하는 반면, 살해되기 전의 암논에 대해서는 거의 관심을 기울이지 않는다. 암논은 무고한 희생자가 아니다.

◆ 구조

가. 압살롬과 임금(13,23-27)
   포괄. 압살롬이 잔치를 하기 위해 임금의 모든 아들을 초대하다(13,23)
   ㄱ. 압살롬이 임금에게 탄원하다(13,24)
   ㄴ. 임금이 압살롬을 거절하다(13,25ㄱ)
   ㄷ. 압살롬이 임금을 '밀어붙이다'(13,25ㄴ)
   ㄱ'. 압살롬이 임금에게 탄원하다(13,25ㄷ)
   ㄴ'. 임금이 압살롬에게 질문하다(13,6ㄱ)
   ㄷ'. 압살롬이 임금을 '밀어붙이다'(13,27ㄱㄴ)
   포괄. 압살롬이 임금의 잔치를 베풀다(13,27ㄷ)

나. 압살롬이 행동하다(13,28-29ㄱ)
　　　　다. 도주와 임금에게 간 첫 보고(13,29ㄴ-31)
　　　　　　ㄹ. 임금의 아들들이 도주하다(13,29ㄴ)
　　　　　　ㅁ. 보고와 애도(13,30-31)
　　　　라. 여호나답의 보고(13,32ㄱ)
　　　　　　ㅂ. '…하지 마십시오'
　　　　　　ㅅ. 임금의 아들 모두가 죽은 것이 아니다
　　　　　　ㅇ. 오직 암논만
　　　　마. 여호나답은 압살롬의 (살해) 동기를 임금에게 알린다. 암논이 타마르를 성폭행하였기 때문이다(13,32ㄴ)
　　　　라'. 여호나답의 보고(13,33)
　　　　　　ㅂ'. '…하지 마십시오'
　　　　　　ㅅ'. 임금의 아들 모두가 죽은 것이 아니다
　　　　　　ㅇ'. 오직 암논만
　　　　다'. 도주와 임금에게 간 두 번째 보고(13,34-36)
　　　　　　ㄹ'. 압살롬이 도주하다(13,34ㄱ)
　　　　　　ㅁ'. 보고와 애도(13,34ㄴ-36)
　　　나'. 압살롬이 행동하다(13,37-38)
　가'. 압살롬과 임금(13,39)

타마르를 위한 정의는 임금이 책임져야 할 사안이었는데 지연되었을 뿐 부정되지 않았다. 〈나/나'〉 부분에서 화자는 암논을 처형하고 도주하는 압살롬에 초점을 맞춘다. 〈다/다´〉 부분은 애도하는 두 순간을 묘사하는데, 첫 번째는 임금이 모든 아들이 죽었다고 잘못 믿었을 때이고 두 번째는 오직 암논만 죽었다는 것을 알게 되었을 때이다. 장면의 중앙 〈라/라´〉에는 여호나답이 다시 나타나 임금의 모든 아들이 죽었다는 정보를 정정한다. 장면의 전환점에 여호나답의 보고로 결정적인 소식이 나타나는데, 다윗은 암논이 압살롬의 누이를 성폭행했기 때문에 그에게 살해되었다는 것을 알게 된다(마).

♦♦ 주석

압살롬은 복수할 기회를 잡을 때까지 2년간 암논에 대한 원한을 품고 있었다. (화자는 시간이 흘러도 압살롬의 결의가 약해지지 않았다는 것을 우리에게 알린다). 축제의 기간인 양털 깎는 시기가 왔다. 도망 다니던 다윗이 양털 깎는 시기에 나발에게 식량 지원을 받고자 했을 때, 그는 축제 기간에 왔기 때문에 환영의 대답을 기대했었다(1사무 25,8). 압살롬은 예루살렘 북쪽으로 20km 정도에 위치한 바알 하초르에 있는 그의 집에서 양털 깎는 잔치를 주관할 것이고, 그래서 암논이 타마르를 그의 집 영역으로 끌어들인 것처럼 암논을 그의 집 영역으로 끌어들일 것이다. 압살롬은 암논이 했던 그대로 자신의 계획에 아버지의 무의식적인 협력을 구한다.

다음 장면(2사무 13,24-27)은 예루살렘에 있는 궁정으로 옮기고 우리는 다윗과 압살롬의 만남을 기다리고 있다. 압살롬은 임금에게 무해하게 보이는 제안을 하는데, 임금과 그의 형제들이 그의 양털 깎기 축제에 참석하기를 원한다는 것이다. 우리는 아버지와 아들, 임금과 미래 반역자를 처음으로 함께 한 무대에서 본다. 다윗은 비공식적이고 친밀한 호칭인 "내 아들"로 압살롬을 부르는데, 이 호칭은 다윗 내러티브에서 압살롬의 현존을 앞뒤에서 에워싼다. 압살롬은 죽은 후에 다윗이 그를 향해 부르짖을 때 마지막으로 언급된다. "내 아들아, 내 아들아"(8번이나!).[189] 따라서 미래의 반역자가 역사의 무대로 진입하고 퇴장하는 틀을 이루는 것은 '내 아들'이라는 호칭이 표현하는 아버지의 애정이다. 대조적으로 압살롬은 다윗에게 결코 비공식적인 호칭 '내 아버지'라고 말하지 않는다. 이 장면에서 압살롬은 가장 공손한 형태의 발언을 선택한다. '임금님께서도 … 내려가 주십시오.' 자신에 대해서도 '당신의 아들'이 아니라 '당신의 종'이라고 언급한다. 이 정도로 공손하게 표현하여, 압살롬은 임금으로서 다윗과의 공식적인 관계는 강조하고 그의 아버지로서 다윗과 가지는 가족 관계에서는 멀리 떨어진다.[190] 다윗이 이스라엘에서 일반적인 아버지로서 성폭행을 당한 딸에 대한 범죄를 판결할 권리가 없겠지만, 그러나 임금으로서 그의 지배하에 있는 타마르의 권리를 보호했어야 했다.

타마르의 성폭행 이야기에서, 다윗은 대담자의 의도에 대해 청중보다 훨씬 덜 알고 있다. 임금이 압살롬의 잔치에 오라는 초대를 거절했을 때, 화자는 압살롬이 그를 '압박했으나'(파라츠 *prs*) 소용이 없었다고

---

189 '내 아들아' 호칭은 2사무 18,33(한글 《성경》 19,1)에 5번 19,4(한글 《성경》 19,5)에 3번 나타난다. 이 장면에 등장하는 그 호칭은 압살롬에 대한 임금의 지나친 애정을 드러내는 첫 암시이다.
190 참조. Craig E. Morrison, "Politeness", in the *Encyclopedia of Hebrew Language and Linguistics*, 출간 준비 중.

보고한다. 압살롬의 초기 계획은 무엇이었을까? 그가 다윗에게 가한 압력을 감안할 때, 그는 임금 앞에서 암논을 죽이려고 한 것으로 보인다. 그러한 공공연한 범죄가 저질러졌다면 압살롬과 임금은 임금이 타마르에 대한 정의를 실현하지 않은 문제에 대해, 직접 대립했을 것이다. 그러나 임금이 참석을 거절하기 때문에 그 언쟁은 결코 일어나지 않고, 그래도 화자는 그가 압살롬에게 '그의 축복'을 주었다고 덧붙인다. 그런 아이러니가! 임금은 그의 장남이 살해될 잔치를 축복한다. 다윗의 초기 반응이 이러하자 압살롬은 비밀을 약간 드러낸다. 그는 특별히 암논이 잔치에 참석하기를 원한다(암논이 특별히 타마르가 자신을 돌보기를 원했던 것처럼). "어찌하여 암논이 너와 함께 가야 하느냐?"라는 다윗의 질문은 의심을 불러일으켰음을 시사한다. 임금은, 타마르의 성폭행 2년 후에 암논에 대한 압살롬의 음모를 의심해야 했는가? 다윗의 조카 여호나답은 압살롬이 아직도 이 범죄에 대한 복수심에 불타고 있음을 알고 있었다(13,32). 압살롬은 임금의 질문을 무시하고, 잔치에 암논의 참여를 다시 '압박하자'(파라츠 *prṣ*) 임금은 묵인한다. 반란이 일어날 것을 알고 있는 화자는 압살롬이 '임금의 잔치처럼 잔치를 벌였다'[191]라는 관찰로 이 시작 장면을 마무리한다. 미래 강탈자는 이미 왕실 잔치를 열고 있다. 우리는 압살롬이 그의 부하들에게 하는 명령에 귀 기울인다. 바로 암논이 타마르의 성폭행을 공작했던 것처럼, 그렇

---

[191] 13,27에서 많은 영어 성경이 NRSV처럼 읽는다. "압살롬은 임금의 잔치 같은 잔치를 벌였다." 이 구절은 칠십인역에서 취한 것이다(한글《성경》은 마소라 본문 중심 번역이기에 이 구절이 없다: 역주). Driver는 이 읽기가 원문인지 확신할 수 없었는데(주, 302), 그러나 지금은 4QSamᵃ에서 재구성된 히브리어 본문에 포함시킬 만한 결함과 함께 추가된 흔적도 발견한 것으로 보인다[E. C. Ulrich, The *Qumran Text of Samuel and Josephus*, Harvard Semitic Monographs 19 (Missoula, MT: Scholars, 1978), 85].

게 압살롬이 암논의 살해를 지휘하고 있다. 부하들은 술로 암논의 '마음이 즐거워질'[톱 렙*tôb lēb*(NRSV, JPS, NAB 번역)] 때까지 기다려야만 한다. 그러면 그의 경계심이 풀린다. 임금의 맏아들을 죽이는 것이 두려운 경우, 그들은 그가 직접 명령한다는 것을 기억해야만 한다.¹⁹²

자신을 성폭행하려는 암논을 그만두게 하려고 노력할 때, 타마르는 히브리어로 나발*nābāl*, 무뢰한으로 취급받을지도 모른다고 그에게 경고했었다(2사무 13,13 참조). 그 별명은 아비가일의 남편 나발의 죽음을 회상시키는데, 그의 운명을 암논이 공유하려 하고 있다. 그 이야기(1사무 25장)와 암논의 살해 사이에는 여러 병행 부분이 있다.

1. 두 장면이 다 양털 깎는 시기에 일어난다(1사무 25,2; 2사무 13,24)
2. 나발과 압살롬은 임금에게나 걸맞은 잔치를 벌인다

    (1사무 25,36; 2사무 13,27)

3. 죽기 직전에 나발과 암논은 포도주로 즐거운 마음이다

    (*tôb lēb*: 1사무 25,36; 2사무 13,28)

4. 나발과 암논 둘 다 (*nābāl*로 분류되고) 죽는다

암논이 나발*nābāl*이라는 별칭에서 아비가일의 남편에 대한 암시로 예고하는 것을 인식했었더라면, 타마르에 대한 그의 폭행을 멈추었을 것이고 그러면 압살롬의 복수를 방지할 수 있었을 것이다.

---

192 사울이 아히멜렉과 그의 온 집안을 살해하라고 명령을 내렸을 때, 그의 부하들은 그렇게 하기를 거부하였다(1사무 22,17). 압살롬은 암논을 희생시킬 준비가 되었을 때 그럴 가능성을 피하고 싶어 한다.

암논 처형의 이야기는 약식으로 소개되었다. 우리는 타마르가 도착하고 밀가루 반죽을 시작하는 것을 보았던 것처럼, 희생자가 도착하고, 식탁에 앉고, 음식을 즐기기 시작하는 것을 보지 못한다. 타마르는 무대에서 성폭행을 당했다. 암논은 그가 도움을 요청하거나 동정심을 불러일으킬 수 있는 자비에 대한 호소의 외침을 우리가 듣지 못하도록 무대 밖에서 살해되었다. 우리의 동정심은 타마르와 그녀를 위해 복수하는 형제에게 남아 있다. 암논이 죽자마자, 화자는 우리 주의를 임금의 아들들에게 돌리는데, 잠재적인 왕위 계승자들인 그들은 현장에서 도망치기 위해 나귀를 탄다.[193] 그들은 압살롬이 다윗의 유일한 후계자로서 그의 자리를 확보함에 따라 다음 희생자는 자신들일 것이라고 추측한다. 그저 독자와 압살롬, 여호나답만이 압살롬이 그들을 해칠 의향이 없다는 것을 알고 있다.

화자는 우리를 다윗의 궁정으로 데려가서 압살롬의 집에서 소식이 도착하기를 기다리게 한다. 첫 기술은 임금의 아들들 모두가 죽었다고 보고한다. 살아남은 자가 없다(그래서 압살롬을 제외하고는 다윗의 왕위 계승자가 없다). 임금은 즉시 죽은 아들들을 위한 애도를 시작하여 그의 옷을 찢는데(13,31: 카라 qrʻ), 바로 타마르가 성폭행당하고 압살롬의 집에서 쫓겨난 후에 그녀의 옷을 찢었던(13,19: 카라 qrʻ) 것처럼 말이다. 후에 임금이 드디어 암논만이 죽었다는 것을 알게 되었을 때, 그는 큰 소리로 우는데(13,36), 타마르가 성폭행을 당한 후에 울부짖은(13,19) 것과 같다. 타마르의 사건을 심리하는 데 실패한 임금은 그녀의 애도 의식을

---

193 나귀를 사용한 이들은 귀족들이다(2사무 18,9; 1열왕 1,33 참조).

따라한다. 그러나 임금은 압살롬이 현재 그의 왕관에 제기한 추측된 위협으로부터 그 자신을 방어해야만 하므로 그의 애도는 짧을 것이다. 여호나답이 다시 한 번 들어온다. 잘못된 정보로 인해 다윗의 조카에게 말할 기회가 부여되는데, 그는 이전 보고를 정정할 뿐 아니라 압살롬의 동기가 특별함을 들어 임금을 설득한다. (화자는 왕의 아들들이 모두 살해되었다는 소문이 어디서 났는지에 대한 질문을 무시한다.)

여호나답이 한때는 죽은 암논에게 어떻게 타마르에게 접근할 기회를 얻을 수 있는지에 대해 조언했었는데, 지금은 암논의 살해 배경에 관하여 임금에게 조언하고 있다. 즉, 임금의 아들들이 모두 죽은 것은 아니고, 더 중요하게는 압살롬이 쿠데타를 시도하지 않았다는 점이다. 암논은 단지 사상자이고, 보복 살인의 희생자일 뿐이다. 여호나답이 타마르에게 행한 암논의 범죄를 떠올릴 때, 그는 암논이 책임지지 *않았던* 폭력을 임금에게 상기시키는데, 명백하게 성폭행(아나 *'nh*)이라는 용어를 사용한다(32절). 그 폭력은 '함께 눕다'(샤카브 임*škb 'im*)와 같은 표현으로 희석되지 않는다. 그런 표현은 타마르가 그들의 성관계에 일말의 책임이 있다는 것을 시사할 수도 있다. 암논은 타마르를 성폭행했고 그래서 압살롬이 그를 죽였다. 여기에 여호나답은 '왜냐하면, 오 임금님, 당신께서 이 범죄에 대해 암논을 벌하시지 않았기 때문입니다'라고 덧붙일 수 있었으나 하지 않는다. 이 장면의 중심은 우리가 임금의 실수를 파악하도록 몰아세운다. 임금의 이 실수 때문에 압살롬은 반란을 조장하여, 그 자신을 이스라엘의 재판관으로 세우고(15,2-6), 임금인 그의 아버지가 누이 타마르를 위해 수행하지 못한 것을 그가 이스라엘을 위해 수행하려고 할 것이다. 그가 이스라엘의 재판관이었더라면 피해자들의 주장을 들었을 것이다(15,4). 아이러니하게도 "이 일에 마음을 두지 마라"(13,20) 하고 압살롬이 타마르에게 했던 같은 조언으로 여호나답이 다윗을 위로한다(13,33). 사실 다윗은 압살롬이 그의 아들 모두를 죽였다는 과장된 소식에 '마음을 두지' 말아야 한다. 하지만 그는 임금이 타마르를 변호하지 않았기 때문에 압살롬이 암논에게 복수를 했다는 사실을 마음에 두었어야 했다.

압살롬의 도주를 알리는 보고로 궁정에서의 사건들은 중단된다. 우리가 애도하는 다윗을 주목하고 있을 때 화자는 두 번이나 우리의 주의를 압살롬의 도주로 이끈다(13,34.37). 이야기는 무대연출과 달리, 두 장면을 동시에 소개할 수 없는 한계를 지닌다. 찰스 디킨스는 《두 도시 이야기》가 끝나갈 때 세 장면을 동시에 저글링(공중 던지기)을 하여 이 한계를 능숙하게 극복한다. (1) 파리에서 마네트의 도주 (2) 마네트의 버려진 아파트에서 프로스 양과 크런처 씨 (3) 그리고 프로스 양과의 운명적인 만남에 가까워지는 드파르주 부인. 디킨스와 성경 화자는 '뒤에서 하는 후렴'이라는 같은 내러티브 기술을 사용한다. 디킨스는 프로스 양과 크런처 씨 사이에 대화를 "드파르주 부인이 … 점점 가까이 다가가고 있다"는 후렴으로 반복적으로 중단한다. 그래서 우리가 프로스 양과 크런처 씨의 수다를 들으면서 드파르주 부인이 파리의 거리를 가로질러 그들을 향해 가고 있는 것을 보게 한다. 비슷하게, 우리가 암논의 살해 보고를 듣고 임금의 슬픔을 바라보는 동안, '압살롬이 도주했다'는 화자의 후렴이 배경에 동시적 사건을 진행시키고 있다.

여호나답의 보고는 임금의 아들들이 궁정에 무사히 도착했다고 전하는 파수꾼에 의해 확인된다. 여호나답은 자신이 전하는 고지의 (오직 암논만 죽었다는) 첫 부분이 정확하다는 것을 임금이 관찰하고, 보고의 두 번째 부분의 진실성, 곧 압살롬은 그의 누이가 성폭행을 당한 보복으로 암논을 죽였다는 것을 받아들이기를 주장한다. 그런데 여호나답은 이것을 어떻게 알고 있으며 왜 그가 이 장면에서 그렇게 중요한 역할을 부여받고 있는가? (그는 양털깎기 축제에 없었고 압살롬은 그를 거의 신뢰하지 않았을 것이다.) 여호나답이 암논을 만나기 전에 그는 히브리어 하캄(ḥākām 13,3)으로 묘사되었는데, 그 단어의 기본 의미는 '지혜로운'이다. NRSV는 '교활한'을 선호하는데, 이것은 타마르가 성폭행을 당하기 전 여호나답의 조언을 적절하게 묘사한다. (NJPS는 'clever 영리한', NJB는 'shrewd 약삭빠른'을 선택한다. 역주: 한글 《성경》은 '영리한'을 택한다). 그러나 그것이 두 장면에서 여호나답의 개입을 묘사하기 때문에 어쩌면 '지각력 있는perceptive'이 하캄ḥākām에 좀 더 알맞은 난외 주注이다. 앞의 장면에서 여호나답은 암논의 의기소침을 지각하고 그것에 대하여 질문한다. 이 장면에서는 그가 암논에 대한 압살롬의 복수심이 2년이 지났을지라도 감소하지 않았다는 점을 예리하게 주목한다. 이러한 특성은 암논에 대한 압살롬의 음모를 인식하지 못하고, 계속 보면 알겠지만 너무 자주 속는 다윗의 포일이 되게 한다. 화자는 다윗을 결코 하캄ḥākām이라 부르지 않는다(그러나 가짜 트코아 과부가 이 히브리어 단어를 사용하여 다윗에게 아첨하는 14,20 참조).

그동안 압살롬은 북쪽 그수르로 향하고 있다. 그수르는 골란에 있는 지역인데, 예루살렘 북쪽으로 대략 100km 거리다. 그는 모친의 조부 그수르 임금 탈마이(3,3) 곁에 피난처를 구한다. 다윗은 처벌하려고 살해자 인수를 시도하지 않는다. 그래도, 동시에 압살롬이 그수르에서 보낸 시간이 단지 3년이라는 화자의 논평은 그가 결국에는 예루살렘으로 돌아온다는 것을 암시한다. 다윗이 아들에게 가지고 있는 애정이라는 시도동기가 장면을 마무리한다. 성폭행범 암논를 벌할 수 없었던 임금이 이제는 살인자 압살롬을 그리워한다.[194] 이 불길한 마무리 발언은, 다윗은 그수르에서 압살롬이 죽게 내버려 두었어야 한다는 것을 잘 알고 있는 화자에게서 온다. 암논에 대한 임금의 애정은 가족의 비극을 초래했다. 압살롬에 대한 그의 애정은 그의 통치를 거의 파괴할 것이다.

4.6 요압이 압살롬을 궁정으로 다시 부르다 14,1-33

이 에피소드의 주인공인 요압이 압살롬을 다윗의 궁정으로 복귀시키도록 다윗을 조정한다. 사건의 절정은 아버지가 그의 도망자 아들과 인사할 때가 아니라 임금이 요압의 계략을 알아차렸을 때이다. 그때는 이미 늦었다. 다시 속은 임금은 이미 명령을 내렸다.

---

194 NRSV에 따르면, 이 중요한 시기(13,39)에 다윗이 압살롬을 복직시킬 준비가 된 것처럼 보이는 곳에서 히브리어 본문은 아주 모호하다. NRSV가 '압살롬에 대한 다윗의 그리움'으로 묘사한 곳을, NJB는 "압살롬에 대한 그(다윗)의 분노가 가라앉았다"라고 읽는다. 후자의 번역은 아들을 보고자 하는 다윗의 열망을 완화한다.

♦ 구조

가. 요압의 계획: 지혜로운 여인에게 해야 할 말을 시켜 그녀를 임금에게 보낸다(14,1-3)
    나. 여인이 임금이 압살롬의 망명을 재고하도록 조정한다(14,4-17)
        다. 임금은 요압의 역할을 인식하고 압살롬의 망명에 대한 생각을 바꾼다(14,18-20)
    나'. 임금은 압살롬의 망명에 대한 결정을 실행한다(14,21-28)
가'. 압살롬의 계획: 요압에게 해야 할 말을 시켜 임금에게 보낸다(14,29-33)

장면이 열리면, 요압은 임금이 자기 아들에게 집중되어 있다는 소식을 접하고, 압살롬을 예루살렘으로 도로 데려오는 계획을 꾸민다(가). 에피소드는 압살롬이 임금을 볼 수 있는 계획을 꾸며 다음에 임금이 한때 추방되었던 그의 아들과 화해할 때 끝난다(가'). 〈나/나'〉 부분은 여인의 조작과 압살롬을 데려오라는 다윗의 명령 사이에서 균형을 이룬다. 본문의 중심에서 여인의 위장이 벗겨지고 임금이 요압의 조작을 알아채면서, 임금은 압살롬의 유배 문제에 대한 생각을 바꾼다. 요압이 압살롬을 데리러 간 동안, 화자는 독자에게 압살롬에 대한 약간의 배경 정보를 제공하기 위해 이야기를 중단한다. 요압이 항상 무대에 있지는 않지만, 궁극적으로는 성공을 거두는 그의 기획이 이 에피소드의 사건들을 조종한다.

4.6.1 요압의 계획 14,1-3

에피소드는 이제 등장하려 하는 주요 인물들을 간략히 소개하며 시작한다. 주연인 요압이 먼저 언급된다. 앞 장면이 닫힐 때 화자가 우리에게 이야기해준 소식, 곧 다윗이 압살롬을 생각하고 있다는 소식을 그가 들었다. 트코아 과부의 도착부터 요압의 보리밭이 불타는 일까지, 전개되는 사건들을 유심히 바라보는 우리의 뇌리에는, 도망자 아들에 대한 임금의 편애가 여전히 배경으로 남아 있다. 압살롬에 대한 애정 때문에 다윗은 복합적인 인물이 되기도 하고, 때로는, 그 애정이 어떻게 그의 명령 능력을 혼란시키고 거의 파멸에 이르게 하는지 우리가 관찰하는 바와 같이 영웅적이지 않은 인물이 된다.

장면은 갑자기 요압이 트코아에서 여인을 불러내고 있는 곳으로 이동한다.[195] 여인은 '지혜롭다'고 하는데, 그것은 최근에 다윗이 아니라 여호나답이 압살롬이 암논에 대한 복수 열망을 지닌 것을 인지했기 때문에 다윗의 포일인 여호나답에게 부여되었던 것과 같은 특성(하캄 ḥākām)이다. 지금 지혜로운 이 무명의 여인이 다윗보다 한 수 위다. 요압의 세세한 지시 사항들은(6개의 명령), 망명한 아들에 대한 임금 자신의 슬픔에 호소하는 것처럼 꾸민, 가짜 비탄에 잠긴 그 사기꾼의 모습에 동요될 것을 확실하게 한다. 지혜로운 트코아 여인이 요압의 계획에 별말 없이 동의할 때, 그녀는 지금까지 다윗을 속인 사람들의 대열에 합류한 것이다. 곧 나탄은 그의 가짜 비유로, 암논은 그의 꾀병으

---

195 트코아는 예루살렘 남쪽으로 대략 16km 지점이다.

로 그리고, 가장 최근에 압살롬이 실제로 살해 계획이었던 양털 깎기 축제로 다윗을 속였다. 이 시점에서 다윗은 청원 사항을 듣고 그에게 오는 사람들을 더 의심해야만 한다고 느끼는 독자의 감각으로는, 요압이 다윗을 속이기 위해 왜 과부로 위장시켰는지를 납득할 수 있을 것이다. 임금이 왜 애도의 옷을 입은 트코아 여인을 사기라고 의심하겠는가?

과거에 요압은 임금과 기꺼이 맞서려고 했었다.[196] 그러나 지금은 다윗이 요압의 계획을 알아차리자마자 과부가 설명하는 대로(14,20), 압살롬 문제에 대해 그가 다윗에게 직접 도전하는 것은 효과가 없을 것이라는 생각을 한 것 같다. 요압은 그 문제에 우회적으로 접근해야 한다는 것을 알고 있었다. NJPS는 14,20의 첫 부분을 "그것은 그 사안의 진정한 목적을 감추기 위한 것이었다"라고 번역한다(NRSV는 "일의 흐름을 바꾸기 위하여"로 번역한다; 역주: 한글 《성경》은 "사정을 바꾸어보려고"라고 번역한다). 그런데 왜 요압은 압살롬의 복귀에 그리 관심이 많은가? 우리가 지금까지 만난 요압은 임금의 낙담이나 추방된 아들의 곤경에 대해 별로 관심이 없는 사람이다. 그 자신의 이익이 제일 먼저 그의 마음에 있을 것이니 우리는 에피소드가 전개되면서 그것들이 드러나기를 기다린다.

타마르가 성폭행당하기 전에, 우리는 암논에게 전해지고 있는 여호나답의 조언을 들었다(13,5). 이 장면에서 화자는 요압이 과부의 입에 담아준(14,3) 정확한 말을 보류하여 그녀가 다윗에게 다가갔을 때 다윗

---

196 요압은 아브네르와 체결한 임금의 협정을 거부했고(3,24-25), 그는 임금에게 라빠 전투에 출전하라고 요구했다(12,27-28).

보다는 우리가 더 많이 알 수 있게 하나, 요압과 그 지혜로운 여인보다는 우리의 정보가 훨씬 적게 한다. 가짜 애도자의 이야기가, 다윗의 마음이 압살롬에게 기울어져 있다는(14,1) 요압의 관찰과 어떻게 일치하는지 우리가 기다리는 동안 긴장이 형성되고, 그리고 그의 음모가 다윗에게 명확해질 때 우리에게도 명확해진다.

4.6.2 여인이 임금을 조정하다 14,4-17

◆ 구조

가. 서로 말을 나누는 첫 단계
    ㄱ. 여인이 임금을 부르다(14,4)
    ㄴ. 임금이 응답하다(14,5ㄱ)
    ㄱ'. 여인이 그의 곤경을 설명하다(14,5ㄴ-7)
    ㄴ'. 임금이 응답하다(14,8)

나. 서로 말을 나누는 가운데 단계
    ㄱ. 여인이 살인죄 문제를 설명하다(14,9)
    ㄴ. 임금이 응답하다(14,10)
    ㄱ'. 여인이 임금에게 맹세를 요구하다(14,11ㄱ)
    ㄴ'. 임금이 응답하다(14,11ㄴ)

가'. 서로 말을 나누는 마지막 단계
    ㄱ. 여인이 다시 임금을 부르다(14,12ㄱㄴ)

ㄴ. 임금이 응답하다(14,12ㄷ)
ㄱ'. 여인이 그녀의 새로운 곤경을 설명하다(14,13-17)
ㄴ'. [임금의 응답 없다!]

장면은 세 부분으로 나뉜다. 마지막을 제외한 각각은, 여인이 시작하고 임금이 응답하는 식으로 두 번에 걸쳐 서로 말을 나눈다. 〈가/가〉 부분은 두 부분으로 나눌 수 있는데, 여인이 임금의 관심을 촉구하고 (14,4 '도와주십시오, 오 임금님'; 14,12 '당신 종이 말하게 해주십시오') 임금은 그녀에게 발언을 허락한다. 그러면 〈가/가〉의 두 번째 부분에서 여인이 그녀의 곤경을 설명한다. 중심 〈나〉에서 여인은 임금을 그들 대화의 결과를 결정하는 맹세에 끌어들인다. 임금이 과부의 속임수를 간파하고 그래서 그녀의 책략에 더 이상 반응하지 않을 때 장면은 갑자기 중지된다(14,17).

◆◆ 주석

장면은 즉시 여인이 도착하는 곳으로 움직이는데, 그녀가 임금에게 직접 접근한 일에 대해 화자는 설명하지 않는다. 그녀를 따를 요압과 압살롬처럼 그녀는 임금 앞에 엎드리며 경의를 표한다. '도와주십시오, 오 임금님.' 그녀는 비명을 지르며 그녀의 끔찍한 상황에서 구출해달라고 애원한다. 하지만 우리는 그녀가 요압의 대변자이고 왕실의 구원이 필요한 이는 압살롬이라는 것을 안다. 임금은 그녀가 말하게 하고, 그녀는 자기 사정을 주장한다. 그녀는 아들이 둘인 과부다. 그들은 싸웠고 하나가 다른 하나를 죽였다. 그녀는 누군가가 거기에 있었더라면 형제 살해는 일어나지 않았을 것이라고 암시하며, 그들을 떼어놓을 사람이 아무도 없었다는 것을 강조한다. 암논의 살인이 갑자기 떠오른다. 압살롬은 그의 양털 깎기 축제에 임금이 참석하기를 원했고 거기서 그는 암논을 공격하려고 계획했었다(13,24). 임금은 초대를 거절했을 뿐 아니라 압살롬의 잔치에 암논의 참석을 수월하게 했다. (요압은 여인을 통하여 암논의 죽음의 공범으로 다윗을 고발하는 것인가?) 여인이 자기 죽은 아들을 구하기 위해 개입할 수 있었던 사람을 이름 짓는 데 사용한 히브리어 단어는 마칠(*maṣṣil* '구원자': 14,6)인데, 동사 어근 나칠*nṣl*에서 파생한 것이다. 만일에 다윗이 암논을 위한 마칠*maṣṣil*로서 행동했더라면, 그의 목숨을 구할 수 있었을 것이고 현재와 같은 어려움은 피할 수 있었을 것이다. 이 히브리어 어근은, 그녀의 살아남은 아들을 죽이려고 하는 이들에게서 임금이 그녀를 구해주기를(나칠*nṣl*) 희망하며 온 것이라고(14,16) 그 지혜로운 과부가 보고할 때 재등장한다. 그 시점에 그들의 대화에서 다윗은, 암논을 구하는 데는 실패했지만, 이미 그녀의 아들을 유혈죄의 복수에서 구했다. 가상의 그녀 아들을 위해 다윗은 마칠 *maṣṣil*이 되는데, 자신의 아들을 위해서는 그러지 못했다.

여인은 그녀 씨족 구성원들이 살인자, 곧 유일하게 살아남은 그녀 아들의 목숨을 요구하고 있다고 보고한다. 배경에 있는 것은, 씨족 구성원의 무자비한 살해에 대해 피의 복수자가 보복할 권리를 가진다는 개념이다. 그런 경우 살인자는 도피 성읍 중 어느 곳에서도 보호받을 권리가 없었다(탈출 21,13-14). 기브온 주민들이 그들에게 저지른 사울의 범죄에 대한 죗값으로 사울의 자손 일곱 명의 처형을 요구하면서 다윗에게 왔을 때, 다윗은 왕국에 기근을 가져온 유혈죄를 제거하기 위해 이에 응한다(2사무 21,1-9). 유혈죄를 요구하는 일은 여인을 아이 없이 남겨둔다 할지라도, 임금은 피의 복수자의 권리를 문제 삼지 않고 과부의 상황 평가를 받아들인다. 그녀가 지어낸 이야기는 암논과 압살롬의 이야기에 직접적으로 적용되지 않는다. 압살롬이 요구한 것은 성폭행에 대한 예상 형벌을 초과하긴 했지만, 암논은 두 형제 사이 분쟁의 단순한 희생자가 아니라는 것을 기억해야 한다. 화자는, 암논의 형제들이 암논의 살해에 대해 압살롬의 목숨을 요구했다고 보고하지 않는다. 그리고 그수르로 압살롬이 도망간 것이 많은 것을 시사하는 것처럼 보일지라도 우리는 유혈죄가 실제로 관련되는지를 알기 위해 이 에피소드에서 압살롬의 마지막 말을 기다린다(14,32). '이제 저를 임금님 앞으로 데려가 주십시오. 저에게 죄가 있다면 그분이 저를 죽이게 하십시오!'

여인은 그녀의 남은 아들을 남편의 이름을 이어야만 하는 '상속자'로 묘사한다.[197] 압살롬은 다윗의 유일한 상속자가 아니며 다윗의 이름을 지상에 증식시킬 수 있는 유일한 사람도 아니다. 하지만 원래 자신의 말이 아닌 그녀의 말들은 요압이 압살롬을 다윗의 '상속자로 생각하고 있음을 드러낸다. 이 장면을 조작한 요압의 동기가 이제 떠오르고 있다. 그는 압살롬이 임금의 총애를 다시 받으려면 의존해야만

---

197 여인의 말은 압살롬의 미래를 예시하는데, 그의 이름이 지상에서 지속되지 않을 것이기 때문이다. 그는 그의 기억에 대한 기념비만 남기고 죽는다(18,18).

하는 사람으로서 자신의 입지를 굳히고 있다. 이스 보셋의 사령관 아비네르(요압은 다윗의 궁정에서 같은 위치를 점유하고 있다)는 이스 보셋을 사울의 왕좌에 앉히는 책임을 맡았다(2,8-9). 이스 보셋이 아브네르가 왕좌를 차지하려는 시도를 했다고 고발했을 때, 그의 사령관은 고발을 부정하거나 용서를 청하지 않았다. 대신에 그는 임금에게 그를 능가하는 자신의 힘을 상기시켰다(3,8). "(나는) 당신을 다윗의 손에 넘어가지 않게 하였소." 지금 요압은 다윗의 가장 연장자 아들이고 외관상 후계자 같은 압살롬을 국왕으로 옹립할 권력자가 되고 싶어 한다. 그의 첫 걸음은 압살롬의 궁정 복귀를 수월하게 하고 보장하면서 동시에 다윗의 배후 조종자가 누구인지를 압살롬이 알게 되는 것이다.

    타마르에게 거부된 정의와 대조적으로, 이 여인과 가상의 아들을 위해서는 정의가 신속하게 행해진다. 임금은 그녀에게 집으로 가라고 명령한다 – 그가 그녀에게 유리한 판결을 내렸기에, 그녀는 떠날 수 있다. 그러나 그녀는 아직 원하는 결과를 얻지 못했고 그래서 임금의 명령을 무시한다. 그녀는 죄를 지은 아들과 그녀의 간청을 들은 임금으로부터 그녀 자신과 아버지의 집으로 화제를 옮기면서, 정당하지 않은 살인으로 발생한 '유혈죄' 문제로 대화를 전환한다(9절). 피의 복수자는 그녀의 살아 있는 아들 대신 살해당한 그녀의 아들과 교환으로 그녀의 목숨을 요구할 수 있다. 임금이 무자비한 살인에 대한 복수를 요구하는 피의 복수자의 권리를 파기할 수 있는가? 기브온 주민의 경우에, 다윗에게는 선택권이 없었다(21,1-9). 그러나 이 경우에는 그에게 있는 것처럼 보이는데(틀림없이 요압은 그가 이 권한을 가졌다고 생각한다), 유혈죄 규정은 그렇게 할 수 있는 권한을 가진 특정인을 지정하지 않을지라도 말이다.[198] 다윗은 유혈죄 복수자의 권리를 어떻게 다룰 것인지는 명시하지 않으면서, 그녀에게 유리한 결정을 내리고 그녀를 더 이상의 보복으로부터 구해낸다. 만일 다윗이 여인의 아들을 자동적이고 인과응보적인 정의로부터 구할 수 있다면 자신의 아들 압살롬은 어떠한가?

비록 거짓일지라도 현재 과부의 애도는 임금 자신의 아들에 대한 갈망을 보여주고, 또한 압살롬이 요압에게 살해된 후 그에게 대한 임금의 최후 애도의 전조가 된다. 후에 압살롬의 반란 동안, 다윗이 그의 장군들인 요압, 아비사이와 이타이에게 내린 지시는 가상의 아들 목숨에 대한 과부의 관심을 반향한다. '나를 보아서 젊은이 압살롬을 너그럽게 다루어주시오'(18,5). 여인이 반복적으로 사용하는 '내 아들'이라는 호칭은(14,11.16) 다윗이 13,25에서 처음으로 압살롬과 인사할 때를 시작으로 더 극적으로는 18,33과 19,4(역주: 한글 《성경》에는 19,1과 19,5)에서 그가 성문으로 오르면서 죽은 아들을 위해 울부짖을 때, 압살롬을 위해 사용하는 것과 같은 호칭이다. 다윗은 "주님께서 살아 계시는 한, 네 아들의 머리카락 한 올도 땅에 떨어지지 않을 것이다" 하고 맹세하여 여인의 남은 근심을 가라앉힌다. 이 맹세 공식("머리카락 하나도")은 다른 곳에도 나타나며(1사무 14,45; 1열왕 1,52), 쓰라린 아이러니로 압살롬의 죽음을 예고한다. 압살롬은 긴 머리칼이 향엽나무에 엉켜 매달려 있을 때 살해되기에 그의 머리털 한 가닥도 땅에 떨어지지

---

198 민수 35,22-28에는 '공동체'가 의심스러운 살인 사건을 규정할 수 있다.

않을 것이다.

맹세 서약으로 여인은 요압의 목적을 달성한 것으로 보인다. 임금은 유혈죄를 제거하기 위해 권한을 행사하고, 만일에 그가 가상의 아들에 대한 피의 복수를 파기할 수 있다면, 그의 아들 압살롬에 대해서는 어떻게 되는가? 다윗의 마음에 이 문제를 제기하기 위해서 그녀는 임금에게 더 발언할 수 있는 허락을 구한다. 나탄은 그의 비유를 마친 다음, 즉시 그것을 정확히 해석하여 다윗과 맞섰다(2사무 12,7: '당신이 바로 그 사람입니다'). 우리의 지혜로운 여인은 임금을 설득하기 위해 한층 우회적인 경로를 선택하고 질문으로 그에게 도전한다. '그런데 어찌하여 당신은 하느님의 백성을 거슬러 이와 같은 일을 하셨습니까?' 그녀의 질문은, 어쩌면 그녀의 하나 남은 아들을 구하는 데 또 다른 장애물이라고 예상하고 있었던, 의심하지 않는 임금에게 틀림없이 놀라움으로 다가왔을 것이다. 나탄의 비유는 (12,1-4) 다윗이 밧 세바와의 죄와 우리야에 대한 범죄를 고백하도록 그를 압박할 의도를 지니고 있었다. 과부의 이야기는 그녀의 가상의 아들을 용서하도록 다윗을 성공적으로 속였는데, 이제는 그수르에 망명자로 있는 그 자신의 아들에 대해 재고하도록 그를 밀고 나가야만 한다. 만일 다윗이 아직 여인의 계략을 알아내지 못했으면, 두 번째 고발로 그녀의 동기가 드러난다. 그녀의 아들을 유혈의 복수로부터 보호하겠다고 방금 맹세한 그 임금이, 비슷한 복수를 한 자기 아들의 추방을 해제하지 않았기 때문에 자신에게 유죄 판결을 한 것은 아닌가? 우리가 그녀의 목적을 파악한 것처럼, 다윗도 그렇다.

여인은 계속한다. 생명은 연약하고 죽음은 삶의 일부이나, 하느님은 죽음을 추구하지 않으신다. 하느님이 생명을 보호하시는 것처럼, 그렇게 하느님은 추방된 자를 공동체에 복귀시키는 길을 찾으신다. 그녀의 신학은 다윗에게 질문을 남긴다. 만일에 하느님이 추방된 이를 집으로 데려오시는 방법을 마련하신다면(14,14), 왜 임금은 왕국에서 추방된 자신의 아들을 지키는 방법을 궁리하지 않는가(14,13)? 그녀의 실제 동기가 이제 드러났고, 과부는 그녀의 가상 아들에 대한 우화에 호소한다(14,15). 만일 이 대화의 흐름이 혼란스럽다면, 우리는 14,15-17의 히브리어 본문이 전달되는 동안 뒤범벅되었다고 주장하고 이 구절은 원래 여인의 이야기에 속하고 14,7 뒤에 배치해야 한다고 주장하는 수많은 학자들의 의견과 함께한다.[199] 그러나 고대 자료들과 성경의 현대 영어 번역본들 모두에 나와 있는 그대로 우리가 본문을 읽는다면, 지혜로운 여인은 다윗이 그녀의 가상의 아들을 위해 한 일과 그가 그의 실제 아들을 위해 해야만 하는 일 사이의 유사점을 그리는 듯하다. 그녀의 가상의 아들 이야기는 무너져 다윗의 진짜 아들 이야기가 된다. 따라서, 임금이 그녀의 요청(실제로는 요압의 요청)을 이행할 수 있도록 임금에게 말을 했다고 여인이 주장할 때, 우리는 (다윗도 그렇고) 이제 그녀의 진짜 요청이 다윗이 압살롬을 궁정으로 복귀하도록 하는 것이었음을 확신한다.

더 이상 위장하지 않는 트코아 여인은, 다윗이 하느님께서 선택하신 백성과 땅을 가리키는 말인 '하느님의 유산(나할라 *naḥălâ*)'에서 그들

---

[199] 14,15의 시작 단어인 히브리어 워아타(*wĕ'attâ*, '이제 그러면')는 14,13-14에 논리적인 귀결을 이끌어야 하는데, 지금은 그렇지 않다.

을 제거하려는 사람들에게서 가상의 과부 역할을 하는 그녀와 가상의 아들을 구해주리라는 희망을 표현한다.[200] 이제 다윗은, 싸우고 있는 두 아들에게는 그들의 분노에서 그들을 '구출'할 사람이 없었고 그래서 하나가 다른 하나를 살해했다고 말한 14,6의 단어를 재인용하는 '구출'의 언어(히브리어 동사 어근 *nṣl*)가, 형제의 공격에서 아들 암논을 구하지 못한 그를 비난하고 있음을 인식해야 한다. 그녀와 그녀의 아들이 하느님의 유산에서 제거될 것이라는 인위적인 두려움은 현재 하느님의 유산에서 쫓겨나 그수르 왕국에서 살고 있는 압살롬에게(13,37) 적절하게 적용된다. 그녀는 임금의 맹세가 그녀를 안심시켜 달라는 소원으로 그녀의 말을 마친다. 사실, 그가 서약한 맹세는 압살롬을 그리워하는 그 자신의 마음에 안식을 줄 것이다. 그녀의 아첨하는 감탄사 '나의 주군이신 임금님은 하느님의 천사 같은 분이십니다'는 빈정대는 어조다. 만일 다윗이 '하느님의 천사'의 지혜를 가졌었더라면, 그는 그 여인의 사기에 대하며 더 신중했을 것이고 그렇게 쉽게 조정당해서 맹세를 서약하지 않았을 것이다. 임금에게 자신의 아들에 대한 제재를 해제할 수 있다고 가르친 요압의 교묘한 조작에서, 다윗의 천사적 분별력은 거의 나타나지 않는다. 그래서 지혜로운 여인은 다시 다윗을 속인다. (다윗은 그녀를 믿었는가?) 마지막으로 그녀는 하느님께서 다윗과 함께 계시기를 기원한다[사울(1사무 17,37)과 요나탄(1사무 20,13)도 몇 년 전에 다윗에게 같은 기원을 했다]. 지혜로운 여인의 간청과 그녀의 가상의 아

---

200 신명 4,20: '주님께서 너희를 택하셔서 도가니 곧 이집트에서 데려오셨고, 그분의 백성, 그분의 소유(나할라 *naḥălā*)가 되게 하셔서 오늘에 이른다'(필자 번역) 참조. 신명 9,26; 1열왕 8,51도 참조.

들에 대한 임금의 응답 사이에서 균형 있게 진행되던 말 나눔이 갑작스럽게 끝난다. 임금이 눈치챘다.

4.6.3 임금이 요압의 역할을 인식하다 14,18-20

우리는 압살롬에 대한 여인의 요청에 임금이 대답하기를 기대한다. '그대는 내가 그대의 가상의 아들을 구한 것처럼 추방된 내 아들을 구해야 한다고 말하고 있는 것인가?' 그러는 대신에 임금은 퉁명스럽게 주제를 바꾸어, 지혜로운 여인은 진실을 숨기지 말아야 한다는 왕명을 첫머리에 달아 질문한다. (그는 이제 그녀의 지략을 높이 평가하고 더 이상의 여담을 피하려 한다.) 임금 앞에서 땅에 엎드려 말할 수 있게 해달라고 애원하던 여인이, 우스꽝스럽게 역할이 뒤바뀌어 적절한 경의를 표하고 있기는 하지만, 이제는 임금이 그녀에게 말하도록 허락한다. "저의 주군이신 임금님, 말씀하십시오"(14,18). 임금은 그녀의 위장에 요압이 연루되어 있는지 그녀에게 확인하고자 한다. 압살롬이 그녀 위장의 배후라고 추정하는 것이 더 논리적인데 말이다. 그러나 화자는 임금이 요압이 관련되어 있다고 추정한 이유를 설명하지 않는다. (요압은 압살롬에 대한 임금의 편애를 인지했는데, 그렇다고 임금이 그에게 자신의 감정을 털어놓았을 것이라고 추정할 이유는 거의 없다.) 그녀는 14,3의 화자의 말을 반복하면서, "이 종이 해야 할 말을 모두 알려준 것도 그분입니다"(14,19) 하고, 요압이 연루되어 있음을 고백한다. 그런 다음 요압의 책략에 대해 모호한 설명을 제공하는데(14,20), 고대 히브리어 관용구의 정확한 의미가 현대 독자들에게는 분명하지 않지만, NJPS는 이 구절을 요압이 자신의 진정한 의도를 임금에게 숨기기 위해 이런 간접적인 접근을 계획했다는 의미로 해석하고, NRSV는 이 문구를 더 친절하게 해석하여, 요압이 압살롬과 관련된 사건의 흐름을 바꾸기를 원했다고 한다. 이 문구가 무엇을 의미하든, 요압의 진짜 의도는, 압살롬이 언젠가 하게 될 통치의 배후 권력이 되는 데 있는데, 이것을 다윗에게는 비밀로 하고 싶은 것이다.

지혜로운 여인은 하나의 위장을 벗자마자 다른 것을 입고, 다윗 권한위에 대한 장황한 말로 다윗에게 아첨한다. "저의 주군이신 임금님께서 말씀하시면 그 말씀에서 오른쪽으로도 왼쪽으로도 빠져나갈 길이 없습니다." 요압은 아브네르를 살해하여(3,27) 사울의 왕국을 통치하려는 다윗의 전략을 거의 무너뜨릴 뻔하면서, 임금의 의도를 오른쪽으로나 왼쪽으로 돌리는 데 어려움이 거의 없었다. 후에 그는 반란자를 '너그럽게 다루라'는 임금의 직접적인 명령(18,5)을 거스르면서 압살롬을 처형할 것이다. 체스터턴이 지적하는 것처럼, 그런 아첨은 사람들이 '갖지 못한 특성들'과 연관하여 그들을 칭송하는 것이다.

> 누군가가 기린의 머리가 별들을 친다거나 고래가 독일 바다를 채우고 있다고 말할 수 있지만, 아직 단지 좋아하는 동물에 대해 다소 흥분된 상태로 있을 뿐이다. 그러나 그가 기린을 그의 깃털들로, 고래를 그의 다리의 우아함으로 축하하기 시작할 때, 우리 자신은 아첨이라

고 부르는 사회적 요소에 직면하고 있음을 발견한다.[201]

실제로 다윗은 과부의 찬사에 반영된 권한을 가지고 있지 않다. 그녀는 '깃털들을 지닌 기린'을 축하하는 것에 비길 수 있는 감사의 표시로 끝맺는다. 그녀는 '저의 주군은 하느님의 천사처럼 지혜로우시어, 세상의 모든 것을 알고 계십니다'라고 선언한다. 다윗은 실제로는 위험할 정도로 잘 속는 사람이다. 이 장면에서는 그의 잘 속는 특성이 그의 통치에 심각한 손상을 입히지 않으나 다음 에피소드에서 압살롬이 반역을 조장하면서 4년 동안 성문에 앉아 있는 동안에, 여인이 '하느님의 천사의 지혜를 가졌다'라고 선언한 임금은 '세상'에서 벌어지고 있는 이 일을 알아채지 못한다. 그녀가 가짜 과부 행세로 다윗을 속인 것처럼, 그녀 아첨으로 다윗이 그녀를 더 이상 심문하지 못하도록 가로막는다. 그녀는 참으로 지혜롭다.

4.6.4 임금이 압살롬의 망명에 대한 결정을 실행하다 14,21-28

장면은 지혜로운 여인이 나가는 것조차 언급하지 않을 정도로 너무 갑작스럽게 바뀐다. 요압이 나타나고(우리는 그가 문 앞에서 듣고 있었다는 인상을 받는다) 나서, 이야기의 속도가 빨라진다. 그가 할 수 있다고 지혜로운 여인이 가르친 대로 다윗이 격식에 얽매이지 않고 그의 아들에 대한 제재를 해제하기 때문에, 압살롬은 곧 궁정으로 복귀할 것이다.

---

201 G. K. Chesterton, *Heretics*, (New York: Garden City, 1905), 203-4.

요압에게 내리는 명령에서, 다윗은 압살롬을 '젊은이'로 언급하여 그에 대한 다른 중요한 호칭을('내 아들' 외에) 이야기에 도입한다. 이는 이 장면을 다음번에 다윗이 '젊은이 압살롬'을 보호하라고 요압에게 직접적인 명령을 내릴 때(18,5)[202]와 연결하는 호칭이다. 이 에피소드에서는 요압이 복종하나, 2사무 18장에서는 의도적으로 다윗의 명령을 위반한다. 요압은 14,4에서 과부가 다윗에게 절을 할 때 시작된 그의 전략이 성공했음을 알고, 이제 감사로 다윗에게 절을 한다. 이것이 다윗 내러티브에서 사령관이 임금 다윗에게 절을 하는 유일한 순간이다(또 아부인가?). 그에게 약간 어울리지 않는 그 경배는, 그가 얼마나 자신의 목표를 달성하기를 원했는지를 드러내는 그의 짧은 담화로 보완된다('저의 주군이신 임금님, 오늘 이 종은 제가 임금님 눈에 들었다는 것을 알게 되었습니다'). 그는 압살롬을 궁정으로 복귀시킬 것이고, 임금의 아들은 누가 그의 귀환을 공작했는지 알게 될 것이다.

4.6.4ㄱ 막간: 압살롬에 대한 소개 14,25-27

요압이 떠나자마자 다윗은 모든 궁정 조신들이 들을 수 있도록 압살롬 복권에 부수되는 제약을 공포한다(14,24). 그는 아들을 보기를 거부

---

[202] 다윗이 군대를 집결시켰을 때, 요압, 아비사이, 이타이에게 '젊은이 압살롬'(18,5)에 대한 특별한 명령을 내린다. 압살롬이 향엽나무에 매달린 것을 보고 죽이기를 거부한 병사는 요압에게 '젊은이 압살롬'(18,5)에 대한 다윗의 직접 명령을 상기시킨다. 그다음 압살롬의 군대가 패한 후에, 아히마아츠가 다윗에게 다다랐을 때, 다윗의 첫 질문은 '젊은이 압살롬'(18,29)에 대한 것이었다. 그리고, 마지막으로 에티오피아 사람이 다다랐을 때 임금은 다시 '젊은이 압살롬'에 관해 묻고 에티오피아 사람도 압살롬을 같은 호칭으로 부르며 대답한다(18,32). (역주: 한글 《성경》은 히브리어 나아르 n'r를 "젊은이"(18,32), 또는 "어린"(18,5.29; 14,21)으로 번역한다.)

한다(문자대로는, '그는 내 얼굴을 보지 못할 것이다'[203]). 우리는 다윗이 압살롬을 만나고 싶어 한다는 것과 그가 마침내 그를 만났을 때 결국 그에게 입을 맞추게 될 것을 알고 있기 때문에(13,39-14,1), 그의 명령이 마음에서 우러나온 것이 아님을 감지한다. 그가 압살롬을 보기를 거절하는 것은 암논의 살해에 대해 복수하고 싶어 하는 조신들과 가족을 만족시키기 위해서 공공연히 의도된 불쾌감을 표시하는 것이다. 그런 다음 압살롬을 내러티브에 공식적으로 소개하기 위해 행동은 일시 중지된다(우리는 이미 그를 만났기 때문에, 좀 늦은 감이 있다). 사무엘기 상·하권에서 그런 소개는 주요 등장인물들을 위해 마련된다. 사울이 사무엘 앞에 처음 나타날 때, 화자는 짧은 묘사를 위해 행동을 멈추고는, 사울은 키가 매우 컸고 온 백성 가운데 유일했다(1사무 10,23-24)고 전한다. 마찬가지로 그의 계승자 다윗은 볼이 붉고 사랑스러운 눈매를 가진 잘생긴 이로 묘사되었다(1사무 16,12). 이제 압살롬은 머리끝에서 발끝까지 놀라운 이, 이스라엘 전체에서 가장 잘생긴 이로 소개된다. 이 소개는 이야기에서 그가 맡게 될 미정의 역할을 표시하면서 동시에, 이 잘생긴 왕자가 왕위 계승 서열 2위라는 것을 의미하는가? 우리는 솔로몬에 대한 하느님의 애정(2사무 12,24)과 하느님은 다윗의 아들 중 한 사람이 그를 계승하기를 의도하신다는(7,12) 것을 알고 있는데, 하지만 어떤 아들이 그렇게 될 것인가?

압살롬의 개인적인 몸치장에 대한 초점은 현대 독자에게는 다소

---

[203] 통치자의 얼굴을 보는 것은 승인(받아들임)의 표시다. 요셉이 자신을 감춘 채 형제들을 이집트에서 보내며 막내동생과 함께 돌아오라고 요구한다. 아버지 야곱이 그들과 함께 벤야민을 보내려고 하지 않을 때, 형제들은 만일 벤야민이 그들과 함께 가지 않으면 그 남자(요셉)의 얼굴을 보지 못할 것이라고 아버지에게 상기시킨다(창세 43,3.5; 44,23.26).

이상하게 보일 수 있지만[204] 내러티브 안에서 이 정보는 그가 죽는 장면을 예시한다. 압살롬의 아름다운 머리카락이 향엽나무에 얽히면서 (18,9), 그는 나뭇가지에 매달리게 되었고 요압의 창에 찔리기 쉬운 표적이 되었다. 압살롬이 매해 한 번 이발하고 자른 머리카락의 무게를 발표하며[205] 그토록 자랑스러워하던 바로 그 머리카락이 그를 몰락시키는 도구가 된다. 화자는 또한 일반적으로 임금에게 마련된 다른 공지 公知인 압살롬의 후손에 대해서도 언급한다. 한때 사울이 이스라엘의 임금으로서 통치를 공고히 했을 때, 화자는 그의 아들들과 딸들의 목록을 열거한다(1사무 14,49). 마찬가지로 화자는 다윗의 후손을 헤브론 태생과(2사무 3,2-5) 예루살렘 태생(5,13-16) 두 그룹으로 열거한다. 요압이나 아브네르 같은 중요한 등장인물들은 왕위 계승 서열에 들지 않기 때문에 그들의 자손이 공지되지 않는다. 이 막간에 근거하여 화자는 우리가 압살롬의 다윗 왕위 계승 가능성을 즐기기를 바라는 것 같다.

압살롬 후손의 이 목록은 그의 사후 그의 이름을 이어받을 아들이 없었다는 이후의 공지와 일치하지 않는다(18,18). 아마도 그의 아들들은 반란 중에 죽었거나 죽임을 당했으리라 추측해야 하겠지만, 화자가 그것을 말할 수도 있었다. 압살롬의 아들들은 익명으로 나오는데 그의 딸 하나의 이름은 언급되어 있다는 점이 주목할 만하다. 사울 후손들의 공지에서는 먼저 아들의 이름이 나왔고 그다음에 딸의 이름이

---

204 성경의 내러티브에서 겉보기에 무해해 보이는 그러한 세부 사항들은 결코 무관한 것들이 아니다. 2사무 13,1에서 화자가 타마르에게 부여한 유일한 특징은 그녀의 아름다움이었고, 이는 전개되는 이야기에 매우 중요한 세부 사항이었다.
205 권위 있는 이들의 추산에 따르면, '왕실 저울의 무게로 200세켈'은 2파운드에서 5파운드(역주: 0.9-2.3kg) 사이이다.

나왔다(1사무 14,49). 다윗 후손의 목록에는 그의 딸들의 이름은 전혀 나타나지 않는다. 그러나 압살롬 후손의 이 목록에서 우리는 압살롬이 타마르라는 이름을 지은 딸에 집중하기 위해 그의 아들들을 간과한다. 그녀는 압살롬의 누이인(13,1) 그의 고모와 같이 매우 아름다웠다. 이 세부 사항은 한때 아름다웠던 타마르가 지금은 형제의 집에서 '처량하게' 살고 있다는 비극적 상황과 같은 집에서 압살롬이 임금을 알현하기를 기다리며 거처할 것을 상기시킨다. 압살롬은 자기 자신과 임금에게 암논이 자기 누이에게 한 일을 상기시키기라도 하듯이, 다윗의 손녀인 자신의 외동딸 이름을 학대받은 누이의 이름을 따서 지었다. 막간은 압살롬이 예루살렘으로 돌아왔고 임금의 얼굴은 보지 못했다는 소식으로 마무리한다. 그가 고립된 기간은 2년 동안 지속되었다. 이는 압살롬이 암논에 대한 원한을 품고 있었던 기간과 시간의 길이가 같다.

4.6.5 압살롬의 계획 14,29-33

장면은 2년 후의 압살롬의 집으로 바뀐다. 다윗은, 내쫓긴 아들은 자기 얼굴을 볼 수 없다는 그의 포고를 고수하고 있었다. 이제 압살롬은 궁정에 다시 들어갈 수 있기를 원해서 요압을 부르는데, 그는 오려고 하지 않는다. 두 번이나 부른 후에 압살롬은 그의 요청이 쓸모없음을 인식한다. 화자가 요압의 동기를 숨기는 동안, 요압은 압살롬에게 자신만이 임금의 편전으로 가는 문을 열 수 있으며 자신이 적당한 시기라고 결정할 때나 압살롬에게 올 것이지 그전에는 아니라는 것을 압살롬에게 가르치는 듯하다. 다윗의 장남 압살롬을 가능한 한 오랫동안 그러한 불안정한 입장에 두는 것이 정계 실력자로서 요압의 이익에 도움이 되어야 한다. 그러나 압살롬은 요압의 보리밭에 방화하여 그의 관심을 끌며 자신을 가지고 놀 수 없다는 것을 알린다. 요압이 압살롬의 집에 나타나기 위해 세 번째 서신이 필요하지 않다. 그는 와서 압살롬이 먼저 보낸 두 통의 서신은 무시하고, 오직 불탄 보리밭의 문제만 이야기한다. 압살롬은 요압에게 그리고 동시에 우리에게, 요압이 의도적으로 압살롬이 임금에게 다가갈 수 있는 윤허를 받지 못하도록 했다는 우리의 의심을 확인시켜 주는 그의 편지 내용을 상기시킨다. 요압이 한때 트코아의 지혜로운 여인에게 할 말을 알려주었던 것처럼, 이제 압살롬이 요압에게 할 말을 알려준다.

압살롬은 임금에게 보내는 메시지에서, 그가 자진해서 외국으로 도망간 이유는 유혈죄 복수였음을 확인시켜 준다. 위장한 과부가 지어낸 이야기를 하고 있었을 때, 화자는 압살롬이 그녀가 위조한 살인자 아들과 같은 정도의 위협을 받고 있는지에 대해서는 침묵을 지켰다. 이제 궁정으로부터의 오랜 추방에 낙담해서 그는 선언한다. '만일 저에게 죄(아욘 $'\bar{a}w\bar{o}n$)가 있다면 저를 죽여주십시오'(14,32). 애가 4,13[206]과 이사 59,3[207]에서 히브리어 단어 아욘 $'\bar{a}w\bar{o}n$(수취인의 유죄 또는 과실과 관련하여 '죄', 혹은 '죄악'으로 번역됨)은 피를 흘리는 것과 관련된다. 과부가 꾸

---

206 "예루살렘 예언자들의 죄(아요노트 $'\bar{a}w\bar{o}n\hat{o}t$)와 사제들의 죄악 때문이라네. 의인들의 피를 그 안에 흘린 저들 때문이라네."
207 "너희 손바닥은 피(바땀 $badd\bar{a}m$)로, 너희 손가락은 죄악(버아욘 $be'\bar{a}w\bar{o}n$)으로 더러워졌고."

며낸 이야기에서 위조된 아들은 압살롬의 상황을 우화화한 것임이 이제는 확실하다. 그러나 다윗이 유혈죄 복수를 실행하지 않으리라는 것을 요압이 알고 우리가 안다. 압살롬의 반란이 일어나고, 압살롬이 자신을 죽이려 한다는 것을 다윗 자신이 인정한 후조차도(2사무 16,11), 다윗은 그의 아들을 해치는 것을 인정할 수 없다(18,5). 압살롬에 대한 애정으로 그의 이성은 혼란스럽다.

이 마지막 장면은 결론으로 압살롬의 궁정 복귀 이야기를 그린다(14,1-33). 다윗의 슬픔을 2년 전에 알아챘던 요압은 압살롬의 메시지를 다윗에게 전하고, 그는 신속하게 압살롬을 궁정으로 부른다. 요압이 임금에게 지혜로운 여인을 통해 압살롬을 대신하여 처음 호소한 것은 성공을 거두었다(14,2-20). 그가 임금에게 직접 두 번째로 접근한 것 역시 성공했다(14,21-23). 이제 그의 세 번째 조작은 같은 성공을 누릴 것이다. 그는 압살롬을 복귀시켰고, 더 중요한 것은 압살롬이 이것을 안다는 사실을 확인한 것이다. 므피보셋이 다윗에게 다가왔을 때 그는 두려움으로 땅에 엎드려 절하였다(9,6-7). 압살롬은 두려움이 없지만 같은 행동을 한다. 우리가 충분히 예상한 대로 다윗은 압살롬에게 입을 맞춘다. 그들의 재회를 묘사하면서 화자는 아버지가 그의 아들에게 입을 맞추는데, 그들 둘이 입을 맞추거나 혹은 죄송한 아들이 관대한 아버지에게 입을 맞추는 것이 아님을 강조한다. 아들을 향한 아버지의 감정은 최고로 고조되었다. 얼마 지나지 않아 딴마음을 먹은 아들은 아버지를 거슬러 반란을 선동하면서 미래의 동맹자들에게 입을 맞출 것이다(15,5).

4.7 압살롬이 반란을 유발하다 15,1-12

압살롬 반란의 씨앗은 암논이 압살롬의 누이 타마르를 성폭행했고, 임금이 암논에게 책임을 묻지 못했을 때(13,21) 뿌려졌다. 이 에피소드에서 반란의 주인공인 압살롬이 이제 그의 아버지 임금을 거슬러 움직인다. 이 에피소드는 세 장면으로 나뉜다. 장면 1(15,1-6)에서 압살롬은 예루살렘 성문에서 재판을 실현하면서, 이스라엘의 법적 권한을 자신에게 부여한다. 새로운 동맹을 맺은 그는 다윗을 속이고(장면 2: 15,7-9), 반란을 위한 토대를 마련한다(장면 3: 15,10-12).

4.7.1 압살롬 성문에서 15,1-6

♦ 구조

가. 도입: 압살롬이 군사 자원을 모으다(15,1)
   나. 압살롬과 고소인의 재판 소송(미쉬파트 *mišpāṭ*)(15,2ㄱ)
      다. 압살롬이 고소인을 부른다(15,2ㄴ)
         라. 압살롬이 주장은 인정하지만, 정의는 실현될 수 없다(15,3)
            마. 압살롬의 야심(15,4ㄱ)
         라'. 압살롬이 판관이라면 정의는 이루어질 것이다(15,4ㄴ)
      다'. 고소인들이 압살롬에게 절한다(15,5)
   나'. 압살롬과 고소인의 재판 소송(미쉬파트 *mišpāṭ*)(15,6ㄱ)

가'. 결론: 압살롬이 정치적 지지를 얻는 데 성공했다(15,6ㄴ)

이 구절의 중심에서 압살롬은 이스라엘에서 공식적인 역할을 얻고자 하는 그의 열망을 표현한다. 그는 다윗 임금 치하에서 고소인을 위한 정의가 존재하지 않음과 그가 이 땅에서 재판을 한다면 법적 절차를 주재할 준비가 되어 있음을 대조한다(라/라'). 압살롬은 고소인을 부르고(다), 고소인은 그에게 경의를 표하며 절을 한다(다'). 그들은 정의를 구하러 임금에게 왔는데(나), 압살롬이 그들의 주장을 해결하는 것처럼 보인다(나'). 장면이 열리자, 압살롬은 군사적 자산을 취득하고 있다(가). 장면이 닫힐 때, 그는 백성의 마음을 얻었다(가').

◆◆ 주석

다윗이 아들 압살롬을 궁정에 허락한 이래로 정해지지 않은 시간이 흘렀다. 화자는 로*lô*('그 자신을 위해')라는 히브리어 재귀구를 써서, 압살롬이 주도적으로 자신이 사용할 병거들, 말들, 그리고 달리는 사람 50명을 보유했음을 우리가 파악할 수 있게 한다. 이 자원들은 임금이 그에게 수여한 것이 아니다. 사실, 우리는 그의 아버지는 그가 무엇을 하고 있는지 전혀 모른다는 것을 감지한다. 무슨 일인가? 압살롬의 군사 자산에 대한 화자의 관점은 예언자 사무엘이, 그들을 위한 임금을 요구했던 이스라엘 사람들에게 말했던 위협을 반복한다(1사무 8장). 그들의 주장에 화가 난 사무엘은 그에게 그들의 요구를 들어주라고 충고하신 하느님께 호소했다. 그러나 먼저 하느님은 사무엘을 통하여 그들의 미래 임금의 관례(미쉬파트 *mišpāṭ*)에 관하여 백성에게 경고하셨다.

> 그는 말했다. "이것이 여러분을 다스릴 임금의 관례(미쉬파트 *mišpāṭ*)요. 그는 여러분의 아들들을 데려다가 그 자신을 위하여(로 *lô*) 그의 병거들과 말을 다루는 일을 시키고, 그의 병거 앞에서 달리게 할 것이오. 그는 그 자신을 위하여(로 *lô*) 그들을 천인대장이나 오십인대장으로 삼을 것이오"(1사무 8,11-12; 필자 번역).

사무엘은 백성들이 임금에 대한 그들의 열망 때문에 겪게 될 고통을 예언하는 것으로 담화를 마무리한다(1사무 8,18). "그제야 여러분은 스스로 뽑은 임금 때문에 울부짖겠지만, 그때에 주님께서는 응답하지 않으실 것이오." 사울도 다윗도 사무엘이 예고한 대로 그들의 영토를 억압하지 않았으나, 이제 처음으로 화자는 사무엘 연설에 나오는 특별한 용어들(로 *lô* '그 자신을 위하여', 미쉬파트 *mišpāṭ* '관례', '재판 과정', 메르카바 *merkābā* '병거', 루츠 *rwṣ* '뛰다')을 반복하여, 압살롬의 자기 주도적 권력 증강을 사무엘의 예언적 경고의 성취로 선정한다.²⁰⁸ 압살롬의 세력 확대를 알리는 이 소개로 우리는 불안해진다. 그는 병거와 기병과 앞서 달리는 부하 50명의 수행원과 함께 무엇을 할 계획인가?

임금의 아들은 법적 분쟁이 처리되는 곳인 예루살렘 성문 하나에

---

208 화자는 아도니야가 자신이 다윗의 계승자라고 선언할 때 다시 사무엘의 연설을 반복한다. "한편 하깃의 아들 아도니야는 '내가 임금이 될 것이다' 하면서 거만을 부렸다. 그러고는 자기가 탈 병거와 말을 마련하고, 호위병 쉰 명을 두었다"(1열왕 1,5).

자리를 잡기 위해 매일 아침 일찍 일어난다.[209] 화자는 압살롬의 행동이 매일의 일과가 되었다(15,2 시작에 워카탈 *wĕqātal*, '그는 …하곤 했다')고 보는 우리의 관찰을 확실하게 보증한다. 임금이 자신에게 다가온 트코아의 지혜로운 여인의 말을 들어준 것과 같이(14,4-17), 고소인들도 임금에게 자기 말을 들려주기 위해 도착한다. 그런데 압살롬이 그들을 그 자신에게 돌리면서 이 과정을 방해한다. 그들은 압살롬의 개입이 없다면, 트코아 여인처럼 임금에게 도달하리라 추측된다. 그는 소송에 대해 문의하기 전에, 그들의 출신 도시를 묻는다. 그 사람이 *이스라엘 지파* 중 한 지파 출신이라는 것을 알게 되면 즉시 그의 주장을 신뢰한다. 다윗 내러티브에서 '이스라엘 지파' 표현은 한때 사울에게 충성했고 이제 다윗에게 기름을 부어 그들의 임금으로 삼으러 왔던 백성을 언급하기 위해 5,1에 마지막으로 나타났었다. 이다음 장면에서, 압살롬은 그의 왕위 찬탈에 대한 지지를 구하면서 '이스라엘의 모든 지파'에 빠짐없이 밀사들을 보낸다(15,10). 압살롬이 남아 있는 사울 계열 지지자들과 접촉을 모색하고 있다는 우리의 예감은 후에 강화될 것이다. 그때는 도망가는 다윗이 사울 씨족의 일원인 게라의 아들 시므이와 대면하는 놀라운 장면에서인데, 거기서 시므이는 사울 가문의 피를 그의 손에 묻히고 사울의 왕위를 찬탈한 이라고 다윗을 비난한다(16,8) 고소인은 그 자신을 '당신의 종'이라 지칭하면서 압살롬에게 정중히 경의를 표하여 말한다. 그러나 다윗 내러티브에서 그런 경의는 보

---

[209] 예언자 아모스(5,15)는 그의 청중에게 성문에서 공정(미쉬파트 *mišpāṭ*)을 세우라고 격려한다. 룻기 4,1-2에 보아즈는 룻을 '구원하기' 위한 소송 절차를 준비하면서, 그와 함께 성문에 앉을 열 명(증인)을 초대한다. 참조. D. A. McKenzie, "Juridical Procedure at the Town Gate," *VT* 14 (1964), 100-104.

통 임금을 위해 마련된 것이다.[210] 압살롬은 국왕인 그의 아버지에게 주어진 배례拜禮 언어를 이미 찬탈했다.

압살롬이 아무런 토론도 없이 고소인의 불만을 지지하는 것은, 성문에서 그렇게 하는 그의 주된 목적이 동맹 구축임을 드러낸다. 정의는 두 번째다. 그는 고소인을 임금에게 데려가는 명백한 선택을 일축하고, 대신에 고소인의 사건을 들어줄 사람이 아무도 없다고 한탄한다. 그들은 정의 없이 집으로 돌아가야만 한다. 임금은 그들을 실망시켰기 때문이다. 임금이 그 땅의 입법자이고, 재판관이고, 집행자인 세상에서 압살롬의 혐의는 매우 심각하다. 근거 없이 국왕이 없다고 주장하면 임금 없이는 기능할 수 없는 고대 사회에 무질서가 야기된다. 이타카의 임금 오디세우스의 20년 부재로 그의 가정에 일련의 위기가 발생하는데, 이로 인해 오딧세우스의 귀향을 갈망하는 독자들은 걱정에 빠진다. 오딧세우스는 지하 세계에 있는 테이레시아스의 영과 상담할 때 가정의 격변을 알게 된다.[211] 그는 이타카로 돌아가야만 한다. 예루살렘에 오는 고소인들은 압살롬이 그들의 사건을 들은 것에 만족하지만 또한 임금이 사회에서 그의 재판권을 행사하고 있지 않다는 것을 알아챈다. 압살롬은 거짓말을 하고 있다. – 임금은 최근에 (가짜이긴 하지만) 트코아 과부의 소송을 판결했다(14,4-7). – 그러나 임금은 암논에 대한 타마르의 정당한 주장을 듣지 *않았다*. 그래서 그녀와 압살

---

210 므피보셋이 그 자신을 임금 다윗에게 소개할 때, 여호나답(13,35)과 트코아의 과부(14,6)가 한 것처럼 그는 자신을 '당신의 종'이라고 한다(9,6).

211 Cf. Homer, *The Odyssey*, trans. A. T. Murray, The Loeb Classic Library (Cambridge, MA: Harvard University Press/ London: William Heineman, 1919), book 11, 115-17줄: "그대는 그대의 집에서 불행을 발견할 것이다. 그들은 당신의 생계를 삼키며 당신의 신과 같은 아내에게 구애하고 구혼자에게 예물을 바치는 교만한 자들이니라."

롬에게 임금에 대한 비난은 일리가 있다.²¹² 임금이 암논을 사랑하기 때문에(13,21) 그녀의 소송을 '듣도록 임금에게 지명받은 사람이 아무도 없었다'(15,3).

이 구절의 중앙(15,4)에서 압살롬은 자기 자신을 고소인을 위한 재판관으로 지명한다. '만일 내가 이 땅의 재판관이라면' 하는 NRSV의 번역은 히브리어의 수사적 감각을 포착한다. 히브리어 문자 그대로 읽으면, '누가 나를 이 땅의 재판관으로 세우리오?'이다. 압살롬의 이 질문에 대한 즉각적인 대답은 그의 아버지가 그를 재판관으로 지명할 수 있다는 것이다. 그러나 압살롬은 그의 질문을 고소인들, 곧 자신의 소송을 국왕이 듣지 못한다는 것을 방금 알게 된 그들에게 함으로써, 임금을 볼 필요를 제거하고 자신을 재판관으로 생각하도록 초대한다. 화자는 성문에서 4년간이나 지속된 압살롬의 활동을 다윗이 아는지에 대하여 침묵한다. 그런데 임금이 완전히 모를 수 있는가? 그의 아들 아도니야가 왕위에 대한 권리를 주장했을 때, 화자는 다윗이 늙었고 병약했고, 그래서 아도니야가 자신의 군대를 구축하고 있는 이유에 대해 결코 묻지 않았다고 설명한다(1열왕 1,5-6). 그러나 압살롬이 도성문에서 그의 동맹자를 모을 때, 그 활동에 대해 임금이 알고 있는가 하는 불안한 문제는 중대하다(다음에서 논의). 현재로서는 고소인들이 임금의 말을 듣지 못한 채 예루살렘을 떠나지만, 압살롬이 재판관이었더라면 그들의 불편 사항을 공적으로 심리審理했을 것임을 알고 갔다.

고소인들이 압살롬에게 경의를 표하여 절을 할 때, 반란은 진행 중

---

212 이전에 화자는 다윗 통치의 정의와 공정에 대해 언급했다(8,15).

이다. 일반적으로 이런 종류의 경의는 하느님, 임금, 혹은 예언자 사무엘을 위한 것이었다. 다윗이 그런 경의를 사울에게 드러냈고(1사무 24,9), 아비가일이 그것을 다윗에게 드러내고(1사무 25,41), 사울이 그것을 사무엘의 신령에게 드러내고(1사무 28,14), 므피보셋이 그것을 다윗에게 드러낸다(2사무 9,6). 그리고 이전 장에서는 트코아 여인, 요압, 압살롬이 그들의 경의를 임금에게 드러낸다. 다윗의 궁정으로 향하다가 압살롬의 초대로 길에서 벗어난 고소인들이 지금은 임금 대신에 임금의 아들에게 절하고 있다. 그에게 오는 사람들에게 '입을 맞춤으로써' 압살롬은 미래 동맹자들을 확보한다.[213] 이러한 몸짓들에는 깊은 아이러니가 있다. 바로 6개월 전에 압살롬은 다윗 앞에 엎드렸고, 다윗은 그들의 재회를 축하하며 그에게 입을 맞추었다(14,33). 지금 압살롬은 입맞춤으로 공모자를 만들고 있다.

 15,6에서 화자는 압살롬이 재판을 청하러 임금에게 향하는 고소인들의 방향을 돌리게 했다고 반복하면서, 장면 요약으로 마무리한다. NRSV는 '그는 이스라엘의 마음을 훔쳤다'고 보고한다(한글 《성경》은 "마음을 사로잡았다"라고 번역한다). 영어 표현 '마음을 훔치다'는 압살롬이 그의 행동으로 사람들을 얻었다는 것을 의미할 수 있다. 그러나 여기서는 이 긍정적인 의미를 의도하지 않는다. 압살롬의 친구가 아닌 [그는 압살롬의 행동을 15,12에서 '음모'(케세르 *qeśer*: 한글 《성경》에는 "반역"으로 분류한다] 화자는 압살롬의 계략을 태만한 임금에 대한 승리로 제시하기를 원

---

213 요나탄과 다윗은 그들 사이에 계약의 표현으로 입을 맞추었다(1사무 20,41). (역주: 마소라 본문의 '나샤크'를 칠십인역, 많은 영어 성경, 개신교 성경은 칼형의 첫 번째 의미로 '입 맞추다'로 번역한다.)

치 않는다. 히브리어 가나브*gnb* + 렙*lēb*('마음을 훔치다') 표현은 성경에 단 세 번 나타나는데, 여기와 창세 31,20.26이다. 창세기에서 그것은 야곱이 라반을 피하여 도피하려는 의도를 숨기고 있음을 묘사한다.[214] 창세 31,20.26에서 NRSV는 그 표현을 '속이다, 기만하다'로 번역했는데, 이곳 의미에 더 가까운 번역일 수 있다. 즉, 압살롬이 이스라엘 백성을 속여 그를 믿게 했다는 의미이다.

4.7.2 압살롬이 다윗에게 가다 15,7-9

◆ 구조

가. 압살롬이 허락을 청하다(15,7)
    나. 서원(15,8)
가'. 압살롬이 허락을 받다(15,9)

◆◆ 주석

압살롬의 지시하에 성문 재판 절차는 4년 동안 지속되었고, 그 후 그는 다윗에게 헤브론으로 가게 해달라는 청을 들고 나타난다.[215] 압살롬이 다윗 통치를 훼손하는 데 보낸 오랜 시간을 고려해볼 때, 다윗이

---

214 창세 31,20.26에서 그 동사는 칼형인 반면에 2사무 15,6에서는 피엘형이다.
215 15,7의 히브리어 본문에는 문제가 있다. 거기에는 '40년'이라 되어 있다(참조. NJPS). 시리아본, 불가타, 몇몇 그리스어 필사본들이 '40' 대신에 '4'로 읽는데, 많은 번역본이 이를 따른다. 숫자 40은 다윗이 예루살렘에서 33년을 다스렸다는 정보(5,5)와 모순된다.

압살롬의 계략을 과연 인지하였느냐는 질문은 피할 수 없다. 그것은 다윗 내러티브 전체에서 아주 중대하다. 만일 4년 후에 임금이 압살롬의 배신을 알아차렸을 것이라고 생각한다면, 그렇다면 그를 헤브론으로 보내는 것은 터무니없이 어리석은 결정이다. 만일 다윗이 자신의 안전과 왕국의 안전을 무시하는 태도로 행동한다면, 그의 지도력은 신용할 수 없다. 어떻게 그는 압살롬에게 그의 시야에서 벗어나도록 허용할 수 있는가? 이 압살롬이 자신의 양털 깎기 파티에 암논의 참석을 확실하게 하려고 임금의 도움을 요청했던 바로 그 압살롬이다(내러티브 시간으로는 6년이 넘었지만, 우리에게는 두 장도 채 되지 않는다). 게다가 다윗 자신도 사울의 악의적인 계획을 알아내기 위해 사울에게 같은 책략을 썼었다. 그때 요나탄의 허락으로 베들레헴에서 열리는 문중 잔치에 참석한다는 이야기로 사울을 속이려고 요나탄과 함께 몰래 계획을 꾸몄다(1사무 20,6). 이제 압살롬이 비슷한 이야기를 지어낸다. 만일 임금이 압살롬에게 헤브론으로 가라고 허락한다면, 그는 자신의 무능력으로 왕관을 잃을 뻔한 바보로 처리되어야 하지 않는가? 화자는 문제를 보고 그런 혐의로부터 그를 보호하기 위해, 다윗이 성문에서 일어나는 일(그의 신하들이 그의 아들에게 표하는 경의 포함)에 대해 모르고 있었다고 우리에게 확신시킬 필요가 있다. 그래서 압살롬이 결국 헤브론에 갈 때 예루살렘 사람 200명이 함께 갔는데, 화자는 그들이 선의로 압살롬과 함께 갔다고 주장한다(2사무 15,11).[216] 그들은 압살롬이 매일 아침 도성 성문에서 동맹자들을 만들고 있었다는 사실을 전혀 몰랐고,

---

216 15,11에서 화자는 그들의 순진한 행위를 강조하기 위해 두 가지 표현을 사용한다. "그들은 그냥 갔을 뿐이고 '사태의 전모' 곧 찬탈에 대해 아무것도 몰랐다"(필자 번역).

나아가 우리는 임금도 압살롬의 배반을 전혀 인식하지 못했다고 추정한다.

압살롬은 궁정에 복귀할 때 보였던 경의의 몸짓(14,33) 없이 임금에게 인사하고는 헤브론으로 (그의 출생 도시로 추방 중에 '주님께서 저를 예루살렘으로 돌아가게 해주시면, 제가 헤브론에서 주님께 예배를 드리겠습니다' 하고 주님께 한 서원을 이행하기 위하여) 길을 떠나는 허락을 임금에게 요청한다(15,7). 현대 독자에게는 끔찍한 일로 여겨지지만, 입타의 딸의 이야기(판관 11,29-40)처럼, 한번 한 서원은 반드시 지켜야만 하기 때문에 그것은 영리한 구실이었다. 왜 서원을 예루살렘에서 30km나 떨어진 도성인 헤브론(그의 출생지)에서 이행해야 하는지 이유는 명시되지 않았고, 다윗도 묻지 않는다. 그러나 만일 압살롬이 남아 있는 사울 계열의 추종자들로부터 그의 반란에 대한 지지를 이끌어내고 있다면, 그때는 헤브론으로 가는 것이 중요한 전략적 움직임을 나타낸다. 사울 계열 지지의 중심이 예루살렘 북쪽에 있고 압살롬의 반군이 도성 남쪽에 있으면, 예루살렘은 두 측면에서 공격을 받을 수 있다. 압살롬이 만들어 낸 핑계 때문에는, 다윗은 터무니없이 부주의하다는 비난으로부터 더욱더 보호된다. 어떻게 그가, 압살롬이 예루살렘으로 돌아온 까닭에 하느님께서 들어주셨던 것이 분명해진 서원을 이행하겠다는 그의 아들을 방해할 수 있었겠는가? 그러나 우리는 압살롬의 복귀를 위해 개입한 이는 하느님이 아니라 요압임을 알기 때문에, 압살롬이 거짓말을 하고 있다는 인상을 받는다. 한편, 등장인물의 거짓말을 밝힐 수 있는 (1열왕 13,18 참조) 화자는 침묵을 지킨다.

우리는 2사무 14,1에서 다윗이 당시 추방 중인 아들에게 꽂혀 있는 것을 요압이 알아차렸을 때 처음 언급된 그의 아들에 대한 애정에 가려 다윗이 압살롬에게 경솔한 허가를 내렸으리라 의심한다. 하지만 그 애정의 강도는 반역이 진압된 후에야 파악된다. 그 아들이 아버지를 죽이려고 했을지라도, 반역자 아들이 그의 재건된 통치에 제기할 위협에도 불구하고 아버지는 그가 살아 있기를 바랐으며(18,5), 죽은 그의 아들을 위해 울부짖는다(18,33; 19,4: 한글 《성경》에는 19,1.5). 임금의 두 가지 명령, 곧 반란이 끝날 때 군대에 압살롬을 산 채로 데려오라는 경솔한 명령(18,5)과 이 장면에서 압살롬을 헤브론으로 보내는 똑같이 현명하지 못한 결정은, 반역자 아들에 대한 다윗의 무비판적인 사랑의 부차적인 줄거리를 구성한다. 다른 어떤 상황에서는 미덕이 될 수도 있는 그 사랑은 그를 "악행이 아니라 어떤 중대한 결함 때문에" 몰락하는 비극적인 영웅으로 만들 수 있었다.[217] (다윗의 비극적인 결점을 다룬 이 고대 이야기는 인간이 잘못될 가능성이 지닌 복합성에 대한 획기적인 탐구를 나타낸다.) 결국, 아들에 대한 다윗의 결함 있는 애정은 17,14(다음 참조)에서 하느님이 개입하시기 때문에 그를 비극적인 영웅으로 만들지 않는다. 장면이 끝날 때, 아버지는 아들에게 '편안하게 가거라' 하고 명령하지만, 사실 그의 아들은 반란을 일으키러 간다. 이 말들이 아버지가 그의 아들에게 한 마지막 말이다. 그 둘은 결코 다시 못 만난다.

---

[217] Aristotle, *The Poetics*, trans. William Hamilton Fyfe, rev. ed., The Loeb Classic Library Cambridge, MA: Harvard University Press/ London: William Heinemann, 1932), book 18, line 6. Fyfe는 *di' hamartian megalēn*을 '어떤 중대한 결함'으로 번역했다. Stephen Halliwell은 개정된 번역에서 그 그리스어를 '큰 실수로'로 번역하고, 단어 '*Harmatia* … 는 비극적인 처지에서 가능한 다양한 요인을 포괄할 수 있다'라는 주석을 붙인다. [Aristotle, *The Poetics*, trans. Stephen Halliwell, The Loeb Classic Library (Cambridge, MA: Harvard University Press, 1995), 70.]

4.7.3 반란이 시작되다 15,10-12

압살롬은 시간을 낭비하지 않는다. "밀사들"은 압살롬 통치의 시작을 신호하는 나팔 소리를 내러 '이스라엘의 모든 지파 전체에' 파견되었다.[218] 화자는 이 밀사들이 임금이 부재중이라고도 추정했기 때문에 압살롬에게 고발을 접수한 이스라엘 지파의 고소인들(15,2)과 접촉한다는 것을 암시한다. 압살롬은 반란을 일으키면서 그들의 충성심을 확보해야 한다. 압살롬을 따라간 예루살렘 사람 이백 명은 잘 잊는 예루살렘 대중과 그들의 임금을 대표한다(위에서 논의됨). 압살롬은 다윗의 고문 중 한 명인 아히토펠을 부르러 보내는데, 우리는 그를 처음 만난다. 후에 그의 배신을 알게 되었을 때, 다윗은 이 사태의 전환이 압살롬의 궁정에서 자신에게 가할 중대한 위협을 인지한다(15,31). 책사로서 아히토펠의 역할은 반란 이야기의 첫 부분을 지배할 주제인 조언 제시를 예시한다.[219] 그리고 압살롬이 누구의 조언을 따를 것인지 (하느님의 뜻대로) 선택을 잘못했을 때, 그의 몰락은 불가피했다. 아히토펠은 성읍 길로에서 왔는데, 길로의 정확한 위치는 알 수 없다(그 성읍은 여호 15,51에 홀론을 포함하는 다른 도시들 사이에 열거되어 있고 21,15에 홀론과 드비르가 열거되어 있다. 이 드비르는 헤브론 남서쪽 약 13km 지점이다). 만일에 길로가 드비르 근처에 있다면, 압살롬은 유다 남쪽 수장의 지원

---

218 1열왕 1,34에서 다윗은 솔로몬의 즉위를 (찬탈자 아도니야를 거슬러) 신호로 알리는 나팔 소리를 내라고 명령한다. "나팔을 분 다음, '솔로몬 임금 만세!' 하고 외치시오."
219 이것이 압살롬의 반란 이야기에 17번 나타나는 히브리어 단어 '충고를 하다'(야아츠yʻṣ) 혹은 명사 '충고'(에챠ʻṣh) 중에 첫 번째이다. (역주: 한글 《성경》 15,31에 "'아히토펠의 계획"이라 번역한 부분 중 '계획'의 원어가 에챠 곧 '충고'이다.)

을 받게 된다. 아히토펠이 다윗을 배반한 동기는 밝혀지지 않았다. 그러한 정보는 다윗에 대한 우리의 이미지를 손상시킬 수 있다(아히토펠은 다윗을 무능하다고 생각했는가?).

압살롬은 후에 그의 형제 아도니야가 그가 아버지를 계승한다고 선언할 때 하려는 것처럼(1열왕 1,9) 희생 제사를 봉헌하는 것으로 찬탈 신호를 보낸다. 참석한 순진한 이백 명의 예루살렘 사람들에게는 압살롬의 희생 제사가 그의 서원의 이행을 나타내지만, 실제로는 그의 대관식 축제가 시작되었다는 신호를 보낸 것이다. 압살롬이 아버지가 죽기 전에 왕좌를 차지하려는 시도는 두 종류의 찬탈을 보고하는 이스라엘 후기 역사에 병행한다.

1. 야베스의 아들 살룸의 경우처럼, 왕실 밖의 찬탈자가 임금에 대한 음모를 꾸미고, 임금을 살해한 다음에 그를 계승한다. 살룸은 즈카르야 임금을 죽이고 그의 왕좌를 차지했다(2열왕 15,10). 북 왕국은 몰락하면서 이러한 종류의 여러 찬탈을 겪는다.
2. 임금의 측근들이 그를 거슬러 반란을 일으키고, 그를 살해하고, 임금의 아들을 왕좌에 앉힌다. 요아스 임금(2열왕 12,20-21), 아마츠야 임금(2열왕 14,19-21), 아몬 임금(2열왕 21,23-24)은 그들 측근의 손에 죽었으나 그들의 자손으로 계승되었다.

압살롬의 반란은 다윗의 측근, 특히 아히토펠의 지지를 받기 때문에 두 번째 유형의 찬탈과 비슷하다. 화자는 전체 에피소드(2사무 15,1-12)

를 마무리할 때, 이러한 전개에 대한 그의 의견을 밝힌다. 곧, 압살롬의 대관은 '음모'(케세르qeŝer)라는 것이다. 이 히브리어 용어는 임금의 암살과 찬탈을 초래하는 궁정의 음모를 묘사하기 위해 열왕기 상·하권에 일정하게 나타난다.[220] 다윗 임금은 자신의 책임으로 반란에 처한다.

4.8 하느님께서 다윗을 압살롬의 반역에서 구하시다 15,13-20,3

압살롬의 반역은 단순히 누가 다윗 임금을 계승할 것인지에 대한 이야기인가? 셰익스피어의 작품 《덴마크 왕자 햄릿》을 하나의 승계 내러티브로 축소할 수 있는가? 왕위 계승 문제가 연극의 배경에 숨어 있는 동안에 ("내 희망과 국왕 선출 사이에 끼어들었어"[221]) 《햄릿》을 덴마크의 왕위 계승에 대한 하나의 이야기로 읽는 것은 영어 연극에서 이루어진 이 시도의 당혹스러운 복잡성을 무시하는 짓이다. 마찬가지로 압살롬의 반란을 왕위 계승 문제로 축소하는 것은 이 고대 걸작의 독창적인 시도를 무산시키는 짓이다. 임금과 찬탈자 사이의 전투 이야기는 아버지와 그의 아들 사이의 갈등 이야기에 묻힌다. 하느님은 당신이 선택한 임금인 아버지를 비극적인 그의 결점에서 구하실 것이다. 그 결점은 그의 정치적 통찰력을 패배시키고 그의 통치를 거의 망치는 아들에 대한 애정이다.

2사무 7장에 나오는 "너의 날수가 다 차서 조상들과 함께 잠들게

---

220 예를 들면 1열왕 15,27; 16,9; 2열왕 12,20(마소라 본문 12,21); 14,19; 15,10.25; 21,23 참조.
221 햄릿, 5막, 2장, 66째줄.

될 때, 네 몸에서 나와 네 뒤를 이을 후손을 내가 일으켜 세우고, 그의 나라를 튼튼하게 하겠다"라는 하느님의 약속이 이 반란의 배경에 어렴풋이 나타난다. 다윗의 날들이 이렇게 다 차게 되는가? 다윗이 차독에게 계약 궤를 예루살렘으로 돌려보내라고 명령할 때 그 자신도 그만큼 궁금해한다. "내가 주님의 눈에 들면 그분께서 나를 돌아오게 하시어, 그 궤와 안치소를 보게 하실 것이오"(15,25). 하느님께서 아히토펠의 좋은 충고를 어리석게 만드셔서(17,14) 그렇게 다윗의 기도(15,31)를 들어주셨다는 것을 우리가 알게 될 때까지 다윗의 미래는 불확실하다. 이런 이유로 화자는 압살롬의 궁정에서 조언을 제시하는 장면을, 즉 몇 마디로 쉽게 요약될 수 있는 장면을 자세히 설명하고 있고(16,20-17,24), 그래서 강탈하려는 압살롬에게서 하느님 홀로 다윗을 구원하셨음을 우리가 이해할 수 있도록 한다.

이 에피소드에서 하느님의 역할은 적게 말해지는데, 겉보기에 중요하지 않은 세부 사항인 '요르단강을 건너는 것'에서도 그 역할은 드러난다. 화자는 히브리어 어근 아바르('br, '건너다')를 (명사형과 동사형 다양한 형태로) 사용하는데, 다윗이 예루살렘으로부터 도망가는 것, 그가 요르단을 건너는 것, 그리고 예루살렘으로 재입성하는 것을 묘사하기 위해서이다. 그것은 이 장들에서 30번 넘게 나타나고(사무엘기 하권의 나머지에서 아바르'br는 단지 20번 나타난다), 그리고 다윗이 요르단강을 건너야만 한다는 지시가 올 때(17,16) 동사 아바르'br는 이 중요한 순간에 독자의 주의를 끌어당기는 히브리어 절대형 부정사(아보르'ābôr)로 강화된다. 임금이 이스라엘 땅 밖으로 건너가려 한다는 것이다. 압살롬이 패배하고 나서, 다윗이 요르단을 다시 건너는 것은 여호수아의 통솔하에 이스라엘 사람들이 처음으로 요르단을 건너는 것(여호 1-4장)을 다시 보여준다. 다윗과 여호수아 둘 다 요르단강을 건너고 길갈로 온다(여호 4,19; 2사무 19,40). 둘 다 사명을 위해 둘러대는 여인들에게, 곧 여호 2,1-21의 라합과 2사무 17,20의 바후림의 여인에게 도움을 받는다. 두 에피소드가 계약 궤를 포함하고 있기는 하지만, 다윗은 계약 궤가 이스라엘 밖으로 건너가는 것을 막는다(15,25). 여호수아의 건너는 이야기에서 하느님의 역할은 여호수아의 모든 움직임을 명시하며 결정한다. "주님께서 모세의 시종인 눈의 아들 여호수아에게 말씀하셨다. '… 그러니 이제 너와 이 모든 백성은 일어나 저 요르단을 건너서, 내가 이스라엘 자손들에게 주는 땅으로 가거라'"(여호 1,1-2). 하느님이 다윗의 모든 걸음을 명시적으로 지시하지는 않으나, 요르단강을 건너는 시도 동기는 여호수아의 건넘을 되풀이하기 때문에, 그분이 여호수아와 함께하셨던 그대로 다윗과도 함께 계시다고 표시한다.

◆ 구조

압살롬의 반란 이야기는 다섯 개의 에피소드로 나눌 수 있다.

가. 예루살렘에서 다윗의 도주(15,13-16,14)
　　나. 압살롬의 승리와 그의 고문들(16,15-17,14)
　　　　다. 다윗의 마하나임 도착(17,15-29)

나'. 반란은 괴멸되고 압살롬은 처형되다(18,1-19,9ㄱㄴㄷ)
가. 예루살렘으로 다윗 재입성(19,9ㄹ-20,3)

반란이 커지자 다윗은 후궁 열 명의 손에 궁을 맡기고, 도성을 떠난다 (15,16). 이 반란은 다윗이 도성에 재입성하고 후궁 열 명을 가택 연금할 때 공식적으로 끝난다(20,3). 그 여인들은 압살롬의 반란 이야기를 문학적으로 포괄하는 기능을 수행한다. 이야기의 중앙에서 다윗은 마하나임에 도착해 도성에 맞아들여지면서, 그의 최종 승리를 예시한다.

4.8.1 예루살렘에서 다윗의 도주 15,13-16,14

예루살렘으로부터 다윗이 도주하는 이야기는 두 부분으로 나눌 수 있다. 첫 번째 부분(15,13-31)에서 다윗은 예루살렘을 돌아보며, 도성으로 궁극적 귀환을 할 수 있는 전략과 도움을 하느님께 청하는 기도를 한다. 두 번째 부분(15,32-16,14)에서 다윗은 올리브산을 넘으면서 세 사람을 만나는데 후사이, 치바 그리고 시므이다. 처음 두 사람은 동맹자이나, 세 번째 사람은 도망가는 임금을 비난하고 모욕을 주려고 온다.

4.8.1.1 다윗과 그의 동맹자들이 예루살렘을 빠져나가다 15,13-31

우리는 10개 장 전에 다윗이 정복했던 도성의 문들을 통해 서둘러 나가는 그를 따르면서 예루살렘에 울리는 경보음을 듣는다. 빠르게 진행되는 이 행동 사이에 화자는 세 개의 막간을 삽입하여 (1) 군대가 행군하고, (2) 다윗과 백성들이 울면서 올리브산을 넘어가는 두 가지 사건을 배경에서 시각화할 수 있도록 한다. 바로 도성 밖에서 다윗은 충성심을 보장할 수 있는 갓 사람 이타이를 만나고, 이어서 사제 차독을 만난다. 그는 계약 궤의 귀환이 자신의 전조가 되기를 기도하면서 그에게 계약 궤를 도로 예루살렘으로 모셔가라고 명령한다. 그는 도성을 떠나면서 믿었던 그의 고문 아히토펠이 그를 배신했다는 불길한 소식을 듣는다(아히토펠에 관한 네 번의 막간 중 첫 번째 것이다).

◆ 구조

다윗이 그의 측근들에게 예루살렘을 떠나라고 명령한다(15,13-17)
    막간: 군대가 행군해 나가다(15,18)
다윗이 갓 사람 이타이의 충성심을 의문시하다(15,19-22)
    막간: 그들이 키드론 골짜기를 건너갈 때 백성이 운다(15,23)
다윗이 차독에게 궤를 예루살렘으로 다시 가져가라고 명령한다(15,24-29)
    막간: 다윗과 백성이 울고 있다(15,30)
아히토펠에 관한 첫 번째 끼어들기: 다윗이 아히토펠의 배신을 알게 되다
(15,31)

4.8.1.1ㄱ 다윗이 그의 측근들에게 예루살렘을 떠나라고 명령한다 15,13-17

우리가 이미 알고 있는, 헤브론에서 일어난 사건들 소식을 사자가 보고하면서 다윗에게 전달된다. 이스라엘 백성의 '마음'이 압살롬에게 쏠렸다는 것이다(15,6 참조). 다윗은 도성을 방어하려 시도하거나 헤브론에 있는 압살롬을 공격하려고 준비하지 않는다. 그는 도주를 선택해서, 그의 조신들에게 압살롬이 그들을 즉시 따라잡지 않도록 도성을 떠나라고 조신들에게 명령한다. 화자는 히브리어 동사 마하르(*mhr*, '서두르다')를 사용하여 그 행동을 수식함으로써 압살롬의 도착이 임박한 때 도성에서 일어나는 소란스러운 활동을 시각화한다. 화자가 반란의 규모에 대한 평가를 제시하지 않았지만, 다윗이 현재로서는 자신의 유일한 방어 수단이 도피하는 것이라고 판단했기 때문에 그것은 상당히 널리 퍼졌음에 틀림없다. 게다가 그는 아들의 의도에 대해서도 환상을 품지 않는다. 압살롬은 그가 도망가도록 두지 않을 것이다. 반군이 도착했을 때 예루살렘은 압살롬의 공격으로부터 자신을 지키려고 도성을 활짝 열 것이다.²²² 장면은 다윗이 대부분의 영어 성경 번역본에 "마지막 집"(히브리어 베트 함메르하크*bêt hammerḥāq*의 의미는 확실하지 않음)으로 나오는 곳에 위치해 있다고 밝히며 끝난다(15,17). 현대 독자들은 아직도 다윗이 어디에 있는지 또는 어느 방향으로 가고 있는지 모른다.

다윗이 그의 궁을 비우기 전에, 화자는 열 명의 후궁과 관련된 다소 이상한 사건에 초점을 맞추는데, 그 여인들은 임금이 그의 집을 돌보

---

222 다윗의 서두름은, 반란이 괴멸된 후에 후회하는 시므이가 그의 용서를 받으려고 '서둘러' 그에게 올 것을 예시한다.

라고 남겨둔 이들이다. 이 세부 사항은 다른 모든 사람들이 다윗를 따라 도시를 떠났다는 이중의 통지로 구성된다.

> 임금은 그의 온 집안사람을 데리고 걸어 나가고,
> 후궁 열 명은 궁을 지키도록 남겨 두었다.
> 임금이 온 백성을 데리고 걸어 나가다(15,16-17ㄱ).

다윗 행동의 특이함은(오늘날의 독자에게는 아주 이상하다), 내러티브 구성과 더불어서 그것을 간과해서는 안 된다는 것을 암시한다. 이 여인들은 압살롬이 예루살렘 백성에게 쿠데타의 성공을 알리기 위해 이 여인들과 잠자리를 함께할 때(16,21-22) 다시 등장할 것이다. 더 중요한 것은 '열 후궁'이 압살롬의 반란 이야기 전체를 문학적으로 포괄하는 기능을 맡는다는 점이다. 다윗이 그의 궁에 돌아왔을 때 이 여인들을 가택 연금시키면서 압살롬 반란은 막을 내린다(20,3).

4.8.1.1ㄴ 막간: 군대가 행군해 나가다 15,18

♦ 구조

가. 모든(콜 *kol*) 종들이
  나. 곁을 지나갔다(아바르 '*br*)
    다. 그

가'. 모든(콜*kol*) 크렛 사람과 모든(콜*kol*) 펠렛 사람과 모든(콜*kol*) 갓 사람 육백 명이

나'. 곁을 지나갔다(아바르·*br*)

다'. 임금

첫 구절은 두 번째 구절과 병행을 이루는데, 임금 앞을 지나갔던 종들(신하들)의 특정 그룹을 지정한다.

♦♦ 주석

이것은 이야기의 주요 줄거리와 동시에 벌어지는 사건들을 소개하기 위해서 다윗의 도주의 이야기를 중단하는 세 막간 중 첫 번째 것이다. 그것들은 히브리어 본문에서 동사로(통상적으로 이야기의 진행을 가리키는 와익톨*wayyiqtol* 구문과는 대조적으로; 1.4.1 단원 참조) 시작하지 않는 도입 구문으로 표시된다. 이 절에서 상황 구문(워 엑스 카텔*wĕ X qātēl*)은 다윗의 도주를 위한 준비로부터 다른 동시 사건으로 우리의 주의를 옮긴다. 다윗은 마지막 집 쪽 성 밖으로 나가면서(이전 장) 갓 사람 이타이의 충성심을 문제 삼을 것인데(다음 장), 독자들은 (여기서) 배경에 있는 크렛 사람들, 펠렛 사람들, 그리고 도성을 나가며 행군하는 갓 사람들을 보아야만 한다. 압살롬의 반란 이야기에서 화자는 자주 이 히브리어 구문 유형(워 엑스 카텔*wĕ X qātēl*)을 사용하는데, 이는 동시에 벌어지고 있는 사건들을 시각화하는 것을 돕기 위해서이다.

일찍이 8,18에서 언급되었던 크렛 사람들과 펠렛 사람들이 다윗 궁정의 고위 관료인 브나야의 지휘하에 행군하고 있다(8,15-18 참조). 갓 사람들(필리스티아의 5개 도성 중 하나인 갓 출신)은 다윗에게 충성하는 군인 집단이다. (우짜의 죽음 후에 다윗은 주님의 궤를 갓 사람 오벳 에돔의 집에 위탁했었다. 6,10). 갓 사람이 모두 충성하는 것은 아니다. 필리스티아 장수 골리앗도 갓 사람이라 불렸다. 이 막간은 또한 히브리어 단어 아바르('br, 건너다)를 소개하는데, 이것이 예루살렘으로부터 다윗의 도주와 재입성에 중심이 될 것이다(15,13-20,3을 다룬 4.8 단원 참조). 히브리어 본문에서 아바르'br의 반복적인 사용이 영어 번역에서는 빠진 채 나타나는데, 그대로 반영하면 번역이 지나치게 둔해지기 때문이다.

4.8.1.1ㄷ 다윗이 갓 사람 이타이의 충성심을 의문시하다 15,19-22

◆ 구조

가. 다윗이 이타이에게 명령하다: 이중 명령(돌아가시오, 머무시오)(15,19ㄱ)
    나. 명령의 이유들(15,19ㄴ-20ㄱ)
가'. 다윗이 이타이에게 명령하다: 이중 명령(돌아가시오, 데리고 가시오)
    (15,15,20ㄴ)
    나'. 이타이가 맹세하다(15,21)
가". 다윗이 이타이에게 명령하다: 이중 명령(먼저 가시오, 건너가시오)(15,22ㄱ)
    나". 이타이가 앞서 지나가다(행군하다)(15,22ㄴ)

다윗이 내리는 세 쌍의 이중 명령이 이 구절을 구성한다. 앞의 두 명령은 이타이에게 예루살렘으로 돌아가라는 것이다. 그러나 이타이가 충성을 맹세하자, 그때 다윗은 새로운 명령을 내리고 이타이는 임금의 수행원에 합류한다.

♦♦ 주석

현재 다윗 앞을 지나간 갓 사람 육백 명(15,18)의 장수인 이타이가 처음 나타났다. 다윗은 그에게 질문하고 예루살렘으로 돌아가라고 명령한다. 이타이와의 대화에서 다윗은 영리하게 압살롬을 '임금'으로 언급하며('임금이 이타이에게 말하였다. … 돌아가 *임금과* 머무르시오.'), 갓 사람 장수를 시험한다. 이타이는 무심코 압살롬의 왕권을 인정할 것인가? 다윗은 조심해야 할 충분한 이유가 있고, 그는 압살롬의 궁정에 정탐꾼을 두려고 한다. 이타이는 그 자신의 진영에서 압살롬의 정보원일 수 있다. 다윗은 자신의 명령을 정당화하는데, 이타이는 외국인으로서 최근에 도착했고 해서 그의 충성심은 의문의 여지가 있다는 것이다. 그들의 대화는 다윗과 그의 부하 육백 명이 이스라엘과 싸우기 위해 필리스티아 제후 중의 하나인 아키스의 군대에 합류한 장면(1사무 27,2)을 반영한다. 그때 다윗은 외국인이었고, 필리스티아 장군들은 그들의 전투에 그가 참전하는 것을 거절했다. 아키스가 다윗에게 필리스티아 사람들의 반대를 알렸을 때, 다윗은 이의를 제기했다(1사무 29,8). "제가 무엇을 했다는 말입니까? 임금님 앞에 나아온 날부터 이날까지 이 종에게 무슨 잘못이 있기에, 저의 주군이신 임금님의 원수들과 싸우러 나가지 못하게 하십니까?" 우리는 그가 필리스티아 영토에 있었던 동안 여러 다양한 민족을 습격하였는데, 그의 행위를 아키스에게는 항상 숨기고 있었다는 것을 안다(1사무 27,8-11 참조). 아키스는 다윗을 신뢰하여 그를 '하느님의 천사'라고 칭송하면서도, 필리스티아 장군들의 반대에 동조했다. 그래서 다윗과 그의 군인 육백 명은 떠났다. 이제 우리가 보게 되는 바와 같이, 이타이가 다윗에게 응답한 내용은 다윗이 아키스에게 대답했던 것과 현저하게 다를 것이다.

다윗은 그 자신이 어디로 가고 있는지 모르는 때, 자신과 함께 방랑하게 될 것이라고 이타이에게 알린다(다윗은 아마도 자신이 갈 방향을 알고 있을 것이나, 그것을 이타이에게 알릴만큼 아직 이타이를 신뢰할 준비가 되지 않았다). 그는 그에게 주님의 변함없는 사랑과 성실(헤세드 워에미트 *hesed we'ĕmet*) 안에[223] 예루살렘으로 돌아가라고 한다. 이것은 2사무 2,6에서 다윗이 야벳스 길앗의 주민들을 그와 협정을 맺게 하려고 할 때 나타났던 것과 동일한 언어로 동맹을 구축하는 언어이다(여호 2,14 참조). 다윗이 그에게 충실함을 표현하자 갓 사람은 다윗에게 맹세로 응답하는데, '임금'이 어디로 도주하는지 모른다는 사실에 지장을 받지 않는다고 한다. 그는 '임금'을 위해 목숨을 걸 준비가 되어 있다(그는 15,19에서 압살롬을 '임금'이라 칭하는 다윗의 언급을 거부한다). 이 맹세로 확신을 가진 다윗은 이타이가 그와 함께 '건너는' (아바르 *'br*) 것을 허락한다(다윗이 필리스티아 영토에서 외국인으로 있을 때 그는 결코 아키스에게 충성의 맹세를 한 적

---

[223] NRSV는 대부분의 영어 번역본 성경처럼 칠십인역으로 읽는다: "주님께서 당신에게 변함없는 사랑과 성실하심을 보여주시기를 빕니다."

이 없다. 1사무 29,8). 이타이는 2사무 18,2에서 다윗이 압살롬의 세력에 대항할 그의 군대를 조직할 때 무대에 다시 등장한다. 그는 이 장면에서 자신이 한 맹세에 충실할 것이다.

4.8.1.1ㄹ 막간: 그들이 키드론 골짜기를 건너갈 때 백성이 운다 15,23

이 두 번째 막간은 주요 줄거리와 동시 발생하는 배경 정보를 제공하기 위하여(워 엑스 카텔wĕ X qātēl) 내러티브의 진행을 중단시킨다. 다윗이 이타이의 충성심에 도전하는 동안(앞 장면), '온 땅이 울고 있다'는 (성경에서 오직 여기에만 나타난다) 것을 알게 된다. 이 막간은 압살롬의 반란 이야기에 애도 모티브를 도입한다. 다윗에게 충성하는 사람들은 애도의 표현을 채택한다. 다음 막간(15,30)에서는 다윗 자신이 울면서 머리를 가리고 맨발로 걷는다. 곧 그는 친구 후사이를 만날 것인데, 그의 옷을 찢고 재를 머리에 얹고 온다(15,32). 그리고 반란이 끝나면 다윗은 므피보셋을 만나는데, 그는 다윗이 도성을 떠난 날부터 옷도 빨아 입지 않고 외모도 돌보지 않는다(19,25). 애도 행위에 대한 이런 간헐적 언급들은 그것들을 함께 볼 때, 예루살렘에서 다윗의 후퇴를 공동체적 혹은 국가적 애도로 묘사하고, 그것은 이 구절에서 울고 있는 땅의 의인화로 시작한다.[224]

국가적 위기의 시기에 공동체의 애도는 하느님을 부른다(시편 44; 74; 79; 80; 83편 참조). 애가는 예루살렘의 비극적 파괴에 대한 이스라엘의

---

[224] 비슷한 은유가 욥 31,38에 나타난다. "만일 내 밭(땅)이 나를 거슬러 울부짖고 그 이랑들도 함께 울어댔다면…"

공동체적 응답을 전하고 있다. '딸 시온의 원로들은' 땅바닥에 말없이 앉아 머리 위에 먼지를 끼얹는다(애가 2,10). 여인으로 의인화된 예루살렘이 울고(애가 2,11), 그리고 그녀의 나체를 드러내는 찢어진 옷을 입고 있다(애가 1,8). 이러한 의식儀式을 통해 사람들은 자신의 배신을 인정하고 통회하며 용서를 구한다. 비슷하게 이 막간에서 사람들은 그들의 도성에 닥친 비극에 대한 슬픔을 표현한다. 그런데 무슨 죄가 이 국가적 위기를 초래했는가? 화자는 하느님의 분노를 받았다고 다윗을 비난하지 않지만, 곧바로 게라의 아들 시므이가 다윗을 사울의 가족 구성원들의 죽음으로 기소할 것이고, 이는 다윗이 압살롬의 반란을 하느님의 책망이라고 인정하도록 이끈다(16,10). "주님께서 다윗을 저주하라고 하시어 저자가 저주하는 것이라면…" 다윗이 계약 궤를 예루살렘으로 다시 모시라고 명령할 때, 그는 만일 하느님이 더 이상 자신이 임금인 것을 원하지 않으신다면 하느님의 특권을 받아들일 준비가 되어 있음을 인정한다(15,25). 압살롬의 찬탈이 의미하는 바에 대한 다윗의 불안이, 왜 그와 그의 추종자들이 참회하는 애도자로서 예루살렘을 나가고 있는지를 설명한다.

첫 막간에서처럼(15,18), 히브리어 동사 아바르('*br*, 건너다)가 이 절에 세 번 다시 나타난다. 백성이 '건너고', 임금이 키드론 골짜기를 '건너고', 백성은 광야 쪽을 향해 '건너고' 있다(NRSV는 세 가지 다른 영어 동사를 사용한다). 예루살렘 바로 동쪽에 있는 키드론 골짜기는 다윗이 올리브산을 향하고 있다는 것을 가리킨다. 그는 여전히 위험할 정도로 도성 가까이 있다.

4.8.1.1ㅁ 다윗은 차독에게 궤를 예루살렘으로 다시 가져가라고 명령한다 15,24-29

◆ 구조

가. 궤가 도성을 떠나다(15,24)
    나. 다윗이 차독에게 궤를 도성으로 돌려보내라고(슈브 *šwb*) 명령한다
        (15,25ㄱ)
        다. 다윗이 이유를 설명한다(15,25ㄴ-26)
    나'. 다윗이 차독과 다른 이에게 도성으로 돌아가라고(슈브 *šwb*) 명령한다
        (15,27)
        다'. 다윗이 이유를 설명한다(15,28)
가'. 궤가 도성으로 돌아온다(15,29)

◆◆ 주석

이 장면의 시작 부분에서 앞의 막간은 다윗이 차독과 하는 대화와 연결된다. 우리가 군중이 도성을 빠져나가는 모습을 상상하는 동안, 15,24의 첫 부분에 있는 히브리어 토씨 워힌네(*wĕhinnēh*, 킹 제임스 성경에서 '자' 또는 '보라'로 번역됨)가 하느님의 계약 궤를 전쟁터로 나르고 있는 에브야타르, 차독, 레위인들에게 주의를 집중시킨다.[225] 신명 10,8의

---
[225] 15,24에서 NRSV는 차독과 에브야타르가 모두 언급된 15,29과 조화롭게 하기 위해 차독과 함께 에브야타르(그는 히브리어 본문에 언급되지 않는다)를 추가한다(역주: 한글 《성경》도 같은 입

궤 운반의 지시를 따르는 그들의 행렬은, 여호수아가 사제들에게 궤를 운반하며(나사ns') 백성 앞에서 건너가라고(아바르'br) 명령했을 때, 궤가 이스라엘 땅으로 요르단강을 건너갔던 첫 순간(여호 3,6)을 상기시킨다. 화자는 지금 백성이 다윗 도성으로부터 키드론 골짜기를 건너가는(아바르'br) 것처럼 예루살렘에서 궤의 출발을 이야기하기 위해 그 단어들의 일부를 빌린다. 다윗이 헤브론에서 그의 통치를 시작했을 때, 궤는 아직 아비나답의 집에 있었다(1사무 7,1에서 거기에 안치됨). 예루살렘을 정복하자마자, 그는 궤를 왕성으로 옮겼다(2사무 6,1 참조). 그 에피소드의 마지막에서 사울의 딸이자 그의 아내인 미칼과 맞서는 모습은, 예루살렘에 궤가 도착한다는 것이 사울의 영토에 대한 다윗의 통치가 강화되었음을 알리는 신호라는 사실을 입증했다(6,20-23). 이 장면에서 예루살렘으로부터 궤가 나가는 것은, 시므이의 저주가 제시하는 것처럼(16,8) 그리고 만일 우리가 치바를 믿는다면 므피보셋이 희망하는 대로(16,1-4), 아직 사울에게 충성하는 세력에게 다윗이 패배했음를 예시한다. 다윗은 궤에 적절한 거처를 제공해주고 싶었으나(7,1-3), 하느님이 개입하셔서 그의 계획은 막으시고 그의 뒤를 이을 영원한 왕조를 약속하셨다. 하느님이 다윗의 통치를 승인하심을 상징하는 그 궤가, 지금 도주하는 임금과 함께 다윗 도성을 나가고 있다. 하느님은 2사무 7장에서 다윗에게 하신 약속을 바꾸셨는가? 화자는 우리에게 계속 읽으라고 말한다.

'임금'[226]이 차독과 대화를 시작한다(15,25). 그와 에브야타르(다윗 궁

장을 취한다).
226 화자의 생각에 다윗은 이스라엘을 다스리는 임금이기를 결코 중단한 적이 없다. (물론 화자는

정의 사제; 8,17)는 예루살렘에서 다윗의 공작원이 될 것이다. 그리고 일단 압살롬이 죽으면 다윗은 도성 재입성을 준비하기 위해 그들에게 연락할 것이다(19,12). 후에 에브야타르는 왕위에 대한 아도니야의 요구를 지지할 것이고(1열왕 1,7), 차독은 다윗과 솔로몬에 대한 충성을 유지할 것이다(1열왕 1,8). 이 장면이 펼쳐지자 다윗은 차독에게 궤를 예루살렘으로 다시 가져가라고 명령한다. 화자는 우리가 다윗의 근본적 이유를 듣도록 하는데, 그것은 짧을지라도 그의 도주를 이해하는 데 중요하다. 만일 그가 하느님의 호의를 잃지 않았다면, 그때 그는 지금 그가 궤를 도로 가져가라고 명령한 것처럼 예루살렘으로 돌아올 것이다. 그러나 만일 반란이 하느님이 더 이상 그를 승인하지 않으신다는 신호라면, 그렇다면 그는 하느님의 판단을 받아들인다는 것이다.[227] 그의 고백은 '땅'이 왜 울고 있는지(2사무 15,23)와 다윗 자신과 그가 지금 만나려고 하는 그의 친구 후사이가 왜 애도의 표시들을 지니고 있었는지를 밝힌다. 하느님이 그에게 진노하셔서 그가 도성에서 도주하게 되었는지 모른다.[228] 다윗이 두 번째로 차독에게 말하는데,[229] 이제는 '사제'라고 부르고, 그와 에브야타르가 그들의 아들들인 요나탄과 아히마아츠와 함께 압살롬의 통치 아래 있는 도성에서 그의 정보원 역

반란의 결과를 안다.)

227 다윗이 차독에게 한 말은, 그가 사울 앞에서 처음 말할 때 선언했던 하느님의 구원에 대한 신뢰라는 주제를 반복한다(1사무 17,37). '사자와 곰의 힘에서 저를 구원하신 하느님이 필리스타아인의 힘에서 저를 구원하실 것입니다'(필자 번역).

228 21,1-14에서 하느님의 진노는 사울의 범죄 때문에 기근으로 그 땅을 벌하신다.

229 15,27의 히브리어 구句인 하로에 아타 *hărō'eh 'attâ*는 문제가 있다. 마소라 본문은 '그대는 선견자요?'나 '그대는 찾고 있소?'로 읽을 수 있다. 대부분의 영어 번역은 칠십인역을 따라 '보시오.look'로 읽는다. NJPS는 히브리어의 의미가 불확실하다는 것에 주목하여 '그대는 이해하시오?'라는 난외주를 제안한다.

할을 할 수 있게끔 그에게 예루살렘으로 돌아가라고 명령한다. 그는 그들의 통신을 기다릴 랑데부 지점을 지정한다.[230] 장면이 마무리되며, 궤는 처음 예루살렘으로 그것을 가져온 사람의 귀환을 기다리기 위해 제자리로 돌아간다.

4.8.1.1ㅂ 막간: 다윗과 백성이 울고 있다 15,30

줄거리의 이 세 번째 막간(워 엑스 카텔we X qātēl)은 다윗이 그의 백성과 함께 떠나는 것을 묘사하기 위해 행동을 잠시 중단한다. 궤가 예루살렘으로 돌아가고 있는 동안, 다윗은 키드론 골짜기를 건너고 올리브산을 오른다.

◆ 구조

1. 다윗

    가. 울면서 올라갔다

        나. 머리를 가리고

            다. 맨발로 걸으며

2. 백성

---

230 마소라 본문에서 케티브ketib는 '여울'이라고 읽으나, 케레qere는 '광야' 혹은 '스텝지대'로 읽는다. 몇몇 히브리어 필사본에서 '광야의 여울'이라고 읽지만(BHS 참조), 케레의 독법이 17,16에 나오는 '광야의 스텝'과 조화를 이룬다. 이 문제는 이야기에 중요하지 않다. 중요한 것은, 비록 그 위치가 히브리어 본문에서 불분명하게 남아 있을지라도, 다윗이 차독에게 자신의 위치를 알렸다는 점이다.

나'. 머리를 가리고
가'. 울면서 올라갔다

◆◆ 주석

다윗은 트랜스요르단 지역으로 향하는 것으로 보인다. 그는 맨발로 걸으며, 울고, 머리를 가렸다. 백성은 그의 인도를 따라 올리브산을 오르면서 같은 행동을 한다(그들은 맨발이 아닐지라도). 앞의 막간에서(15,23) 간단히 언급한 대로 애도하는 몸짓은, 지금 그 의미가 명백해지고 있는데 압살롬에게 당한 다윗의 굴욕을 표현한다. 에스 6,12에 굴욕을 당한 하만이 머리를 가리고 애도하면서 그의 집으로 급하게 간다. 예언자 예레미야는 하느님이 인가하신 기근으로 망신을 당한 유다 백성을 묘사할 때, 그들의 수치를 나타내기 위해 머리를 가리고(예레 14,3-4) 공동 애도를 선포하는 것으로(예레 14,7-9) 그린다. 맨발로 걷는 것의 의미는 이사 20,3-4에서 조명되는데, 거기서 예언자는 아시리아 임금이 이집트인 포로들을 "'알몸과 맨발로'" 끌고 갈 것이라고 예견한다. 다윗은 머리에서 발끝까지 굴욕을 당한다. 왕실 복장의 이 반전은 그의 참회를 표현한다. 하느님은 사울을 버리셨던 것처럼 현재 선택한 임금을 버리셨는가?

4.8.1.1ㅅ 아히토펠에 관한 첫 번째 막간: 다윗이 아히토펠의 배신을 알게 됨 15,31

화자는 다윗에게 그의 상급 고문들 중 하나가 그를 배신했다는 정보를 전하기 위해 이야기를 중단하는데(아히토펠에 초점을 둔 네 개의 막간 중 첫 번), 우리는 이미 알고 있는 정보이다.[231] 다윗의 상황이 악화하고 있다. 화자는 초기에 찬탈을 '음모'라고 언급했던 것처럼(15,12)반군들을 '음모자들'로 간주함으로써, 이 반란에 대한 그의 의견을 거듭 밝힌다. 우리가 아히토펠에 관해 아는 것은, 그가 다윗의 고문 중 하나이고 예루살렘 남쪽 헤브론 근처에 있는 성읍인 길로에서 왔다는 것이 전부다. 15,12에서처럼 화자는 그가 배신한 이유를 밝히지 않는다. 그러나 화자는 우리가 다윗의 반응을, 즉 하느님께 "제발 아히토펠의 계획이 어리석은 것이 되게 해주십시오" 하고 하느님께 드리는 기도에 귀 기울이기를 바라고 있다. 그는 압살롬이 아히토펠을 얻음으로써 지혜로운 동맹을 얻었다는 것을 인식한다. 실은 하느님이 개입하실 때, 아히토펠의 충고를 어리석게 만드는 것이 아니라, 압살롬을 아히토펠의 지혜로운 충고를 따르지 않는(17,14) 어리석은 이로 만드신다. 그러나 지금 우리는 하느님이 다윗의 청원을 들어주실 것인지 여부를 모르고 있다. 그래서 우리는 서스펜스가 형성될 때까지 기다린다.

청중에게 간략한 독백으로 소개된 다윗의 기도는 압살롬의 반란이라는 에피소드를 이해하는 데 중요하다. 하느님이 아히토펠의 지혜

---

231 정보는 와익톨 *wayyiqtol*이 아니라 워 엑스 카텔 *wĕ X qātēl*로 도입된다.

로운 충고를 압살롬의 눈에 어리석게 만드시면서 다윗의 기도를 들어주실 때, 그분은 다윗을 패배로부터 구원하신다(다윗 내러티브에서 핵심 주제; 1.3 단원 참조). 다윗의 기도는, 이어지는 '조언을 주는' 장면이 전체 다윗 내러티브 안에서 압살롬의 반란이 수행하는 기능을 이해하는 데 중요하다는 것도 알린다. 다윗을 왕좌로 회복시키는 전투는 요약해서 보고되는 데 반하여, 화자는 압살롬이 조언을 구하는 장면에 많은 시간을 할애할 것이다. 왜냐하면 하느님께서 그 조언에 관한 다윗의 기도를 실행하실 때 압살롬의 패배가 드러나기 때문이다. 일단 하느님이 행동하시면 반란의 실패와 다윗의 귀환은 확실해진다.

4.8.1.2 도주하는 임금이 동맹과 적을 만나다 15,32-16,14

다윗이 세 사람과 마주치면서 그의 도주는 강조된다.
1. 다윗과 후사이(15,32-37)
2. 다윗과 치바(16,1-4)
3. 다윗과 시므이(16,5-13)

4.8.1.2ㄱ 다윗과 후사이 15,32-37

◆ 구조

가. 후사이는 다윗과 함께 가려고 의도한다(15,32)

나. 후사이에게 하는 다윗의 발언(15,33-36)
가'. 후사이가 예루살렘으로 돌아가다(15,37)

다윗의 말은 후사이의 도착과 떠남으로 둘러싸인다. 장면이 시작되자 후사이는 다윗과 예루살렘을 떠나려 하고 있다. 장면이 끝나며 그는 진로를 바꾼다.

◆◆ 주석

다윗이 올리브산의 꼭대기에 도착하자마자, 화자는 거기서 백성이 하느님께 예배를 드리곤 했다고 덧붙이는데, 그는 후사이를 만난다(그는 방금, 하느님께서 아히토펠의 조언을 어리석게 만드시라고 기도하는 데 한때 성소였던 이곳을 이용한 것이다). 후사이는 다윗에게 인사하러 나오는 여러 사람 중 첫 사람이고, '만나다'라는 뜻의 히브리어 구문 리크라트 *liqra't*로 도입되었다. 다윗이 예루살렘으로부터 도망가고 있을 때 그는 후사이와 치바(16,1)를 만난다(리크라트 *liqra't*). (게라의 아들 시므이가 다윗을 단죄하기 위해 나올 때는, 곧 16,5-13에는 리크라트 *liqra't*가 사용되지 않는다.) 그가 예루살렘으로 귀환할 때, 유다의 백성(19,16), 시므이(19,17), 그리고 므피보셋(19,25)이 그를 만나러(리크라트 *liqra't*) 온다. 그가 도주하는 동안 화자는 토씨 힌네 *hinnēh*(한번 '보라'로 번역됨)를 사용하여 후사이(15,32), 치바(16,1), 그리고 시므이(16,5)가 접근하는 것을 다윗과 같은 순간에 우리도 볼 수 있게 함으로써, 우리의 주의가 그들의 접근에 쏠리도록 한다.

후사이는 여호 16,2에서 언급된 백성인 '에렉' 사람인데, 베텔 남서쪽에 위치했던 그들의 땅은 벤야민 영토의 일부가 되었다.[232] 따라서 후사이가 사울이 한때 통치했던 지역에서 올지라도, 찢어진 옷과 머리 위의 먼지라는 그의 애도 복장으로 표현하듯이 지금 다윗에게 바치는 그의 충성은 열렬하다. 다윗은 요나탄과 사울의 죽음을 애도할 때 자기 옷을 찢었고(2사무 1,11), 사자가 엘리에게 이스라엘의 패배와 호프니와 피느하스의 죽음 소식을 보고하기 위해 실로에 왔을 때, 그 역시 찢어진 옷과 흙이 묻은 머리로 도착했다(1사무 4,12). 따라서 후사이는 자신을 애도자로 표시하여 압살롬의 찬탈이 다윗의 패배라는 것을 인지하고 있으며, 자신이 누구 편인지를 다윗이 알기를 바란 것이다.

후사이에게 한 다윗의 발언은 장면의 중앙에 있다. 다윗은 이타이와 차독에게는 예루살렘으로 돌아가라는 일련의 명령을 내렸는데, 후사이 '그의 친구'(15,37)에게는 직접 명령하지 않는다. 그는 후사이의 충성을 전제로 두 가지 조건을 제시하고, 그가 요지를 파악하기를 기대한다. 그러나 그는 후사이가 자유롭게 결정하게 둔다. 첫째로 만일 그가 그와 함께 도망을 가면, 그는 짐이 될 것이라고 말한다. '짐'이라는 히브리어 용어는 말 그대로 운송을 위한 짐을 나타낸다. 다윗에게 후사이가 정확하게 얼마나 부담이 되는지 설명되지 않으며 충성스러운 후사이는 질문하지 않는다.[233] 그러나 만일 그가 예루살렘으로 돌아오고 압살롬에게 그의 충성을 선언한다면, 그때 그는 아히토펠의 충고를

---

[232] Siegfried S. Johnson, "Archite", in *ABD*, 1:359.
[233] 다윗이 예루살렘으로 돌아올 때, 그는 바르질라이에게 함께 가자고 초대하나, 바르질라이는 자신은 그에게 단지 '짐'만 될 것이라고 설명하면서 임금의 제안을 정중하게 거절한다(19,36). 그런 다음 그는 자신이 어떻게 '짐'이 되는지 설명한다. 그는 늙고 감각기능을 완전히 잃고 있다.

저지할(히브리어 단어 파라르 prr) 수 있다. (다시 다윗은 아히토펠이 압살롬에게 기민한 조언을 제공할 것이라고 확신한다.) 그리고 사실 화자가 하느님의 사건 개입에 대해 보고하는 순간에 같은 단어가 사용된다. '주님께서 아히토펠의 조언을 저지하라고(파라르prr) 명령하셨다'(17,14. 필자 번역). 따라서 화자가 우리에게 상기시키는 곳인 이 장소에서 하느님은 경배를 받으셨고(15,32), 하느님은 정말로 배경에서 다윗의 계획을 듣고 계시며 그것에 따라 행동하실 것이다.

이 발언의 두 번째 부분에서, 다윗은 후사이에게 이미 예루살렘에 있는 신뢰할만한 협력자들을 알려준다. 후사이는 압살롬의 궁정 내부에 접근할 것이기 때문에, 그는 반군의 전략을 알게 될 것이다. 그 정보는 차독과 에브야타르에게 전해지고 그들은 다윗에게 전하라고 아히마아츠와 요나탄을 보낼 것이다. (차독은 다윗이 숨을 곳을 알고 있다.) 화자는 다윗의 친구가 즉각적으로 동의했고 예루살렘으로 진로를 바꾸었다는 인상을 주면서 후사이의 동의를 공표하지는 않는다. 장면은 예루살렘에 후사이와 압살롬이 동시에 도착하기 전에 깜박이며 닫힌다. 그러나 후사이가 예루살렘으로 돌아가는 동안 우리는 다윗과 함께 계속 길을 간다.

4.8.1.2ㄴ 다윗과 치바 16,1-4

후사이가 나가고 다윗이 올리브산 꼭대기를 막 넘어가서 그의 사랑하는 예루살렘이 시야에서 사라졌을 때 즉시 치바가 다윗을 만나러(리크라트*liqra't* 온다. (16,1의 히브리어 구성 워 엑스 카텔*wĕ X qātēl*은 거의 동시에 발생하는 사건의 조합을 표현한다.) 다시 16,1의 히브리어 토씨 힌네*hinnēh*는 다윗의(그리고 우리의) 주의를 치바의 접근과 그가 가져온 선물에 집중시킨다.

♦ 구조

설정(16,1)
가. 임금의 질문(16,2ㄱ)
    나. 치바의 대답(16,2ㄴ)
가'. 임금의 질문(16,3ㄱ)
    나'. 치바의 대답(16,3ㄴ)
가". 임금의 선언(16,4ㄱ)
    나". 치바의 응답(16,4ㄴ)

♦♦ 주석

므피보셋의 종인 치바는, 다윗이 궁정의 보호 아래로 데려온 요나탄의 아들 므피보셋을 위하여 한때 사울에게 속했던 땅을 경작하라는 다윗의 명령을 받고 있다(2사무 9장). 치바가 제공하는 지원 물품들은 세세하게 묘사되는데 모두 그 땅의 열매이고, 따라서, 우리는 현재로서는 므피보셋이 이 관대한 선물 뒤에 있다고 가정한다. 치바는 맨발의 임금이 타도록, 임금을 위한 위엄 있는 운송 수단[234]인 당나귀를(19,24-30의 논의 참조) 제공하면서 자신을 다윗의 편이라 선언한다.

임금은 즉시 질문한다. '므피보셋은 어디에 있는가?' (우리 역시 궁금하다.) '너의 주인의 아들은 어디에 있는가?' 다윗의 이 정확한 표현은, 임금이 므피보셋의 아버지, 사울의 아들 그리고 치바의 주인인 요나탄과 맺은 계약이 없었더라면(9,1-13 참조), 임금은 므피보셋이나 치바와 아무 관계도 없었을 것이라는 사실을 암시한다. 우리도 장애가 있는(4,4) 므피보셋이 다윗과 함께 예루살렘을 탈출하기 위해서는 도움이 필요했을 것을 안다. 치바의 대답은 다윗이 질문한 것보다 더 많은 정보를 제공한다. 간단한 대답은 므피보셋은 예루살렘에 머물러 있다는 것이다. 그렇다 치더라도 치바의 손에 있는 지원 물품은 므피보셋의 충성의 표현이 될 것이다. 즉 임금과 함께 도망칠 수 없었던 므피보셋이 그의 종 치바를 통해 지원을 제공하는 것으로 볼 수 있다. 그래서 선물을 가져 온 치바는, 므피보셋이 할아버지의 왕좌[235]를 그에게 돌려주리라는 희망으로 예루살렘에 남았다고 하며 그의 주인을 고발한다(다윗은 치바의 주장에 대하여 반론하지 않는데 이로써 압살롬이 한때 사울에게 충성했던 군대로부터 상당한 지원을 받았을 것이라는 우리의 의심은 확인된다). 만일 다윗이 치바를 믿는다면, 치바가 그의 불구자 주인이 도망하도록 도우려 했으나 므피보셋이 거절했다고 상상해야 한다. 지원 물품은 치바의 선물이고

---

234 1열왕 1,33에서 다윗은 솔로몬이 임금으로서 기름 부음을 받기 위해 기혼 샘으로 내려갈 때, 솔로몬을 그의 노새(히브리어 단어는 2사무 16,2와 같지 않다)에 태우라고 명령을 내린다.

235 히브리어는 아비(*ābi*, '나의 아버지')라고 읽는데, 히브리어는 '아버지'와 '할아버지' 사이를 구분하지 않는다[Ernst Jenni and Claus Westermann, *TLOT*, trans. Mark E. Biddle (Peabody, MA: Hendrickson, 1997), 1:3 참조]. 그래서 므피보셋이 사울을 언급할 때는 그의 할아버지라고 해야만 한다. 므피보셋의 아버지 요나탄은 그의 아버지의 왕관을 받은 적이 결코 없다.

반면에 므피보셋은 배신자다.

　므피보셋의 부재에 대한 치바의 설명은 진실 같지 않아 보인다. 설사 압살롬이 사울 지역의 남은 이들로부터 반란 지원을 받은 증거가 있다 할지라도(15,1-6), '압살롬 임금'이 사울 영토에 대한 지배권을 그에게 양도할 것 같지 않다. 그러나 지금은 다윗이 치바에게 더 질문할 이유(혹은 시간)가 거의 없고, 그래서 진실성에 대한 질문은 므피보셋이 무대에 오르고 우리가 그의 이야기를 들을 때까지 보류 상태로 남는다. 도망치는 다윗은 므피보셋의 땅을 치바에게 수여하나(그가 19,24-30에서 므피보셋으로부터 이야기를 듣고 재검토해야 하는 결정), 이 선언은 아무 효력이 없다. 도주하는 임금은 자기 재산도 소유하지 못하기 때문이다. 지금은 다윗이 치바와 동맹을 맺는 것이 필요하고, 치바의 마지막 말('나는 호의를 얻었습니다')은 성공을 거둔 자신의 교활함을 자축한다. 압살롬이 죽으면 치바는 승리를 거둔 다윗을 따라 예루살렘으로 돌아가려고 서둘러 동행하는 사람들 사이에 다시 나타날 것이지만(19,17), 다시는 말하지 않는다.

4.8.1.2ㄷ 다윗과 시므이 16,5-13

다윗은 세 사람을 만나는데, 그중 아직 사울에게 충성하고 있는 시므이를 만나는 이야기가 가장 길다. 그는 우리가 다윗 내러티브에서 이 지점까지 한 번도 들어본 적이 없는 다윗의 죄를 고발한다.

♦ **구조**

가. 다윗은 도주하고 있다; 시므이가 다윗에게 욕설을 하고 돌을 던진다
   (16,5-6)
   나. 시므이의 모욕적 언동(16,7-8): '주님께서 너에게 돌리셨다(헤시브*hēšîb*)'
      다. 아비사이의 요청(16,9)
         라. 이 사건에 대한 다윗의 해석: 하느님이 시므이를 보냈다 (16,10)
      다'. 아비사이의 요청에 대한 응답(16,11)
   나'. 다윗이 시므이의 모욕적 언동에 대답한다: '주님께서 나에게 갚아주
      실(웨헤시브*wěhēšîb*) 것이다'(16,12)
가'. 다윗은 계속 도주한다; 시므이는 다윗에게 계속 욕설을 하고 돌을 던진
   다(16,13)

이 장면을 에워싸는 틀은 다윗의 도주 및 시므이의 모욕적 언동과 돌 던지기인데, 우리가 대화를 듣는 동안 배경에서 계속되고 있는 행동들이다. 〈나〉 부분에서 시므이는 압살롬의 반란은 다윗이 사울의 집안에서 그가 흘린 모든 피를 하느님이 그에게 '돌리시고' 있는 것이 사실임을 증언하고 있다고 선언한다. 그러나 〈나'〉 부분에서 다윗은 하느님께 시므이의 학대 대신에 그에게 선을 '돌려주시기'를 바란다는 기도를 한다. 〈다/다'〉 부분에서 아비사이는 시므이를 죽이라는 다윗의 허락을 청하나, 다윗이 거부한다. 중앙에 다윗이 하는 참회의 행동(울며 맨발로 걷는다)을 설명하는 그의 짧은 발언이 있다. 하느님이 시므이에게

그를 저주하라고 하셨다는 것이다. 히브리어 단어 칼렐(qll '저주하다')은 이 장면에 8번 나타난다.

◆◆ 주석

다윗이 바후림에 다다라서 시므이를 만난다(힌네hinnēh 구는 시므이의 접근에 초점을 맞춘다). 예루살렘 바로 동쪽에 있는 성읍인 바후림, 거기서 아브네르는 우는 미칼의 남편(아브네르는 다윗을 알현하기 위한 조건이기 때문에 그에게서 미칼을 되찾아왔다)에게 집으로 돌아가라고 말한 다음(3,16) 자신은 예루살렘으로 길을 계속 갔다. 그곳은 한때 사울이 통치했던 영토의 경계를 따라 있는 성읍으로 보인다. 다윗이 바후림에 도착하자, 사울 가문에 속한 한 사람이 그와 수행원들에게 돌을 던지면서 그를 저주하며 맞이한다. 그러나 바후림 사람들이 모두 다윗을 적대적으로 대하진 않는다. 후에 다윗의 비밀 정보원들이 도망가는 임금에 대한 압살롬의 공격 계획에 관한 소식을 가지고 길을 가고 있을 때, 바후림의 한 남편과 한 아내가 다윗의 비밀 정보원들이 잡히지 않도록 보호할 것이다(17,15-20).

화자는 우리에게 시므이의 극명한 비난을 완전히 다 들려준다(그는 시므이의 발언을 짧게 요약할 수 있었다). 다윗은 '무뢰한'인데(NRSV가 번역한 이쉬 하뻬리야알'îš habbĕliyyā'al[236]), 그것은 정치적 의미의 표시이기도 하다.

---

236 이 용어는 쉽게 영어 한 단어로 번역하기가 쉽지 않다. 1사무 25,25에서 아비가일이 그녀의 남편 나발을 묘사할 때 그 단어를 사용했는데(NRSV는 'ill-natured'라고 번역), 그가 다윗의 지원 요청을 어리석게 거절했기 때문이었다(1사무 25,10). 그 단어는 또한 법적 소송에서 나봇이 하느님과 임금을 모독했다고 거짓 고발을 하는 두 사람에게 적용되었다(1열왕 21,13). 이 두 명의

화자는 그 단어를 다윗에게 맞서 실패한 반란을 시도한 폭도인 비크리의 아들 세바에게 적용한다(20,1). 그 뉘앙스가 여기서 시므이의 의도를 표현할지도 모른다. 다윗은 사울에게 반란을 일으킨 폭도라는 것이다. 다음에 그는 그를 '피의 남자'라고 부르는데, 많은 영어 성경에서 '살인자'라고 적절히 번역한 구이다. 마지막으로 그는 다윗이 사울 자리에서 통치한다고 고발하며, 다윗이 사울 왕좌를 찬탈했다는 것을 함축하는 기술적인 표현을 사용한다.[237] 찬탈자는 이제 단죄받아 도망가고 있는데, 왜냐하면 시므이가 볼 때는 하느님께서 다윗이 흘린 피에 대해 복수하시기 때문이다. 다윗이 사울 가문 사람들을 살해했다는 시므이의 고발은 다윗의 사울 왕좌 계승과 압살롬이 '이스라엘 지파들' 사이의 지지(15,1-6 참조)를 이끈 이유에 대해 새로운 견해를 제시한다. 이것이 사실일까?

화자는 이 비난의 정확성이나 그 인물의 진실성에 대한 언급 없이 시므이가 말하도록 한다. 최근 학자들은 시므이의 주장에 어느 정도 신빙성을 부여한다. 바룩 할편은 "사울 가문 사람들이 다윗의 손에서 겪은 운명은 통치 말기인 압살롬의 반란 당시 실제로 매우 생생한 쟁점이었다"라고 쓴다.[238] 스티븐 맥켄지 역시 시므이의 관점이 "역사에 근거가 있을 수 있다"라고 제안하고[239] 그리고 다윗이 사울의 죽음

'scoundrel'(NRSV)의 고발로 나봇이 부정하게 처형당하는 결과를 초래했다.
237 히브리어 구 그 자체로는 모호하다. 그것은 합법적 계승을 언급할 수 있고(10,1 참조) 또는 쿠데타의 연대순 기록일 수도 있다(2열왕 15,14.25.30 참조).
238 Baruch Halpern, *David's Secret Demons: Messiah, Murderer, Traitor, King* (Grand Rapids, MI: Eerdmans, 2001), 86. McCarter (II Samuel, 373)도 문제를 제기한다.
239 Steven L. McKenzie, *King David: A Biography* (New York: Oxford University Press, 2000), 110.

에 관여했을 수도 있다고 제안하는 다른 사람들의 의견에 동의한다.[240] 다수의 학자가 시므이의 혐의는, 사울이 기브온 사람들에게 저지른 유혈죄에 대한 배상으로 다윗이 이미 사울의 아들들을 처형했음을 전제로 한다고 주장하는데, 화자는 이를 한참 후에야 이야기한다(21,1-14). 그 정보가 다윗조차도 시므이의 고발들을 하느님께서 명령하셨을 것인지 생각하는 이유를 설명한다(16,10). 우리도 압살롬의 반란이 빠르게 성공했음을 고려할 때, 시므이가 사울 계열 정권의 남은 이들 사이에 널리 퍼져 있던 반대 의견을 표현하고 있는 것은 아닌가 하고 의심할 수 있다.[241] 일반적으로 다윗에게 우호적인 우리 화자가 이 장면을 다윗이 도망하는 동안에 기록함으로써, 적어도 시므이가 임금의 정당성에 대한 질문을 제기하도록 허용했다.

사울의 서거 상황은 1사무 31장과 2사무 1장에 기록되었다. 아말렉인 병사 한 명이 부상당해 죽어가는 임금을 죽도록 어떻게 도왔는지를 알렸을 때, 다윗은 주님의 기름부음받은이의 피를 흘리게 한 그를 처형하라고 명령했다(1,14). 아말렉인 사자가 자신의 실행에 대해 책임을 져야 한다고 선언함으로써, 다윗은 정치적인 이득은 누렸을지라도 사울의 죽음에 대해 그 자신은 결백하다고 주장했다. 시므이는 이 기록을 믿지 않는가? 그는 다윗이 사울 임금을 제거할 두 번의 기회를 거부한 것(1사무 24,5; 26,9)을 알지 못하는가? 요압이 아브네르를 예

---

240 McKenzie, *King David*, 136.
241 참조. K. L. Noll, *The Faces of David*, JSOTSup 242 (Sheffield: Sheffied Academic Press, 1997), 126. 만일 21,1-14의 사건이 압살롬의 반란 전에 발생했다면, 그러면 화자가 그것을 반란 이후에 기록하기로 한 결정은 시므이의 고발로부터 다윗을 보호하려는 다른 방법이다. 다윗 내러티브에서 이 지점까지, 다윗은 사울 가문 가운데 그 누구의 죽음에도 책임이 없다.

루살렘으로 다시 불러들였을 때, 화자는 다윗을 이 범죄에서 자유롭게 하면서 그는 요압이 무슨 음모(2사무 3,26)를 꾸몄는지 알지 못했다는 정보를 우리에게 주기 위해 행동을 중단한다. 다윗은 아브네르의 죽음을 알게 되었을 때 즉시 그의 무죄를 공포한다. "나와 나의 나라는 네르의 아들 아브네르의 피에 대하여 주님 앞에서 영원히 죄가 없다"(3,28). 다윗이 하느님 앞에서 그의 무죄를 명시적으로 선언하는 것은, 지금 우리가 알게 된 비난들과 대조를 이루며 우리를 곤경에 빠뜨린다.

화자는 다윗과 아비사이의 대화를 기록함으로써 시므이 발언의 진실성에 대해 어느 정도 의구심을 던진다. 아비사이는 '죽은 개'라고 나무라며 다윗의 허락하에 시므이를 죽이고 싶어 하는데, '죽은 개'는 자기 비하의 표현이지만 여기서는 모욕으로 사용되었다(3,8 참조). 시므이를 죽이고자 하는 아비사이의 의도는 그와 다윗이 사울을 죽일 수 있었던 기회를 상기시킨다. 두 장면은 놀랍게 평행을 이룬다.

1사무 26,8-11	2사무 16,9-12
26,8ㄱ 아비사이가 다윗에게 말한다.	16,9ㄱ 아비사이가 다윗에게 말한다.
26,8ㄴ 아비사이가 당면한 상황에 대해 해석한다: 하느님이 사울을 다윗의 손에 넘기셨다.	16,9ㄴ 아비사이가 당면한 상황에 대해 해석한다: 왜 시므이가 임금을 저주하는가?

26,8ㄷ 아비사이가 다윗에게 그가 다윗의 적을 죽이겠다고 제안한다.	16,9ㄷ 아비사이가 다윗에게 그가 다윗의 적을 죽이겠다고 제안한다.
26,9 다윗은 아비사이가 사울을 죽이는 것을 막는다.	16,10ㄱ 다윗은 아비사이가 시므이를 죽이는 것을 막는다.
26,10 다윗은 아비사이를 방해하기 위해 하느님을 부른다.	16,10ㄴ 다윗은 아비사이를 방해하기 위해 하느님을 부른다.
26,11 다윗이 하느님을 두 번째 부른다.	16,11-12 다윗이 하느님을 두 번째 부른다.

1사무 26,8-11의 반향은 시므이의 고발을 부지중에 약화시킨다. 그때에 다윗은 아비사이가 사울을 죽이도록 허락하지 않았고, 지금은 시므이를 죽이도록 허락하지 않는다. 오래 전에 다윗이 사울의 목숨을 보존했던 것처럼, 지금 그는 사울 가문 중 한 명의 목숨을 보존한다. 그가 아비사이에게 사울의 수명은 하느님의 손에 달려 있다고 상기시킨 것처럼, 이제는 하느님께서 시므이를 보내시어 그를 저주하라고 보내셨다고 제안함으로써 시므이를 처단하려는 그를 가로막는다. 장면의 중앙에 나타난 다윗의 이 발언은 예루살렘으로부터의 도주에 대한 다윗 자신의 해석이다. 16,10의 NJPS 번역["주님께서 다윗을 학대하라고 abuse 말씀하셨기 때문에 그가 (나를) 학대하는 것입니다"]이 더 희망적인 NRSV 번역("만일 주님께서 그에게 '다윗을 저주하라curse'고 말씀하셨기 때문에 그가 저주하는 것이라면")보다 히브리어 본문에 더 가깝다. NRSV 번역은 하느

님께서 그를 저주하라고 시므이를 보내지 않으셨을 가능성을 열어둔다.[242] 그 죄의 명확한 내용이 애매하게 남아 있을지라도, 다윗은 이를 인정함으로써 애도와 굴욕의 몸짓들이 자신의 죄에 대한 속죄의 행위임을 시사한다.[243]

다윗은 자신의 추론을 설명하면서, 아비사이뿐만 아니라 거기 있는 모든 사람이 다 듣도록 말한다. 시므이의 혐의가 무엇이냐고, 자신의 아들이 이끄는 반란에 비추어 보며 그는 비탄한다. 다윗이 압살롬을 그 자신의 '자식'(아쉐르 야차 밈메아이 '$\check{a}\check{s}er\ y\={a}\d{s}\={a}'\ mimm\={e}^{\epsilon}ay$[244], '나에게서 나온')이라고 하는 것은, 이 장면을 2사무 7장에서 그에게 하신 하느님의 약속과 연결하는데, 이 구절이 다윗 내러티브에서 유일하게 나타난 곳이다. 나탄은 다윗에게 그의 죽음 후에 하느님은 그를 계승하도록 '바로 그의 친자식'(아쉐르 예체 밈메에카 '$\check{a}\check{s}er\ y\={e}\d{s}\={e}'\ mimm\={e}^{\epsilon}\={e}k\={a}$', '네 몸에서 나온')을 일으키시고 그의 집안과 왕좌를 영원히 세우시리라고 선언했다(7,12). 이 약속이 되풀이되면서 지금 다윗의 말들에서 심한 모순을 강조한다. 하느님의 약속이 실현될 대상인 다윗의 *친자식* 중의 하나가, 지금 그를 죽이려 한다. 만일에 2사무 7장이 다윗 통치의 절정이라면 이 장면은 그것의 가장 밑바닥이다. 다윗은 시므이를 홀로 두라고 명령하는데, 다

---

242   히브리어 동사 어근 칼렐 *qll*은 'to curse' 또는 'to abuse / to reivile'로 번역될 수 있다. 필자는 후자 의미를 (NJPS와 함께) 선택했는데, 'to curse'는 성경에서 여호수아가 예리코를 재건하는 이라면는 누구든지 저주를 받으리라고(히브리어 어근 아라르'*rr* 사용) 발음하며 하느님을 부른 때처럼(여호 6,26) 하느님 부름을 포함하기 때문이다. 이 경우에 시므이는 하느님을 부르지 않는다. 오히려 하느님이 이미 그에게 저주를 내리셨다고 스스로 믿으며 다윗에게 욕설을 퍼붓거나 조롱한다.
243   다윗의 고백은 21,1-14의 사건들이 압살롬의 반란 전에 일어났다는 주장을 지지한다.
244   NRSV의 '나 자신의 아들 son'은 문자 그대로 표현한 것이 아니다. NJPS는 '나 자신의 소산 issue'이라 읽는다.

윗의 *친자식*이 그의 왕좌에 앉으리라는 것을 처음 선언한 나탄처럼, 그가 그 자신의 말을 하는 것이 아니라 하느님의 사자가 될 수도 있기 때문이다. 우리는 시므이가 나탄의 것과 유사한 하느님의 명령을 누리는 중이라고 믿을 이유가 없는데 반하여, 다윗은 확신할 수가 없다. 히브리어 본문에서 '아들'(벤*bēn*)의 단어 유희를 포함하고 있다. 다윗은 '내 아들(베니*bĕnî*)'이 즉, 내편이 되어야 할 사람이 나를 죽이기를 바라는데, 내 아들도 아닌, 이 벤 하이미니*ben haymînî*(벤야민 사람, 문자 그대로 번역하면 '내 오른손의 아들')은 얼마나 더 나를 해치고 싶겠는가'(16,11 히브리어 본문의 자유로운 번역)라고 말하는 듯하다.

시므이의 저주를 들으면서, 다윗은 한 번 더 기도한다(16,12). 앞의 기도는 아히토펠의 충고가 압살롬에게 어리석은 것이 되게 해달라고 청했다(15,31). 지금은 하느님이 그의 불행(NRSV는 'distress')을 보시고 시므이의 모욕 대신에 그에게 선을 돌려주시기를 기도한다. 다윗 내러티브에서 중요한 이 순간에, 히브리어 본문이 문제가 있다. 대부분의 영어 번역 성경은 '나의 고통/곤란(my affliction/distress)'라고 읽는 그리스어본, 페시타, 라틴어본을 따른다. 히브리어 자음 본문은 '나의 죄'('my guilt', 케티브: 아오니*'wny*)라고 읽고, 마소라 본문은 '나의 눈'('my eye', 케레: 이니*'yny*)으로 읽도록 지시한다. 우리에게 세 가지 읽기가 가능하며, 셋 다 어느 정도 정경적 지위를 누리고 있다. 다윗은 하느님께 '그의 눈'을, 혹은 '그의 고난'을, 혹은 '그의 죄악'을 보시라고 말한다. '그의 죄악'으로 읽는 것이 가장 문제가 많고 다른 두 읽기는, 범죄 인정으로부터 다윗을 보호하려는 후기 해석들로 설명될 수 있다. 만일 다윗이 '범죄'

를 인정하고 있다면 아마도 그는 시므이의 기소 중 적어도 일부를 자백하는 것이다. 여기의 모호함은 에두르는 것이고, 그래서 다윗을 찬탈자로 여기는 해설자들이 '나의 죄'라고 읽는 것이다. 다윗의 적법성에 기대는 다른 사람들은 '나의 고통'이라고 읽는다. 애매모호한 본문은 명료한 설명을 바라는 우리 요구를 좌절시킨다. 이 읽기에 대한 설득력 있는 해결책이 없으면, 다윗의 적법성에 대한 질문은 앞으로 수 세기 동안 다윗 내러티브의 독자들을 계속 괴롭힐 것이다. 압살롬의 패배 후에, 시므이는 다윗에게 용서를 빌러 달려 나오고, 이 장면처럼 같은 단어를 사용하면서 그의 '죄'(아온·*āwōn*, 19,20)를 기억하지 말라고 청한다. 이 용어의 재사용 자체가 여기서는 케티브('나의 죄')로 읽는 것이 더 낫다는 주장을 긍정한다. 즉, 다윗은 시므이의 기소를 들으며 그 자신의 가능한 죄에 대해 걱정하지만, 마지막에 다윗이 아니라 시므이가 다윗을 살인자라고 부른 죄를 지었음을 고백한다.

그의 최후 진술에서, 다윗은 그의 운명을 하느님의 손에 맡기며, 그가 사울 앞에 섰던 날 도입되었던 다윗 내러티브의 핵심 주제(1.3 단원 참조)를 반복한다. 곧, "사자의 발톱과 곰의 발톱에서 저를 빼내주신 주님께서 저 필리스티아 사람의 손에서도 저를 빼내주실 것입니다"(1사무 17,37). 다윗은 하느님께 기도하고, 우리가 보게 될 것처럼, 그분은 그의 기도를 들으시는데, 기도를 들어주시지 않은(1사무 28,6) 사울의 경우에는 대조적이다. 그의 공적 생활의 마지막에 다윗은 하느님에게서 받은 그의 구원을 노래로 경축할 것이다.

> 이 곤경 중에 내가 주님을 부르고
> 내 하느님을 불렀더니
> 당신 궁전에서 내 목소리 들으셨네.
> 내 부르짖음 그분 귀에 다다랐네(2사무 22,7).

장면이 끝나는데, 상황은 변하지 않는다. 다윗은 계속 달아나고 시므이는 그에게 돌을 던지며 먼지를 공중으로 날리고 계속 그를 저주한다. 그러나 사울의 계승자로서 다윗의 적법성에 관한 이 고발로 인해 우리는 변화되었다.

4.8.1.3 예루살렘으로부터 다윗 도망의 결론 16,14

이 절은 다윗이 그의 신하들에게 예루살렘을 떠나라고 명령하면서 시작되었던 에피소드(15,13-16,14)를 마무리한다. 화자는 다윗의 정확한 위치를 무시하고(우리는 그가 예루살렘에서 얼마나 멀리 있는지 알고 싶을 것 같다[245]), 다윗과 그의 군대의 피로에 초점을 맞추기를 바란다. 곧 아히토펠은 다윗이 예루살렘에서 도주하느라 지쳤으리라는 것을 알면서, 압살롬에게 즉시 공격하라고 조언한다(17,1-2). 우리는 다윗이 두려워했던 대로 그가 압살롬에게 훌륭한 충고를 제시한다는 것을 확인하면서 아히토펠의 조언이 정확히 맞았음을 파악한다. 왕위 찬탈에 나선 임

---

245 NRSV는 그리스어 필사본 b(루치아노 사본)와 요세푸스를 바탕으로 '요르단에'를 더한다. 그러나 이 읽기에 대한 원문의 증언은 적다. 그리고 화자의 관심은 다윗의 위치에 있지 않고 도망 중에 이 지점에서 그가 지쳤다는 사실에 있다. 따라서 '요르단에서'는 후대 첨가이고, 마소라 본문이 선호된다(먼저이다).

금이 아히토펠의 말을 들었더라면 그의 반란은 승리를 입증할 수 있었다.

4.8.2 압살롬의 승리와 그의 고문들 16,15-17,14

이 부분을 구성하는 네 장면은 왕위를 찬탈하려는 임금이 요구하고 받은 조언을 보고한다(히브리어 어근 야아츠는 '조언을 주다'는 10번 이상 나타난다). 하느님이 아히토펠의 지혜로운 조언에 개입하시고 압살롬의 운명이 봉인될 때 결정적 순간이 온다. 이런 사건들이 반란 자체에 대한 세부 사항을 가린다. 얼마나 많은 반군이 연루되었는가? 압살롬의 군대는 어떻게 예루살렘을 점령했는가? 남아 있는 예루살렘 사람들은 얼마라도 저항을 했는가? 압살롬의 새로운 궁정의 형태는 무엇인가? 화자는 찬탈자와 그의 두 고문인 아히토펠과 후사이 사이의 대화를 우선하며 우리의 질문들을 무시한다. 아히토펠에 관한 이야기가 끼어드는 두 번째와 세 번째 경우가 이 에피소드에 나타난다. 15,31에서 다윗이 그의 고문 아히토펠이 반란에 합류하였다는(첫 번째 끼어들기) 것을 알게 되고, 하느님께서 아히토펠의 조언을 어리석은 것이 되게 해 주시라고 기도했다. 우리가 압살롬이 아히토펠과 후사이에게 조언을 구하는 것을 관찰하고 있는 동안 그 기도가 배경에 놓여 있다. 하느님은 다윗의 기도에 응답하실 것인가? 화자는 두 번째 끼어들기로 긴장을 더한다. 아히토펠의 의견은 하느님의 조언처럼 여겼다고 한다! 그러나 세 번째 끼어들기에서 하느님이 아히토펠의 조언을 저지하실 때, 우리는 다윗이 승리하리라는 것을 안다.

♦ 구조

가. 압살롬과 후사이(16,15-19)
    나. 압살롬과 아히토펠: 첫 조언(16,20-22)
아히토펠에 관한 두 번째 끼어들기(16,23)
    나'. 압살롬과 아히토펠: 두 번째 조언(17,1-4)
가'. 압살롬과 후사이(17,5-14ㄱ)
아히토펠에 관한 세 번째 끼어들기(17,14ㄴ)

4.8.2.1 압살롬과 후사이 16,15-19

화자는 압살롬이 도성에 들어오자마자 후사이가 예루살렘에 도착할 때(15,37), 장면에 돌아온다. 모든 이스라엘 사람이 압살롬과 함께 도착하는데, 아히토펠의 존재는 특별한 정보로 주어진다. 화자는 후사이가 다윗에게서 떠날 때 했던 것처럼(15,37) 후사이를 '다윗의 친구'로 언급함으로써(16,16), 이 장면을 다윗과 후사이 사이의 이전 대화에 연결한다. 후사이는 반란을 시인한다는 신호로 "임금님 만세!"를 두 번이나 크게 외치면서 압살롬에게 인사한다.[246] 우리가 듣기에 압살롬이 임

---

[246] 후사이의 칭송은, 아도니야의 추종자들이 "아도니야 임금 만세" 하며 그의 다윗 왕좌 계승을 선언할 때(1열왕 1,25) 다시 듣게 될 것이다. 사무엘이 사울을 이스라엘 지파들에게 그들의 임금으로 소개할 때, 백성은 그들의 승인을 "임금님 만세"로 선언한다(1사무 10,24).

금으로 환호받은 유일한 기회는 이때뿐이다(화자는 그에게 이 호칭을 절대 허용하지 않는다). 압살롬은 이 충성 외침에 당연히 놀랐다. "이것이 그대의 벗에 대한 충성이오? 그대는 어찌하여 벗을 따라가지 않았소?" 그의 질문은 다윗과 후사이 사이의 우정을 알고 있음을 드러낸다. 압살롬은 의심한다. 그는 본능에 귀를 기울이고 그의 충성심이 확인될 때까지 후사이를 감시했어야 했다. 그러나 후사이는 이중의 뜻으로(16,18) "아닙니다. 저는 주님과 이 백성과 모든 이스라엘 사람이 뽑은 바로 그분께 속한 몸이니, 그분과 함께 머무르겠습니다" 하고 대답하면서, 즉시 압살롬의 의심을 진정시킨다.

압살롬은 무의식적으로 "주님과 이 백성과 모든 이스라엘 사람이 뽑은 바로 그분께"(16,18)라는 후사이의 말을 그에 대한 충성 고백으로 해석한다. 그러나 우리는 다윗이 하느님이 선택하셨던 그 사람이라는 것을 알고 있기에 다른 의미로 듣는다. 1사무 16장에 히브리어 단어 바하르 *bhr*, '선택하다'는 세 번 나타나는데, 하느님이 선택하지 않은 이사이의 아들들 중 하나를 매번 소개했었고, 그래서 막내아들 다윗이 양 떼에서 빼내져 왔을 때, 그가 하느님의 선택이라는 것이 분명해졌다. 다윗 자신이 아내 미칼과 논쟁할 때, 하느님이 자신을 선택하셨다고 선언한다(2사무 6,21). 그리고 동사 바하르가 2사무 7장에는 나타나지 않지만, 다윗에게 하신 하느님의 약속은 그가 예루살렘의 왕좌를 차지하기 위한 하느님의 선택임을 확인해준다. 후사이가 한 *모든 이스라엘*이 선택한 사람에 대한 충성 선언(16,18)은 다윗이 사울의 영토에 대한 왕권을 취할 때 아브네르가 한 연설(3,12.21)과 *모든 이스라엘*이 헤브론으로 와서 이스라엘의 임금으로 그에게 기름을 부은 일(5,1.3)을 반영한다. 그래서 압살롬이 후사이의 말들을 자신에 대한 충성의 표시로 잘못 판단하는 동안 우리는 충성에 대한 그의 이중적인 주장을 즐긴다. 후사이는 실제로 그의 친구(다윗)에게 충성을 보이나, 압살롬은 그것을 못 본다. 후사이가 그의 충성은 압살롬이 임금의 아들이라는 사실로부터 나온다고 주장할 때, 우리는 임금과 반군이 또한 아버지와 아들이라는 것을 상기한다. 장면은 압살롬의 반응 없이 끝나나, 우리는 압살롬이 후사이를 다소 불신했다는 인상을 가지고 남는다. 하느님의 개입이 필요할 것이다.

4.8.2.2 압살롬과 아히토펠: 첫 조언 16,20-22

압살롬이 다윗이 신뢰하던 고문 아히토펠에게 도움을 청한다. "우리가 무슨 일을 해야 할지 의견을 내놓아보시오." 그는 후사이에게 청하지 않으며, 그가 15,5에서 후사이를 부를 때까지 무대 뒤에 있다. 찬탈자는 아버지의 궁궐을 다 차지했으나 자문 없이는 왕실 첫 집무가 무엇인지 결정할 수 없다. 다윗이 사울의 왕관을 받았을 때(1,10), 그는 '주님께 여쭈었고'(2,1), 그분은 그에게 유다 백성이 기름을 부어 그를 임금으로 삼을 헤브론으로 가라고 이르셨다. 화자가 '음모'라고 이름 붙인 일을 이끄는 사람인 반란자 압살롬은 하느님께서 선택하신 임금 다윗을 끝내는 방법에 대해 하느님께 조언을 구할 수 없다. 그래서 그는 우리가 알기로 '하느님의 신탁' 같은(16,23) 조언을 해준다는 사람에게 묻는다. 만일 하느님이 아히토펠의 조언이 어리석은 것이 되게 해달라는 다윗의 기도를 들어주지 않으시면, 다윗에게는 희망이 거의 없다. 아히토펠은 다윗이 궁을 지키라고 남기고 간 열 명의 후궁(15,16)과 잠자리를 같이하라고 조언하며, 모든 이스라엘이 그것을 들으면 압살롬이 그의 아버지에게 스스로를 '혐오스럽게' 했다는 것을(NRSV가 번역하는 대로)[247] 알게 될 것이라고 설명한다. '모든 이스라엘이 당신이 대담하게 아버지의 진노를 샀다는 것을 들었을 때'라는 NJPS의 번역이 압살롬이 이 여인들과 잠자리를 같이한 일의 의미를 포착한다. 폐위된 임금의 후궁들을 취함으로써 압살롬은 예루살렘 사람들에게 그가 아버지의 왕좌를 찬탈했음을 입증할 것이다. 이스 보셋이 3,7(그곳 논의 내용 참조)에서 아브네르가 사울의 후궁 리츠파와 잠자리를 같이한 것을 비난할 때, 그는 아브네르를 반역죄로 고발했던 것이다. 다시 말해, 죽은 임금의 후궁에게서 이스 보셋의 왕좌를 찬탈할 수 있는 후계자를 낳으려 시도했다는 것이다. 1열왕 2,13-25에서 아도니야가 다윗의 후궁 아비삭을 그의 아내로 얻으려고 할 때, 솔로몬은 그의 왕위에 대한 위협으로 인식하고 아도니야를 바로 그 요청 때문에 처형하라고 명령한다. 따라서 다윗의 후궁들과 잠자리를 같이하는(어느 정도 공식적 방식으로) 것으로써 압살롬은 찬탈의 성공을 선언하는 것이다. 아히토펠은, 압살롬이 이 여인들을 독차지했다는 소식은 그의 편에 선 이들의 용기를 북돋아줄 것이라고 부언한다. 그들은 다윗이 예루살렘으로 돌아

---

247 NRSV에서 지나치게 문자 그대로 번역한 것은 도움이 되지 않는다. 이 히브리어 어근(바아쉬בָּאַשׁ)은 '악취를 풍기다'(탈출 7,18에서 나일강이 그런 것처럼)를 의미하지만 '누군가에게 혐오감을 주다' 또는 '자신을 다른 사람에게 혐오스럽게 만들다'라는 표현은 일상적 영어 용법이 아니다.

올 수 없으리라는 것을 알게 된다는 것이다.

압살롬은 아히토펠의 조언을 논의 없이 수용하고, 화자는 압살롬이 후궁들과 잠자리를 할 천막을 친 옥상(추측컨대 궁궐의)으로 우리를 데려간다. 그의 정력적인 모습은 차치하더라도, 압살롬 역시 그의 왕위 후계자를 생산하려 하고, 다윗이 한때 아름다운 밧 세바(진정한 계승자의 어머니)의 목욕 장면을 엿탐하던 곳과 같은 옥상에서 그렇게 한다. 이 장면의 세세한 사항은 밧 세바와의 밀회 후에 나탄이 다윗에게 한 질책을 상기시킨다.

> 이제 내가 너를 거슬러 너의 집안에서 재앙이 일어나게 하겠다. 네가 지켜보는 가운데 내가 너의 아내들을 데려다 이웃에게 넘겨주리니, 저 태양이 지켜보는 가운데 그가 너의 아내들과 잠자리를 같이할 것이다. 너는 그 짓을 은밀하게 하였지만, 나는 이 일을 이스라엘의 모든 백성 앞에서, 그리고 태양이 지켜보는 가운데에서 할 것이다(12,11-12).

실제로 재앙은 다윗의 후궁들이 궁궐의 옥상으로 끌려가고('모든 이스라엘 앞에서 대낮에') 압살롬에게(나탄이 예고한 대로 '너의 이웃'이 아니라) 주어지는 것같이 다윗 집안 내부에서 터졌다. 아히토펠의 조언을 좌절시켜 다윗의 기도에 즉시 응답하지 않으심으로써, 하느님은 예언자 나탄의 말이 성취되는 결과로 압살롬의 반란이 이 수준의 성공을 달성하도록 허용하셨다. 그러나 이것이 다윗에 대한 압살롬 승리의 정점이다. 하느님께서 행동하실 것이다.

4.8.2.3 아히토펠에 관한 두 번째 끼어들기: 하느님으로부터 온 아히토펠의 조언 16,23

화자는 아히토펠의 배경에 관한 정보를 더 제공하기 위해 이 조언을 주는 장면을 중단한다. 그의 조언은 '하느님의 신탁을 들은' 사람의 말 같았다. 이 단어의 정확한 히브리어 표현은 문자 그대로 '하느님의 말씀으로 의견을 주는 사람'인데, 이 단어는 성경 다른 곳에 나타나지 않는다. 다윗이 종종 표현의 주어로 나타나는[248] '주님께 상의하다(여쭙다)'(샤알 버아도나이š'l bYHWH)보다는 덜 빈번할지라도,[249] '하느님과 상의하다(여쭙다)'(샤알 버엘로힘š'l bĕ'lōhim)는 여러 번 나타난다.[250] 화자의 부언 설명이 걱정스럽다. 압살롬에게는 다윗이 하느님께 직접 문의하는 것에 맞먹는 조언을 하는 신하가 있다. 현재 압살롬은 궁궐의 옥상에서 다윗의 후궁들과 잠자리를 같이하고 있는데, 하느님께서 나탄을 통하여 다윗에게 하신 말씀을 성취하는 아히토펠의 조언 중 첫 마디의 결과이다. 따라서 우리는 아히토펠이 주는 조언은 믿을 만하다는 것을 알고, 압살롬도 그것을 안다. 우리의 질문은 점점 절박해지기 시작한다. 하느님은 아히토펠의 신탁 같은 조언을 어리석은 것으로 해달라는 다윗의 기도에 응답하실 것인지, 만일 하신다면 언제 하실 것인가? 만일 응답이 곧 오지 않는다면 다윗은 끝날 것이다.

---

248 1사무 23,2.4; 30,8; 2사무 2,1; 5,19.23 참조.
249 판관 1,1; 20,23.27; 1사무 10,22; 22,10 참조.
250 판관 18,5; 20,18; 1사무 14,37; 1역대 14,10.14. 1사무 22,15에서 아히멜렉이 사울 앞에서 자신의 무죄를 선언할 때, 그는 다른 여러 경우에서도 다윗에 대해 하느님께 여쭈었다고 고백한다.

4.8.2.4 압살롬과 아히토펠: 두 번째 조언 17,1-4

우리가 조언주기 주제에 집중하도록, 화자는 갑자기 장면을 옮긴다. 압살롬은 다윗의 후궁들과 일을 끝냈고 다시 아히토펠의 말을 듣는 중인데, 아히토펠은 그에게 즉시 군대를 모아서 그의 생각에 패주와 도주로 인해 피곤하고 지쳤을 다윗을 공격하라고 말한다. 그가 옳다! 우리가 두고 온 다윗의 처지가 정확히 그러하다(16,14). 군사 정세를 옳게 평가하는 아히토벨은 참으로 하느님께 의논하는 자에 비길 수 있는 조언자다(16,23). 기습 공격은 약해진 다윗을 겁에 질리게 할 것이고 그리고 그의 동맹들을 도망치게 할 것이고, 그리고 전투 중에 오직 다윗만이 죽을 것이다. 그때 모든 백성이 신부가 자기 남편에게 돌아오듯이 압살롬에게 올 것이다.[251] 다윗이 죽으면 평화가 올 것이다. 압살롬은 그의 아버지의 살해를 예고하는 조언으로 만족하는데,. 다윗이 그의 장수들에게 그의 반역자 아들의 목숨을 보존하라고 명령하는 것(18,5)과 날카롭게 대조된다.

그의 조언은 아히토펠에게는 아직 알려지지 않았으며, 압살롬과 그의 반란 군대에 닥칠 일에 대한 예언적인 서곡을 포함한다. 아히토펠은 다윗과 함께 있는 모든 사람이 '도망갈'(17,2; 누스*nws*) 것이라고 예고한다. 사실 압살롬의 지지자들이 그들의 지도자였던 이가 죽자, 도망간다(18,17; 누스*nws*). 그는 압살롬에게 그가 다윗을 타격하겠다고

---

[251] 이 절의 영어 번역은 대부분 칠십인역을 따르는데, 거기는 '신부가 자기 남편에게 돌아오듯이. 당신은 한 사람의 목숨만 취하려 하십니다.'라고 되어 있다. NJPS의 지적처럼, 히브리어의 의미는 불확실하다.

(17,2; 나카*nkh*) 말한다. 사실 타격을 당하는 이는(18,15; 나카*nkh*) 압살롬이다. 다윗의 죽음 후에, 아히토펠이 모든 백성을 압살롬에게 '데리고 올'(17,3; 슈브*šwb*, 히필) 것이다. 결과적으로, 다윗을 예루살렘으로 다시 데려오려고 하는(19,11; 슈브*šwb*, 히필) 이들은 압살롬의 지지자들이다. 아히토펠이 본 대로는 백성이 신부이고 압살롬은 그들이 돌아올 그들의 '남편'이다. 그러나 사실은, 예루살렘이 신부이고(예를 들면 예레 2,2 참조) 이 직유의 영향하에서 다윗은 돌아오는 그녀의 남편일 것이다. 그리고 마지막으로 아히토펠은 만일 압살롬이 그의 조언을 따르면 평화(샬롬*šālôm*)가 있을 것이라고 예고한다. 아히마아츠가, 전투에서 압살롬이 죽었다는 소식을 가지고 다윗에게 다다르는 에티오피아 사람을 앞질러 뛰어왔을 때, 그는 임금에게 한 단어로 인사한다. "샬롬*šālôm*." 이를 NRSV는 "'다 잘 되고 있습니다'"(18,28)로 번역한다. 따라서 아히토펠이 압살롬에게 예고한 '샬롬'은 다윗에게 올 것이다(그 시점에 다윗은 압살롬의 운명에만 관심이 있을 것이고, 그 소식이 그에게 '샬롬'을 가져오지는 않을지라도). 그러나 이 일은 오직 하느님이 개입하신 이후부터 일어날 것이고, 장면이 닫히며 압살롬과 이스라엘의 원로들은 아히토펠의 빈틈없는 조언을 받아들일 준비가 된다.

4.8.2.5 압살롬과 후사이 17,5-14ㄱ

압살롬이 그것을 따랐더라면 그에게 승리를 가져다주었을 것인 아히토펠의 전략을 그와 그의 자문들이 이미 승인했을지라도, 압살롬은 후사이를 궁정으로 다시 불러들이는 치명적인 결정을 한다. 하느님이 개입을 시작하셨다.

♦ 구조

도입: 압살롬이 후사이에게 질문을 하고 그의 조언을 구한다(17,5-6)

압살롬의 질문에 대한 후사이의 대답(17,7-10)
가. 아히토펠의 의견은 좋지 않다(로 토바 *lō' ṭôbâ*)(17,7)
   ㄱ. 다윗은 용사다(17,8ㄱ)
      ㄴ. 직유: 곰처럼(17,8ㄴ)
         ㄷ. 다윗의 전략(17,8ㄷ-9ㄱ)
         ㄷ'. 압살롬의 패주(17,9ㄴ)
      ㄴ'. 직유: 사자의 마음 같은(17,10ㄱ)
   ㄱ'. 다윗은 용사다(17,10ㄴ)

후사이의 조언(17,11-13)
   ㄱ. 모든 이스라엘(모래처럼 수가 많은)이 무엇을 할 것인가(17,11)
      ㄴ. 다윗에게 무슨 일이 일어날 것인가(17,12)
   ㄱ'. 모든 이스라엘이 무엇을 할 것인가- 다윗의 은신처는 조약돌 하나 남지 않을 것이다(17,13)
가'. 후사이의 조언이 좋다(토바 *ṭôbâ*)(17,14ㄱ)

히브리어 단어 토바(*tôbâ*, 좋다)가 이 장면에 포괄을 형성한다. 후사이는 아히토펠의 조언이 '좋지 않다'는 판단으로 시작하고, 장면의 끝에서는 압살롬과 이스라엘 사람들이 후사이의 조언이 '좋다'(토바*tôbâ*; NRSV는 비교급 의미인 히브리어 단어 민*min*을 포착하고 '더 좋다'로 명확하게 표현한다)고 선언한다. 후사이의 발언은 두 부분으로 나눌 수 있다. 첫 부분(17,7-10)은 '아히토펠의 조언을 구현해야 하겠소?'라는 압살롬의 첫 질문에 대한 대답이다. 두 번째 부분(17,11-13)은 '당신도 우리에게 말해 보시오'라는 압살롬의 명령에 대한 대답이다.

◆◆ 주석

압살롬이 후사이를 부르고, 아히토펠의 조언을 그에게 알리고, 다음에는 이 조언에 대한 그의 평가를 청한다. 만일 필요하다면 후사이가 그 자신의 권장 사항을 더할 수 있다. 후사이는 아히토펠의 견실한 조언이 다윗의 목숨을 위태롭게 하고 있음을 인식하기에, 그것을 평가 절하할 필요가 있다. 후사이가 한 말의 첫머리에 히브리어 어근 야아츠(*yʻṣ*, 조언을 하다)가 두 번 나타난다. '아히토펠이 조언을 한 그 조언'(필자의 번역). 이 유형의 동족 목적격(히브리어 성경에서는 자주 나오나 영어에서는 아님)은 이 장면에 있는 '조언' 주제를 강조한다. 아히토펠의 제안을 반대하는 후사이의 주장은 7절이나 되어, 단지 3절뿐인 아히토펠의 발언(17,1-3) 길이의 두 배에 달한다. 아히토펠은 신속한 공격을 조언했는데, 반면에 후사이의 더 긴 담론은 지친 다윗이 힘을 회복할 시간을 벌고 있다. '당신이 알다시피 당신의 아버지는…' 하며 시작하는 그의 수사修辭는 압살롬을 부추겨 순진하고 무의식적인 동의를 유도한다. '그렇소, 물론 나는 나의 아버지가 맹렬한 용사라는 것을 알고 있소.' 임금에게 '당신의 아버지는'이라고 언급함으로써, 그는 임금과 강탈자의 가까운 관계를 강조한다. 그다음에 후사이는 직유를 채택한다. 다윗과 그의 군대는 황야에서 새끼를 빼앗긴 암곰과 같을 것이다. 그 무서운 이미지는 잠언 17,12에 극한의 위험을 표현하기 위해 나타난다. "새끼 잃은 암곰과 마주칠지언정 미련함을 고집하는 바보는 만나지 마라." 예언자 호세아는 하느님의 진노를 "새끼 잃은 곰" 같다고 상상한다(호세 13,8). 후사이의 과장된 경고가 압살롬을 중지시켜야만 한다. 압살롬이 다윗에게서 그의 왕국을 빼앗았고, 그러므로 다윗은 새끼 때문에 혈안이 된 곰처럼 격노할 것이다. (이 직유는 또한 암곰이 그녀의 새끼를 빼앗기지 말았어야 하는 것 그 이상으로 다윗도 그의 왕국을 빼앗기지 말았어야 함을 암시한다.) 후사이는 압살롬의 주의를 다윗이 그의 반역에 가할 잠재적인 위협에 집중시키면서 압살롬에게 다윗의 전사 정신을 상기시킨다. 우리는 지금 다윗이 격노하고 있다기보다 지쳐 있다는 것을 알고 있기 때문에 그가 압살롬의 속도를 늦추게 할 필요가 있다.

후사이가 아히토펠의 조언은 가치가 없다고 주장하는 두 번째 근거는, 다윗은 그의 방위군과 함께 밤을 지내지 않는다는 것이다. 후사이는 다윗이 현재 압살롬 궁정에서의 소식을 기다리고 있는 그의 군대와 함께 있기 때문에(15,35-36) 이것이 거짓임을 알고 있다. 그러나 압살롬이 다윗의 친구(16,17)로 인식하고 있는 후사이는 다윗의 계획을 아는 것처럼 그의 조언을 제공한다. 다음에는 만일 그가 즉시 공격하면 무슨 일이 일어날 것인지 그의 상상력을 돕는다. 압살롬이 매복지에 들어가면, 다윗이 그의 군대의 일부에 대해 신속한 승리를 거둘 것이고, 그 소식은 압살롬의 남은 군대를 낙담시킬 것이다. 그의 주장을 관철시키기 위해 그는 또 다른 생생한 은유를 진행한다. 사자의 마음을 가진 압살롬의 전사들은 사나운 전사들에게 둘러싸여 있는 새끼 잃은 암곰 같은 다윗 앞에서 녹아버릴 것이다. 후사이는 동사 '녹다'를 수식하는 히브리어 절대 부정사(17,10; 힘메스 임마스 himmēs yimmās)로 자신의 권고를 증폭하는데, 영어로는 이런 구성을 파악하기 어려울지라도 '(그의 마음은) 녹아 없어질 것이다'로 번역될 수 있다. 따라서 압살롬은 다윗에 대한 즉각적인 공격을 개시하지 말아야 한다. 예루살렘 성문(15,1-6)에서 성공적으로 반란 전략을 계획했던 반군 지도자는 후사이의 달변에 현혹된다. 하느님이 배경에서 일하신다.

아히토펠의 조언을 배제하면서, 후사이는 이제 그의 것을 제공한다. 다윗의 무용武勇의 묘사가 그의 서두에서 조금 과장되었는데, 이제 후사이는 *만일* 그가 단에서부터 브에르 세바까지에서 그의 군대를 모으기를 *기다린다면* 하고 압살롬의 잠재력을 과장해서 말한다. 그가 시작하는 말은 17,11에서 동사 '모으다'(아삽אסף)를 강화하기 위해 또 다른 히브리어 절대 부정사를 사용하는데, NJPS의 '부르다'가 NRSV의 '모으다'보다 그 단어의 의미를 더 잘 포착한 번역이다. 온 땅에서 군대를 소집함으로써 그의 군대는 바닷가의 모래처럼 그 수가 많을 것이다.[252]

---

[252] 셀 수 없이 많은 양(창세 22,17; 32,13; 예레 15,8; 33,22)을 표현하는 이 은유는 또한 병력(여호 11,4; 1사무 13,5)과 부(판관 7,12)를 과장하는 데 사용된다.

후사이의 조언은 특히 압살롬에게 전장 제일선에 합류하도록 조언하기 때문에 압살롬의 파멸을 확실하게 한다. 대조적으로 다윗이 군대에 전투에 합류하겠다고 알릴 때(18,2-3), 그의 사람들은 임금은 마하나임 성벽 안에 안전하게 남아 있어야 한다고 주장한다. 후사이의 조언은 압살롬을 죽음으로 내몬다.

후사이는 과장된 직유를 계속한다. 압살롬은 이런 과시에 속을까? 반란군은 다윗이 발견될만한 곳이면 어디든 올 것이며(그들이 그를 찾는 방법을 상세히 설명하지 않음), 땅에 떨어지는 이슬처럼 그를 포위할 것이다(17,12). '이슬' 이미지는 종종 하느님의 축복과 관련된다. 창세 27,28에서 이사악이 야곱을 축복하는데, 하느님이 그에게 '하늘의 이슬'을 내리시기를 기원한다. '하늘이 내리는 이슬'은 이스라엘 땅에 대한 축복이다(신명 33,28). 기드온과 양털 이야기(판관 6,36-40)는 이슬(비처럼, 1열왕 17,1 참조)은 하느님의 선물이고 전적으로 하느님의 통제하에 있다는 것을 가르친다. 후사이의 이슬 은유는 이중의 의미를 보유한다. 내리는 이슬의 선물로 땅을 축복하시는 하느님은, 압살롬과 그의 공모자들에게 하느님이 선택하신 임금 다윗을 죽이는 이슬이 되기를 허락하실 수 있으실까? 그는 다윗과 그의 군대 중 그 누구도 살아남지 못할 것이라고 장담하면서, 찬탈자를 속이고 그렇게 믿도록 한다. 사실 살아남지 못한 이는 압살롬이다.

후사이의 발언은 상상을 초월하며 압살롬의 기대치를 고조시키는 심벌즈와 팀파니의 울림으로 끝난다. 만일 다윗이 어떤 도성으로 피신하면, 온 이스라엘이 그곳에 자갈 하나조차도 남아 있지 않도록, 밧줄을 가지고 와서 그 도성을 계곡까지 끌어내릴 것이다. 사실 압살롬의 군대는 다윗이 숨어 있는 마하나임에 결코 가까이 가지 못한다. 압살롬과 그의 반군은 후사이의 연극에 빠져 아마도 이미 다윗 군대에 대한 승리를 상상하고 있었을 것이다.

4.8.2.6 아히도펠에 관한 세 번째 끼어들기: 하느님이 아히도펠의 조언과 관련하여 개입하신다 17,14ㄴ

15,31에서 우리는 아히도펠이 다윗을 배신한 것을 알았고, 그리고 16,23에서 아히도펠의 조언은 하느님의 영감을 받았다는 걱정스러운 소식을 들었다. 화자는 15,31에서 다윗이 드린 기도가, 그 기도의 표현과 정확하게 일치하지 않을지라도, 응답을 받았다는 것을 우리에게 전하기 위해 세 번째로 이야기를 중단한다(다시 워 엑스 카텔 wĕ X qāṭēl 로). 그는 하느님께서 아히도펠의 조언이 어리석은 것이 되게 해달라고 기도했다. 그러나 하느님은 아히도펠이 압살롬에게 하느님께 상의한 사람처럼 조언하도록 허락하셨고, 하느님이 어리석은 것으로 바꾸신 것은 그 좋은 조언에 대한 압살롬의 인식이었다. 그래서 하느님은, 15,34에서 다윗이 희망했던 대로(히브리어 동사 파라르 prr 를 사용하면서), 그 좋은 조언을 좌절시키셨다(파라르 prr). 이 간략한 내용은 제쳐두고, 우리는 또한 압살롬의 반역에 대한 하느님의 의견을 알게 되었다. 17,14의 마지막 구를 문자 그대로 번역하면, '주님께서 압살롬에게 파멸을 가져오시

려는 것이었다.[253] 반란의 이야기가 어떻게 끝날지 우리는 알고, 이제 긴장감은 줄어들었다.

4.8.3 다윗이 마하나임에 도착하다 17,15-29

자신에 대한 압살롬의 계획을 알게 된 다윗은 계속 도주해야 할 것이다. 그는 이제 마하나임에 도착하는데, 거기서 광범한 지지를 받는다는 것을 알게 된다. 거기에서 그는 군대를 내보내고 전투와 그의 아들 압살롬의 운명에 관한 소식을 기다릴 것이다.

4.8.3.1 다윗이 압살롬의 전략에 대해 알다 17,15-22

◆ 구조

가. 후사이가 다윗에게 전언하다(17,15-16)
    나. 위험과 합병증(17,17-20)
가'. 후사이의 소식이 다윗에게 다다르다(17,21-22)

다윗이 압살롬의 궁정에서 일어났던 일에 관해 알게 됨에 따라 이 장면에서 동사 '알리다'(나가드 ngd)가 5번 나타난다. 〈가〉 부분에서 후사이가 차독과 에브야타르에게 아히토펠의 조언에 대해 알린다. 그는 그들

---
253 하느님이 누군가에게 파멸을 가져오실 때, 그것은 일반적으로 그 사람에게 불시에 닥치는 종말을 의미한다(1열왕 14,10; 21,21; 2열왕 21,12 참조).

에게 급히 다윗에게 가서 함께 있는 모든 백성과 함께 요르단강을 건너라고 말하도록 재촉한다. 〈가〉 부분에서 요나탄과 아히마아츠가 다윗에게 소식을 전하고 후사이의 조언을 따르라고 촉구하자, 다윗은 이에 응한다. 사자들의 서두름에도 불구하고 이 장면의 중앙에서 그들은 일시적으로 이동을 멈출 수밖에 없게 된다.

♦♦ 주석

우리는 압살롬의 궁정을 떠나서, 사자들과 함께 길을 떠나고, 예루살렘으로부터 다윗의 도주의 특징적인 언어로 '건너서'(아바르 'br) 다윗의 캠프로 돌아간다(4.8 단원 참조). 화자는 우리가 다윗이 예루살렘을 떠나면서부터 조정했던 전략을 기억하리라 추정한다. 차독과 에브야타르는 그들의 아들들인 아히마아츠와 요나탄과 함께, 예루살렘으로 돌아가서 압살롬의 전략을 그에게 와서 알리라는 명령을 받았다. 후사이 역시 차독과 에브야타르에게 궁정의 소식을 알리라는 임무로 보내졌다(15,35). 그 계획이 이제 행동을 개시한다. 후사이는 차독과 에브야타르에게 압살롬이 받아들인 조언을 요약하여 전달한다. 그 행동은 극도로 고조된 상태로[이 장면에 부사 '빨리'(머헤라 *měhērâ*)가 3번 나타난다] 움직이고 있다.

후사이는 아히토펠의 조언이 채택될까 두려워하면서, 다윗에게 계속 도주하여 요르단강을 건너라고 충고한다. 우리는 압살롬이 후사이의 조언을 수용했기 때문에 그런 서두름이 필요 없음을 알고 있으나 후사이는 그것을 알지 못하는 것으로 보인다. 아히마아츠와 요나탄은 예루살렘에 나타날 수 없기 때문에 예루살렘 근처인 엔 로겔에 머물렀는데, 그곳은 키드론 골짜기 남쪽 아래로 힌놈 골짜기와 합류하는 지점일 것이다.[254] 그들은 어린 노예 소녀가 그들의 연락책이 되도록 준비했었다. 이 장면이 다윗에게 전달할 소식의 도착을 지연시키는 관계로(따라서 압살롬에게 군대를 모으기 위한 시간을 더 많이 제공하기에), 우리가 이 반란의 결과를 알고 있지 않다면 긴장한 채 의자 끝에 걸터앉아 있을 것이다. 하느님은 다윗의 기도를 들으셨고 그래서 재앙이 압살롬과 그의 반군을 기다리고 있다(17,14). 그러나 이야기의 등장인물들은 결과를 모르고 있어서 다윗에게 정보를 전하기 위해 서두른다.

아히마아츠와 요나탄은 예루살렘 근처에서 발견되고 압살롬에게 보고된다. 두 사자는 자신들이 발각된 것을 알아채고 바후림의 어떤 주민의 집으로 가 그 집 우물에 숨는다. 그들의 어쩔 수 없는 우회로 다윗에게 정보 전달이 지연된다. 바후림에서 다윗은 다윗의 왕권을 거부하는 사울 가문의 남은 자들을 대표하는, 저주하는 시므이를 만났다(16,5). 그러나 또한 바후림의 주민인 이 남자와 그의 아내는 다윗 편이다. 화자는 사자들과 그들에게 은신처를 제공하기 위해 행동에 나선 그 우물의 주인과 그의 현명한 아내, 그 두 편 사이에 오간 대화를 건너뛴다. 화자는 우리가, 압살롬의 사람들이 도착해서 그녀에게 질문할 때, 그들을 속이는 그녀의 기지를 관찰하게 한다. 그들은 그녀를 믿지 않고 건물을 수색하나 소득 없이 예루살렘으로 돌아간다. 여인

---

254 아도니야가 왕위를 찬탈할 때 그는 엔 로겔 근처에 있는 조헬렛 바위로 길을 떠난다(1열왕 1,9).

은 우물을 덮고 낟알을 흩뿌려 놓아 압살롬의 사람들보다 한 수 더 위다. 이 장면에서 약간의 웃기는 안도감이 느껴진다(17,19-20). 그들은 분명히 숨을 수 있는 장소인 마당의 우물을 확인할 생각을 하지 않았을까? 압살롬이 아히토펠의 좋은 조언을 인식하지 않는 것처럼, 바로 그렇게 그가 보낸 두 사람도 아히마아츠와 요나탄이 숨어 있는 곳을 발견하지 못한다. 하느님은 결과를 결정하셨고 그래서 다윗의 정보원들은 방해받지 않을 것이다.

아히마아츠와 요나탄은 우물에서 올라와 급히 다윗에게 갔고, 아히토펠의 조언을 전해들은 다윗은 즉시 요르단강을 건너간다. 그는 하느님이 개입하심을 알지 못한 채, 압살롬이 아히토펠의 전략을 따르리라 추정한다. 이 도하의 중요성은 압살롬이 죽고 다윗이 예루살렘으로 귀환 여정을 시작할 때 비로소 명백해진다(2사무 19장). 화자는 우리의 주의가 온통 요르단강과 승리한 다윗이 예루살렘 쪽으로 다시 강을 건너는(19,15.18.32.37.40.41) 장면에 쏠리게 할 것이다. 이 장면에서 우리는 왜 다윗이 이스라엘 밖으로 나가야 했는지, 요르단강을 건너가야 했는지 알게 된다.

4.8.3.2 아히토펠에 관한 네 번째 끼어들기: 아히토펠이 죽다 17,23

우리는 아히토헬에 관련한 네 번째이며 마지막인 끼어들기(워 엑스 카텔 wĕ X qātēl)에 다다른다. 화자는 아히토펠이 목매어 자살했다고 간단히 기록할 수 있었다. 그 대신 우리는 아히토펠의 의도적인 행동, 곧 예루살렘에서 그의 본가로 여행, 죽음을 위한 그의 준비, 그의 자살, 다음에 그의 매장을 관찰한다. 왜 이렇게까지 세세하게 전하는가? 성경에서 '집안일을 정리하다'라는 구는 한 사람의 임박한 죽음의 신호이고,[255] 그래서 죽을병에 걸리지 않은 아히토펠은 그의 일을 정리함으로써 그의 목숨을 끝내기로 한 결정을 드러낸다. 그의 자살은 격정적인 행동이 아니다. 그는 압살롬을 지지한 데에서 그의 치명적인 실수를 인식했다. (우리는 그가 죽을 준비를 하고 있을 때조차도, 그가 왜 다윗을 배반했는지 이유를 결코 알지 못한다.) 더 중요한 것은, 그가 후사이의 화려한 수사적 언변에 그렇게 쉽게 속은 압살롬의 무능함을 알아차린 것이고, 반란은 실패할 수밖에 없으며 다윗은 결국 예루살렘으로 돌아오리라는 것을 안 것이다. 아히토펠은 자살을 선택한 성경의 다른 등장인물들 곧 아비멜렉(판관 9,54), 사울과 그의 무기병(1사무 31,4-5), 그리고 지므리(1열왕 16,18)와 합류한다.[256] 이 네 명의 목숨은 경각에 달렸으며 자살이 그들의 유일한 탈출구였다. 아히토펠의 목숨은 임박한 위험에 처하지 않았으나 다윗이 예루살렘에 재입성할 때 위태로울 수 있으며, 그래서 그 역시 피할 수 없는 굴욕이라고 믿는 것에서 도망간 것이다. 그의 죽음은 압살롬의 사망을 예시한다. 역설적으로, 그는 자살로 압살롬에게 더 좋은 조언을 준다. 찬탈자는 이제 그의 반역을 철회해야만 한다는 것이다. 따라서 살아서나 죽어서나 아히토펠은 하느님께 문의하는 사람처럼 조언을 주었다. 우리는 아히토펠의 자살에 대한 압살롬

---

255 이사야는 치명적인 병에 걸린 히즈키야에게, 그는 곧 죽을 것이니 '그의 집안일을 정리하라'고 충고한다(2열왕 20,1).

256 아비멜렉과 사울은 치명적인 부상을 입었다. 지므리는 티르차에 숨었을 때 오므리가 도성을 함락한 것을 보고, 임금의 궁에 불을 지르고 그 속에서 타 죽었다.

의 반응에 대해 전혀 알지 못한다. 다윗의 고문은 그의 조상들의 무덤에 적절하게 매장되었고, 화자는 아히토펠의 죽음 방식에 대해 아무런 해설도 하지 않는다.

4.8.3.3 두 진영의 움직임 17,24-29

화자는 다윗의 움직임에 대해 우리에게 새롭게 알려준다(배경 정보는 워엑스 카텔*wĕ X qātēl*로 소개되었다). 그는, 아브네르가 이스 보셋을 데려가서 그의 대관식을 한 성읍(2,8-9)인 마하나임에 도착했다. 우리는 이 성읍이 여전히 사울 집안의 통치에 대해 충성하리라고 예상한다. 다윗은 사울 계열 영토에 들어가자마자, 사울 집안에 그의 손으로 피를 흘렸다고 그를 비난하는 시므이를 만났다(16,5-8). 마하나임의 백성은 시므이의 기소를 지지하지 않을까? 화자는 우리를 불안하게 하고는, 압살롬 진영에서 동시에 벌어지는 움직임으로 이동한다. 우리는 마지막으로 압살롬을, 그가 후사이의 조언이 지금은 죽은 아히토펠의 것보다 더 좋다고 어리석게 판단할 때에 예루살렘에서 보았다. 다윗이 마하나임으로 길을 간 동안, 압살롬은 요르단강을 건너 지금은 강 건너편 다윗과 같은 쪽에 있다. 그는 후사이의 조언을 따랐고(17,11), 전투에 합류했다. 그의 군대 지휘관으로 압살롬은 아마사를 임명했는데, 그의 가족 배경이 히브리어 본문에서는 모호하다. 아마사의 아버지 이트라가 히브리어 본문에서는 한 이스라엘 사람이라고 불린다. 그럴지라도 대부분의 영어 번역본은 1역대 2,17을 따라 그를 이스마엘 사람이라고 부른다. 그의 어머니는 츠루야의 자매인 아비가일이라 하는데, 나하스의 딸이라고 한다. 이는 1역대 2,13-16에 나오는, 츠루야와 아비가일은 다윗의 누이들로서 이새의 딸들이라는 정보와 모순된다. 이 혼동에도 불구하고, 아마사는 요압의 사촌이고 다윗의 조카인 것으로 보인다. 그래야 반란이 궤멸된 후에 그에게 한 다윗의 다음 발언이 해명된다. '그대는 나의 뼈이고 나의 살이 아니오?'(2사무 19,14). 이러한 세부 사항이 혼란스럽기는 하지만, 우리에게 이 국가적 투쟁이 그야말로 가족 문제일 뿐임을 상기시킨다. 압살롬과 아마사의 동맹은 또한 찬탈자가 예루살렘 사회의 고위직을 반란에 가담시키는 데 성공했음을 보여준다. 후에 아마사는 반란을 해결하는 데 결정적인 역할을 할 것이고(19,14), 다윗은 군대의 사령관으로 그를 지정할 것인데, 이 결정을 거부했던 요압이 아마사를 살해할 것이다(20,10). 우리는 길앗에 진영을 차린 압살롬과 그의 군대를 떠난다. 길앗은 현재 다윗이 있는 마하나임을 포함하는 요르단 동쪽 지역이다.

마하나임의 주민들은 반란에 합류하였는가? 적대적인 박대일 수도 있었던 것이 놀라운 환영으로 드러났다. 사울 영토의 다른 지역들에서 세 명의 지도자가 도망 중인 다윗을 도우러 마하나임으로 모인다. 나하스의 아들 소비가 라빠에서 온다. 그곳은 다윗이 밧 세바와의 불륜 동안에 포위했었고(11,1) 결국에는 정복한 도성이다(12,26-31). 어떻게 그렇게 빨리 우호적인 동맹이 되었는지는 설명되지 않는다. 하지만 그렇게 되었고, 성경에서 오직 이 장면에만 등장하는 소비는 선물을 가지고 온다. 다음 무대에는 로 드바르에서 마키르가 오는데, 요나탄의 아들이며 사울 왕위의 잠재적 후계자인 므피보셋에게 피난처를 제공했던 사람이다(9,4). 므피보셋의 보호자로서 그는 한때 사울에게 충성했었으나, 그가 충성하는 대상이 바뀌었다. (다윗에 대한 므피보셋의 충성은 현 시점에서는 의문스럽다.) 로 드바르의 정확한 위치는 알려지지 않았지만, 그것은 사울 영토의 일부로 마하나임 근처에 있었을 것이다. 마지막으로 바르질라이, 길앗 사람인 그 역시 마하나임 부근 지역에서 왔으나, 그의 고향 마을 로글림의 위치 또한 알려진 바가 없다. 후에 다윗이 요르단을 건너 예루살렘으로 돌아갈 때 바르질라이가 승리한 다윗에게 인사할 것이다(19,32-40). 서로 다른 세 성읍에서 온 이 세 사람은 한때 사울의 권위하에 있던 지역에서 다윗이 광범위한 지지를 받고 있음을 가리킨다. 대조적으로 압살롬이 진을 친 길앗에서 받은 환영이나 지지에 대해서 화자는 언급하지 않는다. 소비, 마키르, 바르질라이가 가져온 물품들은 함께 여행하는 데 필요한 가구, 식품과 가축들로 이루어진 진정한 카라반인데, 다윗이 열렬한 지지를 받고 있다는 증거이다. 이 동맹자들은 반란군에 맞설 준비를 하는 다윗의 지치고 굶주린 군대를 염려하며, 이 반란에서 다윗에게 확고히 헌신하고 있다.

4.8.4 반란은 괴멸되고 압살롬은 처형되다 18,1-19,9ㄱㄴㄷ

임금 다윗은 반군에 맞설 그의 군대를 보내고, 그동안 아버지 다윗은 아들의 운명을 걱정한다. 그는 전투를 위한 군대를 정비하고, 다음에는 요압, 아비사이, 이타이에게 압살롬에 대해 '부드럽게 다루어' 달라고 특별한 지시를 한다. 에피소드가 끝날 때, 요압은 그 명령을 따를 어떤 의사도 결코 없었고, 압살롬을 제거해야 하는 반역자 찬탈자로 보았기에, 아들에 대한 다윗의 부당한 애정 때문에 다윗과 맞선다.

◆ 구조

가. 다윗은 그의 군사들과 장수들에게 지시하면서, 압살롬에 관한 특별한 명령을 요압에게 내린다(18,1-5)
　나. 반군은 패하고 압살롬은 처형된다(18,6-18)
　나'. 전선으로부터의 소식이 다윗에게 다다른다(18,19-33)
가'. 요압이 압살롬과 관련하여 다윗과 맞선다(19,1-8ㄱㄴㄷ)

이 에피소드의 중심은 반란군의 패배와 다윗이 승리하고 있다는 소식이다. 첫 장면에서 다윗은 아들 운명의 소식을 기다리기 위해 마하나임 성문에 자리를 잡는다(18,4). 에피소드의 끝에서 아들의 죽음을 슬퍼하고 있던 다윗은 성문의 그 자리로 되돌아간다(19,8).

4.8.4.1 다윗이 그의 군대와 그의 장수들에게 지시한다 18,1-5

◆ 구조

가. 전투 이야기(18,1-2ㄱㄴ)
　ㄱ. 전쟁 정보(18,1)

ㄴ. 요압, 아비사이, 이타이(18,2ㄱㄴ)
　나. 임금과 군대(18,2ㄷ-4ㄱ)
　　　ㄷ. 임금이 말한다(18,2ㄷ)
　　　　ㄹ. 군대가 반대한다(18,3)
　　　ㄷ'. 임금이 말한다(18,4ㄱ)
가'. 전투 이야기(18,4ㄴ-5)
　　　ㄱ'. 전쟁 정보(18,4ㄴ)
　　　　ㄴ'. 요압, 아비사이, 이타이(18,5ㄱ)
　나'. 임금과 군대(18,5ㄴㄷ)
　　　ㄷ". 임금의 발언을 군대가 듣는다(18,5ㄴㄷ)
　　　　[ㄹ'. 아무도 반대하지 않는다]

이 장면의 구조는 압살롬에 관한 다윗의 지시에 아무 반대도 없다는 것을 강조한다. 첫 번째 대화에서 다윗은 전투에 합류한다는 의사를 밝히지만, 군대가 반대하고 그의 명령은 번복된다. 두 번째 대화에서 임금은 요압, 아비사이, 이타이에게 명령을 하나 내렸고, 그들은 침묵으로 동의하는 것처럼 보였으며 그 명령을 들은 그들의 군대도 침묵을 지킨다. 그러나 임금의 두 번째 명령도 번복될 것인가?

◆◆ 주석

장면이 열리며 등장한 다윗은 지휘권을 완전히 행사하며, 전투 시간이

다가오자 그의 군대를 전술 부대로 나눈다. 그의 세 장수 요압, 아비사이, 이타이가 세 종대를 이끈다.²⁵⁷ 임금이 군대와의 대화를 주도하는데, 그는 전투에 그들과 합류할 것이다(히브리어 표현 감아니*gam-'ănî*, "나도"는 다윗의 결정을 분명하게 보여준다). 그러나 군대는 그 결정을 강하게 반대하며, 그들의 임금은 마하나임에 머무르라고 요구하고('당신은 출정하시면 안 됩니다') 임금의 목숨은 군대의 반의 목숨보다 더 가치가 있다고 설명한다. 도성에서 그가 안전하게 있다는 확신이 그들의 사기를 북돋울 것이다. 그들의 전술적 충고는 압살롬이 거절한 아히토펠의 좋은 조언을 상기시킨다. 임금의 죽음은 군대를 흩을 것이기 때문에, '내가 임금 하나만 타격할 것입니다'(17,2).²⁵⁸ 다윗 군대의 조언은 압살롬에게 한 후사이의 조언과 현저하게 대조되는데, 압살롬은 그 충고를 따르고 그의 죽음으로 행진한다.

이스라엘과 필리스티아인 사이에 전쟁 소식을 기다리며 문 옆에 앉아 있던 실로의 사제 엘리(1사무 4,13.18)처럼, 다윗은 성문 곁에 자리를 잡는다. 이 자리에서 임금은 마지막 명령을 내린다. '나를 보아서 젊은 이 압살롬을 너그럽게 다루어주시오.' 2사무 18,2에서 다윗은 군대에게 그들과 합류하고픈 의사를 말했고 그들은 그 제안을 거절했다. 이제 그는 세 장군, 요압, 아비사이, 이타이에게 명령을 내린다. 그러나 군대와 달리 이 세 장군은, 특별히 요압은 반대하지 않는다. 나중에야 다윗 내러티브 중 가장 긴 발언을 통해, 요압이 압살롬에 대한 다윗의

---

257 그가 예루살렘에서 도주할 때, 다윗은 그의 장수들 가운데 이타이가 끼어 있음에 의문을 표현했으나, 이타이는 다윗에게 충성을 맹세로 서약했다(15,19-22).
258 아람 임금이 이스라엘의 임금 아합, 그리고 유다 임금 여호사팟을 상대로 전쟁을 준비할 때, 그는 그의 군대에게 그들의 공격을 오직 아합 임금 하나에게 집중하라고 지시한다(1열왕 22,31).

부당한 애정 때문에 다윗과 맞설 때(19,6-8) 그가 어떻게 대답했는지를 알게 된다. 지금 침묵을 지키는 그의 모습은 다윗이 아브네르와 동맹 맺은 것을 안 후에 궁정에서 나가는 그를(3,26) 상기시킨다. 그때에도 요압은 기회만 되면 지금 압살롬을 죽이려고 하는 것처럼 아브네르를 죽이려고 했었다.

다윗은 압살롬을 '젊은이'라고 말한다. 이 호칭은 14,21(그곳의 논의 참조)을 돌이켜 보게 하는데, 다윗이 트코아의 가짜 과부를 만난 후 요압에게 '그 젊은이' 압살롬을 예루살렘으로 데려오라고 명령하자, 순종하는 요압이 임금의 명령을 즉시 이행했었다. 지금 다윗이 다시 그의 아들을 '젊은이'로 언급하며 요압에게 압살롬에 관한 명령을 내린다. 그를 산 채로 데려오라는 것이다. 그러나 이 순간 요압은 그 명령을 따를 의도가 없다. 화자는 *모든 군대*가 그 명령을 들었다는 것을 우리가 알고 있음을 확실하게 한다. 그 청중 속에 압살롬이 향엽나무에 매달린 것을 본 병사가 하나 있는데, 그는 그를 죽이기를 거절한다. 요압이 병사가 행동하지 않은 것을 질책할 때, 그 병사는 다윗의 본래 명령을 요압에게 상기시킨다(18,12). 다윗은 성문 옆에서 지켜보며 기다리고 있다. 그 성문에서, 그가 그의 아들의 목숨을 보호하기를 명령한 거기서 그는 아들의 죽음을 알게 될 것이고(18,24), 그러고 나서 성문 요새 위층 방에 올라가, 그의 사망을 애도할 것이다(19,1).

압살롬에 대한 다윗의 마지막 바람에서 아들에 대한 임금의 잘못된 애정이라는 시도동기가 반복된다(특히 15,7-9 참조). 그것은 암논을 살해한 후(14,33) 자진해서 추방되었다가 돌아온 압살롬에게 다윗이 입

맞출 때 시작되었다. 다윗은 예루살렘에서 압살롬이 조장하는 반란을 알아차리지 못했고(15,1-6), 반군이 그의 아버지를 거스른 반역을 계획한 헤브론으로 그를 순진하게 떠나보냈다. 지금 우리는 다윗의 깊은 애정을 흘깃 살피고 있다. 다윗이 그의 군대에 주는 마지막 말은 승리를 고취하는 발언이 아니라 반란자 아들이 체포되면 어떻게 다루어야 하는지에 대한 명령이다. 아들의 반역이 분명해 보이는데 임금은 그를 다시 오래 보기를 갈망한다. 아히토펠과 후사이 둘 다가 다윗의 죽음을 예고했을 때, 압살롬은 자책하지 않았다. 그러나 비극적인 영웅인 다윗은 하느님의 개입을 통해 반란군을 격파해야 하는 임금이자, 다가오는 전투에서는 아들의 안전을 염려하는 아버지이기도 하다. 요압에게 압살롬은 제거해야만 하는 반란군의 수괴이다.

4.8.4.2 반란군은 패배했고 압살롬은 처형되었다 18,6-18

화자는 전투를 묘사하면서 하느님께서 다윗을 위해 싸우신다는 것을 강조한다. 초점은 압살롬의 생포와 죽음과 반란의 끝에 있다. 요압은 다윗이 자기 아들 압살롬을 부드럽게 대하라고 그에게 명령할 때 침묵을 지켰다(18,5). 이제 우리는 다윗이 했던 모든 말에 요압이 어떻게 응답하는지를 알게 된다.

♦ 구조

가. 숲속에서의 전투(18,6-8)
　　나. 요압의 발언과 압살롬의 죽음(18,9-15)
가'. 압살롬이 숲속에 매장되다(18,16-18)

4.8.4.2ㄱ 숲속에서의 전투 18,6-8

♦ 구조

가. 숲(18,6)
　　나. 패배(18,7)
가'. 숲(18,8)

이 구절의 구조는 숲이 압살롬의 패배에서 맡은 역할을 강조한다.

♦♦ 주석

다윗의 군대는 마하나임에서 출발하여 압살롬의 반군을 맞서기 위해 에프라임 숲으로 행군해 나간다. 이 울창한 숲의 정확한 위치는 모르지만, 일반적으로 에프라임이라고 알고 있는 지역에서 요르단강 건너 동쪽임에 틀림없다. 장면의 지리를 정확하게 파악하는 데 관심을 두지 않는 화자는 이런 불일치를 걱정하지 않는 것 같다. 전투에 관한 특별한 세부 사항은 무시되고(2사무 8장과 10장의 전투 이야기와 비슷하다), 화자는 그것을 다윗의 승리로 묘사하지 않고 공격자의 패배로 묘사하며, 이만 명의 군사가 죽었다는 막대한 손실의 숫자로 주의를 끈다. 이런 과장된 사상자 수는 하느님께서 다윗을 위해 싸우신다는 것을(8,1-14; 10,18 참조) 우리에게 상기시킨다. 일반적으로 살육을 묘사하는 히브리어 관용구는 칼이 희생자들을 '먹는다'(아칼'*kl*)이다(신명 32,42; 2사무 2,26; 11,25; 이사 1,20; 31,8 등 참조). 이 장면에서 화자는 '숲'이 동사 '먹는다'(아칼'*kl*)의 주어가 되도록 그 은유를 다시 손보는데, 성경에서 유일한 예이다(NRSV는 히브리어를 관용적 영어로 번역한다. '숲이 요구했다'). 이 이상한 언어는 다윗 군대가 하느님에게서 받은 도움을 표시하는데, 그분은 승리를 확보하는 일에 숲을 사용하셨다.[259] 여호 10,11에서 하느님이 보내신 우박이 적들을 죽이는 데 칼보다 더 효과적이었다. 하느님의 자연 지배력은 여호수아에게 그러셨던 것처럼 다윗에게도 승리를 보장한다. 칼보다 군사를 더 많이 삼킨 그 숲은 압살롬이 큰 향엽나무에 매달렸을 때 그를 공격에 노출시키면서 그를 삼키려 하고 있다.

4.8.4.2ㄴ 요압의 발언과 압살롬의 죽음 18,9-15

화자는 전투 장면으로 짧게 이동하면서 찬탈한 임금의 처형과 그로 인한 반란의 끝을 이야기한다. 그러나 이 장면은 중심은 반란자의 처

---

[259] 이사 56,9에서 하느님은 숲의 야생동물들에게 백성을 '먹으라'(아칼'*kl*)고 명령하신다.

형이 아니라, 요압과 이름 없는 병사 사이의 대화이다.

◆ 구조

가. 압살롬이 향엽나무에 걸린다(18,9-10)
   나. 그 사람이 요압에게 말한다(18,10)
      다. 요압이 그 사람에게 해주겠다고 약속한 것(18,11)
         라. 압살롬에 관한 임금의 명령이 다시 언급되다(18,12)
      다'. 그 사람이 자기에게 요압이 실제로 하리라고 생각하는 것 (18,13)
   나'. 요압이 그 사람에게 대답하다(18,14ㄱ)
가'. 압살롬이 향엽나무에서 죽다(18,14ㄴ-15)

장면이 열리자, 압살롬은 향엽나무에 걸려 있고, 장면이 닫히며 압살롬은 그 동일한 나무에서 죽는다. 그러나 장면의 대부분(5개 절)은 요압과 압살롬의 곤경을 본 사람 사이의 대치에 멈추어 있다. 〈다/다'〉 부분에 요압이 그 사람에게 약속하는 것과 그 사람이 압살롬을 죽였을 경우 요압이 하리라고 실제로 믿는 것 사이에 예리한 대조가 있다. 다윗이 요압에게 한 마지막 명령을 이 장면의 중심에 반복해 놓음으로써, 화자는 다윗의 명령에도 불구하고 압살롬을 죽이려는 요압의 결정에 우리의 주의를 쏠리게 한다.

◆◆ 주석

다윗 전사들의 칼보다 더 많이 그의 군대를 삼키고 있는 에프라임 숲을 통과하며, 압살롬은 왕권의 상징인 노새를[260] 타고 달리고 있다. 왕실 노새를 타고 움직이는 중에 그는 다윗의 사람들을 만난다. 혼자이고 무방비 상태에서 압살롬은 도망치려 몸을 돌렸고, 노새는 향엽나무의 엉클어진 가지 아래를 지나가다 '압살롬의 머리가 향엽나무에 단단히 얽힌 채' 남겨두고 가버렸다. 화자가 14:25-26에서 압살롬의 개인 이발에 대해 장황하게 묘사한 이유가 당시에는 상당히 이상하게 보였는데, 이제 분명해진다. 압살롬은 그의 머리카락을 일년에 한 번 자르고, 자른 머리카락 무게를 달고 다음에는 그 무게를 발표했다. 이제 그가 다윗의 군대를 피하려고 할 때, 그토록 소중하게 여겼던 머리카락이 향엽나무의 얽크러진 나뭇가지에 그를 얽히게 하고, 공중에 매달아 두어 쉬운 목표물이 되게 함으로써, 그의 목숨을 잃게 한다. 압살롬이 그의 머리카락에 덜 신경을 쓰고 좀 더 자주 잘랐더라면, 그는 향엽나무 가지들이 엉켜 있는 아래를 아무런 방해도 받지 않고 지나갈 수 있었을 것이다. 그는 그 자신의 집착으로 망했다. 화자는 기수가 없어진 것을 눈치채지 못한 채 계속해서 걸어가는 노새에게 초점을 맞춘다. 우리는 왕실 노새가 그의 왕실 주인 없이 장면을 나가는 것을 지켜보며 비극과 희극을 포착한다. 오필리아의 무덤을 파고 있을지라도

---

[260] 아도니야의 찬탈 소식을 들었을 때, 다윗은 차독, 나탄, 그리고 브나야에게 솔로몬을 그의 노새에 태워(1열왕 1,33.38.44) 기혼 샘으로 데리고 가서 대관식을 하라고 명령한다.

²⁶¹ 햄릿과 무덤 파는 자들의 농담에 우리가 웃듯이, 그렇게 반란군 지도자는 이제 처형될 준비가 되었지만, 임금 없이 나가고 있는 노새는 즐겁다.

요압과 이름 없는 병사 사이의 대화에 참석하기 위해 우리는 향엽나무에 매달린 압살롬을 떠난다. 이름 없는 병사는 압살롬이 꼼짝달싹 못하고 있음을 보고하면서, 요압이 압살롬을 부드럽게 대해 달라는 다윗의 명령을 지키리라고 기대하고, 그러면 압살롬이 그의 아버지에게 무사히 돌아가게 되리라고 믿는다. 압살롬이 나뭇가지에 매달렸기에 요압은 다윗의 뜻을 쉽게 성취할 수 있다. 그러나 요압이 무방비의 찬탈자를 처형하지 않았다고 병사를 질책할 때, 우리는 그의 의도를 확신한다. 그는 병사에게 보상을 약속하면서 그가 압살롬을 죽이도록 끌어들인다. 그래서 그 자신이 그것을 해야 하는 것에서 빠져나가려 한다. 보상 자체의 정확한 가치는 '은전 열 닢과 띠 하나'로 오늘날 값어치를 평가하긴 어렵지만, 요압은 그 정도면 병사가 그 일을 하도록 충분히 납득시킬 수 있으리라고 추정한다. 그러나 병사는 설사 요압이 그 백배로 보상을 준다고 할지라도, 임금의 아들을 향해 '그의 손을 들지' 않으리라고 선언한다. 이 관용구(히브리어 문자 그대로는 '손을 뻗다')는 아비사이가 사울 임금을 죽이려는 것을 다윗이 막을 때 나타

---

261 햄릿: 네가 파고 있는 무덤은 도대체 어떤 남자의 무덤이냐?
무덤 파는 사람: 남자의 무덤은 아니지요.
햄릿: 그러면 어떤 여자의 무덤이냐?
무덤 파는 사람: 여자의 무덤도 아니라고요.
햄릿: 누구를 묻을 거냐?
무덤 파는 사람: 과거에는 여자였지만 지금은 죽었지요. 그러나 죽은 자의 영혼에게 안식을!
(역주: 김재남 역, 《셰익스피어 비극》, 5막 1장, 119-25줄 참조).

나고(1사무 26,9) 그리고 다윗이 바로 그 일을 한 아말렉 사람 사자를 비난할 때 나타난다(2사무 1,14). 그 병사가 압살롬의 왕권은 인식하지 못하지만 압살롬이 왕족의 일원이라는 것은 알고 있고, 그래서 그는 요압에게 압살롬에 관한 다윗의 명령을 전체 군대가 다 들었다고 상기시킨다. (요압에게 상기시킬 필요가 있었을까?) 그의 재연은 다윗의 원래 말보다(18,12) 더욱 구체적이다. 요압은 압살롬을 *보호해야* 한다는 것이다. 그 사람은 다윗이 명령을 내릴 때 사용한 같은 명칭 '젊은이'로 압살롬을 언급한다. 이 언어는 임금과 찬탈자 사이의 국가적 분쟁이 또한 아버지와 아들 사이에서 이루어지는 가족 싸움임을 상기시킨다. 다윗에게 반군 수장은 그의 아들이고, 그래서 다윗의 잘못된 애정이라는 시 도동기가 다시 나타난다(18,1-6 참조). 요압에게 압살롬은 반란자이고, 그의 제거는 국가적 명령이다. 아버지의 애정과는 무관하다.

 병사가 다윗의 명령을 되풀이하는 것이 그가 요압의 보상 유혹에도 넘어가지 않은 이유를 설명하는 데 충분한 것으로 보일지라도, 그는 요압의 성격에 대한 비판적 통찰력을 제공하는 무상 정보를 더한다. 첫째 그는 압살롬의 살해를 배신행위로 분명하게 규정한다(18,13). 화자가 반란을 묘사하기 위해 15,12에서 사용한 것과 같은 히브리어 단어다. 게다가 그는 임금이 그것을 들었을 때 요압은 그에게서 '등을 돌리고 서 있을' 것이라고 믿는다.[262] 병사는 요압이 임금의 아들 살해죄를 뒤집어씌우려 한다는 것을 인식하고, 그래서 솔직하게 그의 장군의 이중성을 비난한다. 그는 요압을 철저하게 무자비한 지도자로 간주한다.

---

262 히브리 어구는 성경에서 단지 여기만 나타나는데, 좀 애매하다. 문자 그대로 번역하면, 그 의미는 '당신은 전부터의 당신의 입장을 고수할 것이다'(당신 입장만 챙길 것이다).

따라서 아들을 향한 다윗의 애정이 그를 거의 파멸시키는 비극적인 결점이라 할지라도, 우리는 요압의 지도력이 훨씬 더 잔인하다고 상상한다(1.4.3 단원에 나오는 '요압' 참조). 병사가 보상으로 유혹에 넘어가지 않기 때문에, 요압은 그와 압살롬 처형의 가치를 토론하는 데 시간을 더 허비할 수 없다. 반군 수괴는 곧 나뭇가지로부터 풀려날 것이다.

압살롬의 죽음 이야기는 두 단계로 나뉜다. 요압은 압살롬의 심장에 던지기 위해 표창 세 개를 잡는다. 화자는 아직 압살롬이 살아 있다는 것을 보증한다. 그래서 요압은 임금의 무기력한 아들을 포로로 사로잡으면서 '부드럽게 다루라'는(18,5에 나오는 다윗의 말) 임금의 명령을 충족시킬 수 있었다. 압살롬 죽음의 두 번째 단계에서 요압의 무기병들이 처형을 완료한다. 다윗에 대한 공감 때문에 우리는 압살롬이 그의 아버지를 가차 없이 죽일 수 있었다는 것을 알고 있고, 또한 다윗은 오랫동안 압살롬을 가슴에 품고(14,1 참조) 있으리라는 것도 인식하면서 압살롬의 죽음을 분열된 마음으로 지켜본다. 요압은 다윗의 애정을 지혜롭지 못한 것으로 일축하는데, 우리가 자기 아버지를 죽이려고 했던 압살롬의 의도를 알고 있는 것을 감안하면 그가 옳다. 그가 임금의 아들을 살해하면서 다윗 궁정에서 그의 세력은 정점에 달한다. 다윗은 그의 임종 자리에서 솔로몬에게 요압을 죽이라고 명령한다(1열왕 2,6: "백발이 성성한 그자가 평안히 저승으로 내려가지 못하게 하여라"). 그가 평화로운 때에 아브네르(2사무 3,27)와 아마사(20,10)를 살해했기 때문이다. 다윗은 요압이 무방비의 압살롬을 살해한 것에 대해서는 언급하지 않을 터인데, 아마도 이 죽음이 군사적 무대에서 일어났기 때문일 것이다. 우리는 다윗이 압살롬 죽음의 내막을 알게 되었는지 여부를 전혀 알 수 없다. 그러나 임금에게는 아무것도 숨길 수가 없다(18,13)는 병사의 발언은 그가 알았으리라고 암시한다.

4.8.4.2ㄷ 압살롬이 숲속에 매장되다 18,16-18

반군의 수장이 죽자, 요압은 나팔을 불어 그의 군대의 추적을 즉시 중단시킨다.[263] 아히토펠의 조언은 사실로 증명되었다(17,2-3). '나는 단지 임금만 쳐 죽일 것입니다. 그리고 모든 이스라엘을 당신께 돌아오게 하겠습니다.' 얄궂게도 쓰러진 임금은 다윗이 아니라 찬탈자이다. 압살롬을 죽인 요압의 무기병들은 그의 시신을 가지고 와서 전투가 벌어졌던 에프라임 숲의 구덩이에 던진다. 압살롬의 불명예스러운 매장은 아히토펠이 자살 후 그의 조상의 무덤에 매장된 것과 대조된다(17,23). 압살롬의 매장을 묘사한 히브리어 단어 와야실리쿠*wayyašlikū*는 경멸적이다. NJPS의 번역 '내던졌다flung'가 NRSV의 번역 '던졌다threw'보다 그 감각을 좀 더 포착한 표현이다. '거대한 돌무더기'라는 표현은 성경에 다른 장면에 두 번 더 나오는데(여호 7,26; 8,29) 거기서도 역시 불명예스러운 매장을 묘사한다. 여호 7장에서 아칸이 하느님께 '봉헌된' 물품을 가지고 도망쳤기 때문에(7,1) 이스라엘이 아이에서 패했다. 그의 범죄가 발견되었을 때, 아칸과 그의 가족은 처형되었고 '거대한 돌무더기'가 아칸의 시신 위로 쌓아 올려졌다(여호 7,26). 여호 8장에서 아이의 임금

---

[263] 2,28에서 그는 아브네르의 사람들을 그만 추격하도록 같은 행동을 했다.

이 처형되어 그의 시신 또한 내던져졌고(와야실리쿠), '거대한 돌무더기'가 그 위로 쌓아 올려졌다(여호 8,29). 따라서 압살롬의 시신을 덮은 돌무더기는 그를 부정한 아칸과 여호수아의 적인 아이 임금의 비참한 무리에 넣는다. 이것이 화자가 압살롬과 그의 반군에게 내리는 최종 판단이다.

후사이와 아히토펠 둘 다의 예언은 압살롬이 생각하지 못한 방식으로 이루어진다(2사무 17,1-4을 설명한 4.8.2.4 단원 참조). 다윗은 죽은 지도자가 되고 모든 그의 군대는 도망가리라고 예상했었다(17,2에서 아히토펠이 그렇게 말한다). 그 대신 압살롬이 죽었고 그의 군대가 도망갔다. 후사이는 다윗이 구덩이에 숨어 있는 것을 상상했는데(17,9), 구덩이를 가리키는 히브리어 파하트*paḥat*는 드문 용어로 창세기부터 열왕기 하권까지에서 후사이의 예측과 압살롬의 서두른 매장 묘사에만 나타난다. 결국 구덩이에 숨은 이는 다윗이 아니라 구덩이에 내던져진 압살롬의 시신이다. 압살롬의 이야기는 예상됐던 왕실 매장과 그가 받은 수치스러운 매장에 대한 대조를 여담으로 붙인 채 결론을 내린다. 그는 임금의 골짜기(아마도 예루살렘 동쪽의 키드론 골짜기)에 기념비적인 무덤을 준비하였으나,[264] 오히려 그의 시신은 돌무더기로 덮인 구덩이에 누웠다. 압살롬은 그의 이름을 이어받을 아들이 없었기 때문에 그것을 지었다는데, 14,27에 있는 압살롬의 자녀 목록을 잊어버린 진술이다. 우리 화자는 눈에 띄는 이런 모순으로 방해받지 않는다. 아마도 우리는 압살롬 반란 때 그의 세 아들이 죽었다고 가정해야 할 것이다.[265] 화자가 상

---

264 McCarter, *II Samuel*, 409.
265 Herzberg, *I and II Samuel*, 334-35.

기시키는 대로 그 기념물은 '오늘날까지' 여전히 볼 수 있다. '오늘날까지'라는 이 어구는 2사무에서 네 번째 나타난다(4.3 참조). 압살롬의 기념비를 보는 이는 누구든지 그 주인이 그 안에 묻히지 않은 것에 아이러니를 느낄 것이다. 그는 그 기념비가 그의 기억을 보존해주기를 희망했는데 걱정할 필요가 없다. 그의 이야기는 세계에서 가장 잘 알려진 이야기 중 하나에 기술되어 있다.

4.8.4.3 전선에서 보낸 소식이 다윗에게 오다 18,19-33

반군 세력에 대한 승리의 소식이 점차적으로 임금에게 도달하고 있는데, 그는 오직 아들의 운명에만 관심을 가진다. 첫 장면은 다윗에게 알리는 문제를 다루고 있고, 두 번째는 다윗과 달려오는 이를 포착한 파수꾼 사이의 대화를 그리고 세 번째 장면은 소식의 도착을 기록한다. 속보가 다윗에게 어떻게 전달되어 가는지를 이와 같이 길게 설명할 필요는 없어 보인다. 화자는 그것을 단 한 줄로 기록할 수 있었다. 그러나 배경에 숨어 있었던, 압살롬에 대한 다윗의 잘못된 애정이라는 시도동기가, 이제 무대 중앙으로 나온다.

◆ 구조

가. 요압, 아히마아츠, 에티오피아 사람(18,19-23)
    나. 다윗과 파수꾼(18,24-27)

가. 다윗, 아히마아츠, 에티오피아 사람(18,28-33)

첫 장면에서, 아히마아츠는 달려가서 다윗에게 소식을 알리기를 바란다. "주님께서 원수들의 손에서 임금님을 건져주셨다"(18,19). 마지막 장면에서, 에티오피아 사람이 다윗에게 알릴 때 비로소 소식이 도달한다. "주님께서 임금님께 맞서 일어난 자들의 손에서 오늘 임금님을 건져주셨습니다"(18,31). 이 두 구절이 세 장면을 에워싸고 있으나 다윗이 듣고 싶어 하는 소식은 전하지 않는다. 가운데 장면 〈나〉는 압살롬 죽음의 보고가 도착하는 과정을 지연하여, 다윗의 희망이 커가는 동안 긴장감을 고조시킨다. 그러나 우리는 무엇이 오고 있는지 알고 있고 그래서 다윗의 반응을 지켜본다.

4.8.4.3ㄱ 요압, 아히마아츠, 에티오피아 사람 18,19-23

♦ 구조

가. 제가 달리게 해주십시오(18,19)
    나. 요압의 반대(18,20)
        다. 에티오피아 사람이 갈 수 있다(18,21ㄱㄴ)
            라. 에티오피아 사람이 달린다(18,21ㄷ)
가′. 제가 달리게 해주십시오(18,22ㄱ)
    나′. 요압의 반대(18,22ㄴㄷ)

가". 제가 달리게 해주십시오(18,23ㄱ)

　[나". 반대 없음]

　　다'. 달린다(18,23ㄴ)

　　　라'. 아히마아츠가 에티오피아 사람을 앞선다(18,23ㄷ)

장면은 다윗에게 '좋은 소식'(히브리어 어근 바사르 *bśr*, '좋은 소식'은 5번 나타난다)이 '달려가는'(히브리어 어근 루츠 *ruṣ*, '달리다'는 7번 나타난다) 것을 다룬다. 세 번의 대화가 있는데, 각각 아히마아츠로 시작하고, 그는 다윗에게 소식을 전하기 위해 '달릴' 것을 주장한다. 첫 두 대화에서 요압은 반대한다. 그 이유인즉 (1) 임금의 아들이 죽었다. (2) 너는 보상을 받지 못할 것이다. 세 번째 대화에서 요압은 더 반대하지 않고 아히마아츠는 출발한다. 〈라/라'〉 부분은 두 주자를 비교한다. 아히마아츠가 에티오피아 사람보다 더 빠르다.

◆◆ 주석

압살롬이 죽고 전쟁이 멈추자, 우리 생각은 다윗에게 향하는데, 그는 마하나임 성문에서 아들의 운명에 관한 소식을 기다리고 있다. 아히마아츠는 자신이 다윗에게 달려가 소식을 전하겠다고 나서며 요압에게 그가 전할 메시지 내용을 알린다. 주님께서 다윗을 그의 원수들의 손에서 구하셨다는 것이다. '구해내다', '옹호하다'(샤파트 *špt* + 미야드 *miyyad*)라는 히브리어 표현이 성경에 3번 나오는데, 2번이 이 에피소드에(18,19,31) 나타난다. 세 번째 경우는 다윗이 사울을 죽일 기회를 활용하지 않고 그의 겉옷 한 조각을 잘라 도망친 후에, 다윗이 사울에게서 주님께서 그를 건져주시기를 기도할 때 나타난다(1사무 24,16). 아히마아츠가 요압에게 한 말은 다윗의 초기 기도를 상기시키고, 하느님이 사울에게서 '그를 건져주셨던' 것처럼 그렇게 하느님은 압살롬과 그의 반군에게서 '그를 건져주셨음'을 암시한다. 그러나 다윗은 그 일을 이런 식으로 보지 않는다.

히브리어 어근 바사르 *bśr*(NRSV는 '소식을 전하다'로 번역했다)는 거의 항상 좋은 소식을 전달하는 것을 가리킨다. 이 단어 선택은 반란자들에 대한 승리를 기념하는 것인 한편, 동시에 아들에 대한 다윗의 일차적 관심사를(2사무 18,5) 잊은 것이다. 그래서 요압은 아히마아츠에게, 임금의 아들이 죽었기 때문에 그는 다윗에게 '좋은 소식'(버소라 *bĕśōrâ*)의 전달자로 보일 수 없음을 알려준다. 다음 장면에서 다윗은 파수꾼이 발견한 주자들이 '좋은 소식'(버소라 *bĕśōrâ*)을 전달할 것이라는 그의 희망을 3번 표현할 것이다. 버소라 *bĕśōrâ* 단어로 인해 우리는 압살롬의 패배을 다르게 해석하는 입장에 주의를 쏟게 된다. 요압, 아히마아츠, 그리고 군대에는 그들의 승리가 좋은 소식이나 다윗에게는 재난이다(시도 동기). 요압은 압살롬에 대한 임금의 감정을 압살롬의 망명 이래로(14,1) 면밀히 관찰해왔다. 그래서 그는 (그리고 우리도) 다윗이 어떻게 반응할지 알고 있다. 그래서 요압이 전달자로 에티오피아 사람을 지명했을 때, '좋은 소식을 전하다'라는 히브리어 어근 바사르 *bśr*를 사용하는 대신에, 그는 단순히 소식을 임금에게 '알리라'(학게드 *haggēd*)고 명령한다.

하지만 아히마아츠는 왜 그렇게 다윗에게 달려가려고 결심했는가?
[266] 설명되지 않은 그의 동기는 화자에게 중요한 문제가 아니다. 대신에 그는 소식을 전하기 위해 에티오피아 사람을 선택하는 요압에게 초점을 맞춘다. 우리는 차독의 아들 아히마아츠가 다윗의 가장 충성스러운 신하 중의 하나임을 안다. 그는 압살롬의 군사 계획 정보를 다윗에게 가져오기 위해, 바후림의 우물에 숨으면서(17,18), 그의 목숨을 걸었다. 게다가 아히마아츠는, 요압이 압살롬을 죽이도록 유혹하던 이름 없는 병사처럼(18,11), 요압에게 내린 다윗의 마지막 명령을 들었어야만 한다. 그것은 화자가 *모든 이*가 그것을 들었다고 주장하기 때문이다(18,5). 그래서 요압은 아마도 열정적인 아히마아츠를 단념시키려 한 것은, 다윗의 충성스러운 사자가 압살롬의 죽음을 어떻게 보고할 것인지를 의심하기 때문이다. 그는 다윗에게 요압이 왕실의 명령에 불복했다고 이야기할 것인가? 사실 아히마아츠가 다윗에게 도달했을 때 그는 압살롬의 운명을 모르는 척한다. 그러나 외국인인 에티오피아 사람은 18,5에 나오는 다윗의 원래 명령을 모르는 것처럼 보이고, 그래서 다윗에게 도착했을 때, 그는 열광적으로 선언한다(18,32). "저의 주군이신 임금님의 원수들 … 모두 그 젊은이(압살롬)처럼 되기를 바랍니다."

에티오피아 사람이 떠나고 나서, 아히마아츠는 '좋은 소식'을 다윗에게 전한다는 어떤 언급도 없이 에티오피아 사람 뒤를 달리려는 의도를 다시 선언한다. 요압은, 보상을 기대할 수도 없는데 왜 그렇게 열심

---

266 그의 결의는 장면이 전개되며 굳어진다. 18,19에서 권유형(cohortative)+나(*nā'*)가 18,23에서는 익톨형(*yiqtol*, 아루츠*ārûṣ*)으로 된다(역주: 18,19에서 '달리게 해주십시오'가 18,23에서 '달릴 것입니다'가 된다).

인지 궁금해하면서, 아히마아츠의 동기를 묻는다(이 추론은 요압의 성격을 더 드러낸다. 보상이 없으면 소식을 전하기 위해 달릴 필요가 없다는 식이다). 독자들은 요압만큼 의심스러워하지는 않지만, 아히마아츠의 동기가 똑같이 혼란스럽다. 끝내 아히마아츠가 주장하자, 요압은 에티오피아 사람이 아히마아츠의 도착보다 더 이르리라 계산하면서 동의한다. 그러나 화자는 아히마아츠가 다른 길을 택하여 에티오피아 사람을 앞질렀다고 보고한다. 그는 다윗에게 도달하는 첫 사람이 될 것이다. 그는 압살롬의 죽음에 대해 무엇을 보고할 것인가?

4.8.4.3ㄴ 다윗과 파수꾼 18,24-27

화자는 다가오는 사자에 대한 이 보고로 소식의 도착을 늦추면서 우리를 귀찮게 한다. 《맥베스》에서 맥더프의 아내와 아이들이 죽임을 당했을 때, 시인은 맬컴과 맥더프 사이에 늘어진 대화 장면으로 옮긴다. 우리는 맥더프가 하는 모든 말을 견디고 있는데, 그의 가족이 처형되었다는 소식이 그를 향해 가고 있음을 알기에 그렇다. 사자 로스가 무대에 도착했을 때, 셰익스피어는 아직 우리를 더 기다리게 하면서, "나한테 숨기지 마시오"(4막, 3장, 201줄) 하고 맥더프가 소리 지를 때까지 긴장을 견딜 수 없을 정도로 끌어 올린다. 이 말들이 이제는 다윗의 입술에서 오르내리게 될 것이다.

♦ 구조

배경: 다윗은 성문에 있는데, 우리가 그를 두고 떠난 거기다(18,24ㄱ)

가. 사자가 처음 목격되다(18,24ㄴ)
　나. 정보가 임금에게 전달된다(18,25ㄱ)
　　다. 임금이 반응한다: 좋은 소식이다(18,25ㄴ)
가'. 사자가 두 번째로 목격되다(18,26ㄱ)
　나'. 정보가 수문장에게 전달된다(18,26ㄴ)
　　다'. 임금이 반응한다: 좋은 소식이다(18,26ㄷ)
가". 세 번째 목격: 첫 사자는 아히마아츠다(18,27ㄱ)
　　다". 임금이 반응한다: 좋은 소식이다(18,27ㄴ)

이 구조는 장면을 반복하면서 긍정적인 보고를 기대하는 다윗의 희망을 고조시키는 동시에 소식의 도착을 지연하는 특성을 보여준다. 첫 사자가 발견되는데, 그는 혼자이기 때문에, 좋은 소식을 가져올 것이다. 두 번째 사자가 발견되고 그 역시 혼자이고, 그래서 그 역시 좋은 소식을 가져올 것이다. 아히마아츠가 첫 사자라고 인식되었을 때, 다윗은 그를 '좋은 사람'이라 하고, 따라서 좋은 소식을 가져온다고 선언한다. 임금은 그의 아들에 대한 좋은 소식을 받기를 기대하고, 우리는 이미 그의 반응을 관찰할 준비가 되었다.

◆◆ 주석

화자는 배경 정보(워 엑스 카텔*wĕ X qātēl*)로 장면을 시작하는데, 이 정보는 이전의 사건들인 전투, 압살롬의 죽음과 다윗에게 소식을 전달해야 할 사람에 대한 결정과 동시에 진행되는 것이다. 이 사건들이 벌어지는 동안에 다윗은, 압살롬에 대한 특별 명령(18,5)을 내리면서 그의 군대를 파견했던 성문의 그의 위치에서 조금도 움직이지 않았다. 우리는 파수꾼과 함께 성문 위로 올라가고 그와 함께 전투 지역(에프라임 숲) 쪽 망을 본다. 유리한 지점에서 우리는 파수꾼의 말을 기다리는 다윗도 내려다볼 수 있다. 화자는 파수꾼이 눈을 들어서 멀리 바라보는 것을 우리가 지켜보도록 행동을 늦춘다. (문자 그대로) '눈을 들어 올리고, 그리고 보고, 그리고 주시한다'는 18,24의 히브리어 표현은 시야에 들어오는 대상에 우리 주의를 집중시켜서,[267] 파수꾼과 함께 우리도 멀리서 혼자 달려오는 사람을 시야에 담는다. 소식은 주자가 혼자이고, 그는 좋은 소식을(NRSV는 버소라*bĕsōrâ*를 '소식'으로 번역했다) 가져온다고 지목한 다윗에게 전달된다. 마하나임 쪽으로 달려오는 몇몇 병사가 패배에서 벗어났다는 신호일 수도 있다. 소식이 좋은 것이라는 다윗의 확신은 단지 우리의 긴장감을 높일 뿐이다. 화자는 가까이 다가오고 있는 주자를 보게 했다. 두 번째 주자가 발견되었고 파수꾼은 수문장에게 정보를 전달한다. 지금 성문을 열 때이다. 다윗은 다시 좋은 소식이라고 확신한다. 파수꾼은 주자의 걸음걸이를 알아차리고 첫 주자는 아

---

[267] 이 표현은 성경에서 창세 18,2에 아브라함이 그의 눈을 들고 멀리서 오는 세 사람, 그에게 이사악의 탄생을 알려줄 그들을 바라볼 때, 처음 나타난다.

히마아츠라고 믿는다. 다윗은 그를 압살롬의 군사 정보를 그에게 가져왔던(17,17-22) 좋은 사람으로 알고 있다. 따라서 다가오고 있는 소식은 좋은 것임에 틀림없다. 우리 마음은 충격을 받는 다윗과 함께 있다.

4.8.4.3ㄷ 다윗, 아히마아츠, 그리고 에티오피아 사람 18,28-19,1

◆ 구조

가. 좋은 소식(18,28)
    나. 다윗이 압살롬의 '샬롬'에 대해 묻는다(18,29ㄱ)
        다. 대답(18,29ㄴ)
            라. 임금의 반응(18,30)
가'. 좋은 소식(18,31)
    나'. 다윗이 압살롬의 '샬롬'에 대해 묻는다(18,32ㄱ)
        다'. 대답(18,32ㄴ)
            라'. 임금의 반응(19,1)

임금에게 승리에 관한 '좋은 소식'을 가져오는 주자들은, 오직 아들에 관한 정보만 원하는 아버지를 만나게 될 것이다. 첫 사자 아히마아츠의 도착은, 두 번째 사자의 도착이 지체되는 데 대한 우리의 불안을 키우면서 압살롬 운명의 소식을 늦추고 있을 뿐이다.

♦♦ 주석

아히마아츠는 에티오피아 사람을 앞질러서 그렇게나 다윗에게 소식을 전달하고 싶어 했던 그의 원래 바람을 실현하였다. 임금에게 경의를 표하는 첫 마디 '샬롬šālôm'은 몇 가지로 해석할 수 있다. NAB와 NJB에 반영된 것처럼 첫 인사말로, 혹은 NJPS, NRSV와 REB에서처럼 '다 괜찮습니다'(다 무고합니다)라는 승리의 첫 보고로 간주할 수 있다. 후자의 번역이 17,3에서 아히토펠이 압살롬에게 한 지혜로운 조언을 상기시키기 때문에 아히마아츠의 첫마디로 더 적절하다. 그 조언인즉 '당신(압살롬)은 단 한 사람(다윗)의 목숨을 노리고, 그리고 모든 백성은 안전할 것입니다(샬롬šālôm)'였다. 아히토펠의 충고는 사실로 증명되었다. 비록 샬롬이 아히토펠이 의도했던 압살롬에게가 아니라 다윗에게 오기는 했지만 말이다. 승리는 다윗이 가장 관심을 가진 샬롬이 아니기에, 그는 즉시 아들 압살롬의 샬롬에 대해 질문한다. '젊은이 압살롬은 무사하냐(샬롬šālôm)?'

그때 아히마아츠는 그가 전했던 샬롬에 대해 구체적으로 상술한다. 곧 하느님께서 다윗을 위해 전투에 승리하셨다. 우리는 이미 여러 기회에 알고 있었던 것, 하느님은 그의 기도를 들으셨고(15,31) 아히토펠의 조언과 후사이의 조언 사이에서 압살롬의 식별 능력을 소용없게 하셨다는 것을(17,14) 다윗은 지금 알게 된다. 아히마아츠가 승리를 알리기 위해 차용한 히브리어 표현, 하느님은 다윗의 적들을 '붙이셨다'(사가르sgr, 피엘: NRSV '하느님은 그 사람들을 넘겨주셨다')는 다윗 내러티브에 3번 나타난다. 골리앗이 그를 대적하러 오는 어린 다윗을 비웃을 때, 다윗은 하느님이 골리앗을 그의 손에서 '붙이실'(사가르 sgr) 것이라고 자신감을 표현한다(1사무 17,46). 1사무 24,19에서 사울은 다윗이 막 자신의 목숨을 살려주었음을 이제 알아채고, 하느님이 그를 다윗에 손에 '붙이셨음'(사가르 sgr)을 인정한다. 마지막으로 1사무 26,8에서 아비사이가 사울을 죽일 기회가 다윗에게 왔음을 보면서 그에게 말한다. '오늘 하느님께서 당신의 원수를 당신 손에 붙이셨으니(사가르 sgr)'(필자 번역). 다윗에게 하느님의 신실하심을 나타내는 이 어구가 이제 아히마아츠의 입술에서 발견된다. 그러나 다윗은 그것을 인정하지 않는다. 그는 압살롬에 관해 알기를 바란다. '젊은이 압살롬은 무사하냐(샬롬 šalôm)?' 만일 '모두가 무사하다면', 그렇다면 다윗의 생각에는 압살롬 역시 무사해야 한다. 그는 압살롬이 자신의 목숨을 노리던 찬탈자라는 사실을 완전히 잊었다! 아히마아츠는 아마도 군대가 압살롬 살해를 축하하는 소리와 관계된, 이상한 '큰 소란'에 대해 말하면서, 질문을 회피한다. 우리는 그가 압살롬의 운명을 알고, 다윗의 최종 명령이 요압, 아비사이 그리고 이타이에게 무시되었음을 알고 있으며 그것을 밝히지 않기로 한 것으로 추정한다. 외국인인 에티오피아 사람은 그 소식을 터트릴 수 있다. 그래서 우리는 그가 도착하기를 기다린다.

압살롬에 대한 다윗의 잘못된 애정이라는 시도동기가 이제 무대 중앙으로 나온다. 아히토펠의 조언과 관련한 그의 기도가 하느님에 의해 성취되었음을 알게 되었는데도 불구하고, 다윗의 입술에서는 하느님께 드리는 감사도, 기쁨도, 축하도 나오지 않는다. 전투에서의 아들 운명에 대한 아버지의 두려움이 그 적절한 감사 표현을 갈음하였다. 그는 아히마아츠에게 던진 질문에 합당한 답변을 얻지 못하고, 에티오피아 사람이 무대 중앙으로 오자 그에게 옆으로 서 있으리라고 말한다. 에티오피아 사람의 첫 말은 승리를 알리고(다시 히브리어 어근 바사르 *bśr*가 나타난다), 다음에 그는 18,19에서 아히마아츠가 요압에게 한 말을(샤파트 *špṭ* + 미야드 *miyyad*) 반복한다. '오늘 주님께서 당신을 거슬러 일어난 모든 이들의 손에서 당신을 구하셨습니다'(필자 번역). 아들만 걱정하는 아버지에게 임금을 기쁘게 하는 소식이 온다. 그래서 에티오피아 사람이 고지를 마치자마자, 그는 '젊은이' 압살롬의 샬롬에 대해서 다시 묻는다. 에티오피아 사람은 '모든 사람'에게 들렸으나 그에게는 아닌, 다윗이 그의 장수들에게 내린 명령을 모르는 채 천진하게 외친다. "저의 주군이신 임금님의 원수들 … 모두 그 젊은이처럼 되기를 바랍니다."

이제 무대는 다윗을 비추는 단 하나의 스포트라이트만 남긴 채 어두워지고, 아히마아츠와 에티오피아 사람은 그림자 속으로 사라진다. 전투 소식을 기다리며 성문 옆에 남아 있던 임금은 사실상 아들의 운명을 알기를 기다리는 아버지에 더 가까웠다. 이제 그는 안다. 화자는 그의 비통을 포착하는데 히브리어 동사 라가즈 *rgz*를 선택했다. 이 동사는 땅과 하늘이 '흔들림'을 묘사한다(1사무 14,15; 2사무 22,8; 이사 5,25; 요엘 2,10). 그리고 그것은 사람들이 공포(이사 32,11; 64,2; 요엘 2,1)와 공황(탈출 15,14)으로 떠는 것을 가리킨다. 따라서 다윗은 떨고, 공황 상태이고, 흔들거리면서 성문으로 올라가고, 울면서 '내 아들아'를 5번이나 외쳐 부른다. 그는 아이를 잃은 부모의 보편적인 기도 소리를 낸다.

"너 대신 차라리 내가 죽을 것을." 임금으로서 그는 반군 아들을 패배시킬 전략을 세웠다. 아버지로서 그는 아들의 죽음을 애도한다. 다윗의 영혼을 이렇게 한순간 흘깃 엿보아도 인간이 겪는 극심한 고통의 순간에는 언어의 한계가 그대로 드러난다. 윌리엄 포크너는《압살롬, 압살롬!》에서, 언어란 "빈약하고 연약한 실 … 그로 인해, 영혼이 처음으로 울었는데 들리지 않았고 마지막으로 울 것이나 그때에도 들리지 않는 곳인 어둠 속으로 다시 가라앉기 전에 인간의 은밀하고 고독한 삶의 표면의 작은 모서리와 가장자리가 지금 한순간 연결될 수 있습니다"라며 한탄한다.[268] 다윗의 비밀스럽고 고독한 삶이 기포처럼 표면으로 올라오고 있을 때 우리는 다윗 영혼의 외침을 잠깐 듣는다. 그러나 요압이 곧 도착할 것이고 그래서 임금으로서 그의 역할이 다시 부각됨에 따라 몹시 동요된 아버지는 형언할 수 없는 고독 속으로 다시 가라앉을 것이다.

4.8.4.4 요압이 압살롬과 관련해 다윗과 직면하다 19,2-9ㄱㄴㄷ

장면이 열리자 임금-아버지는 그의 죽은 아들 때문에 몹시 슬퍼하면서 성문 위에 남아 있다. 장면이 마무리되며, 임금은(그 안에 아버지는 이제 억압되었다) 성문에서 내려와 그의 군대를 환영한다.

268　William Faulkner, *Absalom, Absalom!* (New York: Modern Library College Editions, 1936), 251.

◆ 구조

가. 요압이 알게 된다(나가드 *ngd*; 19,2) 임금이 그의 군대를 받아들이지 않는 다는 것(19,2-6)

　　ㄱ. 임금이 그의 아들을 애도한다(19,2)
　　　　ㄴ. 승리가 애도가 되었다(19,3ㄱ)
　　ㄱ'. 임금이 그의 아들을 애도한다(19,3ㄴ)
　　　　ㄴ.' 승리가 패배가 되었다(19,4)
　　ㄱ". 임금이 그의 아들을 애도한다(19,5)

나. 요압의 발언(19,6-8)

　　서두: 세 가지 비난(19,6-7)
　　　　ㄷ. 오늘 다윗의 의리는 반대 방향으로 갔다(19,6-7ㄱ)
　　　　　　ㄹ. 오늘 다윗은 자신의 군대에 대한 불성실을 분명히 했다
　　　　　　　　(나가드 *ngd*; 19,7ㄴ)
　　　　ㄷ'. 오늘 다윗의 의리는 반대 방향으로 갔다(19,7ㄷ)
　　명령형 3개: 일어나시오, 나가시오, 말하시오(19,8ㄱ)
　　위협: 만일 당신이 복종하지 않으면, 당신은 재난을 겪을 것이다
　　　　(19,8ㄴ)

가'. 군대가 알게 된다(나가드 *ngd*; 19,9) 임금이 그들을 받아들인다는 것(19,9ㄱㄴㄷ)

요압은 전투에서 돌아와서 다윗의 슬픔을 알게 되고(나가드 *ngd*) 그의

군대가(19,3: 콜하암 *kol hā'ām*) 마치 패배한 것처럼 도성으로 귀환하는 것을 본다. 장면이 닫히며, 다윗은 그의 애도를 중지하고 군대(19,9: 콜하암 *kol hā'ām*)는 다윗이 성문 자기 자리에 다시 앉았다는 것을 알게 되고(나가드*ngd*), 그들의 임금에게 인사하러 온다. 장면의 중심에 있는 요압의 발언이 다윗의 생각을 바꾼다. 그는 세 가지 비난을 하고, 세 가지 명령을 내리고, 재난으로 다윗을 위협한다. 요압은 고발의 중심에서 다윗이 군대에게 그의 불충실을 분명히 밝혔다고(나가드*ngd*) 비난한다.

◆◆ 주석

이 장면에서 우리는 다윗이 그에게 '젊은이 압살롬'을 부드럽게 대하라고 명령했을 때(18,5) 요압이 해야 했던 발언을 듣는다. 당시에 요압은 반란자 압살롬을 제거하리라 전적으로 계획하고 있었지만, 전략적으로 침묵하는 것을 선택하였다. 이제 화자는 승리한 장군과 그의 임금, 지금은 최고 사령관이기보다는 오히려 죽은 아들의 아버지 사이의 대결을 참관하도록 우리를 성문 위 방으로 데려간다. 장면이 열리면, 다윗은 여전히 성문 위에서 압살롬을 위해서 울부짖고 있고, 승리를 거두고 마하나임으로 돌아오며 이제 안전하게 예루살렘으로 귀환하리라 확신하는 요압은 다윗의 반응을 알게 된다(NRSV에는 번역되지 않고 남겨져 있는 19,2의 히브리어 토씨 힌네*hinnēh*, '보라'는 애도하는 다윗에게 똑바로 주의를 집중시킨다). 요압은 임금의 슬픔이 군대를 위한 개선식을 추모식으로 바꾸었음을 인식한다. 바로 이 군대가 다윗을 보호하기 위해 다윗은 안전하게 도성에 남으라고 주장했었다(18,3). 그들의 승리의 귀환이 아버지의 정서 상태로 무가치하게 되었고, 그래서 그들은 도성으로 도둑처럼 혹은 패잔병처럼 몰래 들어온다. 온 도성이 그가 그의 아들 압살롬을 위해, 승리한 군대가 악명 높은 찬탈자로 여겼던 그를 위해 울부짖는 것을 들을 수 있다.

요압은 성문 위 방으로 올라가서 다윗 내러티브에서 가장 긴 발언을 하고, 이 두 주요 등장인물의 관계는 절정에 이른다. 압살롬에 대한 다윗의 애착을 인식했던(14,1에서 시작) 요압은 다윗이 전장에서 전체 보고, 즉 승리와 압살롬의 죽음을 좋은 소식으로 받지 못할 것을 알고 있었다. 아히마아츠에게 한 그의 대답은 다윗의 고통을 예견한 것이었다(18,20: '오늘은 네가 기쁜 소식을 전할 사람이 아니니, … 임금의 아들이 죽었기 때문이다'). 성문 위 방으로 들어가면서 요압은 이 순간 군사적 승리에 거의 관심이 없는 압살롬의 아버지를 만나는데, 그에게는 그 승리가 하나의 개인적 비극일 뿐이다. 장군은 14,22에서 했던 것처럼 임금 앞에 경의로 엎드리지 않고, 즉시 공격을 시작한다. 임금의 잘못 때문에 군대가 굴욕을 느끼고 있다. 그들이 그의 생명과 그의 집안을 구했다(요압은 '목숨'이라는 단어를 5번 반복하면서, 다윗 집안의 구성원들을 열거한다). 임금은 그를 미워하는 이들(압살롬과 반군들)을 사랑하며 그를 사랑하는 이들(요압과 군대)을 미워한다(우리는 압살롬이 다윗을 죽이려 했던 것을 안다. 17,1-4). 요압의 생각에 임금은 반란을 일으킨 찬탈자를 애도하는 것이다. 요압은 임금이 죽은 아들에 관해 울고만 있는 때인 *바로 이 날* 승리가 임금에게 왔다고 주장하면서, '오늘'을 5번 반복한다. 그는 압살롬이 살고 그 자신의 군대는 죽기를 다윗이 원한다고 비난한다. 이는 전혀 사실이 아니다. 다윗은 아버지로서 그가 죽고 그의 아들 압살롬이 살아 있기만을 바랐을 뿐이다(19,1). 그는 결코 반란의 승리를 기도하지 않았다. 요압은 그의 군대를 위해 임금의 행동을 거부하면서 과장하고 있다.

요압은 그의 병사 하나에게 하듯이 임금에게 명령하면서, 세 개의 명령문을 내린다(일어나시오, 나가시오, 친절하게 말하시오). 그는 다윗이 밧세바와 밀회하고 우리야를 살해한 후, 다윗에게 군대를 소집해서 라빠를 정복하라고 요구할 때(4.4.11 단원에서 12,26-31 논의 참조) 같은 행동을 했다. 요압은 하느님 앞에서 맹세한다고 그를 위협하면서 다윗에게, 그의 모든 울음과 울부짖음이 군대에 끼친 피해를 복구하라고 강요한다! 만일 그가 군대를 환영하지 않으면, 그들은 그를 떠날 것이고 그의 젊은 시절부터 일어났던 그 어떤 일보다 더 나쁜 재난이 그에게 닥칠 것이라고 위협한다. 그런 위협은 사울의 살인적인 투창을 포함하여 (1사무 18,11; 19,10) 젊은 다윗에게 닥쳤던 몇 재앙을 떠오르게 한다. 장군은 그의 힘의 정점에 있다(그곳에서 다윗은 그를 곧 제거할 것이다). 흥미롭게도 그는 압살롬이 어떻게 죽었는지 언급하지 않는다. 현재 상황에서, 다윗은 압살롬이 쉽게 생포될 수 있었는지를 알 필요가 없다.

애도하는 아버지는 요압에게 대답하지 않는다. 그는 순응하고, 임금으로서 그의 역할을 되찾아 그가 군대를 전투에 보냈던 성문으로 내려간다. 장면의 시작에서 임금의 슬픔을 알게 되었던(나가드 *ngd*) 군대는, 이제 임금이 성문에 있는 그의 자리를 되찾았다는 것을 알게 된다

(나가드 *ngd*). 그들은 그 앞으로 오나, 그 장면은 승리를 환호하는 장면의 하나가 아니다. 이 사건으로 압살롬에 대한 다윗의 잘못된 애정이라는 시도동기는 마무리된다. 요압의 질책에도 불구하고, 우리는 다윗이 그를 노렸던 찬탈자인 사랑했던 압살롬에 대한 부성적 애정을 그저 억누르고 있을 뿐이라는 인상을 받는다.

4.8.5 예루살렘으로 다윗 재입성 19,9ㄹ-20,3

예루살렘에서부터 마하나임으로의 다윗 도피 이야기는 이제 거꾸로 다윗이 요르단을 '건너서' 예루살렘으로 돌아오는 것으로 이야기된다. 반란은 점차 소멸된다. 히브리어 동사 슈브 *šwb*의 칼형 '돌아오다'와 히필형 '데려오다'가 이 이야기를 주도한다.

4.8.5.1 다윗과 반란의 잔당들 19,9ㄹ-14

반란군 수장은 죽었다. 그래서 반란은 끝났는가? 예루살렘에 있는 압살롬의 군대와 그의 동맹들은 그의 죽음에 어떻게 반응할 것인가? 사울의 죽음 후에, 다윗이 야베스 길앗 사람들에게 자신을 임금으로 받아들이라고 제안했지만(2,5-10), 아브네르는 사울의 후계자로 이스 보셋을 임금으로 세웠었다. 예루살렘의 압살롬 파벌은 그들 부류 사이에서 후계자를 찾을 것인가? 화자는 압살롬의 군대가 그들 수장이 죽었음을 분명히 인식하고 집으로 도망치는 전장으로 우리를 도로 데려간다. 우리는 다윗의 군대가 적을 집요하게 추적하리라 예상했을 수 있다. 다윗이 골리앗을 죽인 후 필리스티아인들을 추격해서 죽인 것처럼 말이다(1사무 17,51-53). 그런데 그보다는 반란군이 화해의 길을 모색하고 있다.

4.8.5.1ㄱ 반군들 사이의 토론 19,9ㄹ-10

◆ 구조

이스라엘 지파들이 그들의 집으로 도망가다(19,9ㄹ)
백성 사이에 말다툼이 일어나다(19,10ㄱ.ㄴ)
두 가지 주장(19,10ㄷ.ㄹ)
   1. 임금은 우리를 원수들로부터 구해냈다
   2. 임금은 우리를 필리스티아인들로부터 구해냈다
현재 상황(워아타 *wĕʿattâ*)(19,10ㅁ-11ㄱ)
   1. 다윗은 이 땅에서 도망갔다
   2. 압살롬은 죽었다
그들은 임금을 도로 모셔오기로 작정한다(19,11ㄴ)

◆◆ 주석

화자는 압살롬의 죽음 소식이 다윗에게 도달한 방식, 소식의 수령, 뒤이은 임금과 장군 사이 대립을 보고하기 위해, 전쟁 장면을 중지했었다. 이제 우리는 다시 반군들이 혼돈 상태로 있는 전장으로 돌아간다. 그들의 도망 소식은 비록 다윗 군대가 아니라 압살롬 반군일지라도, 17,2의 아히토펠의 예견을 성취한다. 패배하고 도망친 이 반군들은 그들의 반란에 대해 어떤 결정을 내릴 것인가? 그들은 다시 재편성할 것인가? 그들이 서로 다투는 동안 우리는 귀를 기울인다. 이것이 압살롬이 그들 가운데 반역의 씨앗을 뿌렸던 15,10 이래, '이스라엘의 지파'에 대한 첫 언급이다. 다윗이 그들을 적들과 필리스티아인들로부터 어떻게 구해냈는지를 말하고 있는 그들의 숙고는 아브네르가 몇 년 전에 '이스라엘의 원로들'에게 한 선언을 재연한다.

> 아브네르는 이스라엘 원로들에게 말한다. "여러분은 오래전부터 다윗을 여러분 위에 임금으로 모시려 하고 있습니다. 이제 그렇게 하십시오. 주님께서는 다윗에게 이렇게 말씀하셨습니다. '나는 나의 종 다윗의 손으로 내 백성 이스라엘을 필리스티아인들의 손에서, 그리고 모든 원수의 손에서 구원하겠다'"[269] (3,17-18).

한때 압살롬에게 충성했던 이 반군들은, 한때 사울에 의해 통치되던 그들 영토를 다윗이 지배하게 되었을 때, 아브네르에 의해 발표되었던 다윗과 한 약속의 성취를 무심코 증언하고 있다.

언쟁하는 이스라엘인들은 임금이 압살롬 때문에 '땅(영토)으로부터'

---
[269] BHS는 '그가 구했다'로 읽으나 많은 히브리어 필사본들과 역본들은 '나는 구할 것이다'로 읽는다.

도망쳤다는 사실을 지적한다. 다윗은 땅으로, 즉 예루살렘으로 돌아올 *필요가 있고*, 따라서 압살롬의 반란 이야기의 남은 자들에 대한 시도동기가 도입된다. 그것은 예루살렘으로 '임금의 귀환', 혹은 '임금을 다시 모셔오기'이다. 그들은 그들의 죄를 알고 있다. 그들은 임금으로 압살롬에게 기름을 부었는데, 이것은 그들이 압살롬을 선택했을 때, 사울과 다윗을 선택하셨고 그들에게 기름을 부으셨던 하느님께 문의하지 않았다는 것을 의미한다. 그들은 더 이상의 자세한 사항을 말하지 않으며 전투에서의 압살롬의 죽음을 언급하고, 자책적인 질문으로 마무리한다(워아타 *wĕ'attâ*). "너희는 왜 임금님을 다시 모셔오는 일에 관해 아무 말도 하지 않느냐?" 이는 '이스라엘 지파' 내부 논쟁을 반영하고 우리는 지금 이 말을 엿듣고 있다. 이 질문은 정보를 구하는 것이 아니라 '너희는 임금을 다시 모셔오는 일에 관해 그렇게 침묵을 지켜서는 안 된다'라는 의미로 수사적이다. 장면은 갑자기 끝나지만, 우리는 반란 군대가 다시 다윗에게 충성하리라는 것을 안다.

4.8.5.1ㄴ 다윗이 유다의 원로들을 대면하다 19,12-15

◆ 구조

가. 임금이 유다 원로들에게 말을 보낸다(샬라흐 *šlḥ*)(19,12ㄱ)
   나. 원로들에게 보내는 메시지(19,12ㄴ-13)
      질문: 왜 당신들은…?

주제

    1. 이스라엘의 충성의 말이 임금에게 도달했다(2,3ㄱ)

    2. 당신들은 나의 뼈이고 살이다(2,3ㄱ)

질문: 왜 당신들은…?(19,13ㄴ)

나'. 아마사에게 보내는 메시지(19,14)

주제: 수사적 질문: 그대는 나의 뼈이고 살이 아니요?

포고: 맹세 형식

가'. 아마사가 임금에게 답변을 보낸다(샬라흐*šlḥ*)(19,15)

〈가〉 장면은 다윗이 예루살렘에 있는 자신의 두 동맹, 차독과 에브야타르에게 말을 보내는 것으로 시작한다. 〈가'〉 장면은 예루살렘에서 새 동맹 아마사로부터 답변이 다윗에게 도착하는 것으로 마무리한다. 장면의 중심은 다윗의 메시지가 유다의 원로들을 끌어들이는 데 성공한 것을 기록한다.

◆◆ 주석

이 장면을 시작하는 워 엑스 카탈*wĕ X qāṭal* 히브리어 구성은 화자가 행동을 위한 무대 두 개를 유지하게 한다. 하나는 도망가는 이스라엘 사람들이 다윗에 대한 그들의 충성을 논쟁하는 것이고(19,10-11), 다른 하나는 다윗이 예루살렘의 대표단과 직면하는 것이다. 압살롬이 죽은 지금, 유다의 원로들은 예루살렘에서 무엇을 하려고 하는가? 다윗은,

현재 도성을 다스리고 있는 압살롬에게 충성했던 세력으로부터 다시 정복하기 위해 도성을 공격할 것인가? 아직 마하나임에 있는 다윗에게는 예루살렘에 사제 차독과 에브야타르 두 대리인이 있다. 다윗은 차독에게 계약 궤를 다시 도성으로 가져가라고 명령하며 이렇게 기도했었다. "내가 주님의 눈에 들면 그분께서 나를 돌아오게 하시어, 그 궤와 안치소를 보게 하실 것이오"(15,25). 다윗은 그의 재입성을 조정하면서, 하느님이 그의 기도에 호의적으로 응답하셨다는 것을 안다.

압살롬의 반란 동안 차독과 에브야타르는 예루살렘에서 다윗을 위해 정보를 수집하면서 비밀리에 일했다(15,27-28). 압살롬의 죽음으로, 그들은 예루살렘 대표단('유다의 원로들')에게, 즉 도성의 압살롬 동맹들에게 자신들을 드러냈다. 다윗은 차독과 에브야타르에게 그들에게 질문하라고 명령했다. '어찌하여 당신들은 임금을 다시 모시는 일에 꼴찌가 되려고 하시오?' 여기서 작용하는 말은 '꼴찌'인데, 압살롬의 예루살렘/유다 파벌에게 다른 모든 사람은 이미 다윗과 함께 돌아왔다고 넌지시 알리기 때문이다. 그것이 은밀한 협박으로 읽힐 수 있지만, 다윗의 메시지는 두렵게 하기보다는 동맹을 구축하려는 의도로 보인다. 그는 그들에게 '당신들은 나의 친척, 당신들은 나의 뼈와 살'이라고 상기시킨다[대명사 '당신들'(아템 attem)을 반복하면서, 한때 압살롬에게 충성했던 지도자들과 그의 관계를 강조한다]. 이 형식은 이스 보셋이 암살된 후 5,1에서 한때 사울에게 충성했던 이스라엘의 모든 지파가 다윗에게 와서 '우리는 당신의 뼈이고 당신의 살이다' 하고 말하면서 그와 협정을 맺을 때 나타났었다. 지금은 다윗이 압살롬 때문에 그를 떠났던 이들과 휴전을 확정하기 위해 이 융화적 공식을 재생시킨다. 승리한 임금은 군사 공격 없이 예루살렘의 통치를 복구하는 길을 찾고 있다. 그래서 그는 유다의 원로들이 그의 귀환 준비를 하도록 (약간의 강요와 함께) 초대한다. 그는 두 번째 명령을 차독과 에브야타르에게 내린다. 그들은 아마사에게 같은 유화적 공식으로 인사할 것이다. '그대는 나의 뼈와 나의 살이 아니요?' 다윗은 그와 휴전하기로 결심하고, 아마사가 그의 군사 사령관으로서 요압을 대신하게 될 것이라고 하느님 앞에 맹세로 서약한다.

다윗이 예루살렘으로 돌아가면서 내린 일련의 적절한 정치적 결정 가운데 첫 번째는 압살롬 편으로 넘어갔던 대표단과의 협상이다. 만일 압살롬의 지지자들이 다윗의 평화로운 도성 복귀를 지원한다면, 사면의 화해 제안으로 호소하는 것보다 도성에서 그의 권위를 되찾는 더 좋은 방법이 있겠는가? 예루살렘 사회에서 아마사 같은 고위 계급 일원들이 반란에 참여했기에(17,25 참조) 다윗의 왕좌는 아직 공격을 당하기 쉬운 상태이다. 실제로 그가 예루살렘에 도달하기 이전에, 비크리의 아들 세바가 그에게 대항하여 다른 반란을 개시할 것이다(20,1). 그래서 승리한 임금은 요압을 대신하게 될 압살롬의 사령관 아마사를 포함한 그의 경쟁자들과 화해를 선택한다. 화자는 다윗이 요압을 축출하려는 동기에 대해 침묵하지만, 우리는 다윗이 압살롬이 어떻게 죽었는지 알고 있다고 성급히 결론을 내리지 않을 수 없다. 그리고 만일 반군들 역시 요압이 무방비 상태의 그들 수장을 어떻게 처형했는지 안다면, 그때는 다윗 조정에서 요압을 배제하는 것이 그들을 더 진정시킬 것이다. 우리는 후에 요압이 아마사를 죽일 때(20,10) 요압이 자신의 축출에 대해 어떻게 생각하는지 알게 되지만, 다윗이 그것에 대한 마지막 발언을 할 것이다(1열왕 2,5-6). 지금은, 아마사가 압살롬 편에 섰던 유다 백성을 다윗에게 도로 데려온다.

우리는 마하나임의 다윗에게서 예루살렘 성벽 안으로 옮겨가는데, 거기서는 다윗의 회유적 서신이 즉각적인 성공을 거두고 있다. 아마사가 유다 백성이 다윗을 만장일치로 지지하도록 납득시키고, 임금에게 도성으로 초대하는 메시지를 보낸다. 그래서 임금은 예루살렘으로 돌아와 계약 궤와 그 안치소를 보게 될 것이다. 도성을 떠나면서 그가 바친 기도(15,25-26)는 응답을 받았다.

4.8.5.2 임금이 다시 요르단을 건너다 19,16-40

압살롬의 군대와 유다의 원로들이 다윗의 편이 되고, 그는 예루살렘으로 돌아오기 시작한다. 아히마아츠와 요나탄으로부터 정보를 듣고 다윗이 요르단을 건너던 때(17,22)는 도피 중의 극적인 순간이었다. 이제 임금을 예루살렘으로 도로 모셔가는(슈브 *šwb*, 히필) 많은 토론 후에, 드디어 19,16에서 임금 자신이 히브리어 동사 '돌아오다'(슈브 *šwb*)의 주어가 된다. 그의 재입성이 진행 중이다. 다윗이 예루살렘에서 도망갈 때, 후사이(15,32)와 치바(16,1)가 그를 만나러 왔었다(참조. 4.8.1.2ㄱ, 리크라트 *liqra't* '만나다' 논의 부분). 이제 유다의 백성(19,16), 시므이(19,17.21), 그리고 므피보셋(19,25.27)이 그의 귀환을 지원하기 위해 다윗을 만나러 온다(19,16-26에 리크라트 *liqra't*가 5번 나타난다). 이 에피소드는 다윗이 길갈 건너편 요르단강에 도착할 때(19,16) 시작하고, 요르단을 건너서 길갈에 다다랐을 때 끝난다(19,41).

4.8.5.2.1 임금이 길갈 건너편 요르단강에 이르다 19,16

임금이 요르단강 동쪽 편에 다다르고, 유다의 백성들이 요르단강 서편을 따라 예리코 근처에 있는 길갈에 온다. 거기는 이스라엘 백성이 여호수아의 통솔하에 처음으로 요르단강을 건넜을 때 도착한 곳이다. 그 강을 건널 때 여호수아는 하느님의 명령을 따르면서, 강 한복판에서 돌 열두 개를 들고 와서 하느님의 충실하심에 대한 기념비를 세웠다.

> 여호수아는 사람들이 요르단에서 가져온 돌 열두 개를 길갈에 세우고, 이스라엘 자손들에게 말하였다. "뒷날 너희 자손들이 아버지에게 '이 돌들은 무엇을 뜻합니까?' 하고 물으면, 너희는 자손들에게 이렇게 알려주어라. '이스라엘이 이 요르단을 마른 땅으로 건넜다'(여호 4,20-22).

이제 유다 백성이 귀환하는 그들의 임금을 환영하고 그를 따라 요르단강을 건너기 위해 이 성스러운 장소로 서둘러 온다. 다윗의 길갈 도착은 여호수아의 도착처럼, 그에 대한 하느님의 충실하심을 표시한다.

4.8.5.2.2 임금이 예루살렘으로 귀환하는 길에서 개인들을 만난다 19,17-41

화자는 세 개의 무대로 시작한다. 다윗이 요르단에 도착한다: (1) 시므이와 치바가 그를 만나러 서둘러 온다(19,17-18). (2) 같은 시간에 므피보셋이 해명하러 오고 있다(19,25). (3) 우리는 또한 다윗을 지지하기 위해서 요르단을 향해 내려오고 있는 로글림의 길앗 사람 바르질라이를 본다(19,32). 시므이(16,5-13)와 바르질라이(17,27)는 다윗이 예루살렘에서 도피할 때 만났었다. 므피보셋은 일찍이 다윗과 치바 사이의 대화 주제였다(16,1-4). 이 셋 모두가 지금 승리한 임금을 만나러 오고 있다. 반군의 가장 극단적 분파를 상징하는 시므이가 처음으로 도착하고, 그에게 관용을 베푼 다윗은 예루살렘으로 들어가면서 압살롬의 지지자들을 계속 유화적으로 대한다. 므피보셋에 관한 결정에서, 다윗은 둘 다의 협정을, 즉 한때 사울 집안의 일원이었던 치바와의 동맹과 므피보셋이 왕실 궁전에서 연금을 받을 것이라는 협정을 모두 유지한다. 마지막으로 다윗이 궁핍한 시기에 그를 원조했던 길앗 사람 바르질라이의 환영은 반란 중에 그의 편이었던 이들에게 보상하려는 임금의 바람을 알린다.

4.8.5.2.2ㄱ 다윗을 만나러 서두르는 시므이, 유다 백성, 치바 19,17-19ㄱ

반란이 시작되었을 때 다윗은 궁정 조신들에게 서둘러 예루살렘을 나가자고 명령했었다(15,14). 이제 역할이 바뀌어, 다윗이 사울 집안사람들을 살해했다고 고발하던 시므이가(16,7-8) 승리한 임금을 만나기 위해 서두르고 있다. 다윗은 그를 어떻게 대할 것인가? 그는 아마도 다윗에 대항해서 그와 압살롬의 편이었던 파벌인 유다와 벤야민의 많은 파견대와 함께 오고 있을 것이다. 그들과 함께 한때 사울에게 충성했던 또 다른 사람 치바가 수행원인 열다섯 명의 아들과 스무 명의 하인들과 함께 오고 있는데, 우리는 그들을 다윗이 므피보셋을 위하여 사울의 땅을 경작하라고 그들에게 명령할 때 9,10에서 마지막으로 만났다. 이 땅에서 치바는 도피하는 임금에게 넉넉한 식량을 제공했었다(16,1). 다윗이 므피보셋의 부재에 대해 질문했을 때, 치바는 사울의 손자 므피보셋이 사울의 왕좌를 승계하리라 희망하고 있다는, 있을 것 같지 않은 이야기를 꾸며댔었다. 므피보셋이 다윗에게 자신의 이야기를 할 때, 우리 생각에 그 자리에 있었을 치바는 반박하지 않는다. 화자는 시므이와 치바가 임금을 지지하기 위해 요르단 건너기를 서두르고 있다는 그들의 동기에 초점을 맞추는 것으로 그들의 재소개를 마무리한다. 문자 그대로 히브리어를 번역하면(19ㄱ), '그들은 임금의 눈에 좋은(하토브 *haṭṭôb*) 행동을 하기를 원했다.' 이 해설은 시므이가 돌로 다윗을 강타했을 때, 시므이의 저주 대신에 그에게 '선'(토바 *tôbâ*: 16,12)을 돌려주시기를 호소하며 하느님께 기도했던 다윗을 상기시킨다. 이 '선'이 지금 다윗에게 오고 있는데, 아이러니하게 그것을 가져오는 이는 시므이다! 19,19에는 다윗이 요르단을 '건너는' 의미에 빛을 비추어 두드러지게 하는 놀라운 두운법이 있다. 워아버라 하아바라 라아비르 *wĕʿābĕrâ hāʿābār laʿăbîr*를 글자 그대로 읽으면, '그 건너감은 (임금의 일가가) 건널목을 건너도록 하기 위한 건너감이다.' 이 절의 히브리어 본문이 문제가 있다고 인식되지만, 그것은 다윗이 땅을 빠져나와 재진입하는(참조. 4.8 부분) 시도동기를 강조하는 것으로 나타난다.

4.8.5.2.2ㄴ 다윗과 시므이 19,19ㄴ-24

◆ 구조

가. 시므이가 무대로 온다(19,19ㄴ)
    나. 시므이의 간청(19,20-21ㄱ)
        다. 시므이가 다윗이 오늘 임금이라는 것을 고백한다(19,21ㄴ.ㄷ)
            라. 아비사이가 다윗에게 말한다(19,22)
            라'. 다윗이 아비사이에게 대답한다(19,23ㄱ)
        다'. 다윗 자신이 오늘 임금이라고 단언한다(19,23ㄴ)
    나'. 시므이에 대한 임금의 포고(19,24)
가'. (시므이로부터 응답 없음 혹은 시므이 퇴장)

이 구조는 16,5-13의 다윗과 시므이의 첫 만남의 구조를 밀접하게 따른다. 시므이가 저주하고, 아비사이가 그를 정죄하고, 다윗이 시므이를 처형하자는 아비사이를 막는다. 이번에는 시므이가 용서를 청하고, 아비사이가 다시 그를 정죄하고, 다윗이 다시 그를 죽이자는 아비사이를 막는다.

◆◆ 주석

다윗이 요르단을 건너자마자, 시므이가 그 앞에서 땅에 엎드리는데, 돌을 던지고 욕설을 퍼붓던 이전 행동과 극명한 대조를 보인다. 그들의 첫 만남에서 그는 다윗을 살인자, 무뢰한으로 명명하며 경멸했다. 지금 그는 '나의 주군이신 임금님'(두 번)이라는 호칭으로 경의를 표하는데, 시므이가 다윗을 욕할 때 아비사이가 다윗에게 썼던 지극한 존칭이다. "이 죽은 개가 어찌 감히 저의 주군이신 임금님을 저주합니까?"(16,9). 시므이는 두 개의 명령형으로 승리한 임금에게 간청한다. '저를 죄인으로 여기지 말아주십시오.' 그리고 '제가 한 짓을 기억하지 말아주십시오.' 그의 생존은 임금이 그를 용서하기로 수락하는 것에 달려 있다. 그래서 그는 죄를 고백하고(19,21), 관용을 구하면서 자신이 요셉 가문에서(한때 사울이 다스리던 지역인 에프라임과 므나쎄의 영토를 가리킴) 임금을 만나기 위해 처음 온 사람임을 지목한다.

임금이 시므이의 청원을 재결裁決하기 전에 아비사이는 마지막에 시므이가 다윗을 대면했을 때처럼(16,9) 개입한다. 그는 시므이가 주님의 기름부은 이를 욕했기 때문에 반역죄 혐의를 둔다. 그러나 다윗이 그때 욕설을 하는 시므이를 죽이자는 아비사이의 조언을 거절했던 것처럼(16,10-11), 그렇게 지금 다윗은 16,10에서처럼, "츠루야의 아들들이여, 그대들이 나와 무슨 상관이 있소?"(19,19)라고 대답하면서, 뉘우치는 시므이를 죽이자는 아비사이의 조언을 거절한다. 그런데 이 기회에 그는 덧붙인다. "오늘 그대들이 나의 반대자가 되려 하오?" 다윗은 아비사이의 조언이 그의 약한 지배력을 더 불안정하게 하리라는 것을 인식하고 있다. 반란은 다윗 궁정의 핵심 인물들(아히토펠)과 친족(아마사)을 끌어들였었고, 압살롬이 패했지만 다윗의 재통치는 그다지 안정적이지 않다(그가 예루살렘 궁전에 다다르기 전에도 그는 다른 반란을 감당해야 할 것이다: 20,1-2). 집으로 돌아가면서, 그는 힘을 결속시켜야만 하는데, 반대자들에게 복수하는 것은 그 목표에 거의 도움이 되지 않는다.

아비사이에 대한 그의 질책과 (이 장면의 중심에서) 그가 일찍이 표현한 요압의 축출은(19,14), 다윗이 츠루야의 아들들을 그의 내부 자문위원회에서 내쫓고 이미 압살롬을 죽음으로 이끌어간 그들의 복수 정치를 거절한다는 신호이다. 그는 이스라엘, 즉 압살롬을 지지했던 '이스라엘 지파'의 파벌들에(15,10; 19,9 참조) 대한 자신의 권위를 단언한다. 다윗이 시므이에게 왕권에 대항한 반란에 참여한 죄로 죽지 않을 것이라고 한 맹세는, 그들 사이에서 가장 열렬했던 시므이였기에 압살롬의 동맹들 모두에게 그들이 복수 당하지 않고 관용이 베풀어지리라는 것을 알려준다. 화자는 시므이의 말은 한마디도 전하지 않고, 갑자기 므피보셋의 도착으로 이동하며 장면을 닫는다.

그러나 이것이 우리가 보는 시므이의 마지막이 아니다. 임종이 다가오자 다윗은 시므이의 모욕을 기억하고, 시므이의 자비에 대한 청원을 잊는다. 그리고 이 장면에서 그에게 서원한 맹세를 다시 쓴다.

"또 바후림 출신으로 벤야민 사람인 게라의 아들 시므이가 너와 함께 있는데, 그는 내가 마하나임에 간 날 나를 심하게 저주한 자다. 그렇지만 그가 요르단강으로 나를 마중 나왔을 때, 나는 주님을 두고 '그대를 칼로 죽이지 않겠소' 하고 맹세하였다"(1열왕 2,8).

그는 그때 솔로몬에게 시므이가 자연사하게 두지 말라고 권고한다. 1열왕 2장에 의하면 다윗(그리고 솔로몬)의 통치는 안정되었기에, 시므이에게 다윗이 관용을 베푼 이유는 더 이상 존재하지 않는다. 그래서 솔로몬은 위반하면 죽음의 벌을 받는다는 조건으로 시므이를 가택연금시킨다(1열왕 2,36). 시므이가 갓으로 도망간 종을 추적하느라 가택연금을 위반했을 때, 솔로몬은 그를 처형하라고 명령한다. 솔로몬이 시므이에게 한 마지막 말(1열왕 2,45)은 2사무 7,13에서 하느님이 다윗에게 한 약속을 재연한다. "다윗의 왕좌는 주님 앞에서 영원히 튼튼해질 것이다." 이것은 시므이가 다윗을 욕할 때 부인한 바로 그 약속이다.

4.8.5.2.2ㄷ 다윗 므피보셋을 만나다 19,25-31

치바와 시므이가 다윗을 만나러(리크라트 *wĕ X qātal* 히브리어 구성은 거의 동시에 일어나는 행동의 두 번째 단계에서 커튼을 올린다.

◆ 구조

가. 다윗에 대한 므피보셋의 충성(19,25)
    나. 임금의 질문(19,26)
        다. 므피보셋의 설명
            1. 치바가 그에게 한 일(19,27-28ㄱ)
            2. 다윗이 그를 위해 한 일(19,28ㄴ-29)
    나'. 임금의 결정(19,30)
가'. 므피보셋의 충성스러운 응답(19,31)

장면은 16,3에서 치바의 고발이 거짓임을 입증하는, 다윗에 대한 므피보셋의 충성의 신호들(그의 헝클어진 모습)로 시작한다. 그리고 다윗에 대한 므피보셋의 충성심은 결코 흔들리지 않았다는(그의 유일한 관심사는 임금의 무사 귀환이었다) 선언으로 장면은 마무리된다. 〈나/나'〉 부분은 임금의 질문과 그의 최종 결정을 소개한다. 구절의 중심에는 두 부분으로 된 므피보셋의 발언이 있다. 첫 부분에서 그는 치바의 고발에 대해 대답하고, 두 번째 부분에서는 2사무 9장에서 시작된 그에게 베푼 친절에 대해 다윗을 칭송한다.

◆◆ 주석

예루살렘에서 도망치는 동안 다윗은 치바를 만났는데(16,1-4), 그는 요나탄의 아들 므피보셋은 압살롬이 사울 왕국을 그에게 돌려주리라 추정했기 때문에, 예루살렘에서 탈출하는 임금 행렬에 합류하기를 거절했다고 주장했다. 그때 치바의 이야기는 그대로 믿기가 어려워 보였다. 왕위를 찬탈한 다윗의 아들이 사울의 후손에게 왕국의 일부를 양도하고 싶겠는가? 그러나 당시 동맹이 필요했던 도피 중인 다윗은 치바의 말을 믿고 므피보셋의 땅 전부를 치바의 손에 넘겨주었다. 그때 도망자인 임금의 결정은 효력이 없는 채로 남아 있었다. 그러나 승리한 임금이 예루살렘으로 돌아오고 있는 지금, 치바는 므피보셋의 부동산 모두에 대한 소유권을 주장할 수 있다. 화자는 치바 고발의 진정성에 대해 결코 말한 적이 없으나, 여러 가지 세부 사항이 치바가 거짓말을 했다는 것을 제시한다.

장면은 다윗이 예루살렘을 떠나간 이래, 므피보셋의 몸 관리에 초점을 맞추는 것으로 시작된다. 다윗의 도피 기간 내내 그는 발도 씻지 않았고, 수염을 깎지도 않았고, 의복도 빨아 입지 않았다. 예루살렘에서 도망가면서, 다윗과 그의 지지자들은 공개적인 탄식의 몸짓으로 그들의 굴욕을 표현했다(참조. 4.8.1.1ㄹ; 4.8.1.1ㅂ). 임금은 그의 머리를 가리고 울면서 맨발로 길을 걸어갔다(15,30). 다윗의 강력한 동맹 후사이는 찢어진 옷을 입고 그 앞에 나타났다(15,32). 굴욕을 당하는 그의 군주와 연대한다는 표현이다. 지금 화자가 므피보셋의 모습을 묘사하기 위해 멈추었고, 우리는 므피보셋이 예루살렘에 남아 있었지만 그 역시 주군의 굴욕에 참여했음을 알게 된다.[270] 므피보셋의 세탁하지 않

---

[270] 누군가가 신체적 외모를 돌보지 않는 것은 비탄과 굴욕을 표현한다. 굴욕당하는 '예루살렘 여인'이 더러운 옷을 입고 앉아 있는 것으로 묘사되어 있다(애가 1,9).

은 옷은 다윗을 동반하지 못한 그의 고행의 표현일 수도 있다. 이제 승리를 거두고 돌아온 임금은 유감을 표하는 그의 몸짓을 보고 사건에 대한 그의 이야기를 듣기를 원한다. 화자가 므피보셋의 고행을 묘사한 것이 치바의 고발을 거스르는 첫 번째 증거이다.

다윗이 치바를 만났을 때 그에게 므피보셋의 행방에 관해 질문했었다(16,3). 다윗은 지금 그 질문을 직접 므피보셋에게 하는데, 그는 치바가 말한 사건의 개요를 알고 있는 것으로 보인다. (치바는 므피보셋에게 다윗이 그의 모든 재산을 자신에게 넘겼다고 알렸을까?). 짧은 연설에서 므피보셋은 치바의 거짓말을 자신에 대한 다윗의 관대함과 대조한다. 실제로 임금과 함께 예루살렘에서 도망가는 것이 그의 의도였으나, 치바는 그를 속였다. 그는 신체장애 때문에 나귀에 안장을 얹으라고 한 후, 그 위에 타려면 치바의 도움이 필요했었다는 것을 다윗에게 상기시킨다. 갑자기 치바가 도망가는 다윗에게 선물한 나귀들이 떠오른다(16,1-2). 그들 중 하나에 므피보셋이 타고 있어야 했던 것인가? 치바는 므피보셋이 타고 예루살렘을 떠나려고 했던 바로 그 당나귀를 다윗에게 주었는가? 네 번이나 므피보셋은 다윗을 '저의 주군 저의 임금님'이라는 호칭으로 부르며 다윗에게 경의를 표현하는데, 아마 다윗이 여전히 치바와 함께이고 자신은 배반자로 처형되리라 두려웠을 것이다. 우리는 치바의 고발과 므피보셋의 방어 사이에서 결정을 고심하는 다윗 옆에 서 있다. 므피보셋이 정말로 압살롬의 반란으로 사울 왕국이 그에게 반환하리라는 희망을 가졌을까?

그의 발언의 두 번째 부분에서, 므피보셋은 자신에 대한 다윗의 처우를 극찬한다. 다윗은 '하느님의 천사 같았다.' 이 말은 세 번째이자 마지막으로 다윗에게 적용된 직유이다. 1사무 29,9에서 갓 임금 아키스가, 그 앞에서 다윗의 결백과 정직함을 묘사하기 위해 그것을 사용했다. 트코아의 지혜로운 여인이 이 직유로 그의 통찰력을 칭찬하고 (2사무 14,17) 그리고 다윗은 하느님의 천사와 같은 지혜를 지녔다고 계속해서 말하긴 하지만(14,20), 그녀는 바로 그를 속였기 때문에 그녀의 말은 아첨하는 어조를 드러냈다. 지금 므피보셋은 임금에게 그가 가장 좋다고 생각하는 것은 무엇이든 자기에게 하시라고 권하면서, 자신에 대한 다윗의 친절을 묘사하기 위해 이 이미지를 적용한다. 다윗이 그를 왕실에 데려왔을 때, 그에게 베풀었던 관대함을 상기시키면서 말이다(2사무 9장). 그는 분명하고도 수사학적인 질문을 하며 결론을 맺는다. '제가 무슨 권리를 더 임금님께 간청하겠습니까?'

다윗은 자신의 결정을 선언하기 위해 므피보셋의 말을 중단시킨다. 그와 치바는 땅을 나눌 것이다. 이것은 여러 증거가 치바의 허위 주장을 가리킨다는 점을 감안할 때 상당히 이상한 판결이다. 그러나 그 결정은 임금이 그의 흔들리는 통치를 재확립하려는 시도의 다른 표시로 해석되어야 한다. 치바는 사울 계열의 중요한 조신으로 다윗이 지금 소외시킬 이유는 없다. 그래서 치바의 배신행위가 의심되더라도, 정치적 편의주의는 그가 므피보셋의 토지를 분할하여 보유하는 것을 요구한다. 므피보셋은 임금이 궁으로 돌아온 후 그의 할아버지의 토지에 더 이상 어떤 관심도 없다는 것을 선언하며 응답한다. 그는 토지에 대한 임금의 명령을 뒤집기 위해서가 아니라, 실추당한 명예를 회복하기 위해 서둘러 임금을 맞이하러 갔던 것이다. 우리는 므피보셋의 충성 진술에 대한 다윗의 반응을 결코 듣지 못한다. 더 중요한 것은, 치바 역시 돌아오는 임금을 환영하러 서둘렀지만(19,18), 그에게서 무엇도 들을 수 없다는 것이다. 치바의 침묵은 그의 이중성에 유죄를 선고한다.

4.8.5.2.2ㄹ 다윗과 바르질라이: 다윗이 요르단을 건너다 19,32-40

♦ 구조

가. 바르질라이가 임금과 요르단을 건너기 위해 오다(19,32)
    나. 바르질라이가 다윗을 위해 무엇을했는가(19,33)
        다. 임금이 바르질라이에게 요청: "나와 함께 갑시다…"(19,34)
            라. 바르질라이가 사양하다: 6개 수사적 질문(19,35-37)
        다'. 바르질라이가 임금에게 하는 요청(19,38)
    나'. 임금이 바르질라이를 위해 무엇을 할 것인가(19,39)
가'. 임금이 요르단을 킴함과 바르질라이와 함께 건너다(19,40)

장면이 열리고 바르질라이는 임금 다윗과 함께 요르단을 건널 예정이다. 장면이 닫히며 다윗은 바르질라이(19,37ㄱ에서 그는 임금과 함께 조금 더 가는 것을 허용했다)와 킴함과 요르단을 건넜다. 〈나/나'〉 부분은 바르질라이가 도망가는 다윗을 위해 무엇을 했는지와 승리한 다윗이 바르질라이를 위해 무엇을 할 것인지를 비교한다. 〈다/다'〉 부분은 바르질라이에게 하는 다윗의 요청과 임금에게 하는 바르질라이의 요청을 비교한다. 본문의 중심에는, 바르질라이의 나이와 임금이 그에게 관대해야 하는 이유를 묻는 일련의 수사적 질문들이 있다. 이 질문들이 이 장면의 목적을 드러낸다. 임금은 반란 시기 동안 그에게 충성을 유지한 이들에게 보상할 것이다.

◆◆ 주석

바르질라이가 요르단강을 건너 임금을 수행하려는 의도로 장면에 등장한다. 19,33의 워 엑스 카탈 *wĕ X qātal* 히브리어 구성은 화자가, 다윗에게 오는 바르질라이의 여정과 동시에 시므이와 므피보셋의 여정을 소개하게 한다. 우리는 승리한 임금을 맞이하러 나오는 백성의 북적거림을 느끼게 된다. 부자이고 늙은 길앗 사람 바르질라이는 다윗과 요르단의 서쪽에 있다. 그와 나하스의 아들 소비, 암미엘의 아들 마키르는 마하나임에 도착한 이후로 음식과 가구를 제공했던 다윗의 가장 관대한 후원자였다(17,27-29). 즉시, 다윗은 이 충성스러운 동맹에게 그와 합류하여 요르단을 건너자고, 그리고 함께 예루살렘으로 가자고 초대한다. 화자는 히브리어 어근 칼랄(*kll*, '부양하다')을 사용한다. 바르질라이가 다윗의 도피 생활 동안 그를 *부양했고*(19,33), 그래서 이제 다윗이 감사의 표시로 바르질라이를 *부양할*(19,34) 것이다. 이 언어유희가 이 장면의 목적을 포착한다. 다윗은 압살롬으로부터의 도피기에 그를 지원했던 이들에게 충실할 것이다.

일련의 수사적 질문으로 80세의 노인은 임금의 관대함을 조심스럽게 거절한다. 그의 식별력은 노쇠로 둔해졌기 때문에 끔찍한 왕실 고문이 될 것이다. 게다가 그는 나이 때문에 다윗 궁정에서 누리는 생활, 임금의 식탁과 궁중 오락을 즐기지 못할 것이다. 그의 다섯 번째 질문은 이전 세 개에 대해 답하는 기능을 한다. 그는 단지 임금에게 짐이 될 것이다. 그는 다윗과 함께 요르단을 건너서 조금 더 가는 데에 동의한다. 그의 마지막 수사적 질문은 화자가 왜 우리에게 그의 연설을 듣게 하려 했는지를 드러낸다. 문자대로 번역하여 읽으면, '왜 임금님이 저에게 그 보상을 보상해야 합니까?'(37ㄴ). 이 동족 목적격은 여기서 압살롬의 반란 동안 그를 지원한 사람들에게 보상하려는 임금의 의도를 강조한다. 다윗은 자기 스스로 인정하기에도 궁정에서 가치 있는 자산이 될 수 없는 사람에게도 보상하려 한다. 그러나 이것은 통치 회복을 강화하기 위한 다윗의 다른 전략적 포석이다. 그는 적들에게 관용을 베푸는 만큼, 그렇게 그의 동맹들에게 보상할 것이다. 바르질라이는 다윗에게 고향에서 여생을 보내도록 허락을 청하고 성경에서 오직 여기에만 나오는 킴함에게 보상이 전달되기를 제안한다. 바르질라이는 임금에게 말한다. "*당신이* 보시기에 좋을 대로 그(킴함)에게 무엇이나 베풀어주시기를 바랍니다." 다윗은 "그대가 내게서 바라는 대로 (문자 그대로는: *나에게서 선택한 것은*), 모두 그대에게 해 주겠소"(19,39)라고 덧붙이면서 바르질라이가 요청한 것 그 이상으로 대답한다. 요청한 것을 넘어서, 바르질라이에게 아낌없이 베풀려는 다윗의 반응은, 귀환하는 임금이 그의 동맹들에게 보상할 계획이라는 신호이다. 장면이 끝나면서, 다윗이 바르질라이에게 입을 맞추고 축복하고(동맹의 표현), 바르질라이는 집으로 돌아간다.

4.8.5.2.3 다윗이 요르단을 건너서 길갈로 19,41

다윗은 19,16부터 요르단을 건널 준비가 되어 있었는데, 그의 여행은 시므이, 므피보셋, 그리고 바르질라이와의 만남으로 중단되었다. 다윗이 요르단을 건너고 길갈에 도착하는 장면은 여호수아와 이스라엘인들이 처음으로 요르단을 건넜던 장면(여호 3장)을 상기시킨다. 하느님께서 첫 이스라엘 사람들에게 하신 약속을 약속의 땅 길갈로 그들을 데려가심으로써 유지하신 것처럼, 하느님께서는 "너의 집안과 나라가 네 앞에서 영원히 굳건해지고, 네 왕좌가 영원히 튼튼하게 될 것이다"라고 2사무 7,16에서 다윗에게 선언하신 약속을, 요르단을 건너서 길갈로 그를 데려가심으로써 유지하셨다. 건너가는 동안 유다와 이스라엘의 백성이 무대로 돌아온다(참조. 4.8.5.2 부분). 유다의 *모든* 백성이 다윗과 함께 있는 반면에, 이스라엘 백성은 오직 *절반*만이 임금의 횡단을 수월하게 했다(41절). 화자는 아주 강한 주장을 하고 있다. 왜 이스라엘은 만장일치로 참석하지 않는가? 이 세부 사항이 우리를 다음 장면으로 연결시킨다.

4.8.5.3 이스라엘과 유다가 언쟁하다: 다윗이 예루살렘으로 진행 중인 다른 반군과 돌아오다 19,42-20,2

압살롬의 반군 이야기가 결론에 도달하기 전에(다윗은 아직 예루살렘에 들어가지 않았다), 새로운 위기가 발생한다. 즉 이스라엘이 다윗 통치에서 벗어난다. 이 장면은 1열왕 12장에서 다윗 왕국의 영구적 분할을 예시하는 일시적 반란의 토대를 마련한다.

◆ 구조

가. 이스라엘과 유다(19,42-43)
    나. 이스라엘은 다윗에게 열 몫을 가지고 있다(19,44ㄱ.ㄴ.ㄷ)
        다. 화자의 방백: 유다의 가혹함은 분리로 이어진다(19,44ㄹ)
    나'. 이스라엘은 다윗에게 지분이 없다(20,1)
가'. 이스라엘과 유다(20,2)

이 장면은 이스라엘과 유다 사이에 다윗과 그들과의 관계에 대한 언쟁으로 시작한다(가 부분). 장면이 닫힐 때, 이스라엘과 유다는 더 이상 다윗의 통치하에 하나가 아니다(가' 부분). 〈나〉 부분에서 이스라엘 백성이 임금에게서 그들의 '열 몫'을 주장한다. 〈나'〉 부분에서 그 열 몫이 임금을 떠난다. 본문의 중심에서 화자가 이스라엘과 유다의 역사에서 중요한 문제를 비평한다. 무엇이 이스라엘의 분리를 초래했는가? 그는 유다 백성을 비난하는 것으로 보인다.

◆◆ 주석

다윗이 예루살렘에 다다르기 전에 그의 불안정한 통치는 비록 일시적이나 다른 반란에 시달린다. 그가 예루살렘으로 돌아오는 여행을 시작했을 때, '이스라엘 지파들'은 그의 지배력 아래로 돌아오기로 결정했다(19,10-11). 동시에 다윗이 유다의 파벌인 예루살렘의 반군들에게 보낸 서신은 호평을 받았다. 지금 이 두 세력권 이스라엘과 유다가 서로 맞서고 있다. 이 장면 시작에 힌네*hinnēh* 절(19,42)은 '이스라엘의 모든 백성'(19,41에서 그를 동반해서 요르단을 건넌 *절반*만이 아니라)에게 초점을 맞추고 있고, 그들은 임금에게 나아가서 묻는다. '왜 저희 형제 유다 사람들이 임금님을 훔쳐내서(빼돌려서), 임금님과 임금님 집안 사람들을 모시고 요르단을 건네게 합니까?' NRSV에서 '훔치다'로 번역한 히브리어 동사 가납*gnb*은 예루살렘에서의 다윗의 도피가 납치에 더 가까웠다는 것을 암시한다.[271] 이스라엘 백성이 역사를 다시 쓰려고 하는 것인가?

임금이 혐의에 대해 대답하기 전에, 유다 백성이 개입한다. 이스라엘의 이상한 고발을 무시하면서, 그들은 자신들의 행동을 정당화한다. 임금은 그들의 친족이지만 그 관계를 이용하지 않았다. '우리가 임금의 비용으로 무엇이라도 먹었습니까?'라는 그들의 표현은 9,10에서 다

---

[271] 이 히브리어 동사 가나브*gnb*, '납치하다(유괴하다)'는 탈출 21,16에 나타난다. "사람을 유괴한(가나브*gnb*) 자는 그 사람을 팔았든 데리고 있든 사형을 받아야 한다."

윗이 므피보셋에게 임금의 식탁에 자리를 보장했을 때 나타난 것인데(9,7), 경비가 왕궁에서 충당된다는 것을 의미한다. 유다는 임금의 은혜를 입었다는 것을 부인한다. 이스라엘 백성은 자신들이 임금에게서 열 몫(히브리어: '열 개의 손')을 가진다고 확언하는(유다는 단지 한 개) 것으로 다윗에 대한 유다의 주장에 반대한다. 처음으로 '이스라엘'이 결국에는 '북왕국'을 구성하게 될 '열 지파'와 연결된다. 1열왕 11,29-36에서 화자는 솔로몬의 죄(1열왕 11,6: "솔로몬은 주님의 눈에 거슬리는 악한 짓을 저지르고")를 확인한 후에, 예언자 아히야가 북왕국의 미래 임금인 예로보암을 만나고, 그리고 그의 새 옷을 열두 조각으로 찢고, 예로보암에게 열 조각을 집으라고 명령한다. 의복은 다윗 왕국을 상징하고, 예로보암이 집은 열 조각은 그의 지배권을 구성할 열 지파를 대표한다(참조. 1열왕 12,16).

이스라엘 사람들이, 16,5-13에서 다윗에 대한 시므이의 학대를 묘사했던 것과 동일한 히브리어 동사(칼랄 qll)를 사용하면서, 유다가 그들을 멸시했다고 주장할 때(2사무 19,44), 적대감이 고조된다. 이스라엘은 유다에게 그들이 임금을 다시 모셔오기를 원한 첫 사람들임(19,10-11)을 상기시킨다. 이 장면의 중심에서 화자는 이제 중요한 관찰로 개입한다. 유다 사람들의 말이 이스라엘 사람들의 말보다 '더 가혹했다'(카샤 qsh). 이 언어는 유다(남왕국)로부터 이 열 지파(북왕국)의 영구적인 분리를 예시한다. 1열왕 12장에서, 예로보암의 통솔 아래 이스라엘은 솔로몬의 후계자 르하브암에게, 솔로몬 치하에서 그들이 받은 가혹한(1열왕 12,4: 카샤 qsh) 대우를 호소하고 새로운 노동 조건을 협상하려고 한다. 르하브암(유다의 미래 임금)이 그들의 불평을 거절했을 때, 열 지파가 분리된다. 이 장면에서, 이스라엘과 유다 사이의 분쟁에서, 유다 사람들의 가혹한 말들(19,44ㄹ)이 이스라엘 열 지파를 자극하여 성공하지는 못하는 분리 시도를 하게 한다. 후에 그들에 대한 솔로몬의 가혹한 대우가 다윗 왕국의 영구적인 분리로 이끌 것이다. 또한 이 초기 충돌은, 왜 19,41에서 이스라엘 백성의 *절반*만 임금의 재입성에 참여했는지를 설명한다. 다윗은 모든 이스라엘의 신임을 얻지 못했다.

화자는 워 엑스 카텔(*wĕ X qātēl*: 20,1) 히브리어 구성을 사용하여, 동시에 일어난 사건을 도입한다. 비크리의 아들 세바가 이스라엘과 유다 사이의 이 대화를 관찰한다. 유다가 가혹한 말들로 이스라엘을 자극했을지라도, 이스라엘 사이에서 반란을 조장한 무뢰한은 세바다. 그 또한 다윗이 예루살렘에서 도망가는 중에 그에게 욕설을 하던(16,11) 게라의 아들 시므이(그리고 사울 임금)와 같은 지파인 벤야민 사람이다. 세바 분리주의자가 그들은 다윗 통치에 전혀 관심이 없다고 선언할 때, 이스라엘은 다윗 왕국에서 그들의 지분이 유다의 몫에 비해 열 몫이라고 주장하고 있었다. 세바는 이스라엘의 군대는 떠나야만 한다고 나팔을 불며 신호를 보낸다. 그의 연설은 이스라엘 사람들이 르하브암에게 하는 미래의 분리 연설(1열왕 12,16)과 거의 동일하다. "우리가 다윗에게서 얻을 몫도 없고, 이사이의 아들에게서 물려받을 유산도 없다. 그러니 이스라엘아, 저마다 제집으로 돌아가라." 세바의 반란은 '이스라엘 지파들'에게서 지지를 모으고(2사무 15,10), 또한 일부 유다인들(아히토펠은 유다의 성읍인 길로 출신이다) 사이에서도 지지를 누렸던 압살롬의 반란과는 다르다. 이스라엘 열 지파의 이 반란은 통일된 다윗 왕국의 불확실한 미래를 신호로 알린다.

4.8.5.4 압살롬의 반란이 끝나다 20,3

다윗은 왕궁으로 돌아오자, 그의 열 후궁에게 남아 있는 문제를 처리하는데, 그들의 격리는 이 짧은 장면에서 압살롬 반란의 끝을 알린다. 그들의 이야기는 15,16에서 다윗이 반란으로 궁을 떠나면서, 열 명의 여인들을 왕실을 지키라고 남겨두었을 때 시작되었다. 압살롬은 그의 찬탈을 굳히기 위해서 궁궐 옥상 천막에서 그들과 잠자리를 함께 했다(16,22 참조). 그들은 단기간의 압살롬의 통치와 다윗의 일시적인 패배를 상징한다. 돌아온 임금은 그들을 감시하에 두고 그들과(다른 그 누구도) 동침하지 않는다. 만일 그들 중 하나가 압살롬에 의해 임신한 경우, 자손의 친자 관계에 대해 의문의 여지가 없도록 하기 위해서이다. 1열왕 2,13-25에서 아도니야가 다윗의 후궁 아비삭을 아내로 구할 때, 솔로몬은 그의 처형을 명령한다(2사무 3,7: 이스 보셋이 아브네르를 거슬러 한 고발 참조). 따라서 다윗은 그들을 그의 궁정에서 퇴거시키지도 않고 떠나가 결혼할 자유를 주지도 않는다. 그들의 가택연금은 그들에 대한 다윗의 돌봄으로 완화된다(돌봄에 사용된 히브리어 동사 칼랄*kll*은 19,33-34에서 바리질라이가 다윗을 부양한 것과 다윗이 바르질라이를 부양하기 위해 제의한 방법을 묘사하는데 사용한 동사와 동일하다). 후궁 열 명이 새 처소로 옮겨감에 따라 압살롬의 반역이 막을 내리게 된다.

4.9 세바의 반란과 요압의 세력 복귀 20,4-22

예루살렘으로 돌아오는 길을 마련하는 동안, 다윗은 사령관 요압을 해고했고(19,14), 아마사로 그를 대체했다. 그러나 이 에피소드 다음에 즉시 화자가 궁정의 조신들을 열거할 때, 다윗이 재임명한다고 전혀 말하지 않았음에도 요압이 그의 자리로 돌아와 있다(20,23). 이 장면이 시작할 때 없었던 요압이 화자의 해설 없이 무대에 등장하고 그 자신의 재임명을 달성한다. 에피소드가 마무리될 때, 아벨 벳 마아카 공격을 중지하는 나팔을 부는 이는 아비사이가 아니라 요압이다. 세바 반란 이야기는 요압이 어떻게 세력을 다시 찾는지를 기술한다.

◆ 구조

가. 아마사가 예루살렘을 떠나다(20,4-5)
    나. 세바 추격(20,6-7)
        다. 아마사 처형(20,8-10ㄱ)
    나'. 계속되는 세바 추격(20,10ㄴ)
가'. 요압이 아마사를 대신하다(20,11-12)
    나". 계속되는 세바 추격(20,13)
        다'. 세바 처형(20,14-22ㄱ)
    나'''. 세바 추격 종료(20,22ㄴ)
가''. 요압이 예루살렘으로 돌아오다(20,22ㄷ)

〈가/가"〉 포괄은 이 에피소드의 핵심 사항의 전개를 강조한다. 아마사가 예루살렘에서 출발하지만 요압이 돌아온다. 이 전개는 계속되는 세바 추격의 진행으로 구두점을 찍는다(나 부분). 두 전환점 〈다/다'〉가 두 가지 처형을 기록한다. 첫 번째는 요압의 복귀를 허용하고 두 번째는 그가 승리하여 예루살렘으로 돌아오게 한다.

4.9.1 아마사가 예루살렘을 떠나 세바 추격을 시작하다 20,4-7

압살롬 반란의 마지막 세부 사항(후궁 열 명의 격리)이 막 해결되자마자, 다윗은 새로운 반란에 직면한다. 이스라엘의 열 지파가 세바의 통솔 아래 탈퇴하였다. 다윗이 최근 요압을 대신해 임명한(19,14) 사령관 아마사를 소집한다. 한때 압살롬에게 충성했던 아마사는 지금 임금의 명령을 수행할 준비가 되었다. 그는 유다에 징집병을 소집하고 삼 일 내로 예루살렘으로 돌아와야 한다. 왕실의 명령을 이행하러 나간 그가 귀환하지 않은 채 삼 일이 지났다. 다윗의 목숨을 노리던 반군들 사이에 있던 아마사를 의심해야 하지 않을까? 화자는 아마사가 지체하는 이유에 대해 아무 설명도 하지 않고 우리를 놀리지만, 다윗은 아마사가 지체하는 이유에 선동의 징조라고 의심하지 않는 것 같다. 그러나 그 지체는 세바가 반란을 강화하는 시간을 벌게 해주는 것이기에 마냥 기다릴 수만은 없다. 만일 세바가 '요새 성읍'들을 찾아낸다면, 다윗이 두려워하는 것처럼 그는 거기서 전쟁을 지휘하고 수행할 전략적 기반을 갖게 될 것이다. 밧 세바와의 밀회 후에, 요압은 만일 다윗이 전투에 합류하지 않으면, 요새 성읍인 라빠를 장악해 거기에 자신의 이름을 붙이겠다고 협박했다(12,28). 아마사의 지체는 지금 비슷한 위협을 야기한다. 만일에 세바가 여러 이스라엘 성읍들에 그의 권위를 확립하면, 반란은 제압하기가 어려워질 것이다.

그래서 다윗은 요압의 형제 아비사이를 분발케 한다(6절). 그는 얼마 전 궁정에서 해고한 요압에게는 호소하기가 어렵다. 여러 번의 기회에 임금은 '츠루야의 아들들'인 이 두 형제의 난폭함으로부터 거리를 두었었다(3,39; 16,10; 19,23 참조). 그러나 지금은 세바가 압살롬보다 더 큰 위협이라는 것이 증명될 수도 있다고 걱정하기 때문에, 그들 중 하나의 군사 기술이 절대적으로 필요하다. 열왕기 하권 끝까지의 역사를 알고 있는 우리로서는 그의 말에서 비극적인 아이러니를 듣는다. 세바의 반란은 압살롬의 것과는 뚜렷하게 다른데, 압살롬은 다윗 궁정 안팎의 여러 파벌 사이에서 지지자를 모았다. 그러나 세바의 반란에는 유다 지파를 거스르는 '이스라엘의 열 지파'가 연루되어 있다. 다윗 통치로부터 이 분리는 오래 가지 않을 것이지만(곧 아벨 벳 마아카의 지혜로운 여인이 세바의 머리를 성벽 밖으로 건네줄 것이다), 세바의 반란은 예로보암 치하에서의 미래 반란(1열왕 11,26-40; 12,12-19)을 예시한다. 이것은 다윗이 지금 세바 반란에 관련하여 내다보는 것처럼, 압살롬의 반란보다 다윗 왕조에 훨씬 더 나쁜 것으로 증명될 것이다. 그것은 영구적으로 분리된 영토를 남길 것이다.

다윗은 아비사이에게 그의 '주군의' 사람들을 데리고 가라고 말하는데(2사무 20,6), 우리는 그들이 다윗의 사람들이라고 추정한다. 그러나 20,7에서 아비사이의 명령하에 있는 사람들이 사실 '요압의 사람들'이라는 것을 알게 된다. 이 놀라운 변화는 앞으로 일어날 일을 예고한다. 즉 요압은 임금의 허락 없이, 화자가 이미 그에게 되돌려준 것으로 보이는 군대 지휘권을 다시 차지하려 한다. 다음 구절에서야(20,8), 세바의 추격이 시작되면서 요압이 이제 그의 군대와 함께 있다는 것을 알게 된다. 다윗이 예루살렘에서 도피할 때도 수행한(15,18), 크렛족과 펠렛족(참조. 3.8 부분)이 추격에 합류한다.

4.9.2 요압은 아마사를 살해하고 그의 사령관 지위를 회복하다 20,8-13

우리가 기대한 세바 추격이 아니라, 아마사 살해와 요압이 다윗의 사령관으로 재등장하는 이야기로 장면이 바뀐다. 아비사이 군대가 예루살렘 북쪽 벤야민의 영토인 기브온으로, 한때 사울의 영토였고 지금은 세바가 반란으로 이끄는 '열 지파'의 영토의 일부인 곳으로 10km 정도 갔다. 다윗 군대가 기브온의 거대한 바위에 다다랐을 때, 다윗에게 충성하는 아마사가 그들에게 다가왔다. 그가 임금을 배신하고 세바의 반란에 합류한 것이라면, 다윗의 군대에 무방비 상태로 접근하지 않았을 것이다. 우리는 지체에 대한 그의 설명을 기다리고 있으나 요압이 그것을 들을 기회를 방해한다. 그는 오직 아마사 제거에만 관심이 있고 경쟁자가 말하게 두는 것은 문제를 복잡하게 만들 뿐이라고 생각한다. 요압과 아마사가 서로에게 다가가자, 화자는 우리가 요압의 허리에 차고 있는 칼에 집중하도록 진행을 늦춘다. 화자에 의해 요압의 무기에 주의를 기울인 우리는 모압 임금 에글론의 암살을 떠올리게 된다(판관 3,15-23). 판관 3,16에서 화자는 왼손잡이 에훗이 겉옷 아래 오른쪽 엉덩이에 칼을 차고 있다고 묘사한다. 따라서 에훗이 에글론을 만나는 시간 내내 우리는 칼과 그것을 꺼내는 때를 기다리면서 관찰하고 있다. 이 장면에서 요압이 시야에 들어오자, 화자는 스릴러 영화에서 카메라가 살인 무기에 초점을 맞추는 것처럼, 칼의 위치에 주목한다. 그래서 한 눈으로는 그 칼을 보면서 우리는 조마조마하게 요압의 거짓 인사를 관찰한다. '평안하시오, 나의 형제여?' 하며 요압은 오른손으로 아마사의 수염을 잡고 입을 맞춘다.

안타깝게도, 히브리어 본문은 이어지는 사건들을 순서에 따라 정확히 나열하여 우리를 당황하게 만든다. 20,8에서 NRSV(대부분의 영어 번역본들과 함께)는 히브리어를 따른다. '그(요압)가 앞으로 나아가자 그것(칼)이 떨어졌다.' 문제는 만일 칼이 저절로 칼집에서 떨어졌다면 그것이 땅에 부딪치는 것을 아마사가 어떻게 눈치채지 못했을까? 그리고 요압의 칼이 땅에 떨어졌다면 아마사를 죽인 요압의 칼은 20,10에서 어떻게 그의 손에 다시 들어왔을까? 고대 해석자들은 히브리어 본문으로 똑같이 혼란스러워했다. 요세푸스는 설명 하나를 제시한다.

> 아마사가 인사하러 다가왔을 때, 요압은 칼을 칼집에서 저절로 떨어지게 한 다음 땅에서 들어 올렸다.[272]

---

[272] Ant. VII.11.7.; Christopher Begg, *Judean Antiquities Book 5-7: Translation and Commentary*, ed. S. Mason, Flavius Josephus: Translation and Commentary 4 (Leiden; Brill, 2005), 282.

시리아본(페쉬타)의 저자는, 아마도 우리가 마소라 본문에서 발견한 것과 비슷한 히브리어 본문을 갖고 있을 것인데, 2사무 20,8을 다음과 같이 번역했다.

> 그들은 기브온의 큰 바위에 이르렀고 아마사는 그들 앞으로 나아왔다. 요압은 갑옷을 입고 그의 칼은 고정되어 있었고 단검처럼 허리에 차고 있었다. 그가 나아갈 때에 그의 손이 그의 칼 위에 떨어졌다.

시리아본이 일반적으로 히브리어 원본에 충실하지만, 번역자가 약간의 조정 없이 청중에게 히브리어 본문을 제시할 수는 없다. 이에 따라 번역자는 요압의 손이 그의 칼 위에 '떨어지게' 하고, 칼이 땅에 '떨어지는' 묘사는 생략한다. 그러나 이러한 원문의 난제들이 주요 사건을 혼란스럽게 하지는 않는다. 요압은 그의 경쟁자를 신속하게 해치웠다.

아마사의 살해는 아브네르의 죽음을 상기시킨다(3,27). 두 전사가 다 요압의 희생자이고, 둘 다 복부를 찔렸으며, 두 경우 모두 요압이 의심을 사지 않고 희생자를 살해하기 위해 자신에게 가까이 끌어들인다. 둘 다 다윗과 동맹이었고, 요압의 행동은 불안정한 시기에 정권을 확보하기 위한 다윗의 작전을 방해한다. 아브네르의 경우에, 그가 다윗을 대면한 후, 요압의 의도를 추측할 수 있다(3,23-25). 아마사의 경우는 화자가 요압의 칼에 대한 예사롭지 않은 관심을 보이며 폭력을 경고했을지라도, 요압이 아마사를 찔렀을 때 요압의 계획을 알게 된다. 순식간에 아마사가 살해되고, 요압의 이중성의 희생자가 된다. 슬로모

선 식의 서술과 지연된 복귀에 대해 아마사가 다윗에게 설명하는 것을 요압이 허용하지 않는다는 사실이, 그 살인이 정당하지 않았다는 것을 확인시켜 준다. 요압은 단지 권력을 되찾고 싶었고, 우리는 그에게 아무것도 기대하지 않는다(18,9-15에서 압살롬을 죽이기 위해 그의 병사 중 한 명을 유인한 요압의 술책을 기억하라). 다윗은 아마사를 군사적 사령관으로 임명하는 것으로 압살롬 반군들의 충성을 얻으려고 노력했는데, 요압이 방금 망쳐버린 전술이다. 요압은 이제 다윗의 궁정으로 돌아왔지만, 다윗은 그것을 알지 못한다. 화자는 아비사이가 그의 형제를 다시 등판하게 하는 일에 역할을 하는지 아닌지에 대해 침묵한다.

피투성이가 된 아마사를 뒹굴게 두고, 요압과 그의 형제 아비사이는 세바 뒤를 계속 추격한다(10절). 그러나 군대는 요압을 따를 것인가? 다윗의 군대는 반역 행위, 즉 그의 군대를 이끌도록 임금이 선택한 이를 암살하는 것을 막 목격했다. 그들은 세바 추격을 그만두고 다윗에게 돌아가 아마사의 살해를 고발할 것인가? 즉시, 아마사의 처형을 지지했을 것으로 보이는 요압의 지지자 중의 하나가 시신 옆에 서고(NRSV 번역) 군대에 요구한다(11절). 화자는 동시에 일어난 사건 세 개를 소개한다.

    20,10ㄴ: 요압과 아비사이가 세바 뒤를 쫓는다(워 엑스 카탈 wĕ X qātal)
    20,11: 그러나 한 사람이 아마사의 시신 옆에 선다(워 엑스 카탈 wĕ X qātal)
    20,12: 한편 아마사는 피투성이가 되어 뒹굴고 있다(워 엑스 카텔 wĕ X qātēl)

우리는 이미 요압과 아비사이가 무대 밖에서 뜨거운 추격을 하고 있고, 군대는 피 웅덩이에 누워 있는 지도자 옆에 남아 있는 모습을 상상한다. 그때 '요압의 사람 중 하나가'(20,11의 히브리어 나아르 na'ar를 '심복들'로 번역한 NRSV는 문제의 핵심을 파악한다) 군대에게 말한다. "요압을 좋아하는 자와 다윗을 위하는 자는 요압의 뒤를 따르라." 만일 군대가 다윗에게 충성한다면, 그때 그들은 요압을 위해야 한다. 그러나 다윗이 지명한 군사령관의 시신은 군대가 이동해야만 하는 길에 여전히 누워 있고, 그 존재는 그들을 멈추게 한다. 그래서 요압의 심복은 아마사의 유해를 들판으로 옮기고 그를 덮는다.[273] 이제 군대는 더 이상 시신을 보지 않고, 요압을 따라 세바 추격을 계속한다.

4.9.3 세바는 죽고 요압이 예루살렘으로 돌아온다 20,14-22

비크리의 아들 세바는 그의 새 통치 영토인 이스라엘의 모든 지파를 통과하면서 피난처를 찾는다. 그는, 종종 비크리인들로 정정되는(대부분의 영어본) 브에리인들(히브리어 본문)의 지지를 얻었는데, 이는 세바 자신의 씨족 구성원을 지칭한다. 세바가 아벨 벳 마아카 성읍에 다다랐을 때, 다윗의 두려움(20,6)은 사실이 되었다. 세바는 요새 성읍에서 방호를 찾았다. 아벨 벳 마아카는 아마도 단 근처 북쪽 도성으로, 세바가 다스리려는 영토에 속한다. 도성은 지금 이 순간 반란을 수용한 것

---

273 고대 화자는 현대 독자를 위하여 길 위에 있는 아마사의 주검 문제(터부?)를 설명하지 않는다. 이 장면은 아사엘(장군)이 살해된 현장도 어떻게 사람들을 멈추게 했는지를 생각나게 한다 (2,23). 지금 그들의 사령관 아마사의 몸이 길 위에 누워 있고, 그리고 그것은 '모든 백성'(즉, 군대)에게 같은 영향을 미친다.

이거나 혹은 그들에게 점령당한 것으로 보인다. 그러나 이것이 우리가 세바에 대해 듣는 마지막이다. 지혜로운 여인이 그를 처형하기 전에 그에게 마지막 말을 할 여유는 주어지지 않는다. 화자는 이 에피소드가 세바에 관한 것이 아니라 요압에 관한 것이기 때문에, 성벽을 따라 일어나는 일에 훨씬 더 관심이 있다. 아벨 벳 마아카에 도착하자 요압의 군대는 도성을 포위하고 그 성벽을 향해 공격 축대를 쌓는다. 아벨 벳 마아카의 백성은 그들 도성을 방어하려는 것 같지 않고, 지혜로운 여인의 질문은 그들이 다윗에 대항하는 세바의 반란에 대해 아무것도 모른다는 것을 시사한다. 요압은 아마사에게 했던 것처럼 도성을 대한다. 그는 아마사를 즉결로 제거한 것처럼, 이 도시를 파괴할 것이다. 잔인한 살인자는 그와 다른 포일을 만나려고 한다.

요압이 일단 공성 경사로를 건설하기만 하면(20,15), 성벽이 무너지고 도시가 함락될 것이라고 우리는 기다리고 있다. 그런데 그 대신에 성 내부에서 들려오는 여인의 목소리를 듣는다. 우리는 그녀에 대해 아는 것이 거의 없고 이름도 모르지만, 그녀가 지혜롭다는 것은 안다. 그녀의 특성은 14,2 트코아의 지혜로운 여인을 상기시킨다. 둘 다, 사건의 과정을 바꾸기 위해, 더 힘센 남자들의 삶에 개입한 영리한 여인들이다. 지혜로운 트코아 여인은 임금이 맹세로 서약하게 하고(14,11) 다음에는 그의 망명한 아들 암살롬의 문제를 그가 직면하도록(14,13) 솜씨 있게 처리한다. 아벨 벳 마아카의 지혜로운 여인은 포위의 목적에 대해, 임금의 군대 사령관에게 그녀 앞에 나타나라고 명령하고 그를 직면한다. 놀랍게도 요압이 이에 따른다. 다소 익살스러운 대화에서 명령조로 말하는 여인은, 자신이 방금 자기 앞에 나타나라고 소환한 장군에게 자신을 '당신의 여종'(20,17)이라고 칭한다. 이 무대는 그녀의 연설에 대한 우리의 기대를 높인다. 히브리어 동사 '듣다'(샤마 *šmʿ*)가 4번 나타난다(20,16-17). 두 번은 지혜로운 여인이 요압의 군사가 듣도록 부른다. 요압이 도착했을 때, 그녀는 그에게도 들을 것을 요청하고, 요압은 듣고 있다고 대답한다. 경청이 요압의 강점 중 하나라기보다 지혜로운 여인이 그를 잘 설득하고 있다.

지혜로운 여인의 개입은 이미 도성의 파괴를 지연시켰다. 군대가 그들의 장군과 현자의 대화를 듣는 동안 공격 축대 건설은 중단되었다. 그녀는 요압에게, 한때 사람들이 분쟁을 해결하려면 아벨(벳 마아카)에게 문의해야 한다고 말했던 것을 상기하게 한다. 그녀의 도성은 평화를 만드는 도성인데 거기서 그녀는 주도적 시민이다(20,19). 이 도시는 과거에 '귀 기울여 듣는' 도시였는데 지금도 협정을 알리면 그럴 것이다. 즉 요압은 세바의 머리를 얻고 아벨 벳 마아카는 해를 입지 않는다. 그녀는 아주 강렬한 고발로 끝을 맺는다. "어찌하여 주님의 상속 재산을 삼키려고 하십니까?" 요압이 포위하고 있는 도성은 일반 구도성이 아니다. 그가 주님의 상속 재산을 공격한 것이라고 하는데, 요압이 이의를 제기하지 않는다. 이스라엘 땅에 관한 '상속 재산'(나할라 *naḥălâ*) 표현은 모세와 미리암의 노래에 나타난다(탈출 15,1-21). 하느님께서 백성을 데려다가 그분의 상속 재산(탈출 15,17: 나할라 *naḥălâ*)에 심으셨다. 이 용어는 자주 성경에서 하느님께서 이스라엘에게 주신 땅에 대한 언급으로 나타난다(신명 4,21). 신명 15,4은 이 특별한 관계를 이스라엘에게 상기시킨다. "주 너희 하느님께서 너희에게 상속 재산(나할라 *naḥălâ*)으로 차지하라고 주시는 땅에서 너희에게 복을 내리실 것이므로, 너희 가운데에는 가난한 이가 없을 것이다."(이스라엘은 단지 땅을 보유하는 것이지, 소유자가 아니다). 이 감동적인 말로 호소함으로써 지혜로운 여인은 요압을 확실히 막는다. 그는 단순히 이스라엘 북부 도시를 공격하는 것이 아니며 이 무모한 장군은 하느님의 상속 재산을 파괴하려 한 것이다. 요압은 자신의 의도는 그것이 아니라고 맹세로 서약하면서, 그 혐의를 부인한다. "결코 그러지 않을 것이오. 나는 맹세코 이곳을 삼키거나 파괴하지 않을 것이오!"(2사무 20,20). 하지만 그는 거짓말을 하고 있다. 20,15에서 화자는 요압의 공격을 묘사하기 위해 히브리어 단어 '파괴하다'를 사용한다. '요압과 함께하는 전 군대가 성벽을 허물어뜨리면서 파괴하고 있었다'(필자 번역). 지혜로운 여인은 바보가 아니다. 그녀는 요압의 의도를 정확하게 평가했고, 그녀의 지혜로 그의 공격을 성공적으로 막고 도시를 구했다.

장군은 실제 책임자인 여인 앞에서 그의 사정을 소개한다. 세바가 임금에게 반기를 들었다는 것과 그는 단지 반란자의 목숨을 얻으려 했을 뿐이라는 것을 그녀가 알아듣도록 설명한다. 그녀는 세바의 머리를, 요압이 파괴하려고 했던 바로 그 성벽에서 요압에게 던지겠다고 합의하고, 사건은 빠르게 종결된다. 반란 주도자의 죽음과 함께 요압은 후퇴 신호를 울리고, 요압이 예루살렘으로 돌아오는 동안 군대는 해산한다. 이것이 다윗 내러티브에서 요압이 전쟁을 끝냈다는 신호로 나팔을 부는 세 번째 장면이다(2,28; 18,16 참조). 그는 다시 책임자가 되었다. 에피소드는 큰 허점이 있음에도 불구하고 마무리된다: 요압이 세바의 머리를 손에 들고 예루살렘에 다시 들어온 것에 대해, 다윗의 반응은 어떠했을까? 다윗은 아비사이와 아마사를 기다렸었다(아비사이는 어디에 있는가?). 그는 분명히 요압의 귀환을 기대하지 않았다. 다윗은 압살롬의 반란 이후 군대를 이끌겠다는 자신의 전략적 선택이 면직된 장군에 의해 실행되었다는 보고에 어떻게 반응했는가? 다윗이 아무 말도 안 할 때, 우리는 요압이 아브네르를 제거한 후 다윗이 한 말을 회상한다. "내가 비록 기름부음 받은 임금이지만 오늘은 이렇게 약하구려. 츠루야의 아들들인 이 사람들이(요압에 대한 언급) 나에게는 너무 벅차오"(3,39). 오로지 그가 죽어가는 자리에서 아마사의 살해에 대한 그의 반응을 알게 되는데, 그때 후계자 솔로몬에게 하는 마지막 지시에서 요압의 처형을 촉구한다.

> "더구나 너는 츠루야의 아들 요압이 나에게 한 짓, 곧 이스라엘 군대의 두 장수, 네르의 아들 아브네르와 예테르의 아들 아마사에게 한 짓을 알고 있다. 요압은 그들을 죽여 전쟁 때에 흘린 피를 평화로운 때에 갚음으로써, 그 피를 자기 허리띠와 신발에 묻혔다. 그러나 너는 지혜롭게 처신하여, 백발이 성성한 그자가 평안히 저승으로 내려가지 못하게 하여라"(1열왕 2,5-6).

요압을 제거해야 하는 이유는 요압이 '평화 시'에 살해를 했기 때문이라며, 다윗은 아브네르와 아마사의 살해를 예로 든다. 그는 또한 이 두 경우의 살인이 모두 그의 왕권을 안정시키는 전략에 손상을 입혔다는 것을 인정할 수 있었다. 요압은 또한 다윗의 사랑받는 아들 압살롬의 죽음에도 책임이 있었으나(2사무 18,14), 화자는 이 처형에 대해 다윗이 얼마나 알고 있는지는 함구하며, 다윗의 숨겨진 동기들에 대해서 추측하게 내버려둔다. 다윗은 요압 문제를 유언으로 후계자에게 남기는데, 3,39에서 그가 고백한 대로 두 번의 반란으로 대단히 약해져서 스스로 해결할 힘이 없었고, 두 번 다 그의 왕위를 지키는데 요압의 군사적 기술이 필요했었기 때문이다. 그러나 1열왕 2,5-6에서 그의 유언은 할 수 있었다면 요압을 처형하고 싶었음을 추측하게 한다. 지금은, 사령관으로 요압을 수용하는 것 외에 다른 선택이 없다.

4.10 다윗 궁정: 두 번째 목록 20,23-26

화자가 다윗의 궁정 조신들을 명명하려고 줄거리의 진행을 중단한 것은 이번이 두 번째이다. 이 목록은 8,15-18의 이전 목록과 함께 읽어야 한다. 거기서 다윗 내러티브 내에서 이 목록의 기능이 다뤄졌다(참조. 3.8 부분). 첫 목록은, 다윗이 예루살렘에 수도를 확립하고, 그의 도성에 계약궤를 안치하고, 그의 통치에 대한 주변의 위협들을 제압한 후에 나타났다. 궁정 조신들의 이 두 번째 목록은 비슷한 기능을 한다. 다윗은 막 두 반란에서 살아남았고, 반란 후 궁정의 임명 목록은 그의 통치가 다시 한 번 안정적이라는 신호이다.

이 목록의 등장인물 대부분은 이전 목록에서 언급되었다. 군대 사령관 요압은 다시 막 그의 자리를 되찾았고(다윗의 허락 없이) 목록 선두에 있다. 그는 다윗의 권위와도 겨루는 조정의 가장 강력한 구성원이다. 후에 요압을 대신하는(1열왕 2,34-35 참조) 브나야는 여전히, 압살롬의 반란 동안 다윗에게 충성을 유지했던(15,8) 군대인 크렛족과 펠렛족의 대장이다. 여호사팟은 여전히 왕실 기록관이다. 이 기록에서 사제들은 차독과 에브야타르인데, 8,17에서 읽을 수 있었던 같은 이름이다. '야이르 사람'이라는 먼저 명단에서는 언급되지 않았고 다윗 내러티브에 다시 나타나지 않는다.[274] 다윗의 서기관 스와는 8,17에서는 스라야라고 불렸다. 다른 사람이거나 같은 사람 이름의 철자가 변형되었을 것이다(두 이름은 영어보다는 히브리어에서 훨씬 더 유사하다). 화자는 이런 사소한 불일치에 대해서는 해설하지 않는다. 중요한 사실은 다윗이 그의 조정을 재정립했다는 것이다.

'부역' 감독관 아도람은 첫 목록에서는 언급되지 않았었다. '부역'의 개념은 탈출 1,11에서 요셉을 모르는 파라오가 이집트 왕위에 오른 직후 나타난다. 그는 이스라엘인들을 억압하기 위해 그들 위에 '부역'의 책임자들을 임명한다. 다윗의 통치가 안전하게 재정립되었으므로, 강제로 노동자를 이용할 수 있고 아도람은 그들의 우두머리가 된다. 아도람의 임용은, 임금 르하브암이 최근에 분리된 북쪽 지파들과 협상하기 위해 그를 보낸 1열왕 12,18까지 지속된다. 하지만 북쪽 반란자들

---

274 야이르 사람'이라는 가끔 23,38의 야티르 사람'이라와 같은 인물로 생각되었다(야이르와 야티르는 히브리어로는 혼동될 수 있다). 그러나 사제인 '이라가, 삼십인 부대(23,24-39)의 일원이었던 전사 '이라'일 것 같지는 않다.

은 아도람을 죽여 북 왕국과 남 왕국 사이의 주기적인 전쟁의 첫 희생자로 만든다. 이 목록에 아도람이 포함된 것은 2사무 20,1 반란을 일으킨 세바의 말처럼 그리 멀지 않은 미래에 불안하게 다가올 재앙의 징조를 보인다. 이 첫 탈퇴 시도의 진압 후에, 다윗은 우발적으로 살해되어 그의 왕국의 영구적 분할의 신호가 될 사람을 임명한다.

제5장

5막:
다윗의
공적 삶이
끝나다

2사무 21-24장

5.1 도입

사무엘기 하권의 마지막 21-24장은 응집력이 부족해 보이는데, 앞의 에피소드들과 따로 떨어져 있고, 때로는 '부록'으로 표시되어 있기 때문이다.[275] 다윗 내러티브의 다른 부분은 의미 있는 해석을 찾기 위해 독자들에게 더 많은 협력을 요구하지 않는다. 이 장들에 상술된 사건들 중 일부는 예루살렘에서의 다윗의 통치 강화(2사무 5장)와 더 밀접하게 관련되어 있는 것으로 보인다. 다윗에 대한 시므이의 혐의(16,8: "사울의 왕위를 차지한 너에게 주님께서 그 집안의 모든 피에 대한 책임을 돌리시고")와 9,1에서 다윗의 질문("사울 집안에 아직 살아남은 사람이 있느냐?")은 사울의 아들들이 이미 다윗의 명령에 따라 처형되었음을 전제한 표현으로 보이며, 이 사건이 이 장(21,1-14)에 묘사되었다.[276] 그러나 다윗 내

---

[275] 이 장들은 Leonhard Rost가 원본 내러티브로 식별한 것에 속하지 않기 때문에, 부록이라고 불리게 되었다. [The History of David's Rise(1Sam 16,14-2Sam 5,25) and the Succession Narrative (2Sam 9-20; 1 Kings 1-2)]; 참조 Leonhard Rost, Die Überlieferung von der Thronnachfolge Davids, Beiträge zur Wissenschaft vom Alten und Neuen Testament 42 (Stuttgart: Kohlhammer, 1926). McCarter는 그것들을 '기타, 다윗 통치에 관련된 다양한 자료의 보고'라고 불렀다; 참조 P. Kyle McCarter, II Samuel, Anchor Bible 9 (Garden City, NY: Doubleday, 1984), 16.

[276] Hans W. Hertzberg, I and II Samuel, trans. J. S. Bowden (Philadelphia: Westminster Press,

러티브는 사건의 연대기가 아니다. 임금과 그 왕국의 묘사이다. 따라서 이 마지막 에피소드들의 일부는 연대기적인 순서가 맞지 않을 수 있지만, 많은 학자가 주장하는 대로 다윗 내러티브의 끝부분에 위치하여 화자가 주인공에 대한 묘사의 완성도를 높이는 데 기여했으며 그 성과는 우리가 5막을 읽는 동안 감지하는 연대기적인 불일치보다 우세하다.

이 에피소드들에 대해서 학자들이 오랫동안 동의해온 것은, 확실히 보이는 분리에도 불구하고 동심원의 3단 구조로 정성 들여 만들어졌다는 것이다.[277]

가. 국가적 위기(21,1-14)
    나. 다윗의 용사들 명단과 영웅적 행위 보고(21,15-22)
        다. 시(22,1-51)
        다'. 시(23,1-7)
    나'. 다윗의 용사들 명단과 영웅적 행위 보고(23,8-39)
가'. 국가적 위기(24,1-15)

다윗 내러티브에서 이 장들의 목적은 이 동심원 구조의 중심에, 다윗의 두 번째 시의 첫마디에서 분명하게 드러난다(23,1). "이것은 다윗의 마지막 말이다." 이전 에피소드들에서 다윗의 나이에 대해서는 아무

1960), 381.

277 André Caquot and Philippe de Robert, *Les Livres de Samuel*, Commentaire de l'Ancient Testament 6 (Genève: Labor et Fides, 1994), 578-79; McCarter, II Samuel, 18-19; Hertzberg, I and II Samuel, 415.

표시도 하지 않던, 말을 아끼던 화자의 이 공지는 다윗 내러티브가 끝나고 있다고 알린다. 우리의 영웅에게는 아직 그의 삶에서 성취할 두 가지 중요한 행위가 남아 있고, 그것들은 두 개의 시 형식으로 제시된 마지막에서 두 번째 유언(22,1-51)과 마지막 유언(23,1-7)을 중심으로 짜여 있다. 따라서 이 장들은 옥스포드 영어 사전이 '텍스트의 완전성에 필수적이지 않은 것'[278]으로 정의하는, '부록'으로 축소되어서는 안 된다. 그보다는 화자 자신의 걸작을 위한 마지막 붓놀림의 첫 번째로 봐야 한다.

가. 다윗의 마지막에서 두 번째 공적 행위(21,1-14)
    나. 다윗의 쇠퇴와 군정에서의 은퇴(21,15-22)
        다. 마지막에서 두 번째 유언: 다윗이 찬미를 노래하다(22,1-51)
        다'. 다윗의 마지막 유언(23,1-7)
    나'. 다윗의 쇠퇴와 군정에서의 은퇴(23,8-39)
가'. 다윗의 마지막 공적 행위(24,1-25)

이 에피소드 후에 화자에게 남아 있는 이야기는 솔로몬 임금의 승계에 관한 이야기뿐이다. 그때 다윗은 죽을 수 있다(1열왕 1-2장).

---

278 *Oxford English Dictionary* (Oxford: Oxford University Press, 2004), "appendix".

5.2 다윗의 마지막에서 두 번째 공적 행위: 다윗과 사울 사이에 마지막 대조 21,1-14

다윗에 대한 화자의 마지막 묘사를 시작하는 이 에피소드는 사무엘기 상·하권의 여러 사건을 반복한다. 그것은 사울의 권세 초기와 다윗의 야베스 길앗 백성 구출로 거슬러 올라간다(1사무 9-11장). 또한 요나탄과 다윗의 계약(1사무 20,12-17; 20,42)을 돌아보고, 사울의 죽음과 야베스 길앗 백성에 의한 은밀한 매장(1사무 31장)을 상기한다. 몰락한 전임자의 죽음(2사무 1,17-27)을 오래전에 애도했던 다윗은 이제 그에게 적절한 매장을 제공하는데, 이는 그가 계승한 임금에 대한 지속적인 충성의 마지막 예증이다. 이 에피소드는 1사무 13,14('주님께서는 당신 마음에 드는 사람을 찾으시어')과 15,28('주님께서는 오늘 이스라엘 왕국을 임금님에게서 찢어내시어, 임금님보다 훌륭한 이웃에게 주셨습니다')에서 다윗에 대한 첫 번째 암시가 시사하는 주제, 곧 맹세에 대한 충실도와 관련해서 다윗과 사울의 대조를 재연한다. 다윗 내러티브에서 여러 사건이 다윗이 어떻게 사울보다 하느님께 더 충실한 임금임을 증명했는지 예증한다. 이 에피소드는 마지막 예를 제공한다. 사울은 이스라엘이 기브온 사람들에게 서약한 것을 위배하면서, 그들을 죽이려고 하였으나(2사무 21,2), 다윗은 그가 요나탄에게 서약했던 맹세에 따라 므피보셋을 살려 주었다(21,7). 두 경우 모두 화자는, 하나는 파기되고 다른 하나는 준수된 이 두 맹세를 상기시키려고 애쓴다. 이제 다윗은 마지막 행위의 하나로, 사울이 남긴 서약 불충실의 문제를 해결해야 한다.

◆ 구조

가. 하느님이 진노하신다(21,1)
    나. 다윗이 사울의 죄를 해결하기 위해 애쓴다(회상 장면)(21,2-4)
        다. 기브온 사람들의 요구(21,5-6)
            라. 다윗은 요나탄에게 한 그의 맹세에 충실하다(21,7)
        다'. 기브온 사람들의 요구가 받아들여지다(21,8-9)
    나'. 다윗이 사울의 적절한 매장에 동의하다(회상 장면)(21,10-14ㄷ)
가'. 하느님이 더 이상 노하시지 않는다(21,14ㄹ)

에피소드의 동심원적 구조 중심에 요나탄에게 한 맹세에 충실한 다윗의 이야기가 배치된다. 대조적으로 사울은 기브온 사람들에게 한 맹세를 위배했다. 유혈죄에 대한 하느님의 원래의 진노와 그 해결이 포괄을 형성한다(가/가'). 에피소드는 두 가지 회상 장면으로 균형을 이룬다(나/나'). 첫 회상 장면은 이스라엘 사람들이 기브온 사람들에게 서약한 맹세를 사울이 위배하는 것을 이야기한다. 두 번째는 사울의 죽음과 굴욕이 하느님의 명령에 불충실한 대가로 치른 일임을 묘사한다.

◆◆ 주석

이 에피소드를 시작하는 구 "다윗 시대"는 다윗의 재위 연도가 제공되지 않음에도 불구하고, 내러티브를 중단시킨다. 가뭄 이후 삼 년째, 세바의 반란 이후 적어도 삼 년이 지났다. 성서에서 가뭄은 하느님 심기 불편의 표시인데, 홍수 이야기(창세 7,4)가 분명히 가르치는 것처럼 강수는 하느님의 섭리에 있기 때문이다. 시편 작가는 비를 내리시는 하느님을 자주 노래하고(시편 68,9; 135,7; 147,8), 신명 11,13-17에서 하느님 계명에 순종하는 것이 의미하는 것은 비, 그리고 그 결과로 말미암은 풍요로운 추수다. 다른 신을 섬기는 것은 가뭄과 죽음을 의미한다.

> 너희는 마음에 유혹을 받아, 길을 벗어나서 다른 신들을 섬기거나 그들에게 경배하는 일이 없도록 조심하여라. 그러지 않으면 주님의 진노가 너희를 거슬러 타올라 하늘을 닫으실 것이다. 그러면 비가 내리지 않아 땅이 소출을 내지 않고, 너희는 주님께서 너희에게 주시는 좋은 땅에서 바로 멸망할 것이다(신명 11,16-17).

1열왕 17,1에서 엘리야가 나타났을 때, 아합 임금은 바알에게 제단을 쌓고 기념 기둥을 세우면서 나쁜 일을 하였다(1열왕 16,31-34). 엘리야는 하느님의 반응을 전달하였다. 하느님 앞에 있는 엘리야가 가뭄의 끝을 말할 때까지, 비가 내리지 않을 것이다. 1열왕 17-18장에서 가뭄의 결과가 서술된다. 사렙타의 한 과부는 아들과 죽을 준비를 하고(1열왕 17,12), 아합과 오바디야는 목말라하는 그들의 가축을 위하여 물을 찾는다(1열왕 18,5).

하느님께서 하늘을 닫으셨기 때문에, 다윗은 이유를 알 필요가 있고, 그래서 그는 '주님의 얼굴을 찾는다'(히브리어 글자 그대로 번역). 이 히브리어 표현은, 하느님이 이스라엘 백성에게 그들이 죄를 인정하면 하느님의 얼굴을 찾을 것이라고 경고하시는 호세 5,15에 나타난다. 다윗은, 과거에 전투 전략에 대한 도움을 청했던 것처럼 하느님께 단순히 질문하는 것 이상의 청을 한다. 그는 용서를 구하고 있으나 하느님께서 그의 잘못을 지적해주시는 것이 필요하다. 하느님은 사울의 집안에 유혈죄가 있다고 즉시 가뭄의 이유를 드러내신다. 다윗이 피고인 측이 아닐지라도, 위기를 해결하기 위해서 속죄를 해야 한다. 유혈죄 책임에 대한 질문은 사무엘기 하권에 규칙적으로 나타나는 특징이었다. 다윗이 사울의 죽음 소식을 가져온 아말렉 사자의 처형을 명령했을 때(2사무 1,16), 그는 자신은 그 피에 무죄하다고 선언했다. 후에 요압이 아브네르를 살해했을 때, 다시 다윗은 자신은 무죄하다고 선언했다(참조. 2.7). 무죄한 피를 흘림은 살해자의 목숨을 취할 '피의 복수' 권리를 부여한다.

> 그러나 어떤 사람이 이웃을 미워하여, 숨어서 기다리다가 그를 덮쳐 때려 죽게 한 다음, 이 성읍들 가운데 한 곳으로 피신할 경우에는, 그가 살던 성읍의 원로들이 사람을 보내어 그곳에서 그를 잡아다가, 피의 보복자의 손에 넘겨 죽게 해야 한다(신명 19,11-12).

하느님은 지금 기브온 사람들이 이 권리를 가지고 있다고 다윗에게 알려주신다.

사울이 사무엘기 하권이 시작하기 전에 이미 죽었을지라도, 그에 대한 기억은 다윗 왕국에 그림자를 드리운다. 사울의 딸 미칼은 다윗이 궤를 예루살렘으로 옮겨오는 의식 동안에 그가 한 행동을 비난했다. 그녀는 다윗의 왕성에 궤를 안치하는 것이 아버지의 후손들에 대한 다윗 권력의 공고화라는 것을 인식했다. 다윗은 사울의 손자(요나탄의 아들)인 므피보셋을 그의 궁정에 데려다 놓았다(2사무 9장). 압살롬의 반란 중에, 시므이는 사울에게 충성했던 이들의 남은 원한으로 다윗을 비난했다(16,8). 이 가뭄 이야기로 사울 왕국이 마지막에서 두 번째 소환된다. (역사서에서 사울에 대한 마지막 언급은 22,1에 나온다) 사울의 뼈가 그의 조상 무덤에 묻히면 그에 대한 기억의 그림자도 사라진다.

이 유혈죄를 발생시킨 기브온인에 대한 사울의 죄에 대해서 우리는 아무것도 알 수 없기 때문에, 화자가 회상 장면을 제공한다. 사울이 어느 쪽 그룹도 공격하지 않았기 때문에, 기브온 사람들과 아모리인들과의 연합은 이 문제에 거의 아무런 정보도 제공하지 않는다. 기브온인들은 여호 9-10장에 처음 등장한다. 예리코와 아이의 패배를 알게 된 그들은 여호수아가 그들을 이 지역 주민이 아니라고 생각하도록 속였다. [그래서 이 땅에서 제거할 대상이 아니다(여호 1,1-5)] 여호수아는 그들을 조약에 참여시켰고, (땅으로 들어온 후 첫 조약) 이스라엘 수장들은 그들을 살려 준다는 맹세를 했다(여호 9,15). 그래서 기브온인들에 대한 사울의 폭행의 구체적인 내용을 몰라도, 그들에 대한 사울의 공격은, 직접적으로 이 조약과 그 땅에서 이스라엘인들이 살기 시작한 초기 시절에 서원한 맹세를 위배한 것이다. 그 위배는 속죄되어야만 하는데 사울이 죽었기 때문에, 그 죄는 그의 후손들에게 부과된다.

기브온인들이 아모리인의 남은 이들이라는 것은 성경에서 전적으로 새로운 정보이다.[279] 그들의 뿌리가 무엇이든, 이스라엘 땅에서 그들의 존재가 맹세로 보장되었는데, 그것이 위기에 처했다. 사울이 그들을 제거하려고 하여 이 맹세를 어겼고, 이 위반의 여파로 가뭄이 왔다. (이 회상 장면은 하느님이 사울 대신 다윗을 선택하심을 정당화하는 추가 증거를 제공한다) 사울의 행동들에 대한 화자의 설명들은 - 그것은 이스라엘과 유다에 대한 그의 '열정'(버칸노토 *bĕqannōʾtô*[280])에서 기인했다고 - 정상 참작이 가능한 상황으로 제시되어 사울의 범죄의 중대성을 경감시킨다.

다윗이 유혈죄를 해결하기 위해 움직이고 따라서 삼 년 동안의 가뭄은 끝난다. 기브온인들에게 한 그의 질문은 '*그대들은* 무엇을 원하는가'가 아니라 '그대들을 위해 *내가* 무엇을 할 수 있는가'이다. 문제는 그의 것이다. 그는 기브온인들이 '주님의 상속 재산을 축복'하도록 행동해야 한다. '상속 재산'(나할라 *naḥălā*)이라는 용어는 신명기 계약을 떠오르게 한다. 하느님께서는 이스라엘 백성을 당신의 소유(재산, 나할라 *naḥălā*: 신명 4,20)로 만드셨고 그 땅을 그들에게 수여하셨다. 사울의 기브온인들 폭행은 그 땅, 주님의 상속 재산이 더 이상 소출을 못 내도록 가뭄이란 결과를 가져왔다. 신적인 약속이 어긋났고, 다윗은 그것을 바로잡아야 한다. 기브온인들은 주님의 유산을 축복해야 한다. 기

---

279 여호수아기에서, 기브온 사람들은 아모리인들로부터의 보호를 구하고(여호 10,6) 여호수아는 그들에게 부응한다.
280 히브리어 카나 *qnʾ*는 긍정적인 분위기('열정')에서 부정적인 분위기('질투': 창세 37,11)까지 다양한 의미로 볼 수 있다. 여기서는 사울의 동기가 하느님의 명령을 수행하는 것이기에, 번역가들은 어김없이 당연하게 긍정적인 의미를 강조한다.

브온인들은 그것이 금전적으로 해결될 문제가 아니라고, 이스라엘에서 누구를 공격하거나 죽이고자 하는 것도 아니라고 대답한다. 요컨대 그들은 다윗에게 '당신의 가뭄을 해결하는 것은 우리에게 달려 있지 않습니다'라고 말하고 있다. 그들은 다윗에게 복수를 요구하러 오지 않았고, 따라서 그들 스스로 피의 복수를 얻어내는 것을 거부한다. 다윗은 요점을 이해하고 그의 초기 질문을 반복한다. 그대들을 위해 *내가* 무엇을 하기를 원하는가? 그는 하느님 앞에서 기브온에 대한 사울의 범죄를 속죄해야 한다. 기브온인들은 다윗에게 사울의 혐의, 곧 이스라엘의 국경에서 그들을 없애려 했던 것을 상기시킨 다음, 사울의 후손 7명 곧 아들들이나 손자들을 유혈죄에 대한 속죄로 넘겨줄 것을 요구한다. 그들이 하려는 것, 즉 이카*yq'*라는 동사에 내포된 고문이 무엇인지 분명하지 않다(대부분의 영어 번역은 '꽂다'). 드라이버는 그것이 매달아두는 형식을 말한다고 제안한다.[281] 이 동사는 민수 25,4에서, 2사무 21,1-14의 일부 측면이 병행하는 구절에 나타난다. 민수 25,1-5에서 하느님은 바알을 예배한 우두머리들을 '주님 앞에서 꽂히게' 해야 한다고 선언하신다('주님 앞에서'는 2사무 21,6에도 나타난다). 민수 25,1-5에서 문제는 배교이고 2사무 21,1-14에서는 맹세 위배다. 두 장면 다 하느님이 직접 개입하시고, 처형은 속죄의 행위다.

    다윗은 이의 없이 기브온인들에게 넘겨줄 사울의 후손들을 선택한다. 다윗이 요나탄의 아들 므피보셋을 살려줄 때 화자는 다윗과 요나탄 사이의 맹세를 회상하여 그 맹세에 대한 다윗의 충실도를 주목

---

281 Samuel R. Driver, *Notes on the Hebrew Text and the Topography of the Book of Samuel* (Oxford: Clarendon, 1913), 351.

하게 한다(21,7). 전체적으로 생략할 수 있었던 이 여담은 사울과 다윗 사이에 대조를 두드러지게 한다. 사울은 이스라엘의 맹세를 위배했으나 다윗은 오래전에 요나탄과 서원했던 그의 맹세에 충실했다[21,2(샤바*šb*)에서부터 '맹세'(셔부아*šebû'â*) 용어 반복에 주목].

> 요나탄이 다윗에게 말하였다. "평안히 가게. 우리 둘은 '주님께서 나와 자네 사이에, 내 후손과 자네 후손 사이에 언제까지나 증인이 되실 것이네' 하면서, 주님의 이름으로 맹세하지 않았는가! 다윗은 일어나 떠나가고 요나탄은 성읍 안으로 들어갔다(1사무 20,42-21,1).

다윗은 리츠파의 두 아들을 기브온인들에게 인도한다. 리츠파는, 이스 보셋이 아브네르가 그녀와 잠자리를 같이 하였다고 확인되지 않은 혐의로 고발할 때 2사무 3,7에서 마지막으로 언급되었다. 지금 우리는 그녀가 사울의 아들 둘을 낳았다는 것을 알게 된다. 또한 다윗은 사울이 약속을 어기기 전까지는 그의 아내가 될 뻔했던 여인(사울의 또 다른 불충실, 1사무 18,17-19 참조) 메랍[282]의 아들 5명을 데려간다. 그녀의 아들들은 다윗의 자식들이었어야 했으나, 그 대신에 므홀라 사람 바르질라이의 아들 아드리엘의 자식이 되었다. 이제 다윗은 사울이 그의 가족에게 가져온 유혈죄를 속죄하도록 그의 아들들을 넘겨준다. 분명히 그들을 제거하는 것은 사울 계열 정권의 잔재에 대한 다윗의 권력을 굳히는 일일 뿐이다. 그러나 화자는 다윗을 위한 이 부수적인 이익

---

[282] 마소라 본문은 '메랍' 대신에 '미칼'이라 읽는다. 아드리엘의 아내는 미칼이 아니라 메랍이었기 때문에 고대 역본들에서 '메랍'으로 읽는 것이 맞다.

에 대해 언급하지 않는다.

실제적인 '꿰뚫기'나 '매달기'에 대한 묘사는 제공되지 않는다. 대신 화자는 그들의 처형 시기에 초점을 맞춘다. 두 희생자의 어머니인 리츠파는 공중의 새와 들판의 짐승들로부터 시신을 보호한다. 짐승들이 이 시신에 가할 일들에 대한 그녀의 걱정은 골리앗이 다윗에게 한 위협을 소환한다(1사무 17,44). "이리 와라. 내가 너의 몸을 하늘의 새와 들짐승에게 넘겨주겠다." 적에 대한 최종 보복은 야생 동물로 그의 시신을 모독하는 것이다(이제벨의 운명: 2열왕 9,36).[283] 비가 올 때까지 시신이 들판에 노출되어 있어야 하기 때문에, 리츠파는 주검을 모독하지 못하게 지킨다. 이 장면의 바탕에 가뭄 기간에 행하는 원시적인 화해 의식이 있는가? 아마도 그럴 것이나 화자는 이 초기 전승에는 관심이 없다. 화자는 다윗과 사울을 대조하는 마지막 기회로 활용하며, 사건은 유혈죄에 대한 속죄 문제로 재구성되었다.

리츠파의 행위는 다윗에게 현재 사울 유해의 매장 상태를 상기시킨다. 그는 사울의 뼈를 되찾음으로써, 사울 후손의 시신에 대한 그녀의 존중을 따라 할 것이다. 사울의 맹세 위배 이야기처럼, 화자는 관객들에게 사울의 매장을 상기시키는 회상 장면을 제공하나, 앞의 회상 장면과는(21,2) 달리 이 사건들은 독자들에게 알려져 있다. 1사무 31장에서 사울은 필리스티아인들과의 전투에서 패배하고, 그와 그의 세 아들 즉 요나탄, 아비나답, 말키수아는 전투에서 죽었다. 야베스 길앗(예루살렘 북동쪽으로 약 80km)의 백성이 그들을 그들의 영토 '에셀 나무' 밑

---

283 신명 28,26에 규정된 저주 중 하나는 계약을 못 지킨 사람의 주검은 야생 짐승들에게 노출되어야 한다는 것이다.

에 묻었었는데(1사무 31,13), 지금 다윗이 그들에게서 유해를 되찾아온다.[284]

야베스 길앗(야베스로도 알려진) 백성은 사울의 삶에서 두드러진 역할을 했고, 이제 그에게 마지막 경의를 표하며 다시 무대에 올랐다. 사울이 권세를 잡던 초기(1사무 11장)에, 나하스의 손아귀에서 사울이 구해 준 이들이 야베스의 백성이었다. 그들은 벳산 성벽에 수치스럽게 노출된 그의 시신을 회수하는 위험을 감수하며 입증한 대로 사울에게 충성을 유지했다. 사울 궁정에서 그들의 영향력은 2사무 2,4ㄴ-7에서 다윗이 사울의 죽음 후에 그들과 동맹을 맺고자 할 때 분명해진다. 이제 마지막에서 두 번째 시간의 역사서에서 사울이 언급된 것처럼, 화자는 야베스 길앗 백성을 기억한다. 그들은 사울-다윗 내러티브에 대한 거대한 포괄로 기능한다. 사울이 그의 왕국 초기에 구한 백성이 이제 그의 유해를 자신의 왕국이 끝나가고 있는 후계자에게 넘겨주고 있다.

다윗은 이 뼈를 받고(야베스 길앗 사람들은 이의 없음) 최근에 꿰뚫린 사울의 일곱 후손들을 함께 모은다. 따라서 사울과 그의 가족은 그의 아버지 키스의 무덤 첼라에 매장되어 모였다. 첼라의 위치는 알려지지 않았는데, 사울의 출신 지파인 벤야민의 성읍 중 하나이다(여호 18,28). 그래서 사울의 생애 이야기는 왕실 묘를 가족묘에 안장하는 것으로 적절한 결론에 도달한다. '이렇게 그들은 임금이 명령한 대로 다 하였다'라는 마지막 구는 이 화려한 매장 뒤에 다윗이 있음을 상기시킨다. 사울에 대한 그의 확고한 충성심과 관련한 마지막 증언이다. 화자는

---

[284] 화자는 사울과 요나탄의 뼈에 초점을 맞추면서, 같이 죽은 사울의 두 아들 아비나답과 말키수아는 잊는다.

다윗이 사울의 상속인을 제거하려 했다는 우리 편에 남아 있는 의혹 (참조. 16,8의 시므이의 비난)을 진정시켰다. 이 에피소드는 하느님의 진노가 가라앉았다는 좋은 소식으로 마무리된다.

5.3 다윗의 쇠퇴와 공적 업무에서 은퇴 21,15-22

이전 장면은 다윗과 사울 사이의 뒤틀린 관계를 결론짓게 하였다. 이번 에피소드는 용사로서 다윗의 경력에 대한 막을 내린다. 처음으로 우리 영웅은 지쳤고, 승리하기 위해서 이제는 도움이 필요하다. 이 네 장면은 뚜렷한 대조를 보이며 지나간 전투의 요약처럼 읽힌다. 한때 승리자였던 다윗은 승리한 그의 병사들에 의해 대체된다. 각 장면은 격분할 정도로 불가해하고 순식간에 지나간다. 가뭄이 끝난 이래 대체 얼마나 많은 시간이 지나갔는지 우리는 알 수가 없다. 다윗의 나이도 모르고 재위 몇 년째인지도 모른다. 첫 전투는 위치조차 제공되지 않는다. 하지만 한 가지 분명한 것은, 다윗이 은퇴한다는 것이다. 장면은 1사무 17장에서 필리스티아인에 대한 다윗의 승리로 포괄을 형성한다.

◆ 구조

가. 다윗과 그의 사람들이 필리스티아인과의 전투에 나가다(21,15)

나. 장면 1: 아비사이가 이스비 브놉을 죽이다(21,16-17)

    ㄱ. 적의 흉포함이 묘사되다

    ㄴ. 적이 패하다

다. 장면 2: 곱에서 필리스티아인과 전투: 시브카이가 삽을 죽이다 (21,18)

다'. 장면 3: 곱에서 필리스티아인과 다른 전투: 엘하난이 골리앗을 죽이다(21,19)

나'. 장면 4: 요나탄이 이름 없는 용사를 죽이다(21,20-21)

    ㄱ'. 적의 흉포함이 묘사되다

    ㄴ'. 적이 패하다

가'. 결론: 다윗과 그의 사람들이 거인의 후손 넷을 죽이다(21,22)

이 네 장면은 '*다윗과 그의 사람들이* 내려왔다'(21,15)와 '그들은(필리스티아인 네 명) *다윗과 그의 사람들* 손에 의해 쓰러졌다'(21,22: 필자 번역)라는 포괄에 의해 함께 묶인다. 장면 1과 4는 적이 나타나고, 전투력이 묘사되고, 그리고 그는 이스라엘 전사에게 패한다는 같은 구조를 갖는다. 장면 2와 3은 한 이스라엘 전사가 한 필리스티아 전사를 이긴다는 점에서 비슷하다. 장면의 언어는 반복적이다. 각각은 '다시 싸움이 일어났다'로 시작하고(21,18: 접두사 '다음에'); 적 4명 중 3명은 거인의 후손(장면의 요약은 그들 모두가 사실 '거인의 후손들'이었다고 지목한다: 21,22); 히브리어 동사 나카*nkh*, '치다'(NRSV는 보통 '죽이다'로 번역)가 반복적으로 각각의 필리스티아인의 패배를 묘사한다.

5.3.1 다윗과 그의 사람들이 필리스티아인과의 전투에 나가다 21,15

이 에피소드를 여는 히브리어 표현 '필리스티아인들이 이스라엘과 싸움을 벌였다'(문자대로 번역)는 성서에서 오직 여기에만 나타나고 필리스티아인들이 공격자임을 알아볼 수 있다. NRSV는 '필리스티아인들은 이스라엘과 전쟁하러 다시 나갔다'로 제안하나 NJPS는 '다시 필리스티아인들과 이스라엘 사이에 전쟁이 발발했다'라고 한다. 다윗 내러티브에서 필리스티아인들은 다윗의 생애에 그들이 처음 나타난 1사무 17,1에서처럼, 일반적으로 공격자이다. 다윗이 예루살렘을 정복한 후에, 그들은 두 번 공격했다(2사무 5,17.22). 이번에 다윗과 그의 사람들은 그들의 새로운 침략에 빠르게 대응하나, 전투가 계속되면서 다윗이 지친다. 처음으로 우리 챔피언이 필리스티아인들에게 지고 있다![285] 그는 늙었다.

5.3.2 장면 1: 아비사이가 이스비 브놉을 죽이다 21,16-17

첫 장면이 시작하자, 다윗의 상대가 무대에 나타난다. 이스비 브놉은 '거인'(NRSV에서 그렇게 번역한다[286])의 후손인데, 히브리어로 하라파*hārāpâ*는 신명 2,21에 "그들은 우람하고 수가 많았으며 아낙인들처럼 키가 컸다"라고 묘사된다. 1사무 17장에서 필리스티아인 골리앗은, 화자가

---
285 다윗이 지쳤다고 말해지는 다른 유일한 곳은 16,14인데, 그가 압살롬에게서 도망갈 때이고, 거기서도 그는 지고 있는 것으로 나타난다.
286 NJPS를 포함하여 영어본 대부분이 '그는 라파의 후손이었다'라는 음역을 선택한다.

그의 비상한 키를 지목할지라도(1사무 17,4), 하라파 hārāpā의 후손이라 언급되지 않는다. 이스비 브놉의 창에 대한 묘사는 골리앗의 무기류의 집중적인 묘사(1사무 17,5-7)를 반향한다. 골리앗의 창은 청동 오천 세켈의 무게였고(역자주: 창의 무게는 1사무 17,7에 육백 세켈로 나타난다. 청동 오천 세켈은 5절에서 갑옷의 무게를 가리킨다), 반면에 이스비 브놉의 창의 무게는 단지 청동 삼백 세켈이다.[287] 무게 '청동 세켈'은 단지 여기와 1사무 17,5에만 나타나, 이스비 브놉과 골리앗의 소개 사이의 연결을 강조하고 있다. 학자들이 현대의 동등한 무게를 제시하지만, 기껏해야 근사치이고, 그렇지 않으면 이 두 청동 세켈의 경우처럼, 대략적인 추정치이다.[288] 그러나 우리는 화자의 목적, 즉 이스비 브놉은 골리앗처럼 무거운 창을 던질 수 있는 가공할 만한 전사라는 것과 골리앗처럼 이스비 브놉의 의도가 다윗을 죽이는 것임을 파악하기 위해 이스비 브놉의 무기의 정확한 무게를 알아야 할 필요는 없다.

아비사이, 곧 츠루야의 아들이고 막강한 요압과 죽은 아사엘(2사무 2,23)의 형제인 그가 지친 다윗을 지원하러 도착한다. 그의 군사력은 10,14에서 암몬인들이 그의 앞에서 도망갈 때 확인되었다. 다윗이 두 번째로 은밀하게 사울을 공격하고자 동료를 찾을 때 아비사이가 자원했다(1사무 26,6). 그는 사울을 죽이기를 바랐으나 다윗이 그를 막았다(1사무 26,8-9). 그는 다윗이 압살롬으로부터 도망칠 때 저주하는 시므이(2사무 16,9)를 그리고 다윗이 예루살렘으로 돌아올 때 뉘우치는 시므

---

287 이 무게 단위는 일반적으로 금속의 단위로 가장 자주 은, 청동과 철과 관련된다.
288 참조. Yigal Ronen, "The Enigma of the Schekel Weights of the Judean Kingdom", *Biblical Archaeologist* 59 (1996), 122-25. 그는 유다 왕국의 무게 체계가 은 조각에 기반을 두었다고 지적한다.

이(19,21)를 죽이려 했으나, 두 번 다 다윗이 개입했다. 과거에는 죽이는 일에서 아비사이를 막던 다윗이 지금은 사나운 이스비 브놉을 죽이기 위해 그가 필요하다. 골리앗을 혼자 죽였던 강력한 다윗은 어디 있는가?

첫 장면은 다윗의 사람들에 의한 맹세로 마무리한다. 이스라엘에서 등불이 꺼지지 않도록, 임금은 다시는 전투에 나가면 안 된다. 이 맹세는 18,3에서 압살롬의 반군들에 대항하는 전투를 지원하고자 하는 다윗을 군대가 반대할 때, 다윗에게 준 그들의 대답을 반향한다. 그들은 그에게 임금으로서의 중요성을 상기시켰다. '당신은 저희 만 명과 같습니다.' 그때는 군대가 단순히 다윗이 특정한 전투에 참여하는 것을 중단시킨 것이었다. 지금 그들은 다윗이 그들과 함께 미래의 어떤 전투에도 나서서는 안 된다고 *맹세로 서약한다*. 다윗은 명예 전사가 되었다. 군대는 다윗이 '이스라엘의 등불을 *끄도록*' 허용할 수 없다고 설명한다. 이 은유(등불)는 1열왕 11,36에서 발전되어 예루살렘에서 통치할 다윗 왕조를 가리킨다.

> 한 지파는 그의 아들(솔로몬)에게 주겠다. 그리하여 나의 종 다윗에게 준 등불이 내 앞에서, 내 이름을 두려고 뽑은 도성 예루살렘에서 언제나 타오르게 하겠다.[289]

---

[289] 하느님께서 다윗에게 수여하신 '등불'로서 예루살렘의 왕좌에 있는 다윗 후손에 대한 암시가 다시 1열왕 15,4에 나타난다.

5.3.3 장면 2와 3: 필리스티아인과 전투 21,18-19

두 번째 장면은 장소의 위치는 안 알려졌지만, 전쟁이 일어난 장소를 곱이라고 하는 것만 제외하고는 첫 번째 장면(21,15)과 도입 부분이 같다. 주인공은 병행 구절인 1역대 20,4에 나타난 시브카이다. 1역대 11,29와 27,11에서 그는 이스라엘 정예 부대 장수의 하나로 목록에 있다. 그 외에는 그와 후사 사람에 대해 알려진 것이 거의 없을지라도, 후사 사람 므부나이가 다윗의 삼십인 정예 부대의 하나(2사무 23,27)라는 것은, 후사 씨족이 다윗과 긴밀한 동맹을 맺었음을 시사한다. 시브카이는 다른 거인(혹은 하라파)인 삽을 죽이는데, 그는 성경에서 단지 여기서만 언급된다. 지친 다윗은 그림에서 완전히 벗어나 있어, 21,17에서 그를 은퇴시킨다고 서원한 맹세가 준수되고 있다.

다음 전투는 또 곱에서 벌어졌으며 다시 필리스티아인들과의 싸움이다. 삼십인 부대 일원(23,24)인 엘하난은 목록에서 두 번째로 아사엘 바로 다음에 나온다. 아래 두 구절은 그의 아버지를 다르게 말한다.

> 베들레헴 사람 야아레 오르김의 아들 엘하난(21,19)
> 베들레헴 사람 도도의 아들 엘하난(23,24)

이 두 구절은 십중팔구는 같은 사람을 가리키고, 화자가 설명하지 않는 다윗 내러티브의 또 다른 사소한 불일치를 나타낸다.[290] 더 문제가

---

290 다윗 궁저의 목록에서 8,15-18과 20,23-26, 다윗의 서기관의 이름은 다른 철자를 가지고, 다윗의 사제들의 이름이 혼동된다. 더 지독한 이름들의 혼동은 앞의 에피소드에 나타난다. 거기서

되는 것은 엘하난이 갓 사람 골리앗을 죽였다는 소식이다. 이 불일치는 다윗의 손에 골리앗이 죽었다는 것이 다윗이 두각을 드러내는 데에 핵심이기 때문에 쉽게 일축되지 않는다. "창대는 베틀의 용두머리만큼이나 굵었다"라는 구는 1사무 17,7(케레로 읽음)의 구와 동일하기 때문에, 같은 사람이라는 것을 시사한다. 그렇다면 누가 골리앗을 죽였는가? 다윗인가 혹은 엘하난인가? 다윗 내러티브의 첫 해설가인 역대기 저자는 문제를 발견하고 해결책을 제시했다. '야이르의 아들 엘하난이 갓 사람 골리앗의 형제 라흐미를 쳐 죽였다'(1역대 20,5). 따라서 다윗은 골리앗을 이겼고 엘하난은 골리앗의 형제를 이겼다. 많은 학자가 2사무 21,19를 골리앗의 패배에 관한 초기 전승으로 보고 있고, 이것이 후에 다윗에게 옮겨져 윤색된 것으로 간주한다. '골리앗'은 '유형'이라는, 즉 사나운 전사를 나타낸다는 헤르츠베르그의 냉정한 제안이 맞을지도 모른다.[291]

5.3.4 장면 4: 요나탄이 이름 없는 용사를 죽이다 21,20-21

네 번째 장면이 다른 장면들처럼 시작된다. '갓에서 다시 전쟁이 일어났다.' 갓은 필리스티아 다섯 주요 성읍 중 하나이다. 화자는 우리의 이목을 이름 없는 적의 손과 발에 집중시킨다. 그는 각 손에 손가락 여

히브리어 본문은 메랍(대부분 영어본의 번역대로)이 아니라 미칼이 다섯 아들이 있었다(21,8)고 기록한다. 그러나 6,23에서 미칼은 자식이 없다고 알려졌다. 화자는 현대 주석가들을 짜증나게 하는 이런 불일치로 방해받지 않는다. 그래서 아마도 야아레 오르김의 아들 엘하난은 삼십인 부대의 일원인 베틀레헴 사람 도도의 아들 엘하난과 같은 사람일 것이다.

291 Hertzberg, *I and II Samuel*, 387.

섯 개와 각 발에 발가락 여섯 개를 지녔다. 그는 이스비 브놉처럼, 1사무 17,4-7에서 골리앗의 이야기를 회상하도록 묘사되었다. 이 과도한 손가락 전사가 골리앗 각본에서 말을 빌려와서(1사무 17장에 하라프ḥrp가 5번 나타난다: 17,10.25.26.36.45), 이스라엘을 '조롱한다'(하라프ḥrp). 그 또한, 다윗의 형제 시므이의 아들 요나탄에게 패하며 골리앗의 운명을 공유한다.

5.3.5 결론 21,22

이 절은 네 장면 모두의 결론 역할을 한다. "그들(필리스티아인 적 넷)은 다윗과 그 부하들의 손에 쓰러졌다." 화자는 일련의 승리에서 다윗에게 역할을 부여했지만, 실제로는 이 네 명의 필리스티아인 중 누군가가 패배하기 전에 다윗은 지쳤다. 이 장면들은 전사로서의 다윗의 날들에 막을 내리며, 골리앗에게 승리한 다윗의 영웅적 첫 행동(1사무 17장)과 포괄을 형성한다. 우리의 영웅은 이제 지쳤다. 그는 마지막 유언을 앞두고 있다.

5.4 마지막에서 두 번째 유언: 다윗이 노래를 부른다 22,1-51

다윗은 한때는 적수였던 그의 전임자를 적절한 장례 의식으로 매장했고(21,11-14), 그의 무예와 용맹은 쇠퇴하기 시작했다(21,15). 이제 우리가 다윗 내러티브에서 가장 긴 연설을 듣는 동안 장면이 멈춘다. 우리의 영웅이 노래를 부르려 한다. 시詩는 본질적으로 다른 환경에서 '다시 읽기'에 적합하다. 핼(해리) 왕자가 라이벌이자 문학적 포일인, 죽어가는 핫스퍼에게 남긴 말은 본래의 맥락에서부터 오늘날의 애가로 쉽게 건너뛴다.

> 안녕, 내 칭송을 하늘까지 품고 가거라.
> 네 불명예는 무덤 속에 잠들도록 두고,
> 묘비에는 결코 드러내지 않기를!
>
> [헨리 4세, 1부, 5막 4장, 98-100줄, (신상웅 옮김, 동서문화사, 345쪽)]

그렇게 이스라엘 시의 일부 역시, 원전은 이스라엘 유배 이전 것인데, 유배기와 유배 이후 시기의 체험 속에서 *재독된다*(즉 개작). 일례로 시편 51의 마지막 두 절(20-21절)은 후에 이스라엘 재건을 희망하는 독자들을 위해 첨가된 것으로 보인다. 오늘날에도 여전히 시편을 즐길 수 있는 것은 시편이 '다시 읽기'에 적합하기 때문이다. 학자들은 일반적으로 2사무 22장(시편 18편 참조)의 시는 이곳에 삽입된 독립적인 작품이라는 데 동의한다.[292] 첫 마디(혹은 머리글)는 시를 내러티브 설정에 연결한다.

---

[292] 참조. Walter Brueggmann, "2 Samuel 21-24: An Appendix of Deconstruction", *CBQ* 50 (1988), 387; Arnold A. Anderson, 2 Samuel, WBC 11 (Waco TX: Word Books, 1989), 262; Caquot and de Robert, *Les Livres de Samuel*, 596. 2사무 22,7의 아직 건립되지 않은 성전 언급과 22,51에서 3인칭으로 다윗이 자신을 언급한 것은 이 노래가 삽입된 것이라는 추가 표시다.

다윗은 이 노랫말들로, 주님께서 그를 그의 모든 원수와 사울의 손에서 건져주신 날에, 주님께 노래 불렀다(2사무 22,1: 필자 번역).

이 서두는 시편의 본래 *삶의 자리*Sitz im Leben를 드러내지 않는다. 대신 그것의 새로운 문맥에서 이 시(개인적인 감사의 시)를 다시 읽는다. 하느님은 다윗을 그의 모든 적으로부터 구하셨고, 이제 다윗의 삶은 종착지로 향하고 있다.[293] 독자는 다윗의 삶을 어떻게 해석해야 하는가? 다윗은 어떻게 기억되어야 하는가? 이 노래는 실마리를 품고 있다.

다윗의 노래는 의로운 이에 대한 하느님의 구원을 찬양한다. 이를 새로운 문맥에서 읽으면 하느님은 항상 다윗 편으로, 그를 선택하시고, 그를 보호하시고, 그에게 조언하시고, 그를 용서하시고, 그를 위해 승리하셨다는 다윗 내러티브의 핵심 주제(참조. 1.3 부분 '다윗 내러티브의 주제')가 뚜렷하게 부각된다. 하느님의 개입으로 다윗의 임금 선출이 결정되었다(1사무 16,1; 2사무 5,2). 사무엘은 엔도르에서 영매에게 소환되었고, 그 선택을 사울에게 상기시켰다(1사무 28,17). 화자는 하느님이 다윗과 함께 계셨다고 두 번 말했다(1사무 18,14; 2사무 5,10). 요나탄이 다윗에 대해 자기 아버지와 논쟁할 때, 그는 다윗이 골리앗에게 승리하도록 하신 분은 '주님'이셨다고 단언했다(1사무 19,5). 아비가일이 다윗과 말하면서, 같은 선언을 했다(1사무 25,26-31). 다윗 역시 그가 골리앗을 대적하러 나갔을 때 하느님께 대한 그의 신뢰를 선포했고(1사무 17,37), 그의 목숨이 치클락의 파괴 때문에 위기에 처했을 때, 그는 '주님 안에

---
293 다른 서두들은 특정 시편을 다윗의 삶에서 일어난 사건에 연결한다: 시편 3; 30; 34; 51; 52; 54; 56; 57; 59; 60편 참조.

서 힘을 얻었다'(1사무 30,6).

　몇 번이고 화자는 하느님은 다윗을 위해 승리하신다는 것을 우리에게 상기시켰다. 다윗이 아람과 에돔을 물리친 후에, 화자는 다윗이 어디를 가든지 하느님은 그에게 승리를 주셨다고 말을 불쑥 끼워 넣는다(2사무 8,6.14). 1사무 24,4과 1사무 26,8에서 다윗의 사람들은(1사무 26,8에서는 아비사이), 사울에게 몰래 다가가면서 사울을 다윗의 권한에 넘겨주신 분은 하느님이심을 깨달았다. 아브네르가 이스라엘의 원로들에게 말했을 때, 그는 하느님은 다윗을 통하여 이스라엘의 적을 물리치신다(2사무 3,18)는 다윗의 신조를 공표했다. 2사무 7장에서 하느님은 다윗과 그의 후손에게 영원히 충실을 다하실 것이라며, 이스라엘 역사에서의 다윗의 위치를 선언하셨다. 이제 그의 생애의 끝에서, 다윗은 이 노래에서 하느님과 그의 유일한 관계를 찬양한다.

　노래의 중심에서 다윗은 하느님이 왜 그를 구원하셨는지를 설명한다(22,21-25). 그는 하느님 앞에서 자신의 의로움, '손의 깨끗함', 그리고 '흠 없음'에 대해 말한다. 그러한 언어는 그의 삶과 아귀가 맞지 않는다. 그는 자신의 과거를 미화하려 하는가? 아마도. 그런데 이 시가 앞에 놓여 있는 내러티브에 대한 다리로 읽힐 때, 이 구절들은 기억될 다윗의 특징들을 소개하는 것이다. 이후 임금들은 그의 의로움의 기억에 들어맞거나, 단죄의 위험을 감수해야만 할 것이다. 이어지는 해석은 이 시를 외부로부터의 삽입(소위 부록이라 하는 다른 요소)으로서가 아니라, 화자가 다윗과 그의 통치를 묘사한 본질적인 구성 요소로 읽는다. 우리는 다윗이 그의 용맹함이 쇠퇴한 후에, 그리고 '마지막 말들'(23,1)을 하고 임종의 자리에 들기(1열왕 1-2장) 직전에, 이 노래를 부르는 것을 상상한다.

♦ 구조

서두: 하느님이 다윗을 구원하신다(22,1)

가. 도입: 다윗이 그의 구원자 하느님을 부른다(22,2-4)

    나. 다윗은 하느님이 그의 외침을 들으신 것을 기억한다(22,5-7)

        다. 날씨 / 신 현현: 하느님은 다윗의 전투에서 승리하신다(22,8-16)

            라. 다윗이 하느님에 의한 그의 구출을 노래한다(22,17-20)

                마. 다윗의 업적: 그의 의로움(22,21-25)

                마'. 하느님은 모든 의인을 구하신다(22,26-28)

            라'. 다윗이 하느님이 그에게 주신 승리를 노래한다(22,29-31)

        다'. 다윗은 하느님의 도움으로 승리한다(22,32-43)

    나'. 하느님이 다윗을 위해 하신 일(22,44-46)

가'. 결론: 다윗이 하느님의 확고부동한 사랑에 대해 하느님을 찬양한다(22,47-51)

이 노래의 포괄 〈가/가'〉는 '나의 바위' 같은 하느님의 호칭으로 표시된다(22,3; 22,47). 〈나/나'〉 부분은 다윗의 부르짖음과 하느님의 응답이 균형을 이루어, 다윗이 부르면(22,7) 하느님이 구하신다(22,44). 〈다/다'〉 부분은 하느님의 현현(22,11: "바람 날개 타고 나타나셨네")과 다윗이 하느님의 도움으로 성취한 일을 묘사한다(22,38: "저는 제 원수들을 뒤쫓아 멸망시키고"). 〈라/라′〉 부분은 하느님이 다윗을 어떻게 구하셨는지(22,18: "나보다 강한 적들에게서 나를 구하셨네")와 하느님이 어떻게 다윗을 당신의 전사로 준비시키셨는지(22,35: "내 손에 전투를 익혀주시고")가 병행이다. 이 노래의 중심 〈마/마′〉 부분은 미래 세대를 위해 다윗의 기억을 형성할 주제들을 소개한다.

5.4.1 서두: 하느님이 다윗을 구원하신다 22,1

서두는 이 시가 다윗의 생애 이야기에서 자연스럽게 흘러나온다는 것을 독자에게 알린다.[294] 다윗의 다양한 상대들이 '적들'이라는 범주로 묶인 반면에 다윗 이야기의 3분의 1이 사울의 치명적인 추격에 집중하기 때문에, 사울은 특별하게 언급된다. 이 서두에서 핵심 단어는 '구원하셨다'(나찰 $n\d{s}l$)이다. 하느님은 다윗을 그의 원수들에게서 구원하셨다. 이 단어는 노래 자체에는 두 번 나타나고(22,18.49), 독자의 관심을 다윗 내러티브의 중심 주제(1.3 부분 참조)에 집중시키는데, 이것은 의심 많은 사울 앞에서 했던 다윗의 첫 연설에 소개되었다.[295] 화자는 1사무 16장 내내 다윗에게 마이크를 주지 않았다. 다윗은 사무엘이 그를 임금으로 기름 부은 후에(1사무 16,13) 할 말이 아무것도 없었을까? 그는 사울의 궁정으로 이동되는 것(1사무 16,19-22)에 대해 무슨 생각을 했을

---

294 히브리어 본문은 이 시를 '노래'라고 분류한다. 시편집에서 여러 시편을 '노래'라고 한다(참조. 예를 들면 시편 30; 46; 68편).
295 다윗의 첫 발언들은 필리스티아인을 물리친 보상에 대해 질문할 때(1사무 17,26)와 형의 고발에 대한 대답에 나온다(1사무 17,29).

까? 이 지연은 다윗이 사울 앞에 섰을 때 나오는 영웅의 첫 연설에 대한 독자의 기대를 높인다.

사울이 다윗에게 말하였다 "너는 이 필리스티아 사람과 싸우러 나가지 못한다. 너는 소년인데, 반면에 그는 어린 시절부터 전사였다." 그러나 다윗이 사울에게 대답하였다. "당신의 종은 그의 아버지 양 떼의 목자였습니다. 사자나 곰이 나타나 양 무리에서 새끼 양 한 마리라도 물어 갈 때마다, 저는 그것을 뒤쫓아 가서 쳐 죽이고, 그 아가리에서 새끼 양을 구하였습니다(나찰nṣl). 만일 그것이 저에게 덤벼들면 턱수염을 휘어잡고 내리쳐 죽였습니다. 당신의 종은 사자도 죽이고 곰도 죽였습니다. 그래서 할례 받지 않은 이 필리스티아 사람이 살아 계신 하느님의 전열을 모욕하였기 때문에 그도 그런 짐승들 가운데 하나처럼 만들어 놓겠습니다." 또 다윗이 말을 하였다. "사자의 힘과 곰의 힘에서 저를 구해주신(나찰nṣl) 주님께서 저를 이 필리스티아 사람의 손에서도 구해주실 것입니다(나찰nṣl))" (1사무 17,33-37ㄱ: 필자 번역).

다윗이 역사의 무대에 올랐을 때, 그의 연설에서 다윗 내러티브의 중심 주제가 소개됐다. 그의 승리는 하느님이 하신 일이다. 이제, 그의 삶이 끝을 향하는 때, 다윗은 그가 오래전에 사울 앞에서 했던 말을 성취하신 분, 하느님께 감사를 표현하기 위해 노래를 부른다.

5.4.2 도입: 다윗이 그의 구원자 하느님을 부른다 22,2-4

노래는 일련의 하느님 호칭으로 시작한다. 히브리어에서 1인칭 대명사 접미사 '나의'(이 세 절에 10번 나타난다)는 하느님과 다윗 사이에 관계의 밀도를 강조한다. 하느님의 이 이미지들은, 하느님이 다윗의 '구원자'이시라는 공통된 주제를 공유한다. '요새'(머추다티 mĕṣūdātî)로서의 하느님은 다윗이 사울에게서 도망쳤을 때 요새로 철수한 것을 생각나게 한다(머추다티 mĕṣūdātî 1사무 22,4; 24,23). 이제 우리는, 이 피난 기간 동안에 다윗은 신적 보호 아래 있었고 하느님이 그의 '요새'였음을 알게 된다. 하느님의 호칭 '나를 피신하게 하시는 분'(2사무 22,2: 필자 번역, NRSV는 '나의 구원자'로 번역)은 다윗의 생애 동안 되풀이한 다윗의 구사일생을[296] 드러낸다. 사울이 그에게 창을 던졌을 때 다윗은 도망쳤고(1사무 19,10), 미칼이 다윗이 사울의 손아귀에서 벗어나도록 도왔다(1사무 19,11-12.17.18). 다윗은 사울에게서 '벗어나기 위해' 아둘람의 동굴로 도망쳤다(1사무 22,1). 그리고 그는 사울이 그를 쫓는 것을 단념하리라는 희망으로 필리스티아인들에게 '도망쳤다'(1사무 27,1). 이제 다윗의 노래는 매번 도망칠 때마다 하느님께서 그를 보호하셨다고 우리에게 알린다.

하느님의 호칭은 22,3에 계속된다. 하느님이 '구원자'로 3번 말해진다. '내 구원의 뿔'(케렌 이쉬이 qeren yišʻî), '나의 구원자'(모쉬이 mōšîʻî), 그리고 '당신은 나를 구원하셨다'(토시에니 tōšiʻēnî). 다윗 내러티브에서 '구원자'로서의 하느님은 주로 함축적이고 때로는 명시적이다. 히브리어 어근 이

---

[296] '도망치다'에 내러티브는 항상 히브리어 동사 말라트 mlṭ를 사용하는 데 비하여, 노래는 팔라트 plṭ를 사용한다. 이 두 동사가 시편 22,5-6에서는 병행한다.

샤*yš* '구원하다'는 이 시에 8번 나타나고, 다윗 내러티브에서는 1사무 17,47 골리앗의 악담에 대한 응답에 처음 나타나는데, 무기 없는 다윗은, 하느님은 칼과 창으로 구원하지(이샤*yš*) 않으시기 때문에, 하느님이 그의 손에 원수를 넘겨주시리라고 하느님을 신뢰했다. 2사무 8,6과 8,14에서 화자는 명시적으로 이 주제를 드러낸다. '주님께서는 다윗이 어디를 가든지 구원하셨다(와요샤*wayyôša'*).'

22,4에서 다윗은 하느님께 호소하고 그의 노래 주제를 알린다. 하느님은 적들에게서 그를 구하셨다(서두의 반복). '나의 적들에게서'라는 표현은 다윗의 삶에서 나온 언어를 반향한다. 아비가일이 주님께서 다윗의 적들을 쫓아내실 것이라고 선언한다(1사무 25,29). 사울을 제거할 기회가 왔을 때, 다윗의 사람들은 사울을 '임금'으로서가 아니라 다윗의 '적'으로 언급한다. "다윗의 사람들이 다윗에게 말하였다. '주님께서 '내가 너의 원수를 네 손에 넘겨줄 터이니, 네 마음대로 하여라' 하신 때가 바로 오늘입니다"(1사무 24,5; 26,8 참조). 다윗은 그가 필리스티아인들을 물리친 후에 하느님께서 그를 적들에게서 구출하셨음을 알게 된다(2사무 5,20). "주님께서는 내 앞에서 원수를 무너뜨리셨다." 이 주제는 다시 7,1에 나온다. "주님께서 그를 사방의 모든 원수에게서 평온하게 해주셨다." 7,9에는 "나(하느님)는 … 모든 원수를 네 앞에서 물리쳤다." 이제 다윗은 평생에 걸쳐 자주 누렸던 신적인 구원에 대해 노래한다.

5.4.3 다윗은 하느님이 그의 외침을 들으신 것을 기억한다 22,5-7

다윗은 그가 견뎌낸 고난을 묘사하기 위해 파도와 급류, 죽음의 올가미와 셔올의 오랏줄 이미지들에 호소한다. 그의 삶은 사울에게서의 도망을 시작으로 자신의 아들 압살롬에게서의 도망까지(16,11: '내 자신의 아들이 내 목숨을 노린다') 자주 위험에 처했었다. 대부분의 내러티브에서 그는 변두리에서 살았고, 그 변두리에서 주님을 불렀었다고 이제 노래한다. '이 곤경 중에 내가 주님을 불렀다; 내 하느님을 불렀다'(22,7ㄱ). 사실 다윗이 하느님께 문의할 때마다, 신적 응답은 신속하게 왔다(1사무 23,2.4.10-12; 30,8; 2사무 2,1; 5,19.23; 21,1). 다윗에 대한 하느님의 감수성은 사울이 받은 귀 기울이지 않음(1사무 28,6)과 대조된다. '내 곤경 중에'라는 구절(2사무 22,7)은, 그의 백성이 그들의 성읍 치클락의 파괴를 보고 그에게 돌을 던지려고 했기 때문에, 1사무 30,6에서 다윗이 '큰 곤경'(NRSV는 '큰 위험'으로 번역)에 처했었던 때를 소환한다. 다윗은 '주님 안에서 자신을 굳세게 했고', 주님께 문의했고, 주님은 그의 기도를 들으셨다(1사무 30,8). 다윗 자신이 이 신적 지원을 2사무 4,9에서 증언한다. '살아 계신 주님, 모든 곤경에서 내 목숨을 구원하신 분을 두고'(필자 번역). 도망가는 다윗이 하느님께 아히토펠의 조언을 어리석은 것이 되게 해달라고 빌었을 때(15,31), 하느님은 그의 부르짖음을 들으셨다(17,14). 하느님이 다윗의 기도를 수용하지 않으셨더라면, 압살롬은 그를 죽였을 것이다. 이제 다윗이 그의 기도를 들어주신 하느님께 감사를 드린다.

5.4.4 날씨 / 신 현현: 하느님은 다윗의 전투에서 승리하신다 22,8-16

천둥, 번개, 먹구름, 바람(폭풍 현현)의 이미지는 다윗의 군사적 원정 동안 하느님 구원을 경축한다. 다윗 내러티브에 이 날씨 이미지의 대부분이 나타나지 않지만, 하느님은 항상 다윗의 군사 원정에 밀접하게 관여하셨고, 허가해주시고(1사무 23,2; 30,8) 대상을 가리키셨을 뿐만 아니라(2사무 2,1에서 헤브론), 군사 전략을 조언하기도 하셨다(5,22-25). 나중의 장면에서, 하느님은 다윗에게 당신이 나무 꼭대기에서 행군하는 소리(22,11 참조: 바람을 타고 가시는 하느님)를 들으라고 말씀하셨다. 그러나 이 신성한 신 현현은 지금 다윗이 노래하고 있는 하느님께로부터 나오는 연기와 타오르는 숯불만큼 장엄한 것이 아니다.

5.4.5 다윗이 하느님에 의한 그의 구원을 노래한다 22,17-20

이 절들은 서두에서 밝혔던 이 시의 주요 주제를 반복하면서, 하느님의 다윗 구원 찬양을 계속한다. 다윗의 적들은 골리앗과의 싸움을 되풀이하는 것보다 강했다(22,18ㄷ). 그 하느님이 다윗의 지주支柱였다는 것은 주님께서 다윗의 생애 동안 함께하셨다는 삽입된 화자의 말을 상기시킨다(1사무 18,14; 2사무 5,10). 이제 우리는 하느님께서 다윗을 위해 이 모든 일을 행하신 이유를 알게 된다. 하느님은 그를 '기쁨으로 받아들이셨다'(22,20). 다윗 내러티브의 다른 곳에서는 이렇게 명시적으로 언급되지 않았지만, 하느님께서 그의 형들보다 다윗을 선호하시고

(1사무 16,6-13) 다윗의 집을 영원히 세우시겠다고 하신 약속이(2사무 7장) 그에 대한 하느님의 '기쁨'을 증거한다.

5.4.6 다윗의 업적: 그의 의로움 22,21-28

다윗은 하느님께서 그의 의로움 때문에(22,25: 커치드카티 *kĕṣidqātî*) 그에게 수여하신 보상(22,25: 와야셉 *wayyāšeb*)을 노래한다. 이 구는 다윗이 사울의 목숨을 보존해준 후에 한 다윗의 말을 반향한다. '주님은 누구에게나 그 의로움(치드카토 *ṣidqātô*)을 되갚아주시는 분이십니다'(1사무 26,23). 다윗 자체의 의로움은 2사무 8장, 다윗 조정의 일원들을 소개하기(8,16-18) 전에 화자가 촌평할 때 격찬되었다. '다윗은 모든 백성에게 정의와 공정(처다카 *ṣĕdāqâ*)을 실행하였다'(8,15). 그러나 시의 이 부분에서 찬사의 일부는 다윗 생애의 사건들과 불일치한다. 우리는 우리 영웅의 과거가 하느님 계명의 충실한 준수에 있어서 논쟁의 여지가 없는 기억이 아니라는 것을 알고 있으나, 그의 노래는 죽음 후에 받을 칭송을 위한 것이다. 솔로몬은 그의 아버지가 세상을 떠난 후에 그의 첫 발언에서(그가 '듣는 마음'을 청할 때) 하느님께 다윗이 '진실하고 의롭고 올곧은 마음으로' 걸었다고 상기시켜 드린다(1열왕 3,6). 예언자 아히야가 예로보암이 장차 북 왕국의 임금이 될 것이라는 소식을 가지고 대면할 때, 그에게 다윗이 한 것처럼 하느님의 계명 안에서 걸으라고 명령한다(1열왕 11,38). 다윗의 충실함은 열왕기 상·하권에서, 그의 왕좌를 차지한 이들을 심판하는 잣대로, 하나의 후렴이 된다.

다윗이 자신이 어떻게 주님의 길을 지켰는지(샤마르šmr) 노래할 때 (22,22), 그는 자신의 묘비명을 쓰고 있는 것이다. 후에 하느님은 솔로몬에게 '너의 아버지 다윗'이 했던 것같이 하느님의 법령들을 지키라고(샤마르šmr) 경고할 것이다(1열왕 3,14). 다윗의 충실한 '준수'는 1열왕 6,12에서 다시 언급된다. 다윗은 또한 그의 업적의 다른 측면인 '흠 없음'(타밈tāmîm)을 노래한다. 솔로몬에게 두 번째 나타나셨을 때 하느님은 그의 아버지 다윗처럼 '흠 없는 마음'(버톰 러바브bĕtom lēbāb: 1열왕 9,4; NRSV는 '온전한 마음'으로 표현한다)으로 걸으라고 임금에게 경고한다. 물론 우리는 우리야의 살인이 어떻게 의로움, 충실함, 특히, 흠 없음에 대한 다윗의 주장과 아귀가 맞을 수 있는지 궁금하지 않을 수 없다. 심지어 그는 하느님의 법규(22,23)에서 결코 벗어나지 않았다고(수르swr) 주장한다. 역대기 저자처럼 밧 세바 밀통 사건을 잊어야 하는가(1역대 20,1-3)? 다윗의 자기 평가에 기꺼이 협조하는 화자조차도, 나중에 다윗이 주님의 명령에서 '벗어났던' 것을 상기시키면서 이 쾌활한 리듬을 중단할 것이다.

> 왜냐하면 다윗은 히타이트 사람 우리야 사건 말고는, 그의 생애 동안 주님의 눈에 드는 옳은 일만 하였으며, 주님께서 명령하신 것에서 하나도 벗어나지 않았기(수르swr) 때문이다(1열왕 15,5).

열왕기 상권에서는 화자가 사실들에 대한 불행한 기억으로 그러한 공식적인 찬사로부터 거리를 둘 것이다. 여기서 다윗은 그렇지 않다. 하지만 우리는 다윗의 노래와 다윗의 삶이 완벽하게 일치하지 않는다는 것을 알고 있다.

하느님, 다윗이 요나탄의 아들 므피보셋을 궁정으로 데려왔던(2사무 9장) 요나탄에 대한 충실(헤세드*ḥesed*: 9,1.3.7)을 상기하시면서, '충성스러운 이'(22,26; 하시드*ḥāsīd*)에게 보답하신다. 거만한 필리스티아인과 다윗의 겨룸을 암시하면서, 하느님은 '겸손한' 이를 '구하시고'(야사*yš*), '거만한 이'를 지켜보신다(22,28). 다윗의 업적은 열왕기 하권 너머에 다다른다. 예레미야는 다윗을 위해 싹틀 '의로운 가지'를 찾을 것이고(예레 23,5; 33,15), 유다 마카베오의 아버지 마타티아스는 그의 고별사에서 다윗을 자비로운 임금으로 기억할 것이다(1마카 2,57). 다윗의 기억은 천사 가브리엘이 마리아에게, 하느님께서 예수님에게 다윗의 왕좌를 주실 것이라고 알릴 때(루카 1,32) 신약성경으로 뻗어 나간다. 그의 유산은 이 노래의 절들에서 시작한다.

5.4.7 다윗이 하느님이 그에게 주셨던 승리를 노래한다 22,29-31

젊은 용사로서 다윗이 골리앗에게 '전쟁은 주님의 것'이라고 경고했다(1사무 17,47). 이제 그는 주님이 전쟁에서 어떻게 그를 지원했는지를 노래한다. 주님은 그가 성벽을 뛰어넘고 적들을 물리칠 수 있도록 등불처럼 그의 길을 비추셨다. 이 표상은 여부스족(2사무 5,6-8), 필리스티아인들(5,17-25), 주변 왕국들(8,1-14), 그리고 암몬인들(12,29-31)에 대한 다윗의 군사적 승리를 떠올려준다. 군사적 언어가 이어지는데, 하느님이

'그분께 피신하는 모든 이에게 방패가 되신다'(22,31)는 것은 사울 앞에서 다윗이 하느님께서 골리앗에게서 그를 구원하실 것이라고 한 증언을 상기시킨다(1사무 17,37). 화자가 상세하게 묘사했던 골리앗의 키와 무기(1사무 17,4-7)는, 사울의 갑옷을 입으려 시도했다가 그것을 벗어버린 다윗에게 위협이 되지 않았다(1사무 17,38-39). 골리앗은 그의 '방패를 든 자'와 함께 나왔으나 다윗은 주님께서 그에게 수여하신 '구원의 방패'(2사무 22,36)를 들고 그를 맞았다.[297] 그 방패가 그의 생애 동안 그에게 승리를 가져다주었다.

5.4.8 다윗은 하느님의 도움으로 승리한다 22,32-43

노래는 하느님께서 다윗을 위해 하신 일에서 다윗이 하느님의 도움으로 성취한 일들로 이동한다. 하느님에 의해 전투 훈련을 받은 다윗은, 그가 골리앗을 타격해 죽인 후에 어떻게 이스라엘 사람들이 필리스티아인들을 '추격'(라다프 rdp)했는지를 회상하면서(1사무 17,51-52), 어떻게 다윗이 그의 적들을 '추격'(라다프 rdp)했는지에 대해 노래한다. 다윗이 필리스티아인 통치자 아키스와 체류하다가 돌아와서, 아말렉인들에게 그들의 성읍 치클락이 파괴되고 그의 아내들이 잡혀간 것을 발견했을 때(1사무 30장) 주님께 문의하였다. '이 강도떼를 쫓아가야(라다프 rdp) 할까요?' 하느님은 신속하게 대답하셨다. '쫓아가라'(라다프 rdp) 다윗은 순명했고(1사무 30,8), 아말렉인 침략자들을 무찔렀다(1사무 30,17). 그가 1사

---
297 1사무 17,41에는 방패를 위한 단어가 2사무 22,31.36에서처럼 마겐 *māgēn*이 아니고 친나 *sinnâ*이다.

무 30장에서 아말렉인들을 죽였을 때 그들 중 400명이 도망갔을지라도, 그는 적들을 '멸망시켰다'(칼라*klh*)고 노래한다(2사무 22,38-39). 그는 아람인들, 에돔인들, 필리스티아인들을 물리쳤다(동사 칼라*klh*가 사용되지는 않았지만). 이 시에서 칼라(*klh*: 피엘형, '소멸하다')의 출연은 사울의 불순종을 반향한다. 그의 폐위와 다윗 선택의 결과를 초래한 아말렉 소멸 실패에 대해 그 사건 직후에 하느님이 언급하셨다(1사무 15,28). 하느님은 사울에게 가서 아말렉을 멸망시키라고 명령하셨었다. "주님께서는 임금님을 내보내시면서 이런 분부를 하셨습니다. '가서 저 아말렉 죄인들을 완전히 없애버려라. 그들을 전멸시킬(칼라*klh*) 때까지 그들과 싸워라'"(1사무 15,18). 이 시(2사무 22,38-29)는 지금 다윗과 사울 사이에 대조를 암시한다. 사울은 '멸망시키는 것'에 실패하고 다윗은 성공했다.

2사무 22,42에서 시인은 적들의 시점으로 이동한다. 그들이 구원을 찾으나 거기에는 아무도 없다. 하느님은 그들에게 응답하시지 않는다 - 사울의 운명을 떠오르게 한다. 사울은 그가 죽게 될 전투에서 필리스티아인들이 집결한 것을 보았을 때, 말씀 없는 하느님께 문의했었다(1사무 28,6은 2사무 22,42에서와 같은 히브리어 표현을 한다). 그러나 하느님은 다윗의 애원에는 항상 응답하셨고 그를 구원하셨다.

5.4.9 하느님이 다윗을 위해 하신 일 22,44-46

하느님의 은혜에 대한 주제는, 22,2(참조. 그곳 토론)에서 탈출 주제를 반복하면서, 다윗이 '당신은 나를 내 백성의 다툼(리브*rib*)에서 피할(팔라트

plt) 수 있게 하셨습니다'(22,44; 필자 번역)라고 노래할 때 돌아온다.[298] 2사무 22,44의 히브리어 본문은 암미'*ammi* '나의 백성'이라 하는데, 반면에 시편 18,44은 암'*am* '백성'이라 한다. (NRSV는 2사무 22,44과 시편 18,44을 '백성들'이라 한다). 2사무 22,44에서 암미'*ammi* '나의 백성'이라 읽는 것은 그 자신의 백성이 치클락의 파괴 후에 그에게 돌을 던지려 했을 때(1사무 30,6), 하느님께서 다윗을 어떻게 구원하셨는지를 상기시킨다. 1사무 24,5에서 다윗이 사울의 망토 조각을 몰래 잘라내고 나서, 사울과 계속되는 대화 가운데서도, 다윗은 자신의 소송(리브*rib*; 1사무 24,16)에서 하느님이 변호해달라고 기도한다. 1사무 25,39에서 다윗은 나발의 죽음을 알게 된 후, 나발에게 대항하여 자신의 소송(리브*rib*)을 방어해주신 하느님께 감사를 드린다. 이제 다윗은 그의 경력(활동)의 끝에서, 분투의 시기에 소송을 들으시고 그를 구원해주신 하느님을 찬양한다. 22,45-46의 의미는 모호하지만, 해독할 수 있는 것은 외국인들이 다윗에게 순종한다는 것이다. 그들은 다윗 앞에서 무력하다. 이 '굽실거리는 외국인들'은 다윗에게 조공을 보낸 아람인(8,6-8)과 하맛의 임금 토이(8,9-10)와 같이, 다윗에게 패배한 민족을 떠올리게 한다. 다윗은 지금 하느님께서 그를 '민족들의 수장'으로 세우셨다고 노래한다(22,44).

---

[298] 히브리어 단어 리브*rib*는 고소인이 판관에게 가져온 법적 불만이나 원인을 말한다. 그것은 또한 고소인이 그의 적과 싸우는 동안 견뎌온 고통과 투쟁을 가리키기도 한다.

5.4.10 결론: 다윗이 하느님의 확고부동한 사랑에 대해 하느님을 찬양한다
22,47-51

다윗이 그의 노래를 더 많은 하느님 호칭으로 마무리한다. '나의 바위'와 '내 구원의 바위'라는 더 큰 하느님 호칭은, 노래가 시작되면 나오는 일련의 하느님 호칭들(22,3)과 포괄을 만들고, 하느님은 다윗의 구원자이시고, 적들에게서 그를 구해내신(나찰 nṣl) 분이시라는 노래의 중심 주제를 재연한다. 이 체험으로 고무된 다윗은 노래한다. '오 주님, 제가 민족들 앞에서 당신을 찬송하고 당신의 이름을 찬송하리이다'(22,50). 그 하느님이 다윗에게 복수(너카모트 nĕqāmôt)를 하게 해주셨고, 다윗은 사울을 죽일 기회를 포기하고(1사무 24,4-5), 사울의 망토 조각으로 그들 만남의 증거를 제시했던 때(1사무 24,11)를 회상한다. 그때 그는 '주님께서 당신에게 복수해(나캄 nqm)주시기를 바랍니다'(1사무 24,13)라고 기도했는데, 하느님께서 다윗을 대신하여 들으신 기도였다. 마지막 절(2사무 22,51)의 언어는, 다윗과 그의 후손들에게 '영원히'(아드 올람 'ad 'ôlām) 약속된 하느님의 확고한 사랑(헤세드 ḥesed)을 찬양한다. '확고한 사랑'과 '영원히'라는 용어는 이스라엘 역사에 다윗의 위치를 확립한 나탄의 신탁(2사무 7장)을 회상하게 한다. 다윗은 하느님의 집을 지으려고 의도했으나, 오히려 하느님께서 다윗을 위한 집을 지으시겠다고 약속하셨다. 나탄의 신탁 끝에, 하느님은 사울에게 한 것처럼(7,15) 다윗에게서 '확고한 사랑'(헤세드 ḥesed)을 가져가지 않겠다고 약속하셨다. 그리고 하느님은 다윗의 집안이 '영원히'(아드 올람 'ad 'ôlām: 7,16) 서 있을 것이라고 주장하셨다. 다윗은 그의 인생의 이 중추적인 순간을 회상하면서 그의 노래를 마무리한다.

5.5 다윗의 마지막 유언 23,1-7

다윗의 두 번째 시의 첫마디, "이것은 다윗의 마지막 말이다"는 다윗 내러티브가 결말에 가까워지고 있음을 표시한다. 이 시 뒤에는 다윗이 수행해야 하는 두 가지 일이 남아 있다. 그는 성전 건축의 전조가 되는 첫 제단을 예루살렘에 쌓을 것이고(2사무 24장), 그다음에는 그의 왕좌를 솔로몬에게 줄 것이다(1열왕 1-2장).[299] 걸작에서 주인공의 마지막 말은 그 혹은 그녀의 삶을 결산하는 성찰을 제공한다. 햄릿의 마지막 대사, "남은 건 침묵일 뿐"(5막 2장 300줄, 최종철 역, 민음사, 206쪽)은 고뇌하는 햄릿 자신의 자기반성의 소음을 진정시키는 그의 삶에 어울리는 종결이다. 이 시에서 다윗의 마지막 유언은 마찬가지로 그의 삶에 적합한 종결을 제공한다. 그는 기억되고 싶은 두 업적을 제안한다. 그는 정의로 통치하였고 하느님은 그와 영원한 계약을 맺으셨다는 것이다. 2사무 22장과 마찬가지로 우리는 화자와 함께 다윗이 그의 삶의 마지막에 이 신탁을 입에 올리는 것을 상상한다.

---

299 다윗의 가장 마지막 말은 1열왕 2,1-9에서 사적으로 솔로몬에게 주어진다.

♦ 구조

첫마디(23,1ㄱ)

형식적 도입(23,1ㄴ)

가. 다윗이 하느님의 말씀을 소개한다(23,2-3ㄱ)

    나. 하느님 말씀: 정의로운 통치자(23,3ㄴ-4)

가'. 다윗이 하느님의 말씀을 해석한다(23,5)

    나'. 하느님 말씀이 계속된다: 악한 통치자(23,6-7)

〈나/나'〉 부분은 두 종류의 통치력이 대조된다. 다윗처럼 하느님을 경외하는 이가 신을 믿지 않는 자의 권세에 대항하여 다스리는 것이다. 〈가/가'〉 부분에서 다윗은 하느님의 신탁을 소개하고 그다음에는 신탁을 그의 왕권에 어떻게 적용하는지를 설명한다.

♦♦ 주석

다윗은 성경 역사에서 마지막 공개 발언을 할 수 있도록 허가된 다른 당당한 인물들과 합류한다. 신명 31,14에서 하느님은 모세에게 그의 삶이 막바지에 이르렀다고 말씀하시고, 그래서 모세는 이스라엘에게 마지막 축복을 해준다(신명 33장). 여호수아가 '세상 모든 사람의 길'(여호 23,14)을 가는 것에 관해 말할 때, 우리는 그의 마지막 말을 듣고 있다는 것을 안다. 모든 사람이 그런 엄숙한 기회를 받지는 않는다. 이스라엘의 첫 임금 사울은 마지막 담론 없이 그의 칼 위에서 죽었다(1사무 31,4). 이제, 임금 다윗, 이스라엘인 역사에서 가장 위대한 임금이 그의 최후의 연설을 하기에 이르렀다.

　2사무 22장의 서두는 다윗의 말을 '노래'라고 분류했는데, 반면에 이 연설은, 하느님 말씀의 예언적 전달과 가장 자주 연관되는 유형인 '신탁'(너움*nĕ'ŭm*)이라고 불린다. 너움(*nĕ'ŭm*)은 성경에 376번 등장하는데, 365번이 '주님의 신탁'이나 그와 같은 형태로 나타난다.[300] 단지 몇몇 경우에만 '신탁' 뒤에 사람 이름이 나오는데, 민수 24,3.15('발라암의 신탁'), 잠언 30,1('야케의 아들 아구르의 말. 신탁'), 그리고 여기 2사무 23,1('다윗의 신탁')이다. 민수 24,3에서 발라암에 대한 소개['브오르의 아들 발라암의 신탁, 사람의(하게베르*haggeber*) 신탁']는 다윗의 신탁에 대한 소개['이사이의 아들 다윗의 신탁, 사람의(하게베르*haggeber*) 신탁']와 상당히 유사하다. 더 중요한 것은 양쪽 연사가 다 신탁이 하느님 말씀을 전한다는 데에 동의한다. 발라암의 신탁은 '하느님의 말씀을 듣는' 이로부터 오고(민수 24,16), 다윗은 '하느님의 영'이 그를 통하여 말씀하시기 때문에 신탁을 말한다(2사무 23,2). 드물게 사용하는 다윗의 공식적인 전체 이름('이사이의 아들 다윗')이 여기 나타나 공적인 삶의 시작과 포괄을 형성한다. 그것은 1사무 17,12에 그가 소개될 때('다윗은 이사이라는, 유다 베들레헴의 에프랏 사람의 아들이다')와 그가 골리앗에게 승리한 후에 다시('저는 베들레헴 사람, 당신의 종 이사이의 아들입니다': 1사무 17,58) 나타난다. 은퇴한 전사인 다윗이 마지막 연설을 하려고 할 때, 이제 그 모습은 오래전에 사울

300　*TLOT*, 2:693.

앞에 섰던 그 젊은 전사를 떠올리게 한다. 서두는 다윗에 대한 호칭 세 개를 포함한다. 그는 (1) 높여진 이, (2) 기름부음받은 이, 그리고 (3) 이스라엘의 노래에서 많이 다뤄진 이였다(NRSV는 '강한 이'로 읽는데, 여기 히브리어가 다르게 읽을 가능성이 있다; 아래 참조). 다윗이 '높여졌다'(쿰 qwm)는 것은 하느님의 도움으로 그의 원수들에게 승리한 것과 다윗 집안을 영원히 세우신다는(쿰 qwm) 하느님의 약속을 상기한다(2사무 7,12.25). 그는 자신을 하느님의 '기름부음받은이'라 부르는데, 예언자 나탄이 12,7에서도 언급한 사건인 1사무 16,13의 기름부음에 대한 언급이다. 이 호칭은 또한 이 시를 이전 시의 마무리 부분(22,51)과 연결한다. '(하느님은) 그의 기름부음받은이에게 변함없는 사랑을 보이신다.' 따라서 그의 공적 생활 시초에 하느님에 의해 기름부음받은 다윗은 이제 그의 마지막 유언에서 그 호칭으로 말한다.

하느님의 호칭 '야곱의 하느님'은 다윗 내러티브에서 처음 등장한다. 성경 내러티브에서 이 호칭은 항상 더 긴 호칭으로 나타난다. '아브라함의 하느님, 이사악의 하느님, 야곱의 하느님'(탈출 3,6.15; 4,5). 반면에 단지 '야곱의 하느님' 호칭은 시편에서 전형적이다(시편 20,1; 24,6; 46,7.11; 75,9; 76,6; 81,1.4; 94,7; 114,7; 146,5). 다윗 내러티브에서 이 호칭의 유일한 등장은 이 시가 2사무 22장처럼 내러티브에 첨가되었음을 시사한다. 원래 그 삶의 자리에서 떼어내져서 다윗의 마지막 유언으로 사용되도록 첨가되었다. 23,1의 히브리어 단어 쩌미롯 $z\check{e}m\hat{i}r\hat{o}t$은 두 가지 해석을 허용한다. 보통은 '노래들'을 의미하는데, 몇 구절에서는 신적인 호칭으로 기능한다(탈출 15,2; 이사 12,2 참조). 쩌미롯 $z\check{e}m\hat{i}r\hat{o}t$에 대한 번역 '강한 이'(NRSV, NAB)는 앞의 구절 '야곱의 하느님'과 병행을 유지하고, 반면에 '노래들'이라는 번역(NJB, REB, NJPS)은 다윗이 시인이고 음악가라는 전승을 기념한다. 지금 다윗을 통하여 말씀하시는 '주님의 영'(2사무 23,2)이라는 구절은 사무엘이 다윗에게 기름을 붓고 '주님의 영'이 그에게 임한(1사무 16,13) 날로 우리를 돌려놓는다. 이것이 다윗 내러티브에서 '주님의 영'이 다윗 위에 있다고 말하는 유일한 때인데, 그렇게 해서 전체 다윗 내러티브에 포괄로서 이 '신탁'의 기능에도 또한 기여한다.

독자에게 기대를 불러일으키는 이 장엄한 소개 후에, 다윗이 신적 메시지를 전달한다. 백성을 의롭게(차딕ṣaddiq) 다스린 이는 아침 햇살, 떠오르는 해, 구름 없는 아침, 반짝이는 비에 젖은 풀밭과 같다(2사무 23,3ㄴ-4). (이 은유는 쉽게 해석되지 않고 영어 성경들은 번역이 다양하고 어떤 경우에는 놀랍도록 우아하다) 우리는 직관적으로 이 신탁을, 한 번은 화자가 '모든 백성에 대한 정의와 공정(처다카 ṣĕdāqâ)'(8,15)이 특징이라고 언급했던 다윗의 통치 이야기와 관련시킨다. 22,21-25과 같이 이 절은 의롭고 충성스러운 임금으로서 다윗 업적의 궤적을 세우고자 한다.

의로운 임금은 '하느님을 경외하며' 다스린다(23,3).[301] 이것은 다윗 내러티브에 등장하지 않는 표현인데 1사무 12장의 사무엘의 고별 담화를 회상한다. 거기서 예언자는 백성과 그들의 임금에게 '주님을 경외하라'(1사무 12,14.24)고 알려준다. 그렇게 하지 못한다는 것은 파멸을 의미한다.

---

301 '주님을 경외함'은 지혜 문학의 중심 원리다(참조. 예를 들면, 잠언 9,10: "지혜의 시작은 주님을 경외함이다", 집회 19,20 "모든 지혜는 하느님을 경외함이다.")

만일 여러분이 주님을 경외하여 그분을 섬기고 그분의 목소리에 귀 기울이고 주님의 명령을 거역하지 않으면, 여러분뿐 아니라 여러분을 다스리는 임금도 주 여러분의 하느님을 따르게 될 것이고 잘될 것이오. 그러나 여러분이 주님의 목소리에 귀 기울이지 않고 주님의 명령을 거역하면, 그때는 주님의 손이 여러분과 여러분의 임금[302]을 치실 것이오(1사무 12,14-15).

이제, 그의 삶의 끝에서 다윗은, 오래전에 그를 임금으로 기름부었던 사무엘의 조언을 따랐다고 노래한다. 그리고 다윗은 초점을 자신의 집안으로 옮긴다. 그의 집안은 '아침 햇살', '구름 없는 아침에 떠오르는 태양'이고, '풀이 무성한 땅에 내린 비로 반짝'이는데, 그가 정의와 하느님 경외로 다스렸기 때문이다. 이런 이유로 하느님은 그를 위해 영원한 집을 건축하시겠다는 신적인 약속(7,16)을 되풀이하며, 그와 '영원한 계약'(2사무 23,5: 버리트 올람 *bĕrît 'ôlām*)을 세우셨다. '계약'이라는 용어가 2사무 7장(참조. 7,18-24의 토론)에 사용되지 않았을지라도, 지금 다윗은 그에게 해주신 하느님의 약속을 특징짓는 거룩한 용어로 사용한다.

신탁은 의로운 통치자와 믿음 없는 통치자를 대조하는 것으로 마무리된다.[303] 무성한 풀에 가시가 있듯이 후자는 전자에게 있다. 비에 흠뻑 젖은 잔디는 불에 강하고 유연하고 걷기에 즐겁다. 반면 가시나무들은 빨리 소모되고 딱딱하고 고통스러우며 부상을 피하기 위해 조

---

302 '여러분과 여러분의 임금'이라는 번역은 칠십인역을 따른다. '여러분과 여러분의 선조들'이라고 읽는 마소라 본문은 이 문맥에서 거의 의미가 없다.
303 히브리어 본문은 해석하기에 극도로 어렵고 영어 번역은 다양한 가능성을 반영한다.

심스럽게 다루어야 한다. 그래서 의로운 통치자는 그의 백성에게 풍요를 가져오고, 반면에 악한 통치자는 고통을 가져온다. 이 표상은 시편 1편의 지혜를 반향한다. 주님의 법을 즐기는 사람은 물가에 심긴 나무와 같고, 반면에 악한 사람은 바람 속의 왕겨와 같다. 아마도 다윗은 자신의 범죄와 실수 중 일부를 잊은 유언장을 작성하면서 수정론자로 비난받을 수 있다.

5.6 다윗의 쇠퇴와 군사적 업무로부터 은퇴 23,8-39

이 에피소드는 다윗의 장군들을 열거하고 그들의 업적을 기록한다. 우리 영웅은 잠깐 무대에 등장할 뿐이며, 현재 나타난 그는 필리스티아인 통제하에 있는 그의 고향 베들레헴의 우물을 확보할 능력조차 없다. 그는 앞서 언급한 것처럼 자신을 방어할 수 없었던 명예 전사(21,15-22)로 계속 있다. 다윗 내러티브 끝부분에 배치된 용사들의 이 명단(23,24-39)은 이전에 등장한 두 개의 조신들 명단과 유사한 기능을 한다. 첫 번째 것은 다윗이 필리스티아인들, 모압인들, 아람인들, 에돔인들을 대상으로 군사적 성공을 거둔 후 8,15-18에 나타나고, 두 번째 것은 그가 두 반란을 막 진압한 후에 나타난다(20,23-26). 이를 통해 다윗이 그의 조정을 재건할 지배권을 충분히 확보했다는 신호를 보냈다. 이 군대 지휘자 등록부는, 다윗이 쇠퇴하고 그의 후계자가 왕위를 계승할 때 왕국을 방어하도록 광대한 군사 계급을 남겼다는 것을 알려준다. 이 절들의 히브리어 본문은, 좋은 영어 번역본의 광범위한 본문 각주에서 나타나듯이 문제가 있다.

5.6.1 다윗의 세 용사 23,8-12

◆ 구조

명칭(23,8ㄱ)
가. 용사 소개: 요셉 바쎄벳(23,8ㄴ)
    그가 한 일(23,8ㄷ)
가'. 용사 소개: 엘아자르(23,9ㄱ)
    ㄱ. 필리스티아인들이 전쟁을 위해 모였다(아삽'sp)(23,9ㄴ)
    ㄴ. 이스라엘인들이 후퇴했다(23,9ㄷ)
    ㄷ. 엘아자르 혼자서 승리했다(23,10ㄱ)
    ㄹ. 하느님께서 위대한 승리를 가져오셨다(터슈아 거돌라$^{těšû'â\ gědôlâ}$)(23,10ㄴ)
가''. 용사 소개: 삼마(23,11ㄱ)
    ㄱ'. 필리스티아인들이 전쟁을 위해 모였다(아삽'sp)(23,11ㄴ)
    ㄴ'. 이스라엘인들이 도망쳤다(23,11ㄷ)
    ㄷ'. 삼마 혼자서 승리했다(23,12ㄱ)
    ㄹ'. 하느님께서 위대한 승리를 가져오셨다(터슈아 거돌라$^{těšû'â\ gědôlâ}$)(23,12ㄴ)

◆◆ **주석**

이 세 번의 군사 겨루기(특히 두 번째와 세 번째)는 1사무 17장의 다윗과 골리앗 이야기와 유사하다. 1사무 17,1에서 필리스티아인들은 지금 그들이 한 것처럼 전쟁을 위해 모였다(아삽*ʾsp*). 이스라엘인들이 골리앗에게서 도망친(누스*nws*) 것처럼(1사무 17,24), 2사무 23,11에서 그들은 필리스티아인들로부터 도망간다(누스*nws*). [23,9에서는 그들이 후퇴했다(알라*lh*)] 다윗은 골리앗에 대항하여 단독으로 싸웠고, 엘아자르와 삼마 둘 다가 각각의 적들에 대해 했던(나카*nkh*, 2사무 23,10.12) 것처럼 그를 쳤다(나카*nkh*, 1사무 17,49). 골리앗 에피소드에서 주님께서 큰 승리(터슈아 거돌라*těšûʿâ gĕdôlâ*)를 이루셨다는 확언은, 요나탄이 다윗을 변호하여 사울에게, 다윗의 승리와 '주님께서 온 이스라엘에게 큰 승리를 가져오셨다'(1사무 19,5)고 말하는 것을 상기시키는 장면까지 연기된다. 따라서 2사무 21-24장의 다른 장면들처럼, 이 에피소드의 요소들은 다윗 내러티브의 시작과 포괄로서 기능한다. 그러나 중요한 차이점이 하나 있다. 우리 영웅은 이제 완전히 가려졌고, 그의 병사들이 그를 위해 싸워야만 한다는 것이다.

무대 위의 첫 용사는 타크모니 사람인 요셉 바쎄벳이다. 그는 '셋'의 대장이다. 성경 어디에도 나타나지 않는 그의 이름과 아버지 이름 참조 사항은 히브리어 본문에서 오류로 판단된다. 대부분 학자가 이 절과 병행인 1역대 11,11과 함께 읽는데, 거기에는 하크모니[304]의 아들

---

304 유일한 이방인 타크모니*Tachemonite*는 아마도 좀 더 일반적인 이름 하크모니*Hachmoni*의 개악改惡일 것이다. (참조. Driver, *Notes*, 364.) 아버지 이름 참조 사항은 다시 1역대 27,32에 언급

야소브암이 '셋의 대장'[305]의 이름이다. '셋'(지금까지 알려지지 않은 그룹)과 군대 지휘권을 되찾은 요압(2사무 20,23)의 관계는 설명되지 않는다. 히브리어 본문에 의하면 요셉 바쎄벳은 또한 '에센 사람 아디노'로도 알려져 있다. 대부분의 영어 번역본은 이 두 번째 명칭을 '그는 창을 휘둘렀다'는 1역대 11,11과 함께 읽는다. 그러나 히브리어의 불가해한 성질이 이 장면의 기능을 혼란하게 하지 않는다. 요셉 바쎄벳은 팔백 명을 혼자서 죽일 수 있었다. 그는 이어 나오는 두 투사처럼 용맹한 전사였다.

도도의 아들 엘아자르는 부지휘관이다. 그는 여기에만 나타나는데, 화자는 다시 한 번 세부 사항을 간략하게 말한다. 언제 어디서 전투가 일어났는가? 이스라엘은 어디로 왜 철수했는가? 화자가 제공한 약간의 정보로 짐작하면, 다윗은 나머지 군대와 함께 철수한 것으로 보이며, 이는 더 이상 전투에 참여할 수 없는 지친 다윗의 이미지와 아귀가 맞는다. 그러나 엘아자르는 단독으로 필리스티아인들을 쳐부수며, 그리고, 군대가 쓰러진 시신을 약탈하러 돌아오는 동안에 팔이 지쳤음에도 불구하고 칼을 들고 있었다. 무대에 등장한 다음 용사는 삼마인데, 그는 단지 여기와 아마도 23,33에만 나온다. 필리스티아인들이 르히(정확한 장소는 알려지지 않음)에 모였는데, 거기는 삼손이 당나귀 턱뼈로 그들을 물리친 곳이다(판관 15,14-17). 다시 한 번 이스라엘인들은 후퇴하고, 남겨진 투사는 혼자서 팥밭을 지켜야 한다. 그는 승리하고, 화자는 '주님은 위대한 승리를 가져오셨다'는 후렴으로 마무리한다. 승

---
305 이 구절의 마소라 본문은 '삼십'이라고 읽는데, 보통 영어 번역들은 2사무 23,8과 조화를 이룬다.

리가 하느님께 속한다는 것은 다음 장면에서 충분히 설명될 것이다. 이 세 용사는 지친 다윗이 더 이상 할 수 없는 위업을 달성한다.

5.6.2 다윗 구하기 23,13-17

간결한 설화가 계속된다. 이 장면에서 무명의 주인공 '셋'[306]은 '삼십' 인 부대의 일원인데, 이 부대는 처음 언급되고 구성원들 명단이 바로 나열된다(23,24-39).[307] 그들은 아둘람 동굴에 있는 다윗에게로 내려오는데, 아둘람은 예루살렘 남동쪽 20km 지점이다. 그들이 어디에서 왔는지는 밝혀지지 않았으며, 화자는 다윗이 한때 목숨을 보존하려고 사울을 피하여 도피한(1사무 22장) 곳에서 무엇을 하고 있는지 설명하지 않는다. 지금 명예 용사가 다시 이 동굴에 있다. 그는 너무도 약해서, 할 수 있는 유일한 선택은 그가 한때 쉽게 정복했던 적으로부터 피신하는 것뿐인가?

이 장면의 세부 사항은 2사무 5,17-25 필리스티아인들과의 전투를 반향한다. 지금처럼 그때도 필리스티아인들은 르파임 골짜기에 진을 쳤었다(참조. 3.3). 그 전투에서 하느님의 도움으로 다윗은 그들을 수월하게 물리쳤다. 23,14에서 다윗은 '요새'로 이동하는데, 필리스티아인들이 5,17에서 공격을 시작했을 때와 같은 위치이다. 필리스티아인 수비대가 베들레헴에 거주하는데, 어떻게 언제 그들이 다윗의 고향을 점령하기 시작했는지 설명이 없다. 대신 화자는 물을 마시기를 갈망

---

306 마소라 본문에서 케레qere로 읽기.
307 이들 셋은 방금 23,8-12에서 언급된 용사들이 아니다.

하는 다윗에게 초점을 맞추는데, 그는 베들레헴의 성문에 있는 우물이라는 특정한 우물의 물을 원한다.[308] 다윗은 명예 용사로 계속 있다. 그는 '마실 물'을 스스로 획득할 수 없고, 필리스티아인 진지를 공격하도록 요구하는 임무에도 참여할 수 없다. 만일 '셋'이 다윗을 위해 우물을 확보할 수 있다면 필리스티아인들의 베들레헴 점령은 깨지는 것이다. 따라서 '누가 베들레헴 우물에서 마실 물을 나에게 가져오겠는가?' 하는 다윗의 질문이 의미하는 바는 '누가 베들레헴의 필리스티아인들을 공격하겠는가?'이다. 그 질문은 하느님께 기도로서 드려지거나, 그의 군대에게 내리는 숨겨진 명령일 수 있다.

세 용사는 우물에 접근하기 위해 필리스티아인들 진영을 돌파해야 한다. 5,20[그리고 그(다윗)는 말하였다. '주님께서 내 적들을 무너뜨리셨다(파라츠 *prṣ*): 필자 번역]을 상기시키는 동사 '돌파하다'(바카 *bq'*)는 이 장면을 5,17-25 필리스티아인들에 대한 다윗의 초기 승리에 연결한다(그때 다윗은 아직 활동 중인 용사였다). 다음에 그 셋이 성문 옆 우물에서 물을 길어오는데, 이것은 화자가 많은 말을 하지 않지만, 그들이 필리스티아인들을 이기고 수원지를 접수했다는 것을 시사한다. 대신 우리는 즉시 '주님 앞에' 물을 붓는 다윗에게로 돌아간다. 1사무 7,6에서 이스라엘 백성은 미츠파에 모여서, 하느님 앞에 그들의 죄를 고백하면서 땅에 물을 길어 붓는다. 하느님 앞에서 다윗이 하는 의식 행위는 죄의 고백이 아니고 오히려 '누가 베들레헴 우물에서 마실 물을 나오게 가져오겠는

---

308 '워렌 샤프트'의 구조가 도성 방어를 위한 물의 중요성을 증언한다. 참조. Yigal Shiloh, "Jerusalem's Water Supply during Siege: The Rediscovery of Warren's Shaft", *Biblical Archeology Review* 7, no.4 (1981): 24-39.

가?' 하는 그의 본래 질문에 대한 응답으로 기능한다. 다윗의 세계에서 응답은 하느님이시다. 베들레헴 우물을 확보하는 데 하느님의 개입이 명시적으로 드러나지 않을지라도, 하느님은 다윗의 승리에 부재하신 적이 결코 없다. 이 몸짓과 이어지는 맹세('주님이 금지하신다')는 승리는 하느님께 속한다는 것(그는 골리앗을 해치우기 전에 이 주제를 공표했다: 1사무 17,47)을 인정한 것이며 다윗은 목숨을 건 자들의 피가 승리의 물 한 모금이라고 선언한다. 그래서 신명기 규정(신명 12,16)을 지켜, 그는 그것을 땅에 붓는다.

장면은 '이것들이 이 세 용사의 공적이었다'라는 화자의 말로 마무리된다. 이 결론은 왜 이 장면이 여기에 있는지를 상기시킨다. 다윗은 이제 그의 특공대에게 전투를 맡기는데, 그들이 '당신은 이제 더 이상 우리와 함께 전투에 나가면 안 됩니다'라며 2사무 21,17에서 한 맹세를 시행하는 것이다. 다윗의 역할은 하느님께서 또 다른 승리를 그에게 가져오셨음을 고백하는 것으로 한정된다.

5.6.3 두 명의 용사 23,18-23

◆ 구조

가. 츠루야의 아들 아비사이

    ㄱ. 용사 소개(23,18ㄱ)

    ㄴ. 그의 영웅적 업적(23,18ㄴ)

ㄷ. 그는 삼십 인 사이에서 중요했다(23,19ㄱ)

　　ㄹ. 그러나 그는 셋에 미치지는 못했다(23,19ㄴ)

가'. 여호야다의 아들 브나야

　　ㄱ'. 용사 소개(23,20ㄱ)

　　ㄴ'. 그의 영웅적 업적(23,20ㄴ-22)

　　ㄷ'. 그는 삼십 인 사이에서 중요했다(23,23ㄱ)

　　ㄹ'. 그러나 그는 셋에 미치지는 못했다(23,23ㄴ)

23,8-12의 세 장면처럼, 이 두 장면은 유사한 구조를 갖는다.

♦♦ 주석

23,8-12에서 소개된 세 용사와 달리, 이 두 군사는 다윗 내러티브에 잘 알려져 있다. 아비사이는, 1사무 26,6-7에서 다윗을 동반하여 사울의 진영에 갔고, 사울을 죽이자는 그의 조언을 다윗이 거부했던 때부터 시작하여 다윗과 함께 긴 역사를 누렸다. 후에 아비사이는 시므이를 죽이려 했으나 다윗이 거부했다(2사무 16,9-11; 19,21-23). 가장 최근에 그는 다윗을 이스비 브놉의 창으로부터 구했다(21,17). 이미 수많은 그의 업적에 삼백 명을 죽였다는 사실이 추가된다(화자가 명시적으로 밝히지 않으나 단독으로 했을 것이다). 그는 이제 '삼십 인[309]'의 대장이지만,

---

[309] 23,18-19의 히브리어 본문은 문제가 있다. 2사무 23,18은 아비사이가 '셋'의 대장이라고 하고, 23,19는 그가 '셋'의 구성원은 되지 못했다고 읽는다. 대부분의 영어 번역본들은 23,18에서 페쉬타 역본과 함께 '삼십'을 읽는다. 그러나 우리와 같은 히브리어 본문을 가지고 있었을 가능성이 가장 높은 시리아어 번역자는 이 불일치를 수정했고, 그래서 현대 영어 번역가들에게 해결책을

그의 비범한 업적에도 불구하고 그는 요셉 바쎄벳, 엘아자르, 삼마와 함께 세 사람 가운데 한 자리를 차지하지는 못했다. 비슷하게 브나야도 그의 환상적인 위업에도 불구하고, 셋의 구성원은 되지 못했다. 조정에서 브나야의 임무는 다윗의 통치에서 솔로몬의 통치까지 이어졌고, 그의 가장 위대한 업적들이 아직 그 앞에 놓여 있다. 그는 다윗 조정의 일원으로(크렛족과 펠렛족의 지휘관) 8,18에 처음 언급되었다. 그는 다윗의 두 번째 조정에서 그 자리를 유지했다(20,23). 그러나 그의 가장 중요한 임무는 아도니야가 아버지의 왕위를 요구하는 주장을 할 때 생겨난다. 요압과 에브야타르는 아도니야와 합류하나, 차독과 브나야 그리고 나탄은 다윗에게 충성하며 남아 있고 솔로몬의 승계를 보장한다(1열왕 1,8). 다윗이 솔로몬에게 내린 요압(1열왕 2,6)과 시므이(1열왕 2,9)의 운명에 관한 마지막 지시들은 군대 사령관으로 요압의 자리를 인수한 브나야(1열왕 2,35)에 의해 실행된다(1열왕 2,34.46). 브나야는 솔로몬의 명령하에 또한 아도니야를 처형한다. 그 직후에 브나야가 시므이를 죽이니, 화자는 '그렇게 해서 왕권은 솔로몬의 손안에서 확립되었다'라고 해설한다(1열왕 2,46ㄴ). 솔로몬의 안전은 어느 정도는 브나야의 충성으로 확보되었다. 이 절들에 기록된 사자를 죽인 그의 용맹함은, 젊은 다윗이 용사로서 경력 초기에 사자에게 승리를 거둔 기록(1사무 17,34-36)을 상기시킨다.

 2사무 23,22-23의 히브리어 본문은 셋과 삼십을 혼동하여, 그 결과로 히브리어 본문을 따르는 NRSV가 독자를 당황하게 할 수 있다.

 제공했다.

브나야는 '세' 용사 '옆'에 이름을 얻었지만 '세 용사'에는 들지 못했다 (23,23). 다른 영어 번역본들(REB, NAB, NJB)은 2사무 23,22(NJB: '그는 삼십 명의 전사들 사이에 이름을 획득함')에서 '삼십'이라고 읽는데, 이것은 '그는 삼십 인 사이에서 유명했다'는 23,23과 일치한다. 용사들 사이에 브나야의 마지막 지위가 무엇이었든지, 다윗이 그를 '그의 호위대'로 지명하는 것으로 이 장면은 마무리된다. 이 부대의 히브리어 용어 미쉬마아트mišma'at는 '순종'이라는 개념을 전달한다. 아히멜렉이 사울 앞에서 다윗을 변호할 때 이 용어를 사용했으며, 다윗은 자신이 순종(미쉬마아트mišma'at)으로 행동했음을 사울에게 상기시켰다. 사실 다윗은 사울이 신뢰하는 보좌관 중 한 명이었다(1사무 22,14). 따라서 NRSV의 '경호원(호위대)' 번역은 브나야가 다윗을 보호할 준비가 되어 있음을 표현한다.

5.6.4 삼십 인 23,24-39

화자는 '삼십 인 부대'를 구성한 용사들의 이름을 열거하는데, 이 명칭은 화자가 서른일곱 명의 구성원이 있었다고 언급하는 것으로 목록을 마무리하기 때문에, 특정 숫자를 가리키는 것이 아니라 군대 계급을 언급하는 것으로 보인다. 게다가 이 목록에서 이름의 정확한 수는, 23,32-33의 히브리어 본문이 손상되었기 때문에 확실하게 결정할 수 없다. 만일 요나탄이 하라르 사람 삼마의 아들로 간주된다면(많은 영어 번역본이 그렇게 함; 그러나 NJPS는 '야센, 요나탄, 삼마는 하라르의 아들들'이라고 읽으며 히브리어의 의미는 불확실하다고 언급한다), 용사의 수는 서른한 명이다. 학자들은 화자가 말하는 숫자 서른일곱 명을 확보하기 위해, 요압과 '세 용사'를 목록에 추가하는 것과 같은 다양한 해결책을 제시한다. 서른일곱에 도달하는 것은 여전히 어려운 일이며 헤르츠베르그의 통찰력이 정확할 수 있다. "삼십 인 제도는 살아 있는 무언가였다."[310] 그리고 필요할 때 확장될 수 있었다. 이 목록의 기능은 위에서 언급했다(참조. 4.10 부분 20,23-26 토론). 다윗은 그의 통치를 확고히 했고, 이제 그의 기량이 쇠퇴하고 더 이상 전투에서 자신을 방어할 수 없게 되면서 용사들이 그를 둘러싸고 있다.

5.7 다윗의 마지막 공적 활동 24,1-25

다윗의 인구 조사와 그 결과 이야기는, 다윗의 마지막 말(23,1) 다음에 즉시 완전히 새로운 사건을 소개하기 때문에 시간의 순서를 벗어난 것으로 보인다(참조. 5.1 부분). 우리 영웅은 은퇴한 상태에서 마치 용사처럼 나오지는 않았지만, 갑자기 선두에 서서 요압에게 명령을 내린다. 그러나 예루살렘에 첫 제단을 건설하는 것으로 끝나는 이 에피소드는, 부록의 또 다른 이질적인 요소라기보다는 다윗의 공적 삶과 화자가 묘사하는 그의 치세에 적절한 결론으로 작용한다. 칼 버디까지 거슬러 올라가면 이 사건은 구약에서 가장 중요한 사건들 사이에서 고찰되었다.[311] 우리가 2사무 21-23장에서 본 것처럼, 이 마지막 장면들은

---

310 Hertzberg, *I and II Samuel*, 407.
311 Karl F. R. Budde, *Die Bücher Samuel*, KHAT 8 [Tübingen-Leipzig: J.C.B. Mohr(Paul Siebeck),

다윗 내러티브에서 (특히 다윗 내러티브 시작에서) 사건들을 재현하고 다윗의 유산을 기대한다. 제단 하나의 건설과 다윗의 희생 제사에 대한 하느님의 자비로운 수용은, 하느님의 반대가 없었다면 다윗이 건설했었을 새 성전 앞에서의 솔로몬의 연설(1열왕 8장)을 기대한다. 이 에피소드는 천사가 예루살렘을 파괴할 준비를 했을 때 절정에 달한다. 이번에는 하느님의 마음이 풀리시지만, 마음이 풀리지 않으실 때가 올 것이며 예루살렘에 대한 결과는 재앙이 될 것이다. 그 일이 일어나게 될 때 화자의 이야기는 그 결론에 다다를 것이다.

◆ 구조

가. 주님의 진노(24,1)
    나. 다윗의 명령, 요압의 순명(24,2-9)
        다. 다윗이 그의 죄를 인정하다(24,10)
            라. 형벌(24,11-13)
                마. 다윗의 선택(24,14)
            라'. 부과된 형벌(24,15-16)
        다'. 다윗이 그의 죄를 인정하다(24,17)
    나'. 하느님의 명령, 다윗의 순종(24,18-25ㄱ)
가'. 주님의 진노가 진정되다(24,25ㄴ)

1902], 326. 그는 "따라서 우리의 극은 구약 전체에서 가장 중요한 것의 하나로 간주되어야 한다" 라고 한다.

이 에피소드의 중심에서 다윗이 하느님의 자비를 인정하면서 그의 형벌을 선택한다. 이것은 형벌의 선택과 부과된 형벌로 테두리 지어진다 (라/라' 부분). 다윗의 이중 고백이 〈다/다〉 부분에 나타난다. 그의 명령과 요압의 순명(나) 부분이 하느님의 명령과 다윗의 순명(나') 부분과 병행한다. 장면에서 하느님의 진노(가/가' 부분)가 포괄을 이루는데 시작에는 격노하고 끝에는 진정된다.

5.7.1 다윗이 인구조사를 명령하다 24,1-9

이 에피소드는 '다시 주님의 진노가 이스라엘을 향하여 타올랐다'라는 구절로 시작한다. '다시'라는 단어가 이전에 하느님의 분노가 있었다는 것을 시사하기에 놀라운 일이다. 그런데 언제? 이 내용은 아마도 하느님의 진노가 그 장면에서 명시적으로 지적되지는 않았지만, 사울 집안의 유혈죄가 초래한 가뭄에 대한 언급일 것이다(21,1-14). 다윗은 문제를 그 자신이나 백성을 희생하지 않고(사울의 후손 일곱 명을 제외하고) 신속하게 해결했고, 하느님은 노여움을 가라앉혔다(21,14). 그런데 지금은 하느님이 왜 진노하셨는가? 신적 분노의 이 전형적인 표현은 신명기에서 인간의 불순명에 대해 예상되는 신적 반응을 묘사하는 데 가장 자주 나타난다(신명 6,15; 7,4; 11,17; 29,27; 31,17 참조). 그런데 어떤 불순명이 2사무 24장의 이런 반응을 초래했는가? 여호 7,1에서는 이스라엘에 대한 주님의 진노는 오직 아칸이 주님께 봉헌된 전투의 전리품 중 일부를 스스로를 위해 취한 후에' 타올랐다. 판관기(2,14.20; 3,8; 10,7)에서 주님이 진노하신 것은, 오직 이스라엘이 배교했다는 비난을 받은 후이다. 2사무 24,1의 경우가, 이스라엘 편의 명시적인 범죄가 표현되지 않은 채 하느님의 진노가 맹위를 떨친 유일한 예이다. 아마도 '주님께서 이스라엘에 진노하셨다'라는 이 형식만으로도 이스라엘이 언급되지 않은 범죄를 저질렀다고 우리를 설득하려는 것일 수 있다. 그렇지 않다면 하느님의 진노는 변덕스러워 보인다.

문제가 더 복잡해지도록, 하느님은 다윗이 인구조사를 하도록 부추기시는데, 나중에 다윗은 이 행위를 자신의 죄라고 고백한다. 이 절에 대한 역대기 사가의 해석은 신학적 문제를 드러낸다. "사탄이 이스라엘을 거슬러 일어나, 이스라엘의 인구를 조사하도록 다윗을 부추겼다"(1역대 21,1은 2사무 24,1과 병행). 만일 사탄이 선동자라면, 그때는 다윗의 죄가 그가 저항했어야 하는데 그러지 않았다는 사실에 있으나 2사무 24,1에서는 하느님이 다윗을 부추기신다. 내러티브의 논리 내에서 우리는 하느님이 다윗을 부추겼다는 것을 알고 있으나 다윗은 알아채지 못하고 있다. NJPS와 NRSV에서 '자극하다'(부추기다)로 번역하는(REB는 '지시받은', NAB는 '고무되어') 히브리어 동사 수트 *swt*의 의미는 1사무 26,19에 의해 조명된다. 역사서에서 하느님이 수트 *swt* 동사의 주어로 나타나는 다른 유일한 곳인 여기서 다시 하느님은 자극하신다. 모든 다른 경우에 수트 *swt*는 이제벨과 같은 인간을 주어로 하여 쓰이는데, 화자는 그녀를 아합이 죄짓도록 부추겼다고 비난한다.[312] 1사무 26,19에서 사울의 창을 가지고 도주한 다윗은 사울이 자신을 쫓는 이유를 알

---

312 1열왕 21,25: "아합처럼 아내 이제벨의 충동질에(수트*swt*) 넘어가 자신을 팔면서까지 주님의 눈에 거슬리는 악한 짓을 저지른 자는 일찍이 없었다."

고 싶어 한다. '만일 주님께서 나를 치도록 당신을 부추기셨다면, 그분이 제물을 받으시길 바랍니다'(필자 번역). 다윗의 고발은, 하느님이 그의 행동 뒤에 계실 가능성을 사울이 인식하게 하려는 것이다(그러나 우리는 하느님이 당신의 기름부음받은이인 다윗을 박해하도록 사울을 부추기지 않으신 것을 알고 있다). 만일 그렇다면 다윗은 자신이 어떠한 죄를 지었다고 생각하지 않을지라도(우리도 그렇게 생각하지 않음), 화해 제물을 바칠 준비가 되어 있다. 두 경우 모두 하느님의 부추김(수트 *swt*)의 대상이 된 사람은 그 사실을 알지 못할지라도, 범한 죄에 대해서 그 사람은 여전히 책임이 있고, 하느님은 진무되어야만 한다. 그렇기 때문에 2사무 24,1에서 하느님이 선동자이실지라도, 다윗은 그의 잘못에 대한 책임이 있고 그는 그 일을 바로잡기 위해 제물을 바쳐야 한다(제단을 쌓는 등등). 그 논리는 우리에게는 명백하지 않을 수 있지만, 고대 화자는 이의를 제기하지 않는다.[313]

다윗은 북쪽 경계 단에서 남쪽 경계 브에르 세바까지 그의 왕국 전체에 인구조사를 하라고 명령하는데, 후에 징벌로 흑사병의 고통을 받게 되는 곳(24,15)과 같은 영토이다. 요압은 임금의 칙령이 옳지 않다는 것을 암시하고, 다윗이 백성이 백 배로 증가하는 것을 보게 해주시라고 하느님께 기도하면서, 그 계획을 반대한다. 요압의 예기치 않은 경건함은 '부추긴다'라는 히브리어 수트 *swt*의 의미를 더욱 빛나게 한다. 다윗이 아마도 하느님이 살인적으로 그를 추격하도록 사울을 부추겼을지도 모른다는 것을 사울이 깨닫게 하려고 했던 것처럼, 이제 요압

---

313 참조. 1.4.2 부분 '화자'.

이 다윗에게 그 자신의 명령에 대해 더 깊이 생각해보라고 부추긴다. 하느님께서 다윗에게 직접적인 명령을 내리신 것이라면, 그는 그것을 요압에게 전달할 수 있었다. 그러나 하느님이 하지 않으셨고 요압은 다윗의 명령에서 잠재적인 오류를 감지한다.

현대 주석가들은 어떻게 과세와 징집에 필요한 인구조사가 하느님을 불쾌하게 하는지 궁금해한다.[314] 다윗의 죄는 무엇인가? 맥카터는 한때 징집된 남자들이 '복잡한 정결법'에 묶여 있었고 그들이 순응하지 않을 때 전염병이 발생했다고 주장한다.[315] 그러나 더 간단한 설명은 2사무 21-24장에서 재연되었고, 기드온의 이야기에 예시된 구약 '전쟁 신학'에 있다. [주님께서 기드온에게 말씀하셨다. "네가 거느린 군사들이 너무 많아, 내가 미디안을 너희 손에 넘겨줄 수가 없다. 이스라엘이 나를 제쳐놓고, '내 손으로 승리하였다' 하고 자랑할까 염려된다"(판관 7,2)] 하느님의 문제는, 기드온의 거대한 군대는 사람들이 다가오는 승리의 원인이 자신들에게 있다고 생각하게 할 수 있다는 것이다. 그래서 하느님은 재미 있는 군대 선발 방식을 명령했는데, 개처럼 물을 마시는 삼백 명을 제외하고는 모두 추려내라는 것이다(판관 7,5-7). 기드온이 이 조잡한 무리와 함께 미디안족을 물리쳤을 때, 군대의 힘에 관한 문제에까지 관심을 가지는 주님께 전투가 속한다는 것을 우리는 알게 된다.[316] 따라서 만일 기드

---

314 참조. John Bright, "The Organization and Administration of the Israelite Empire," in *Magnalia Dei: The Mighty Acts of God; Essays on the Bible and Archeology in Memory of G. Ernest Wright*, ed. Frank Moore Cross, Werner E. Lemke, and Patrick D. Miller (New York: Doubleday, 1976), 198.

315 McCarter, *II Samuel*, 514.

316 미디안에 대한 기드온의 승리 이야기는 이스라엘의 민간전승이 되기 시작했다. 예언자 이사야 또한 그것에 호소한다(이사 10,26). "만군의 주님께서는 오렙 바위 곁에서 미디안을 치신 것처럼 아시리아에게 채찍을 휘두르시고."

온이 다윗 조정의 일원이었다면 그는 백삼십만 군대(요압의 최종 합계)가 승리를 보장하지 않는다는 것을 그의 주군에게 상기시켰을 것이다. 그러나 징집병을 열거함으로써, 군사적 결단을 내리기 전에 항상 주님께 문의했던 다윗은 이제 그러한 자문이 선택 사항인 것처럼 행동한다. 거대한 군사력으로 그는 적들을 물리칠 수 있고 하느님은 소외되었다. 임금이 요압의 반대를 밀어제치고 나갈 때 우리는 어안이 벙벙하다. 지금은 '임금의 말'(2사무 24,4: 더바르 함멜렉 dĕbar hammelek)이 우세하다. 그러나 마지막에는 주님의 말씀(24,11: 더바르 아도나이 dĕbar YHWH)이 우세할 것이다.

요압은 인구조사를 요르단 계곡의 다른 편에 있는 아로에르(신명 3,12 참조) 도성에서 시작한다(예루살렘 남서쪽 대략 65km). 그곳에서 그는 북쪽 갓의 영토로 향하고 다음에는 갓의 영토의 일부인 야제르 도성(여호 21,38-39)으로 향하지만 정확한 위치는 알려지지 않았다. 2사무 24,6의 히브리어 본문은 어렵다. 타흐팀 홋시(taḥtim-ḥodši)의 땅은 알려지지 않았다(NRSV는 '히타이트족의 땅 카데스'라고 읽는다). 이러한 예측 불허의 변화에도 불구하고 요압이 요르단강 동쪽 제방을 따라 이스라엘의 가장 북쪽 영토인 단을 향해 여행하고 있음은 분명하다(그는 다윗 영토의 경계를 추적하고 있다). 다음에 그는 해안을 향해 시돈으로 건너가, 남쪽 티로로 향하기 시작하는데, 티로는 시돈 남쪽으로 36km 지점이다. 티로의 임금 히람은 다윗이 예루살렘을 정복한 후에(5,11) 즉시 다윗과 동맹을 맺었다. 요압은 티로에서 남쪽으로 계속해서 내려가 히위족과 가나안족의 땅을 지난다. 두 토착 민족의 땅은 하느님께서 이스라엘 백성에게 약속하신 땅이다(탈출 3,17). 여호 9장에서 히위족은 이스라엘 백성을 속여 그 땅에 남아 있을 수 있는 조약을 맺었다. 그들은 예루살렘 북쪽으로 대략 10km 지점에 위치한 기브온 도성 근처에 산다(여호 9,17). 요압은 남쪽으로 계속 가서 왕국의 최남단 도성 브에르 세바에 다다른다.

요압의 순회 경로에 대한 긴 설명은 불필요해 보인다. 화자는 요압이 임금의 명령을 수행하고 공식 집계를 제공하는 것을 간단하게 기록할 수 있었다. 그러나 요압의 상세한 여정은, 다윗의 공적 생활이 끝나갈 때 그 지배 범위를 우리가 알게 되도록 왕국의 조감도를 제공한다. 인구조사를 위해 소요된 시간(거의 10개월)은 요압이 열거한 백삼십만 명의 군인이라는 엄청난 숫자를 강조한다. 숫자는 과장되었는데, 고고학자들은 이 시대의 예루살렘의 인구는 사천 명에서 육천사백 명 사이였다고 추정한다.[317] 그러나 정확함은 요점이 아니다. 그런 거대한 군대를 거느린 다윗은 군사 문제에 대해 더 이상 주님께 문의할 필요가 없다. 혹은 적어도 그가 그렇게 생각한다.

5.7.2 다윗이 그의 죄를 인정하다 24,10-14

어조가 빠르게 바뀐다. 즉각적인 인구조사를 주장했던 임금은 그의 죄를 인식하고 마음이 아프다. 그의 군사적 견적에는 하느님과의 상담이 빠졌다. 하느님이나 예언자의 강요 없이 그는 용서를 구한다.

---

317 David Tarler and Jane M. Cahill, "David, City of" in *ABD*, 2:65.

다윗은 이렇게 인구조사를 한 다음, 양심에 가책을 느껴 주님께 말씀드렸다. "제가 이런 짓으로 큰 죄를 지었습니다. 그러나 주님, 이제 당신 종의 죄악을 없애주십시오. 제가 참으로 어리석은 일을 저질렀습니다"(24,10).

예언자 도착 이전 다윗의 고백을 간과해서는 안 된다. 사무엘기의 세 예언자(사무엘, 나탄, 가드)는 각각 '주님의 말씀'을 단 한 번 받는다. 1사무 15,10에서는 '주님의 말씀'이 사무엘에게 오고, 2사무 7,4에서는 나탄에게, 그리고 24,11에서는 가드에게 온다. 1사무 15,10과 2사무 24,11에서 그것은 왕실의 범죄로 야기된다. 1사무 15,10에서 사울은 사무엘을 통해 오직 '주님의 말씀'을 접한 후에야 그의 죄를 인정한다. 사울은 사무엘을 속일 수만 있다면 속였을 것이다(1사무 15,13). 다윗은 2사무 12,5-6에서 주님께서 보내신 나탄 앞에서 결백한 척했을 때, 사울처럼 비슷하게 행동했다. 하지만 24,10에서 다윗은 '주님의 말씀'이 예언자에게 오기 *전에* 그의 죄를 고백한다. 자신에게 내려질 징벌을 기다리며 통회하는 다윗은, 12,5-6에서 우리가 만난 속이는 다윗보다 그의 삶의 마지막에 훨씬 더 뛰어난 인상을 남긴다.

장면은 가드에게 이동하는데, 그는 1사무 22,5에서 다윗에게 사울의 극단적인 의도를 피해 도피처인 '요새'를 버리고 유다로 향하라고 명령했을 때 잠깐 등장했다. (그 장면에서 그의 신적 명령은 암시적이었다) 다윗은 질문 없이 그에게 순종했고, 가드는 하느님께서 징벌을 위한 세 개의 선택 사항을 주어 그를 다윗에게 보내시는 지금까지 무대 밖에 머물러 있었다. 1사무 15장과 2사무 12장에서 예언자는 말없이 제재를 가했다. 사울은 왕국을 잃었고(1사무 15,26), 다윗의 아들은 죽었다(2사무 12,14.18). 징벌의 선택 과정은 마지막으로 다윗에게 하느님에 대한 그의 신뢰를 표현할 기회를 제공한다. (참조. 위 구조, 에피소드의 중심) 그가 에피소드의 시작에 그 신뢰를 염두에 두었더라면 처음부터 결코 인구조사를 하라고 명령하지 않았을 것이고, 그는 현재의 난제를 피할 수 있었을 것이다.

선택하지 않은(다윗의 응답이 첫 번 또는 세 번째 선택을 허용할 수 있었지만) 처음 두 가지 선택 사항은 다윗 생애에서 이전의 사건들을 소환한다. 칠 년의 기근(13절)은 21,1의 삼 년의 기근을 상기시킨다.[318] 두 번째 선택(적에게 쫓기는 것)은, 다윗 내러티브의 삼분의 일을 차지하는 사울로부터의 쫓김(1사무 18,10-31,7)과 압살롬으로부터의 도망(2사무 15,13-16,14)을 상기시킨다. 삼 일간 그 땅에 내릴 흑사병인 세 번째 선택은 그에게 닥친 적이 없는 일이다. 이 선택 사항들을 들으면서 다윗은 '나는 아주 큰 곤경에 처했구나' 하고 울부짖는데, 이는 필리스티아인들이 공격해 왔을 때 사울의 반응의 반복이다(1사무 28,15). 사울이 곤경에 처했을 때 하느님은 그의 말에 귀 기울이지 않으셨고, 그는 다음날 전투에서 죽을 것이었다. 그러나 다윗은 일단 벌이 집행되고 하느님께 용서받을 것이다. 그는 사울의 운명을 공유하지 않는다.

---

318 24,13에서 NRSV는 히브리어 본문과는 다르고 1역대 21,12와 함께 '삼 년의 기근이 있을 것이다'로 읽는다. 이것은 2사무 21,1와 그리고 다른 위협들(삼 개월과 삼 일)과 전체적으로 어울린다. 그러나 이것은 렉시오 화칠리오르*Lectio facilior*이고 따라서 '칠'이 선호된다.

5.7.3 흑사병과 다윗의 고백 24,15-17

무서운 재앙이 즉시 시작된다. 칠만 명을 죽여도 백삼십만 명이라는 숫자는 크게 줄어들지 않았지만, 사실 인구조사를 한 다윗은, 이제 자신이 수를 세라고 명령했던 바로 그 지역(단에서 브에르 세바까지)에서 하느님께서 전염병으로 그의 인구를 줄이시는 것을 지켜보고 있다. 화자는 우리의 관심을 예루살렘과 초토화할 채비를 하고 다윗 도성을 파괴 중인 천사에게로 이끈다.[319] 만일 그 천사가 방해받지 않고 공격을 계속한다면, 다윗에게 집과 왕국과 왕좌를 영원히 세워주시리라 하신 하느님의 약속(2사무 7장)은 어떻게 될 것인가? 이 장면에서 하느님은 마음을 돌리시고 도성을 구원하신다. 그러나 예루살렘의 위협적인 황폐는, 하느님 마음이 풀리지 않으시고 사랑받는 다윗 도성이 파괴될 때 앞에 놓여 있는 재앙을 예고한다(2열왕 25,8-12).

하느님께서 마음을 바꾸시는(나함 nḥm, 니팔형) 것은 자주 있는 일이 아니다. 이스라엘이 황금 송아지상을 만들었을 때, 하느님은 그들을 없애기로 결정하신다. 그러나 모세가 개입하고 하느님은 결정을 취소하신다(탈출 32,7-14). 판관 2,17-19에 의하면 이스라엘 백성이 하느님을 저버렸을 때, 그들의 적이 그들을 정복한다. 그러나 하느님이 그들의 신음 소리를 들으셨을 때, 그분은 마음을 돌리시고(판관 2,18: 나함 nḥm, 니팔형), 그들을 구원할 판관을 일으키신다. 사무엘기 상권과 하권에서 하느님 마음의 변화는 이스라엘 역사의 행로를 바꾸는데, 바로 사

---
319 파괴하는 천사는 2열왕 19,35에 나타난다.

울을 이스라엘의 임금으로 기름부은 것을 '후회하실'(나함 *nḥm*, 니팔형) 때이다(1사무 15,11.35). 신적 마음의 변화가 다윗의 치세를 연다. 2사무 24,16에서 하느님 마음의 변화는, 천사가 파괴를 중단하고 여부스 사람 아라우나의 타작마당으로 향하면서, 다윗과 그의 왕국을 구원한다. 다윗이 예루살렘을 정복한 이래 처음으로 우리는 여부스족 주민(5,6-10)이 다윗 통치하에 도성에 남아 있었다는 것을 알게 된다.

다윗은 다시 그의 죄를 고백하고 하느님께 예루살렘의 무고한 백성을 불쌍히 여겨달라고 간청하고, (다윗은 모세처럼 무죄하지는 않을지라도) 백성을 위하여 중재한 모세처럼(탈출 34,9; 민수 11,1-2; 14,19; 21,7) 백성을 대신하여 하느님 앞에서 중재자 역할을 한다. 용서를 구하는 다윗의 기도는, 솔로몬이 하늘을 향하여 손을 펼치고 하느님께 간구하며 이스라엘 백성이 성전을 향하여 기도할 때에 항상 용서받기를 기도한 때(1열왕 8,22)와 같이 성전의 완성을 예고한다(1열왕 8,30.34.36.39.50). 처음으로 다윗은 자신이 다스린 백성을 양 떼로 언급하는데, 이는 그가 임금으로 기름부음 받은 날까지로 거슬러 올라가는 은유다. 사무엘이 이사이의 아들 중에서 사울의 후계자로 적합한 사람을 찾지 못했을 때, 하느님의 도우심으로 남은 아들이 있느냐고 물었다. 이사이가 "막내가 아직 남아 있지만, 지금 양을 치고 있습니다"(1사무 16,11)라고 대답했다. 다윗은 임금으로 기름부음 받기 위해 즉시 양 떼로부터 소환되었다.[320] 이제 인생의 마지막, 그의 마지막 공적 활동에서 다윗은 새

---

[320] 다윗은 사울 앞에서 그의 첫 대화에서, 목자로서의 그의 날들에 대해 그리고 그가 양을 구하기 위해 어떻게 목숨을 걸었는지 이야기한다(1사무 17,34-35). 하느님이 2사무 7장에서 다윗과 계약을 맺으실 때, 그분은 "나는 양 떼를 따라다니던 너를 목장에서 데려다가, 내 백성 이스라엘의 영도자로 세웠다"(7,8)며 양 떼 가운데서 그를 데려왔음을 다윗에게 상기시키신다.

양 떼인 이스라엘 백성을 위해 하느님께 간구한다.

5.7.4 다윗이 주님의 말씀에 순종하다 24,18-25

인구 통계를 얻기 위해 자신의 말을 집행했던 사람, 다윗은 이제 주님의 말씀에 복종한다. 예언자 사무엘은 라마에 제단을 쌓았고(1사무 7,17) 사울은 아얄론에 제단을 쌓았다(14,31-35). 다윗은 이제 예루살렘에 재단을 세운다. 다윗은 가드의 말에 따라 따라 여부스 사람 아라우나에게로 가고, 아라우나는 자신을 다윗의 종이라 칭하며 그 발 앞에 엎드리고 자신의 땅을 몰수할 수 있는 임금의 권위를 인정한다. 다윗은 자신이 구입한 재산(땅) 위에 전염병을 멈추기 위한 제단을 쌓아야만 한다고 아라우나에게 설명한다. 그러나 아라우나는 반대하며, 그의 주군은 제단을 위한 타작마당, 희생을 위한 가축, 그리고 불을 위한 농기구 등 원하는 모든 것을 가질 수 있다고 한다. 다윗은 그가 아라우나의 재산을 몰수하지 않을 것이라고 주장한다. 다윗은 단지 전염병을 끝내기 위해 제단을 쌓는 것이 아니라 미래의 성전을 위한 장소를 정하고 있다. 이것이 왜 화자가, 제단이 몰수된 땅에 세워지지 않았음을 보증했는지를 설명할 수 있을 것이다. 매매 계약은 재산의 양도를 보장한다. 예루살렘에 처음 세워지는 이 제단이 다윗이 구하는 용서를 얻게 한다. 하느님의 응답은 성전 봉헌식에서 다윗 아들의 말을 예시한다.

"이 땅에 기근이 들 때, 흑사병과 마름병과 깜부깃병이 돌거나 메뚜기 떼와 누리 떼가 설칠 때, 적이 성읍을 포위할 때, 온갖 환난과 온갖 질병이 번질 때, 당신 백성 이스라엘이 개인으로나 전체로나 저마다 마음으로 고통을 느끼며, 이 집을 향하여 두 손을 펼치고 무엇이나 기도하고 간청하면, 당신께서는 계시는 곳 하늘에서 들으시어 용서해 주시고 행동하십시오. 당신께서는 사람의 마음을 아시니, 그 모든 행실에 따라 갚아주십시오. 당신만이 모든 사람의 마음을 아십니다. 그렇게 해주시면 그들은 당신께서 저희 조상들에게 주신 땅에 사는 동안 언제나 당신을 경외할 것입니다"(1열왕 8,37-40).

하느님께서 다윗의 간청을 들으시고 재앙을 누그러뜨리실 때 그는 제단의 효능을 입증한다. 다윗의 공적 삶의 막이 내릴 때, 우리는 그 둘레에 미래의 성전이 세워질 이 제단에서, 용서를 위한 이스라엘의 미래 기도가 하느님께 받아들여질 것임을 확신한다. 이것이 다윗의 마지막 활동이다.

5.8 결론

이 4개의 장(2사무 21-24장)은 화자가 묘사한 다윗 초상화의 결론에 네 가지 방식으로 기여한다. (1) 다윗의 쇠퇴와 공적 무대에서의 은퇴를 이야기한다. (2) 그의 삶의 사건들을 재연한다. (3) 그의 유산을 고대한다. ⑷ 다윗의 마지막 공적 활동들, 사울 유해의 적절한 매장과 예루살렘의 첫 제단의 건립을 기록한다. 이제, 몸의 온기를 유지하기에도 너무 약한 다윗은 침대로 향한다.

에필로그

> 삶은 일반적으로 작게 생각되는 것보다 일반적으로 크게 생각되는 것 안에 더 충만하게 존재한다는 사실을 당연하게 여기지 맙시다.
>
> 버지니아 울프, 보통의 독자

무대 위에서 다윗의 시간은 너무 짧았다. 나는 이 주석을 시작하면서 성공적으로 '오랜 세월에 걸쳐 쌓이고 쌓인 사건들의 시간을 뛰어넘어 모래시계 한 시간 분량으로 바꾼' [헨리 5세 왕, 서곡, (신상웅 옮김, 동서문화사, 457-458)] 화자의 예술을 지지했다. 이제 결론을 내리면서 그 모래시계에 더 이상 모래가 없는 것에 나는 탄식한다. 화자는 나를 다윗의 내면세계로 이끌었고 나는 잠시 더 그곳에 머물고 싶다. 임금은 새로운 승리를 얻었고, 더 많은 가족 갈등을 견디고, 다른 열정을 즐겼을까? 밧 세바는 그가 열망했던 마지막 여인이었을까? 아니면 그의 몸을 따뜻하게 해주기 위해 데려온 아름다운 아비삭 이전에 그의 침대로 이끈 다른 여인들이 있었을까? 그는 매년 요나탄의 기일에 그의 죽음을 조용히 애도했을까? 그는 딸 타마르를 자신이 망쳤음을 고백하고 압살롬의 집에서의 그 고독에서 딸 타마르를 구출했을까?

우리는, 너무도 많은 세부 사항이 말해지지 않았으며 화자가 사소한 문제로 귀중한 내러티브 시간을 낭비했다고 불평할 수 있다. 타마르가 성폭력범을 위해 맛있는 음식을 준비할 때 우리가 정말 반죽을 치대는 그 모습까지 지켜볼 필요가 있었는가? 우리가 압살롬의 죽음을 알리러 다가오는 사자를 삼중으로 관찰하고 있는 다윗 이야기를 들어야만 했는가? 속죄하는 다윗이 갓 태어난 아들의 생명을 위해 하느님께 간구할 때 당황스러워하는 궁정 관리들을 볼 필요가 있었는가? 그렇다. 필요했다. 다윗의 초상화에서 겉보기에 무의미해 보이는 이러한 붓놀림은 필수적이었다. 왜냐하면 버지니아 울프가 숙고한 것처럼, 삶은 우리가 일반적으로 '작다'(사자를 기다리는 초조한 다윗)고 생각하는 것보다 '크다'(다윗 조정의 국제적 정세)고 생각하는 것 안에 반드시 더 충만하게 존재하는 것은 아니다. 우리 고대 화자의 예술은 울프의 현대적 통찰을 기념한다.

작은 순간들이 나를 다윗의 개인적 세계로 끌어들인다. 나는 임금이 아니나, 그가 사랑한 요나탄을 애도할 때, 밧 세바를 염탐할 때, 우리야의 살해를 지휘할 때의 다윗과 함께 있을 수 있다. 찬탈이라는 국가적 위협조차도 아들에 대한 아버지의 그릇된 애정 연구로 바뀐다. 다윗이 아들 대신에 그 자신이 죽었기를 바라면서, 죽은 아들을 위해 울부짖을 때, 우리는 그가 이 개인적인 비극으로 얼마나 변화되었는지를 느낄 수 있다. 그래서 다윗의 은밀한 삶과 그의 가장 깊은 내면의 신비의 불꽃을 우리 자신의 눈으로 응시한다. 화자는 우리가 그 신비를 잡아채도록 유혹하는 동시에 그렇게 하려는 우리의 시도를 방해한다. 햄릿처럼 다윗은 파이프처럼 연주되지 않을 것이다. 그러한 '성자/죄인, 구원자/악당, 또는 선을 행하는 이/폭군'과 같은 손쉬운 라벨들은 도덕적으로 복잡한 모호성 앞에서 무의미해진다.

다윗 내러티브는 이스라엘의 역사 서사에서 고대 이스라엘 왕국의 군주제의 기능과 같은 주요한 질문을 몇 가지 제기한다. 그러나 공적이고 사적인 일들이 뒤섞인 상황에서 사적인 것이 공적인 것을 압도한다. 우리는 사울과 요나탄의 장례식에서 임금이 상주 역할을 할 것으로 기대한다. 그러나 다윗이 그의 절친한 친구인 죽은 요나탄에 대한 사랑을 표명할 때 우리 심장은 멎을 듯하다. 우리는 반란군을 물리치는 전투보다 마하나임의 성문에 앉아 아들을 걱정하는 아버지로서의 다윗의 극적 정경에 더 집중한다. 그런 사적인 순간에 내러티브가 내면으로 향하여 우리 영웅의 취약성을 드러낼 때 다윗과 나 자신과의 거리는 무너지고, '삶은 작은 것에서 더 충만하게 존재한다'라는 울프의 통찰이 수면 위로 드러난다. 다윗 내러티브는 큰 것으로 축소될 수 없다.

다윗의 내적 삶에 대한 이러한 암시들은 문자언어를 통한 인간 묘사에 진전을 촉진한다. 포크너의 《내가 죽어 누워 있을 때》에서 애디 번드런은 언어의 심각한 한계를 한탄한다. "내가 말들이 좋지 않다는 것을 배운 것은 그때였다. 말은 그것이 말하려는 것에조차 전혀 들어맞지 않는다." 우리 화자는 언어의 한계를 극복하기 위해 고군분투하면서 문학적 승리를 성취한다. 거의 비극적인 영웅 다윗, 그의 개인적인 결함이 전사 우리야와 그 자신의 아들 압살롬의 죽음을 초래하고, 반면에 그는 오로지 하느님의 개입으로 간신히 파멸을 피한다. 신뢰할 수 있고 역동적인 등장인물인 다윗은 리어, 팔스타프, 엘리사벳 버넷, 도로시아 브룩, 존 도웰, 스티븐 데달루스 등 많은 다른 이들의 문학적 선구자로 등장한다.

다윗 삶의 작은 순간들, 그의 삶이 실제로 더 충만하게 존재하는 작은 순간들은 나 자신을 발견하는 나만의 여정을 시작하도록 초대한다. 나탄의 비유에 대한 명백히 분명한 해석을 이해하지 못 하는 그를 책망하고 싶을 때, 그는 성경 페이지에서 나를 바라보고 나 자신의 기만에 대해 질문한다. 나는 가장 비난적인 비유조차도 의식하지 못하는 나 자신에게 무엇을 성공적으로 숨겼는가? 그의 반쪽 진실, 자기 이중성, 어리석고 혼란스러운 생각에서 나는 나 자신을 발견한다.

역사의 무대 위에서 뽐내며 걷기도 하고 초조해하기도 한 다윗의 시간, 그의 이야기는 너무 짧았다.

추천 도서

성서 주석서와 논문들

Alter, Robert, *The David Story: A Translation with Commentary of 1 and 2 Samuel*. New York: Norton, 1999.

Anderson, Arnold A, *2 Samuel*, WBC 11. Waco, TX: Word Books, 1989.

Auld, A. Gaeme, *I and II Samuel: A Commentary*, Louisville, KY: Westminster John Knox Press, 2011.

Brugemann, Walter, "*2Samuel 21-14*: An Appendix of Deconstruction." *CBQ* 50 (1988), 387-93.

------, *First and Second Samuel*. Interpretation. Louisville, KY: John Knox, 1990.

Campbell, Antony, *2 Samuel*, The Forms of the Old Testament Literature 8. Grand Rapids, MI: Eerdmans, 2005.

Caquot, André, and Philippe de Robert, *Les Livres de Samuel*, Commentaire de l'Ancien Testament 6. Genève: Labor et Fides, 1994.

Conroy, Charles, *Absalom Absalom! Narrative and Language in 2Sam 13-20*. Analecta Biblica 81. Rome: Biblical Institute Press, 1978.

Halpern, Baruch, *David's Secret Demons: Messiah, Murder, Traitor, King*, Grand Rapids, MI: Eerdmans, 2001.

Herzberg, Hans Wilhelm, *I and II Samuel*, Translated by J. S. Bowden. The Old
    Testament Library. Philadelphia: Westerminster Press, 1960.

McCarter, P. Kyle, *I Samuel*. Anchor Bible 8, Garden City, NY: Doubleday, 1980.

───────, *II Samuel*, Anchor Bible 98, Garden City, NY: Doubleday, 1984.

McKenzie, Steven L., *King David: A Biography*. New York: Oxford University Press,
    1986.

Miscall, Peter D., *I Samuel: A Literary Reading*, Bloomington: Indiana University Press,
    1986.

Smith Henry P., *A Critical and Exegetical Commentary on the Books Of Samuel*. The
    International Critical Commentary. Edinburgh: T & T Clark, 1899.

Steussy, Marti J., *David: Biblical Portaits of Power*. Columbia: University of South
    Carolina Press, 1999.

VanderKam, James C. "David Complicity in the Deaths of Abner and Eshbaal:
    A Historical and Redactional Study," *JBL* 99 (1980), 521-39.

Van Sesters, John, *The Biblical Saga of King David*, Winona Lake, IN: Eisenbrauns,
    2009.

Van Wijk-Bos, Johanna W.H., *Reading Samuel: A Literary and Theological
    Commentary*, Macon, GA: Smyth & Helwys, 2011.

문학적 접근

Alter, Robert, *The Art of Biblical Narrative*. New York: Basic Books, 1981.

Auerbach, Erich., *Mimesis: The Representation of Reality in Western Literature*. Translated
    by Willard R. Trask. Princeton, NJ: Princeton University Press, 1974.

Bar-Efrat, Shimon, *Narrative Art in the Bible*. Sheffield: Almond, 1989.

Berlin, Adele, *Poetics and Inerpretation of Biblical Narrative*. Winona Lake, IN: Eisenbrauns, 1988.

Booth, Wayne C., *The Rhetoric of Fiction*. Chiacago: The University of Chicago Press, 1983.

Gunn, David M., *The Story of King David: Genre and Interpretation*. JSOTsup 6, Shieffield: Sheffield Academic Press, 1978.

Noll, K. L., *The Faces of David*. JSOTsup 6, Shieffield: Sheffield Academic Press, 1997.

Polzin, Robert, *David and the Deuteronomist: 2 Samuel. Part 3 of A Literary Study of the Deuteronomic History*., Bloomington: Indiana University Press, 1993.

Walsh, Jerome T., *Style and Structure in Biblical Hebrew Narrative*. Collegeville, MN: Liturgical Press, 2001.

하느님의 모상
인간 다윗

서울대교구 인가	2022년 12월 21일
초판 1쇄 펴낸날	2023년 2월 6일
2쇄 펴낸날	2023년 9월 25일
지은이	크레이그 모리슨
옮긴이	최안나
펴낸이	나현오
펴낸곳	성서와함께
	06910 서울특별시 동작구 흑석로13길 7
	Tel: (02) 822-0125~7/ Fax: (02) 822-0128
	http://www.withbible.com
	e-mail: order@withbible.com
등록번호	14-44(1987년 11월 25일)

ⓒ 성서와함께 2023
성경 ⓒ 한국천주교중앙협의회, 2023.

ISBN 978-89-7635-411-2 93230